W0247818

btb

Geert Mak

Das Jahrhundert meines Vaters

Aus dem Niederländischen von
Gregor Seferens und Andreas Ecke

btb

Die Originalausgabe erschien unter dem Titel
»De eeuw van mijn vader« bei Uitgeverij ATLAS, Amsterdam.

FSC

Mixed Sources
Product group from well-managed
forests and other controlled sources

Cert no. GFA-COC-1223
www.fsc.org
© 1996 Forest Stewardship Council

Verlagsgruppe Random House FSC-DEU-0100
Das FSC-zertifizierte Papier *Munken Print* für Taschenbücher aus
dem btb Verlag liefert Arctic Paper Munkedals AB, Schweden.

2. Auflage
Genehmigte Taschenbuchausgabe August 2005,
btb Verlag in der Verlagsgruppe Random House GmbH, München
Copyright © der Originalausgabe 1999 by Geert Mak
Copyright © der deutschsprachigen Ausgabe 2003
Wolf Siedler Verlag
in der Verlagsgruppe Random House GmbH, München
Umschlaggestaltung: Design Team München
Umschlagfoto: aus dem Familienarchiv des Autors
Druck und Einband: Clausen & Bosse, Leck
SR · Herstellung: Augustin Wiesbeck
Printed in Germany
ISBN-10: 3-442-73347-2
ISBN-13: 978-3-442-73347-7

www.btb-verlag.de

Für Anna, Cas, Gjalt, Tineke, Koosje und Hans
Für meine Brüder und Schwestern,
für die lebenden und die toten

Erinnerungen sind aus wundersamem Stoff gemacht – trügerisch und dennoch zwingend, mächtig und schattenhaft. Es ist kein Verlaß auf die Erinnerung, und dennoch gibt es keine Wirklichkeit außer der, die wir im Gedächtnis tragen. Jeder Augenblick, den wir durchleben, verdankt dem vorangegangenen seinen Sinn. Gegenwart und Zukunft würden wesenlos, wenn die Spur des Vergangenen aus unserem Bewußtsein gelöscht wäre. Zwischen uns und dem Nichts steht unser Erinnerungsvermögen, ein allerdings etwas problematisches und fragiles Bollwerk.

Klaus Mann, Der Wendepunkt

Inhalt

KAPITEL 1

Zwart Nazareth

Gerüche. Teer und Taue, das müssen die ersten Dinge gewesen sein, die mein Vater gerochen hat. Frische, neue Taue, Segeltuch und Teer. Außerdem war da der Geruch von Salz und Wellen, von Großsegeln, Vorsegeln, Focksegeln, Bramsegeln, Rahsegeln und Sturmfocken, die in der Werkstatt zum Trocknen hingen. Es gab eine Küche, in der es nach Milch und Brot roch und später am Tag nach Grieben und gebratenem Fisch. Und schließlich war da noch ein Hauch von Holz und von der Kälte des Stahls.

Die ersten Geräusche. Im Haus war manchmal aus der Werkstatt das Rattern eines Flaschenzugs zu hören oder das Schleppen einer Segeltuchrolle. Hin und wieder die Stimmen meines Großvaters und seiner beiden ältesten Söhne, Koos und Arie. Draußen hörte man die Schritte auf der Straße, das Rumpeln der Karren und das Bimmeln der Pferdebahn.

Und da waren all die in der Nähe arbeitenden Menschen, in der Schmiede und der Blockmacherei, ein Stückchen weiter, wo der Bruder meines Großvaters Masten und Flaschenzüge herstellte, oft draußen, auf dem Kai, weil seine Werkstatt zu klein war.

Abends dann die Schritte der wenigen späten Spaziergänger, die Stimme des Blockmachers, der zu einem kleinen Schnack herübergekommen war, der Wind in den Kastanien, das Scheuern der Schoner und Kutter an der Kaimauer, das Tuten eines kräftigen Horns, zweimal, in der Ferne das Flüstern von Heckwellen und Dampfmaschinen, ein merkwürdiges, fernes, hell erleuchtetes Schloss, das vorüberfuhr, auf dem Weg in eine andere Welt.

Mein Vater wurde am 28. September 1899 in Schiedam geboren, besser bekannt als Zwart Nazareth, einem nasskalten, verräucherten Nest an der Mündung der Maas, das man kaum als Stadt bezeichnen konnte. Es war vielmehr die Ansammlung kleiner Gemeinschaften mit jeweils eigener Färbung und Beschränkung.

Die Leute lebten zum größten Teil von der Geneverherstellung. In Reisebeschreibungen kann man lesen, die Stadt liege inmitten des saftiggrünen Weidelands wie ein »speiender Vulkan«, überall Feuer von Brennereien und Flaschenfabriken, umringt von Dutzenden von turmhohen Mühlen mit sich schnell drehenden Flügeln, als würde im Innern der Mauern nicht schon genug geschuftet.

Manchmal hatte man den Eindruck, Schiedam sei eine einzige Spelunke. Brennereiarbeiter füllten, wenn sie nach Hause gingen, ihre Trinkflaschen mit Schnaps, um sich den Feierabend zu versüßen. Am Waschtag, wenn die Frauen beim Kessel der Brennereien warmes Wasser holen durften, kam statt Wasser Genever in die Eimer, die dann mit einem dampfenden Aufnehmer zugedeckt wurden. Hunde tranken Genever, die Kühe soffen ihn mit dem Abwasser und torkelten über die Weide.

Die meisten Viertel waren verfallen. Die Verarmung, die zuerst in der Innenstadt grassierte, hatte sich wie eine Krankheit ausgebreitet und war scheinbar durch nichts und niemanden aufzuhalten.

Die Fabrikmauern sonderten einen lauen Gestank ab, die Kanäle dampften, die Augen der Arbeiter schwammen im Alkohol, die Frauen waren mager und schwanger, die Kinder husteten sich die Lungen aus dem Leib – das war das Zwart Nazareth von 1899.

Die Niederlande waren damals im Vergleich zu heute menschenleer, und die Welt war voller Gewissheiten. Dreiviertel der fünf Millionen Einwohner lebten auf dem Land; in ganz Europa waren es über neunzig Prozent. Auf der mit Klinkern gepflasterten, kaum vier Meter breiten Straße von Amsterdam nach Haarlem kam dann und wann ein Auto vorbei. Städte und Dörfer waren morsch. Zahlreiche Häuser, Bauernhöfe und andere Gebäude aus dem 17. und 18. Jahrhundert wurden immer noch genutzt.

Straßenbahn und Fahrrad waren noch nicht allgemein verbreitet. Die Infrastruktur von Stadt und Land orientierte sich an Entfernungen, die zu Fuß bewältigt werden konnten: Jedes Dorf war das Zentrum eines Gebiets, das man in einer Stunde durchqueren konnte, in jeder großen Stadt lebten viele Menschen auf engstem Raum. Jeder Landstrich hatte bis 1909 sogar seine eigene Zeit: Zwischen dem Osten und dem Westen der Niederlande gab es mindestens fünfzehn Minuten Zeitunterschied. Insgesamt gab es 12 000 Telefone.

Europa war das selbstverständliche Zentrum der modernen Welt. Der Zar regierte über Russland, der Kaiser über Deutschland und Abraham Kuyper »der Gewaltige« über die kleinen Niederlande. Der Schnellzug Paris–Calais war mit 93 Stundenkilometern das schnellste Fortbewegungsmittel auf dem Kontinent. In 32 Tagen konnte man einmal um die Erde reisen. Es sollte noch neun Jahre dauern, bis zum ersten Mal ein Flugzeug seine Runden über niederländischem Boden drehte, noch dreizehn Jahre, bis der Untergang der Titanic das Ende des alten Europa ankündigen würde.

Mein Vater hatte eine Zwillingsschwester. Catrinus und Catrien waren das sechste und siebte Kind einer am Ende zwölfköpfigen Familie. Abgesehen von der Zeit im Schoß meiner Großmutter, hatten Bruder und Schwester nichts gemein. Vom Moment der Geburt an verliefen ihre Lebenslinien in unterschiedlicher Richtung, und sie berührten sich erst wieder am Schluss, wie eine Ellipse die Welten umspannt.

Das *Rotterdamsch Nieuwsblad*, das an diesem Tag erschien, berichtet über den Atjeh-Krieg, die Affäre Dreyfus, die Yagui-Indianer, die sich in Los Angeles eine Schlacht mit der mexikanischen Armee lieferten, und über eine Versammlung des Allgemeinen Niederländischen Zuavenverbands, auf der dagegen protestiert wurde, dass man dem Papst die Gewalt über die Stadt Rom entzogen hatte. Und dann stoße ich, in einer Reportage über eine Bootsfahrt der jungen Königin Wilhelmina auf der Maas, auf eine Beschreibung der hellen Seite von Zwart Nazareth: die zum Wasser hin gelegene. »Vor uns der leuchtend graue Fluss mit grünen, silbernen und goldenen Tönen und weißen Schaumkronen, auf dem sich die Boote und Schiffe wiegen. Und in der Ferne, in sehr großer Ferne, im Nebelschimmer, die ragenden Brücken, die Riesenbrücken mit ihren hohen Pfeilern. Links die Stadt, in düsteren, braunen und dunklen Farben, dann plötzlich hier und da von einem dünnen Strahl der Sonne beleuchtet.«

Ein kräftiger Wind wehte von Westen her, der große Schaumflocken von den Wellen des Flusses aufwirbelte. In der Ferne sah der Reporter die kleine Stadt liegen, den Hafen, die schlanken Schiffe, einen Wald von Masten, ein Netz aus Rahen, Tauen und Schoten. Dazwischen standen träge, gemütliche Dampfschiffe, an deren Top dann und wann etwas Rauch zu sehen war. Und überall waren Flaggen, Hunderte, »in der Ferne vor dem grauen Himmel zu einer harmonischen Farbmischung verschmelzend«.

So muss es an dem Nachmittag gewesen sein, als mein Vater 1899 geboren wurde.

Anhand der im Gemeindearchiv von Schiedam aufbewahrten Erinnerungen einer seiner Schwestern, meiner Tante Maart, kann man die frühe Kindheit meines Vaters recht gut rekonstruieren. Was sah er als zwei- oder dreijähriges Kind?

Zunächst die Segelmacherei meines Großvaters, ein niedriges Haus mit einer Glastür, auf beiden Seiten große Fenster und dahinter eine Werkstatt, die bis zum Garten reichte. Oben gab es Segelspeicher und Schlafzimmer und hinten eine hübsche Kammer, der Stolz meiner Großmutter. Ein Badezimmer hatte man nicht; die Jungen wuschen sich sommers wie winters draußen auf dem Hof, wo sie das Wasser aus einem Hahn über Kopf und Nacken laufen ließen.

Der Nachbar war ein Wasserwärmer, jemand, der ausschließlich mit heißem Wasser handelte und mit glühenden Kohlen, mit denen man das Feuer im Ofen anzündete. Daneben lag eine große Wäscherei, aus deren Fenster es immer dampfte. Davor standen ein Karren, mit dem die Wäsche ausgefahren wurde, ein Pferd und ein Kutscher, dahinter befanden sich ein Stall für das Pferd und eine Wohnung für den Kutscher, denn den Begriff Rationalisierung kannte man damals noch nicht. Dann gab es noch einen Petroleumhändler, einen Zigarrenladen, einen Schmied, der fast immer draußen Pferde beschlug, eine

Brennerei, eine Kneipe mit betrunkenen Männern, ein Mützengeschäft, einen hübschen Laden mit Kaffee und Tee, wieder ein paar Brennereien – Schauermänner schulterten die Getreidesäcke und trugen sie über Leitern auf den Speicher, wo die Gerste gären sollte – und schließlich einen Bäcker, der samstags für drei Cent Teilchen mit Eischnee verkaufte.

Auf der anderen Seite der Segelmacherei stand ein kompletter Bauernhof. In vielen Städten gab es damals noch Reste von Ländlichkeit, und das war auch hier der Fall. Der Bauer wohnte mit seinen Töchtern vorne, in einem Haus mit einer großen, etwas höher gelegenen Vorratskammer, die vollkommen leer war, wenn man von draußen hineinsah. Erst wenn man reinging, entdeckte man die Milchkannen, die Butter und die Käse, die hier gemacht wurden. Hinter dem Haus lag das Hofgelände, mit Heuböden, Karren und Misthaufen, wie bei jedem Bauernhof. Das Weideland war nur ein paar Minuten entfernt, am Deich.

Neben dem Hof war ein Pferdestall, wo die Kinder oft zuschauten. Die Pferde gehörten einem Fuhrunternehmer, der ein paar Häuser weiter wohnte. Wenn dort ein Pferd ausgespannt wurde, dann lief es ganz allein in den Stall. Das wunderte die Kinder immer: ein Pferd, das einfach so durch ein Tor zwischen den Häusern lief, das einem plötzlich entgegenkommen konnte, und dann stand man auf einmal so einem großen, einsamen Tier gegenüber. Etwas weiter befand sich ein Teegarten, in dem Frauen in langen Kleidern und Männer mit Strohhüten saßen und auf den Fluss hinaus sahen, auf dem Tisch eine bauchige Flasche für fünf Cent. Und auf der Ecke, gleich am Deich, stand das »Schreiershuisje«, ein kleiner Schuppen, in dem sich die Fischerfrauen bei schlechtem Wetter drängelten, um ihren Männern Lebewohl zu winken.

Ein Foto vom Kai: Mein Vater muss zu der Zeit fünf oder sechs Jahre alt gewesen sein. Masten, Tjalken, Logger, in der Ferne eine Mühle, Duckdalben, ein Karren, ein paar Fässer, dann eine Reihe von Bäumen, Straßenbahngleise, Pflastersteine, ein schmaler Bürgersteig, hier und da eine Lampe an einem Haus. Im Vordergrund steht ein Mädchen vor einer Tür und wartet, sie trägt einen schwarzen Rock, darüber eine lange weiße Schürze. Von weitem kommt ein Junge angelaufen, graue Jacke, kurze schwarze Hose, Mütze.

Die Farben müssen in Wirklichkeit ebenso grau gewesen sein, wie es das Foto vermuten lässt. Alle in der Nachbarschaft trugen nur graue oder bräunliche Kleider, erzählte mir meine Tante Maart. Hellere, bunte Sachen hätte man viel öfter waschen müssen, und das schaffte eine durchschnittliche Hausfrau meistens nicht. Manche wuschen ihre Wäsche sogar noch im Fluss, von einem Boot aus.

Auch die Kinder waren bräunlich und grau. Ich fragte meine Tante, was sie so spielten. »Wir spielten mit dem Kreisel und hüpften«, sagte sie. »Die Mädchen sprangen Seil und schleuderten singend ihren Diabolo, eine Art Kreisel, der auf einem Bindfaden in Drehung versetzt wurde, in die Luft.« Sie erinnerte sich noch an das dazugehörige Lied und summte es leise.

*

Mein Vater war fast ein halbes Jahrhundert alt, als ich geboren wurde. Ich war ein echter Nachkömmling, eine Zugabe anlässlich der Befreiung, und seine jungen Jahre lagen damals schon so weit zurück, dass er nur ganz selten davon erzählte. In dieser Hinsicht habe ich ihn schlecht gekannt.

Er stammte aus einer typischen Familie der Schiedamer Mittelschicht. »Eine selbstständige, nicht besonders bemittelte Mittelschicht mit einem mäßigen Einkommen galt als das Rückgrat jeder zivilisierten Gesellschaft, vor allem der demokratischen.« So treffsicher beschrieb das Historikerehepaar Jan und Annie Romein die soziale Klasse, die die Zeit des Umbruchs zwischen den Jahrhunderten dominierte und zu der auch mein Großvater gehörte. Die Ladeninhaber, Handwerker, die kleinen Betriebe, in denen der Meister zusammen mit seinen ältesten Kindern und einem oder zwei Helfern arbeitete, sie gehörten zum Kern der Gesellschaft. Probleme der Mittelschicht bezeichnete man als »soziale Rückenmarkschwindsucht«. Ohne den Puffer der Mittelschicht hätten sich extreme Armut und extremer Reichtum in ihrer ganzen Härte gegenübergestanden, und das hätte das Ende aller Beständigkeit bedeutet. So meinte man im Allgemeinen, denn das war schon seit dem Mittelalter so.

Die Maks waren schweigsame Handwerker, und sie arbeiteten viel und hart. Im 18. Jahrhundert waren sie Schiffer und Lachsfischer auf der Maas, und seit Beginn des 19. Jahrhunderts vermeldet das Schiedamer Gemeindearchiv eine Segelmacherei und Seilerei am Hoofd. Seitdem gab es in der Familie immer Segelmacher. Eine scharfe Trennung zwischen dem Meister und seinen Gesellen existierte in derartigen Betrieben nicht. Die Maks waren zwar Besitzer und hatten es sogar zu einem gewissen Wohlstand gebracht, aber sie arbeiteten hart mit, machten sich die Hände schmutzig und standen, was ihre gesellschaftliche Position betraf, den Arbeitern näher als den höheren Schichten.

Der älteste Bruder meines Großvaters hatte ein Lebensmittelgeschäft mit großen Fenstern und einer schönen Schneidemaschine, sehr modern für die damalige Zeit. Ein anderer Bruder war Blockmacher, ein dritter war Binnenschiffer auf der Strecke nach Amsterdam, und ein vierter war Buchhalter. Er war der Erste in der Familie, der morgens zu einer bestimmten Zeit ins Büro ging und abends ebenso pünktlich wieder nach Hause kam. Er war wohl auch der Erste in der Familie, für den es so etwas wie Freizeit gab, so kurz diese in unseren Augen auch gewesen sein mag.

Die Nähe zur Arbeit war immer und überall spürbar, und jeder war von Kindesbeinen an damit vertraut. Die Schoner und Logger lagen im Hafen; die Kinder erbettelten bei den Schiffern des Öfteren ein Stück harten, nahrhaften Schiffszwieback. Beim Schmied, beim Blockmacher, in der Segelmacherei und in den Brennereien standen die Türen meistens offen. Wenn der Blockmacher einen Mast umdrehen musste, dann bat er die Passanten, ihm kurz zu helfen. Wenn der Hufschmied sich verhauen und ein Pferd verletzt hatte, dann kam er schweigend in die Werkstatt meines Großvaters und langte in das Teerfass. Teer war das Heilmittel gegen alle Krankheiten und Entzündungen. Wer gerade nichts zu tun hatte, blieb einfach stehen und sah den Leuten bei der Arbeit zu; wer etwas mehr Zeit hatte, der setzte sich auf die Bank, um zu plaudern.

Der Lebensrhythmus am Kai wurde von den Bewegungen der Schleuse beherrscht. Das Hoofd war ein Schulbeispiel für das, was manche Historiker als »Ökonomie der Stagnation« bezeichnen, als eine Wirtschaft des Wartens und des Aufenthalts, die es um 1900 immer noch gab, vor allem am Wasser. Stagnation hatte, von den Nachteilen abgesehen, auch große Vorteile in der täglichen Praxis. Die ganzen Zölle (manche wurden erst in den fünfziger Jahren aufgehoben), Schleusen, Brücken, Dämme und Sandbänke, all die Orte, an denen man warten und umsteigen musste, sie waren jahrhundertelang eine ebenso respektable Einnahmequelle wie der Transport selbst, und eine ganze Reihe von Herbergen, Märkten und auch Dörfer und Städte verdanken diesem Umstand ihre Existenz.

Deshalb erhob sich auch stets Widerstand gegen neue, schnelle Verbindungen. In der Welt von 1900 gab es nicht nur ein großes Interesse an Geschwindigkeit, sondern auch am Verweilen. Haltepunkte waren Orte, an denen kleine Reparaturen ausgeführt, wo Erfahrungen ausgetauscht und Geschichten erzählt wurden. Es gab also auch so etwas wie eine Kultur der Stagnation. Und es besteht kein Zweifel daran, dass der Betrieb meines Großvaters dazugehörte.

Dies bedeutet nicht, dass in der Segelmacherei Mak & Söhne nur rumgetrödelt wurde. »Bei uns waren immer alle beschäftigt«, erzählte mir meine Tante Maart. »Wir hatten keine Zeit, lange rumzureden.« Ihre jüngste Schwester, Nel, erinnert sich, dass Koos und ihr Vater manchmal mit ihr spielten, doch meistens »vibrierten sie vor Eile«.

Die Söhne, Koos und Arie, hatten nie eine Berufsschule besucht, mein Großvater hatte ihnen alles beigebracht, und er hatte alles von meinem Urgroßvater gelernt. So hatte sich das Fachwissen in der Familie angesammelt, von Generation zu Generation. Außerdem besaßen sie die Intuition des guten Fachmanns und ein hervorragendes Gefühl für Mathematik, unverzichtbar für einen Segelmacher. »Manchmal hockten sie stundenlang auf dem Speicher und rechneten, bevor sie sich daranmachten, ein Segel zuzuschneiden, mit lauter Linien und Dreiecken, regelrechte Millimeterarbeit«, erinnerte sich Tante Maart. »Koos war von seinem Beruf total besessen. Er ging sonntags nach

Delftshaven, nur um sich die Takelage irgendeines Dänen anzusehen. Wenn er dann einen Knoten entdeckte, den er nicht kannte, frickelte er so lange rum, bis er den auch beherrschte.«

Die Segel wurden, seit alters, von Hand genäht. Für ein mittelgroßes Segel brauchten vier Leute ungefähr zehn Tage. Die Segelmacher trugen ein Kuhhorn mit Fett am Gürtel, und jedesmal mussten sie die Nadel da kurz hineintauchen, weil sie sonst nicht das dicke Segeltuch durchstechen konnten. An der Hand trugen sie ein Lederstück, das am Daumen mit einer geriffelten Stahlplatte versehen war, damit sie genug Kraft ausüben konnten. Meistens brannte in der Werkstatt ein Ofen, um die Segel geschmeidig zu halten. Und die Gaslampen summten von morgens fünf bis abends sieben.

Mein Großvater war ein altmodischer Handwerker, jemand, für den sein Handwerk dasselbe wie Kunst war: ein Wert an sich, wichtiger als Geld. In der Familie sind ein paar Notizbücher erhalten geblieben, in denen Aufträge und rasch hingekritzelte Kalkulationen verzeichnet sind:

Für den Russen Carlotte, einen Außenklüver …
Für den Dänen Marig, Kapitän Rasmussen, einen
Binnenklüver …
Ein Stagsegel und ein Sprietsegel für die Quintos, Van
der Elst …
Eine Matratze repariert und mit Seegras gefüllt,
70 Cent …
Alle Seile und Taue der Mühlen der Verenigde Polders
Schiebroek, Berg en Broek …
Neues Luggersegel, 36 Ellen, wie von Jacob Dijkshoorn …
Alles in bester Qualität und präzise gearbeitet.

So war es in den Augen meines Großvaters gut, und mehr war nicht nötig. Der technische Fortschritt hielt erst in den Betrieb Einzug, als der älteste Sohn Koos sich dafür einsetzte. Er hielt es für unsinnig, Nähmaschinen, die auch für die Segelmacherei entwickelt worden waren, nicht zu benutzen. Mein Großvater war anderer Ansicht, und schließlich schaffte Koos die Maschine 1906 von seinem eignen Geld an. *Adler* stand darauf.

Mein Großvater war nicht der Einzige, der sich halb unbewusst der Mechanisierung und Industrialisierung, der Hast und der Geschwindigkeit der neuen Zeit widersetzte. Um die Jahrhundertwende herum gab es noch ein Unternehmertum, das die Konkurrenz nicht gnadenlos unterbot und nicht den größtmöglichen Profit bei den Kunden machen wollte, das das Spiel von Angebot und Nachfrage nicht bis zum Äußersten trieb und keine Werbung nötig hatte, weil nämlich der gute Name des Handwerkers und die Qualität seiner Produkte genügten.

Oft half man sich gegenseitig mit Krediten aus. Dem Mann, der die Nähmaschine reparierte, lieh mein Großvater Geld, damit dieser ein Nähmaschinengeschäft eröffnen konnte. Doch den Katwijker Heringsfischer, der sich Geld für einen Schiffsmotor borgte – er war der Einzige, der bislang noch ausschließlich Segel verwendete, ein sehr frommer Mann –, sahen die Maks nie wieder.

Wenn mein Großvater einen Auftrag annahm, nannte er immer einen sehr niedrigen Preis. Einmal sogar so niedrig, dass der Auftraggeber persönlich in die Werkstatt kam und sagte, das gehe nicht: »Pack noch hundert Gulden obendrauf, und du kriegst den Auftrag trotzdem.« In der Familie erzählt man sich die Geschichte, dass mein Großvater eines Abends nach der Arbeit ein Vergnügungsboot in den Hafen einlaufen sah, für das er ein paar Wochen zuvor neue Segel angefertigt hatte. Als das Schiff angelegt hatte, ging er zum Besitzer und erkundigte sich, ob die neuen Segel in Ordnung seien – »hervorragend, wirklich hervorragend« –, und fragte dann, ob er sie dennoch mit in die Werkstatt nehmen dürfe. Er habe vorhin eine ausgebeulte Stelle im Segel entdeckt, und das gefalle ihm nicht. Am nächsten Morgen mussten alle Söhne und Knechte ran, die Nähte des Segels wurden aufgetrennt und alle Bahnen um wenige Millimeter versetzt wieder zusammengenäht. Nach zwei Tagen unbezahlter Arbeit war die Ehre der Segelmacherei gerettet.

Es ist kein Zufall, dass ich in den Unterlagen meines Großvaters fast ausschließlich Kladden und Berechnungen fand und fast keine offiziellen Verträge, obwohl es mitunter um ansehnliche Beträge ging. Die

Betriebsführung basierte fast vollständig auf mündlichen Absprachen, auf dem Wort, auf Vertrauen, ein Unternehmertum, das mehr im 17. Jahrhundert als im 20. wurzelte.

*

Schiedam lag wie die meisten holländischen Städtchen in einem Netz aus Kanälen, Bächen, Entwässerungsgräben und was sonst noch so Richtung Fluss strömte. Für viele Niederländer war das Wasser der Feind Nummer eins. Die Deiche waren oft schmal, und durch offene Einbuchtungen konnte das Meer überall das Land überfluten. Auf vielen Poldern war das Leben Winter für Winter eine Abfolge von Beinah-Tragödien und kleinen Katastrophen. Der Teil Schiedams um das Hoofd herum war in dieser Hinsicht besonders gefährdet. Regelmäßig drückten Nordweststürme das Meerwasser in den Fluss, so dass die Ufer überflutet wurden. Den einzigen Schutz stellten Flutbretter dar, die an allen Häusern vor die Türen und Fenster geschoben und mit Lehm abgedichtet wurden. Die Häuserreihe fungierte dann als eine Art Notdeich, der im Übrigen der einzige Schutz für ein ganzes Arbeiterviertel war.

In einem Schulaufsatz meines Vaters – ich fand das vergilbte Heft vor ein paar Jahren in einer Schachtel auf dem Speicher – wird eine solche Sturmnacht beschrieben. Es fängt damit an, dass ein paar Polizisten meinen Vater »mit lautem Hola-ho-Rufen« wecken. Erst als er »all right« brüllt – »das schallt am besten, weißt du –, gehen sie weiter zu den Nachbarn. Er weckt einen seiner Brüder: »He, Mann, raus aus dem Bett, wir müssen abhauen« – und als das seelenruhige Schnarchen des Bruders nicht aufhört, zerrt er an der Decke und sagt lauter: »Raus jetzt, das Wasser steht schon bis zu den Straßenbahnschienen.«

Alle Nachbarn wurden geweckt, in so einer Nacht versuchte jeder, sein Hab und Gut zu retten, eine Kette von gespenstischen Lichtlein, links und rechts, so weit das Auge reicht. Am nächsten Morgen stand das ganze Ufer unter Wasser, die Boote trieben beängstigend hoch vor den Fenstern. Doch stets sank das Wasser auch wieder, und das Städtchen fiel wieder in seinen Dämmerschlaf zurück.

In einem anderen Schulaufsatz beschreibt mein Vater nur die Aussicht, die er von seinem Arbeitszimmer aus hat. Es ist eine Art geschriebenes Stillleben: das gläserne Dach, die breite Regenrinne, die graue Mauer, die Krone eines Apfelbaums im Garten des Nachbarn. Vor ihm ein Tintenfass, Federn und Federhalter, daneben Bücher und ein Taschenkalender. In der Regenrinne die vertrockneten Schalen einer Apfelsine. »Ich könnte dir genau den Dachziegel zeigen, unter dem diesen Sommer eine Spatzenfamilie gewohnt hat.«

Wenn er seinen Blick schweifen ließ, sah er eine Ansammlung niedriger, eintöniger Häuschen, die der Rauch der Brennereien schwarz gefärbt hatte. Am Rand standen hier und da große, rechteckige Gebäude: Fabriken, eine Kirche, ein stattliches Verwaltungsgebäude.

»Ein großer Bankrott scheint sich über die Stadt gesenkt zu haben«, so beschrieb der Schiedamer Schriftsteller Frans Netscher seine Stadt im Jahr 1900. »Das Elend hängt an den Giebeln, die Verkommenheit lugt aus den spitzen Pflastersteinen hervor. Und überall in den Häfen erblickt das Auge geschlechtslose, vieldeutige Fassaden mit kleinen Türen, durch die Männer mit aufgekrempelten Hosenbeinen und roten Wollunterhemdärmeln eifrig rein- und rausgehen, Fässer rollen, mit Wasser spritzen.« Ein Stück weiter schufteten die Frauen in Korken- und Flaschendeckelfabriken. Die Kinder spielten auf den Fässern und brachten ihren Eltern das Essen im emaillierten Henkelmann, der in ein buntes Handtuch gewickelt war. Wer nicht in der Brennerei selbst beschäftigt war, arbeitete als Böttchergehilfe oder verkaufte den Bauern die Schlempe. Eine Möglichkeit, diesem Leben zu entkommen, gab es fast nicht, denn was sollte ein alkoholabhängiger, ungelernter Arbeiter mit Familie sonst machen?

Das Schiedam, in dem mein Vater zu Beginn des Jahrhunderts aufwuchs, war eine beengende, total erschöpfte Gemeinschaft. Es war eine Stadt, die zwischen einer konservativen Bauern- und Fischergemeinde und der Dynamik einer schnell wachsenden Weltstadt stand – und hierin spiegelt die kleine Stadt die Mentalität großer Teile der damaligen Niederlande wider. Permanent standen sich Konservatismus und Erneuerung gegenüber, und dieser Konflikt trat immer wieder zu Tage, in tausend Formen von Stillstand und Bewegung.

Zwei Minuten von der Segelmacherei meines Großvaters entfernt stand die neueste Sensation der Stadt: das Fahrradgeschäft mit angeschlossener überdachter Radfahrschule, das von der Simplex Automatic Machine Company eingerichtet worden war. Die Säle, in denen die Fahrstunden erteilt wurden, schmückten Palmen und Sträucher. Die Schüler wurden in ein ledernes Korsett mit Handgriffen gesteckt, von zwei uniformierten Assistenten festgehalten und, begleitet vom munteren Klimpern eines Pianisten, auf dem Fahrrad durch den Saal gerollt.

Auf der anderen Seite befand sich der Petroleumladen von Sjouk Lolkes. Lolkes hatte ein lahmes Bein, das er hinter sich herzog. Bei einer großen Werft durfte er das Gelände fegen, und dies war seine einzige feste Einnahmequelle. In seinem Laden, wo er auch wohnte, stand in der Ecke ein großes rotes Fass Petroleum, das er literweise verkaufte. Man brauchte es für die Petroleumlampen, die damals noch allgemein üblich waren. Im Regal standen außerdem noch eine blaue Büchse mit der Aufschrift »Van Nelle Koffie« und eine Kiste Zigarren. Letztere verkaufte er einzeln an die vorbeikommenden Seeleute. Im Schaufenster lagen Holzbündel. Das Holz hatte er in seiner Freizeit aus dem Fluss gefischt, in seinem Innenhof getrocknet und samstags zu Brennholz zerhackt. Sonst verkaufte er nichts. Zusammen mit seiner Frau Aaltje und einem Dutzend Kinder humpelte er so durchs Leben.

In der Werkstatt meines Großvaters machten Arie und Henk sich den ganzen Tag lang über Lolkes lustig, bis meine Großmutter rief: »Jungs, das gehört sich nicht!« Darüber lachen musste sie aber dennoch.

Eines Tages bekam Aaltje noch ein Kind. Kurze Zeit später fand man es tot in seiner Wiege, eine Ratte hatte es in den Nacken gebissen.

Mein Vater konnte sich an einen einzigen Moment erinnern, in dem er all dies hinter sich lassen konnte – am Ende seines Lebens sprach er manchmal darüber. Als er ungefähr zwölf Jahre alt war, durfte er eine Woche lang auf dem Frachtschiff seines Onkels Jacob und seiner beiden Cousins mitfahren, bis nach Zaandam und zurück. Er muss unterwegs eine wasserreiche Landschaft mit vielen Windmühlen gesehen haben – in der Umgebung von Zaandam gab es damals noch Hunderte von Mühlen: Sägemühlen, Ölmühlen, Farbmühlen, ein komplett aus Holz errichtetes Industriegebiet des siebzehnten Jahrhunderts.

An Einzelheiten konnte er sich nicht mehr erinnern, und von der ganzen Reise waren ihm nur zwei Dinge im Gedächtnis geblieben.

Zum einen handelte es sich um einen Unfall. Die kleine holländische Stadt war in seiner Erinnerung in die Farben eines Sommerabends getaucht. Sie lagen vor einer Schleuse und warteten darauf, daß sie an der Reihe waren. Die ungestümen Söhne von Onkel Jacob lümmelten auf der Kaimauer herum. Dort stand auch ein Bäckerjunge mit einem Lastenfahrrad. »Lässt du uns mal mit dem Rad fahren?«, fragte einer der Söhne. Er durfte, hatte aber noch nie auf einem Fahrrad gesessen. Er fuhr einen großen Bogen und landete prompt im Schleusenbecken. Der Tumult in der Abendstille, der klatschnasse Junge. Die Brote, alle verdorben. Onkel Jacob, der wütend zum Bäcker geht, um den Schaden zu bezahlen. Die Aufschneiderei, hinterher.

Zum anderen erinnerte er sich an eine bestimmte Situation: Er saß auf dem Vordeck in der Sonne, die Wasseroberfläche des Kanals lag höher als das Land drum herum, und auf dem Polder wurde gerade gemäht. Im Kern bestand seine Erinnerung nur aus Geräuschen: dem Glucksen des Wassers am Bug, dem Rauschen beim Mähen, hin und wieder der helle Klang einer Sense, die gedengelt wird. Mehr eigentlich nicht. Aber die Wärme der Sonne damals und die spärlichen Geräusche in der holländischen Landschaft, die blieben ihm präsent, bis in seine schlaflosen Nächte, siebzig Jahre später.

*

Im fernen Paris wurde indessen der Ton für ein Jahrhundert, in dem alles anders werden würde, der Ton von Bewegung, Geschwindigkeit und Licht angestimmt. Als mein Vater fast ein Jahr alt war, fand die revolutionäre Weltausstellung statt, auf der Dutzende von neuen Erfindungen präsentiert wurden. Fast alle gezeigten Apparate liefen mit Strom, es gab Lampenkaskaden, Dynamos, so groß wie kleine Fabriken, und rollende Bürgersteige, auf denen man flanieren konnte, ohne einen Schritt zu gehen. Die Besucher, die zu Hause meist noch Kerzen und Petroleumlampen hatten, waren tief beeindruckt und bestaunten den »Lichtwalzer« und die zitternden Lichtbilder von der tanzenden Sarah Bernhardt.

Den Insidern fiel jedoch die bemerkenswerte Qualität der Produkte aus den Vereinigten Staaten, aus Deutschland und aus Japan auf. Das war kein Zufall.

Das 19. Jahrhundert hatte mit der Französischen Revolution begonnen, auf die eine Zeit der Reaktion und des Widerstands gegen fast jede Form von Modernisierung folgte. Danach hatte es in beinah allen europäischen Ländern eine Periode vorsichtiger Reformen gegeben. Gegen Ende des Jahrhunderts begannen die einzelnen Mächte, einander immer aufmerksamer zu beobachten. Sie schlossen eine Allianz nach der andern, sie wetteiferten bei der Eroberung immer neuer Kolonien miteinander, sie rüsteten erneut auf, Rivalität bestimmte den Tenor. In dieser Situation machten sich die drei Neulinge daran – auch Deutschland war erst seit dreißig Jahren eine Nation –, sich allmählich als Großmächte zu profilieren.

Auf dem Hoofd erfuhr man von diesen internationalen Entwicklungen vermutlich nur gerüchteweise und aus gelegentlichen Berichten im *Rotterdamsch Nieuwsblad*. Von den Maks hat meines Wissens nie jemand Tagebuch geführt, doch ich fand die Notizen eines Schiedamer Schiffers aus der Zeit, und ich nehme an, dass das Weltgeschehen auf die Menschen am Hoofd ähnlich wirkte wie auf Teunis Boere:

29. April. kaltes Wetter und zum Markt gewesen. Nie gibt's Arbeit. Es gibt so wenig Arbeit, weil zwischen Italien und der Türkei Krieg herrscht, und darum können die Schiffe nicht fahren, wegen der treibenden Dinamietbomben, die unter Wasser liegen. Vor England liegen 86 Hochseeschiffe. 4. Mai. Jetzt haben die Hochseeschiffe noch 17 Tage Arbeit, bevor sie in Rotterdam sind, und schon wieder ist ein Unglück passiert, mit der Texas, vollständig in die Luft geflogen auf einer treibenden Mine. Das iss Dinamiet, wobei wieder 120 Menschen im Meer ertrunken sinn.

So wird man auch über die Berichte über den fernen Russisch-Japanischen Krieg von 1904/05 gesprochen haben, in dem zum ersten Mal eine erschöpfte europäische Großmacht durch die Dynamik eines nicht-europäischen Lands besiegt wurde, das sich die westliche Technik zu Eigen gemacht hatte. So wird man über Paulus Krüger und den Burenkrieg im »stammesverwandten« Südafrika diskutiert haben, durch den viele Niederländer so anti-englisch wurden, dass sie jahrzehntelang pro-deutsch blieben.

Der eigenen Haustür näher waren die Probleme des niederländischen Königshauses und die Befürchtung, dass Königin Wilhelmina kinderlos sterben könnte. Fürstenhäuser spielten in der Politik noch eine zentrale Rolle, und es konnte große politische Folgen haben, wenn der Thron an irgendeinen entfernten deutschen Erben fiele.

1902 erkrankte Wilhelmina an Typhus und schwebte monatelang zwischen Leben und Tod. Die Möglichkeit, dass die Niederlande in absehbarer Zeit Teil des deutschen Kaiserreichs werden könnten, war damals nicht nur rein hypothetisch. Das drohende Unglück konnte nur durch Hoffen und Beten abgewendet werden.

Das Brot, das meine Großeltern aßen, stammte meist noch aus den Niederlanden, doch das Getreide dafür kam bereits zum größten Teil aus Russland und Amerika, die Baumwolle für die Segel wurde aus Afrika und Amerika importiert und der Kaffee aus Brasilien.

Zwischen 1880 und 1910 verzehnfachte sich das Transportaufkommen von Eisen- und Straßenbahn. Die ganzen Niederlande wurde mit einem dicht geknüpften regionalen und lokalen Schienennetz überzogen. (Als in den dreißiger Jahren der Omnibus aufkam, wurde es übrigens ebenso schnell wieder abgebaut.) Zwischen 1890 und 1910 wurden weltweit rund 400 000 Kilometer Schienen verlegt; die ökonomischen Folgen dieser Entwicklung waren bald überall zu spüren.

Unmerklich entstand langsam so etwas wie eine Weltwirtschaft. Manche Betriebe passten sich an und wurden allmählich zu internationalen Konzernen. Kleine Unternehmer wie mein Großvater, die im 19. Jahrhundert das Rückgrat der Nation gebildet hatten, wurden bereits um 1900 immer seltener. 1850 war noch die Hälfte der niederländischen Bevölkerung in irgendeiner Form selbstständig, 1899 nur noch ein Fünftel. Der Rest arbeitete bei großen Firmen oder bei (halb-)staatlichen Organisationen.

Auf diese Weise entstanden eine unabhängige, aber aussterbende Mittelschicht und eine neue, abhängige Mittelschicht aus Aufsehern, Technikern, Mechanikern, Lehrern, Abteilungsleitern. Auf den ersten Blick unterschieden sich die beiden Gruppen kaum, die zweite entstammte in vielen Fällen sogar der ersten. Doch in Wirklichkeit lagen Welten zwischen ihnen.

Die alte Mittelschicht meines Großvaters dachte in dem Sinne kapitalistisch, als sie mit eigenem – kleinen – Kapital für das Ideal einer unabhängigen Existenz mit einer sicheren Altersversorgung arbeiten wollte. Die Industrialisierung und das große Geld durchkreuzten diesen Traum. Deshalb setzte die alte Mittelschicht dem großen Kapital auch so oft heftigen Widerstand entgegen. Die neue Mittelschicht hingegen entschied sich für die Abhängigkeit von gerade eben diesem großen Kapital – und identifizierte sich auch oft damit –, um auf diesem Umweg soziale Sicherheit zu erlangen. Hinzu kommt noch, dass man in den neuen Betrieben nicht mehr auf überlieferte Techniken, Werte, Normen und die Autorität älterer Generationen bauen konnte wie in der Segelmacherei. Man musste sich selbst Wissen aneignen und es ständig erweitern und anpassen. Darum war die neue Mittelschicht auch viel offener für jede Form von Bildung.

Die alte Mittelschicht war meist patriarchalisch und human. Die Gesellen meines Großvaters waren mehr oder weniger ein Teil der Familie, und nach Auskunft meiner Tante Maart wurde nie jemand fortgeschickt, ohne dass er etwas zu essen bekommen hätte. Als aber ihre Ideale zerstört wurden, da legte die alte Mittelschicht ihr Wohlwollen ab – was schließlich zu einem ausgeprägten Konservatismus führte.

Der Haltung der neuen Mittelschicht hingegen war von Anfang an eine gewisse Härte eigen. Sie konnte nicht mehr in aller Ruhe warten, bis sie durch harte Arbeit einen gewissen Wohlstand erworben hatte. Nein, jeder Einzelne musste sich seinen Platz erobern, indem er jede sich bietende Gelegenheit beim Schopfe ergriff, sich aus der Masse zu erheben. Nicht nur sein Körper und seine Zeit, auch seine Seele wurde vom rasenden Räderwerk der neuen Industrie und Bürokratie erfasst.

Der erste neue »Mittelschichtler« in der Familie war, wie bereits erwähnt, der Onkel meines Vaters, der als Buchhalter arbeitete. Der zweite war sein etwas jüngerer Bruder Aart, der ebenfalls kein Geschäft aufmachte, sondern ins Büro ging. Der dritte, der die alte Welt verließ, war mein Vater.

*

Das erste der beiden frühesten Fotos von meinem Vater ist ein Familienporträt, aufgenommen bei der Kupfernen Hochzeit meiner Großeltern im Herbst 1900. Das Bild ist unscharf, die Kopie einer Kopie, doch mein Vater, gerade ein Jahr alt, ist deutlich zu erkennen. Er trägt ein weißes Kleidchen – damals die übliche Babykleidung –, sitzt auf dem Schoß meiner Großmutter, beißt sich in die linke Faust und schaut mit schwarz-weißen Augen in die Welt.

Auf dem zweiten Foto vom Frühjahr 1914 sehe ich einen Jugendlichen im Sonntagsanzug, ein Jackett mit breiten Revers und einer kurzen Hose, den Kopf fast kahl rasiert, mit großen Händen und einer gewissen Zurückhaltung im Blick. Die andern – es handelt sich um ein Gruppenbild der ganzen Familie, die sich um eine Vase mit fünf armseligen Nelken herum aufgestellt hat – nehmen Haltung an (meine Großmutter und ihre älteste Tochter Saar), unterdrücken mühsam ein freches Grinsen (Arie), schauen besorgt drein (der kleine Aart), gucken auf den hintersten Winkel der Zimmerdecke (Catrien), warten ruhig ab, was passiert (Koos und Henk), oder sind drauf und dran, vom Stuhl zu springen und wieder spielen zu gehen (die kleine Maartje).

Mittendrin sitzt mein Großvater, Schnurrbart, welliges Haar, auf Hochglanz geputzte Schuhe, ruhig und solide wie die Bank von England, jedoch mit demselben Argwohn im Blick wie mein Vater. Nein, ganz offensichtlich war es nicht seine Idee, zum Fotografen zu gehen, davon bin ich überzeugt. Das war eher ein Wunsch meiner Großmutter, und in seiner ganzen Gutmütigkeit hat er sich darein gefügt.

Die Zeit von 1900 bis 1914 wurde, so Stefan Zweig, als ein »goldenes Jahrhundert der Sicherheit« empfunden. Zweig, Österreicher, vor allem aber Europäer, hat in den Erinnerungen an seine Kindheit die intime

Welt des europäischen Bürgertums wie kein anderer beschrieben. »Jeder wußte, wieviel er besaß oder wieviel ihm zukam, was erlaubt und was verboten war. Alles hatte seine Norm, sein bestimmtes Maß und Gewicht. [...] Wer ein Haus besaß, betrachtete es als sichere Heimstatt für Kinder und Enkel, Hof und Geschäft vererbte sich von Geschlecht zu Geschlecht; während ein Säugling noch in der Wiege lag, legte man in der Sparbüchse oder der Sparkasse bereits einen ersten Obolus für den Lebensweg zurecht, eine kleine ›Reserve‹ für die Zukunft.«

Für Millionen von Europäern war dieses Gefühl der Sicherheit der höchste Besitz, und Millionen andere strebten mit ganzer Kraft danach wie nach einem gemeinschaftlichen Lebensideal. Auch mein Großvater gab jedem Enkel noch in der Wiege etwas mit auf den Weg: eine goldene Zehn-Gulden-Münze. Wenn man auf der gesellschaftlichen Leiter aufgestiegen war, sorgte man zuerst dafür, dass man Sicherheit ausstrahlte: durch Kleidung, die einen älter wirken ließ, durch eine würdevolle Art, sich zu bewegen, durch seine Lebensweise und schließlich durch die Wohnungseinrichtung.

Betrachten wir zum Beispiel einmal, wie meine Großmutter ihre »gute Stube« eingerichtet hatte: die Decke mit Stuckverzierungen, Tapete mit großen Blumen, ein teurer Teppich, der Kamin aus schwarzem Marmor und darauf Porzellanhündchen, Flaschen und allerhand Nippes, Landschaftsbilder und Seestücke, auf Hochglanz polierte Schränke und Stühle aus Mahagoni, überall gehäkelte Deckchen, auf dem Tisch ein dicker Läufer, kurzum: ein typisches Wohnzimmer der damaligen Mittelschicht, das Ergebnis des ständigen Hin-und-her-gerissen-Seins zwischen Putz und Sparsamkeit, zwischen dem Hochhalten des eigenen Stands und der Realität des Lebens, zwischen dem Willen zum Vorwärtsstreben und dem Bekräftigen der Ordnung der Dinge.

Heute wissen wir, dass diese Welt der Sicherheit eine Illusion war, dass die Kräfte, die sie über den Haufen werfen würden, schon mit aller Macht am Werke waren, als mein Vater noch in der Wiege lag, dass drei der fünf Großmächte hinweggefegt werden würden, während er noch zur Schule ging, und dass das alte Europa in Blut und Barbarei getaucht würde, noch ehe er erwachsen war. Doch der Rückblick trübt das Bild, denn im Morgenlicht des 20. Jahrhunderts ahnte das niemand. Meine Großeltern lebten wie Hunderttausende niederländischer Familien in bescheidenem Wohlstand, mit dem Wissen, dass es Katastrophen nur in der Ferne gab und dass Kriegsgräuel seit Menschengedenken an diesem Land vorübergegangen waren.

Sie lebten nicht nur in einer Zeit der Gewissheit, sie waren sogar davon überzeugt, dass ihre Gewissheit die Zeiten überdauern würde. Und hinzu kam noch, dass diese Gewissheit von den wärmenden Sonnenstrahlen des Fortschritts beschienen wurde. »Es ist vielleicht schwer, der Generation von heute, die in Katastrophen, Niederbrüchen und Krisen aufgewachsen ist, [...] den Optimismus, das Weltvertrauen zu schildern, die uns junge Menschen seit jener Jahrhundertwende beseelten«, schrieb Stefan Zweig. Europa hatte seit Jahrzehnten in Frieden gelebt – und für die Niederlande und einige andere Staaten währte diese Friedenszeit noch länger –, die Technik hatte dem Leben Flügel verliehen, die wissenschaftlichen Erkenntnisse machten die Menschen stolz und selbstbewusst.

Fast alle großen Städte erlebten zwischen 1880 und 1914 eine stürmische Entwicklung: Boulevards und Plätze wurden angelegt, Neubauviertel errichtet, Warenhäuser, Museen, man baute Theater und Stadien so groß wie Kathedralen. Der Gesundheitsstandard der Menschen stieg, der Komfort nahm zu, sie hatten immer mehr Freizeit, und dank der besseren Ernährung und Hygiene sahen sie besser aus. Um 1910 hing in den meisten Städten und Dörfern bei den vornehmeren Leuten ein Telefon an der Wand. Ein Telegramm konnte innerhalb weniger Sekunden auf die andere Seite der Erde übermittelt werden. Am Morgen des 17. Dezember 1903 machten die Fahrradfabrikanten Wilbur und Orville Wright auf dem Kill Devil Hill in North Carolina die ersten vier Flüge mit einer selbst gebauten Flugmaschine; ihr weitester Flug ging über eine Strecke von 255 Metern. Um die Jahrhundertwende herum verkündeten einige Mediziner das »absehbare Ende« aller Krankheiten, und manche hofften nach der Entdeckung der Röntgenstrahlen im Jahre 1895 sogar, es würde möglich sein, die Seele zu fotografieren.

*

Die Zeit von 1900 bis 1914 beherrschte eine bis dahin unbekannte Dynamik, die Ruhe und Ehrwürdigkeit nur scheinbar verdeckten. Im Haus am Hoofd machte man noch mit Gas- und Öllampen und auch mit Kerzen Licht, doch im *Rotterdamsch Nieuwsblad* tauchten immer häufiger Artikel auf, die über die in der Stadt verlegten elektrischen Leitungen berichten, und 1913 war es dann auch am Hoofd so weit: Elektrisches Licht, das mit dem Drehen des Schalters aufleuchtete, die Bequemlichkeit eines Staubsaugers und eines Bügeleisens, eine neue Klarheit, eine neue Leichtigkeit des Lebens hielten Einzug.

In dieser Zeit traf man auch die ersten Entscheidungen, die viel später zu einem – nie ausgesprochenen – Bruch in der Familie führen sollten: Mein Vater wurde weitgehend von der Arbeit in der Segelmacherei freigestellt, um die höhere Schule zu besuchen. Und auch die kleine, aufgeweckte Maartje durfte weiter zur Schule gehen, bis meine Großmutter sie drei Jahre später im Haushalt brauchte: eine Entscheidung, die als vollkommen selbstverständlich empfunden wurde.

Und um es noch einmal ganz deutlich zu sagen: Auch was das Private angeht, war die Familie eine typische holländische Durchschnittsfamilie um die Jahrhundertwende, mit allem was dazugehörte. Sexualität spielte keine Rolle, besser gesagt, durfte keine Rolle spielen. Arie scheint einmal einem Dienstmädchen den Hof gemacht zu haben, doch ansonsten war im Hause Mak von Erotik nichts zu sehen. »Meine Mutter habe ich nie anders als in schwarzen Kleidern gesehen oder im Sommer in dunkelblauen mit violetten Punkten. Rumgealber oder Zärtlichkeiten zwischen meinen Eltern, das sah man nie. Hin und wieder zwar ein herzliches Wort oder ein Lächeln, das schon, aber sonst nichts. Als Kinder dachten wir nicht einmal an solche Sachen. Sex, darüber hörten wir nur sehr unbestimmte Dinge, von Freundinnen«, erzählte meine Tante Maart.

Einer der Brüder, Henk, brachte einmal das schönste Mädchen der Stadt mit nach Hause, doch die Verbindung hielt nicht lange, weil Henk ein wenig flamboyanter Liebhaber war. Ihr Abschiedsbrief lautete:

Sehr geehrte Familie. Es tut mir für Sie und Henk sehr Leid, doch ich finde, Henk ist ein zu ruhiger junger Mann. Ich habe festgestellt, dass ich dies auf die Dauer nicht ertrage, und ich bin deshalb nach langem Ringen zu diesem Entschluss gekommen. Ich danke Ihnen für die sehr herzliche Aufnahme und grüße Sie sehr herzlich als Ihre Machteld de Ronde

In der Familie war mein Großvater der stille, schwer Arbeitende im Hintergrund. Zu anderen Menschen hatte er kaum Kontakt, abgesehen vom sonntäglichen Kirchgang mit seinem Bruder, dem Blockmacher. Wenn einer seiner Brüder Geburtstag hatte, ging er kurz hin, um zu gratulieren, doch die Brüder meiner Großmutter besuchte er nie. Nie setzte er sich in die gute Stube, um mit Leuten zu plaudern. Und wenn er selbst Geburtstag hatte, dann kamen sie alle gern, besonders die Männer, denn sie bekamen eine Zigarre, Gebäck und einen Becher heiße Schokolade, die damals noch oft statt Kaffee getrunken wurde. Anschließend gab es dann ein Glas Wein. Sogar an den Namen konnte sich eine meiner Tanten erinnern: Muscatel d'Algarve.

Die Familie war als solche auch eine Fertigungsstätte. Die meisten Kleider wurden selbst gemacht, ebenso wie das Essen: eingewecktes Gemüse, Marmeladen, in Salz eingelegter Fisch und gepökeltes Fleisch. Hier war meine Großmutter die Achse, um die sich alles drehte. Sie muss, nach allem was ich hörte, eine sehr liebe Frau gewesen sein, die nie ein böses Wort über jemand anderen fallen ließ. Dennoch fürchtete sie sich immer vor dem Jüngsten Gericht. Als sie von der kalvinistisch-reformierten Hervormde Kerk zur orthodox-kalvinistischen Gereformeerde Kerk übertrat*, folgten ihr fast alle Kinder. Sie war erfüllt von Schuld und Sündenfall, Adam und Gnade, Kampf und Bekehrung. Ihren Mann ließ das alles recht kalt. Die Kinder hingen dazwischen.

Schon seit ihrer Eheschließung strebten meine Großeltern religiös vollkommen auseinander. Mein Großvater bezog seine Weltanschauung vor allem von bestimmten Predigern, denen er sich verbunden fühlte. Er gehörte der »modernen Richtung« innerhalb der kalvinistisch-reformierten Kirche an, einer Strömung, die eine aufgeklärte, rationale Theologie verkündigte, die schließlich zur heutigen Entfremdung von der Kirche führte. Atheistisch und antireligiös war diese Strömung jedoch keinesfalls. Aus den Predigten in seiner Kirche klang vor allem Zweifel heraus, Unsicherheit, die anschließend mit schönen Sätzen und edlen, hehren Gedanken verbrämt wurde.

Nun war der Tod in der Zeit, als mein Vater aufwuchs, noch allgegenwärtig, er schlug überall rasch und unerwartet zu. Eine »gewöhnliche« Lungenentzündung konnte tödlich sein. Berufe wie der des Fischers oder des Hafenarbeiters waren äußerst riskant. Die Kindersterblichkeit war hoch, praktisch jedes Jugendbuch aus dieser Zeit enthielt eine tränenrührende Sterbeszene. Sogar in der relativ wohlhabenden Familie meiner Großeltern starben zwei Mädchen, eines an Diphtherie, das andere an einer heute harmlosen Kinderkrankheit. Und später sollte die zweite Freundin, die der stille Bruder Henk mit nach Hause brachte, innerhalb einer Nacht an einer Hirnhautentzündung sterben. Man konnte also jeden Moment, wie fromme Menschen es ausdrückten, »vor den Richterstuhl des Herrn gerufen werden«. Und wie würde Sein Urteil dann lauten? Diese Frage beschäftigte viele, auch meine Großmutter, ohne Unterlass.

Jeden Morgen legte im Hafen die Fähre vom anderen Flussufer an. Als Erste ging immer eine Frau von Bord, die ein Joch auf der Schulter trug, an dem zwei Körbe mit frischen Eiern hingen. Dann kamen die Übrigen: Fischer, Bauern, die Milch und Käse an der Haustür verkauften, Männer mit Gemüse und Kartoffeln. Das waren Menschen, die drüben auf den Inseln lebten, und meine Großmutter unterhielt sich gern mit ihnen über das Leben bei Gott, nach dem Tod.

Vor allem ein Eierhändler machte großen Eindruck auf sie. Dieser Mann war sich nicht sicher, ob er nun ein Kind Gottes war oder nicht, er marterte seinen Geist mit allerlei Texten und kämpfte um sein Seelenheil, bis die Bekehrung kam. Die kleine Maartje, die schweigend mithörte, berichtete mir, dass vor allem die letzte Geschichte ihr immer wieder Alpträume bereitete. Der Eierhändler beschrieb darin, wie er mit dem Engel gerungen hatte wie Jakob am Jabbok-Fluss, durch Schlamm und Pfützen war er gekrochen, und stundenlang hatte er ängstlich gefleht und gejammert. Bis das Licht aufleuchtete und auch dieser Eierhändler wußte, dass er ein Kind Gottes ist.

Meine Großmutter konnte von seinen Erzählungen nicht genug

bekommen. Denn, ach das Urteil, und dann die Ewigkeit! Einmal lotste sie ihn ins Haus, weil sie vom Stehen müde war. Doch in diesem Augenblick griff mein Großvater ein, der das Ganze von der Werkstatt aus beobachtet hatte. Er verbot dem Eierhändler, das Haus zu betreten, nannte ihn einen Drecksack und rief, er wolle ihn nie wieder sehen.

Ehrlich gesagt, glaube ich, dass bei dem Zwischenfall mit dem Eierhändler nicht nur religiöse Motive eine Rolle spielten. Für gewöhnlich regten sich die Maks bei Fragen des Glaubens nicht so auf. Im Allgemeinen lebten sie ihren Glauben im Gleichmut des 19. Jahrhunderts, als das alltägliche Leben noch von den christlichen Lehrsätzen bestimmt, die Kirche als selbstverständliche Institution betrachtet wurde und praktisch alle Niederländer an Gott glaubten, egal, ob sie sich nun einer modernen, einer orthodoxen oder gar keiner Richtung zugehörig fühlten.

Die »Versäulung«, die soziale Trennung zwischen den einzelnen Konfessionen und politischen Gruppierungen, welche die Niederlande bis in die siebziger Jahre prägten, hatte am Ende des 19. Jahrhunderts gerade eben erst angefangen. Man konnte sich nicht einmal in die eigene »Säule« zurückziehen, weil die jeweiligen Vereine, Verbände, Schulen und Universitäten zum größten Teil erst noch gegründet werden mussten. Bei der Volkszählung 1899 bekannten sich nur 2 Prozent der Niederländer öffentlich dazu, keiner Kirche anzugehören. Es war ganz selbstverständlich, dass jeder das amtliche Gebet, womit öffentliche Versammlungen häufig eröffnet wurden, problemlos aufsagen konnte. Als Königin Wilhelmina 1908 endlich ein Kind erwartete, wurden die Kirchen von Staats wegen dazu angehalten, für einen guten Verlauf der Schwangerschaft zu beten – eine Aufforderung, die ebenso wenig Verwunderung auslöste wie ein medizinischer Eingriff heute.

Kurzum: Der Glaube war für die meisten Menschen kein theologisches Konstrukt, sondern alltägliche, nicht hinterfragte Realität. Meine Großmutter erzählte immer – nie ohne zu weinen –, wie eines ihrer verstorbenen Kinder kurz vor dem Ende fragte: »Koos, wirst du die Leiter auch gut festhalten, wenn ich in den Himmel hinaufsteige?« Und so wird sie ihren eigenen Glauben auch erlebt haben, so real wie die Erde und das Wolkendach.

Bei den ältesten Familienunterlagen fand ich einen auffallenden Brief, der so voller frommer Ausdrücke war, dass ich zunächst nicht wusste, was ich damit anfangen sollte. Er stammte von meinem Urgroßvater, und dieser hatte ihn seinem Vater zu dessen 81. Geburtstag im Januar 1867 geschrieben.

Es ist kein behaglicher Brief. Absatz für Absatz wird mein Ururgroßvater ermahnt und aufgefordert, sich zu bekehren, ehe es zu spät ist. Die Reise zur Ewigkeit sei schließlich nicht mehr weit, und Gottes Urteil stehe unmittelbar bevor. »Komm, Vater, mach dich mit all deinen Sünden und all deiner Last rasch auf zu Jesus«, schrieb mein Urgroßvater. »Doch beeile dich, verschiebe es nicht auf morgen, denn für dich ist die elfte Stunde bereits gekommen, und immer noch steht der liebreiche Jesus an der Tür deines Herzens und klopft an …« So geht es drei Seiten lang weiter, über den kommenden Tod − »Verwesung ist zunächst mein Los« − und danach, hoffentlich, die ewige Seligkeit.

Ich lese den Brief ein zweites und ein drittes Mal, und mir fällt auf, dass der Text voller halbritueller Formeln und Liedfragmenten ist, die ihm einen fast beschwörenden Rhythmus verleihen. Hier wird eindeutig ein Jargon benutzt, ein andersartiger Jargon als der, den später die Marxisten verwandten, aber dennoch ein Jargon.

Doch ich kann mir keinen rechten Reim auf den Brief machen. Er klingt sehr orthodox, und doch werden immer wieder auch Lieder zitiert anstatt der Psalmen, was in den Augen der meisten Strenggläubigen eine Sünde ist. Und auch aus dem scheinbaren Konflikt zwischen Vater und Sohn über den leichtsinnigen Lebenswandel des letzteren werde ich nicht schlau. Schließlich bitte ich jemanden, der selbst aus extrem orthodoxen Kreisen des niederländischen Protestantismus stammt, um Rat. Es ist verblüffend zu beobachten, wie er diese Sprache, den Kode und die Aussage auch nach hundertdreißig Jahren noch auf Anhieb versteht und den Brief auf der Stelle einordnen kann: »Dieser Brief stammt von einem Mitglied der pietistischen Strömung, die es schon seit dem 17. Jahrhundert in der Reformierten Kirche gibt. Außerdem stand er in Kontakt zur Réveil, der Erweckungsbewegung im 19. Jahrhundert, die von den Dichtern Isaac Da Costa, der vom Judentum zum Christentum übergetreten war, und Willem Bilderdijk ausging.« Von einem Konflikt zwischen Vater und Sohn könne, seiner Meinung nach, keine Rede sein. »In diesem Milieu galt dies als ein wunderschöner Geburtstagsbrief, und deshalb ist er wahrscheinlich auch aufbewahrt worden.« Er erklärt mir, dass diese Sorge um das Seelenheil der Lieben ein Ausdruck großer Zuneigung war. »Mein Vater hätte viel darum gegeben, einen solchen Brief von mir zu bekommen, aber ich hätte es nicht über mich gebracht.«

Bibelworte, Lieder, Texte, die sich ständig wiederholen, und das alles nur für ein wenig Geborgenheit und Frieden. Meine Urgroßeltern waren nicht die Einzigen, die danach besonders intensiv suchten. In der zweiten Hälfte des 19. Jahrhunderts war die Ungewissheit in theologischen Fragen größer denn je, und das rief heftige Emotionen hervor.

Viele glaubten an die Wirtschaft, an die Wissenschaft, an die Technik, viele auch an die gerechte Verteilung von Geld und Gütern, an die Bildung, an einen rational handelnden Staat, an die Utopie des Sozialismus. Beide Gruppen richteten ihre Erwartungen immer stärker auf das irdische Dasein. 1848 hatte ein neuer Grundton Einzug gehalten, der auf der früher einmal revolutionären Idee von Demokratie und Chancengleichheit für alle gründete.

Diese Weltanschauung war in gewisser Weise eine Fortsetzung und Erweiterung eines Emanzipationsprozesses, der in der Renaissance und der Aufklärung begonnen hatte. Zugleich entstanden als Reaktion auf diese Entwicklungen vier neue religiöse Bewegungen.

Zunächst gab es die Bewegung der Freigeistigen, eine Theologie, die versuchte, sowohl die Religion als auch die Aufklärung in sich zu vereinigen. Alles, was in der Bibel stand, betrachtete man innerhalb der objektiven Gesetzmäßigkeiten von Natur und Gesellschaft. Ein Wunder war kein Wunder mehr, sondern wurde auf eine erstaunliche natürliche Reaktion zurückgeführt oder als symbolische Erzählung interpretiert. Jesus war nichts weiter als ein bewundernswertes Vorbild für die Menschheit. Toleranz – auch anderen Religionen gegenüber – und eine optimistische Weltsicht wurden groß geschrieben.

Innerhalb der einfachen Bevölkerung entstand jedoch eine zweite Bewegung, die genau vom Gegenteil ausging. Diese »kleinen Leute«

waren immer unzufriedener mit der offiziellen kalvinistisch-reformierten Kirche, die allerlei Abweichungen von der reinen Lehre duldete, die Kirchenlieder zuließ und von einigen Traditionen abrückte. Viele Gläubige zogen sich in Konventikel zurück, geschlossene Gemeinschaften, in denen die »Gottesfürchtigkeit praktiziert« wurde, die allerdings Bestandteil der großen Reformierten Staatskirche blieben. Ich vermute, dass mein frommer Urgroßvater auch einer solchen Gemeinschaft angehört hat. Schließlich entstand aus diesen, leicht mystisch veranlagten Gemeinschaften der Reformierte Bund, der ultraorthodoxe Flügel der Reformierten Kirche.

Eine andere Richtung wählten die Gruppen, die sich nach 1834 der so genannten Afscheiding (Loslösung) anschlossen. Sie spalteten sich von der Reformierten Kirche ab und bildeten unter großen Opfern kleine, selbstständige Gemeinden. Weil ihrer Ansicht nach die öffentlichen Schulen viel zu freigeistig waren, begannen sie ab Mitte des 19. Jahrhunderts mit der Gründung eigener Schulen. Wie sonst niemandem war ihnen bewusst, dass für ihre Kinder und Enkel Bildung der einzige Weg nach oben war, doch auf diesem Weg durften sie nicht vom Glauben abfallen.

In der Oberschicht gab es daneben noch eine vierte Strömung, die Réveil, die geistige Bewegung, an deren Spitze Isaac Da Costa stand. Sie war eine typische Protestbewegung, die gegen die Selbstgenügsamkeit des 19. Jahrhunderts mit seinem Materialismus und seiner Überbewertung des rationalen Denkens wetterte. In kleinen Gruppen bemühte man sich, dem wahren Christentum näher zu kommen, doch nur religiös war diese Bewegung nicht. Es ging um mehr.

Unter Führung von Guillaume Groen van Prinsterer versuchte man, den alten nationalen Werten aus den goldenen Gründerjahren der Niederländischen Republik neues Leben einzuhauchen. Nicht nur gegen den Liberalismus musste nach Ansicht von Groen van Prinsterer ein Damm errichtet werden, sondern auch gegen die »heranrückende Macht des Papsttums«, und den »verfluchten Götzendienst der papistischen Messe«. Auf dieser Basis begann man, hier und da »Antirevolutionäre Wählervereinigungen« ins Leben zu rufen. Andere allerdings sahen keine Perspektive und emigrierten in die Neue Welt, wo sie ihre eigenen Kirchen und Städte gründeten, weit weg von den sündigen Niederlanden.

Schließlich war es der charismatische Prediger Abraham Kuyper, der die Unzufriedenheit über Modernismus und Liberalismus zu einer wirklich geschlossenen Massenbewegung schmiedete. 1870 wurde er Chefredakteur des Wochenblatts *De Heraut*, 1872 gründete er eine eigene Tageszeitung, *De Standaard*, und 1879 wurde er der erste Vorsitzende des Zentralkomitees der Antirevolutionären Wählervereinigungen.

Das Menschenbild Kuypers war im Kern sehr pessimistisch: Im Gegensatz zum optimistischen Zeitgeist betrachtete er den Menschen, so wie es der Heidelberger Katechismus lehrte, als »ganz und gar unfähig zu irgendeinem Guten und geneigt zu allem Bösen«. Im Chaos der modernen Zeit konnte er nur eine einzige Sicherheit erkennen: Gottes Wort, das Wort der Väter, die Lehre, zu der man sich, wie er in der ersten Ausgabe von *De Heraut* schrieb, »bis um das Jahr 1750 mit gesundem Verstand und mit gediegener Wissenschaft geschmückt bekannte«. Was nach 1750 auf dem Gebiet der Wissenschaft und der Theologie geschehen war, zählte seiner Meinung nach offenbar nicht. Ein echter Kalvinist war Kuyper übrigens genauso wenig: seine Theorien griffen auf das Gedankengut der holländischen Pfarrer des 17. und 18. Jahrhunderts zurück, nicht auf das von Calvin selbst.

Dennoch war Kuypers Theologie typisch für das 19. Jahrhundert, und das war auch der Grund dafür, dass seine Äußerungen ein so großes Echo fanden. Mit seinen Ideen über »das Wort der Väter« schloss er nahtlos an die Mode an, die in den Niederlanden das Goldene Jahrhundert wieder zum Leben erwecken wollte. Seine Ansichten über »die vollkommene Souveränität Gottes« knüpften problemlos an eine Diskussion an, die im 19. Jahrhundert lange die Öffentlichkeit beherrschte und die sich implizit immer um die Frage drehte: Wer hat die Macht, und mit welchem Recht hat er sie? Und seine Ansicht, dass die einzigen wahren Niederlande kalvinistische Niederlande seien, widerspiegeln eine Verschiebung, die man überall in Europa beobachten kann, nämlich von einem befreienden Nationalismus hin zu einem Nationalismus, der zwingende Forderungen an die eigene Gemeinschaft stellte.

In Frankreich war damals zu hören, dass die französische Nation und die katholische Kirche untrennbar miteinander verbunden sind, die einzig wahren Briten im Empire waren die Engländer, in Deutschland kam der Begriff »Blut und Boden« auf, ein echter Russe war natürlich Mitglied der russisch-orthodoxen Kirche, im Reich der Habsburger wurde hier und dort darüber nachgedacht, Minderheiten zu deportieren, und fast überall blieben die Juden vor allem eins: außen vor.

Abraham Kuyper und seine Gefolgschaft wollten eigentlich die große Reformierte Staatskirche übernehmen. Sie bezeichneten sich selbst als die »Dolerenden«, nach dem lateinischen Wort *dolere* (klagen). Eine dolerende Kirche ist eine Kirche, schrieb Kuyper, »die zu Gott hinauf klagt und bittet, von den Plagen befreit zu werden«. 1886 schlug ihr Griff nach der Macht fehl, und anschließend spaltete sich die Gruppe von der Reformierten Kirche ab (»Doleantie«).

Sehr bald darauf vereinigten sich die Losgelösten und die Dolerenden – eine kleine Gruppe der Losgelösten blieb selbstständig, die spätere Christlich Reformierte Kirche –, und gemeinsam bildeten sie die orthodox-kalvinistischen Kirchen. Was das äußere Erscheinungsbild der Kirche anging, so gelang es Kuyper, die beiden Gruppen nahtlos zusammenzuschweißen, doch wer sich in den Milieus gut auskennt, der kann auch nach hundert Jahren noch die deutlichen Unterschiede erkennen, etwa zwischen der leicht pietistischen Atmosphäre in einer typischen Loslösungsgemeinde und der nüchternen Haltung einer Dolerenden-Familie in der Großstadt.

Vermutlich sind all diese Bewegungen größtenteils zunächst unbemerkt an den Maks vorübergegangen. Sie waren, so kann man aus dem alten Geburtstagsbrief schließen, fromme pietistische Leute, aber sie dachten nicht daran, der »großen Kirche« den Rücken zu kehren. Sie lauschten jeden Sonntag den Predigern, die ihnen gefielen, sie sangen die lieb gewordenen Lieder, die damals in Mode waren, und wenn der Prediger ihnen nicht mehr passte, gingen sie zu einem anderen. Umgeben von Kampfer- und Pfefferminzschwaden, verströmte der kleine Zug der Maks den leichten Teergeruch der Segelmacherei, und das war auch schon der größte Unterschied zu den anderen. Von Natur aus neigten sie nicht zu Kuypers Doleantie. Wenn meine Großmutter nicht gewesen wäre, hätte man sich auch nie dafür entschieden.

Der Überlieferung zufolge war der Tod meiner Urgroßmutter der Auslöser dafür, dass es in der Familie zum Bruch zwischen den Reformierten und den orthodoxen Kalvinisten kam. Kuypers Doleantie hatte gerade erst begonnen, als sie auf dem Sterbebett meine Großmutter beschwor: »Kind, folge dem orthodox-kalvinistischen Pfarrer, besuch seinen Konfirmandenunterricht, erziehe deine Kinder in der wahren Lehre, auf dass sie gerettet werden.«

Meine Großmutter, tief beeindruckt, versprach es. So bestimmte ein einziges Ereignis den Weg der kommenden Generationen. Ein ganzer Zweig der braven, apolitischen, reformierten Maks wurde plötzlich orthodox-kalvinistisch und damit Teil einer der streitbarsten Emanzipationsbewegungen dieses Jahrhunderts.

Gemeinsam begannen die »kleinen Leute« nämlich mit dem Bau eines ganzen Systems von Burgen, in denen man vor dem Sittenverfall geschützt war: die Burg der Familie, die Burg der eigenen kirchlichen Gemeinschaft, der eigenen Universität, der eigenen Zeitungen, der eigenen Schule, der eigenen politischen Partei, und das alles unter dem Motto »Souveränität im eigenen Kreis«.

Der Erfolg von Kuypers Bewegung ist paradoxerweise demselben Zeitgeist zu verdanken, der bekämpft werden sollte. Der strenggläubige Kuyper war – und das unterschied ihn von seinen Vorgängern Groen van Prinsterer und Willem Bilderdijk – in jeder Hinsicht ein Kind der modernen Gesellschaft. Mit großem Eifer verstand er es, seine eigenen Tages- und Wochenzeitungen bis in die entlegensten Ecken des Land zu verbreiten. Auf Grund der neuen Formen des Massentransports war er in der Lage, bisher ungeahnte Menschenmengen an einem Ort zu versammeln. Dank der Eisenbahn und der Post gelang es ihm als einem der Ersten, eine moderne, landesweite Massenorganisation auf die Beine zu stellen und überall seine Ideen unters Volk zu bringen. Sogar in Amerika warb er – mit Schiffen, Zügen und Automobilen unterwegs – wie ein Vollblutpolitiker für seine Ideen. Die Antirevolutionären Wählervereinigungen ließ er 1879 zur Antirevolutionären

Partei fusionieren, die man allgemein als die erste moderne Partei der Niederlande betrachtet.

Seine Anhängerschaft machte um die Jahrhundertwende herum ungefähr sieben Prozent der Bevölkerung aus. Es waren solide und prinzipientreue Menschen, manchmal kleinlich und engherzig, oft auch altmodisch und zugleich pragmatisch-modern. Es waren hart arbeitende Menschen, die auf ihre Weise einen vergleichbaren Emanzipationsprozess in Gang setzten wie die sozialistischen Arbeiter.

1901 errangen sie zusammen mit den Katholiken einen überwältigenden Wahlsieg. Abraham der Gewaltige konnte regieren.

Großmutter Maks Wechsel zu den orthodoxen Kalvinisten führte in der Familie lediglich zu Problemen mit ihren beiden ältesten Söhnen. Vor allem Koos war nicht darüber erbaut, dass seine Mutter die Doleantie ins Haus gebracht hatte. Er blieb sein Leben lang trotzig und treu Mitglied der Reformierten Kirche, machte fortan um den orthodox-kalvinistischen Zweig der Familie möglichst einen Bogen und schwieg ansonsten über das Problem. Vermutlich hat meine Großmutter nicht einmal gewusst, dass es überhaupt ein Problem gab. Mein Großvater hatte nichts gegen den Schritt seiner Frau einzuwenden. Er war ein gutmütiger Mann, und außerdem verbrachten er und meine Großmutter wahrscheinlich zu wenig Zeit miteinander, um sich großartig streiten zu können. Wenn sein Pfarrer eine Spende bekam, erhielt ihrer denselben Betrag. Bekam ihr Pfarrer zum Geburtstag eine Kiste Zigarren, dann erhielt sein Pfarrer, ob er nun Geburtstag hatte oder nicht, auch eine Kiste. Wollte sie die christlichen Zeitungen *Rotterdammer* und *De vriend van Oud en Jong* (Der Freund von Alt und Jung) abonnieren, kein Problem, Hauptsache, er konnte weiterhin sein *Rotterdamsch Nieuwsblad* lesen.

Mein Vater konnte sich noch daran erinnern, wie sich mein Großvater sonntags in aller Ruhe rasierte, während meine Großmutter mit sieben Kindern in aller Eile vorbeihastete, um pünktlich in ihr rechtgläubiges Gotteshaus zu gelangen. Meistens erwartete er sie hinterher wieder mit einem stillen Lächeln: »Mein Pfarrer ist doch ein bisschen fixer als deiner.«

Während des Kaffees saßen die freigeistigen Männer in der einen Hälfte des Zimmers, während meine Großmutter und ihre Kinder sich in der anderen aufhielten. Trotzdem war es vor allem ihre Stimme, die den Raum füllte. Sie redete über die Pfarrer, die Predigt und über Jakob, der eine Leiter sah, die bis in den Himmel reichte.

Von meinem Vater weiß ich, dass er sich besonders gut daran erinnern konnte, wie sie alle an den stillen Sonntagabenden zusammen mit meinem Großvater sangen; wenn meine Großmutter zum zweiten Gottesdienst war, lehnten sich alle Kinder links und rechts vom Tisch an ihren Vater, um Lieder aus dem reformierten Gesangbuch zu singen.

Die kleine Maartje hat mir erzählt, dass sie sich auch achtzig Jahre später noch an das Gefühl des Ungemachs erinnern kann, an die Angst, nicht rechtzeitig vor ihrem Tod zu Gott zu finden, und was dann aus ihr werden würde, denn ohne Bekehrung ging niemand in den Himmel ein. Sie wusste noch, wie das war, die panischen Gebete unter der Bettdecke, der unruhige Schlaf danach. Aber die Jungs lachten darüber.

KAPITEL 2

Die Schöne Zeit

D ie Zeitung, die mein Großvater am Nachmittag des Silvestertags
1911 bekommt, meldet:

*»Die spanischen Truppen griffen hufeisenförmig an und umzingelten
den Feind, der von See vier Kriegsschiffe unter Feuer nahm. Es war
ein fürchterliches Gemetzel. Fünfhundert getötete Mohren bedeckten
das Schlachtfeld.«*

*»Dieser Multimillionär mit einem Vermögen von sechzehn Millionen
ist bestimmt der reichste Mann in den Niederlanden. Er arbeitet
immer noch jeden Tag und verdient sich sein Brot.«*

*»Die Niederländische Mitternachtsmission veranstaltet am 3. Januar
in ihrem Vereinsheim eine öffentliche Versammlung, auf der verschiedene Sittengesetze diskutiert werden sollen.«*

*»Zweihundert Gewehre, zahlreiche Kamele und Munition gelangten
in die Hände des türkischen Feinds.«*

*»In einer Gaststätte bei den Verbrande Erven kam es gestern zu einer
Schlägerei zwischen zwei Pensionsgästen, bei der einiger Hausrat zu
Bruch ging.«*

Die Familie Mak feierte den Jahreswechsel voller Ruhe und Zufriedenheit, in »Lebensfülle«, wie meine Tante Maart es später nennen sollte. In
den Erinnerungen, die sie für ihre Kinder zu Papier brachte, fand ich
eine genaue Beschreibung dieser Neujahrsfeier, eine intime Moment-
aufnahme des damaligen Familienlebens.

Mein Großvater hatte während der letzten Tage des Jahres noch
einen Eilauftrag zu erledigen, und die ganze Familie hatte dabei mit
anpacken müssen. Koos und Arie übernahmen die echte Segelmacher-

arbeit, doch auch mein Vater musste, sobald er aus der Schule kam, mit ran. Pausenlos kroch er auf dem Boden herum und faltete Stoffbahnen. Doch am letzten Morgen des Jahres ist alles fertig. Mein Großvater kehrt persönlich die Werkstatt und spaziert dann zur Bank, um die Jahresabrechnung zu machen.

Nach dem Mittagessen – wie immer ein ordentliches Stück Fleisch und eine große Portion Pudding an einer Tafel für mindestens zwölf Personen – wird der große Ofen in der Werkstatt mit den Resten der alten Teertonne angefeuert. Dann werden Krapfen gebacken – während sie noch im Öl schwimmen, verschlingen die Kinder sie bereits mit den Augen –, und anschließend setzt sich mein Großvater die Brille auf die Nase, um noch die letzten geschäftlichen Notizen des Jahres aus seinem Notizblock ins Reine zu schreiben.

Abends geht meine Großmutter in die Kirche. Dann kommt Kakao auf den Tisch, und mein Großvater spendiert geräucherten Aal. Aart liest mit roten Ohren in einem spannenden Buch aus der Sonntagsschule. »Auf dem Buchdeckel ist ein schönes Bild. Zwei Jungen stehen auf einer Sandbank, und um sie herum steigt die Flut. Wie können sie noch gerettet werden?«

Auf einmal heulen die Dampfpfeifen und die Sirenen der Schiffe auf. Meine Tante Maart: »Es ist zwölf Uhr. Vater geht hinaus. Doch Mutter und die anderen wollen auch kurz auf die Mole gehen und schauen. Die Glocken aller Türme läuten, und irgendwo steigt eine Rakete in die Höhe. Ansonsten passiert nichts. Auf den Schiffen verstummen die Sirenen. Das Läuten der Kirchenglocken ebbt langsam ab. Jetzt gehen alle ins Haus und zu Bett. Das Jahr 1911 ist vorüber.«

Die meisten Jahrhunderte beginnen und enden mit einer runden Jahreszahl. Das 19. Jahrhundert war für Europa ein langes Jahrhundert, das im Jahr 1789 begann und 1914 endete. Erst dann begann das zwanzigste.

Die Kinderjahre meines Vaters waren also gleichzeitig die Grenzzone des 19. Jahrhunderts, es war die »Schöne Zeit«, wie die französische Elite sie nannte, die Belle Époque. Es waren die Jahre der sich abrackernden »kleinen Leute«, der versteckten Sparsamkeit des aufkommenden neuen Bürgertums, aber auch der mondänen Welt und der Modeaufnahmen in der Zeitschrift *La Gracieuse*.

Was die Balltoilette für junge Damen angeht, so empfehlen wir ein Kleid aus rosafarbenem Crêpe de Chine, das an den Rändern mit Federn in der gleichen Farbe verziert ist, während die Frau des Hauses ein Brokatkleid trägt, dazu ein Tuch mit farbigen Blumen auf schwarzem Untergrund.

Die Elite war klein und überschaubar. An Kleidung, Sprache und Herkunft konnte man sofort erkennen, zu welchem Stand jemand gehörte. Auch auf europäischer Ebene, in den Kur- und Badeorten, traf sich die Oberschicht. Der Straßenverkehr – Kutschen, ein paar Autos und Straßenbahnen, vor allem aber Spaziergänger – war zugleich sozialer Verkehr. Sogar Weltstädte wie Paris oder London hatten ohne Autoverkehr oft noch etwas Provinzielles.

Die »Schöne Zeit« hatte zwei besondere Eigenschaften. Zum einen war das Militär sehr präsent. Obwohl überall in Westeuropa Frieden herrschte, erwecken die wenigen Filmaufnahmen, die aus dieser Zeit übrig geblieben sind, den Eindruck, als habe das Leben aus fast nichts anderem bestanden als aus einer nicht enden wollenden Abfolge von Paraden, Manövern und ähnlichen militärischen Spektakeln. Wenn man an Sommerabenden über die Boulevards flanierte, erklang aus den Konzertpavillons vor allem Marschmusik. Und sogar die Emanzipationsbewegungen benutzten in ihren Publikationen militärische Ausdrücke wie »Gefecht«, »Front« und »sich hinter der Flagge scharen«.

Die neuen staatlichen Schulen und die Massenmedien heizten das Nationalgefühl zusätzlich an. Man pflegte die alten Rivalitäten zwischen den Nationen, und die Regierungen stimulierten das Denken in Feindbildern. Wenn Helmuth von Moltke schreibt, der Krieg sei Teil der göttlichen Ordnung, er sorge dafür, dass die Menschheit nicht im Materialismus erstarre, und bringe die Menschen dazu, ihre edelsten Tugenden – Mut, Hingabe, Pflichtgefühl und Opferbereitschaft – zu zeigen, dann drückt er aus, was viele damals dachten.

Zum zweiten war die »Schöne Zeit« eine Welt, die extrem in unterschiedliche Klassen aufgeteilt war. Zwischen der Elite und der übrigen Bevölkerung schien es einen eisernen Vorhang zu geben, einen undurchdringlichen Schirm, mit dem man den Blick auf die Armut versperrte, in der die Mehrheit der Menschen lebte. In den Zügen gab es eine strikte Einteilung in drei Klassen – es gab sogar gesonderte Damenabteile –, die es der Oberschicht ermöglichte zu reisen, ohne mit etwas »Vulgärem« in Berührung zu kommen.

Über die meisten Errungenschaften des Fortschritts konnte nur die »Schöne Welt« verfügen. Das Automobil, das nach 1900 technisch immer weiter ausreifte, blieb in Europa – in Handarbeit hergestellt, so wie mein Großvater seine Segel machte, Stück für Stück – noch jahrelang der Elite vorbehalten. In den Vereinigten Staaten beschloss Henry Ford 1908, nur noch ein einziges Modell zu bauen, und zwar massenhaft, was ihm – nach der Einführung des Fließbandes 1913 – immer besser gelang. 1915 gab es in den Vereinigten Staaten etwa 2,5 Millionen Autos. In Europa war man noch längst nicht so weit.

Auch was Wohlfahrt und Gesundheit anbelangte, gab es eine tiefe, fast unüberbrückbare Kluft zwischen der Elite und dem einfachen Bürger. Während der Belle Époque starb in den Niederlanden alle fünfundvierzig Minuten jemand an Tuberkulose. Ein Viertel der Wohnungen bestand aus einem einzigen Zimmer, worin dennoch meist vier-, sechs- oder achtköpfige Familien hausten. Der größte Teil der Bevölkerung wurde nicht älter als fünfzig Jahre, und nur etwa sechs Prozent der Niederländer erreichten das fünfundsechzigste Lebensjahr. Hatte man die dreißig überschritten, machte man sich allmählich Sorgen über das Alter, mit vierzig war man alt und abgearbeitet.

In Schiedam verdiente ein Brennereiarbeiter zwischen sechs und dreizehn Gulden pro Woche. Dafür musste er dreizehn bis siebzehn Stunden am Tag arbeiten, manchmal auch sonntags. Die Kindersterblichkeit in Schiedam war genauso hoch wie in den schlimmsten Elendsvierteln Londons.

In einem Schulaufsatz berichtet mein Vater von einem stillen, nebligen und frostigen Winterabend, an dem er mit einem Freund am Hafen entlangging. Die Bäume waren schwer vom Reif, »im Dunkeln sah es so aus, als trieben sie Knospen wie im Frühjahr, so voll wirkten sie«. Vor ihnen her fuhr ein schwerfälliger Karren der Stadtreinigung, den ein großes, kräftiges Pferd zog, das »mit seinen stampfenden Hufen« die Stille zerriss.

»Dann waren auf einmal sich näherndes Holzschuhklappern und das Quietschen von Eimern, die an ihrem Griff schaukelten, zu hören, und es tauchten Gestalten auf, die zu dem Karren hingingen, sich daran festhielten und mitliefen. Es wurden immer mehr, die wie Gespenster auftauchten, kleinere und größere, Jungen und Mädchen – auch Frauen –, sich gegenseitig wegdrängend. Da schwenkte der Karren nach links und gelangte, plötzlich schneller werdend, in die tiefer gelegene Aschegrube – und die Körper dahinter und daneben hielten sich krampfhafter fest und schaukelten mit hinab. Auf einmal hielt der Karren an. Bedächtig kletterte ein alter Mann vom Bock und begann, vorne an einem Stift zu ziehen – mit grimmigem Rucken. Grelles Laternenlicht fiel auf die düstere, ärmliche Gruppe. Gelassen warteten die Gestalten in ihren Lumpen, jeder auf seinem Platz. Knarrend kippte auf einmal der Karren herab, das Pferd ging mechanisch ein paar Schritte nach vorn, und begierig bückten sich die Gestalten, um die letzten kleinen Kohlen aus der Asche zu klauben, aus der schmutziger Staub aufwehte.«

Es gab zahllose Unfälle. Meine Tante Maart erlebte, wie ein Brennereiarbeiter in die kochende Melasse stürzte und starb. Das war an einem Mittwoch. Seine Frau mit acht Kindern bekam lediglich den Lohn für Montag und Dienstag ausbezahlt. Anschließend musste sie sehen, wie sie mit Putzen und Waschen über die Runden kam. Zusätzlich erhielt sie von der Armenfürsorge pro Woche fünfzig Cent und ein Brot.

In den Häfen, wo Tag für Tag ungefähr 10 000 Arbeiter schufteten, war der Blutzoll noch höher. Ein Bericht des Allgemeinen Hafenarbeiterverbands nennt allein für das Jahr 1906 die horrende Zahl von 3718 Unfallopfern. 1907 gab es 4172 Tote und Verletzte; später sank die Zahl auf durchschnittlich 2000 pro Jahr. Arbeitszeiten von 72 Stunden ununterbrochen am Stück waren um 1905 noch gang und gäbe. Jeden

Morgen standen die Arbeiter bei Regen und Wind in langen Schlangen vor den Einstellungsbüros. Wer aus irgendwelchen Gründen keine schwere Arbeit mehr leisten konnte, blieb in dem mörderischen Konkurrenzkampf auf der Strecke.

Die »kleinen Leute« empfanden keine Sympathie für das Großkapital, den »ungerechten Mammon«, wie man es nannte. Das erste Sozialgesetz brachten sie mit auf den Weg: eine Volksversicherung gegen Arbeitsunfälle.

Auf der anderen Seite stand die staatliche Gewalt, »die Gott über die Menschen gestellt hatte«. Und es war derselbe beseelte Kuyper, der 1903 als Ministerpräsident mit seinen »Knebelgesetzen« den Eisenbahnerstreik beendete, den ersten Massenprotest von Arbeitern in der niederländischen Geschichte. Die Sozialisten sollten den Konfessionellen diese Doppelzüngigkeit nie vergeben.

Im Haus meines Großvaters war es vor allem Arie, den die Geschehnisse um ihn herum berührten. Wenn er samstagmittags seinen Wochenlohn bekommen hatte, dann drückte er jedesmal Maartje einen Gulden in die Hand, damit sie beim Petroleumhändler für fünfundzwanzig Cent Zigarren für ihn kaufte. Den Rest durfte sie behalten. Arie machte sich über alles lustig, wollte nicht mehr zur Kirche gehen, stand abends immer am Hafen und unterhielt sich mit irgendwelchen merkwürdigen Kerlen, und außerdem spielte er auch noch Lotto.

Das war für meine Großmutter am allerschlimmsten: »Das darfst du nicht, Junge, du darfst nicht in der Lotterie spielen.« Arie gewann zweimal. Beim ersten Mal schenkte er all seinen Brüdern und Schwestern einen 25-Gulden-Schein, den sie alle, ungeachtet ihrer orthodox-kalvinistischen Überzeugungen, auch sofort einsteckten. Beim zweiten Mal war gerade ein Unfall an einer alten Hebebrücke passiert: Das herabfallende Kontergewicht hatte einen Arbeiter erschlagen. Die verstümmelte Leiche lud man ohne große Umstände auf einen Wagen, brachte sie nach Hause und legte sie aufs Bett. Ohne zu zögern verschenkte Arie erneut seinen Gewinn.

Arie hat seine sozialen Gefühle allerdings nie in politisches Handeln umgesetzt. Es war vielmehr ein kollektives Murren, das er zusammen mit ein paar Freunden aus den ärmsten Vierteln anstimmte. All die Reichen, sagte er dann, müsse man erschießen, sie seien alle nur reich geworden, weil sie die armen Schweine in Indonesien für ein paar Cent ausgebeutet hätten, diese Schufte. Und ähnliche Dinge.

Anders verhielt es sich mit einem Bruder meiner Großmutter, Arend, ein Böttcher, der regelmäßig abends vorbeikam und ein paar Heringe brachte, die er übrig hatte. Mein Großvater stellte dann die Pfanne auf den Herd, um sie zu braten, meine Großmutter steckte ihrem Bruder ein paar zusätzliche Butterbrote zu – er hatte eine große Familie und wenig zu essen –, und während die Heringe in der Pfanne brutzelten, besprach man in aller Ruhe die Probleme der Welt. Doch eines Abends kam Arend vorbei und wollte kein zusätzliches Butterbrot haben. »Ich hab's eilig, denn ich muss noch zu einer Versammlung«, sagte er. »Wo musst du denn so schnell hin?«, wollte meine Großmutter wissen. »Zur Roten Lagerhalle, zu den Sozialisten.« »Aber Arend«, sagte meine Großmutter – so jedenfalls erinnerte sich meine Tante Maart –, »da gehst du hin?« »Tja, du hast gut reden. Du hast einen Mann mit einem Schreibtisch, und wenn du kein Geld hast, dann brauchst du ihn nur darum zu bitten.«

Später war meine Großmutter hinausgegangen und hatte hinter den Gärten der Nachbarn den Kampfliedern der Sozialisten gelauscht. Das war nicht einfach für sie: Auf der einen Seite die Rebellion ihres Bruders und auf der anderen Seite die Höllenangst des Eierhändlers.

Was mein Vater in dieser Zeit dachte, dazu lässt sich nicht viel sagen, denn nur sein Aufsatzheft von damals ist erhalten geblieben. Der einzige Hinweis darauf, dass er sich auch als Schüler auf seine Weise mit der sozialen Frage beschäftigte, findet sich am Ende der Geschichte von den Kohlensammlern. Das soeben Gesehene hat ihn nachdenklich gemacht. Als sein Freund einen Witz über die Szene macht und auf die augenblicklichen Kohlepreise anspielt – »Die Leute werden noch reich damit« –, muss er lachen, was ihm aber gleichzeitig peinlich ist.

Ich denke, dass seine Haltung sich kaum von der der übrigen Familie unterschieden hat: fünfundzwanzig Cent oder ein Stück Brot für einen Hungrigen, der an die Tür klopft, eine Decke für eine arme

Wöchnerin, ein paar Witze, mit denen man sich das Elend emotional vom Leib hält, und ansonsten nichts als die Machtlosigkeit des unproduktiven Mitleids.

*

Am 17. April 1912 schrieb Teunis Boere in sein Tagebuch:

> *Ein neues Schiff das seine erste Reise macht von England nach Amerika ist auf seiner ersten Fahrt gegen einen Eisberg gefahren und gesunken, wobei 1.500 Menschen ertrunken sinn und viele Reiche dabei waren. Das Schiff hatte eine Mannschaft von 800 Leuten, die auf dem Schiff Dienst taten, es war 46 000 Tonnen groß und sein Ruder wog 50 Last* und der Anker 5 Last. Vom Boden bis zum obersten Deck war es 105 Fuß hoch und sein Schornstein war 70 Fuß hoch. Die Nieten waren an einigen Stellen so dick wie das Handgelenk eines Mannes und es waren reiche Leute an Bord die 90 Milliarden Gulden besaßen. Das hab ich in der Zeitung gelesen, das Schiff heißt Titanic, da waren wie gesagt wurde 2400 Leute an Bord und wie gemeldet wird wurden 800 gerettet.*
> *20. April Sonnenschein. Noch nichts über das gesunkene Schiff Titanic, das Weinen und Klagen das die überlebenden Menschen gehört und gesehen haben, ist unbeschreiblich. Es ist innerhalb von 2 Stunden gesunken. Gutes Wetter und zum Markt gewesen und keine Arbeit bekommen.*

Der Untergang des größten Schiffs der Welt erschütterte die Menschen. Søren Kierkegaard hatte die Europäer schon Jahrzehnte zuvor mit Passagieren auf einem riesigen Schiff verglichen, die träumend durch die Nacht fuhren, während sie auf einen Eisberg der Verdammnis zusteuerten. Und nun war das Wirklichkeit geworden. Es war ein Ereignis voll so weitreichender Symbolik, dass sogar der mit dem Papier geizende Seemann Teunis Boere ihm eine ganze Seite seines Tagebuchs widmete.

Die »Titanic« versinnbildlichte alle Gewissheiten und Ängste der »Schönen Zeit«: das unsinkbare Schiff, der Turm zu Babel, der Lift, der sieben Decks miteinander verband, das sorglose Leben an Bord, das prachtvolle Café de Paris, die Armut auf den Unterdecks, die Juwelen der Lady Astor, die strahlende elektrische Beleuchtung, das dunkle Unheil, die Salons, in denen man seelenruhig weiter Bridge spielte, und dann der Untergang all dessen.

Und auch die Geschichten, die nach der Katastrophe die Runde machten, ließen die »Titanic« zum letzten Mahnmal eines Zeitalters werden: das Schiffsorchester, das nicht aufhörte, unbewegt Ragtime zu spielen, während das Wasser immer höher stieg, um dann zum Schluss noch das feierliche *Autumn* anzustimmen; der Dirigent, der seinen Musikern für die gute Zusammenarbeit dankte, kurz bevor sie von den Fluten fortgespült wurden; die Passagiere der 3. Klasse, die wie Tiere auf den unteren Decks eingesperrt wurden; die Herren, die in einem letzten Ausbruch von Galanterie auf ihre Chance zur Rettung verzichteten, ihren Hut vor den Damen zogen und starben. Auch wenn die Hälfte davon erfunden wäre, so gestattet die Katastrophe es uns, einen Blick auf eine Welt von Ehre, Stand und Disziplin zu werfen, die heute unvorstellbar ist und die in den Schützengräben von Verdun endgültig unterging.

Wer auf die Periode zurückschaut, in der sich der Bruch zwischen dem 19. und dem 20. Jahrhundert vollzog, der sieht eine Zeit, in der sich das Leben tief greifender und ungestümer veränderte als je zuvor. Nur: Während der ersten Jahre dieses Jahrhunderts wollte man diesen Veränderungen noch nicht ins Auge sehen, und dadurch erhält man ein falsches, statisches Bild.

Gegen Ende des 19. Jahrhunderts war die Bevölkerung angesichts einer sich allmählich durchsetzenden Hygiene mit besserer Säuglingsmedizin und ersten Impfungen überall in Europa stark angewachsen. Die technische Entwicklung verlief mit rasender Geschwindigkeit. Zum ersten Mal gab es in Europa so etwas wie Massenkonsum, Massenkommunikation und Massentransport. Die staatliche Verwaltung explodierte gleichsam, da sie eine Vielzahl von Aufgaben auf den Gebieten Bildung, Gesundheitsfürsorge, Transport und Kommunikation übernahm.

Fast jede technische Neuerung zog selbst enorme Veränderungen nach sich. Eine Hochgeschwindigkeitsverbindung, die die Fahrzeit von sechs auf drei Stunden verkürzt, empfinden wir heute als eine großartige Verbesserung, aber die wirkliche Revolution war doch der Bau der Eisenbahnstrecke als solcher vor gut hundert Jahren, die eine Fahrzeit von fünf Tagen auf acht Stunden reduzierte. Noch bedeutsamer war die Elektrifizierung, die in den Niederlanden zwischen 1910 und 1930 stattfand. Das elektrische Licht veränderte und bereicherte nicht nur das häusliche und außerhäusliche Leben der Menschen, die Elektrizität befreite sie auch von unvorstellbar viel körperlicher Arbeit: In den Betrieben übernahmen elektrische Maschinen die schweren Arbeiten, der größte Teil der Trage- und Hebearbeiten gehörte dank Fließband und elektrischem Kran der Vergangenheit an, und im Haushalt begann der befreiende Vormarsch von Boiler (heißes Wasser ohne Schleppen) und Waschmaschine.

Die Kraft dieser Entwicklungen war so groß, dass sie auch die eisernen Vorhänge zwischen den Klassen und Nationen herabzureißen drohte. Die Vergrößerung des Maßstabs, die Eisenbahn, die neuen Techniken, die neuen Massenbetriebe und die neue Massenbürokratie, alles arbeitete auf eine größere Demokratisierung hin. Alte soziale Grenzen und Formen wurden allmählich aufgehoben, Stand und Herkunft zogen gegen Geld und Ehrgeiz den Kürzeren.

Auf der sozialen Leiter nach oben wurde es langsam enger, und dafür reagierte man sich, wie das häufig so ist, an den Ärmsten der Armen ab. Innerhalb der europäischen Elite entstand eine immer größer werdende Furcht vor der »Masse« und eine Abneigung gegen »Massenkultur«. Der Vorsitzende der niederländischen Handelskammer bezeichnete 1911 zum Beispiel Kindersterblichkeit und Arbeitslosigkeit als nützliche und normale Phänomene, als »Kanäle, durch die das Überflüssige abfließt«. Und in einem Brief aus dem Jahr 1908 träumt der englische Schriftsteller D. H. Lawrence sogar davon, überflüssige Menschen zu »beseitigen«: »Wenn man mich ließe, dann würde ich eine Gaskammer bauen, so groß wie der Crystal Palace. Darin ließe ich leise eine Militärkapelle spielen und einen Projektor helle Bilder an die Wand werfen. Dann ginge ich in die Hinterhöfe und auf die Hauptstraßen, um sie hineinzuführen, all die Kranken, die Krüppel und die Verstümmelten. Sanft führte ich sie hinein, und sie würden dankbar und müde lächeln.«

Diese beiden merkwürdigen Phänomene der »Schönen Zeit«, die Kriegslust und die Verachtung des einfachen Menschen, sollten schließlich auf nie dagewesene Weise während einiger argloser Sommerwochen des Jahres 1914 kulminieren und eskalieren.

*

Der Erste Weltkrieg bedeutete das Ende für die vier wichtigsten europäischen Monarchien und für zwei große Imperien, Österreich-Ungarn und das Osmanische Reich. Ein Dutzend neuer Staaten entstand, denen zum Teil kein langes Leben beschieden war, die Großmächte ordneten sich neu, diesmal entlang ideologischer Grenzen, und erst nach dem Zweiten Weltkrieg, nachdem viele Millionen Leben zerstört waren, entwickelte sich wieder so etwas wie ein Gleichgewicht.

Fast jeder Krieg ist die Fortsetzung des vorigen, und das galt auch für den Ersten Weltkrieg. Die totale Niederlage und Demütigung Frankreichs im Krieg von 1870/71 verlangte nach einer Revanche. In Versailles war Wilhelm I. zum deutschen Kaiser gekrönt worden. Das Selbstbewusstsein des neu gegründeten Deutschen Reichs war riesig, und die rasche Industrialisierung machte das Land sehr schnell zu einer Großmacht, die England, Russland und Frankreich auszustechen versuchte.

Wer die Führung des neuen Staates übernehmen sollte, war zunächst nicht klar, und in diesem Machtvakuum gelang es dem Militär sehr bald, eine zentrale Rolle einzunehmen. Das deutsche Kleinbürgertum, das beim Börsenkrach von 1873 viel Geld verloren hatte, unterstützte diesen Prozess. Die Schuld für den Kursverfall schob man auf die Juden und das Ausland, und man verherrlichte die eigene Nation noch stärker.

So rüsteten auch die anderen Länder auf, und die immer größer werdende Waffenindustrie heizte das Ganze noch an. Nach 1900 wurden Armeen aufgestellt und Waffenlager angelegt, wie es sie in Friedenszeiten noch nie gegeben hatte, und es bildeten sich zwei

Blöcke: Deutschland und Österreich auf der einen Seite, Frankreich und Russland – später kam auch noch England hinzu – auf der anderen.

Um 1914 standen auf dem europäischen Kontinent mehr als fünfundzwanzig Millionen ausgebildete Soldaten zur Verfügung. Es gab Dutzende von Krisen und Beinah-Kriegen zwischen den Großmächten. Die Historiker Jan und Annie Romein meinen sogar, man könne allein über das Jahr 1908 ein Buch schreiben, das voller Fakten wäre, »die alle auf den Magneten 1914 hin ausgerichtet sind«. Am Ende lenkte man aber stets wieder ein.

Und es gab noch einen Faktor. Seit dem Ende des 19. Jahrhunderts beeinflussten zwei Prozesse an den Ostgrenzen die europäische Politik fortwährend: die immer größer werdende Macht und territoriale Expansion – vor allem im Kaukasus und im Fernen Osten – des Zarenreichs und die fortschreitende Auflösung des Osmanischen Reichs, des »kranken Mannes am Bosporus«. Vor allem auf dem Balkan wurde ein erhebliches Maß an nationalistischen Kräften frei, und Russland hoffte, von der verworrenen Situation profitieren und seinen Einfluss in Europa stärken zu können.

Am 28. Juni 1914 besuchte der österreichische Thronfolger Franz Ferdinand mit seiner Frau Sophia die bosnische Hauptstadt Sarajevo. Er hatte alle Warnungen in den Wind geschlagen und seinen Besuch absichtlich auf den Tag gelegt, an dem alljährlich der Schlacht von Kosovo Polje (Amselfeld) gedacht wird, ein heiliger Tag für die Serben. Nachdem am Morgen ein Bombenanschlag gescheitert war, gelang es dem serbischen Nationalisten Gavrilo Princip am Nachmittag durch einen Zufall doch noch, tödliche Schüsse auf das Paar abzufeuern.

Natürlich war die Ermordung des österreichischen Kronprinzen und seiner Frau ein überaus schockierendes Ereignis, aber die Machtblöcke gab es schon lange, es hatte schon häufiger Zwischenfälle und Reibungen gegeben, und stets hatte man den Konflikt wieder beigelegt.

In den Zeitungen und auf den Finanzmärkten war während der ersten Wochen nach dem Attentat keine Unruhe zu spüren. Man regte sich über ganz andere Dinge auf: ein Skandal, in den eine Schauspielerin verwickelt war, oder ein Mord in Klaaswaal. Am 6. Juli schiffte sich der deutsche Kaiser auf seiner Yacht ein, um seine traditionelle dreiwöchige Kreuzfahrt entlang der norwegischen Küste anzutreten. Besondere Maßnahmen hielt er nicht für notwendig.

Es war ein schöner Sommer. Alle gingen davon aus, dass die internationale Diplomatie diesen auflodernden Brand unter Kontrolle halten würde, und so unbegründet war diese Erwartung auch nicht. Der Ausbruch des Ersten Weltkriegs war alles andere als das unvermeidliche Ereignis, das später daraus gemacht wurde, die Reihe von Buschbränden, die unausweichlich einer nach dem anderen ausbrachen, nachdem in Sarajevo die initiale Brandstiftung begangen worden war. Die beiden Machtblöcke waren sehr viel weniger festgefügt als später etwa die NATO. Hinzu kommt, dass viele Gegensätze – namentlich die zwischen England und Deutschland – nicht unüberbrückbar zu sein schienen. Und außerdem: Die Bündnisverträge zwangen das eine Land nicht dazu, blindlings in einen Angriffskrieg des anderen mitzuziehen.

»Obwohl man nach außen hin einen anderen Eindruck vermittelte, gab es doch innerhalb des diplomatischen Systems von 1914 für die Regierungen erheblichen Spielraum«, schlussfolgert der englische Historiker Norman Davies in seinem Standardwerk »Europe, a history«. Deutschland zum Beispiel war nicht verpflichtet, Österreich militärische Hilfe zu leisten, als es Vergeltung für den Anschlag in Sarajevo nehmen wollte. In dem gemeinsamen Vertrag war lediglich Hilfe bei einem direkten Angriff vereinbart, und davon konnte hier keine Rede sein. Hinzu kam, dass ein mit vollem Einsatz geführter Zweifrontenkrieg selbst für das starke Deutschland nicht ungefährlich war. Doch genau dazu kam es.

Und musste Russland stehenden Fußes Serbien zu Hilfe eilen? War Frankreich wiederum verpflichtet, Russland zu unterstützen und so indirekt Österreich den Krieg zu erklären und noch indirekter Deutschland? Dasselbe galt für England: Der Vertrag, in dem die Unabhängigkeit Belgiens garantiert wurde und der der formelle Grund zur Intervention war, stammte aus dem Jahr 1839. Außerdem hatte England bis ganz zum Schluss bei den Deutschen den Eindruck erweckt, dass es nicht eingreifen würde. Der deutsche Außenminister war fassungslos, als England plötzlich den Entschluss fasste, sich in den Kampf einzumischen. Wenn die englische Politik deutlicher konturiert und transparenter gewesen wäre, hätten die Dinge sich wahrscheinlich auch anders entwickelt.

»Fast alle Schlüsselentscheidungen«, schreibt Davies, »wurden mit Begriffen wie ›Ehre‹, ›Freundschaft‹, ›Angst‹ oder ›Opportunität‹ gerechtfertigt und nicht anhand der Verträge.« Hier war dasselbe »Herrensystem« wie auf der »Titanic« am Werk, diesmal jedoch mit katastrophalen Folgen für halb Europa.

Der Erste Weltkrieg wurde also nicht an jenem dramatischen Tag in Sarajevo zum Weltkrieg, sondern erst während der darauf folgenden Wochen in den Konferenzsälen von Berlin, Wien, London, Paris und St. Petersburg. Der Weg, den man dort wählte, basierte nicht auf nüchternem Kalkül, sondern, wie es ein Beteiligter ausdrückte, auf »dem riesengroßen, wenn auch ungesteuerten Drang zur Aktion in der Bevölkerung«. Nach so vielen Jahren des Militarismus, nach so viel Unsicherheit bezüglich der Ränge und Stände, nach so vielen Geschichten über das Heranrücken der »grauen Masse« hatten viele Europäer einfach Lust darauf, Lust auf einen Krieg, Lust auf die vermeintliche Läuterung durch Gottes Ordnung.

*

Wie es zu diesem Großen Krieg kommen konnte, wird nur deutlich, wenn man bereit ist, sich in den Geist der ersten Jahre dieses Jahrhunderts hineinzuversetzen: Damals sprach man noch voller Ernst von der »nationalen Ehre«, in den Parlamenten vergoss man noch Tränen, damals trug man noch hohe Hüte, die man in die Luft werfen konnte, und man hatte auf dem Dachboden eine Fahne, die man hissen konnte. Das Leben hatte noch etwas Theatralisches.

»Wenn ich versuche, die Atmosphäre von 1914 wieder einzufangen, so sehe ich flatternde Fahnen, graue Helme mit possierlichen Blumensträußchen geschmückt, strickende Frauen, grelle Plakate und wieder Fahnen – ein Meer, ein Katarakt in Schwarz-Weiß-Rot«, schrieb Klaus Mann in seinen Memoiren. Auf Fotos und in Filmszenen aus allen Hauptstädten sieht man strahlende junge Menschen, fröhlich und aufgeregt wie vor einem großen Fußballspiel, gutgläubige Kinder, die ihrem Land, ihrem Präsidenten, ihrem weisen Kaiser vertrauten.

In England war *Here we are* der große Hit, und alle sangen ihn:

Here we are, here we are, here we are again,
Let the war come, here we are, here we are, here we are again.

Vielerorts meldete sich die gesamte männliche Dorfjugend zum Militär, und die Straßen waren von Menschen gesäumt, »jubelnd, schreiend, singend und mit Handtüchern winkend, und es regnete Süßigkeiten und Zigaretten«, wie sich ein britischer Veteran später erinnerte. Alles war perfekt organisiert, genau so, wie es im *War Book* stand, einem schon Jahre vorher verfassten Handbuch mit Zehntausenden von Anweisungen »für den Fall, dass …«. Die jungen Männer aus jeweils einem Dorf kamen zusammen in eine Kompanie, oft fielen sie später zusammen bei einem einzigen Angriff, und mit einem Schlag war das halbe Dorf ausgelöscht.

In Paris beobachtet der Korrespondent der niederländischen Zeitung *De Telegraaf*, Alexander Cohen, wie Tausende von Soldaten munter in den Zug stiegen, »als seien sie auf dem Weg zu einem Picknick. ›Wo fährst du hin?‹ ›Nach Toul … und du?‹ ›Nach Verdun!‹ ›Das ist schön … schon am ersten Tag an die Grenze …‹ Und gelassen, als handele es sich um eine feststehende Tatsache, etwas, das passieren muss, reden sie über das Fest, das sie nach ihrer Rückkehr aus dem Krieg feiern würden, wenn sie den Deutschen ordentlich eins auf die Nase gegeben hätten.«

Von ähnlichen Szenen in Berlin berichtet die deutsche Schauspielerin Tilla Durieux: »Jedes Gesicht glänzte freudig: Wir haben Krieg! – In den Cafés, in den Restaurants spielte die Musik unablässig ›Heil Dir im Siegerkranz‹ und ›Die Wacht am Rhein‹, jeder hatte es stehend anzuhören, das Essen wurde dabei kalt, das Bier warm, was schadete es: Wir haben Krieg!«

In Wien war Sigmund Freud schockiert vom Mangel an Einsicht

auch bei den bedeutendsten Intellektuellen, von ihrer Besessenheit, ihrem unkritischen Akzeptieren der merkwürdigsten Behauptungen. »Es ging um keine Idee, es ging kaum um die kleinen Grenzbezirke«, meinte Stefan Zweig später. »Ich weiß es nicht anders zu erklären als mit diesem Überschuß an Kraft, als tragische Folge jenes inneren Dynamismus, der sich in diesen vierzig Jahren Frieden aufgehäuft hatte und sich gewaltsam entladen wollte. [...] Und das Schlimmste war, daß gerade jenes Gefühl uns betrog, das wir am meisten liebten: unser gemeinsamer Optimismus.«

Es waren nicht nur einfache europäische Dorfjungen, die – von Trommeln und Dudelsackmusik in den Bann geschlagen – fröhlich zu den Schlachtfeldern marschierten. Es war auch die Generation der in den achtziger und neunziger Jahren des 19. Jahrhunderts Geborenen, es waren durch die Bank junge Männer, die von den heute beinah vergessenen viktorianischen Idealen erfüllt waren. Wer sich einmal mit einem der hochbetagten Veteranen unterhalten hat, wer ihre Geschichten gehört oder gelesen hat, der weiß: Das waren keine Schafe, die zur Schlachtbank geführt wurden, sondern es war eine Generation voller Ideale, auch wenn sich diese von unseren vollkommen unterscheiden.

*

Es war ein warmer Sommernachmittag in Schiedam, als plötzlich die Glocken zu läuten begannen. Meine Tante Maart erinnert sich, dass es fast halb vier war, die Schultür öffnete sich, doch niemand stürmte laut jubelnd hinaus. Intuitiv spürten die Kinder, dass etwas Schlimmes passiert war. Auf den neuen Straßen war es ruhig, doch in den Arbeitervierteln standen die Menschen in Gruppen vor den Türen und unterhielten sich. Ein paar Frauen weinten leise und wischten mit einem Schürzenzipfel die Tränen fort. Sie hörte, wie ein Mann einem anderen zurief: »Krieg, Mann! England gegen Deutschland, und wir machen mobil!«

Auch in der Segelmacherei ruhte die Arbeit, alle standen herum und diskutierten. Meine Großmutter sagte: »Wegen unserer Sünden werden wir heimgesucht. Gott zürnt uns.« Am 31. Juli wurde im *Rotter-*

damsch Nieuwsblad die allgemeine Mobilmachung bekannt gegeben. Ein Sohn der Familie Mak musste einrücken, der älteste, der schweigsame Koos.

Doch Gottes Zorn traf die Niederlande nicht allzu schwer. Ängstlich versuchte das Land, seine Neutralität zu bewahren. Mit Erfolg. Die Niederländer wussten genau, was sich in der Welt gehörte – nicht umsonst verglichen sie sich mit den Kindern Israels –, doch gleichzeitig hielten sie sich am liebsten aus allen internationalen Verwicklungen heraus.

Die Niederlande waren, wenn man von dem ganzen nationalistischen Gehabe einmal absieht, ein kleines, schwaches Land, das von seinem riesigen Kolonialreich zehrte. Schon längst war man nicht mehr in der Lage, den Seeweg zwischen Indonesien und dem Mutterland zu verteidigen, ganz zu schweigen davon, dass man einen Angriff auf die Kolonien hätte abwehren können. Darum berief man sich auch gern auf die Regeln des internationalen Rechts und ließ die englische Marine die schmutzigen Arbeiten machen.

In Europa spielten die Niederlande militärisch überhaupt keine Rolle. 1918, nach vier Jahren Mobilmachung, besaß nur einer von vierzig niederländischen Soldaten einen Stahlhelm, einer von achtzig verfügte über eine Gasmaske, pro Mann gab es zwei Handgranaten, und die Munition für die wenigen veralteten Geschütze reichte höchstens für zehn Tage.

Die Unabhängigkeit der Niederlande beruhte auf vollkommen anderen Faktoren. Sowohl England als auch Deutschland hatten ein Interesse an der Weiterexistenz eines neutralen Staates an der Mündung der großen westeuropäischen Flüsse. Zudem wurde Deutschland von einem Einmarsch in die Niederlande dadurch abgehalten, dass England dann einen Vorwand gehabt hätte, sofort die reichen niederländischen Überseegebiete unter seine Kontrolle zu bringen. Die niederländische Neutralität basierte einzig und allein auf diesem wackeligen Gleichgewicht der Kräfte. Dass die Niederlande sich bei internationalen Konflikten heraushielten, hatte nichts mit Friedensliebe oder Idealismus zu tun, sondern es war eine reine Überlebenstaktik, die sich in den darauf folgenden Jahrzehnten zu einer alles beherrschenden Mentalität des Desinteresses und der Besserwisserei entwickeln sollte. Und weil auch Regierung und Königin es verstanden, zu schweigen, das Fähnchen nach dem Wind zu hängen und die entsprechenden Erniedrigungen mit zivilisiertem Murren zu schlucken, konnten sich die Niederlande aus jedem Streit heraushalten.

Vor allem die einfachen Menschen empfanden große Sympathie für die Deutschen, und sei es auch nur, weil man nach der Niederlage der geistesverwandten Buren in Südafrika keine Engländer mehr riechen konnte. Abraham Kuyper meinte sogar, den deutschen Überfall auf Belgien mit theologischen Argumenten rechtfertigen zu können: »Es kann«, schrieb er in *De Standaard*, »eine Notsituation eintreten, in der eine Regierung das geschriebene Recht brechen muss, um das absolute Recht aufrechtzuerhalten.«

Bei den meisten Niederländern überwogen jedoch die anti-deutschen Gefühle. Anders als bei späteren Kriegen fühlte sich niemand aus ideologischen oder moralischen Gründen dazu verpflichtet, Partei zu ergreifen. Man betrachtete den Krieg als einen Kampf zwischen Staaten und Machtblöcken, obwohl manchen durchaus bewusst war, dass ein deutscher Sieg auch Konsequenzen für die niederländische Unabhängigkeit haben konnte.

Hunderttausende von Belgiern waren vor den deutschen Truppen in die Niederlande geflüchtet. Überall hatte man Notquartiere eingerichtet, in allen Kirchen hatte man Spenden gesammelt. Mehr als eine halbe Million Belgier verbrachte den Herbst 1914 bei niederländischen Gastfamilien oder in eilig errichteten Lagern. Sie waren in zwei Versorgungsklassen eingeteilt: eine normale für die einfachen Leute und eine bessere für die »höheren Stände«. Rund hunderttausend Flüchtlinge blieben bis zum Ende des Kriegs. Die Niederlande hatten damals nicht einmal sechs Millionen Einwohner.

Die Front war weit weg. Sonntags, wenn die Fabriken und Brennereien nicht lärmten, konnten mein Vater und seine Brüder von jenseits des Flusses, weit im Süden, den Kanonendonner hören. Das Gemetzel, das dort stattfand, hatte, infolge moderner Waffentechnik, ein in der Geschichte bis dahin beispielloses Ausmaß. Die Generäle, die kleinere

Kriege gewohnt waren, hatten kaum ein Auge dafür, welche unmenschlichen Konsequenzen ihre Befehle und Strategien für die Truppe nach sich zogen. In den großen Schlachten bei Ypern, Verdun und an der Somme verloren binnen weniger Tage Hunderttausende von Soldaten ihr Leben, jede Stunde starben Zehntausende, manchmal ein paar Dutzend pro erobertem, verlorenem und wieder zurückerobertem Quadratmeter Boden.

Allein bei Verdun fielen etwa achthunderttausend Mann, so dass sich die Erde auf dem Schlachtfeld in »einen kalten Brei aus Schlamm, Steinen und menschlichen Überresten« verwandelte. Die Deutschen hatten sich tief eingegraben, die französischen Soldaten hatten keine Chance, aber ihre Generäle dachten nicht daran aufzugeben. Manche Einheiten blökten auf dem Weg in die vordersten Linien demonstrativ wie Schafe, die man zur Schlachtbank führt.

Hier brach das 19. Jahrhundert der Stände und Gewissheiten endgültig zusammen. Seit 1917 gab es, vor allem im französischen und deutschen Heer, immer wieder lokale Soldatenaufstände. Mal legte man die Waffen nieder und setzte die Offiziere ab, mal entführte man einen Zug, dann wieder sangen Deutsche und Franzosen gemeinsam die *Internationale*, und einmal kam es sogar zu einer kleinen Revolution, die mit rasender Geschwindigkeit auch andere Regimenter ergriff und nur mit einem Blutbad gestoppt werden konnte.

»Ach, unsere Generäle waren zu Beginn so verschwenderisch mit dem Leben anderer!«, schrieb der französische Frontsoldat Louis Bazthas später, und so war es überall, bei den Engländern, den Österreichern, den Deutschen, den Russen und den Italienern. Aber die Überlebenden sollten das nicht vergessen.

Die Niederlande waren in dieser Hölle eine Insel des Friedens und, anfangs jedenfalls, der Prosperität. Während der ersten Kriegsjahre machten Industrie, Landwirtschaft und Schifffahrt sogar große Gewinne. Kaufleute, Reeder und Bankiers taten sich zusammen und gründeten eine Gesellschaft, deren Aufgabe es war, den Handel so gut es ging aufrechtzuerhalten. Den Engländern sicherte man zu, importierte Waren nicht an Deutschland weiterzuverkaufen. Es wurde natürlich trotzdem gemacht, und die Niederlande profitierten davon. Zwischen 1914 und 1917 stieg das Nationaleinkommen um fast fünfzig Prozent. Diejenigen, die sich früher ausschließlich von Kartoffeln ernähren mussten, konnten jetzt Gemüse und gelegentlich auch Fleisch und Eier essen. Sogar einen gewissen Luxus konnten viele Leute sich leisten, Dinge, die nicht unbedingt der Befriedigung der Grundbedürfnisse – ein Dach über dem Kopf, ein Bett und genug zu essen – dienten.

In der Segelmacherei meines Großvaters gab es sehr viel zu tun. Seine großen Vorräte an Segeltuch, Tauen und Manilahanf waren nun Gold wert, und die ganze Familie profitierte davon. Mein Vater freundete sich in der Schule mit einem Jungen »aus besseren Kreisen« an und fuhr mit der Familie sogar in die Schweiz in Ferien, ein Traumland, in das vorher noch kein Mak seinen Fuß gesetzt hatte.

Ich nehme an, dass mein Vater – er war damals siebzehn – in dieser Atmosphäre des wachsenden Wohlstands den Versuch wagte, aus Zwart Nazareth zu entkommen. Eines Abends nahm er meine Großmutter hinter der Werkstatt beiseite und bat sie um etwas Ungewöhnliches: Er wolle nicht mit im Geschäft arbeiten wie Koos und Arie, er wolle auch nicht im Büro arbeiten wie Aart, nein, er wolle gern studieren. Abraham Kuyper hatte in Amsterdam die Freie Universität gegründet, die von seinen Anhängern mit Geld finanziert wurde, das sie sich buchstäblich vom Munde absparten. Viele junge Gläubige machten so zum ersten Mal mit dem Phänomen Universität Bekanntschaft, und das öffnete ihnen die Augen für die Möglichkeit, selbst zu studieren – was früher undenkbar gewesen wäre.

Er habe sich schon seit längerem mit dem Gedanken getragen, Pfarrer zu werden, schrieb mein Vater später. Er las alle religiösen Bücher und Zeitschriften, die ihm in die Finger kamen – einen Sommer lang hat er jeden Tag Stunden damit zugebracht, ein paar Jahrgänge des *Heraut* zu studieren –, und auch um ein Stipendium hatte er sich schon gekümmert.

Mein Großvater reagierte wie immer: Er sagte nicht viel. Meine Großmutter seufzte und redete von einem Mädchen aus Vlaardingen, mit dem mein Vater gesehen worden war, ein Mädchen, das während der Mittagspause in der Schule blieb, sein Brot beim Hausmeister aß und, wie sie gehört hatte, vor dem Essen nicht einmal betete. Ein ungläubiges Mädchen. Mein Großvater sagte: »Mach, was du für richtig hältst.«

Gegen Ende des Kriegs verschlechterte sich die Versorgungslage in den Niederlanden. Die Engländer fanden, es werde zu viel nach Deutschland geschmuggelt, und schränkten die Lieferung von Nahrung und Petroleum immer mehr ein. Die Jahre 1917 und 1918 waren für viele Arbeiterfamilien Jahre des Hungers, der Kälte und großer Not. Hier und dort kam es zu Plünderungen.

Die Situation wurde noch durch eine fürchterliche Epidemie verschärft, die im geschwächten Europa mehr Opfer forderte als alle Choleraepidemien vergangener Jahrhunderte zusammen. Die amerikanische Regierung fasste 1917 den Entschluss, Franzosen und Engländern zu Hilfe zu kommen. Sie fürchteten, Deutschland könne nach einem Sieg zu *der* großen Weltmacht werden. Mit den amerikanischen Truppen gelangte allerdings auch ein unbekanntes Grippevirus nach Europa, das vor allem junge Erwachsene befiel. In drei Wellen, Juli 1918, Oktober 1918 und Februar 1919, wütete diese »Spanische Grippe« wie der Schwarze Tod über den Kontinent hinweg.

Eines Abends wankte auch mein Vater geschwächt nach Hause. Es wurde ein klassisches Krankenlager mit hohem Fieber, Gebeten der Familie – Antibiotika gab es damals noch nicht – und schließlich einer deutlichen Verschlechterung des Zustands. Ihm fielen alle Haare aus, aber er überlebte. Zahllose andere gingen an der Spanischen Grippe zu Grunde. Tante Maart konnte sich noch an die Trauerzüge in den Straßen, an die ängstliche Beklemmung, die den ganzen Tag über der Stadt lag, erinnern. In den Verzeichnissen des *Rotterdamsch Nieuwsblad* finde ich die Todesanzeigen: Andries van Beek, 26 Jahre und vier Monate; Cornelis de Rooy, 30 Jahre und 4 Monate; Cornelis Twigt, 19 Jahre und 3 Monate; Dirk Gijzen, 14 Jahre und 6 Monate; Cornelia Zeelenburg, 14 Jahre und 5 Monate.

Es war die letzte große Seuche in der westlichen Welt, aber auch die schlimmste. Gegen Ende des Kriegs starben innerhalb weniger Monate Millionen Europäer, nicht auf dem Schlachtfeld, sondern in ihrem

Bett. Neutralität war der Krankheit egal. Schätzungen zufolge fielen der Spanischen Grippe weltweit etwa vierzig Millionen Menschen zum Opfer.

*

Jedes französische Dorf hat sein Denkmal, welches immer dieselbe Geschichte erzählt: Dass zwischen 1914 und 1918 das Leben von dreißig bis fünfzig Prozent der jungen Männer ausgelöscht wurde, dass der Tanzboden seitdem sehr viel stiller und leerer war, dass sehr viele junge Männer, die 1914 noch lachten, tanzten und liebten, 1918 auf den grauen Feldern aus Schlamm und menschlichen Überresten verschwunden waren.

Das Ende des Ersten Weltkriegs kam eigentlich ebenso überraschend wie der Beginn, und die Triebfeder für den Frieden war eine ähnliche Volksbewegung wie die, die den Krieg herbeigeführt hatte. Diesmal jedoch ging diese Bewegung kaum noch von der Elite und dem Mittelstand aus, sondern vielmehr von den Soldaten, der »grauen Masse«.

In Russland hatte das alte Machtsystem des Zaren im entscheidenden Moment vollkommen versagt. In dem Chaos und der Erniedrigung, die folgten, verlor es alle Autorität. Der Zar wurde abgesetzt und später ermordet, die Macht übernahmen die Soldaten und Arbeiter, und die bolschewistische Regierung unter Lenin schloss alsbald, im Dezember 1917, einen Separatfrieden mit Deutschland.

Doch auch für Deutschland verlief alles von Beginn an anders als geplant. Man war davon ausgegangen, dass man die Franzosen wie 1870 innerhalb weniger Wochen würde besiegen können, um sich dann auf die Front im Osten zu konzentrieren. Der Angriff im Westen blieb jedoch stecken.

Als im Frühjahr 1918 die Kämpfe im Osten fast beendet waren, hegten Deutschland und Österreich die Hoffnung, mit einer großen neuen Offensive auch im Westen einen raschen Sieg erzwingen zu können, denn schließlich waren durch den Frieden mit Russland riesige Streitkräfte frei geworden. Doch diesen frischen Truppen gelang es nicht, die feindlichen Linien zu durchbrechen. Im Sommer 1918 wendete sich das

Blatt, als die Engländer zum ersten Mal eine neue Waffe in großer Zahl einsetzten: den Panzer. Auch an anderen Fronten hatten die Deutschen immer größere Probleme. Die Spanische Grippe lähmte die Kriegsindustrie, auf Grund der Seeblockade fehlte es überall an Rohstoffen, der Transport von Truppen, Nahrung und Material stagnierte. Die deutschen und österreichischen Generäle begannen allmählich, von der Notwendigkeit eines schnellen Waffenstillstands zu reden. Doch es waren vor allem die Truppen selbst, die den Friedensschluss in die eigene Hand nahmen.

Am Ende wurden die deutschen Truppen nicht in die Flucht geschlagen und verfolgt, nein, ihr Krieg implodierte schlicht und einfach. Im Oktober 1918 fiel die gesamte deutsche und österreichische Kriegsmaschinerie wie ein Kartenhaus in sich zusammen. Überall gründete man, nach russischem Vorbild, Soldatenräte. Die österreichische Armee brach auseinander, weil die tschechischen, polnischen und ungarischen Soldaten in großer Zahl desertierten. Im deutschen Heer gab es Regimenter, die sich kurzerhand dafür entschieden, geschlossen nach Hause zu marschieren. Die Stimmung war so anti-kaiserlich, dass manche Regimenter erst vor Wilhelm II. paradieren durften, nachdem sie ihre Munition und Bajonette abgegeben hatten. Militärisch gesehen haben die Deutschen den Ersten Weltkrieg nicht verloren. Es war vielmehr die Machtstruktur dahinter, die zusammenbrach, die Welt der Gewissheiten.

Der Friedensvertrag von Versailles, der dem Deutschen Reich ein Jahr später mehr oder weniger aufgezwungen wurde, stellte eine einzige große Erniedrigung dar: Deutschland verlor sämtliche Kolonien und ein Siebtel seines Grundgebiets, eine Fläche so groß wie halb England. Außerdem musste das Land so hohe Reparationen leisten, dass eine normale wirtschaftliche Entwicklung fast unmöglich war. Ein Umstand, unter dem die Nachbarländer wie die Niederlande übrigens auch zu leiden haben sollten.

All dies musste früher oder später zu einer Reaktion führen, denn schließlich blieb die junge deutsche Nation eine der größten Mächte auf dem Kontinent, ohne die es keine Stabilität geben konnte. Wollte man den Frieden langfristig sichern, so musste Deutschland in den politischen Dialog mit einbezogen werden. Trotzdem machte man 1919 genau das Gegenteil.

Mit dem Ersten Weltkrieg verlor Europa seine Lebensfreude und seine Unschuld. Ein Großteil der Jugend war abgeschlachtet worden: Auf Seiten der Alliierten starben gut fünf Millionen Menschen, auf deutsch-österreichischer Seite gut drei Millionen. Am Ende des Kriegs zeigte sich, dass an vielen europäischen Universitäten und Laboratorien ein Drittel der Mitarbeiter – oder mehr – ums Leben gekommen war, Begabungen, Hoffnungen, die in den Schützengräben vernichtet wurden. Es dauerte Jahre, bis die internationale Zusammenarbeit wieder das Vorkriegsniveau erreicht hatte. Hinzu kommt, dass – abgesehen von den Toten – Millionen andere Leben zerbrochen worden waren, Frauenleben, Familienleben, zerstört, weggeworfen für nichts und wieder nichts, ohne Heldentum, ohne Happy End, nichts dergleichen.

Der Bruch, den der Erste Weltkrieg verursacht hatte, war für alle deutlich sichtbar. Dennoch blieb das 19. Jahrhundert für viele noch lange Zeit die Norm des Handelns, Denkens und Glaubens. Nur wenigen war bewusst, wie groß die moralische Niederlage war, die Europa sich selbst zugefügt hatte.

Während Europa in seinen Grundfesten erschüttert war, regte sich meine Großmutter darüber auf, dass mein Vater Fahrrad fuhr, und was am schlimmsten war: auch noch am Sonntag. »Trijntje«, hatte ein rechtgläubiger Nachbar zu ihr gesagt, »Trijntje, was hab ich gesehen? Ich hab deinen Sohn gesehen, er fuhr sonntags mit dem Fahrrad, zu seiner Freundin, am Hafen vorbei habe ich ihn fahren sehen. Findest du das in Ordnung, Trijntje?«

1918 brachte mein Vater sie zum ersten Mal mit nach Hause. Sie war siebzehn, sie trug einen langen Rock, hatte graublaue Augen, ein rundes Gesicht und stammte aus einer vornehmen Familie. Meine Großmutter sah dem Besuch mit Schrecken entgegen. Die gute Stube war blitzblank geputzt, auf dem Tisch standen Blumen, alle saßen erwartungsvoll da.

Meine Tante Maart spielte gerade und sah die beiden kommen. Sie erinnert sich noch daran, dass sie zögerlich am Ufer entlanggingen, ihre Hände berührten sich dann und wann. Sie gingen an der Hafenkante entlang, nicht dort, wo die Häuser stehen. Meine Mutter hatte langes Haar, das sie mit einer rotseidenen Schleife zusammengebunden hatte. Schließlich blieben sie stehen, zwischen den Tauen und Fässern, die dort überall lagen.

So sah die kleine Maartje die beiden dort stehen, zögernd, abwartend, als müsse alles erst noch anfangen.

KAPITEL 3

»Den Frieden aufzulesen«

V on ihren vielen merkwürdigen Eigenschaften konnte meine Mutter eine bis zu ihrem Tod verborgen halten: Sie sammelte besessen Ansichtskarten. Wenn ihr jemand einen Gruß oder Glückwunsch sandte, eine Zeichnung von einem kleinen Reh neben einer Kirche oder ein Bild vom beliebten Ferien- und Ausflugsort Nunspeet, dann bewahrte sie die Karte ebenso liebevoll auf, wie sie sich auch an den Absender mit der friesischen Standhaftigkeit, die ihr eigen war, erinnerte. Lauter Kartons voller Ansichtskarten fanden wir nach ihrem Tod, von keiner einzigen hatte sie sich trennen können, und jetzt sitze ich inmitten all dieser Karten.

Manche stammen noch aus ihrer Kinderzeit – »Du hast schön ordentlich geschrieben, das muss ich sagen, und man sieht, dass du allmählich groß wirst« –, auf anderen transportieren Dampflokomotiven große Blumenkörbe, oder kleine Gruppen fahren dem Geburtstagskind lachend in prähistorischen Autos entgegen. Auf einer Karte hat ein Verehrer – ein gewisser Bertus – seiner Schneide- und Klebelust freien Lauf gelassen, und seit nun schon mehr als achtzig Jahren springt ein Strauß roter Rosen aus dem geöffneten Karton. Andere Karten erinnern an besondere Ereignisse: »Marken. Die große Überschwemmungskatastrophe von 1916, eingestürzte Fischerhäuser«, »Englischer Kreuzer, vor Camperduin gestrandet«, »Grüße aus Harskamp, Parade der Wachtsoldaten«. Doch auf den meisten Karten ist nichts anderes zu sehen als die beschaulichen, ruhigen Niederlande: der Rathausplatz von Bodegraven, die Dorfstraße von Lunteren, die neue Brücke über das Hollands Diep, die kleine Prinzessin Juliana mit ihrem Spielzeug.

Eine ganze Welt zieht vorüber, aus Hunderten von Bildern, eine Welt aus hölzernen Ruderbooten, Zisternen, Alkoven, Holzschuhen – Lederschuhe tragen nur der Doktor und der Pfarrer –, Pferden, Kutschern, Strümpfe stopfenden Müttern, summenden Öfen und Schneebällen, die in ein Hausboot fliegen, eine Welt der »Orte, die niemand kannte« und großen »Zutritt verboten«-Schilder.

Ich sehe einen Hundekarren, in dem zwei Mädchen sitzen, die Trachtenkleider anhaben, wie man sie auf Walcheren trägt, im Hintergrund steht eine Mühle. Der Amsterdamer Hauptbahnhof, davor Straßenbahnen und ein paar Fußgänger. Badekutschen am Strand von Katwijk. Der öffentliche Lesesaal in Apeldoorn. Eine Dreiecksaufnahme in Lunteren. Pension »De Man« in Oostvoorne.

Ich sehe ein unbekanntes Land. Die Niederlande, so wie wir sie heute kennen, mussten erst noch entstehen, und deren erste Konturen sollten sich erst in den zwanziger und dreißiger Jahren allmählich abzeichnen. Der Kohlenhafen samt Eisenbahnbrücke in Weert, doch das Schiff im Vordergrund verfügt nur über ein Segel, und auf dem Kai sieht man die Schifferfamilie mit Schubkarren schuften. Auf dem Zijlweg in Overveen fährt eines der ersten Automobile, und eine Hausangestellte auf dem Bürgersteig schaut gebannt zu.

In einem der Stapel finde ich eine Karte mit der »AVRO-Maschine« auf der ersten Luftfahrtausstellung in Amsterdam, die im August und September 1919 stattfand. Offenbar machte meine Mutter hier zum ersten Mal Bekanntschaft mit dem Phänomen Luftfahrt, zusammen mit einer halben Million anderer Niederländer. »Ich beobachte gerade, wie dieses Flugzeug sich in die Lüfte erhebt. Es ist sehr schön hier.«

Wer die Karten aufmerksam liest, der hört die Schritte der Passanten auf der Brücke von Goedereede, das Sausen des Windes in einem Segel bei Hoek van Holland, das Quietschen der Straßenbahnlinie 3 auf dem Bezuidenhoutseweg in Den Haag. Das permanente Rauschen, das heute große Teile des Landes überlagert, gab es nicht. Damals konnten Geräusche noch ertönen, sie erklangen oft aus tiefster Stille heraus und versanken auch wieder darin: der Hammer eines Schmieds, der Ruf eines Lumpensammlers, das Knarren von Karrenrädern, das Lachen eines Kindes, das Knattern des einsamen Autos in Overveen.

Und durch die Geräusche hindurch erklangen Stimmen, Hunderte von Stimmen, die von der Rückseite aus zu mir sprechen, oft nur einen einzigen Satz, Hunderte von Telefonanrufen aus einer Zeit, als kaum jemand Telefon hatte, ein Stimmengewirr aus früher einmal sehr nützlichen Mitteilungen.

»Der Zug nach Vlissingen hatte eine halbe Stunde Verspätung, aber den Anschluss in Dordrecht habe ich noch problemlos gekriegt.«
»Ich kann durchaus bis Mittwoch bleiben, denn die Sachen, die Du mir geschickt hast, sind alle noch sauber.«
»Es gab zu wenig Sauce, aber ansonsten war das Essen köstlich.«
»Morgen, Samstag, nach Rijperkerk, wie schön.«
»Sag Pa und Ma doch herzlichen Dank für die wunderschönen Äpfel, die Du für uns aussuchen durftest.«
»Wunderschöne Tage. Der Preis für die Pension (sechs Gulden pro Tag) ist allerdings happig.«
»Hier wimmelt es nur so von grau gekleideten Soldaten. Ich selbst werde braun wie eine Melkerin.«
»Hattem kann sich jetzt das Ärgern abgewöhnen.«
»Hoffe, am kommenden Mittwoch um drei mit dem Schiff aus Briel anzukommen.«
»Broer freute sich sehr über den kleinen Topf und Hampie über die Tasse.«
»Morgen nach dem Frühstück fahren wir ab zur Pension ›Bergzicht‹ in Lochem, wo wir für wenig Geld wohnen können.«
»Es war sehr anstrengend, Mutter auf die Dünen zu kriegen. Aber wir haben es geschafft.«
Und am 13. Juli 1913: »Heute haben wir von Jeanne erfahren, dass Du die Aufnahmeprüfung für die Fachhochschule bestanden hast.«

Meine Großeltern mütterlicherseits waren Kinder der modernen Zeit. Die van der Molens waren Friesen von einfacher Herkunft, denen es gelungen war, mit Intelligenz, Disziplin und harter Arbeit eine Position in den oberen Rängen der neuen Mittelschicht zu erobern. Meine Großmutter war die Tochter eines Feldwächters, der in Indonesien zu trinken begonnen und danach das kleine Dorf Balk nie wieder verlassen hatte. Mein Großvater war Sohn einer Bäckersfamilie aus der

Drachtster Compagnie, einer Moorsiedlung, der es während der Landwirtschaftskrise 1893 sehr schlecht ergangen war. Der alte Van der Molen hatte nicht mit ansehen können, wie seine Kunden Hunger litten, und hatte Pleite gemacht. Danach trottete er bis weit in die siebzig als Knecht hinter einem Bäckerwagen her.

Mein Großvater war – zusammen mit seinem Bruder Petrus – diesem Trauerspiel rechtzeitig entkommen. Die beiden wurden Lehrer. Wenn es, rückblickend betrachtet, eine Gruppe von Leuten gegeben hat, die den Emanzipationsprozess der Sozialisten als auch der »kleinen Leute« vorantrieb, dann waren das die Lehrer. Der spätere Senator der Antirevolutionären Partei (ARP) Hendrik Algra berichtet in seinen Memoiren von einem friesischen Dorfschulmeister, der, abgesehen von ihm selbst, zwei Minister »herangezogen« hat. Er und die anderen Kinder aus der Dorfschule waren dazu vorherbestimmt, wie ihre Eltern Landarbeiter zu werden, doch am Ende musste keiner von ihnen »mit der Schaufel über die Schulter« durchs Leben gehen.

Die beiden Brüder wünschten sich nichts sehnlicher, als Teil dieser Elitetruppe zu sein. Petrus unterrichtete an einer Armenschule und heiratete Maaike Zandstra, die Tochter einer der führenden Persönlichkeiten aus der Frühzeit der SDAP (Sozialdemokratische Arbeiterpartei). Abend für Abend war er unterwegs, um für die Sozialdemokraten zu werben, während meine Großtante Maai nach der Schule mit dem Essen auf ihn wartete.

Mein Großvater wählte den Weg der Anpassung. Er begann als Lehrer auf der Insel Flakkee. Für Nachhilfestunden, die er einem »dummen Bauernjungen aus der Marsch« gab, bezahlte man ihm, wie er später schrieb, fünfundzwanzig Cent pro Stunde, zwei Gulden pro Monat. »Wie sehr wir uns damals über das Bisschen freuten! Unglaublich freuten wir uns!« 1897 war er einer der Ersten, der in Wageningen eine landwirtschaftliche Lehrbefugnis erwarb. Danach gab er überall auf dem Land Kurse über den Gebrauch von Kunstdünger, das Anlegen von Grasmieten und andere moderne Errungenschaften.

Ende 1900, kurz vor der Geburt meiner Mutter, zog die Familie nach Vlaardingen um. Von da an ging es rasch aufwärts. Mein Großvater abonnierte die liberale *Nieuwe Rotterdamsche Courant*, und diese

Zeitung sollte er anschließend mehr als ein halbes Jahrhundert lang lesen, Tag für Tag.

Er wurde ein angesehener Bürger, Mitglied der Remonstrantenbruderschaft und seit 1912 Chef des Beratungs- und Informationsdienstes der Milchfabrik Hollandia. Um 1915 herum ließen meine Großeltern am Schiedamseweg in der baumreichen Vorstadt ein großes Haus bauen, mit einem Erker, einem Vorgarten mit Kieswegen und umgeben von einem schmiedeeisernen Zaun.

Geburtsdaten sagen nicht alles über die Atmosphäre, in der Menschen leben. Wenn ich meinen Großvater Mak – geboren 1860 – charakterisieren müsste, dann würde ich sagen, er war ein Mann der Zeit um 1820, jemand, der eine Lebensweise repräsentierte, die damals vorherrschte. Mein Großvater van der Molen – geboren 1869 – hingegen war ein typischer Mann der Zeit um 1890, und das ist er auch immer geblieben.

Mein Vater hat sein Leben lang das Gefühl gehabt, dass er als einfacher Bursche vom Hoofd eines so vornehmen Mädchens vom Schiedamseweg nicht würdig sei. »Bei uns zu Hause: ordentliches Essen, ordentliche Kleidung, aber alles durch und durch bürgerlich«, sollte er mehr als ein Vierteljahrhundert später seinem ältesten Sohn schreiben. »Kein gutes Buch, geschweige denn Musik. Bildungshungrig, wie ich war, musste ich mir alles allein zusammensuchen. Wie viel habe ich dabei nicht deiner Mutter zu verdanken gehabt und der aufrichtigen, sozialen, kultivierten Atmosphäre in Vlaardingen.«

Trotzdem haben meine beiden Großväter sich sehr gut verstanden. Sie waren fromme Männer, Anhänger einer freien Glaubensrichtung; möglicherweise war es das, was sie miteinander verband. Vielleicht aber verband sie auch die Tatsache, dass beide waschechte Männer des 19. Jahrhunderts waren und dass mein »vornehmer« Großvater van der Molen bei meinem »handwerklichen« Großvater Mak vieles aus seiner Jugend wiederentdeckte. Dennoch repräsentierte Letzterer eine Generation, die von der meines »bürgerlichen« Großvaters abgelöst wurde.

Der Unterschied zwischen der Familienkultur der Maks und der van der Molens hängt sehr eng mit der Periode zwischen 1820 und 1890 zusammen, den sieben Jahrzehnten, die das 19. Jahrhundert prägten. So wie die Maks ihre Firma führten, so war auch ihr Familienleben: nüchtern, fromm, patriarchalisch, offen und ganz auf die Arbeit und den Betrieb ausgerichtet. Die van der Molens waren moderner und bürgerlicher. Religion spielte, jedenfalls bei den meisten Familienmitgliedern, nur eine untergeordnete Rolle. Es gab im Familienleben bereits eine strikte Trennung zwischen Arbeit und Freizeit, zwischen öffentlichem und privatem Leben. Typisch für das Private waren die familieninternen Kosenamen, die ich auf zahllosen Ansichtskarten fand: »Pa«, »Ma«, »Hampie« (für den ältesten Sohn Hattem, der später eine führende Position bei Philips bekleiden sollte), »Zus« (Geertje, meine Mutter), »Broer« (Ludzer, der Nachkömmling, der Liebling meiner Mutter).

Meine Mutter hat nur wenige Jugenderinnerungen schriftlich festgehalten. Sie erzählte mir einmal von einem Ausflug mit der Enkhuizer Fähre zu den friesischen Verwandten in Balk. Von der Anlegestelle fuhr man in einer Mietkutsche weiter. Dem »roten« Onkel Petrus wurden ebenso Besuche abgestattet wie dem als Bäckereigehilfen arbeitenden Großvater. Bei letzteren handelte es sich um etwas peinliche Begegnungen in einem kleinen Arbeiterhäuschen in Leeuwarden. 1905 feierten meine Großeltern kupferne Hochzeit: »Ich war damals ungefähr vier Jahre alt«, schrieb meine Mutter gut dreißig Jahre später. Sie wusste noch, dass die Feier an einem Samstagnachmittag stattfand und dass ihre Eltern einen kleinen kupfernen Tischbesen geschenkt bekamen. »Ansonsten war bestimmt schlechtes Wetter, denn ich erinnere mich vage an ein gerammelt volles Zimmer und einen warmen Ofen, und in der Ecke neben dem Kaminsims stand ein Teelicht.«

Meine Tante Mien beschrieb die Familie, auf die sie traf, als sie sich mit meinem Onkel Ludzer verlobte, als eine fest zusammenhaltende Familie, ein sanfter Vater mit großem Interesse für alles, was in der Welt passierte, und eine recht strenge, aber sehr intelligente Mutter, die das Ganze dominierte. »Sie war sehr beharrlich, nicht nur in Bezug auf ihre Freundschaften, sondern auch was ihre Vorurteile anging«, erfuhr ich von Leuten, die sie noch gekannt hatten. »Mutter van der Molen war eine kluge, stolze Frau«, sagte meine Tante Maart. »Sie hätte es gern gesehen, wenn ihre Tochter beruflich Karriere gemacht hätte. Sie durfte in Delft studieren, tja, und dann ist sie doch bei so einem Segelmacherjungen gelandet.«

Vor mir steht ein Familienfoto aus der Zeit um 1911. Meine Mutter sitzt ganz rechts, sie sieht aus wie ein Mädchen aus einem englischen Kostümfilm, mit offenem Haar und glockig fallendem Kleidchen. Der dreijährige Ludzer sitzt gelangweilt in seinem Matrosenanzug da und spielt mit seinen Fingern. Mein Großvater, ein kräftiger Mann mit einem schönen dunklen Bart, liest aus einem großen Buch vor. Hattem, fast zwanzig, stützt sich auf seine Schulter. Meine Großmutter hat die Augen beinah geschlossen. Ihr Gesicht wird schon ein wenig fülliger, aber noch immer sind die Züge des hübschen dunkelblonden Mädchens sichtbar, das sie früher einmal war. Alle lauschen, aller Blicke richten sich auf das Buch der Bücher.

Ein anderes Foto, in einem Garten. Wieder hat mein Großvater ein Buch in der Hand, doch diesmal ist meine Großmutter mit einer Handarbeit beschäftigt, Onkel Hattem hält eine Geige, und auch meine Mutter ist mit irgendwas beschäftigt.

Mir fällt dabei eine Bemerkung meines Vaters über die Zeit seiner Verlobung und die fantastischen Gespräche der Familie ein, in denen sie einander fortwährend zustimmten und so eine immer größere Zufriedenheit untereinander und mit sich erzeugten, bis das ganze Zimmer zu einem großen Brummkreisel wurde, der selbstzufrieden zu summen begann.

So wie auf den Familienporträts des 16. und 17. Jahrhunderts immer Hündchen, Schädel, Sanduhren und andere Zeichen der Tugendhaftigkeit und Vergänglichkeit zu sehen sind, so umgaben sich die van der Molens auf diesen Fotos mit Symbolen der Kultur und des geistig hoch stehenden Lebens. Denn auch wenn sie Aufsteiger waren, so spielten sie doch voller Elan die Rolle der Aristokraten der modernen Zeit.

Und es gibt noch etwas Interessantes auf diesen Fotos zu sehen, nämlich die Haltung meines Großvaters. Auch vierzig Jahre später sollte er immer noch genauso dasitzen. Nicht weil er so lange jung blieb –

obwohl er ein sehr vitaler Mann war –, sondern weil er 1912 schon so alt wirkte. Sowohl mein Großonkel Petrus als auch mein Großvater sollten sich in dem halben Jahrhundert zwischen 1905 und 1955 kaum noch verändern. Ihre Haut würde faltig werden, ihr Haar grau, doch ihre Anzüge, ihre Hüte und Schuhe, ihre Art zu gehen, zu sitzen und zu stehen, das alles sollte unverändert bleiben. Um ihren 35. Geburtstag herum waren die beiden, so wie alle Männer ihres Standes, würdevolle und eigentlich schon recht gesetzte Herren, die langsam gingen, bedächtig redeten und niemals rannten oder sich beeilten.

So wie später, in Zeiten großer Veränderung, »jung und modern« zur Norm wurde, so war in jenen Jahren »alt und gediegen« der Maßstab. Wollte man für ein Produkt werben, dann galt »neu« nicht als Empfehlung, sondern gerade die Tatsache, dass der Hersteller »seit vielen Jahren bekannt« war. Alle gaben sich große Mühe, so solide wie möglich zu wirken. Die Altersstufen bekamen einen ganz anderen Wert als heute, schreibt Stefan Zweig in seinen Memoiren, und das traf auch für meine Eltern und Großeltern zu. »Ein achtzehnjähriger Gymnasiast wurde wie ein Kind behandelt, wurde bestraft, wenn er einmal mit einer Zigarette ertappt wurde, hatte gehorsam die Hand zu erheben, wenn er die Schulbank wegen eines natürlichen Bedürfnisses verlassen wollte; aber auch ein Mann von dreißig Jahren wurde noch als unflügges Wesen betrachtet, und selbst der Vierzigjährige noch nicht für eine verantwortliche Stellung als reif erachtet. [...] Dieses Mißtrauen, daß jeder junge Mensch ›nicht ganz verläßlich‹ sei, ging damals durch alle Kreise. [...] So geschah das heute fast Unbegreifliche, daß Jugend zur Hemmung in jeder Karriere wurde und nur Alter zum Vorzug.«

Dasselbe galt auch für Frauen. Jemand wie Emma, die Mutter der Königin, veränderte sich nach ihrem dreißigsten Geburtstag nicht mehr, sie sah immer gleich aus, ob sie nun vierzig oder siebzig war. Mit Fischbeinkorsetts, Miedern, Unterröcken und zahllosen anderen Hilfsmitteln wurde jede Frau von Stand in ihren Kleidern zur »Dame« gepresst wie ein Ritter in seinem Harnisch. Obwohl all diese Manipulationen die Geschlechtsmerkmale – Busen, Hüfte – akzentuierten, verhüllten sie gleichzeitig die persönlichen Körperformen der Frau so gut es ging, und einem Mädchen konnten sie sogar alle äußerliche Jugend nehmen. Selbst eine Siebzehnjährige konnte sich so zusammengeschnürt kaum anders bewegen als eine Frau mittleren Alters.

Wirklich alt schließlich bedeutete sehr, sehr alt. Im Literaturmuseum in Den Haag ist ein kurzer Film zu sehen, der den Schriftsteller Frederik van Eeden in fortgeschrittenem Alter zeigt. Er geht gebückt und muss gestützt werden, etwas verschwommen schaut er in die Welt, und in unseren Augen sieht er aus wie ein Mann weit jenseits der achtzig. Dennoch war er damals kaum siebzig – für damalige Verhältnisse steinalt.

*

Ich will versuchen, das Aussehen meiner Mutter zu beschreiben.

Sie war nicht mager, aber auch nicht zu dick, hatte ein ziemlich rundes Gesicht, rötliches Haar, einen ruhigen Blick, eine hübsche Figur und einen ernsten Mund. Sie war ein gut aussehendes Mädchen, das sich seiner Schönheit kaum bewusst war, eine junge Frau, die ihr Selbstbewusstsein eher aus inneren als äußeren Eigenschaften bezog.

Meine Mutter konnte recht gut singen, sie trat sogar in der Vlaardinger Kirche auf, und bei den Maks brachte sie Schubert-Lieder und andere unbekannte Musik ins Haus. Der Wechsel von der gebildeten Familie am Schiedamseweg zu der rührigen Gesellschaft auf dem Hoofd kann ihr nicht leicht gefallen sein. Sie sah ein wenig auf den »merkwürdigen Haufen« herab, und folglich konnten die Maks nicht viel anderes tun, als zu ihr aufzusehen. Eines Abends wollte sie Karamelpudding machen, eine den Maks bis dahin unbekannte Speise. Während sie in dem heißen Zuckerbrei rührte, schmolz der Zinnlöffel, so dass sie schließlich nur noch den Stiel in der Hand hielt. Ich höre förmlich das schallende Gelächter der Segelmacher – die Geschichte wurde noch jahrelang in der Familie erzählt, ich sehe meine arme, sehr kultivierte Mutter, die diese Blamage nie vergessen sollte, schamrot werden. »Keine Witzkanone«, sagten die Maks zueinander.

War meine Mutter nett? Sie selbst fand sich nicht nett. Zwanzig Jahre später schrieb sie freimütig, dass sie nichts dagegen habe, wenn ihre Tochter Anna ihr, was die guten Noten angehe, ähnlich sei, aber sie hoffe aufrichtig, »dass sie nicht so fürchterlich ernst und ehrpusselig wird, wie ich es früher war«. An anderer Stelle bezeichnet sie sich als »ziemlich schwärmerisch und weinerlich«. Heinrich Heine und ähnliche Autoren liebte sie über alles, und darin unterschied sie sich kaum von den meisten anderen Mädchen ihrer Gesellschaftsschicht. Eine Eigenschaft allerdings fiel besonders auf: Sie war äußerst intelligent. Als sie 1918 ihr Abitur machte, da hatte sie das beste Zeugnis der Niederlande: sechs Mal eins plus, sechs Mal eins und eine vier in Zeichnen.

Aus ihrer gesamten Schulzeit ist nichts bewahrt geblieben außer einem auseinander gefallenen Heft mit dreieinhalb Aufsätzen. Die auffälligste Geschichte – »Ein Abenteuer« – beschreibt, wie sie mit fünf Freundinnen irrtümlich in den Zug nach Delft steigt anstatt in den nach Vlaardingen. Vom Delfter Bahnhofsvorsteher bekommen sie eine Fahrkarte für die Rückreise, sie bleiben eine Stunde in Delft, rufen einen Familienangehörigen an, trinken ein Glas Limonade, und nach anderthalb Stunden sind sie wieder zu Hause. Dies ist das ganze Abenteuer.

Was bei dieser Geschichte ins Auge springt, ist jedoch die leichte Verwirrung, unter der diese Siebzehnjährigen fortwährend leiden. Es scheint, als säßen sie nicht nur an diesem Nachmittag, sondern immer im falschen Zug. Sie erröten, stottern in der Öffentlichkeit, flüstern miteinander und können sich »fast nicht mehr halten«. Das Lustige ist, dass meine Mutter dieses Lachen in ihren Dialogen exakt wiedergibt, so dass in der Erzählung permanent gekichert wird: » Ja, Herr Stationsvorsteher, aber es war auch zu komisch. Sie erzählte gerade einen Witz (über Prinz Hendrik, den Mann von Königin Wilhelmina), und da bemerkte ich, dass überall andere Reklameschilder waren, und dann, hahaha, dass wir im falschen Zug saßen, und dann sagte sie, oh, ich kann nicht mehr, und anschließend, hahaha, komm, lasst uns die Notbremse ziehen!«

Solchen Mädchen begegnet man auch heute noch, doch damals war dieses Gekünstelte, dieses Gespaltensein, dieses Gefühl, im falschen Zug zu sitzen, exakt die Haltung, die man von heranwachsenden Mädchen erwartete. Sie sollten naiv, weltfremd und nichtsahnend sein, während sie zur gleichen Zeit natürlich alles Mögliche vermuteten.

Meine Mutter und ihre Freundinnen wuchsen noch in einer Zeit und einem Milieu auf, da, wie es die französische Schriftstellerin Marguerite Yourcenar so treffend ausdrückte, »alles, was sich auf den Mittelpunkt des Körpers bezog, (ausschließlich) eine Angelegenheit von Ehemännern, Hebammen und Ärzten war«.

Für junge Frauen war Unwissenheit ein unverzichtbarer Bestandteil der Jungfräulichkeit, und selbst die einschlägigen Aufklärungsbücher für Ehepaare enthielten nur verhüllende Begriffe. Auch wenn die Aufregung über »das Intime« sehr groß war, es blieb doch im Dunkeln, was genau gemeint war. Der reformierte Arzt E. A. Keuchenius sprach zum Beispiel vom männlichen »Organ, das den Samen aus dem Körper leitet« und »in Kontakt mit dem weiblichen Körperteil bringt«. Jan Waterink, ein Professor der Freien Universität in Amsterdam, bezeichnete den Geschlechtsakt als »die geheimnisvolle Gabe Gottes«, und die orthodox-kalvinistische Sexualaufklärerin Hovy-Gunning umschrieb die Rolle des Vaters als »die Kraft des Mannes, die in die Frau übergehen muss, damit sie diese Frucht austragen kann«. In diesen Kreisen hatte man die Sexualität so weit verdrängt, dass man nicht einmal mehr eine Sprache dafür hatte.

Auf dem Land und in den so genannten unteren Schichten war man oft weniger verklemmt, doch beim städtischen Bürgertum musste der Raum, den die Sexualität einnahm, so klein wie möglich gehalten werden. Sinnlichkeit galt in der bürgerlichen Welt als unanständig, und in christlichen Kreisen war sie sogar »das Tor zur Sünde«. Dort hatte die Sexualaufklärung zudem noch eine stark religiöse Färbung. Abraham Kuyper bezeichnete Masturbation als »teuflisch und viehisch«, und die Schriftstellerin Johanna Breevoort sprach vom »schmutzigen Mutwillen«, Samen zu vergeuden: »Der Verlust von einer Unze Samen schwächt den Körper mehr als der Verlust von vierzig Unzen Blut. Man stelle sich vor: vierzig Unzen, das sind acht Pfund oder vier Kilo Blut!« Wer dennoch sündigte, der würde übrigens den Kommentaren des Heidelberger Katechismus zufolge schwer bestraft werden: Schwachsinnige und Körperbehinderte stellten ebenso viele Anklagen gegen ihre Eltern dar, »die in ihrer Jugend den heiligen Tempel ihres Körpers geschändet haben«.

Dieser Abscheu vor allem »Fleischlichen« zeigte sich in Hunderten von Geboten. Im Meer zu schwimmen war unmöglich, weil man in den riesigen Badeanzügen, die den Körper von den Füßen bis zu den Schultern verhüllten, nur ein wenig herumplanschen konnte. Niemals hätte ein junges Mädchen im Beisein einer Freundin oder auch der Schwester ihr Hemd ausgezogen. Das widersprach den guten Sitten ebenso wie die schlimmsten sexuellen Belästigungen. Für junge Frauen gab es ein »poudre du pudeur«, welches das Badewasser trübte und den Körper unsichtbar machte. Als die Tänzerin Isadora Duncan mit nackten Füßen auftrat, gab es einen Skandal. Und als Sigmund Freud die Träume einer vornehmen Patientin von spritzenden Feuerwehrmännern deutete – er hatte hierüber eine sehr eigensinnige Theorie entwickelt –, da gab er seinen Studentinnen erst die Möglichkeit, den Hörsaal zu verlassen. Das Beste für eine junge Frau war zu vergessen, dass sie unterhalb ihres Halses noch so etwas wie einen Körper hatte.

Nur ein einziger Trend durchbrach den Kult der Unkörperlichkeit: das Aufkommen des Sports und damit der sportlichen Kleidung. In dem Berg von Ansichtskarten, den meine Mutter hinterlassen hatte, fand ich zum Beispiel eine Karte aus dem Jahr 1912 – »Yachting girl« –, auf der eine Sportseglerin zu sehen ist, die für damalige Maßstäbe außergewöhnlich leicht bekleidet ist.

1911 machte die Wochenzeitung *Het Leven* ein Experiment und ließ eine Schauspielerin durch Amsterdam spazieren, die eine Art Hosenrock, einen so genannten Jupe-culotte trug. Es kam zu einem regelrechten Volksauflauf. Den ersten Radfahrerinnen hingegen, die ähnliche Kleidung trugen, starrte man kaum nach. Offenbar hatte es mit der Sportkleidung etwas Besonderes auf sich. Wer mit dem Rad fuhr, Fußball oder Tennis spielte, der machte etwas Außergewöhnliches, der gehörte zu einer auserlesenen Gruppe, der brach mit den Konventionen und symbolisierte dies durch seine Kleidung. Genauso wie später die Hippies, Punker und Skateboarder sich durch ihre Kleidung unterschieden, so waren es zu Beginn des 20. Jahrhunderts die Radfahrerinnen, Schwimmerinnen und vor allem auch die Tennisspielerinnen, die ungeniert ihre Fußknöchel und Waden zeigen durften. Die Sportkleidung war schließlich nichts anderes als ein schlauer Kompromiss zwischen Funktionalität und Anstand, doch mit diesem Kompromiss wurde auch eine Bresche in die Bastion der Korsetts und hohen Hüte geschlagen.

Die zunehmende Verbreitung des Sports und das neue Gefühl der Körperlichkeit, das dazu gehörte, hatten zweifellos einen großen Einfluss darauf, dass mit dem viktorianischen Keuschheitsideal gebrochen wurde. Ein anderer Faktor war die Emanzipation der Frau selbst, nicht nur in der Politik – die militanten Frauenrechtlerinnen verlangten ein Verbot der Prostitution, Frauenwahlrecht und allgemeine Gleichheit –, sondern auch auf sozialem und emotionalem Gebiet. Während des Ersten Weltkriegs hatten zahllose Frauen in Europa die Arbeit der Männer übernehmen müssen, und als die Soldaten von der Front zurückkehrten, trafen sie auf Frauen, die stärker, freier und selbstbewusster als je zuvor waren. Stefan Zweig zufolge konnte »außer ein paar Dutzend russischer Studentinnen, jede Frau Europas ihr Haar bis zu den Hüften entrollen«. Diese Regel war so stark, dass diese Haartracht vollkommen üblich geworden war, fast ein Zwang. 1918, nachdem viele Frauen vier Jahre in der Fabrik gearbeitet hatten, war davon praktisch nichts mehr übrig geblieben.

Kennzeichnend für die eingreifenden Veränderungen war das plötzliche Verschwinden der »Anstandsdame«. Bis zum Ersten Weltkrieg durfte ein Mädchen aus den besseren Kreisen nur dann zu einer Feier oder anderen Festlichkeiten gehen, wenn es in Begleitung einer älteren Dame war. Doch die Generation meiner Mutter machte mit dieser Sitte kurzen Prozess. Und die Eltern ließen es murrend zu, weil sie Angst hatten, für altmodisch gehalten zu werden.

Den daraus resultierenden Spannungen begegnet man noch hier und da in dem kleinen Stapel Briefe, den meine Mutter durch alle Wechselfälle ihres Lebens hindurch aufbewahrt hat und der nun, ein wenig verwaist, auf meinem Schreibtisch liegt. Alle Beteiligten sind wahrscheinlich tot, ihre Freundinnen Truus, Jeanne, Anna, Bets, die kichernde Boggie, Neeltje, auch meine Mutter lebt nicht mehr; das alles geschah vor sehr langer Zeit, und doch berühre ich die Intimität ihrer Freundschaft nicht ohne Scheu.

In den Briefen geht es um Bücher, Verabredungen, Begegnungen; selten nur wurden kurz Gefühle gestreift: »Wir hatten es so schwer und trotzdem: unser Verlöbnis ist zerbrochen, und das nicht meiner Eltern wegen, jedenfalls nicht direkt. Es ist hart und unbegreiflich für uns,

aber es ist, wie es ist, und es musste so sein.« Eine andere Freundin ge-
steht, dass sie einen Sommer lang geflirtet hat, im Kurhaus, und dass
sich dabei zwei Studenten aus Delft in sie verliebten. »Wir hatten eine
wunderbare Zeit, gingen samstags zum Ball, verabredeten uns zu Fahr-
radausflügen, und wenn es ausgerechnet an dem Tag regnete, dann gingen wir mit dem ganzen Verein ins Kino. Und während die ›alten‹ Herr-
schaften, die die ganze Zeit beieinander hockten, nichts von all dem
ahnten, bemühten Henri und der andere zwanzigjährige Bursche sich
heftig um mich.« Als der Sommer vorbei ist, machen ihr beide am letzten Samstag während des Balls einen Antrag. Einen Monat lang zweifelte sie, dann fiel ihre Wahl auf Henri. »Und das habe ich dann auch
dem anderen mitteilen müssen. Wenn ich daran nur denke, an diese
Verzweiflung, diesen großen Kummer …«

Ein Brief derselben Freundin, fünf Monate später: »Ich will keine
langen Vorreden halten und lieber gleich mit der Tür ins Haus fallen: Geertje, ich habe am Freitag mein Verlöbnis beendet. Plötzlich ver-
spürte ich so eine Leere in mir …« Es hatte sich gezeigt, dass es zu
wenig charakterliche und kulturelle Gemeinsamkeiten gab. Henri, der
mit fünfzehn Kaufmann geworden war, interessierte sich nicht für Musik, Literatur und »anspruchsvollere Themen«, sondern nur für »derbe
Sachen, für Boxen, Ringen, Rennen, Draufgängereien und so weiter«.
Am unangenehmsten aber war sein Charakter. »Manchmal saß er den
ganzen Abend da, guckte säuerlich und sagte kein Wort, was vor allem
dann fürchterlich unangenehm war, wenn wir Besuch hatten.«

Beim Lesen der Briefe stelle ich fest, dass meine Mutter sich in dieser
Zeit immer stärker der religiösen Seite des Lebens zuwendet. Sie löst
sich ganz offensichtlich von der bürgerlich-liberalen Atmosphäre ihres
Elternhauses, und zwar auf ihre Weise. Nicht wie ihre Freundinnen mit
Hilfe des Kurhauses, sondern mit Hilfe der Kirche. Einer nichtgläubi-
gen Freundin schickt sie als Verlobungsgeschenk eine Bibel. »In meinen
Augen ist es nichts weiter als ein interessantes Buch, und in diesem
Fall auch ein sehr schönes«, antwortet diese ehrlich. Mit einer anderen
Freundin entwickelt sich ein vertrauter religiöser Briefwechsel.

Diese Veränderungen vollzogen sich zweifellos durch den Einfluss meines Vaters sowie der NCSV, der Niederländischen Christlichen Studentenvereinigung. In dem Briefstapel finde ich, nicht zufällig, auch eine achtzig Jahre alte Hausordnung des NCSV-Ferienlagers in Hardenbroek. (»Die Gänge werden durch Schwimmkerzen in Patentöl oder Teelichter beleuchtet. Das Spritzen mit Wasser, Kissenschlachten und dergleichen sind verboten.«)

»Die NCSV machte damals, was die Kirche eigentlich hätte tun müssen, aber nicht tat: Uns schlicht und einfach mit den Problemen unserer Zeit konfrontieren«, schrieb der enthusiastische Prediger Jan Buskes später. Es handelte sich um eine Vereinigung, die sich jenseits der vorgeschriebenen kirchlichen Pfade bewegte, die Christen und Nichtchristen unterschiedlichster Art anzog und eine ökumenische Bewegung war, bevor es noch ein Wort dafür gab. In den Lagern wurde Sport getrieben, man segelte, fuhr mit dem Rad und diskutierte mit damals beispielloser Offenheit über Gott, Politik, Liebe und alles, was die jungen Menschen sonst noch bewegte.

Der spätere Politiker Wilhelm Friedrich de Gaay Fortman bezeichnete die Lagerwochen als »eine Art Freiluftgottesdienst, den junge Leute miteinander über alle kirchlichen Grenzen hinweg, in der freien Natur, bei schönem Wetter unter offenem Sternenhimmel« abhielten. Seine religiöse Überzeugung sei dort, wie er sagt, zu einem großen Teil geprägt worden, und das galt auch für meine Mutter, das Mädchen, das mittags nie betete und als junge Frau plötzlich den Eifer einer Bekehrten an den Tag legte.

»Wie war's Pfingsten? Schön? Zusammen in Amsterdam gewesen und schöne Predigten gehört?«, lese ich in einem Brief der frommen Freundin an meine Mutter. Mein Vater, so vermute ich, dachte zwischendurch auch schon mal an ganz andere Dinge.

*

Wie soll man die Natur mit der Moral in Einklang bringen? Für einen Mann, der sich in ein viktorianisches Mädchen wie meine Mutter verliebte, gab es nur eine Lösung für das Problem: eine Stellung erlangen, »etwas werden«, eifrig studieren und heiraten.

Mein Vater schrieb sich im Herbst 1919 an der Freien Universität von

Amsterdam ein. Die Freie Universität war damals noch eine winzige Einrichtung, die in ein paar Herrenhäusern an der Keizersgracht untergebracht war, die man mit Durchbrüchen in den Zwischenwänden miteinander verbunden hatte. Es gab nur ein paar Fakultäten, eine Hand voll Professoren und rund vierhundert Studenten.

Diese überschaubare Größe machte die Freie Universität – und das galt übrigens auch für andere Universitäten – zu einem Bildungsinstitut im weitesten Sinne des Wortes. Was heutzutage selten geworden ist, war damals normal: der direkte, persönliche Kontakt mit den Koryphäen des Fachs, Diskussionen über neue Forschungsansätze, gegenseitige Kameradschaft, sehr viel Spaß, Studienfreundschaften für das ganze Leben. An der Freien Universität wurden Beziehungsnetze geknüpft, die die protestantisch-christlichen Kreise jahrzehntelang beherrschten. Aus manchen erwuchsen sogar regelrechte Dynastien von Professoren, ARP-Parlamentariern, Anwälten und Kirchenfürsten, deren Namen in orthodox-kalvinistischen Kreisen einen guten Ruf hatten.

Mein Vater bekam ein Zimmer im Wohnheim für Studenten, gleich um die Ecke bei der Freien Universität, trat einer Verbindung bei, landete eines Abends mit brüllenden Korpsbrüdern unter dem Tisch und rezitierte, kahl geschoren und mit Bier übergossen, die berühmten Zeilen des Dichters Willem Klos: »In der Tiefe meines Denkens bin ich ein Gott.«

So landeten die Maks im ältesten studentischen Debattierklub der Freien Universität, bei Demosthenes, dem ewigen Verein der Stotterer und sonstiger intellektueller Stümper. Studentendebatten waren damals noch im wörtlichen Sinne Debatten: Man übte sich in der Kunst der Rhetorik und lernte mit Worten zu fechten wie mit einem Degen. Man musste Referate halten, es gab Diskussionen und Rezitationen, und ein anderer beliebter Programmpunkt war auch die Improvisation, die Rede über ein willkürlich gewähltes Thema, die man sich dann aus dem Ärmel schütteln musste. Außerdem brachten die älteren Semester den jungen Studenten bei, wie sie eine Versammlung abzuhalten hatten, wie man sich bei einem Diner benimmt, wie das so mit den Mädchen ist, bei welchen Gelegenheiten man einen Smoking trägt, und noch tausend andere wissenswerte Dinge aus der großen Welt.

Durch die Universität der »kleinen Leute« entstand allmählich ein Unterschied zwischen Fußvolk und Offizieren, etwas, das man in orthodox-kalvinistischen Kreisen bisher nicht gekannt hatte. Als mein Vater ein Jahr studiert hatte, wurde dieser Gegensatz zum ersten Mal öffentlich. Im Herbst 1920 wurde anlässlich des vierzigsten Jahrestages der Gründung der Studentenvereinigung die englische Komödie »Charleys Tante« aufgeführt, wobei einer der Schauspieler Frauenkleider getragen hatte. Es kam zu einem der klassischen Freie-Universitäts-Skandalen, wie es später wegen Kabaretttexten, Büchern, Studentenzeitungen oder Berufungen noch viele geben sollte. Ein Leserbriefschreiber in *De Standaard* hielt dies für »Spaßmacherei oder, platter, Rumgejuxe … In diesem Zeichen stand, wie wir ganz genau wissen, auch die kritisierte Aufführung der Herren Studenten: Man war auf Jux und Ärger aus …« Es blieb übrigens alles in der Familie. Söhne führender orthodox-kalvinistischer Familien hatten auf der Bühne gestanden, und die Frauenrolle hatte niemand anders gespielt als Henk Colijn, der Sohn des neuen ARP-Vorsitzenden.

Ich frage mich, ob mein Vater sich intensiv am Studentenleben beteiligt hat. Viel davon erzählt hat er nie. Doch er studierte äußerst fleißig: Bereits nach anderthalb Jahren machte er seine Zwischenprüfung, für die man damals normalerweise mindestens zwei Jahre Studium benötigte.

Er verkehrte vor allem mit anderen Theologiestudenten, zum Beispiel mit dem bereits erwähnten Jan Buskes und mit Cor Maan, der auch aus Schiedam stammte. Buskes begeisterte sich bereits als Schüler für den Sozialismus, nahm an Demonstrationen teil, besuchte Versammlungen, um Ferdinand Domela Nieuwenhuis, einen alten führenden Sozialisten, und die Dichterin Henriette Roland-Holst sprechen zu hören, und er machte auch kein Hehl aus seinem Antimilitarismus. Leute wie Buskes gab es viele in jenen Jahren, junge Suchende, empfänglich für die Verwirrungen jener Zeit und zutiefst davon überzeugt, dass es niemals eine Wiederholung des millionenfachen Sterbens von 1914 bis 1918 geben durfte. Sie repräsentierten die Stimmung in Europa wie nur wenige in den Niederlanden, sie verfolgten die internationalen

Entwicklungen aufmerksamer als alle anderen, doch zugleich führte ihr Streben nach Neutralität und Pazifismus die Niederlande in eine noch größere internationale Isolation.

Einer der besten Freunde meines Vaters war sein Mitdisputant Evert Smelik, ein dichterisch veranlagter junger Mann aus Den Haag, der im selben Jahr angefangen hatte, Theologie zu studieren. Einmal nahm mein Vater ihn in den Ferien mit nach Schiedam, um ihn dort ein wenig aufzupäppeln. »Eine richtige Hungerharke war er«, erinnerte sich meine Tante Maart. »Sehr blass und groß. Aber er konnte ganz hervorragend Klavier spielen. Und Geertje sang dann dazu.« Smelik schrieb und übersetzte damals schon Kirchenlieder, und später sollte eine Vielzahl seiner Werke zum Repertoire aller protestantischen Kirchen gehören.

Ich frage mich, ob ich meinen Vater verstanden hätte, wenn wir uns im Alter von zwanzig Jahren begegnet wären. Möglicherweise hatten wir einen sehr ähnlichen Charakter, aber die Welten, in denen wir durch beinah ein halbes Jahrhundert getrennt lebten, hatten kaum noch Gemeinsamkeiten. Als ich zwanzig war, fand die Pille allgemeine Verbreitung, der Wohlstand schien in den Himmel zu wachsen, und die Moral lag brach wie ein neu zu beackerndes Stück Land, während zu seiner Zeit das Bewahren, die Konsolidierung und der Rückzug auf erobertes Gebiet regierten.

Als mein Vater sein Studium an der Freien Universität aufnahm, befand sich die orthodox-kalvinistische Welt an einem Wendepunkt. Die zwei großen Anführer und Gründer, Abraham Kuyper und der Theologe Herman Bavink, waren 1920 und 1921 gestorben, und dadurch war in vielerlei Hinsicht ein Machtvakuum entstanden. Die orthodoxen Kalvinisten nahmen nun schon mal ein Buch zur Hand, das nicht aus dem Umfeld der eigenen Kirche stammte. Der eine oder andere ließ den Namen Darwin fallen, obwohl dessen Evolutionstheorie als sündig und unbiblisch verhöhnt worden war. Bei manchen wuchsen die Zweifel mit der Menge der Fossilien, die gefunden wurden und die Millionen von Jahren älter waren, als sie der Schöpfungsgeschichte zufolge hätten sein dürfen. Die Erklärung der damaligen Theologen – Gott habe in

Seiner unergründlichen Weisheit diese Fossilien bei der Schöpfung in der Erde versteckt, um unseren Glauben auf die Probe zu stellen – klang immer weniger überzeugend.

Unter den orthodox-kalvinistischen Theologen setzte eine vorsichtige Diskussion über die Unfehlbarkeit der Bibel ein und darüber, wie ein Christ den Glauben erlebte. Hier und dort flüsterte man sich den Namen eines Schweizer Theologen zu, eines gewissen Karl Barth, der lehrte, dass die Theologie und das alltägliche Leben auf einer Linie lägen. Er brach fundamental mit der Theologie des 19. Jahrhunderts, die von den aufkommenden Naturwissenschaften in immer größere Erklärungsnot gebracht worden war. Barth öffnete das System gleichsam von innen. Seiner Ansicht nach kam alle Religion, alle Gnade von oben, als freiwillige Offenbarung Gottes in Christus und der Bibel. Die Offenbarung ließ sich nicht mit der üblichen Wissenschaft beweisen, man musste sie einfach persönlich fühlen. Er sagte auch: Man darf keine Aussagen über Gott machen, ohne sich gleichzeitig dessen bewusst zu sein, dass dies ethische Konsequenzen für das praktische Leben hat. Dadurch wurde die Diskussion über die Unfehlbarkeit der Bibel obsolet, doch so weit waren die meisten orthodoxen Kalvinisten noch längst nicht, und es kam zu einer Reaktion auf diese Thesen. Die Synode, die oberste Autorität der Kirche, warnte vor der »Verwirrung und Verwilderung der Geister«, denen »auch in unseren Kreisen zu wenig Widerstand entgegengesetzt wird«. Bereits 1920 wurde ein Prediger aus der Kirche ausgeschlossen, weil er zu »ethisch« war und in einer reformierten Kirche gepredigt hatte. Und der Prediger G. Wisse ließ im ganzen Land brechend volle Kirchen mit seiner Strafpredigt »Eine Nacht im Gasthaus des Teufels« erzittern.

Bezeichnend für die Verwirrung, in der sich prinzipientreue, aber zugleich intelligente und belesene »kleine Leute« befanden, ist eine Geschichte über einen Professor für das Alte Testament an der Freien Universität, die mein Vater mir einmal erzählte. Dieser Professor van Gelderen, der aus unerfindlichen Gründen mit dem Spitznamen Kattunchen durchs Leben ging, war ein brillanter Wissenschaftler. Er veranstaltete die Einführungsseminare, worin den Studenten erstes Wissen über die Entstehung der Bibel vermittelt wurde, und van Gelderen sprach dabei auch offen über die Tatsache, dass bestimmte Bücher der Bibel mehrere Verfasser haben müssen. Die offizielle Lehre ging von der Inspirationstheorie aus: Alle Autoren der Bibel hatten Gottes Wort, wie von einem Blitz getroffen, buchstabengetreu für kommende Generationen aufgeschrieben. Doch wer zum Beispiel das Buch Hiob genau las – und das konnte man einem eifrigen Gläubigen durchaus zutrauen –, der konnte an den Stilbrüchen mühelos erkennen, dass hier mindestens drei Verfasser am Werk gewesen waren, und das wahrscheinlich auch zu verschiedenen Zeiten. »An dieser Stelle hat vermutlich ein zweiter Bearbeiter den Text ergänzt«, sagte Kattunchen dann sanft und wies zum Beispiel auch auf die beiden Schöpfungsgeschichten und die seltsam verworrene Chronologie des Buches Genesis hin.

Während einer Seminarsitzung geriet er durch seine wissenschaftliche Analyse so in Verzückung, dass er der offiziellen Lehrmeinung in jeder Hinsicht widersprach. Plötzlich unterbrach er seinen Vortrag, schwieg, trat neben sein Pult und sagte dann: »Meine Herren, ich glaube, dass die Heilige Schrift das unfehlbare und vertrauenswürdige Wort Gottes ist.« Ende der Veranstaltung. Er konnte Glauben und Wissenschaft nicht länger miteinander vereinbaren.

Kattunchen war einer der Ersten, und es sollten noch viele folgen. Mit all seinen inneren Konflikten ist er ein Beispiel für viele orthodoxe Kalvinisten im 20. Jahrhundert: fromm, aber nicht blind, prinzipientreu, aber auch modern und immer im Konflikt mit sich selbst.

Auch in sozialer und politischer Hinsicht war es für die »kleinen Leute« eine Zeit des Übergangs und der Neubesinnung. Kuyper war ein typischer Architekt von geschlossenen Denk- und Lebenssystemen gewesen. Keinen Winkel der Gesellschaft hatte er dabei ausgelassen, und in seinem Sog schleppte er eine ganze Menge Quengler, Besserwisser und Studierzimmerphilosophen hinter sich her. In seiner Vorstellung stand jeder Mensch direkt vor Gott. Nur ihm gegenüber musste der Einzelne sich verantworten, und niemand sollte sich zwischen Gott und den Menschen stellen, nicht die Kirche und erst recht nicht der Staat. Diese Gewissensfreiheit machte den Menschen zu einem freien, souveränen Wesen, viel freier, als die Französische Revolution ihn je hätte machen können. Aus dieser Freizügigkeit ergab sich auch die Souveränität der eigenen Organisationen, der eigenen Kreise, so dass der wahre Kalvinist trotzdem am normalen gesellschaftlichen Leben voll teilnehmen konnte. Denn, so Kuyper, am »weitesten entwickelt, am schönsten erblüht, zur Nationalität im umfassenden Sinne gereift war nur der ›christlich-puritanische‹ Typ«.

Um 1920 herum waren die »kleinen Leute«, ebenso wie die Katholiken und die sozialistischen Arbeiter, zu einer vollwertigen Integrations- und Emanzipationsbewegung geworden. Man wollte bei der Weiterentwicklung des Staats und der Gesellschaft gleichberechtigt mitbestimmen, man wollte von allen modernen staatlichen Einrichtungen auf dem Gebiet der Bildung, des sozialen Wohnungsbaus und des Gesundheitswesens profitieren, zugleich aber sollte die eigene Identität – wie bei den Katholiken – so gut es ging erhalten bleiben. Dieser Widerspruch wurde durch die Einführung eines Systems gelöst, das »an der Spitze offen und an der Basis geschlossen« war. Politiker, Pfarrer, Priester, Gewerkschaftsbosse und andere führende Persönlichkeiten bekamen dadurch außergewöhnlich große Macht. Sie bestimmten zusammen in Den Haag oder anderswo die Politik, während das Fußvolk strikt von ihnen getrennt war. Das Parlament verlor so mehr und mehr seine Funktion als Kontrollinstanz und wurde zu einem Ort, an dem man vor allem seinen unveränderlichen Prinzipien Ausdruck verlieh, während hinter dem grünen Vorhang die Kompromisse ausgehandelt wurden. »In der Isolation liegt unsere Kraft«, hatte bereits Groen van Prinsterer gesagt, und danach handelten auch die Katholiken, die Sozialisten und die »Neutralen«.

So entstand während der ersten Jahrzehnte des 20. Jahrhunderts ein typisch niederländisches Phänomen: eine Art Nationalismus ohne physische Grenzen, ein System aus vier Säulen mit einem gemeinsamen Dach. Jede gesellschaftliche Gruppe hatte eigene Schulen, Universitäten, Krankenhäuser, Verlage, Gewerkschaften, Zeitungen und politische Parteien, jede Gruppe bekämpfte die andere und betrachtete sich selbst als den Mittelpunkt der Welt.

Die Scharmützel verstummten, als der Erste Weltkrieg ausbrach und alle Säulen einen Burgfrieden schlossen, inklusive der Sozialisten.

Die freisinnig-liberale Regierung, die 1913 an die Macht gekommen war, wollte die bestehenden Sozialgesetze – Jugendschutzgesetz, Schulpflichtgesetz, eine gesetzliche Unfallversicherung und ein Wohnungsbaugesetz – mit einem Rentengesetz erweitern. Noch mehr sozialen Frieden »erkaufte« man mit der Einführung des allgemeinen Wahlrechts für Männer im Jahr 1917 und für Frauen im Jahr 1919. Außerdem wurde der Streit um gleiche Subventionen für christliche wie für staatliche Schulen, die wichtigste Forderung der konfessionellen Säulen, 1917 beigelegt. 1920 ging fast die Hälfte der niederländischen Kinder in eine christliche Schule, 1940 waren es siebzig Prozent.

Die »kleinen Leute« hatten, als mein Vater sein Studium aufnahm, an allen Fronten gewonnen. Sie spielten in Politik und Gesellschaft eine wichtige Rolle, sie saßen in der Regierung und bekleideten andere wichtige Funktionen, in der Zeitung meiner frommen Großmutter pries man elegante Sommermode an, und in *De Standaard* erschien nun auch Autoreklame.

»Was nun?« Das war der Titel der letzten großen Rede, die der hochbetagte Abraham Kuyper am 2. Mai 1918 in Utrecht hatte halten wollen. Darin war er noch einmal Abraham der Gewaltige, der Mann mit einer Vision, der seinen Mitbrüdern nach dem Schulstreit ein neues Zukunftsideal präsentierte: »die übergroße soziale Frage«. Doch er war überarbeitet, todmüde und zu heiser, um selbst sprechen zu können, und ein anderer ergriff an seiner Stelle das Wort. Wenige Monate später verschwand Kuyper endgültig in einem deutschen Kurort.

Die Leute hörten sich »Was nun?« brav an, und später erschien der Vortrag als Broschüre. Doch als Ben van Kaam, der protestantisch-christliche Chronist par exellence, 1963 ein Exemplar von 1918 in einem ARP-Inventar fand, war es noch unaufgeschnitten. Kuypers Begeisterung fand bei seinem zufriedenen Anhang kein Echo mehr. Der neue Parteivorsitzende, Hendrikus Colijn, hatte da eine andere Idee: eine Geldsammelaktion für die ARP. Eine Million Gulden sollten zusammenkommen, auch wenn keiner so recht wusste wofür. Und die »kleinen Leute« machten sich eifrig daran, Geld für sich zu sammeln.

*

»Wir können beobachten, dass sich alle Degenerationserscheinungen einstellen, die bei Eliten auftreten, deren Begeisterung nicht auf ein in der Zukunft liegendes Ideal gerichtet ist«, schreibt Van Kaam über diese Periode. »Die Gruppe selbst wird das Ziel. Die Mitglieder veranstalten Paraden, halten Massenkundgebungen ab, pflegen ihre Wappen, ehren Veteranen und gedenken der großen Schlachten der Vergangenheit. Und man achtet sehr genau auf die Lebensweise und Glaubenstreue des anderen, denn die Elitetruppe darf nicht auseinander fallen.«

Die Sozialisten, Katholiken, Zionisten und all die anderen Emanzipationsbewegungen litten mehr oder weniger unter denselben Symptomen. Oder, wie Jan Buskes es einmal ausdrückte: »Sie halten Versammlungen ab, bis sie zu den Vätern versammelt worden sind.«

Während des Sommers folgte eine Kundgebung auf die andere, Massenchöre, Musikkorps und heulende Harmoniums ließen die Luft erzittern, und nie flatterten im Land so viele Fahnen und Banner. Im Winter fanden dann Versammlungen statt, und man diskutierte über Texte, Änderungsanträge oder Resolutionen, man las die eigenen Zeitungen, plagte sich mit Predigten und Einführungsvorträgen ab, und so führte man innerhalb der eigenen Säule ein Doppelleben, das das mühsame Alltagsleben in ein anderes, würdevolleres Licht tauchte.

Es wurde erwartet, dass man nur mit Gleichgesinnten Fußball oder Theater spielte, Nähkurse besuchte, Bücher las, auf Reisen ging, feierte, Ziegen züchtete und Kinder zeugte. Als in den dreißiger Jahren Leute für die Besiedlung der neu gewonnenen Landstriche Wieringermeer und Noordoostpolder gesucht wurden, da achtete man peinlichst darauf, dass alle Säulen gleich stark vertreten waren, und natürlich wurden auch in jedem Dorf drei Kirchen und drei Schulen gebaut: eine katholische, eine protestantisch-christliche und eine öffentliche. Vereine, die die Schranken niederrissen, waren tabu: Studenten der Freien Universität durften offiziell nicht Mitglied des NCSV sein, und über den ehemaligen Chefredakteur der Wochenzeitung *Vrij Nederland* wird erzählt, dass er als Junge acht Kilometer weit zu Fuß ging, um sich in einem Nachbardorf den dortigen Prediger anzuschauen: Er hatte noch nie einen Protestanten gesehen. In katholischen Kreisen betrachtete man die »Mischehe« sogar als eine schwere Sünde, und wer mit einem Nichtkatholiken liiert war, der durfte nicht mehr zur Kommunion gehen.

So dienten die Säulen einem zweifachen und nicht selten widersprüchlichen Ziel. Auf der einen Seite stellten sie für viele Menschen eine Möglichkeit zum Aufstieg dar, eine Chance, mehr zu lernen und zu sehen. Auf der anderen Seite – und das galt vor allem für die katholische und, in geringerem Maße, die protestantische Säule – dienten sie auch dazu, die Menschen unter der Fuchtel zu halten. Die alte Angst vor der Hölle war hierfür ein probates Mittel – und wenn jemand aus der Reihe tanzte, dann wusste man, wie man ihm die Hölle schon auf Erden ganz schön einheizen konnte. Auf einen Job im Bergbau brauchte man in der südlichen Provinz Limburg gar nicht erst zu spekulieren, wenn man nicht Mitglied der katholischen Kirche war. Und ein friesischer Bauer, der ein Stück Land pachten wollte, tat gut daran, es sich nicht mit dem Presbyterium zu verderben.

So lebten alle friedlich nebeneinander her. Während mein »neutraler« Großvater ein großes Haus bauen ließ, mietete sein »roter« Bruder Petrus von seinem Monatsgehalt ein Ausflugsboot, um seinen Schulkindern einen schönen Sonntag zu bereiten und ihre Väter einen Tag lang von der Kneipe fern zu halten. Und wenn ein solcher Sonntag ins Wasser fiel, dann aßen Petrus und Maaike den ganzen Monat lang nur trockenes Brot.

Andersdenkenden begegnete man mit einem gewissen Respekt, aber die Milch brachte selbstverständlich der Händler mit der gleichen Gesinnung, Lebensmittel kaufte man bei »seinem« Krämer, Kleidung – im eigenen Stil – nur bei einem »Bruder« oder einer »Schwester«, und noch in den sechziger Jahren schickte es sich in den Kreisen meiner Eltern nicht, Gästen Gebäck der »sozialen« Kooperative anzubieten. Einmal kündigte ein Dienstmädchen der Maks in Schiedam, weil es nicht in einem Haushalt arbeiten wollte, wo man das gottlose *Rotterdamsch Nieuwsblad* las.

Jeder hatte die Wahrheit für sich gepachtet, und die Wahrheit war allumfassend. Als Studenten der Freien Universität im Frühjahr 1924 das Trauerspiel *Saul und David* von Israël Querido aufführen wollten, war die Aufregung groß. »Die Heilige Schrift wird hier auf ärgerliche Weise missbraucht«, schrieben die Pfarrer der Synode, »und außerdem ist es an und für sich schon so, dass einem Juden, zumal einem Juden wie Querido, ein solcher heiliger Stoff nicht anvertraut werden kann.« Und der *Utrechtsche Kerkbode* meinte sogar, dass ein Jude nun einmal nicht »die fürchterliche Tragik des Gegensatzes zwischen Saul und David empfinden kann«. (Denn schließlich wusste ja jeder, dass Saul und David echte orthodox-kalvinistische Burschen waren.)

Nur die Autoren aus dem eigenen Kreis durften den Leuten die eigene Moral (die sich im Übrigen kaum von der der anderen unterschied) einhämmern: »Sollen wir um Vergebung des Bösen bitten, das du getan hast? Jaap schluchzte. Vier Hände wurden gefaltet, zwei große und zwei kleine.«

Doch waren viele Menschen aus dem gehobenen Mittelstand, wie zum Beispiel die van der Molens, mit dieser strengen Einteilung nicht gerade einverstanden. Die Versäulung widersprach ihrer Auffassung von nationaler Einheit und individueller Freiheit. Auch bei den Sozialisten herrschte Unbehagen. In Kreisen der Niederländisch-Christlichen Studentenvereinigung entschieden sich einige bewusst für den Sozialismus, während sie zugleich gläubige Menschen blieben.

Doch durch die »Apartheidpolitik« der großen Mehrheit gezwungen, mussten sich alle wohl oder übel dem System anpassen. Während die Maks Mitglieder aller Organisationen wurden, die das Wort »christlich« im Namen führten, unterstützten die friesischen van der Molens alles, was »sozialistisch« oder »öffentlich« war, und meine Großeltern aus Vlaardingen fühlten sich allem verbunden, dem das Etikett »allgemein« oder »neutral« anhaftete. Weil aber die Niederlande sich selbst in geistige Schubladen eingeteilt hatten, war »allgemein« ebenfalls eine solche Schublade, wenn auch eine freundliche und zivilisierte. Die wirklich unabhängigen Denker, wie Buskes und andere Studienfreunde meines Vater, landeten dadurch in einem politischen und gesellschaftlichen Niemandsland.

Ein bedeutendes Problem für die konfessionellen Säulen stellte das Radio dar. Bücher konnte man aus Bibliotheken und Geschäften fern halten, Theater, Kino, Tanz, Sozialismus und andere Gräuel konnten mit der Waffe der sozialen Kontrolle bekämpft werden, doch das Radio drang ungeniert durch alle Trennmauern hindurch. »Man hat Sätze vernommen, die einem nicht zu Ohren hätten kommen sollen. Man hat den Klang der weltlichen Musik gehört, der die Gedanken im Tanzsaal verweilen ließ«, schrieb der Kommentator der protestantisch-christlichen Wochenzeitung *De Spiegel*, und er fürchtete, das Radio habe »bereits großen Schaden« in den christlichen Familien angerichtet.

Anfangs war das Problem noch nicht so groß. 1919 erhielt ein Ingenieur aus Den Haag die erste Sendegenehmigung, um seine Radioröhren ausprobieren zu können, 1921 versorgte die Amsterdamer Effektenbörse circa fünfzig Abonnenten über Radio mit den Börsenkursen, und darüber hinaus versuchten ein paar Amateurfunker, dem Mysterium in selbst gebastelten Kristallempfängern mit Antennen, die sich über ganze Häuserblocks spannten, zu lauschen.

1924 hatte man die Technik so weit verbessert, dass Hendrikus Colijn, der damalige Finanzminister, als erstes Regierungsmitglied bereit war, in einem kleinen Raum eine Rede vor einem Massenpublikum zu halten. Rasch wurde den orthodoxen Kalvinisten nun klar, welche großen Möglichkeiten das neue Medium bot. Colijn konnte nun nicht nur so viele Reden halten, wie er wollte, es war außerdem möglich, »Menschen außerhalb des christlichen Lebens zu evangelisieren«, und vor allem könnten »unsere Kranken und Schwachen im Radio Predigten, Ansprachen, Liedern usw. lauschen«.

Ein halbes Jahr später, im November 1924, fasste das protestantisch-christliche Establishment den Entschluss, wieder einmal das Alte mit Hilfe der modernsten Techniken zu bewahren: Als erster Sender wurde die Niederländisch-christliche Radiovereinigung (NCRV) gegründet, die noch vor Ende des Jahres ihren Betrieb aufnahm. Die anderen Säulen zogen natürlich mit eigenen Sendern nach. Damit war ein System geboren, das mit »Predigten, Ansprachen, Liedern usw.« bis zum Ende des Jahrhunderts weiterwuchern sollte.

Der Beschluss, einen eigenen Radiosender zu gründen, stellte eine fundamentale Richtungsentscheidung für den Emanzipationsprozess der »kleinen Leute« dar, denn schließlich hätte man sich um 1924 herum ebenso gut für den Weg der schwermütigen Nachfahren des Eierhänd-lers entscheiden können, die das Radio komplett als »Teufelskiste« ablehnten. Offenbar entschieden die orthodoxen Kalvinisten sich doch gegen die kulturelle Isolation, denn dies bedeutete die Gründung des christlichen Rundfunks auch. Mit der neuen Zeit zu gehen, passte offen-bar besser in ihr Konzept, denn sie gingen davon aus, dass jeder seine eigene Wahl treffen müsse, dass jeder für sich selbst verantwortlich sei, und zwar auch für seine Sünde, wenn er sich heimlich die Tanzmusik auf Radio Osnabrück anhörte.

Auf der anderen Seite hatte es den Anschein, als interessiere sich niemand für das, was sich jenseits der Trennmauern abspielte. Prak-tisch alle Säulen pflegten ihren eigenen Jargon – der für heutige Leser voller Rätsel ist –, dessen augenfälligstes Charakteristikum das Fehlen allen Zweifels ist. Das trifft vor allem auf die orthodoxen Kalvinisten zu. Ob es nun den Staatshaushalt betraf oder medizinische Fragen oder die Interpretation der Bibel, die Professoren und Prediger schrieben, als seien sie, wie es ein Zeitgenosse ausdrückte, »bei allen Ratschlüssen Gottes dabei gewesen«. Das verlieh ihrer Haltung Kraft und Härte, die mitunter übermenschlich war und nicht selten auch unmenschlich.

Diese Neigung machte die orthodox-kalvinistische Antirevolutio-näre Partei zu einer besonderen Gruppe: auf der einen Seite prinzipien-fest und leicht verständlich, auf der anderen Seite wenig kreativ in schwierigen Situationen. Immer wurde alles an »Gottes Willen« oder »die Prinzipien« festgenagelt, alles wurde reduziert auf »richtig« oder »falsch«. Die Kalvinisten waren im Kern Fundamentalisten.

So gab es eine permanente untergründige Vermischung von Norm und Wirklichkeit, die zur Folge hatte, dass unter veränderten Umstän-den Erkenntnisse und Meinungen nur schubweise angepasst werden konnten. Wenn Indonesien weiterhin zu den Niederlanden gehören sollte, so war dies »Gottes Ratschluss«. Als Deutschland 1914 in Belgien einmarschierte, rechtfertigte Kuyper den Überfall mit einem kruden Mischmasch von Bibelzitaten. Gott hatte auch entschieden, dass man am Sonntag nicht Fahrrad fahren durfte und dass die Dienstboten nicht am Familientisch mitessen durften – jedenfalls der Bibelinterpre-tation des christlichen Benimmbuchs *Umgangsformen und Manieren* zufolge. Und auf die schlanke Linie zu achten war vollkommen tabu: »Dürfen wir die Nahrungsreserven, die Gott unserem Körper gab, mit Absicht aufzehren und uns so an dem Gebot ›Du sollst nicht töten!‹ versündigen?«

Doch wie gesagt, Starrheit und Rechthaberei ließen sich überall beobachten. Auch die Sozialisten und Katholiken meinten, die Wahrheit gepachtet zu haben, so dass ihnen beispielsweise das Aufkommen des Nationalsozialismus, die Schwächung Europas, die Tragweite des indonesischen Nationalismus, der Erfolg des Keynes-Modells und die Folgen der schnellen technischen Entwicklungen nur verzögert und undeutlich bewusst wurden.

War das alles typisch niederländisch? In gewisser Hinsicht schon. Es gab nämlich einen riesigen Unterschied zwischen den Niederlanden und dem übrigen Europa, zwischen der niederländischen und der europäischen Jugend: Die Niederländer hatten den Ersten Weltkrieg nicht mitgemacht. Die Millionen Deutschen, Franzosen, Engländer, Österreicher, Belgier, Russen, Polen und Italiener, die 1914 in den Kampf gezogen waren, als machten sie einen Ausflug ins Grüne, waren 1918 als vollkommen andere Menschen aus den Schützengräben gekommen. Ihre schönen Uniformen waren zerfetzt, sie hatten alle Geräusche der Hölle vernommen, und sie kannten das Gas, den Geruch von Leichen und irrwitzige Generäle. Ihnen konnte keiner mehr etwas vormachen.

Und als der ehemalige Frontsoldat Erich Maria Remarque 1929 das Buch *Im Westen nichts Neues* veröffentlichte, gingen innerhalb von einem Jahr anderthalb Millionen Exemplare über die Ladentheken, und alle jungen Europäer, die das große Sterben in den Schützengräben miterlebt hatten, sagten: »Genau so war es.«

Nur in den Niederlanden wusste man es besser: »Lest dieses Buch nicht«, forderte eine orthodox-kalvinistische Jugendzeitung ihre Leser auf. »Wenn sogar Erwachsene durch die Lektüre aus dem Gleichgewicht gebracht werden, wieviel größer ist dann die Gefahr für jüngere Menschen, deren Lebensschiff noch nicht jedem Sturm zu trotzen vermag.« Und ein ARP-Blatt meinte sogar, der Autor habe keine Ahnung vom Krieg: »Es gibt inzwischen auch niederländische ›Dichter‹, die die Gräuel des Krieges sehr realistisch besingen. Und trotzdem fantasieren sie nur. Sie haben keine Ahnung. (…) ›Im Westen nichts Neues‹ lehrt uns die Vertierung einer Generation.«

Natürlich ging »The Great War« auch an der niederländischen Jugend nicht spurlos vorüber. »Das Elend des Ersten Weltkriegs hat gerade auf Menschen unserer Generation eine solch fürchterliche Wirkung gehabt, die wir damals auch deshalb kaum verarbeiten konnten, weil es die Zeit unserer Pubertät war«, schrieb meine Mutter später – und dadurch, so fügte sie hinzu, kamen in ihrer Generation allerlei Probleme zum Vorschein, die anderen unbekannt waren.

Im Allgemeinen jedoch kann man die meisten Niederländer mit Kindern vergleichen, die gerade in Ferien waren, als eine schreckliche Katastrophe – Erdbeben, Tod, Feuer – ihre Familie traf. Solche Kinder durften sich glücklich preisen, denn das Schicksal hatte sie ja verschont, doch zugleich hatten sie eine alles bestimmende Erfahrung im Leben dieser Familie verpasst. Damit fehlten ihnen ein gewisser Enthusiasmus, eine gewisse Angst, aber auch eine gewisse Weisheit.

Das galt auch für die niederländische Politik. Die unvorstellbare Demütigung und Unzufriedenheit von Armee und Mittelstand, welche anderenorts die Grundlage für die zwei wichtigsten Massenbewegungen der zwanziger und dreißiger Jahre darstellen sollten, nämlich für den Faschismus und für den Nationalsozialismus, kannte man in den Niederlanden nicht. Weil der Erste Weltkrieg an den Niederlanden vorbeigegangen war, hatte das Land, um es mit den Worten des Historikers M. C. Brands auszudrücken, »eine entscheidende Weiche der modernen Geschichte unseres Kontinents« verpasst. So wurde eine ganze Reihe von Fäden aus dem neunzehnten Jahrhundert, die im übrigen Europa rigoros abgeschnitten worden waren – das Kaisertum, die Autorität, die Gewissheiten –, in den Niederlanden ohne Unterbrechung weitergesponnen. Das ohnehin schon kurze zwanzigste Jahrhundert wurde hier noch kürzer.

*

Nur ein Ereignis sorgte dafür, dass die Niederlande kurz mit dem übrigen Europa Schritt hielten, wenn auch nur für einen Moment. In

Russland hatten die Bolschewiken die Macht übernommen, in Deutschland lag die Armee darnieder, und auch in der Infanteriekaserne in Harskamp in der Veluwe brach ein Soldatenaufstand aus. Als am Morgen des 10. November 1918 – es war ein Sonntag – der deutsche Kaiser sich höchstpersönlich, vor der Revolution flüchtend, an der niederländischen Grenze meldete, da meinte der Sozialistenführer Pieter Jelles Troelstra, die Zeit sei auch in den Niederlanden für den Großen Umsturz reif.

»Lasst den Augenblick nicht ungenutzt verstreichen!«, rief er am nächsten Abend unter lautem Beifall seiner Rotterdamer Parteigenossen. »Ergreift die Macht, die euch in den Schoß fällt, und tut, was ihr tun müsst und tun könnt. Wir machen die Revolution, weil sie möglich ist und stattfinden muss.« Am nächsten Wochenende werde, so kündigte er an, auf einem außerordentlichen Kongress der Sozialdemokraten die Gründung eines »obersten Arbeiter- und Soldatenrates« beschlossen, der die »oberste Autorität unseres Landes« darstellen solle.

Einen Tag später wiederholte er seinen Aufruf noch einmal im Parlament, aber da war sein Revolutionsversuch eigentlich schon gescheitert. Es zeigte sich, dass er die Stimmung im Land vollkommen falsch eingeschätzt hatte. Die katholische und die protestantische Säule organisierten in aller Eile Bürgerwehren, überall wurden leidenschaftliche Kundgebungen veranstaltet. Sogar die meisten SDAP-Anhänger hatten, verbürgerlicht, wie sie waren, keine Lust auf eine samtene Revolution. Revolutionär war Troelstras Partei im Übrigen sowieso nie gewesen, schon seit ihrer Gründung nicht.

Am 18. November wurde auf dem Malieveld in Den Haag eine derartige Jubelkundgebung veranstaltet, dass das Königshaus sich für die kommenden fünfzig Jahre keinerlei Sorgen mehr zu machen brauchte. Die Pferde vor der königlichen Kutsche wurden ausgespannt, und Soldaten zogen sie bis zum Palais Voorhout, wo sich die Königinmutter Emma auf dem Balkon zeigte. Die Menge hatte sie zunächst fürchterlich erschreckt, weil sie meinte, die Revolutionäre führten ihre Tochter und Enkelin als Gefangene mit sich und kämen auch sie jetzt holen.

Meine damals siebzehnjährige Mutter befand sich inmitten der Menschenmassen, und sie tanzte und jubelte wie die anderen. Später erinnerte sie sich: »Wir benahmen uns wie die Verrückten, aus lauter Liebe zum Königshaus.« Aber die Erinnerung an Troelstras misslungenen Revolutionsversuch sollte noch jahrzehntelang die Beziehungen zwischen den Sozialisten und den anderen Emanzipationsbewegungen vergiften.

Heute wird diese kurze, holländische Revolution mit einem müden Lächeln abgetan, denn wir wissen ja, dass in der Pistole nur eine Platzpatrone war. Aber damals wusste man das nicht, und der ausgelassene Tanz meiner Mutter fand nicht nur aus »lauter Liebe zum Königshaus« statt, sondern auch vor Erleichterung darüber, dass der Krieg zu Ende war, dass die Revolution nicht stattgefunden hatte und die gute alte Ordnung aufrechterhalten worden war.

Seinerzeit nahm man Troelstras Putschversuch außerordentlich ernst. Im und um das Palais Noordeinde herum brachte man Maschinengewehre in Stellung. Der Sekretär Königin Wilhelminas holte heimlich zwei Koffer voller Juwelen beim Schatzmeister ab und verbarg zudem noch vierzigtausend Gulden in bar an seinem Körper, um »im Falle höchster Not der Königin und der Prinzessin zur Flucht verhelfen zu können«. Der Bürgermeister von Rotterdam hatte bereits Verhandlungen mit der Führung der Sozialdemokraten vor Ort darüber geführt, wie die öffentliche Ordnung während der revolutionären Umwälzungen aufrechterhalten werden könnte. In Den Haag hatte sich Ministerpräsident Ruys de Beerenbrouck mit den liberaldemokratischen Führern beraten: »Wir sollten lieber einlenken und zum Beispiel ein paar Sozialisten ins Kabinett berufen.« Einer der Anwesenden hatte geweint.

Auch nach den Novembertagen war man noch eine ganze Weile vorsichtig. Das Parlament, das zehn Jahre zuvor eine Arbeitszeitverkürzung auf zehn Stunden pro Tag ohne viele Umstände abgewiesen hatte, erfüllte schleunigst eine der wichtigsten Forderungen der Sozialisten: die Einführung des Achtstundentags. Nach der Abstimmung sang die sozialdemokratische Fraktion triumphierend den *Achtstundenmarsch*. Dem Rest des Parlaments fiel vor Schreck nichts Besseres ein, als die Nationalhymne anzustimmen.

Das allgegenwärtige Gefühl der Bedrohung hing nicht zuletzt mit der kulturellen Ausstrahlung des großen Nachbarlandes Deutschland zusammen. Auffallend an dem Umsturzversuch von Troelstra war, dass er samt und sonders von den deutschen Revolutionsversuchen inspiriert war und nicht von denen in Russland, wo die Arbeiterrevolution bereits viel weiter fortgeschritten war. Russland genoss keinerlei Ansehen, während der Einfluss Deutschlands – selbst nach der Niederlage im Ersten Weltkrieg – groß war. Nicht nur weil die Deutschen sehr viel ordentlicher, disziplinierter und »moderner« waren als die Russen, sondern auch auf Grund der zentralen Rolle, die die deutsche Kultur im damaligen Europa spielte. In den Niederlanden war Deutschland für viele das Land, an dem man sich orientierte, vergleichbar etwa mit Frankreich im 18. Jahrhundert und Amerika heute. Man las deutsche Autoren, sang deutsche Lieder, fuhr nach Deutschland in die Ferien. Wenn die marxistische Revolution in Deutschland erfolgreich gewesen wäre, dann hätte das einen unvorstellbar großen Einfluss auf das denkende Europa und damit auf die Zukunft Europas im Ganzen gehabt.

Doch die Geschichte verlief anders. Der Erste Weltkrieg war durch alle kulturellen Schichten Europas hindurchgeschlagen. Vor allem in Deutschland und Österreich hatte die politische und kulturelle Elite jede Kontrolle über die Ereignisse verloren. Dies bedeutete allerdings nicht, dass der Sozialismus dieses Vakuum automatisch hätte füllen können, wie Troelstra und andere gemeint hatten. Dafür war die Nachkriegsrealität viel zu komplex. Außerdem war vielen gerade durch den Krieg die Eigenschaft abhanden gekommen, die für die Verfolgung einer neuen Utopie essenziell ist: Optimismus.

Es war vielmehr so, als seien durch den Einschlag die Brüche und Umwälzungen in der westlichen Kultur erst so richtig sichtbar geworden. Mehrere Historiker plädieren deshalb auch dafür, den Ersten Weltkrieg nicht nur als eine Abnormität in der Weltgeschichte zu betrachten, als eine bizarre Periode der Verwirrung und des Chaos, sondern auch als eine Übergangszeit, die den Beginn des Jahrhunderts mit den zwanziger Jahren verbindet. »Alles, was bereits in den Jahren zwischen

1890 und 1914 sichtbar war oder sich als potenziell vorhanden erwies, wurde auf dem Rangierbahnhof der vier Kriegsjahre in neuen Kombinationen in rasche Bewegung versetzt«, meint Bouman. »Es setzte sich beschleunigt, oft auch verstärkt, im Nachkriegsjahrzehnt fort und trug so zur Vorgeschichte des nächsten Weltkriegs bei.«

Alles schien sich plötzlich mit grelleren Farben zu schmücken. Der Film wurde als Traumwelt für die Massen entdeckt, aber auch als Medium der Kunst. Der Sport fand zunehmende Verbreitung, die romantische Liebe kam wieder auf, die Städte waren voll neuer Mode, neuer Mädchen, neuer Lieder. Der Ton, in dem der Frieden erlebt wurde, war jedoch von Land zu Land unterschiedlich.

In England bekam der Nationalismus nach 1918 einen anderen Anstrich. Er war nicht mehr expansiv, nicht mehr imperial, sondern schien eher nach innen zu stürzen, zu verkümmern. Offiziell gehörten die Engländer zu den Gewinnern, doch moralisch hatte ganz Europa eine Niederlage erlitten, und die Engländer spürten dies wohl am deutlichsten. Vor dem Krieg waren die meisten stolz auf ihre disziplinierte und straff organisierte Gesellschaft, und zufrieden überließen sie die Macht den Politikern und die Moral den Pfarrern. Nach den Erfahrungen in den Schützengräben war dieses Vertrauen zerstört.

An der Literatur der Nachkriegsjahre kann man sehen, wie sich die Akzente verschoben hatten. Die Engländer schienen sich in ihr Schneckenhaus zurückzuziehen, in die Geborgenheit von Verwandtschaft, Familie, Haus und Garten. Die weltumfassenden Ideale des Empire machten fast provinziellen Idealen Platz. In Frankreich geschah etwas Vergleichbares. Dort florierten Kabarett und Bistro, das Chanson begann seinen Höhenflug, doch auch hier lag die Betonung auf Liebe, auf Romantik und das brave bürgerliche Leben. Erst in den dreißiger Jahren begann wieder die Politik das Leben zu dominieren, mit großen Straßenschlachten zwischen linken Arbeitern und nationalistischen, antisemitischen Veteranen.

In Deutschland lagen die Dinge anders. Das Land hatte nicht nur einen großen Teil seiner jungen Menschen verloren, sondern auch ein Siebtel seines Staatsgebiets mit insgesamt sieben Millionen Bürgern. Von den Reparationen, dem wirtschaftlichen Chaos und der schwindenden Autorität der staatlichen Gewalten, die darauf folgten, ganz zu schweigen.

Nach dem Kampf, nach dem Zusammenbruch aller Werte entwickelte sich am Rande des Bombenkraters jedoch sehr rasch eine neue, reiche Vegetation. Neue Musikformen wie der Jazz und eine neue, von Pessimismus und Dekadenz geprägte Literatur bestimmten den Ton. Paris war *out*, Berlin war *in*, dasselbe Berlin, das bis 1914 als die verschlafenste und den Konventionen am stärksten verhaftete Hauptstadt Europas galt. Auf den Gebieten der Politik und der Sexualität wurde alles ausprobiert, was Gott verboten hatte. Theosophie, Okkultismus, Spiritismus, Anthroposophie, Wahrsagerei, Graphologie, Yoga, alles stand in nie gesehener Blüte. Und all das wurde mit der glühenden Vitalität betrieben, die nur Menschen an den Tag legen, die am Rande des Todes gelebt haben.

»Nie zuvor in der Geschichte vielleicht sind junge Leute so bewusst, so eklatant, so herausfordernd jung gewesen wie die deutsche Generation dieser Jahre«, schrieb Klaus Mann in seinen Memoiren. »Man sagte: ›Ich bin jung!‹ und hatte eine Philosophie formuliert, einen Schlachtruf ausgestoßen. Jugend war eine Verschwörung, eine Provokation, ein Triumph. Wenn wir uns in unseren kahlen Stuben trafen oder draußen im Wald oder beim Krämer im Dorf, tauschten wir geheime Blicke und Winke: ›Ich bin jung!‹ ›Ich auch!‹«

Nach dem Blutvergießen hielt das Schicksal für die deutsche Jugend noch einen weiteren makabren Scherz bereit: die galoppierende Inflation, das sich in Dampf auflösende Geld, das Geld, um welches sich die letzten Gewissheiten drehten. »Wir konnten nicht von einer sittlichen Norm abweichen: Es gab keine solche Norm«, schrieb Klaus Mann. »Da alles um uns herum barst und schwankte, woran hätten wir uns halten, nach welchem Gesetz uns orientieren sollen? Die Zivilisation, deren Bekanntschaft wir in den zwanziger Jahren machten, schien ohne Balance, ohne Ziel, ohne Lebenswillen, reif zum Ruin, bereit zum Untergang.«

In dieser Situation wuchs ein neues Verlangen nach einer Autorität wie der des verlorenen Kaisers, nach dem »einzigen«, der, in den Worten des deutschen Dichters Stefan George von 1912:

Sprengt die ketten fegt auf trümmerstätten
Die ordnung geisselt die verlaufnen heim
Ins ewige recht wo gross wiederum gross ist
Herr wiederum herr zucht wiederum zucht …

Doch in den Niederlanden schien nur wenigen bewusst zu sein, wie schwierig es nach 1918 war, um mit Rilke zu sprechen, den Frieden aufzulesen, der aus allen Händen fallend, in tausend Stücke zersprungen ist.

KAPITEL 4

Das Sprechen der Schlange

Die Frühjahrsmode 1924 trieb den Rocksaum noch etwas höher hinauf, man experimentierte mit einer neuen amerikanischen Erfindung, dem Reißverschluss, das Haar wurde kurz getragen, die Brauen gezupft und durch einen Graphitstrich ersetzt. Überall tanzte man Charleston.

Mit nichts von alledem konnte meine Mutter am Tage ihrer Hochzeit, am Donnerstag, dem 1. Mai 1924, aufwarten.

Ich sehe die beiden auf dem Foto, vor den Verandatüren – die erkenne ich – der Villa am Schiedamseweg, umringt von sechs Gestecken mit Hortensien, Lilien, Farnen, Rosen und Margeriten: mein Vater – wie jung er war! – im Cut, meine Mutter ganz in Brokatweiß gehüllt, mit einem Schleier bis zu den Knöcheln und einem Blumenschmuck, der ihre halbe Brust bedeckt.

Aus den Zeitungen weiß ich, dass an diesem Tag bei der Schiedamer Abteilung des Niederländischen Hausfrauenverbands ein Lichtbildervortrag über Kakao und Schokolade gehalten wurde. Im Theater spielte man *Der Postbote*, »eine großartige Huldigung für unseren Briefträger«. Unter »Vermischtes« kann ich lesen, dass die Pariser Coiffeure die meiste Erfahrung mit der neuen Kurzhaarfrisur haben, »deswegen haben sich nicht weniger als 225 New Yorker Damen mit dem Dampfschiff *Leviathan* nach Paris begeben, um sich dort das Haar kurz schneiden zu lassen«. Das Corsettenhuis warb mit dem *Favourite*, »einem Gummikorsett nach neuester Mode«. Van Delden bot ein »wunderbares Kostüm aus farbig gemustertem Stoff« für 19,75 Gulden, und der Hilversumsche Drahtlose Rundfunk übertrug Gesang von Fräulein Willy Zijl aus Bussum und einen Vortrag von Herrn L. C. T. Bigot, Direktor der Akademie für Grundschulpädagogen zu Arnheim. Im Hafen ging ein Schiffsjunge über Bord.

Am Donnerstag, dem 1. Mai 1924, war es dicht bewölkt, hin und wieder regnete es. Meine Tante Maart erinnerte sich, dass sie ein hellgrünes Kleid mit gelber Schleife trug. Nach der Trauung im Rathaus und in der Kirche gab es einen Empfang am Schiedamseweg. »Sie hatten einen Koch engagiert, denn ein Restaurant konnten sich die meisten Leute nicht leisten.« Es war kein rauschendes Fest, aber man hielt ein paar schöne Ansprachen. Koos und Arie waren nicht gekommen, sie passten auf die Werkstatt auf. »Am Schiedamseweg fühlten sie sich ohnehin nicht wohl, sie fanden es da viel zu vornehm«, erzählte meine Tante, »obwohl mein Vater wahrscheinlich erheblich mehr Geld hatte als die van der Molens.« Vor allem an die steinharte Eistorte konnte sie sich erinnern. »Die hatten sie zu spät aus dem Eis genommen.«

Im *Niederländischen Familienbuch* – einer Publikation, die damals manche Gemeinden neuvermählten Paaren überreichten – lese ich: »Wenn der Bräutigam seine Braut in die eheliche Wohnung führt, singt und jubelt es in seiner Seele. Die blühende junge Braut weiß um das Geheimnis und schweigt. Beide gehen sie dem Mysterium entgegen.«

Nach dem Wenigen zu urteilen, das ich darüber von meiner Mutter weiß, wird ihre Einstellung nicht vom gängigen Denkmuster abgewichen sein. Ihr Verhalten dürfte den Auffassungen der damals verbreiteten Handbücher entsprochen haben, zum Beispiel *Von der Verlobung zur christlichen Ehe*, dessen Autor das »natürlich-sittlich-geistige Wohlbehagen« in »Gleichklang« voraussetzte und vor bloßer »Wallung des Blutes« warnte.

Die Hygiene hatte sich nach 1900 stark verbessert, die Zahl der Frauen, die am Kindbettfieber starben, war entsprechend gesunken, aber die Geburt blieb ein Risiko, besonders beim ersten Kind. Innerhalb der Familie oder im Kreis der guten Freundinnen gaben Frauen zwar Wissen über »Milchfieber« und über allerlei Mittelchen weiter, die bei schweren Geburten helfen sollten, aber ansonsten blieb es bei vagen Andeutungen und Ängsten.

Am Anfang ihrer Beziehung zu meinem Vater wurde meine Mutter streng beaufsichtigt. Wenn sie sich verabschiedeten, hatte mein Vater ständig Probleme mit der Karbidlampe seines Fahrrads: In der Anfangsphase war dies die einzige Entschuldigung für ein paar Momente ungestörten Beisammenseins. Später hat sich das offenbar geändert. Mein Vater hat gelegentlich durchblicken lassen, dass es ihm schwer gefallen sei, die Grenzen des »Verlobtseins« nicht zu übertreten. Der »Wallung des Blutes« nicht nachzugeben, war aber für einen angehenden Pfarrer lebenswichtig, und nicht nur aus moralischen, sondern auch aus sozialen und praktischen Gründen. Die orthodoxen Gottesmänner vertraten nämlich die Auffassung, dass Sex vor der Ehe auch eine Übertretung des siebten Gebots, »du sollst nicht ehebrechen«, bedeute. Wenn schon ein Kind unterwegs war oder wenn die Verlobten einander in anderem Sinne »nicht mehr frei gegenüberstanden«, sprach man von »Ehebruch«. Die Bestrafung war gnadenlos: Man setzte das junge Paar auf die vorderste Kirchenbank und verlas die Namen, dann mussten die beiden öffentlich ihre Schuld bekennen, sonst konnten sie nicht getraut werden. Es fällt auf, dass sich dieses öffentliche Schuldbekenntnis auf sexuelle Verfehlungen beschränkte. Selbstverständlich hätten sich die beruflichen Aussichten eines jungen orthodoxen Predigers durch eine solche Affäre ganz erheblich verschlechtert. Mein Vater wird also auf der Hut gewesen sein. Es blieb ihm nichts anderes übrig.

Auf dem Hochzeitsfoto sieht meine Mutter etwas korpulenter aus als sonst, als hätte man ihr während der letzten Monate im Elternhaus noch ein bisschen extra zu essen gegeben, bevor man sie, eingepackt wie ein Bonbon, ins wahre Leben entließ.

Auch nach ihrer Zeit auf der höheren Schule hatte sie weiter zu Hause gewohnt, aber im weiter entfernten Delft Chemie studiert. Ein halbes Jahrhundert zuvor hatte sich Aletta Jacobs – später eine bekannte Feministin – als erster weiblicher Student einschreiben lassen, und um die Jahrhundertwende studierten an allen niederländischen Universitäten zusammen etwa fünfundsiebzig Frauen. Als meine Mutter ihr Studium aufnahm, wurde das Phänomen »Studentin« schon eher akzeptiert, aber sie war noch eine der seltenen Ausnahmen in den Hörsälen.

Sie war wissbegierig und ehrgeizig. Außerdem stand ihr Fach im Mittelpunkt des öffentlichen Interesses. Das Phänomen der Radioaktivität, die Quantentheorie Max Plancks und die Relativitätstheorie Einsteins – all das war ganz frisch, neu, gerade entdeckt und entwickelt und hatte die gesamte Naturwissenschaft auf den Kopf gestellt. Theorien dienten nicht mehr wie im neunzehnten Jahrhundert nur dazu, Blitz, Schwerkraft und andere physikalische Phänomene zu erklären, sie waren jetzt vor allem Ausgangspunkt für neue Hypothesen und die Entwicklung von Modellen für weiterführende Experimente. Kurz und gut, meine Mutter hatte ein Fachgebiet erwischt, das gerade in eine Phase stürmischer Entwicklung eingetreten war.

Und trotzdem hat diese vielversprechende Studentin, sobald sie verlobt war, ihr Studium abgebrochen. Sie nahm eine Stelle im Laboratorium der Vlaardinger Molkereibetriebe an, sparte für ihre Aussteuer, und nach ihrer Heirat sollte sie nie mehr ins Arbeitsleben zurückkehren.

Ich glaube, meine Eltern begannen ihre Ehe im Geiste aufrichtiger Kameradschaft. In einem Brief, noch aus der Zeit vor ihrer Verlobung, sprach meine Mutter sogar von »Seelenverwandtschaft«. »Ich habe schon manchmal gedacht: Wenn ich ein Junge wäre, dann wären wir bestimmt Freunde geworden.« Dennoch sollte ihr am Ende ihres Lebens einmal ein Wort darüber entschlüpfen, wie gern sie noch mal jung wäre, »ich würde meine Möglichkeiten dann doch ganz anders nutzen«.

Im Jahre 1921 aber hat sie sich, soweit ich weiß, ohne den geringsten Protest mit dem üblichen Lauf der Dinge abgefunden. Der Platz der verheirateten Frau war in der Familie, und diese Norm war so stark, dass man sich ihr kaum entziehen konnte. Sobald eine junge Arbeiterin der Verkade-Werke heiratete, musste sie kündigen, und das galt im Prinzip für alle arbeitenden Frauen, von Grundschullehrerinnen bis zu Dienstmädchen. Frauen galten buchstäblich als das schwache Geschlecht. Ehrbaren Broterwerb gab es für sie nur innerhalb der Familie; außerhalb von ihr waren sie, auch im juristischen Sinn, hilfsbedürftig und unmündig.

Als meine Mutter 1918 ihre Reifeprüfung – in sechs Fächern mit der besten Note – bestand, war sie nach Auffassung der niederländischen Gesetzgeber zu einfältig, um selbst über ihr Leben zu bestimmen.

Wählen durfte sie ebenso wenig – nicht, weil sie zu jung, sondern einzig und allein, weil sie eine Frau war. Obwohl die Niederlande seit 1890 ein weibliches Staatsoberhaupt hatten, durfte meine Großmutter erst wählen, als sie zweiundfünfzig war. Meine Mutter war da einundzwanzig.

Es waren vor allem die konfessionellen Gruppen, die sich jeglicher Frauenemanzipation widersetzten. Für Protestanten wie Katholiken ging aus der biblischen Schöpfungsgeschichte klar hervor, dass Frauen von niedrigerem Rang als Männer waren. War denn nicht durch die Frau die Sünde in die Welt gekommen, als Eva sich im Paradies von der Schlange verführen ließ? Hatte nicht die Frau jene von Gott verbotene Frucht vom »Baum der Erkenntnis des Guten und Bösen« gepflückt? Und hatte nicht Gott selbst das Urteil über die Frau gesprochen: »Du sollst mit Schmerzen Kinder gebären, und dein Wille soll deinem Mann unterworfen sein, und er soll dein Herr sein«?

Besonders die orthodoxen Kalvinisten lehnten entschieden jede Form von Emanzipation ab, die »Wühlarbeit gegen die göttliche Verfügung, dass der Mann das Haupt der Frau sei«, wie Abraham Kuyper es ausdrückte. Von Natur aus sei die Frau keuscher und schüchterner als der Mann, schrieb er in seiner Erläuterung zum Katechismus, »aber wenn sie einmal diese Schranke übersprungen hat, treibt sie es meist noch ärger als der Mann. Sie ist dann noch unbesonnener, noch mehr Spielball blinder Leidenschaften.«

Das *Christliche Frauenbuch*, das ein Jahr nach der Heirat meiner Eltern erschien, sprach zum Beispiel – im Hinblick auf die weiblichen Angehörigen der orthodoxen Gemeinden – ganz ohne Scheu von einer »herrlichen Frauenseele«. Wenn die Frau die Familie nicht mehr als ihr höchstes Ideal ansähe, dann würden, so meinte das Buch, noch wirkliche Gefahren drohen. »Wir wollen die Fahne hochhalten, die heilige Fahne der Reinheit und Sittlichkeit, des Familienlebens und der ehelichen Treue«, schrieben diese Frauen.

Dank solcher Auffassungen wurde die Gleichberechtigung verheirateter Frauen jahrzehntelang verhindert. Obwohl sich meine Mutter später oft genug allein durchs Leben schlagen musste, blieb sie ihrem

Mann nachgeordnet. Formal brauchte sie für jedes wichtige Rechtsgeschäft die Zustimmung meines Vaters, und während des größten Teils ihres Lebens war sie rechtlich einem Kind gleichgestellt. Erst 1957 wurde dieser erniedrigenden Situation ein Ende bereitet.

*

Brielle war ein altes holländisches Städtchen auf der anderen Seite der Nieuwe Maas, ein massiger quadratischer Turm, umringt von Puppenhäuschen mit Satteldächern und hier und da eingesprenkelter Vornehmheit. Dahin brachen meine Eltern nach ihrem Hochzeitstag auf. Mein Vater war zum Pfarrer der dortigen Gemeinde ernannt worden, mit einem doppelten Posten: Auch die des benachbarten Dörfchens Tinte gehörte zu seiner Pfarre.

Sie erreichten den Ort mit der Brieller Fähre, einem kleinen Dampfer, der ein paarmal am Tag zwischen Vlaardingen und Brielle hin- und herfuhr. Es war eine festliche Fahrt, erzählte mein Vater später. Für ein paar Zigarren verzierte die Besatzung das Schiff mit Fahnen und Wimpeln, jauchzend fuhr die Gesellschaft in den Hafen ein, die Dampfpfeife schrillte, und alle Fenster in der Nähe öffneten sich: War das nun der neue Pfarrer der »Frommen«?

Am Kai war gleich Schluss mit der Fröhlichkeit. Ein würdiger Presbyter erwartete meine Eltern mit den Schlüsseln des Pfarrhauses und einer einzigen Mitteilung: »Ich habe den Läufer aufgerollt, der Flur ist ziemlich feucht.« So bezogen sie ihre erste eigene Wohnung, ein uraltes Haus am Wasser, mit großen Fenstern, Treppengiebel, Garten und einem zwanzig Meter langen Flur, Wänden, die überall Feuchtigkeit ausschwitzten, und Böden voll blühendem Schimmel.

Ich habe Brielle gut siebzig Jahre später besucht, im Sommer 1998. Der Fischereihafen, an dem meine Eltern gewohnt hatten, lag voller Segeljachten, die dunklen Häuser aus dem siebzehnten Jahrhundert waren für Unsummen restauriert und herausgeputzt worden, und den Hauptplatz hatte man in ein einziges großes Straßencafé verwandelt.

Das Stadtarchiv bewahrte *De Brielsche Courant*, das »Wochenblatt für Voorne, Putten, Overflakkee und Goedereede«, eine Zeitung, die sich, was Papierstärke und Aufmachung anging, nicht von einem Blatt aus dem achtzehnten Jahrhundert unterschied. In der Ausgabe vom Dienstag, dem 13. Mai 1924, fand ich eine Notiz über meinen Vater: »Vor überaus zahlreich versammelter Gemeinde wurde am Sonntagmorgen der hierselbst ernannte Pfarrer der Reformierten Gemeinde zu Tinte und Brielle, ds. C. Mak, von ds. Haagenbeek aus Vlaardingen mit einer Predigt über Exodus 17, V. 11 in sein Amt installiert. Des Abends um 7 Uhr hielt ds. Mak hierselbst seine Antrittspredigt über Jeremia 1, V. 6 und 7. Mehrere Ansprachen wurden an den neuen Prediger gerichtet. Die Kirche war auch bei diesem Anlass überfüllt. Beide Male sang man ihm Psalm 134, 3.«

Mit einiger Mühe fand ich die Kirche. Das Gebäude wurde jetzt als eine Art Lagerraum genutzt, aber die Tür schien schon seit Ewigkeiten nicht mehr geöffnet worden zu sein. Es stand in einer schmalen, abgelegenen Straße, farblos, leer, ein großer Schuppen aus Backstein mit einem winzigen Türmchen, das aussah, als wollte es umfallen. Auf die Tür hatte jemand in großen Kalklettern »Kirche« gemalt. Aber das sagten auch schon die Bogenfenster, die schlichten Ornamente und die eingeworfenen Bleiglasfenster. An der einen Wand lehnte ein rostiges Gerüst, an der anderen Seite war wild wachsendes Gesträuch in die Höhe geschossen.

»Ich aber sprach: Ach HERR, HERR, ich tauge nicht zu predigen, denn ich bin zu jung. Der HERR sprach aber zu mir, sage nicht, ich bin zu jung, sondern du sollst gehen, wohin ich dich sende, und predigen, was ich dich heiße.«

Mein Vater wusste, wovon er sprach. Als Fünfundzwanzigjähriger musste er gleich ins kalte Wasser springen und zusammen mit einem Presbyter alle Familien besuchen. In Tinte glich das zuweilen, wie er später schrieb, einer »Rübenkampagne«. Manchmal waren an einem Tag sechs Besuche zu machen, »alles mit dem Rad, auch bei Regen und Wind, und dann gewöhnlich auf verschlammten Straßen«. Unterwegs bekam er von seinen Presbytern einen ersten Schnellkurs Brielle: Wo es Empfindlichkeiten gab, wer mit wem Streit hatte und warum, wo man beim Hausbesuch die besten Zigarren bekam.

Abends gab es reihenweise Versammlungen: »Jünglingsverein De

Geus«, »Jungmädchenverein Dorcas«, »Bildungsverein für Knaben aus Reformiertem Hause«, »Jungmännerverein Rehoboth«, Konfirmandenunterricht, Kirchenrat mit diversen Kommissionen, »normaler« Männer- und Frauenverein, Missionskampagne, Nähkränzchen. Unter den paar hundert Familien der Gemeinde ging es zu wie in einem summenden, schwärmenden Bienenvolk, Abend für Abend. Am Sonntagmorgen gehörte es zu den Pflichten meines Vaters, als waschechte Amtsperson mit Zylinder und allem Drum und Dran, steif wie ein Brett, zur Kirche zu schreiten. Der Kirchenrat legte Wert darauf, dass »ihr« Pfarrer, was Würde und Status anging, nicht hinter dem der »anderen« zurückstand.

Zu der Hand voll Erinnerungen, die mein Vater ein halbes Jahrhundert später aufschrieb, gehört eine Skizze aus dem Jahre 1925. Das Bild: ein sommerlicher Sonntagmorgen, am Kai vor dem Haus eine kleine Jacht mit drei Studenten, die ihre Ferien genießen. »Da öffnet sich die Tür des alten Giebelhauses vor ihren Augen, und was bekommen sie zu sehen? Heraus kommen ein Mann und eine Frau, so jung wie sie selbst. Sie in ein dezentes Kostüm gekleidet, Hut, Handschuhe, Handtasche, er im Cut, Handschuhe, glänzender schwarzer Hut auf dem Kopf, ein Bild aus dem Panoptikum. Ich sehe noch, wie sie sich gegenseitig anstoßen und wie der Mann, der in der Sonne lag, aufspringt, um uns hinterherzusehen. Wir konnten die Blicke spüren, sie stachen uns in den Rücken …«

Und dann mussten für jeden Sonntag zwei Predigten verfasst werden. Eine zusätzliche Schwierigkeit lag darin, dass die beiden Gemeinden, die mein Vater betreute, sehr unterschiedlich waren. Brielle hatte eine echte »evangelische« Gemeinde, stille, ein bisschen mystisch veranlagte Menschen, die fürchteten, »in Sünde« zum Abendmahl zu gehen. Die Gemeinde in Tinte dagegen war typisch für die »Dolerenden«, sie ging auf Menschen zurück, die aufmerksam Kuypers Zeitungen studierten, nüchterne Leute, die eine Predigt nur gut fanden, wenn sie der reinen Lehre entsprach. In Brielle wollte man vor Rührung dahinschmelzen, wenn mein Vater liebevoll vom guten Hirten sprach, der die Namen all seiner Schafe kennt, in Tinte wippte man dann nur gelangweilt mit dem Stuhl.

So war das Predigtschreiben eine vertrackte Sache. Manchmal, erinnerte sich mein Vater, stand er an einem dieser Samstagnachmittage nur am Fenster und beobachtete neiderfüllt seinen Nachbarn von gegenüber, den Fischer, der schon wie ein Fürst über den Kai spazierte und seine Zigarre rauchte, denn sein Kahn war sauber geschrubbt, seine Reusen säuberlich zum Trocknen aufgehängt. Er dagegen hatte nur einen Schreibtisch voller Schmierzettel.

Als mein Vater erst ein paar Monate im Amt war, geschah ein schlimmes Unglück. Das Frachtschiff eines Gemeindemitglieds wurde nachts auf dem Rhein gerammt und sank schnell. Die gesamte Familie ertrank, Mann, Frau und drei Kinder. Das jüngste Kind wurde nie gefunden. Ich zitiere aus den Erinnerungen meines Vaters: »Wir sahen von unserem Haus aus ein Motorschiff mit seiner Todesladung – zwei Erwachsenensärge und zwei kleinere mit den Kindern – langsam in den Hafen einfahren. Und als alle Schiffe im Hafen ihre Fahnen auf Halbmast setzten – ein stiller, ehrfürchtiger Gruß –, konnten wir unsere Tränen nicht mehr zurückhalten. Der Tag des Begräbnisses. Der gewöhnliche und dennoch ungewohnte Anblick solch eines Beisammenseins von Verwandten und Freunden: verweinte Gesichter, der Duft der mit viel Eau de Cologne getränkten Taschentücher, Reihen von eng aneinander geschobenen Stühlen (die meisten von den Nachbarn geliehen), in der Mitte einer der wenigen Armstühle, für den Pfarrer bestimmt, die Bibel auf dem Tisch vor ihm, und immer, wenn eine Tür aufgeht, werden Helferinnen sichtbar, eifrig beschäftigt mit Kaffeekochen und dem Schmieren und Belegen vieler Brötchen.«

Ein älterer Pfarrer leitete die Trauerfeier, mein Vater sollte am Grab sprechen. Jung und unerfahren, wie er war, ließ er sich ständig von der kollektiven Trauer überwältigen. »Vom Wagen aus konnte man sehen, dass in allen Häusern, an denen der Trauerzug vorbeikam, Übergardinen hinter den Fenstern zugezogen waren. Es kostete große Anstrengung, die Tränen zurückzuhalten.« Aber zugleich spürte er, zu seiner Verwunderung, dass sich ein Abwehrmechanismus einschaltete. »Dann verwandelt man sich aus einem zutiefst bewegten Menschen in einen kühlen Zuschauer, der gefühllos auch noch das Allertraurigste, wie aus größerer Distanz, registriert. Das Unheimliche ist dann, dass man eine Art Roboter geworden ist, man sagt zwar, was man sich vorher überlegt hatte, aber es ist, als stünde ein Fremder neben einem, der das Wort führt, obwohl man seine eigene Stimme hört.«

So machte er zum ersten Mal mit der Kehrseite seines Berufs Bekanntschaft, mit der Aufspaltung in Mensch und Amtsträger, einem Phänomen, das später allerdings als »Professionalität« sehr geschätzt werden sollte.

In denselben Erinnerungen erwähnte mein Vater nebenbei, dass er in den ersten Jahren Beiträge für eine Zeitschrift schrieb, eine Rubrik mit »pastoralen Erfahrungen«. Zu meiner Überraschung habe ich dieses Blatt – *Woord en Geest* (Wort und Geist) – in der theologischen Bibliothek der Freien Universität gefunden. Wie sich zeigte, waren seine »Tagebuchnotizen« nur mit »Pastor« gezeichnet, und aus Brielle hatte er »unser Dorf« gemacht, aber der Stil war unverkennbar der seine, und wenn er erst einmal in Fahrt war, erhob er sich vor meinen Augen leibhaftig aus den vergessenen, vergilbten Blättern.

Ich lese etwas über seine Hausbesuche. »In einem Alkoven, hinter halb geschlossenen Türen, liegt ein verbrauchter, alter Mann. [...] Er versichert mir: ›Bevor die neuen Kartoffeln da sind, wird der Herr mich abrufen, Herr Pfarrer ...‹« Ich kann ihm nachfühlen, wie er sich mit seinen Predigten plagt, wobei er manchmal schließlich einfach etwas zusammenschreibt, weil die Deadline auch für Pfarrer kein Mitleid kennt: »Während ich dies schreibe, schäme ich mich noch immer.« Aber wenn dann am Abend irgendwelche Besucher seine Predigten über den grünen Klee loben, beschämt ihn das noch mehr.

Und dann stößt man auch auf die heute fast schon vergessenen Probleme im Zusammenhang mit der so genannten »Versäulung«, der Aufspaltung der niederländischen Gesellschaft in konfessionelle und weltanschauliche Gruppen – »Säulen« –, die sich auf jede denkbare Weise gegeneinander abschotteten. Eine kranke junge Frau, die bekennt, früher Soldatin der Heilsarmee gewesen zu sein, und auf die man in der Kirche danach noch lange mit dem Finger zeigt: »Denkst du manchmal noch an deinen Halleluja-Hut?« Eine Beziehung, die scheitert, weil der junge Mann, ein aufrichtiger Bauernsohn, mit dem Glauben einfach nichts anfangen kann. »Immer wieder höre ich das Gleiche; es bleibt für mich eine fremde Welt, Herr Pfarrer. Ich spüre, dass ich da nicht hingehöre. Ich habe versucht, Interesse an diesen Dingen zu finden, aber das alles lässt mich kalt.« Während ich weiterlese, hoffe ich, dass das Paar am Ende doch noch den Segen bekommen wird, aber dafür waren alle Parteien zu sehr von der Überzeugung durchdrungen, die der »Versäulung« zugrunde lag: »Zweierlei Glauben in einem Nest, da feiert der Teufel bald ein Fest.« Dann eben kein Nest.

Ich vermute, dass mein Vater zu *Woord en Geest* durch seinen Freund Evert Smelik kam, der kurz vorher zur Redaktion gestoßen war. Aus seinen »Tagebuchnotizen« ist zu schließen, dass er innerhalb von zwei Jahren in Brielle und Umgebung schon recht heimisch geworden war. Zum Pfarrer der Reformierten Kirche stand er in einem herzlichen Verhältnis, obwohl beider Kirchgänger jeden Sonntag wie fremde Völker aneinander vorbeizogen. Zusammen legten sie sich sogar den »phantastischen Plan« zurecht, eines Sonntagmorgens unerwartet in der Kirche des anderen zu predigen: Was heute völlig normal ist, wäre damals höchstwahrscheinlich auf Amtsenthebung und Höllenstrafen hinausgelaufen.

Die Artikel meines Vaters lassen trotz aller Amtssorgen das Bild einer glücklichen Zeit lebendig werden. Ganz oft schreibt er in der Wir-Form oder sagt »meine Frau und ich«. Alles lässt erkennen, dass meine Eltern das Pfarrersein als gemeinsame Aufgabe betrachteten. Wenn sie am Sonntagmorgen zusammen über den Kai schreiten und die Blicke im Rücken spüren, können sie kaum einen Lachanfall unterdrücken. Der Montag, der »Pfarrer-Sabbat«, ist »ein Tag jungenhafter Freuden«. »Alles Mögliche mache ich dann, laufe mit Hammer und Nägeln herum, repariere, leime, säge, beobachte meine Hühner oder studiere einen Artikel, lese Schöngeistiges, mache einen Gratulationsbesuch.« Immer wieder taucht in seinen Erzählungen die Umgebung des Städtchens auf, die »farbenfrohen Blumen, das saftige Grün der Weiden, die wogenden Wellen des reifen Getreides auf den Feldern, grobknochige Burschen, die die Heuwiesen mähen«.

»Glaube ist Gewissheit«, sagte der Katechismus, und das galt ganz bestimmt für meinen Vater. Sein Glaubensleben war in diesen Jahren, soweit mir seine Aufzeichnungen darüber Aufschluss geben, von der gleichen Selbstverständlichkeit des Glaubens bestimmt wie das seiner Eltern und Großeltern. Dieses Fehlen auch nur der kleinsten Spur von Zweifel hat mich später oft verwundert, vor allem, weil es mit ausgeprägter Skepsis auf anderen Gebieten des Lebens einherging. Der Glaube hat seine Persönlichkeit gewissermaßen wie ein Band zwischen Himmel und Erde zusammengehalten. Er sah seine Arbeit buchstäblich als Berufung durch Gott, der er hatte folgen können, und er hatte außerordentlich viel Freude daran. In den Augen Außenstehender wird er nicht selten die Arroganz des wahren Gläubigen gehabt haben, seine Gewissheit in diesem Punkt war manchmal irritierend und fast übermenschlich, aber seine Fröhlichkeit muss viel gutgemacht haben.

Und dann gab es natürlich auch noch das Kind, das zur Zeit dieser Beiträge gut ein Jahr alt war: »Wenn ich nach Hause komme, muss ich erst einmal mit ihr spielen. Wie macht das Auto? Ähü! Ähü! Ähü!« Das war also meine älteste Schwester Anna, geboren im März 1925 im Pfarrhaus am Hafen. Zur Taufe war so viel Sahnegebäck im Haus, dass Evert Smelik mit noch einigen Studienfreunden meines Vaters die Sahne aus den Schillerlocken gegen die Kellerwand blies.

Lese ich eine Ansichtskarte von 1926, Goeree, »Brücke über den Hafen«, spüre ich die gleiche fröhliche Atmosphäre. »Den ganzen Morgen am Strand, schwimmen, im Sand spielen. Annana findet es herrlich, hat Farbe bekommen. Jetzt liegen wir in einem Kiefernwäldchen auf der faulen Haut. Heute hätte ich fast in Brielle eine Begräbnisfeier halten müssen, zum Glück haben sie jemand anders gebeten. Ich hätte es als scheußliche Unterbrechung empfunden.«

Meine Mutter war da schon einen Monat mit ihrem zweiten Kind schwanger, meinem Bruder Cas.

Als ich »Annana« siebzig Jahre später danach fragte, hatte sie an Brielle nur ein paar vage Erinnerungen. Es gab ein Dienstmädchen, das Cornelia hieß und einen großen, warmen Busen hatte. Das Haus war dunkel, es hatte einen langen Flur, und wenn sich die Haustür öffnete, sah man das Wasser. Dort lagen Schiffe, an denen sie mit meinem Vater vorbeiging. Und es gab diesen fröhlichen Evert Smelik, der immer vorbeikam und dann plötzlich wegblieb. Das war's dann schon so ungefähr, sagte sie.

*

Mein Vater verlor seine Freunde durch das Sprechen der Schlange.

Im Jahre 1918 war in Deutschland der erste Band eines aufsehenerregenden Buches mit dem vielsagenden Titel *Der Untergang des Abendlandes* erschienen. Autor war der junge, unbekannte Gymnasiallehrer Oswald Spengler. Spengler versetzte den ewigen Gewissheiten seiner Eltern den Todesstoß. In seinen Augen war die Überlegenheit der westlichen Kultur alles andere als selbstverständlich, und er erwartete, dass es dem Westen genauso ergehen werde wie anderen großen Kulturen: Nach der Zeit des Aufstiegs und der Glanzzeit würde der Verfall kommen. Nach seiner Auffassung näherte sich die Epoche der Individualität, Humanität, intellektuellen Freiheit und Skepsis ihrem Ende, und eine neue Phase, charakterisiert durch Beschränkungen der individuellen Freiheit, ein Wiederaufleben des Glaubens und eine Zunahme der Gewalt, kündigte sich an.

Dieses zyklische Denken, die Vorstellung immer wiederkehrender Geschichtsphasen – heute etwas Normales –, war damals außergewöhnlich. Das Buch wurde gleich zum Bestseller. Nicht, weil alles so gut fundiert gewesen wäre, was Spengler schrieb – er konnte auch fürchterlich schwafeln –, sondern weil er so deutlich aussprach, was sehr viele im Chaos jener Nachkriegszeit empfanden, in Deutschland wie anderswo. Das Buch brachte als erstes und mit gewaltiger Einbildungskraft jene Melancholie zum Ausdruck, die das europäische Denken jahrzehntelang beherrschen sollte.

Im Jahre 1930 erschien in einer Madrider Tageszeitung eine Serie Essays von einem gewissen José Ortega y Gasset, die auf ähnliche Weise den Zeitgeist spiegelten. »Europa glaubt an keine sittlichen Normen mehr«, meinte der spanische Autor. Das größte Problem des neuen Jahrhunderts bildeten nach seiner Auffassung die »verwöhnten Massen«, die mittlerweile die Früchte der Erfindungsgabe und der harten Arbeit ihrer Mitmenschen als genauso selbstverständlich empfänden wie die Luft, die sie atmeten. »So lässt sich der absurde Seelenzustand, den sie verraten, zugleich erklären und beschreiben: nichts beschäftigt sie so sehr wie ihr Wohlbefinden, und zugleich arbeiten sie den Ursachen dieses Wohlbefinden entgegen.« Natürlich habe es auch früher viele dumme Menschen gegeben, charakteristisch für den gegenwärtigen Augenblick sei jedoch, »dass die gewöhnliche Seele sich über ihre Gewöhnlichkeit klar ist, aber die Unverfrorenheit besitzt, für das Recht der Gewöhnlichkeit einzutreten und es überall einzusetzen.« Ortegas Essaysammlung *La rebelión de las masas* (Der Aufstand der Massen) eroberte ebenfalls ganz Europa.

In Deutschland waren die Sorgen über die Entwurzelung der Jugend am größten. Junge Menschen waren ständig auf der Suche nach neuen Kicks, nach Grenzen, die sie überschreiten konnten. In Berlin wurden in großen Mengen Morphium, Kokain und Heroin abgesetzt.

Überall in Europa entstand – auch durch Radio und Grammophon begünstigt – eine wahre Tanzwut. Walzer tanzte man nicht mehr: Foxtrott, Shimmy oder Charleston beherrschten jetzt das Parkett, das Saxophon hatte die Violine verdrängt, und Reich und Arm tanzten auf die gleiche Art, oft in den gleichen Tanzlokalen. Auch diese Demokratisierung auf dem Gebiet von Vergnügungen, Tanzen und Musik war neu.

Nun hatte diese größere Zwanglosigkeit neben all ihren tieferen Wurzeln auch einige praktische Ursachen. Ein immer bedeutenderer Teil der Jugend arbeitete in großen Fabriken und Büros, in denen von der patriarchalischen Beaufsichtigung des früheren Kleinbetriebs fast nichts geblieben war. Anders gesagt, in das alte Netz sozialer Kontrolle war eine große Lücke gerissen. Vor allem aber hing die »Zügellosigkeit« der jungen Leute mit dem gewachsenen Wohlstand zusammen.

Die zwanziger Jahre waren auch die Jahre der so genannten zweiten Industrialisierungswelle, die Zeit, in der moderne Unternehmen entstanden und Philips, Unilever, AKU (AKZO) und Shell zu den ersten großen Konzernen heranwuchsen. Durch die Einführung des Fließbands wurde es möglich, die Arbeitszeit zu verkürzen und dabei auch noch höhere Löhne zu zahlen. Ein Auto konnte sich der Arbeiter noch längst nicht leisten, aber es gab nun doch Geld für die Anschaffung etwas besseren Hausrats, eines Staubsaugers und manchmal sogar eines Rundfunkgeräts.

Für die Jugend selbst, und besonders die Arbeiterjugend ohne Ausbildung, bedeutete all dies vor allem: mehr Geld, mehr Freizeit, mehr Spaß. Ihr Kneipen- und Kinobesuch – in unserer Zeit völlig normal – war Anlass zu heftigen Polemiken. So warnte der Vorsitzende der sozialistischen »Arbeiter-Jugend-Zentrale«: »Wie leer und arm ist das Leben junger Arbeiter oder Arbeiterinnen, deren geistige Nahrung aus Filmmorden, Kriminalromanen, Fußball und dergleichen besteht, deren Erholungsbedürfnisse nicht über einen Krug Bier, eine Schachtel Zigaretten und ein Stück Schokolade hinausgehen.«

Auch Kuypers Glaubensbrüder begannen auf diese Phänomene auf ihre eigene Weise zu reagieren. Einfache Freuden, ein bisschen schwereloses Glück, dafür war in der orthodoxen Lehre nie viel Platz gewesen, aber jetzt wurden die Daumenschrauben noch stärker angezogen. Das Ernsteste stand immer am höchsten, und je mehr »gerungen« wurde, je mehr »Opfer« jemand brachte, desto besser war es.

Das »protestantisch-christliche« Wochenblatt *De Spiegel* meinte, in der Welt würde es bald besser aussehen, wenn »viele Frauen und Mädchen sich im Gebet einmal fragten: Bin ich auch schicklich gekleidet, wecke ich keine unreinen Lüste?« Die Tochter Abrahams des Gewaltigen schrieb in *De Standaard*, die Frau, die »fleischfarbene Strümpfe« trage, stehe mit beiden Beinen »im Lager des Widersachers«. »Der fleischfarbene Strumpf bezweckt, das Bein nackt erscheinen zu lassen, und ist deshalb unsittliche Kleidung«, so Henriëtte Kuyper. »Gegen fleischfarbene Strümpfe, gegen alle fleischfarbene Ober- oder Unterbekleidung protestiere ich weiterhin auf das Entschiedenste.« Und noch einmal *De Spiegel*: »Es ist die Zeit von Brot und Spielen. […] Die ›Zivilisation‹ ist so weit fortgeschritten, dass die Tänze und die Musik unzivilisierter, heidnischer Neger importiert werden. Und da das schon nicht mehr ausreicht, denn man hat es eilig, zum Abgrund zu kommen, holt man die Neger und Negerinnen selbst, die in Den Haag und Rotterdam so gut wie nackt auf der Bühne tanzen.«

In einem Lied der Reformierten Jünglingsvereine hieß es, der Zeitgeist sehe »die Blüte der Nation« am liebsten vor »Mammons Hochaltar«, aber man werfe ihm stolz den Fehdehandschuh hin, und Kuypers Glaubensbrüder gruben sich noch tiefer ein. Je böser und schlechter die Außenwelt wurde, desto wachsamer lauerte man auf Abweichungen vom rechten Wege, auf Unreinheiten in Lehre und Leben. Das Leben der Orthodoxen war von Angst »umkrustet«, so der Theologe de Gaay Fortman. »Eigentlich war es eine schreckliche Zeit«, meinte er später. »Alles war zu eng, zu beschränkt.« Und zugleich war man sich seiner Sache dort so sicher.

Vor diesem Hintergrund muss man den ersten großen Konflikt innerhalb der Welt der »kleinen Leute« sehen, einen Konflikt, dessen Ursache zum größten Teil von der Zeit überholt wurde, dessen Wunden auf der persönlichen Ebene aber nie mehr heilen sollten.

Der erste Krieg im orthodoxen Lager – denn Krieg oder Scheidung sind die einzigen passenden Ausdrücke für solche innerkirchlichen Händel, es sind Kriege, in denen bis zum letzten Blutstropfen gekämpft wird und die eine Spur der Verwüstung durch alle möglichen menschlichen Beziehungen ziehen –, dieser Krieg also begann am Sonntagabend, dem 23. März 1924, in der Kirche einer orthodoxen Gemeinde in Amsterdam. Man hatte gesungen und Geld gesammelt, und der bekannte Pfarrer J. G. Geelkerken predigte über einen Abschnitt des Heidelberger Katechismus. Es ging um die Genesis. »Ich weiß sehr gut, dass uns dieser Teil der Heiligen Schrift vor eigenartige Schwierigkeiten stellt«, sagte der Pfarrer. »Es ist oft schwer zu erkennen, wie allerlei Besonderheiten, von denen Genesis drei uns berichtet, auszulegen sind. Man denke nur an den ›Baum der Erkenntnis des Guten und Bösen‹, die Schlange und ihr Sprechen …«

Die Gemeinde döst allmählich ein, aber einer der Kirchenbesucher, Bruder Marinus, ein Bankangestellter, richtet sich kerzengerade auf. Was geschieht hier? Meint dieser Pfarrer, dass im Paradies vielleicht keine wirkliche Schlange mit Eva gesprochen hat? Zweifelt er an der buchstäblichen Wahrheit der Heiligen Schrift? Er meldet die Sache den kirchlichen Autoritäten, und der »Fall Geelkerken« kommt ins Rollen.

Von diesem Augenblick an herrscht bei den »kleinen Leuten« fast schon ein Bürgerkrieg. Nicht nur die Theologen bekämpfen einander mit Feuer und Schwert, auch Synodenmitglieder, Kirchenräte, Kommissionen und einfache Glaubensbrüder, alle in dieser kleinen orthodoxen Welt umkreisen einander in einem immer schnelleren Wirbel aus Leidenschaft, Angst und Wut.

Hat die Schlange gesprochen oder nicht?

Den wichtigsten Kriegsschauplatz bildeten Kirchenblättchen und allerlei andere Broschüren, aber auch im Familienkreis konnte es zu wachsenden Spannungen kommen. In den pastoralen Beiträgen meines Vaters stoße ich sogar auf die wörtliche Wiedergabe eines kleinen Dialogs zwischen meinen Eltern aus eben dieser Zeit. Mein Vater: »Wenn nun die Paradiesgeschichte in solcher Form erzählt ist, dass es nicht notwendig ist, alles wörtlich zu verstehen, geht dann alles verloren?« Meine Mutter: »Nein, überhaupt nicht.« Mein Vater: »Warum?« Meine Mutter: »Ja, das empfinde ich so, intuitiv.«

Nun war die theologische Diskussion natürlich komplizierter, als ich sie hier wiedergeben kann. Im Grunde ging es um die Freiheit des Denkens, um das Recht auf eine gewisse intellektuelle Kultur. Und darin ähnelte das Ganze den Konflikten, die Jahrzehnte später zwischen gemäßigten und fundamentalistischen Muslimen entstehen sollten. Immer wieder drehte sich alles um die eine Frage: Inwieweit darf man an den offiziellen Glaubenswahrheiten zweifeln?

Die Orthodoxen waren, genau wie die richtigen Kinder Israels, Buchstabengläubige. Nicht die Autorität der Kirche – wie etwa bei den Katholiken –, nicht die Ehrfurcht vor Gott – wie bei den »Strengen«, zu denen mein Urgroßvater gehörte –, sondern die Bibel, Das Buch, stand im Mittelpunkt, die Offenbarung Gottes auf Erden. Die jugendlichen Mitglieder der orthodoxen Gemeinden kannten die Namen aller Bücher der Bibel auswendig. Sie wussten alles über die Könige Judas und die Söhne Jakobs. Innerhalb des eigenen Milieus gab es allerlei Spielchen und Scherze, die auf Bibeltexte zurückgingen. So ist zu erklären, dass die Diskussionen über die wortwörtliche Bibelauslegung leicht sehr heftig werden konnten: Sie berührten das wichtigste bindende Element dieser Gruppen.

Man hatte die Bibel in das starre Denkschema des Katechismus und des Bekenntnisschrifttums eingefügt, so dass nur minimale geistige Bewegungsfreiheit blieb. Genau darum ging es eigentlich bei dieser Frage. Geelkerken war mit seinen Auffassungen kein Revolutionär. Das einzig Neue bei ihm war, dass er sie in den Gewölben einer orthodox-kalvinistischen Kirche zu äußern wagte. Unter Theologen – wir haben das schon bei dem Hochschullehrer van Gelderen gesehen – war schon sehr lange die Auffassung anzutreffen, eine wörtliche Auslegung habe nie dem eigentlichen Sinn der Bibel entsprochen. Manche waren der Ansicht, es handle sich eher um Geschichten, die, wie bei Homer, ursprünglich der Erbauung, Aufmunterung und sogar Unterhaltung gedient hätten. Und gewiss habe die Bibel niemals wissenschaftlich fundierte Geschichtsschreibung sein sollen. In der Welt, aus der die Bibel hervorging, kannte man schließlich den Begriff »Objektivität« nicht einmal. Außerdem verstelle eine solche wörtlich-historische Auslegung den Blick auf die tieferen Bedeutungsschichten, die in vielen der Texte verborgen seien, so eine recht verbreitete Argumentation.

Die Orthodoxen, Kämpfer des Wortes, wollten jedoch von Auffassungen dieser Art nichts wissen. Eva hatte wirklich mit der Schlange gesprochen, und die Welt war in sechs mal vierundzwanzig Stunden geschaffen worden. Manche gingen sogar so weit, anhand von Geschlechtsregistern genau den Augenblick der Schöpfung zu bestimmen, wie es der irisch-englische Erzbischof James Ussher im siebzehnten Jahrhundert getan hatte. (Für Ussher stand außer Zweifel: Es war der Abend des 22. Oktobers 4004 vor Christus, sechs Uhr und keine Viertelstunde später.) Gott schwindelte nicht, so einfach war das.

Im März 1926 entschieden die in Assen versammelten Pfarrer, dass die Schlange sinnlich wahrnehmbare Realität gewesen sei. Geelkerken wurde suspendiert. Am folgenden Sonntag predigte er trotzdem. Die Kirche war gerammelt voll. Zwischen den Kirchenbesuchern saßen Polizisten in Uniform. Nach dem Gottesdienst wurde der Prediger von einer Menschenmenge nach Hause geleitet. Vier Tage später wurde er von der Kirche wegen »Abirrung« und »öffentlicher Abspaltung« seines Amtes enthoben.

Jetzt brach der Bürgerkrieg erst richtig aus. Beim Durchblättern von *Woord en Geest* lodern mir seine Flammen entgegen. Alles ist in anständigem Stil verfasst, man spricht von Bekenntnis und »Schriftbetrachtung«, aber darunter spürt man das wirkliche Leben brodeln, eine Unterwelt von Machtgeilheit, Hass, Verrat, wilder Erregung, Rechthaberei und blinder Wut. Nein, sie boten keinen erfreulichen Anblick, diese kämpfenden Orthodoxen.

Unter vielerlei Äußerungen stoße ich auch auf einen satirischen Beitrag, zweitausend Jahre vordatiert, auf das Jahr 3926. Noch immer ist man allenthalben eifrig mit der Auslegung der Genesis beschäftigt, hat aber seine Auffassungen aufgrund bestimmter archäologischer Funde korrigiert. Auch die Orthodoxen schwenken um und nähern sich einer »realistischeren« Sicht der Bibel. Über den »Rundfunk-Film«, ausgestrahlt vom Dach der Freien Universität, können die örtlichen Gemeinden unmittelbar die Entscheidungen der Kirchenfürsten verfolgen.

Auf die Erfüllung dieser Prophezeiung brauchte der Autor allerdings keine zweitausend Jahre zu warten: Schon siebzig Jahre später sollte das meiste Wirklichkeit geworden sein, einschließlich des »Rundfunk-Films« und der »realistischen« Bibelauffassung der Orthodoxen.

Woord en Geest war *das* Blatt der Geelkerken-Anhänger. So bezeugen die Beiträge meines Vaters eine Entscheidung für dieses Lager, zumal er mit dem Schreiben der Artikel begann, kurz nachdem Geelkerken aus der Kirche ausgeschlossen worden war. Manchen Sätzen ist allerdings anzumerken, dass er sich im Schlachtgetümmel schon bald nicht recht wohl fühlte.

Schließlich findet er Trost beim alten Isaäc da Costa, der siebzig Jahre zuvor, mitten in seinen Betrachtungen, geschrieben hatte: »Sieh nun hinaus durch diese Fenster. Alles, was im Winter nicht eine Spur von Leben zeigte, ziert nun jugendfrisches Grün. Wer hat das gemacht?« Und mein Vater sinnt weiter: »Würde er noch zu uns in die Kirche kommen? Da Costa, würde er noch zu uns gehören? Auch er nicht mehr? Wer überhaupt noch von denen, die wir bewundern?«

Der Theologenstreit über die Schlange hat meinen Vater zunächst vermutlich gar nicht interessiert. Was ihn – und gewiss nicht ihn allein –

wirklich störte, war die Art, wie die orthodoxen Kirchenfürsten handelten: eher als Politiker denn als Seelenhirten. Einige unter ihnen – es ist überall das Gleiche – organisierten sogar eine kleine ambulante Inquisition, vor allem als ein paar Pfarrer sich weigerten, Gott für die »weisen« Beschlüsse zu danken, die die Herren in Assen gefasst hatten. Geelkerken mag ein schwieriger Mann gewesen sein, aber er war auf jeden Fall ein gläubiger Christ, der aufrechten Widerwillen gegen den engen orthodoxen Vereinsgeist empfand und dies auf verschiedene Art zu erkennen gab. Er war unter anderem Vorsitzender der christlichen Studentenvereinigung NCSV gewesen, wo auch viele seiner Geistesverwandten zu finden waren. Die Spitze der Orthodoxen wollte diesen Unbequemen und seine Anhänger um jeden Preis unschädlich machen, und so geschah es denn auch.

Jan Buskes gehörte zu den Verweigerern, ebenso Evert Smelik. Buskes, der seit zwei Jahren Pfarrer auf Texel war, wurde von den Inquisitoren unter »Lehrzucht« gestellt. Während der Dauer des Untersuchungsverfahrens durfte er sein Amt nicht mehr ausüben. Es drohte zu einer Spaltung zu kommen, weil ein Teil seiner Gemeinde mit ihm zusammen die Kirche verlassen wollte. Aus dieser misslichen Lage wurde er dadurch befreit, dass ihn die »freie« Gemeinde Amsterdam-Süd als Pfarrer haben wollte.

Evert Smelik war am 30. September 1926 der dritte Pfarrer, der seines Amtes enthoben wurde. In *Woord en Geest* kündigte er an, einfach weiterzupredigen. »Falls die Mehrheit des Kirchenrates meint, sich ›unterwerfen‹ zu müssen (ich erwarte nichts anderes), wird es rechtlich gesehen in der Kirche nicht mehr gehen. Wir werden uns unseren Platz dann in einem Stall suchen.« Und tatsächlich wurde der nächste Gottesdienst Smeliks im Stall des Jacobus Verhoef abgehalten, im Herzen des Dorfes Tienhoven.

Schließlich organisierten sich Buskes und Smelik mit sechstausend Anhängern und siebenundzwanzig Pfarrern im »Hersteld Verband« (Erneuerter Bund). Die Orthodoxen begegneten der neuen Vereinigung mit Häme und Spott. Der Einfluss dieser kleinen Glaubensgemeinschaft ist jedoch um vieles größer gewesen, als die paar tausend Mitglieder vermuten lassen. Auf etlichen Gebieten wirkten sie richtungweisend, ob es um eine neue Psalmenübertragung oder um die Ökumene ging, um den frühen Widerstand gegen den Faschismus oder um die Annäherung der progressiven Christen an die »rote« Säule in der Nachkriegszeit. Im Jahre 1926 kehrten sie dann zum Ursprung zurück, zur alten Niederländischen Reformierten Kirche.

Und mein Vater? Ich vermute, dass es in jenem September 1926 zwischen ihm und der Geelkerken-Gruppe zum Bruch gekommen ist und damit auch zum Bruch mit seinen beiden Freunden. Die »Tagebuchnotizen« meines Vaters, die immer lebendiger und kühner geworden waren, brechen am 24. September plötzlich ab.

Nach seinen eigenen Worten wog die theologische Seite der Streitfrage für ihn auf die Dauer doch schwerer als seine Wut auf die Kirchenfürsten. In seinen Erinnerungen schrieb er, dass sein alter Freund Cor Maan neue Argumente für die alte Bibelauffassung angeführt und dass er daraufhin schließlich seine Meinung geändert habe. Außerdem hat wahrscheinlich Großmutter Mak ihre Hand im Spiel gehabt: Auf jeden Fall hat sie ihn gründlich ins Gebet genommen, und mein Vater war im Grunde seines Herzens ein braver Junge.

Das wichtigste Argument nennt er aber seltsamerweise nirgendwo: seine beiden Gemeinden, Brielle und Tinte. Was wäre geschehen, wenn er sich doch der Gruppe um Geelkerken angeschlossen hätte? Würde sich der Riss dann nicht bis in diese friedlichen Kirchlein hinein fortgepflanzt haben? Hätte er seinen Gemeindemitgliedern das antun sollen?

Wenn ich alles in Betracht ziehe, vermute ich, dass mein Vater in diesem Loyalitätskonflikt – denn das war es – dem pastoralen Aspekt seiner Arbeit intuitiv mehr Gewicht beigemessen hat als dem theologischen. Er sollte das im Laufe seines Lebens noch mehrmals tun. Einfacher gesagt: Er sah sich nicht in erster Linie als Ausleger der Bibel, sondern als Seelenhirte. Und als solcher war er, das muss man ehrlich sagen, auch am besten.

Aber er selbst sah das anders. Am Ende seines Lebens konnte er nie ohne starke Schuldgefühle und Scham an diese Zeit zurückdenken. Hatte nicht auch Feigheit eine Rolle gespielt, sollte er sich in seinen Erinnerungen fragen, »die Erleichterung, um die Unannehmlichkeiten von

Suspendierung und anderen Disziplinarmaßnahmen herumzukommen«, eine »Kleinbürgermentalität: ›Sieh zu, dass du mit deiner Stelle und deiner Familie in Zukunft auf der sicheren Seite bleibst‹«?

Wahrscheinlich war es so, aber im Nachhinein betrachtet war seine Entscheidung deshalb noch nicht zu tadeln. Zum ersten Mal in seinem Leben war er wirklich glücklich: Aus den paar privaten Mitteilungen, die aus jener Zeit erhalten sind, strahlt einem Familienglück entgegen. Er hatte sich endlos abgerackert, um das, was er als seine Sendung empfand, erfüllen zu können. Er hatte zwei kleine Gemeinden, die ihm am Herzen lagen. Und er war, wenn er selbst auch anders darüber dachte, kein wirklicher Theologe. Jegliche Haarspalterei war ihm fremd.

Das ganze Wesen meines Vaters, wie er damals war, dieser Person, die ich langsam und mühsam anhand von Erinnerungsfetzen und Fragmenten kennen lerne – sein ganzes Wesen musste sich einer Spaltung widersetzen. Und seine theologische Argumentation war nur die Verpackung, mit der er diesen Kern zu verhüllen suchte.

Dennoch hat er in dem Konflikt einen gewaltigen Fehler begangen. Mein Vater ließ nämlich nicht nur seine Freunde im Stich, er ließ sich außerdem dazu überreden, seinen Teil zu der Schmutzkampagne beizutragen, die gegen sie im Gange war. Weiß der Himmel, welche Schlange ihm das eingeflüstert hat, aber das hätte er natürlich niemals tun dürfen.

Im März 1928 brachte er ein Büchlein heraus, in dem er eingehend erklärte, warum er sich Geelkerken nicht angeschlossen hatte, mit allerlei theologischen Argumenten zur Bibel und zur Schlange und mit der Empfehlung eines Professors von der Freien Universität. Von seinen alten Freunden wurde diese Publikation zu Recht als Dolchstoß in den Rücken empfunden. Hinterher hat mein Vater das auch zugegeben: »Der große Fehler war, dass ich meinen Geelkerkianer-Freunden meine Ansichten nicht unterbreitet habe, bevor ich sie veröffentlichte«, sollte er später schreiben.

Außerdem, füge ich jetzt hinzu, erschien seine Denkschrift in dem Augenblick, als er schon auf dem Schiff nach Niederländisch-Indien war, wohin ihn die Gemeinde von Medan berufen hatte. Was vielleicht ein Abschiednehmen mit Anstand hatte sein sollen, betrachteten seine alten Freunde als Hochverrat. In Port Said erreichte ihn noch ein wütender Brief von einem von ihnen, wahrscheinlich von Evert Smelik. Aber Ostindien überflutete ihn mit neuen Eindrücken, er wusste dann auch nicht mehr, wie er mit den Beschuldigungen umgehen sollte, und eine Antwort hat er nie geschrieben.

»Im Rückblick wundert es mich, dass ich mich von dieser ganzen unerquicklichen Angelegenheit doch recht leicht lösen konnte«, notierte er in seinen Erinnerungen, und auch dieser Eigenschaft werden wir noch öfter begegnen, einer gewissen Sorglosigkeit, einem blinden Fleck, der die Kehrseite seines so heiteren Wesens war.

Wie jener letzte Brief ausgesehen hat, konnte ich mir ungefähr vorstellen, als ich in *Woord en Geest* auf die Rezension der Broschüre meines Vaters traf: »Naive, völlig unkritische Überzeugtheit«, las ich da. Und: »Wirre, phantastische Schlussfolgerungen.« »Schade um den frommen, mystischen Geist, der an einzelnen Stellen durchschimmert.« Und: »Welch beängstigende, krampfhafte Verrenkungen seines Denkens (muss) jemand ausführen, wenn er sich, wie ds. Mak, ohne innere Vorbehalte mit vollem Ernst anpassen will.« So wurde Dolchstoß mit Dolchstoß erwidert. Der Autor: Evert Smelik.

Schließlich fand ich, bei einem Verwandten auf dem Speicher, auch noch die Broschüre selbst: *Warum nicht dr. J. G. Geelkerken folgen?* Ich habe versucht, das auseinanderfallende Büchlein zu lesen, aber es wollte mir nicht gelingen. Seine alten Freunde waren zu Gegnern geworden – denen er im Übrigen allen Respekt entgegenbrachte –, aber auf alles andere konnte man sich als heutiger Leser keinen Reim machen. Es ging um die »Organismus-Vorstellung«, um »unsere Solidarität mit Adam«, um »Sünde als unvollendete Tat« und um den H. G., dem eine ehrfürchtige Tante unablässig mit Bleistift »eiligen« und »eist« hinzugefügt hatte. Alles vergilbt, alles überholt, nichts als Wörter, Wörter, Wörter.

Nonkonformismus hat seinen Preis, aber Konformismus auch. »Mein Leben lang wurde ich hierfür bestraft, weil ich mich damals Kollegen entfremdet habe, deren persönliche Freundschaft mir ungeheuer viel bedeutet hätte«, schrieb mein Vater später, und das stimmte. Jan Buskes entwickelte sich zu einem bekannten Sozialisten und Antimilitaristen, leidenschaftlich engagiert im Kampf gegen den Nationalsozialismus – schon vor 1933 – und später gegen den Kolonialismus, jemand, der auf viele inspirierend wirkte. Der Name Evert Smeliks wurde im Hause Mak noch lange genannt: Er hätte jetzt dies gesagt, er hätte jenes gesagt. Aber als Anna sich ihm Jahre später – sie war da schon eine junge Frau – als Tochter von Catrinus Mak vorstellte, wandte er sich kühl ab.

War die Übersiedlung meiner Eltern nach Ostindien eine Flucht? Sachlich gesehen nicht: Im Pfarrermilieu galt eine Versetzung zur reichen Reformierten Gemeinde von Medan als erfreulicher Aufstieg. Aber die Gelegenheit kam natürlich wie gerufen. Die ostindischen Kirchenräte waren in ihren Anschauungen um einiges freier als die holländischen. Außerdem waren meine Eltern zu unabhängige Geister, um sich in der engen Welt der holländischen Orthodoxen auf die Dauer heimisch fühlen zu können, »wo einem gleich das öde geistliche Gequengel entgegenblökt«, wie mein Vater einmal schreiben sollte.

Der Abschied ist ihnen deshalb auch nicht schwer gefallen. Im Archiv der Brieller Gemeinde fand ich noch einen letzten kurzen Brief meines Vaters, in Eile geschrieben, mit dem Datum vom 13. März 1928, eine Mitteilung über ein paar Lampen, die zum Pfarrhaus gehörten und versehentlich mit nach Ostindien verschickt worden waren. »Unser Zug fährt 12.44 Uhr. Grüße an alle.«

Am Maasbahnhof in Rotterdam nahmen sie Abschied, und zum letzten Mal waren beide Familien beisammen. Mein Großvater van der Molen stand kurz vor der Pensionierung, meine Großmutter war eine richtige Matrone geworden, Hattem ein adretter Angestellter, Ludzer studierte Medizin. Auch die Maks hatte der wachsende Wohlstand verändert. Großmutter Mak hatte ihre Leidenschaft für Mode entdeckt. Während mein Großvater beim Protestantenbund Lieder sang, saß sie in der Dijkkerk zwischen den neuesten Damenhüten. Sie liebte nun mal das »Feinmachen«, wie man es im Familienkreis nannte, und mein Großvater ließ ohne Murren ganz hübsche Summen durch ihre Finger rinnen.

Alle waren sie zum Maasbahnhof gekommen. Meine Eltern, ihre beiden Kinder – mein Bruder Cas war ein Jahr alt, meine Schwester

Anna drei –, meine Onkel Koos, Arie, Aart, Henk, meine Tanten Saar, Riek, Maart, Catrien, Nel, niemand fehlte. »Catrinus war ein eleganter, schlanker Bursche geworden. Ein hübscher Bursche dazu, adrett gekleidet«, erinnerte sich Tante Maart. »Ich sehe den Zug noch um die Kurve fahren. Und Vater sagte: ›Die sehe ich nie wieder.‹«

Fast im gleichen Augenblick forderte in Den Haag der Staatsanwalt für den fünfundzwanzigjährigen Rotterdamer Studenten Mohammad Hatta drei Jahre Gefängnis wegen »öffentlicher Aufwiegelung zur Gewalt«. Er hatte schon beinahe ein halbes Jahr in Untersuchungshaft gesessen. Sein einziges Vergehen war der Besitz eines Stapels Broschüren und einiger Exemplare einer Studentenzeitung mit dem Titel *Indonesia Merdeka* (Indonesien frei).

*

Ich blättere noch einmal die Nummern von *Woord en Geest* durch, zurück zu der Zeit, da die Schlange noch nicht zu meinem Vater gesprochen hatte, zu dem Artikel, in dem er mit seiner Pfingstpredigt kämpfte und sich von Isaäc da Costa aufmuntern ließ. Er schrieb damals:

»Ich trete ans Fenster. Die jungen Zweige wiegen sich, sie sind hellgrün. Alles erscheint mir noch so neu. Als wäre es noch nie so gewesen. Nie so bemerkenswert jedenfalls. Da Costa ist gestorben. Und ich lese seine Worte, die vor so langer Zeit, in irgendeinem Zimmer wohl, gesprochen wurden. Er dachte nicht daran, dass sie noch jemand lesen würde in einem Augenblick, da Gott zum siebzigsten oder achtzigsten Mal nach jenem Augenblick wieder einen neuen Frühling werden ließ. Hinter diesem Fenster oder hinter jenem Fenster.

Der Frühling ist noch so wie damals. Noch immer hat Gott das gemacht. In siebzig Jahren lebe ich nicht mehr, und meine Frau auch nicht. Und mein Kind? Und mein abgesetzter Kollege nicht mehr und die ganze Synode nicht. Was bedeuten angesichts dessen all diese Streitereien? Ich verstehe das alles nicht mehr.

[…] Noch immer glaube ich: Gott wird uns auferwecken. Da Costa und meine Frau und meine Freunde und meine Feinde.«

»In siebzig Jahren.« Das ist jetzt, wird mir plötzlich klar, das ist fast genau der Moment, in dem ich dies lese, im obersten Stockwerk des Bürokolosses der Freien Universität. Gerade noch habe ich mit jenem »Kind« Kaffee getrunken, jetzt eine kleine, grauhaarige Frau in den Siebzigern. Vorige Woche ging ich an dem Hafen entlang, auf den mein Vater damals blickte, alles war grün, und überall hinter den Dämmen riefen die Wiesenbrüter.

Mir ist ganz seltsam zumute.

KAPITEL 5

Das saugende Land

In Indonesien war das Nasskalte und Dunkle des Hauses am Hafen plötzlich verschwunden. Alles war auf einmal hell und warm und wunderbar. Wir hatten ein weißes Haus, in dem es immer kühl war, und einen riesigen Baum, unter dem wir immer spielten, und beim ersten Sonnenschein tranken Vater und Mutter dort Kaffee, und wir standen drum herum.«

Anna, damals drei Jahre alt.

Am 11. April 1928 betrat die Familie Mak die hölzerne Anlegestelle von Belawan an der flachen, sumpfigen Küste von Ostsumatra, nicht weit von Medan entfernt. Ein Schnappschuss hält die Ankunft fest: eine dicht gedrängte Menschenmenge, die meisten Männer im weißen Anzug und mit Strohhut, hier und da ein Schirm als Schutz vor der sengenden Sonne, meine Mutter lachend unter einer Art Tropenhelm, mein Vater in einem beigefarbenen Anzug, Cas auf dem Arm, die kleine Anna mit einem weißen Mützchen ein wenig matt an seiner Seite. Ich sehe ein paar Lagerschuppen mit Zinkdach und im Hintergrund den Schornstein eines kleinen Küstendampfers. Daneben einen breiten, trägen Fluss, einige Dschunken und Praue. Das also war Indonesien.

Oder besser gesagt: Deli, denn Deli hatte fast nichts mit dem poetischen Indonesien der javanischen Dörfer, dem von Würdenträgern und Beamten geprägten Indonesien von Buitenzorg und Batavia und dem gemächlichen Indonesien der übrigen Inseln zu tun.

Deli galt als der Wilde Westen, und Medan war ein Las Vegas en miniature. Eine Dame sprach man dort mit »Miss« an, ein einheimischer Hausangestellter hieß »boy«, ein etwas größerer Betrieb war ein »estate«, einen Kuli-Aufstand nannte man »row«, und bis zum

Ersten Weltkrieg zahlte man hauptsächlich mit Singapur-Dollars. Die Geschäfte waren voller englischer Produkte. Man reiste eher nach Pinang und Singapur (»das andere Ufer«) als nach Batavia, und das war auch deutlich zu spüren. Deli war viel mehr englisch als niederländisch.

Medan und Deli waren jung. Um 1870 hatte die Deli-Gesellschaft erste Tabakplantagen angepflanzt, riesige Betriebe, die schon bald eigene Straßen, Häfen, Eisenbahnlinien und Telefonnetze anlegten. Um die Hauptverwaltung der ersten Deli-Gesellschaft herum wurde eine kleine Stadt errichtet: Tuin Medan.

Der große Aufschwung kam nach 1910, als durch die immer größer werdende Zahl von Autos und den drohenden Weltkrieg ein riesiger Bedarf an Kautschuk entstand. Über Malakka hatte man *Hevea brasiliensis* eingeführt, einen Kautschukbaum aus dem Amazonasgebiet, der auf Sumatra hervorragend gedieh und enorme Erträge brachte. Medan entwickelte sich wie eine amerikanische Boomtown. 1905 lebten in der Stadt fünfzehntausend Menschen, 1920 waren es bereits dreimal so viel, und als meine Eltern dort ankamen, da hatte sie ungefähr siebzigtausend Einwohner.

Indonesien war im Prinzip eine neue Kolonie. Seit dem 17. Jahrhundert besaßen die Holländer dort Städte, Forts und Plantagen, doch sie waren nie über den äußeren Rand hinaus ins Binnenland vorgedrungen und hatten sich auf Java und die Küstengebiete einiger Inseln beschränkt. Erst am Ende des 19. Jahrhunderts hatten sie ihre Herrschaft über den ganzen Archipel ausgeweitet.

Wie die anderen europäischen Mächte erkannten auch die Niederlande, dass die Industrien nur wachsen konnten, wenn genügend Geld und Rohstoffe vorhanden waren. Und so wie Deutschland und England ihre Gebiete ständig vergrößerten – 1914 waren drei Viertel der Erdoberfläche Kolonialbesitz europäischer Staaten –, so führten auch die Niederlande in Indonesien ihren eignen Kolonialkrieg.

Auf Bali begingen 1908 der Fürst und sein gesamter Hofstaat Selbstmord, indem sie sich vor ihrem brennenden Palast auf die niederländischen Truppen stürzten. Mehr als zweihundert Männer, Frauen und Kinder wurden in diesem letzten Kampf niedergemetzelt, viele mit den herrlichsten Gewändern bekleidet, der bejahrte Radscha in einem Tragestuhl an der Spitze.

1894 nahm der junge Hendrikus Colijn am Feldzug in Lombok teil, der Mann, der später zwanzig Jahre lang die niederländische Politik beherrschen und fünfmal zum Ministerpräsidenten ernannt werden sollte. Seiner Frau schrieb er: »Ich musste neun Frauen und drei Kinder, die um Gnade baten, auf einen Haufen zusammentreiben und erschießen lassen. Es war eine unangenehme Arbeit, aber es musste sein. Die Soldaten spießten sie mit Vergnügen auf ihre Bajonette.«

1904 »befriedete« Oberst G. C. E. van Daalen das Hinterland von Atjeh und tötete dabei ein Viertel bis ein Drittel der Bevölkerung, darunter über tausendeinhundert Frauen und Kinder. Van Daalens Adjutant, Leutant J. C. J. Kempers, dokumentierte den Feldzug bis ins kleinste Detail, inklusive Fotos von den Leichenstapeln. So wurde am 14. Juni 1908 das Dorf Kuto Reh im Kampf gegen die primitiv bewaffneten Bewohner erobert. Bevor das Gefecht begann, hörte man die Leute im Dorf beten und singen. Danach machten die Niederländer alle innerhalb von neunzig Minuten nieder: 313 Männer, 189 Frauen und 59 Kinder wurden ermordet.

Der Kolonialkrieg war erst 1914 zu Ende. Auf niederländischer Seite waren rund zweitausend europäische und einheimische Soldaten gefallen, rund zehntausend starben an Infektionen. Von den zigtausend Javanern, die man nach Atjeh gebracht hatte, fanden schätzungsweise fünfundzwanzigtausend den Tod. Zwischen sechzig- und siebzigtausend Opfer waren unter den Einwohnern von Atjeh zu beklagen.

Als mein Vater die Gegend in den dreißiger Jahren bereiste, zeigte man ihm stolz das Denkmal für Oberst van Daalen. Immer noch waren ganze Landstriche verlassen und wüst. Sicher war man dort nie.

Medan war 1928 sehr weit von diesen Ereignissen entfernt – jedenfalls augenscheinlich.

»Ein Brunnen ließ einen leise rauschenden Regen in ein großes Becken plätschern. Sados fuhren mit überflüssigem, lautem Geklingel und dem Hufgetrappel kleiner Ponys auf dem Asphalt vorüber. Geräuschlos rollten die Hongkongs, die Rikschas, auf ihren leichten

Rädern; die chinesischen Rikscha-Kulis waren von den Hüften aufwärts nackt und verschwitzt. Ihre Sandalen klapperten leise bei jedem Schritt. Hin und wieder glitt ein Auto über den Asphalt: langsam und mit offenem Verdeck, damit die Insassen den kühlen Abend genießen konnten. Bataks*, Malaien und Chinesen boten ihre Waren feil: mit Gold- und Silberfäden durchwebte Batiksarongs, Kupfer- und Silberarbeiten, Porzellan, Krise, Dolche, Klewangs, Speere …«

So beschrieb Madelon Hermine Székely-Lulofs, die ehemalige Frau eines Pflanzers, in ihrem realistischen Roman *Rubber* (Gummi; 1931) die Stadt meiner Eltern. Ihr Haus befand sich, nicht weit von diesem Zentrum entfernt, in Polonia, einem Viertel aus neu erbauten Villen. Das Haus war geräumig, selbst in der größten Mittagshitze kühl und mit allen Annehmlichkeiten ausgestattet. Die Kirche, umgeben von einem großen Garten, lag gleich nebenan. Es gab fünf Hausangestellte, und mein Vater verfügte über einen Wagen mit Chauffeur.

Der Wohlstand hatte etwas Flüchtiges, etwas von: wie gewonnen, so zerronnen. In dieser Hinsicht bietet der Roman von Székely-Lulofs ein perfektes Abbild der damaligen Situation, und deshalb sorgte er in Deli vermutlich auch für so große Aufregung. Das Buch beschreibt eine behäbige Gesellschaft, einen vornehmen Club, der anfangs durch bestimmte Normen und eine gewisse Jovialität geprägt wird, der aber durch Protzerei, Streberei, Alkohol und Langeweile immer mehr aus dem Ruder gerät. Jeder treibt es mit jedem: »Anne lag auf Stevensons Schoß, die Beine bis weit über die Knie entblößt.«

In dieser kleinen Plantagenwelt herrschte, so schrieb Székely-Lulofs, »eine ansteckende Krankheit, die alle befiel: die nervtötende Hitze, die Eintönigkeit der Tropen, das Herausgerissensein aus dem normalen Lebensweg, der ihre Jugend und Erziehung bestimmt hatte«. Hinzu kamen der Luxus und das mehr als leicht verdiente Geld, und das alles ließ die Menschen »alle Grenzen, die das Bewusstsein und der Wille ziehen«, überschreiten.

Der Besitz von Ostindien gehörte in jeder Hinsicht zu den Selbstverständlichkeiten jener Zeit. 1938, im letzten »normalen« Kolonialjahr, kam nach Schätzungen ein Siebtel des Bruttosozialprodukts direkt oder indirekt aus Ostindien. Rund hunderttausend Menschen hatten allein schon in den Niederlanden Arbeit, weil es die Kolonien gab, zum Beispiel in der Schifffahrt, im Tee- oder Kautschukhandel und in der Zucker- und Tabakindustrie. Die Wirtschaft einer Stadt wie Amsterdam war zum großen Teil vom Import aus den Kolonien abhängig. Außerdem trug das reiche Ostindien nicht unwesentlich zur Ausbalancierung des prekären Gleichgewichts zwischen den europäischen Mächten bei und sorgte so dafür, dass die Niederlande sich behaupten konnten. Und damit hing von den Kolonien auch notwendigerweise das Bestehen der Nation als solcher ab.

Doch damit einher ging zugleich eine tiefe, fortwährende Unsicherheit, eine Angst vor dem Unbekannten, eine Angst auch vor dem Land selbst. Wenn man in den Urwald schaute, dann sah man nie mehr als den äußersten Rand. Was aber zwischen diesen wild wuchernden Pflanzen lebte, blieb ein Geheimnis. Székely-Lulofs: »Ständig war in den Wipfeln der Bäume ein Geräusch zu vernehmen; ständig sangen Zikaden ihr monoton raspelndes Lied. Manchmal, an einem vollkommen windstillen Tag, sackte plötzlich ein Baum in sich zusammen, stürzte ein sterbender Waldriese auf die neben ihm stehenden Bäume und riss in seinem Fall einen Teil ihrer Kronen mit in die Tiefe. Dann dröhnte der ganze Urwald. Dann kreischten ein paar aufgeschreckte Affen, und ein Vogel jammerte kläglich. Und dennoch, trotz all dieser Geräusche gab es dort drinnen immer die Stille, wie ein lautlos lauerndes Tier.«

Nur wenige Niederländer waren bereit, die Verletzlichkeit ihrer kolonialen Gewissheiten zu erkennen. Sie dachten nicht einmal darüber nach, spürten sie aber doch.

Die niederländische Marine zum Beispiel war schon lange nicht mehr in der Lage, den Seeweg zwischen Ostindien und dem Mutterland zu verteidigen. Dasselbe galt für die staatliche Autorität in den Kolonien. Ein Jahr vor der Ankunft meiner Eltern in Belawan hatte es an der Westküste Sumatras noch heftige Kämpfe gegeben. Gefängnisse wurden gestürmt, einheimische Beamte ermordet, Dutzende von kommunistischen Rebellen wurden aufgeknüpft oder erschossen, und mindestens dreizehntausend Indonesier landeten im Gefängnis.

Fünf Jahre zuvor war auf den Generalgouverneur Dirk Fock ein Bombenanschlag verübt worden, als er in seiner Staatskutsche durch

Jogjakarta fuhr. Der Vorfall hinterließ einen tiefen Schock. Etwas Derartiges hatten die niederländischen Autoritäten von der unterwürfigen ostindischen Bevölkerung nie erwartet, und am liebsten vergaß man das Ganze auch schnell wieder. Denn wie hätte die Königliche Niederländisch-Indische Legion (KNIL), insgesamt fünfunddreißigtausend Mann, die mehrere Millionen zählende Bevölkerung in Schach halten sollen, wenn es wirklich darauf angekommen wäre?

Im Mutterland wurden stets zwei Dinge unterschätzt: die Größe des Kolonialreichs – eine Fläche, die sich, auf die Alte Welt übertragen, vom Nordosten der Türkei bis nach Irland erstreckte – und die Anzahl der Europäer, welche die niederländische Verwaltung aufrechterhielten: Bei einer Gesamtbevölkerung von gut sechzig Millionen waren es nicht viel mehr als hunderttausend. Als meine Eltern in Medan ankamen, hatte die Stadt siebzigtausend Einwohner. Nicht einmal sechs Prozent davon galten als Europäer. Wenn mein Vater in Surabaja zu tun hatte, dann brauchte er mit dem schnellsten Schiff für die Fahrt fünf Tage. Europäer waren in so geringem Maße vertreten, dass er nach einigen Jahren auf jedem Schiff Bekannte traf. Alle Gewissheiten drehten sich eigentlich um eine winzige weiße Welt, die unversehens in dem ostindischen Millionenreich versinken konnte.

Nur wenigen war das bewusst. Abraham Kuyper, der selbst übrigens nie Ostindien besucht hat, ahnte bereits im 19. Jahrhundert, dass das Kolonialregime der Niederlande nicht ewig währen würde. 1914 sagte er in der Ersten Kammer des Parlaments, bei den Indonesiern dürfe nie die Sehnsucht aussterben, »wieder ein freies Volk, eine unabhängige Nation zu werden«. In seinen Augen war die Konstruktion, dass die Niederlande und die Kolonien ein Reich bildeten, eine künstliche, eine Fiktion. Für ihn waren die überseeischen Gebiete »Besitzungen«, die man auch wieder verlieren konnte. Der einzige Grund für die Niederländer, dort zu sein, bestand seiner Ansicht nach darin, »das Volk zur Selbstständigkeit zu erziehen«.

Kuyper setzte damit den Rahmen für diejenigen, die die Kolonien als eine ethische Aufgabe betrachteten, die von einem »sittlichen Auftrag« sprachen, den die Niederlande »als christliche Macht gegenüber der Bevölkerung dieser Gebiete« zu erfüllen habe – wie es in der Thronrede von 1901 heißt. Und tatsächlich wurden zahllose Dorfschulen gegründet, man schuf eine hervorragende medizinische Versorgung, half bei Missernten und Überschwemmungen, man legte in großem Maßstab Eisenbahnlinien, Straßen und Wasserleitungen an, und vielerorts wurde die Landwirtschaft enorm verbessert. Das eigentlich Neue an dieser ethischen Richtung war jedoch vor allem die Tatsache, dass die Niederländer zum ersten Mal die zeitliche Begrenztheit ihrer Kolonialherrschaft akzeptierten.

Nun ist der Begriff »zeitliche Begrenztheit« ein sehr dehnbarer Begriff, und in der Praxis schlug sich das auch nieder. In fast jeder Hinsicht standen die Interessen der Kolonialherren im Vordergrund. Nach der Jahrhundertwende wurde das Land auf eindrucksvolle Weise modernisiert. Mit der Piraterie, der Witwenverbrennung und dem blutigen Krieg zwischen den einheimischen Fürsten war es aus und vorbei. Durch den Kolonialismus kamen allerlei Techniken und Ideen auf den Archipel, die sich das spätere Indonesien problemlos zunutze machen konnte. Riesige Plantagen für Zucker, Tee, Kaffee, Tabak, Chinin und Kautschuk entstanden, große Ölraffinerien und imposante Zinnminen.

Doch die Plantagen verdrängten den traditionellen Ackerbau, und die Großbetriebe zerstörten das Gefüge der Dorfgemeinschaften. Es gab kaum etwas, das nicht dem schnellen Profit diente und nicht für den Export bestimmt war, anstatt den langfristigen Interessen des Landes zu dienen. Oder, wie es ein ostindischer Prediger ausdrückte: »Unsere Vorfahren behaupteten früher, Ostindien drei Dinge bringen zu wollen: Religion, Zivilisation und Handel. Daraus wurde: Handel, Handel, Handel.«

Ganz bestimmt trifft dies auf den Nachfolger von Abraham Kuyper zu, einen Mann mit – wie Kuyper es ausdrückte – einer etwas weniger »fein besaiteten Innenausstattung«. Als ehemaliger Offizier der Kolonialtruppen und Manager eines kolonialen Konzerns hatte Hendrikus Colijn vollkommen andere Vorstellungen von der Zukunft der überseeischen Besitzungen, auch wenn er diese mit Zuckerguss überzog, um sie seinen orthodox-kalvinistischen Anhängern schmackhaft zu machen. In seinen Augen war Ostindien kein »Besitz« – in den Ohren der Einheimischen sei dies ein »hassenswerter Begriff« –, sondern »ein Teil des Königreichs«. Und ansonsten war es Gott, »der in Seinem weisen

Ratschluss die Niederlande und Ostindien zusammengeführt hatte«, auf dass die Niederländer der ostindischen Bevölkerung den Weg in die Zukunft wiesen.

Und dies war vielleicht die auffälligste Wendung in diesem Gedankenkonstrukt: Die Anwesenheit der Niederlande stand nun nicht mehr im Interesse des Mutterlandes, sondern sie diente dem Wohl der Kolonie. Der alte Kolonialgedanke wurde auf diese Weise in allen Köpfen um einhundertachtzig Grad gedreht, ohne dass sich an den tatsächlichen Verhältnissen irgendetwas änderte.

Die Beziehung zwischen den Niederländern und den späteren Indonesiern war also nicht nur zerbrechlich, sondern auch sehr komplex und voller Doppeldeutigkeiten. Dank der ethischen Politik konnten die Europäer ihre koloniale Politik nahtlos mit den »edleren« Gefühlen verbinden, die man ihnen zu Hause vermittelt hatte. Die Lebensbedingungen der Indonesier verbesserten sich, doch die Machtverhältnisse blieben dieselben.

*

Die Gemeinde meines Vaters war mit diesem modernen, vieldeutigen Ostindien untrennbar verbunden. Sie war eine Gemeinschaft, die vor allem aus Plantagenbesitzern und Beamten bestand, eine durch und durch weiße Verlängerung der »normalen« orthodox-kalvinistischen Gemeinden in den Niederlanden. Viele Plantagenbesitzer auf Sumatra waren einfache holländische Bauernsöhne, die wegen der Probleme in der heimischen Landwirtschaft umgesattelt hatten und auf den ostindischen Plantagen gelandet waren. Der Ackerbau lag ihnen im Blut, und auch in den Tropen waren sie in der Agrartechnik rasch führend. Gleichzeitig aber blieben sie auch die Söhne der »kleinen Leute«, die ihre Eltern früher einmal waren.

Deshalb gab es in Nordsumatra eine relativ große orthodox-kalvinistische Gemeinschaft. Zweihundertfünfzig Gemeindemitglieder wohnten in Medan, die übrigen dreihundertfünfzig waren über halb Sumatra, Singapur und Malakka verstreut, ein Gebiet, das – in europäischen Dimensionen – von Südfrankreich bis nach Schottland reichte. All diese »Verstreuten« musste mein Vater zweimal im Jahr besuchen, und das hieß, dass er immer wieder große Reisen unternehmen musste, mit dem Zug, per Auto, zu Fuß, mit dem Pferd, auf anständigen Schiffen der Königlichen Paketpost oder auf schmutzigen chinesischen Dampfern, manchmal aber auch mit dem Flugzeug.

Zu Hause regierte meine Mutter. Morgens um halb sieben gab es Frühstück, um Viertel nach sieben fing die Schule an, und kurz danach machte mein Vater sich an seine Arbeit. Mittags gab es eine warme Mahlzeit, und nach dem Essen legte man sich zur Ruhe. Um drei traf man sich dann im Schwimmbad, anschließend gab es Tee, und danach ging dann jeder bis zum Abend seiner Beschäftigung nach.

So wie man es von einer Pfarrersfrau erwartete, war meine Mutter darüber hinaus sehr stark in die Arbeit meines Vaters eingebunden. Sie besuchte Wöchnerinnen und Problemfamilien, organisierte Mädchenclubs, Nähkränzchen und übernahm alle möglichen Verpflichtungen. Am 3. November 1933 schrieb sie in einem Brief: »Jetzt, an unserem ersten gemeinsamen Abend, sitzen wir uns gegenüber und schlafen. Welch eine Idylle!« Vierzehn Tage später fuhr mein Vater im ersten Morgengrauen für fast drei Wochen nach Atjeh, nachdem er am Abend vorher bis kurz vor halb eins an einer Presbyteriumssitzung teilgenommen hatte.

Krankheit und Tod lauerten immer und überall. Einmal starb auf einer etwas abgelegenen Plantage eine junge Frau bei der Geburt ihres ersten Kindes. Dann zog sich ein achtzehnjähriges Mädchen eine Blutvergiftung zu und war nach wenigen Tagen tot. Dann wieder hatte sich eine Frau auf einer Plantage erschossen: »Ein Anflug von Melancholie. Sie ertrug die Einsamkeit nicht mehr.«

Ein Beispiel aus einem Brief von Ende November 1934. Mein Vater war zu einem sehr schwer erkrankten Mann gerufen worden, dreihundertfünfzig Kilometer entfernt. Der Patient starb noch in derselben Nacht, und mein Vater konnte nicht mehr für ihn tun, als ihn anständig zu begraben: »Der Mann war zweiunddreißig Jahre alt, er hinterlässt eine Frau und zwei Kinder und sorgte außerdem noch für einen arbeitslosen Bruder und seine Mutter. Montagmorgen hatte er sich krank gemeldet, am Donnerstag wurde er begraben, zwei Wochen später befand sich seine Witwe bereits auf dem Schiff nach Holland.«

Der Bezirk meines Vaters war riesig und kaum besiedelt. Um Medan herum gab es überall Kautschukplantagen, Dutzende von Quadratkilometern große Ländereien, auf denen man die ursprüngliche Vegetation mit Feuer oder Hacke gerodet und stattdessen Kautschukwälder angepflanzt hatte, Abertausende von Bäumen, in Reih und Glied, und neben jedem Baum ein Stock mit einem Becher, worin der Kautschuk aufgefangen wurde. Hier und da stand ein großer Schuppen für die einheimischen Arbeiter und daneben ein Holzhaus für den weißen Aufseher, alles nach demselben Modell auf Pfählen errichtet.

Am schwersten hatten es die Kulis. Weil diese Gegend von Sumatra anfänglich nur dünn besiedelt war, wurden Zehntausende von Arbeitern angeworben, zunächst in China, später vor allem in den Dörfern auf Java. Diese Vertragskulis wohnten »wie Ziegen im Stall«. Sie gehörten, so der indonesische Plantagenlehrer Tan Malaka, »zu der Klasse (...), die jeden Augenblick Prügel bekommt oder beschimpft wird, die jeden Augenblick Frau oder Tochter verlieren kann, wenn der weiße Mann sie begehrt«.

Die Kulis mussten nicht nur zehn Stunden am Tag auf der Plantage arbeiten, sie waren auch gezwungen, nebenbei die eigene Nahrung anzubauen, was vielen aber nicht gelang, so dass sie ständig unterernährt waren. Um 1900 herum starben jedes Jahr fast sieben Prozent dieser Menschen. Für die Javaner war das Glücksspiel die einzige Chance auf eine Besserung ihrer Lage. Oft gerieten sie aber dadurch nur noch tiefer ins Elend, weil sie wegen der Spielschulden ihre Verträge verlängern mussten. Die Folge war, dass ein durchschnittlicher javanischer Kuli damit rechnen musste, als Plantagenarbeiter auf Sumatra zu sterben.

Bei den Chinesen lagen die Dinge anders. Sie erhielten ziemlich bald das Recht, Geschäfte und Bordelle zu eröffnen. Vielen gelang es, dem Kuli-Dasein zu entkommen, und manche brachten es sogar zu einem gewissen Wohlstand. Außerdem waren sie für viele javanische Frauen eine außergewöhnlich gute Partie. All dies erweckte auf den Plantagen und darüber hinaus immer wieder Neid und Eifersucht und führte zu Mord und Totschlag – Spannungen, die es auch im heutigen Indonesien immer noch gibt.

Der Plantagenbesitzer war allmächtig. Bis zum Ersten Weltkrieg gab es in Deli kaum eine geordnete Verwaltung, so dass die Pflanzer sich nach Lust und Laune zum Richter aufspielen konnten. Wenn ein Kuli weglief, dann war das nicht einfach Vertragsbruch, nein, es war ein strafrechtliches Vergehen. Der Kuli-Verordnung zufolge, die 1880 für Deli erlassen wurde, konnten Kulis für »jede willkürliche Verletzung des Arbeitsvertrags (…), Widerstand, Beleidigung oder Bedrohung des Arbeitgebers oder seines Personals, Ruhestörung, extreme Faulheit, Arbeitsverweigerung oder Meuterei« mit Geldbußen oder Zwangsarbeit bestraft werden.

Man kann dieses System nicht einfach auf den Nenner »Rassismus« oder »Kolonialismus« bringen. Auch die einfachen Arbeiter in Europa lebten damals oft in jämmerlichsten Verhältnissen. Der – wenn auch nur graduelle – Unterschied lag jedoch im Maß der persönlichen Freiheit. Die Stellung eines Vertragskulis in Deli war in jeder Hinsicht vergleichbar mit der eines Hörigen im zaristischen Russland oder eines schwarzen Sklaven im Süden der Vereinigten Staaten, nur dass die Sklaverei in Amerika offiziell abgeschafft worden war, während die Niederländer sie mit der Kuli-Verordnung erneut einführten.

Wie bei den russischen Hörigen oder den amerikanischen Sklaven waren Auspeitschungen und andere körperliche Züchtigungen für Kulis nichts Ungewöhnliches. Der indonesische Journalist Mochtar Loebis, der als Zehnjähriger eine Auspeitschung erlebte, erinnert sich an »das verzweifelte und gottverlassene Schreien der Männer, das mein Herz zerriss«. Der Anwalt J. van den Brand beschrieb in seiner Broschüre *De millioenen van Deli* (Die Millionen von Deli; 1902) das Erlebnis eines Bekannten:

»Gegen elf erreichte ich nach einem langen Ritt bei brennender Sonne und über staubige Wege das Haus des Aufsehers X auf der Plantage Y. Herr X war nicht daheim, und deshalb setzte ich mich auf die Veranda, um auf seine Rückkehr zu warten. Kaum hatte ich Platz genommen, da hörte ich eine klagende Frauenstimme, die von unterhalb des Hauses her zu kommen schien. Ich stand auf, um nachzusehen, was da los war. Unten erblickte ich eine schätzungsweise fünfzehn oder sechzehn Jahre alte Javanerin, die man an einen Pfahl gebunden hatte, mit gespreizten Armen wie Christus am Kreuz. Zu diesem Zweck hatte man einen Querbalken auf den Pfosten genagelt und ihre Arme daran festgebunden. Die Sonne brannte auf Teile ihres völlig unbekleideten Körpers, doch konnte dies nicht die Ursache für das Jammern und Stöhnen der Frau – in Holland hätte man sie als Mädchen bezeichnet – sein. Der Boy klärte mich auf: Sie hatte der uneigennützigen Liebe eines Stammesgenossen den Vorzug vor der Guldenliebe des Herrn X gegeben, und darum hatte der Aufseher sie fesseln lassen. Um zu verhindern, dass sie bei der brutalen Strafe das Bewusstsein verlor, hatte er ihr Geschlechtsteil mit gestoßenem, spanischem Pfeffer (Sambal) einreiben lassen. Das war zu viel für mich, und ich ritt weiter. Wie ich gehört habe, war das Mädchen von morgens sechs bis abends sechs so angebunden.«

Im *Deli Courant* wurden noch um 1900 Anzeigen veröffentlicht, die im Süden der Vereinigten Staaten bereits längst verboten waren. So konnte man zum Beispiel am 1. März 1899 lesen: »Entlaufen: Ein Javaner namens KASAN mit Frau und zwei kleinen Kindern. Alter: 35. Größe: 161 cm. Besondere Kennzeichen: auf dem linken Auge blind. Auskunft erbeten an: A. Siemssen & Co, Post: Tebingtinggi-Deli.«

Einen großen Unterschied zu Russland und Amerika gab es in Deli allerdings: Exzesse betrachtete man auch damals schon als solche. Sie waren symptomatisch für das Sklavenleben der Kulis, gehörten aber nicht zu den allgemein akzeptierten Verhaltensweisen. Dies hing wesentlich mit der wachsenden Bedeutung des ethischen Aspekts zusammen. Während Colijn und die anderen Eroberer von Lombok 1894 noch mit dem Militärischen Willemsorden ausgezeichnet wurden, musste Oberst van Daalen 1908 seinen Abschied nehmen, obwohl er in Atjeh kaum etwas anderes getan hatte als jene in Lombok.

Auch die Broschüre von van den Brand sorgte für große Aufregung. Seine Vorwürfe wurden im Parlament ausführlich diskutiert, und es wurde eine Untersuchungskommission eingesetzt. In seinem Bericht nahm Staatsanwalt J. L. T. Rhemrev aus Batavia – vermutlich der Sohn eines gewissen Vermehr, der sein uneheliches Kind, damaligem Brauch folgend, mit seinem rückwärts geschriebenen Namen ins Geburtsregister hatte eintragen lassen – kein Blatt vor den Mund. Van den Brand habe nicht übertrieben, schrieb Rhemrev. Auf den Plantagen, die er besucht habe, sei es in der Tat zu Machtmissbrauch, Misshandlungen und Gewalttätigkeiten gekommen. Ich zitiere aus dem Verhör eines Pflanzers aus der Gegend von Medan, der bei seinem französischen Nachbarn Elin zu Besuch war:

»Nachdem wir eine Weile gegangen waren, sah ich eine seiner dänischen Doggen mit einem menschlichen Körperteil, und zwar einem Oberschenkel, spielen. Das erregte natürlich meine Aufmerksamkeit. (...) Nach einigem Suchen fand ich die Leiche einer javanischen Frau. Sie war stark abgemagert und offenbar verhungert. Herr Elin identifizierte sie sofort als die fortgelaufene Frau, über die wir kurz zuvor gesprochen hatten. Als er die Leiche sah, rief er: ›Na, da liegt ja diese babi (das Schwein).‹ Er ließ sogleich ein paar Kulis kommen, die die Leiche umgehend begruben.«

Dieser Elin war übrigens ein derart notorischer Sadist, dass die benachbarten Plantagenbesitzer 1901 zusammenkamen und überlegten, ob sie ihn nicht anzeigen müssten. Die Antwort war jedoch negativ: Es »gehörte sich nicht, einen Kollegen anzuschwärzen«.

Auch Rhemrev konnte sich nicht durchsetzen. Die Lobby der Deli-Unternehmen war mächtig, sowohl in Batavia wie auch in Den Haag, und die meisten seiner Vorschläge – er wollte vor allem die Kuli-Verordnung abmildern und anpassen – wurden nicht aufgegriffen. Die Aufsicht oblag weiterhin einer Hand voll Beamter, die praktisch keinerlei Kompetenzen hatten. Erst nach 1926 durfte die Gewerbeaufsicht den Plantagen unangekündigte Besuche abstatten. Noch 1940 beklagte man laut die schlechten Unterkünfte der Kulis und die überfüllten Krankenstationen. In all den Jahren kam es immer wieder zu Zwischenfällen, über die in der *Sumatra Post* in der Rubrik »Vermischtes« berichtet wurde. So griffen zum Beispiel einmal dreißig Kulis einen Aufseher an und ermordeten ihn, oder ein weißer Aufseher erschoss einen »vermutlich geisteskranken« Kuli. Einmal wurde über einen Plantagenbesitzer berichtet, »der hinter jedem Rock auf seinen Besitzungen her war« und ein solches Schreckensregiment führte, dass er ungestraft einen Holzdieb und einen unschuldigen Mann töten konnte. Später brachte er außerdem noch zwei seiner Liebhaberinnen um (darunter ein vierzehnjähriges Mädchen). Das war 1935.

*

Im friedlichen Medan lernten Anna und Cas währenddessen in der Schule Gedichte, in denen die Schönheit typisch holländischer Landschaften gepriesen wurde. Durch das Fenster der Schule drangen die Stimmen von Tausenden tropischer Vögel, und wenn die Kinder hinaussahen, erblickten sie den immer warmen Spielplatz und dahinter den Wald aus tausendfach vergrößerten holländischen Zimmerpflanzen. So verging der Tag mit seinen immer wechselnden Düften.

Die Familie wurde größer. Drei weitere Kinder wurden recht schnell nacheinander geboren: Gjalt (April 1930), Tineke (November 1931) und Koosje (Februar 1933). Um das Haus herum liefen Hühner, Kaninchen, weiße Mäuse, Katzen mit abgeknicktem Schwanz und eine zugelaufene Hündin, die ständig Junge bekam. In den Schlafzimmern tollten die Kinder mit dem Bettzeug herum und ließen es »schneien«.

Die Ferien verbrachte man am Toba-See, wo es kühler war, weil er höher lag. Die ganze Familie wurde dann in einen gemieteten chinesischen Bus geladen, ein mit Drachen und exotischen Vögeln kunterbunt bemaltes Ding, und singend fuhr man hinauf in die Berge. Später sollte ich Briefe finden, die das Lachen und Scherzen nachempfinden ließen.

Die Korrespondenz mit der Verwandtschaft in den Niederlanden war, wie mein Vater es ausdrückte, »ein Dialog mit spätem Echo«. Wenn man in Ostindien einen Brief aufgab, konnte man frühestens in sieben Wochen mit einer Antwort rechnen.

Ende der zwanziger Jahre wurde die Verbindung besser. Die KLM, die erste Personenluftfahrtgesellschaft der Welt, hatte 1920 mit einer Fokker F 2, die vier Passagieren Platz bot, den Betrieb aufgenommen. 1924 unternahm man einen ersten Probeflug nach Ostindien. Es gibt ein Foto, auf dem Anna zu sehen ist, die mit einem Kuvert winkt. Auf der Rückseite steht: »Die erste Luftpost in Medan. Hurra! 23. September 1928.« Auch das war ein Probeflug. 1930 eröffnete die KLM einen zweiwöchentlichen Liniendienst zwischen Amsterdam und Bandung, mit Zwischenlandungen von Athen bis Kalkutta, hin in zwölf Tagen, zurück in zehn.

Weihnachten 1933 kam die Post zum ersten Mal mit dem speziellen Postflugzeug »De Pelikaan« innerhalb von fünf Tagen aus Vlaardingen. »Welch eine Leistung!«, schrieb mein Vater. »Phantastisch, die Jungs, ein Uhr nachts ab Rom, fünftausend Meter hoch durch die Kälte. Morgen früh werden wir in Medan an einer Dankkundgebung teilnehmen, weil ›De Pelikaan‹ diesmal über Medan hinwegfliegt und die Begeisterung groß ist.«

In die Niederlande telefonieren konnte man bereits seit 1929, über einen starken Sender in Kootwijk, eine Verbindung, die – o Wunder – innerhalb von Sekunden zustande kam. Der einfache Mann konnte sich diese Errungenschaften allerdings nicht leisten. Das war vermutlich auch der Grund, weshalb meine Eltern zunächst nur selten von den neuen Verbindungen Gebrauch machten. Bei besonderen Gelegenheiten schickte man sich schon mal eine »airmail«, doch die meiste Post ging per Schiff, Woche für Woche, mit großer Regelmäßigkeit.

*

Das Erste, woran Tineke sich erinnern kann, sind die Ferien: die Ballons, mit denen sie durch den Garten lief, die Ameisenstraßen, denen sie folgte, das Hausmädchen, das morgens instruiert wurde, die Erwachsenen, die abends auf der Veranda saßen, tranken und Zigarren rauchten, das Gekreisch der Affen im Wald, die Gruselgeschichten, alle weiter entfernten Tiere, die Tiger und Krokodile.

Und da waren natürlich Gerüche, Tausende von Gerüchen, die ihre Welt erfüllten: der Kampfer in der Kampferdose; der typische Körpergeruch der Hausangestellten, der Duft der gewaschenen Kleider, der Geruch von Zigarren, die Seife im Badezimmer, das Lysol, wenn die Böden frisch gewischt waren, der Hund, der Gestank, wenn ein Iltis sich auf den Speicher verirrt hatte. In der Küche roch es nach allem Möglichen, vor allem nach Früchten: Papayas und Mangos, und der starke Mandarinenduft der Djeruks (Zitrusfrüchte). Draußen roch man manchmal die Blumen, doch meistens war die Luft vom Geruch der

Feuer erfüllt, die in der Nachbarschaft gemacht wurden. Später am Tag verbreiteten umherziehende Händler, die ihre Speisen anboten, allerlei Essensgerüche, und wenn am späten Nachmittag die Blumen gegossen wurden, dann konnte man die feuchte Erde riechen. Abends hörte man den Nachbarn Flöte spielen, und aus der Umgebung klangen vielerlei Geräusche herüber, leises Lachen aus dem Badehaus, und dann wurde es still. Tineke erzählte mir, dass sie während der Mittagspause, wenn alle anderen schliefen, ein Doppelleben führte. »Ich geisterte allein durchs Haus. Ich warf alle Wasserflaschen um, die neben der Toilette standen, und beobachtete, wie sich kleine Rinnsale bildeten. Ich schaute nach, ob noch was von der Reistafel übrig war, oder legte mich in den Flur, um die Lichtstrahlen zu beobachten. Ich erinnere mich noch ganz genau, wie ich einmal an einem solchen Mittag vor dem Spiegel stand – ich war ungefähr drei Jahre alt – und auf einmal dachte: Ich bin ich. Doch zu den Angestellten hinter dem Haus gingen wir nie. Das hatte man uns eingeschärft: Dort durften wir nicht spielen oder rumlaufen, das war tabu.«

Tineke beschreibt hier genau die Art und Weise, wie die fast vierzigtausend Einheimischen, siebenundzwanzigtausend Chinesen und zweitausendvierhundert Weißen von Medan zusammenlebten: friedlich, umgeben von den Gerüchen der anderen, ansonsten aber in streng getrennten Welten. Bis nach der Jahrhundertwende hatten die zahllosen Hausmädchen und ostindischen Mätressen, die viele unverheiratete Weiße hatten, ebenso viele Brücken zwischen der kolonialen und der indischen Gesellschaft gebaut. Doch als die Verbindungen nach Europa besser wurden, entwickelten sich die Bevölkerungsgruppen rasch auseinander. Die Zahl der weißen Frauen nahm zu, die Europäer zogen in eigene Stadtviertel wie Polonia, und es gab für die Weißen immer mehr Krankenhäuser, Geschäfte, Schulen, Clubs und Zeitungen.

Meine Mutter erlaubte nur eine ostindische Mahlzeit pro Woche, auch wenn die ganze Familie ganz begierig auf die einheimische Küche war. An den übrigen sechs Tagen gab es Kartoffeln, Fleisch, Gemüse und Pudding zum Nachtisch, so wie bei den anderen Holländern. »Man muss schließlich Europäer bleiben.« Der spätere indonesische Präsident konnte noch in hohem Alter die Orte an einem nordholländischen Kanal ohne zu stottern herunterbeten: »Groningen, Hoogezand, Sappemeer, Winschoten.«

Als sich Prinzessin Juliana verlobte, tanzten die Honoratioren aus Medan, angeführt vom Bürgermeister und dem Residenten, um den großen Marktplatz herum und sangen: »Wien Neêrlandsch bloed door d'aadren vloeit, van vreemde smetten vrij« (Wem niederländisches Blut durch die Adern fließt, von fremdem Makel frei). Die anderen Bevölkerungsgruppen jubelten und flaggten brav mit. Die meisten Holländer jedoch hatten absolut kein Interesse an den Festen, der Sprache, der Kunst und der Musik der Einheimischen.

Die Gemeinde meiner Eltern war im Prinzip eine ebenso weiße Einrichtung wie die Geschäfte und Clubs. Die Indonesier hatten ihre eigne Kirche, und selbst eine gemeinsam veranstaltete »Woche des Gebets« wurde getrennt begangen: die orthodoxen Kalvinisten tief gebeugt in ihrem halbleeren Gotteshaus, die Indonesier laut singend in ihren eignen, rappelvollen Kirchen. Als das weiße Kindermädchen meiner Eltern heiratete, durfte das einheimische Hausmädchen nur in die europäische Kirche, wenn es hinter der Orgel sitzen blieb. Schilder, auf denen »Für Einheimische verboten« gestanden hätte, gab es in Medan nicht, doch kein Indonesier hätte es je gewagt, das Schwimmbad zu betreten, in dem meine Eltern ihren Nachmittag verbrachten.

Interessant ist, was meine Eltern schrieben, als alle Hausangestellten wegen eines Feiertags gleichzeitig frei hatten. Mein Vater empfand den Tag als »sehr lehrreich in Bezug auf die Wertschätzung des Personals und der eigenen Leistungen«. Meine Mutter schrieb: »Welch eine Ruhe, wenn einmal einen Tag lang diese schwarzen Kerle nicht um einen rumlaufen. Wenn nicht das Ansehen der Europäer bei den Einheimischen darunter leiden würde, müsste man ein Schiff mit Dienstmädchen herkommen lassen. Dann bräuchten die Soldaten sich auch keine ›Freundinnen‹ unter der einheimischen Bevölkerung mehr zu suchen.«

Beziehungen zwischen Menschen verschiedener Rassen konnte sie absolut nicht ausstehen. Im Juni 1934 schrieb sie über einen jungen Verwandten: »Wenn er sich bloß kein indisches Mädchen anlacht. Was für Intrigen dann gesponnen werden, wie dann so ein Vollbluteuropäer, vor allem wenn er aus gutem Hause kommt und nicht unvermögend ist, von der jungen Dame und ihrer Mama umgarnt wird, ohne dass er es merkt, da kann man wirklich nur staunen.« In einem der folgenden Briefe lese ich: »Kannst Du verstehen, dass die Eltern einer solchen Ehe zustimmen? Ich habe lieber mit einem reinrassigen Javaner zu tun als mit einem Mischling. Im Grunde sind sie arme Teufel.«

Diese Aussagen kann ich überhaupt nicht mit dem Bild, das ich von meiner Mutter habe, in Einklang bringen. Für mich war sie eine würdevolle, recht fortschrittliche Dame, die später Martin Luther King und Erzbischof Desmond Tutu mit ganzem Herzen unterstützte. Merkwürdig ist auch, dass in den Familienerzählungen nichts von diesen früheren Ansichten überliefert ist. Nur die ältesten Kinder, so zeigte sich, wussten noch davon. »Schon damals dachte ich: Das ist nicht richtig«, sagte Anna.

Wir können ruhig davon ausgehen, dass die Meinungen meiner Mutter unter den Weißen allgemein verbreitet waren. Die Menschen lebten im Spätsommer der Standesgesellschaft, der Eisenbahnwaggons mit drei Klassen, der Dienstmädchen, die nicht am Familientisch mitessen durften. Vor allem meine Mutter, die in einer gerade erst zu einem gewissen Wohlstand gelangten Umgebung aufgewachsen war und die sich krampfhaft an den erreichten Status klammerte, wird Rassen- und Standesunterschiede sehr genau wahrgenommen haben.

Ihre Äußerungen sind aber auch typisch für das in Ostindien praktizierte Apartheidsystem. Das Privatleben der Weißen und Nichtweißen fand in strikt voneinander getrennten Welten statt. Anna erinnerte sich an ein altes ostindisches Ehepaar, das vom Islam zum Christentum übergetreten war und meine Eltern gelegentlich besuchte, um sich mit ihnen zu unterhalten: »Die beiden wurden immer hinten in der Küche empfangen, niemals im Wohnhaus.«

Die Schulen waren im Prinzip für Kinder aller Hautfarben zugänglich, doch die meisten Chinesen und Indonesier konnten das Schulgeld nicht aufbringen, und nur weiße Familien waren berechtigt, einen Antrag auf Befreiung zu stellen. Tineke: »Indische Kinder oder Mischlingskinder lud man nicht zu seiner Geburtstagsfeier ein, und das fanden alle ganz selbstverständlich. Das Mädchen, das während des ganzen Schuljahrs neben mir saß, kam nicht zu meiner Party.« Anna: »Einmal fuhr ich mit dem Fahrrad in die Stadt, als die einheimische Frau, die vor mir herradelte, ein Päckchen verlor. Ich wollte es für sie aufheben, doch sie kam mir zuvor. Mutter hatte das Ganze aus der Ferne beobachtet und fragte mich, ob ich verrückt geworden sei. Sich für eine Einheimische zu bücken, das machte man als Weißer nicht.«

Auch in Verwaltung und Rechtsprechung spielten die Rassenunterschiede eine große Rolle, anders als zum Beispiel in Britisch-Indien. Es gab ein umfangreiches System von Gesetzen und Regeln, die für alle drei Bevölkerungsgruppen unterschiedlich waren: die Europäer, die Einheimischen und die übrigen Asiaten (Chinesen und Araber). Es war genau festgelegt, welcher Stammbaum und welche äußerlichen Merkmale zu welcher Rasse gehörten. Nur die Kriterien für die Weißen fehlten in den Bestimmungen: Scheinbar waren die für jeden ganz offensichtlich.

Im Prinzip war die Apartheid in Ostindien ein ausgeklügeltes Verwaltungssystem, das dazu diente, die diversen Gruppen mit so wenig Aufwand wie möglich und vorzugsweise auch mit Hilfe von Angehörigen der eigenen Rasse unter Kontrolle zu halten. »Hier herrscht eine Regierungsform, die faschistischen Vorstellungen entspricht«, jubelte der Führer der niederländischen Nationalsozialisten, Antoon Mussert,* bei einem Besuch in Ostindien. »Ein einziger Mann trägt die Verantwortung, und das ist der Generalgouverneur.« Alle wichtigen Verwaltungsposten wurden den Einheimischen strikt verwehrt. Einer Statistik von 1938 zufolge bestand das niedere Personal zu neunundneunzig Prozent aus Indern, während es in den höheren Rängen genau umgekehrt war: zweiundneunzig Prozent Europäer.

Das führte manchmal zu Problemen. Als eine entfernte, indisch-europäische Verwandte sich um eine Stelle in Medan bewarb, bat sie meine Eltern, auf Anfrage bitte zu bestätigen, dass sie »reinrassige Europäerin« sei. In einem Brief an ihre Eltern schrieb meine Mutter dazu: »Mein erster Gedanke war: Ich schreibe ihr und frage, ob sie glaubt, ich sei ein Kind und habe keine Augen im Kopf, und wie sie es wagen kann, mich zum Lügen aufzufordern.«

Hinter all dem steckte die große Furcht »zu verindischen«, wie man das nannte, die Angst, in diesem schweigenden, undurchdringlichen Land aufzugehen, wo die Männer ihr Leben vergeudeten und die Kinder faul und träge wurden und, wie meine Mutter es ausdrückte, »ihre entschlossene holländische Haltung« verloren. Nur ganz selten mischte man sich unter die Einheimischen. »Wir erregen ebenso viel Aufsehen bei den Batak-Kindern wie Papuas in einem niederländischen Dorf«, schrieb mein Vater während einer Urlaubsreise in die Berge. »Gjalt will hier sogar nie wieder weg. Er möchte für immer bei den Bataks bleiben.«

Dieses voneinander separierte Dasein sorgte dafür, dass das soziale Leben in dem riesigen Land sehr beschränkt blieb. Das von den Säulen und Konfessionen geprägte holländische Schubladendenken gab es in Ostindien kaum, doch an dessen Stelle trat häufig ein merkwürdiger Provinzialismus. Der Grund hierfür war die geringe Anzahl von Europäern; hinzu kamen noch die Isolation und die Langeweile. Selbst in der größten Stadt, Batavia, lebten nicht viel mehr Europäer als in einer kleinen niederländischen Provinzstadt: gut dreißigtausend. In den meisten Orten zählte die weiße Gemeinschaft nicht mehr Mitglieder als die in einem größeren niederländischen Dorf. Hinter den Zahlen verbarg sich eine kleine Welt aus Clubs und Grüppchen, in denen die Europäer ihre Zeit mit den dazugehörigen Spielchen und Intrigen verbrachten.

Wir müssen uns bei all dem vor Augen halten, dass es auf dem indischen Archipel diverse, sehr unterschiedliche Lebensräume gab, auch für die Weißen. »Ostindien« war im Prinzip ein typisch holländischer Begriff. Die Unterschiede zwischen Deli und Batavia zum Beispiel waren mindestens so groß wie zwischen Ostgroningen und Den Haag. Die Welt der Pflanzer sah vollkommen anders aus als die der Verwaltungsbeamten. Und auch die Mission war ein völlig anderes Milieu als eine kalvinistische weiße Gemeinde in Medan.

Weil mein Vater häufig auf Reisen war und mit immer anderen Milieus konfrontiert wurde, hatten meine Eltern, wie ich vermute, das Glück, in nicht allzu engen Kontakt mit den diversen geschlossenen Kreisen von Medan zu geraten. In Batavia konferierte mein Vater mit

Missionaren und Verwaltungsbeamten, in Balikpapan sah er den Rauch und die Lichter der hypermodernen Ölraffinerie der Königlichen/Shell Gruppe und der Batavischen Petroleum Gesellschaft, in den Bergen von Batakland ritt er lange durch den gespenstisch stillen Urwald, und an der Ostküste von Sumatra stieß er plötzlich mitten im Dschungel auf ein modernes Elektrizitätswerk, das von Häusern, Büros und einem Labor umgeben war und »wo ein riesiger Radbagger Gold schürfte«, in Atjeh liefen Tiger neben dem Auto her.

Ich habe seine Reisen im Jahr 1934 einmal aufgelistet. Ende Januar unternahm er eine lange Reise auf allerlei Inseln im Riau-Archipel, und von dort fuhr er nach Malakka und Singapur. »Beim Direktor einer Kautschukplantage lausche ich einem Radio mit elf Röhren, mit dem wir abends Rom, Berlin und London wie in den Niederlanden empfangen können, und Huizen nicht zu vergessen. So deutlich und klar, als lägen keine dreizehntausend Meilen zwischen uns und den Sendern.« Am 3. März war er wieder zu Hause.

Anfang April reiste er erneut ab, diesmal an die Westküste von Sumatra, durch das Toba-Batakland, ein Gebiet, das deutsche Missionare komplett abgeklappert hatten und wo es von Kirchen nur so wimmelte. »Ich führte viele Gespräche mit Nicht-Kalvinisten, Suchenden, Interessierten, Abgefallenen, Halbherzigen usw.« Er war drei Wochen unterwegs.

Von Anfang Juni bis Anfang Juli war er auf Java und in Batavia. Nach dem überraschenden Tod von Prinz Hendrik, der für seine zahlreichen Affären bekannt war, musste er gleich nach seiner Ankunft auf Java eine spezielle Trauerfeier leiten und anschließend an einem Empfang beim Gouverneur teilnehmen. »Ich habe mich ansonsten sehr amüsiert: Es war so entsetzlich schwierig, während der Feier ehrlich zu bleiben.«

Mitte August bereiste er neun Tage lang diverse Inseln. Anfang September war er vierzehn Tage in Atjeh, wo er die vielen Militärposten besuchte, die in dem Gebiet bis heute verstreut liegen. Ende Oktober ging es erneut für zwei Wochen nach Singapur und auf den Riau-Archipel.

Mein Vater reiste gern, vor allem mit öffentlichen Verkehrsmitteln. »Im Zug kann man in aller Ruhe lesen und überfährt keine Hühner;

auch hüllt man die Mitbürger nicht in Staubwolken«, schrieb er im Juli 1936. »Ich glaube, wir haben auf Java eine mehr als siebenhundert Kilometer lange Staubfahne hinter uns hergezogen.« In einem Bericht vom Mai 1936 lese ich: »Wir fahren gerade auf dem Indragiri-Fluss und sind schon fast in Rengat. Dort wohnen eine Familie und ein unverheirateter Sergeant. Für diese drei Menschen muss ich von Singapur aus acht Tage für einen Besuch reservieren. Doch Ihr könnt Euch vorstellen, dass ich in dieser Woche sehr viel Arbeit erledigen kann, zu der ich in Medan oft gar nicht komme. Ich habe viele Briefe geschrieben, zwei Artikel in die Niederlande geschickt, mache Vorstudien zu einer Rede, lese Bücher, tippe Rezensionen – herrlich!«

Einige Wochen später, noch auf derselben Reise: »Unter freiem Himmel streckte ich mich auf mein Lager, gleich an der Reling und mit einer prächtigen Aussicht auf die stille, spiegelglatte See, in der die Sterne zu sehen sind, als führe man über einen Weiher, herrlicher Mondenschein auf dem Wasser und dann die vielen Inseln – wunderbar kühl. Ein außergewöhnlich schöner Sonnenaufgang weckte mich kurz vor Singapur, ich fühlte, ob mein Portemonnaie noch da war und stopfte mir eine herrliche Pfeife.«

Wenn er nach Hause kam, brachte er immer einen Sack voller schmutziger Wäsche mit, zwischen der lauter Geschenke steckten.

Und meine Mutter? Sie hat später hin und wieder erzählt, dass sie sich in Ostindien immer fürchtete; sie fürchtete, den Kindern könne etwas passieren, oder ihrem Mann könne auf seinen Reisen etwas zustoßen, sie hatte Angst vor den Entfernungen – anfangs hörte sie oft wochenlang nichts von meinem Vater – und vor dem Fremden und Unergründlichen dieses riesigen Landes. In gewisser Weise bezahlte sie den Preis für das angenehme Leben ihres Mannes – ohne dass er das je so gesehen hätte. Mein Vater ging auf seine Weise mit Gott, und das verlieh ihm eine gewisse Sorglosigkeit, mit der er sich manchmal von seinen Nächsten isolierte. Meine Mutter war der Ansicht, eine gläubige Frau habe dieses Opfer ohne Murren und Klagen zu bringen, doch ihre einsame Verantwortung wurde dadurch nicht weniger schwer. Anna erinnerte sich noch an das erste Weihnachtsfest, das sie in Ostindien feierten: »Ich war noch sehr klein, aber ich spürte die traurige und bedrückende Atmosphäre.«

Mein Vater war überall zu Hause, wo immer er auch hinkam. Meine Mutter hatte immer Probleme mit dem Rücken. Eine Geschichte war Anna im Gedächtnis geblieben: Während eines Spaziergangs waren sie auf einen Baum gestoßen, unter dem jede Menge bunter Blätter lagen, gelbe, grüne und rote. »Den Herbst kannten wir nicht, und das war die Gelegenheit, Cas und mir einen Eindruck vom Herbst zu vermitteln. Und vielleicht wollte Mutter auch ein wenig ihr Heimweh stillen.«

Am nächsten Morgen ging man in aller Frühe, ehe es heiß wurde, wieder zu dem Baum mit den bunten Blättern. »Wir durften darin wühlen, damit werfen, darin tanzen, sagte Mutter. Der Morgentau lag noch neblig über der Böschung. Doch als wir zu dem Baum kamen, waren da keine Herbstblätter mehr. Alles war naß, der Staub des Weges klebte auf unseren schönen Blättern, unsere Hände und Kleider wurden schmutzig, als wir zu spielen begannen. Mutter hatte bald keine Lust mehr, und wir gingen heim: Cas saß in einem kleinen Wagen, und ich ging hinterher. Ich sehe noch heute Mutters Rücken vor mir, ein wenig gebeugt, erschöpft und enttäuscht.«

*

Anna war acht, als die Familie zum ersten Mal wieder in die Niederlande reiste. Sie erinnerte sich noch an die Angst, sich auf dem großen Schiff zu verirren, und an die Aufregung bei der Ankunft in Marseille, wo die van der Molens sie zusammen mit Ludzers neuer Verlobten erwarteten. Es war die erste Begegnung zwischen meiner späteren Tante Mien und meiner Familie: »Eine viel beschäftige junge Familie. Eine hübsche, intelligente und zugleich bescheidene Frau, ein jugendlich wirkender Pfarrer mit einem Baby auf dem Arm, Koosje, und zwei kleinen Kindern, Tineke und Gjalt, und zwei schon etwas größeren Kindern, An und Cas.«

So begann der erste Urlaub, der vom Frühjahr bis zum Herbst 1933 dauerte. Bei den van der Molens hatte sich wenig verändert. In der Segelmacherei auf dem Hoofd war jetzt Koos der Chef. Mein Großvater hatte sich 1929 zur Ruhe gesetzt, war aber noch fast jeden Tag vorbeigekommen. Er half im Geschäft oder spazierte mit seinem Enkel Catrinus hinaus auf die Mole, um die Schiffe auf dem glitzernden Wasser des Flusses zu beobachten. Das hatte er noch zwei Jahre lang tun können: Leberkrebs, doch schmerzstillende Mittel wollte er keine nehmen, er wollte bei klarem Verstand sterben. »Mach doch bitte die Vorhänge auf. Ich will noch einmal das Grün sehen.« Das waren so ziemlich seine letzten Worte.

Mit dem Tod von Catrinus Jacobus Mak schien auch das Ende des echten, althergebrachten Segelmacherhandwerks gekommen zu sein. Abgesehen von ein paar Loggern, einer Hand voll Binnenschiffen und den Booten reicher Wassersportler gab es keine Segelschiffe mehr. Doch es gab genug andere Dinge zu tun: Persenningen für die Beiboote und Lecksegel für die Seeschiffe, Planen, mit denen alles mögliche abgedeckt und verpackt wurde, Ladeplanen für die Kräne, Abdeckplanen für die Gemüsehändler, Planen, die die Milchmänner über die Kannen breiteten, Windmühlensegel: Während der ganzen dreißiger Jahre brauchte man noch überall Planen und Abdeckungen in allen möglichen Größen und Formen.

Vor allem aber änderten sich in dieser Zeit die Niederlande selbst, und zwar so sprunghaft, dass man von einer kontinuierlichen Entwicklung kaum reden kann. Der Abschlussdeich war gerade fertig gestellt worden, die unruhige Zuiderzee war gezähmt, und die umfassende Landgewinnung im neu entstandenen IJsselmeer konnte beginnen. Meine Eltern schafften extra für diesen Urlaub ein gebrauchtes Auto an, um mit den Kindern durch die Niederlande reisen zu können. Fünf Jahre zuvor wäre das noch undenkbar gewesen. Im Laufe der dreißiger Jahre verdreifachte sich die Zahl der Automobile, mit allen sich daraus ergebenden Konsequenzen: Die alten gepflasterten Wege wurden durch Asphaltstraßen ersetzt, zwischen Den Haag und Rotterdam, Amsterdam und Leiden sowie Utrecht und Den Haag wurden Schnellstraßen gebaut, und die Fähren an den Flüssen wurden durch Brücken ersetzt.

Auf den Straßen herrschte aber noch nicht sonderlich viel Verkehr. Das Land befand sich in einer Übergangsphase. Der Dichter Martinus Nijhoff konnte noch eine Schiffersfrau einen Psalm singen hören, während sie unter der neuen Brücke bei Zaltbommel hindurchfuhr. Auf den Straßen waren vor allem Fußgänger, Radfahrer, Pferdewagen und Handkarren unterwegs, und nur dann und wann fuhr – in sehr gemäßigtem Tempo – ein Auto. In der Familie wurde erzählt, wie mein Vater 1933 einmal mit seinem Schwager Ludzer zu einer Kundgebung der Totalabstinenzler fuhr. Während der Hinfahrt löste sich ein Hinterrad vom Wagen, rollte auf dem Fahrradweg weiter und überholte das Auto schließlich. Erst als die beiden Männer das Rad vorüberrollen sahen, kam ihnen der Gedanke, dass da etwas nicht stimmte. Nach einer Viertelstunde Basteln war das Rad wieder montiert. Als gefährlich hatten sie die Situation nicht empfunden, doch mein Vater gab an dem Tag sein Totalabstinenzlertum endgültig auf.

Ungeachtet der wirtschaftlichen Probleme – auf die ich noch zu sprechen komme – schritt die »Demokratisierung des Luxus« voran. Es entstanden immer mehr Viertel mit komfortablen Neubauwohnungen, und viele Arbeiterfamilien sparten jeden Cent, um sich irgendwann einmal eine solche Wohnung leisten zu können. Die Kinder sollten, wenn es irgendwie ging, so lange wie möglich die Schule besuchen. Wenn schon die Eltern ihre Träume nicht realisieren konnten, dann sollten das wenigstens ihre Kinder tun.

Dinge wie Freizeit und Erholung wurden allmählich zu einem Massenphänomen. Schätzungsweise drei Viertel der Bevölkerung erhielten in den dreißiger Jahren Urlaub: Fabrikarbeiter vier bis sechs Tage pro Jahr, Bäckereigehilfen sechs Tage, Büroangestellte vierzehn Tage, Bergarbeiter zwei Tage.

Die obere Mittelschicht folgte der Elite nach Italien und an die Riviera. Die Ansichtskarten meiner Mutter stammten nun auch aus Locarno, Genua und Nizza. Die untere Mittelschicht gönnte sich eine Woche Ferien in einer Pension in der Veluwe oder mietete für etwas längere Zeit ein Häuschen am Strand an, wo der Vater dann nur die Wochenenden verbrachte. Die ersten Schritte ins gefährliche Ausland unternahm man zumeist in Begleitung von Reisebüros, Priestern oder Pfarrern (denn auch hier gab es die strikte Trennung zwischen Roten, Katholiken, Protestanten und Freigeistigen), und man fuhr dann nach Brüssel, in die Ardennen oder an den Rhein. Und für den einfachen Mann gab es diverse billige Tagesreisen ans Meer oder ins hügelige Dreiländereck, südlich von Maastricht: lange Züge voller juchzender Kinder, verschwitzter Mütter und erschöpfter Väter, vom Rest der Nation herablassend als »Ausflügler« bezeichnet.

Auf manchen Gebieten nahm die technische Entwicklung einen rasanten Verlauf. Dies galt vor allem fürs Flugwesen. 1909 sorgte Louis Blériot mit seiner nicht einmal vierzig Minuten dauernden Kanalüberquerung wochenlang für Gesprächsstoff. Zwanzig Jahre später bereits flog das zwölfmotorige Wasserflugzeug DO X mit einhundertsiebzig Passagieren um die Welt.

In diesen Jahren wurden auch die Grundlagen für eine andere Revolution gelegt. Am 22. Januar 1931 wurde in der Amsterdamer Diamantenbörse der erste »Radio-Film« auf niederländischem Boden gemacht. Auf Einladung des sozialdemokratischen Radiosenders war der Deutsche F. Noack nach Amsterdam gekommen, um einigen Interessierten das Phänomen Fernsehen zu demonstrieren. Bei den östlichen Nachbarn gab es bereits Pläne für abendfüllende Programme, die man sich an allerlei öffentlich zugänglichen Orten anschauen könnte, doch das erwies sich als technisch (noch) nicht realisierbar. Die Bilder waren meist so verschwommen, dass man nur irgendwelche Bewegungen wahrnehmen konnte, mehr nicht. Erst 1938 durfte der Durchschnittsniederländer am Philips-Stand auf der Utrechter Messe zum ersten Mal ein halbwegs ordentlich funktionierendes Fernsehen bestaunen.

»Dieweil manch einer isst das Brot der Schmerzen, hast Du uns mild und gut gespeist«, beteten viele »kleine Leute« vor jedem Mittagessen, und so war es. Als sie 1934 den hundertsten Jahrestag ihrer Loslösung und den fünfzigsten der Doleantie feierten, da hing die Garderobe voller Pelzmäntel, und auf dem feierlichen Empfang wimmelte es von Ministern, Parlamentariern, Bürgermeistern und anderen Würdenträgern aus den eigenen Reihen.

*

Für viele andere Niederländer aber waren die dreißiger Jahre die reinste Katastrophe. Das Land wurde vor allem von Colijn und der Wirtschaftskrise beherrscht, eine untrennbare Einheit aus Angst, Ordnungsstreben und niederländischer Sparsamkeit.

166

Am 24. Oktober 1929, dem Schwarzen Donnerstag, waren die Kurse an der Wallstreet plötzlich eingebrochen. Die Banken vergaben keine Kredite mehr, und ohne dass jemand etwas dagegen tun konnte, stagnierte sehr bald die gesamte Weltwirtschaft. 1933 war die industrielle Produktion um die Hälfte zurückgegangen, das internationale Handelsvolumen betrug nur noch ein Drittel, und weltweit waren zirka dreißig Millionen Menschen arbeitslos. Auf einmal wurde deutlich, wie stark die Wirtschaften der einzelnen Länder weltweit bereits miteinander verflochten waren und wie groß der Einfluss der Vereinigten Staaten damals schon war.

Auf dem Höhepunkt der Krise hatten – bei einer Bevölkerung von acht Millionen – dreihundertvierzigtausend Menschen in den Niederlanden keine Arbeit. Überträgt man diese Zahlen auf die heutigen Niederlande, dann wären das siebenhunderttausend Arbeitslose, die sich regelmäßig mit einem Stempel ihren Status bestätigen lassen mussten und dann Arbeitslosenunterstützung bekamen, die zum Leben nicht reichte und zum Sterben zu hoch war.

»Wir wagen es fast nicht, eine Schaufel Kohlen mehr aufs Feuer zu tun, weil wir sonst mit unseren Marken nicht auskommen, die uns die Regierung so bereitwillig überlässt«, schrieb eine anonyme Frau im Rotterdamer *Stempelaarsbulletin* vom 7. Dezember 1933. Und sie fuhr fort: »Frauen, stellt euch vor eure Kinder und euren Mann! Seid nicht unfreundlich und hässlich zu ihm, denn er kann doch auch nichts dafür, dass die Gesellschaft so schlecht ist.«

Am Hoofd in Schiedam gelang es Koos durch sparsame Lebensweise und harte Arbeit, den Betrieb in der Segelmacherei aufrechtzuerhalten. Andere Mitglieder der Familie Mak lebten mitunter regelrecht in Armut. In den Briefen meiner Eltern stoße ich immer wieder auf Sätze wie: »Wir müssen etwas für sie tun, denn im Winter sind Kleidung, Heizung und Licht teuer.« – »Können wir die Not drüben nicht ein wenig lindern?« Manchmal aber habe ich auch das Gefühl, dass das Erreichen eines gewissen Wohlstands zu einer etwas hartherzigen Haltung meiner Eltern – und vielleicht ihrer ganzen Generation – führte. So schrieb meine Mutter über eine Bekannte, die so wenig Geld hatte, dass sie auf die Hilfe der Diakonie angewiesen war: »Es kann sehr gut sein, dass ihr eine solche zeitlich begrenzte Phase der Armut gut tut. Wenn die Menschen sie überstehen, ist sie in aller Regel eine gute Schule.« Und über einen arbeitslosen Plantagenarbeiter schrieb sie mitten in der Krise: »Ein Stümper natürlich, denn die Nicht-Stümper haben schon längst wieder Arbeit.«

In Wirklichkeit hatte Arbeitslosigkeit wenig mit persönlichem Unvermögen zu tun, sondern vielmehr mit der Politik der Regierung. Weil diese sich weigerte einzugreifen, dauerte die Krise in den Niederlanden viel länger als andernorts. Dabei spielte die ewige Fehleinschätzung der Position Hollands in Europa eine entscheidende Rolle. Man betrachtete das Land weiterhin als eine einzigartige, mehr oder weniger abgeschiedene Burg der Ordnung, der Anständigkeit und – wenn man denn wollte – des Christentums. Dieses Bild hatten die unterschiedlichen Säulen so stark propagiert, dass man für die Tatsache blind zu sein schien, dass die Niederlande schon längst eine offene Handelsnation waren, deren Wirtschaft aufs Engste mit der der übrigen Welt verknüpft war.

Colijn und seine Minister betrachteten die Wirtschaft im Prinzip so, wie sie auch das Haushaltbuch ihrer Frauen betrachteten: Die Kasse musste stimmen, das war das Wichtigste, und deshalb wurden die Beamtengehälter gekürzt, Sozialleistungen zusammengestrichen, und auch vielversprechenden Unternehmen wurden keine staatlichen Kredite mehr gewährt. Das alles geschah auf eine so hausväterliche Art, dass es sehr überzeugend wirkte. Das Ehepaar Colijn – das ein Millionenvermögen besaß – hielt Radioansprachen, worin es erläuterte, wie man mit wenig Geld über die Runden kommen konnte, und Frau Colijn erklärte den Hausfrauen, wie man aus Fischköpfen noch eine leckere Suppe zubereitet. Nur wenige kamen auf den Gedanken, dass diese Sparsamkeit neue Arbeitslosigkeit zur Folge hatte. Die Vorstellung der Sozialisten, die Wirtschaft – nach dem Beispiel anderer Länder – wieder in Gang zu bringen, indem man zusätzliche Mittel für Großprojekte, Arbeitszeitverkürzung und Frühpensionierungen bereitstellt, hielt man für ein Sakrileg.

Hinzu kam noch Colijns Angst vor einer Inflation, die den Wiederaufschwung der Wirtschaft bremste. Mit einer Prinzipientreue, die den orthodoxen Kalvinisten eigen ist, klammerte er sich an den »goldenen

Standard«, den festen Wechselkurs des Gulden. Das war schön für diejenigen, die Geld hatten: Ein Ei, für das man auf einem ostindischen Basar vier Cent hatte bezahlen müssen, kostete 1936 nur noch einen Cent, und der Preis für eine Flasche Kokosöl sank von achtunddreißig auf fünfzehn Cent. Doch im Ausland wurden niederländische Produkte immer teurer, und als sich die Wirtschaft in anderen Ländern wieder erholte, blieben die Niederlande in der Talsohle. 1936 war die durchschnittliche Arbeitslosigkeit weltweit noch anderthalbmal so hoch wie vor der Krise. Doch in den Niederlanden war sie noch fünfmal so hoch.

Die Wirtschaftskrise hat Hunderttausende von Familien schwer getroffen. Noch in den siebziger und achtziger Jahren, als Kinder der damaligen Arbeitslosen in Politik und Wirtschaft das Ruder übernommen hatten, verbarg sich hinter vielen Maßnahmen und Debatten das Trauma der Krise: »Arbeit um jeden Preis.«

In Anbetracht dieser Tatsachen fällt auf, wie geduldig die niederländische Bevölkerung die Katastrophe ertrug, ganz im Gegensatz zu den deutschen und französischen Arbeitern. Hin und wieder kam es zu Ausschreitungen wie im Amsterdamer Stadtviertel De Jordaan, wo es im Sommer 1934 bei Unruhen fünf Tote und einundvierzig Verletzte gab. Aber dies blieben Ausnahmen.

Möglicherweise hängt diese Passivität mit der Tatsache zusammen, dass die organisierten Kader von Kirche und/oder Partei immer noch eine Art Phalanx bildeten und der Einzelne deshalb nicht so leicht über Bord ging. Vielleicht hing dies auch mit der geistigen Isolation zusammen, in welche die Niederlande vor allem nach dem Ersten Weltkrieg geraten waren. Es war, als hinge zwischen den Niederlanden und dem Rest der Welt ein dünner Schleier, als schaute man zu, während man gleichzeitig nicht wirklich dazugehörte – immer Zuschauer, nie Teilnehmer.

In der europäischen Diplomatie jedoch, die damals durch einen allgemeinen Abscheu vor dem Krieg gekennzeichnet war, fühlten die ordnungsliebenden Niederländer sich wohl. »Nie wieder einen derartigen Krieg!« war das Motto. Man gründete den Völkerbund, um in Zukunft solche Konflikte auf friedliche Weise lösen zu können, und nie wurden so viele Nichtangriffspakte geschlossen wie in den zwanziger und dreißiger Jahren. Mit der tatsächlichen Lage hatte dies aber immer weniger zu tun.

Anfang 1933 waren in Deutschland Adolf Hitler und seine Nazi-Partei an die Macht gekommen. Die Zeitungen hatten zwar immer wieder über den Schreihals aus München berichtet, doch kaum jemand hatte ihn wirklich ernst genommen. Ende 1932 sank auch in Deutschland sein Stern beträchtlich. Bei den Wahlen hatte er zwei Millionen Stimmen weniger bekommen, ein herber Rückschlag nach drei Jahren des ununterbrochenen Erfolgs. Und was noch wichtiger war: Auch in seiner eignen Partei war Hitlers Strategie des »Alles oder Nichts« und seine Weigerung, mit anderen Parteien zusammenzuarbeiten, nicht mehr unumstritten. Außerdem sah es so aus, als flaute die Wirtschaftskrise – der Motor seines Erfolgs – in Deutschland allmählich ab. Noch ein paar Jahre, und man hätte Hitler und seine Nazis bestimmt als eine von vielen absurden Bewegungen in der Geschichte zu den Akten gelegt.

Doch Hitler hatte Glück, außergewöhnlich viel Glück sogar. Und er hatte einflussreiche Freunde.

Natürlich fanden Bewegungen wie die seine in Deutschland einen guten Nährboden: die enorme Verbitterung über den Versailler Friedensvertrag, der Groll über die darin festgeschriebenen großen Gebietsverluste, die überaus hohen Reparationsleistungen, die die früher so starke Wirtschaft ruiniert hatten (rein rechnerisch wären die Schulden erst 1988 abbezahlt gewesen), und schließlich noch die Kriegsschuldfrage. Denn waren es nicht vor allem »die Juden und die Roten« gewesen, so hetzte jedenfalls die extreme Rechte, die 1918 mit ihrer Agitation dem deutschen Heer hinterrücks den Dolchstoß versetzt hatten? (Dass es zu den sozialen Unruhen gekommen war, weil die Kriegsniederlage sich abzeichnete, wurde dabei der Einfachheit halber unterschlagen.)

Man kann es auch anders ausdrücken: Die meisten Deutschen hatten nach dem Ersten Weltkrieg alles verloren, woraus sie ihr Selbstbewusstsein ableiteten: Herkunft, Geld und selbst die Arbeit. Deshalb kam der Nationalsozialismus vielen wie gerufen, denn er bot ihnen nicht nur ein neues Standes- und Rangsystem, sondern auch noch einen gemeinsamen Feind: die Juden. Und so ist es nicht verwunderlich, dass die Nazis Ende 1932 die lauteste Fraktion im Reichstag stellten.

Trotzdem war Hitler nicht unvermeidbar, er war nicht das Schicksal, worauf die deutsche Geschichte hinauslaufen musste. Sein Aufstieg wäre ohne den Schutz und die finanzielle Unterstützung der Großindustrie nicht möglich gewesen. Und er kam auch nicht durch Wahlen oder eine Volksbewegung an die Macht, sondern einzig dank der Hilfe einiger konservativer Politiker, die er anschließend mit großem Geschick kaltstellte.

Knapp einen Monat nach Hitlers Machtübernahme und eine Woche vor den Neuwahlen zündete der niederländische Anarchist Marinus van der Lubbe den Reichstag an. Van der Lubbes Tat war für die Nazi-Propaganda ein Geschenk des Himmels, was dem grün und blau geprügelten Mann aus Leiden in Nachhinein wohl bewusst geworden ist. In dieser hitzigen anti-roten Atmosphäre kamen die Nazis auf vierundvierzig Prozent der Stimmen, und es wurde ein Gesetz verabschiedet, das dem Reichskanzler für vier Jahre diktatorische Macht verlieh.

Hitler und die Seinen hatten jetzt alle Trümpfe in der Hand.

*

Unterdessen verbrachten meine Eltern ihre Zeit in den Niederlanden wie die meisten Urlauber aus Ostindien. Sie zogen in eine Pension in Bergen aan Zee, sie besuchten Verwandte, die ältesten Kinder gingen zur Schule, fanden Freunde und Freundinnen und lernten typisch holländische Dinge wie »klebrige Tanten«, Anis-Streusel und Hagelschauer kennen. »Eis, das auf einmal vom Himmel fiel!« erinnerte sich Anna. »Weinend kamen wir nach Hause.«

Was gleich jenseits der Grenze passierte, schien niemanden besonders zu berühren. Aus den Zeitungskommentaren, die meinen Eltern bei der Meinungsbildung halfen, klingt sogar eher Zufriedenheit als Beunruhigung über Hitlers Machtergreifung. *De Telegraaf* pries Hitler, weil er »die bolschewistische Gefahr in Deutschland beseitigt hat, noch ehe er Reichskanzler wurde«. Der *Nieuwe Rotterdamsche Courant*: »Besonders entschlossenes Handeln war bis heute keine besondere Eigenschaft Hitlers.« Die kommunistische *Tribune* stellte die »jüdischen Kapitalisten« als »Finanziers der nationalsozialistischen Bewegung« an den Pranger. Die katholische Tageszeitung *De Tijd* stimmte mit Hitlers Auffassung überein, dass »der begonnene Kampf gegen den Marxismus ein Kampf auf Leben und Tod« ist. Auch der *Sumatra Standaard* war zufrieden: »Die Weimarer Republik erlaubte viel zu viele Freiheiten, Freikörperkultur und Atheismus nahmen zu, und diese Freiheiten wurden nur missbraucht.« In der Parteizeitung *Anti-Revolutionaire Staatkunde* wurde *Mein Kampf* als ein »bedeutendes Buch, ein oft sehr tief schürfendes und dann und wann auch schönes Werk« rezensiert. Und der Berliner Korrespondent der Zeitung der Christelijk-Historische Unie (CHU) verließ das Gefängnis nach einem Besuch bei einigen kommunistischen Gefangenen mit einem Seufzer der Erleichterung und »in der Überzeugung, dass die Reichsregierung nichts unversucht lässt, durch eine strenge, aber gerechte Politik Land und Volk zu dienen«.

Nur für die sozialdemokratische Tageszeitung *Het Volk* eröffnete die Ankündigung des Dritten Reichs »endlose, schicksalhafte Aussichten« für Deutschland und Europa, mit einer Sturzflut von nationalistischem und militaristischem Wahnsinn und Terror gegen Arbeiter und Juden. Denn es darf nicht unerwähnt bleiben, dass sich damals auch der Widerstand gegen den Nationalsozialismus formierte, erst in kleinem Kreis, doch bald auch innerhalb der Kirchen und der politischen Parteien.

Die einsetzende öffentliche Diskussion über den Nationalsozialismus wurde jedoch sehr bald von einem Ereignis überschattet, das man in den Niederlanden für sehr viel wichtiger erachtete: die Meuterei auf dem Panzerschiff »De Zeven Provinciën«. Es war, als kristallisierten sich alle verborgenen Ängste und Aggressionen in der Gesellschaft in diesem Ereignis. Meine Schwester Anna, damals sieben Jahre alt, erinnerte sich noch daran, dass sie bei dieser Gelegenheit lernte, was »meutern« bedeutet. »Über alles andere unterhielten sich die Erwachsenen nur flüsternd. Diese Meuterei war natürlich auch ein Schlag ins Gesicht der Niederländer.«

Sowohl die rechten als auch die linken Parteien haben immer viel mehr in diesen wilden Streik hineininterpretiert, als darin war. Das fragliche Schiff war langsam und veraltet, aber es war auch eines der größten Schiffe in Niederländisch-Indien, mit Kanonen, die zu den schwersten auf dem ganzen Archipel gehörten. Als die rund zweihundertfünfzig indischen Besatzungsmitglieder sich am 4. Februar 1933 völlig unerwartet erhoben, hatte die Meuterei eigentlich keinen politischen Hintergrund. Es ging vielmehr um die soundsovielte Soldkürzung, die, ungeachtet früherer Zusagen, dennoch durchgeführt worden war. Es fanden keine politischen Diskussionen statt, die niederländische Flagge wehte weiterhin am Mast, die Porträts der Königin blieben fein an der Wand, und die Offiziere wurden bei Tisch anständig bedient. »Dampfen Richtung Surabaja, beabsichtigen keine Gewalt, sondern Protest gegen die ungerechtfertigte Soldkürzung und die Inhaftierung von Marineleuten in Surabaja«, telegraphierten die Meuterer.

Dort kamen sie jedoch nie an. Am 10. Februar lauerte eine eilig zusammengezogene Flotte in der Sundastraße auf das Schiff. Um einer letzten Aufforderung Nachdruck zu verleihen, sollte ein Wasserflugzeug eine Bombe vor den Bug der »Zeven Provinciën« werfen. Diese erste Bombe war zugleich auch die letzte. Sie fiel nicht vor dem Schiff ins Wasser, sondern irrtümlicherweise mitten auf die Brücke. (Der Pilot ist übrigens immer bei seiner Behauptung geblieben, er habe die Bombe gezielt abgeworfen.) Die Folgen waren fürchterlich. Der Augenzeuge Korporal M. Boshart wurde durch den Luftdruck aufs Deck geschmettert, und als er sich wieder aufgerappelt hatte, sah er sie daliegen, »Jungs, Kinder noch, mit zerfetzten Leibern; einige brannten, andere wanden sich mit scheußlichen Wunden in ihren eignen Eingeweiden«. Es gab dreiundzwanzig Tote, darunter die Hauptträdelsführer.

Die restlichen Meuterer ergaben sich auf der Stelle. Nach Ansicht einiger Marineangehöriger war die »Zeven Provinciën« übrigens auf keinerlei Gefecht vorbereitet: Die Kanonen waren bordeinwärts gedreht, während die großen Geschützmündungen mit Planen abgedeckt und daher ebenfalls nicht einsatzbereit waren. Die Meuterei scheint in jeder Hinsicht eine begrenzte Protestaktion gewesen zu sein.

Doch das wollte kaum jemand hören. In Ostindien fürchtete man sich vor einem erneuten Aufstand der nationalistischen Bewegung. In den Niederlanden erntete Colijn donnernden Applaus, als er rief: »Die Ordnung muss auf Kosten der Freiheit aufrechterhalten bleiben, denn das Schlimmste wäre, wenn Ordnung und Freiheit zusammen untergingen.« Der Reporter von *Het Volk* jubelte hingegen, dass der »Geist dieses gewaltigen Ereignisses« auch die Marinestadt Den Helder erreicht habe. »Auch wenn im Nebel die niederländische Flagge von den Schiffen im Hafen flattert, in den Köpfen der vielen hundert Matrosen summt dennoch die Melodie der Internationale.« Dennoch bin ich davon überzeugt, dass mein braver Onkel Petrus und seine Frau Maaike nicht ganz so begeistert waren. Die Mehrheit in der sozialdemokratischen Partei hatte für Rebellion nichts übrig. Man verurteilte den Abwurf der Bombe, aber auch die Meuterei.

Dennoch hatte dieses Ereignis zur Folge, dass die Trennwände zwischen den »Roten« und den anderen wieder etwas höher wurden. Erneut konnte man die Sozialdemokraten als »nicht vertrauenswürdig und im Kern immer noch revolutionär« abtun. Die Regierung ging mit einer Reihe von Maßnahmen auf diese Stimmung ein: Den Beamten wurde untersagt, Mitglied bestimmter Organisationen zu sein, die Bürgermeister wurden aufgerufen, bei Demonstrationen härter vorzugehen, und das Radioprogramm wurde vor der Ausstrahlung zensiert. Ab Oktober 1933 durfte der sozialdemokratische Sender nicht mehr die Internationale spielen.

Die deutsche Reaktion auf den Reichstagsbrand wiederholte sich in den Niederlanden: Ordnung und staatliche Autorität waren 1933 das Wahlkampfthema. Ich zitiere aus einem *Handbuch für den Hausbesuch* der Anti-Revolutionären Partei:

Frage: Wäre es nicht am besten, nicht weiter über die traurigen Ereignisse auf der »Zeven Provinciën« zu schweigen?
Antwort: Das wäre völlig falsch. Diesen traurigen Zwischenfall müssen wir dazu benutzen, dem niederländischen Volk die Augen über die schreckliche und abscheuliche Propaganda zu öffnen, die die Sozialdemokraten verbreiten. Tag für Tag vergiften sie die Menschen, indem sie die Saat des Hasses und der Unzufriedenheit in die Herzen der Menschen streuen.

Die orthodoxen Kalvinisten gewannen mehr Sitze im Parlament als je zuvor.

*

Die zentrale Gestalt in diesem konservativen und doch in Bewegung begriffenen Land war der Ministerpräsident. Obwohl Colijn nicht einmal ein Sechstel der Wähler repräsentierte, besaß er wie kein anderer eine Aura von Macht, Besonnenheit und Stabilität. Hinsichtlich Weitblick und Kreativität reichte er jedoch an seinen Vorgänger Abraham Kuyper bei weitem nicht heran.

Colijn war ein Symbol – daher wurde auch so wenig Kritik an ihm geübt – und ein Symptom zugleich. Die versäulte Gesellschaft schien, von Ausnahmen abgesehen, von einer allgemeinen Erstarrung befallen zu sein, und Colijns Konservatismus passte gut zu dieser Situation. Außerdem war in der Politik latent eine recht starke antidemokratische Strömung spürbar, eine Reaktion auf die ziemlich rasche Demokratisierung der vorangegangenen Jahre. So, wie hin und wieder Reformer in Erscheinung treten, so trat mit Colijn ein typischer Antireformer auf den Plan.

An den Wahlergebnissen ist abzulesen, wie konservativ die Bevölkerung trotz Arbeitslosigkeit und großer sozialer und wirtschaftlicher Probleme blieb. Während man im Rest Europas nach all dem Elend von Krieg und Krise immer stärker zu sozialistischen, faschistischen oder nationalsozialistischen Extremen neigte, hielten die Niederländer treu zu Kirche, Ordnung und Obrigkeit und zur eigenen Säule. Zusammengenommen haben die extreme Linke, die Communistische Partij Holland (CPH), und die extreme Rechte, die Nationaal-Socialistische Beweging (NSB), in den dreißiger Jahren noch nicht einmal zwölf Prozent der Stimmen errungen. Die politisch-emotionale Basis der Extreme, jener Cocktail aus tiefer Demütigung, Vermögens- und Statusverlust, soldatischen Blutsbanden und Hass auf die Machthaber, war in diesem Land eben viel weniger ausgeprägt, weil es zwischen 1914 und 1918 noch einmal davongekommen war.

Die Niederländer scharten sich lieber um eine Gestalt, die Unerschütterlichkeit und Schlichtheit ausstrahlte, einen Mann, der auf Wahlplakaten oft als Steuermann im Ölmantel abgebildet war, der das Staatsschiff mit sicherer Hand durch alle Stürme lenkt. Colijn hatte etwas von einem Gutsbesitzer und auch von dem Soldaten, der er einmal gewesen war. Er besaß enorme Überzeugungskraft, auch außerhalb seines eigenen Milieus, obwohl manche seiner Anschauungen mit den wirklichen Verhältnissen nichts zu tun hatten. Und er verfügte über die Vitalität des Ölmanagers, als der er zwischen 1913 und 1922 sein Vermögen angehäuft hatte.

»Er sprach überaus klar und vor allem einfach, aber mit einer Rhetorik, die an Churchill erinnert, ohne jedes Brimborium und besonders vertrauenerweckend«, so beschrieb ihn de Gaay Fortman. Alle hatten Respekt vor ihm, und in seinem Ministerium genoss er einen »phantastischen Ruf«. Meine Mutter bewunderte ihn, weil er, wie sie in einem Brief meinte, über den Parteien stand, für sie war er ein Mann, »der fast zu groß ist für unser kleines Land«. Was den späteren Premier Joop den Uyl als jugendlichen Zuhörer irritierte, war vor allem die Kombination aus Beredsamkeit und Dummheit: »Mich interessierte schon damals die Frage: Wie kann dieser Mann, mit seinen dummen Ansichten, ja wirklich dummen Ansichten [...], wie kann dieser Mann eine so wichtige Aufgabe erfüllen?«

Tatsächlich war etwas Eigenartiges an dieser Colijn-Verehrung. Colijn war zweifellos ein talentierter Verwaltungsmann und ein charismatischer Führer, aber ansonsten war sein Denken so beschränkt, dass so gut wie nichts davon seine Zeit überdauern sollte. Seine Politik war gekennzeichnet durch die Anwendung von Konzepten des neunzehnten auf Probleme des zwanzigsten Jahrhunderts, was in vielen Fällen zu jämmerlichen Fehlschlägen führte. Wie die meisten alten Antirevolutionäre ging er mit rückwärts gewandtem Blick ins neue Jahrhundert, aber ihm fehlte das intuitive Verständnis für die moderne Zeit, das Kuyper eben doch in hohem Maße besaß. Zudem passte ein solcher Führerkult überhaupt nicht zu den eigensinnigen »kleinen Leuten«, die ständig Bescheidenheit und Demut im Munde führten.

Trotzdem war Colijn unter den ARP-Anhängern beliebter als Kuyper, und das sollte bis lange nach dem Krieg so bleiben. Vielleicht lag es ja daran, dass seine orthodox-kalvinistische Anhängerschaft in ihm sah, was sie selbst gerne sein wollte: einen Mann, der unbeugsam war, aber auch herzlich, gewandt und freigebig, einen Grandseigneur. Etliche Studenten bezogen ein Stipendium, das er aus eigener Tasche bezahlte. Als ihm 1930 die Ehrendoktorwürde der Freien Universität verliehen wurde, schenkte er seinem Doktorvater zwölf Flaschen sehr alten Cognac. Da machten die »kleinen Leute« große Augen, aber sie waren auch stolz auf ihn. Und einfach großartig fanden sie, dass er zudem auch noch in seiner eigenen Gemeinde aktiv war.

Vielleicht war das der Grund für die unerwartete Einladung, die meine Eltern im Sommer 1933 vom Ehepaar Colijn erhielten. Möglicherweise war Colijn einer der »Deputierten«, also Brotgeber, meines Vaters. Es kann auch sein, dass Colijns Sohn damit zu tun hatte, der in Medan mit meinen Eltern Freundschaft geschlossen hatte, und dass die Colijns einmal aus erster Hand erfahren wollten, wie es ihm ging. Wie dem auch sei, meine Eltern fuhren hin. Ihr klappriges Auto wagten sie nicht in der Straße zu parken, in der der große Parteiführer wohnte. Das Ehepaar Colijn war bescheiden und herzlich, der Blumenkohl schmeckte vorzüglich, und mehr haben sie über diesen Besuch nie erzählt.

Nun fiel der Besuch auch in eine Zeit, in der meine Eltern wirklich andere Dinge im Kopf hatten. Eines Morgens in diesem Sommer waren die Kinder von der Pensionsinhaberin geweckt worden: Koosje, das Baby, war plötzlich schwer erkrankt, und meine Eltern waren mit ihm Hals über Kopf ins Krankenhaus gefahren. Wahrscheinlich hatte er Hirnhautentzündung, in der vorsintflutlichen Zeit ohne Penizillin und Antibiotika eine sehr gefährliche Erkrankung. Anna erinnerte sich, wie sie, als Älteste, ein bisschen auf die anderen aufpasste. »Wir wurden von allem fern gehalten. Ich habe ihn ein einziges Mal gesehen, in seinem Bettchen, als er so krank war. Ich sah nur ein Kind, das ruhig schlief, ein sehr hübsches Kind. Und als er tot war, sah er eigentlich immer noch so aus, als würde er schlafen.«

Meine Eltern waren voller Schmerz. Gleichzeitig war es aber so, dass sie mit ihren unterschiedlichen Charakteren auf ihre eigene Weise auf das Unglück reagierten. Mein Vater fasste sich ziemlich rasch, im Vertrauen auf seinen Glauben, auf die Auferstehung der Toten und auf die Liebe Jesu zu allen Kindern. Er begrub seinen kleinen Sohn selbst, mit einer Predigt über die Bedeutung des Osterfests. Für Anna und die anderen Kinder blieb Koosje ein Teil ihres Lebens, das Brüderchen, das nicht mehr war, und noch Jahre später besuchten sie treu sein kleines Grab.

Meine Mutter zog sich in ihren Schmerz zurück. Ihre Gefühle waren kompliziert, weil sie sich – wie ich viel später von ihr erfuhr – zutiefst schuldig fühlte. Im Grunde ihres Herzens hatte sie dieses Baby nie gewollt, sie war nach der Geburt des vorigen Kindes viel zu schnell wieder schwanger geworden, und auch alle Urlaubspläne hatten dagegen gesprochen. Sie konnte über diese Schuldgefühle nicht sprechen, geschweige denn, dass sie mit meinem Vater etwas davon hätte teilen können, er wäre vermutlich in seiner heiteren Bequemlichkeit darüber hinweggegangen. Erst als sie wieder Kinder bekommen hatte, ließ ihr Schmerz langsam nach. Trotz allem hat sie im Oktober 1933, wie sie später schrieb, in Frieden Abschied von den Niederlanden genommen. »Unser Kind ist bei Jesus. Wir lassen nur das Grab zurück.«

In den Briefen taucht Koosje danach nur noch selten auf. Im Januar 1934 schrieb meine Mutter: »Der kleine Kerl wäre nun fast schon ein Jahr.« Im März 1934 beklagte mein Vater, dass sie kein einziges Foto von dem Kind besaßen. »Ich bedaure das immer mehr, weil ich fürchte, dass die Erinnerung an sein Gesichtchen verblassen wird.« Noch ein paarmal wurden meine Großeltern gebeten, eine Blume aufs Grab zu legen. Später wurde Koosje nicht mehr erwähnt.

KAPITEL 6

Das Leben der Babu Clown

Am 28. September 1935 feierte mein Vater seinen sechsunddreißigsten Geburtstag mit einem Ständchen von seinen Kindern, einem Kuss seiner strahlenden Frau, reich gedecktem Frühstückstisch und liebevoll geschmücktem Stuhl. Kurz und gut, er war ein gesegneter Mensch in den besten Jahren.

In einem ihrer Briefe hat meine Mutter den Festtag bis in alle Einzelheiten beschrieben. Gjalt und Cas hatten zusammen offenbar genug Geld, um meinen Vater mit einer technischen Neuheit zu beglücken: einer elektrischen Fahrradlampe. Endlich wurde er von der alten Karbidlampe erlöst, die im Fahrtwind dauernd ausging. Von Tineke bekam er eine Tasse mit Untertasse, von Anna ein sorgfältig gepacktes Päckchen mit einer seidenen Krawatte und von meiner Mutter Briefpapier und den Bestseller *Bartje* von Anne de Vries. Am Abend feierten sie ein kleines Fest mit dem Lehrer Klevant, der in der Nachbarschaft wohnte, und ein paar Freunden; es gab selbst gebackene Plätzchen, Salzgebäck und Torte.

Der folgende Tag war wieder ein ganz normaler Arbeitstag. Ich zitiere aus einem der nächsten Briefe: »Morgens die Beerdigung eines indonesischen Mädchens, achtzehn Jahre alt, innerhalb weniger Tage an Blutvergiftung gestorben. Dann ein Arbeitsloser aus Palembang zu Besuch, bat um Unterstützung, machte schöne Worte. Dann noch Fälle von unglücklichen Ehen – gleich zwei an einem Tag gestern.« Danach etwas Repräsentatives beim Gouverneur: »Ganz schlichte Menschen, nicht uninteressiert an geistlichen Dingen.« Hinterher noch eine Versammlung des Kirchenrats, bis halb eins in der Nacht.

Zu den Briefen muss ich hier noch etwas mehr sagen. In der Hinterlassenschaft meiner Mutter fanden sich Säcke und Kartons voller Familienkorrespondenz, Briefe, die sie eigentlich wegwerfen wollte, auf unsere Bitte hin aber doch aufgehoben hatte. Eines Nachmittags, Jahre später, fiel meiner Schwester Tineke und mir ein, dass die alte Post immer noch auf dem Speicher lag. Wir öffneten ein paar der Kartons, und da zeigte sich erst, was die dicken Packen enthielten: fast die gesamte Post meiner Eltern an meine Großeltern in Vlaardingen, zwischen 1932 und 1946 in Medan geschrieben; als gewissenhafter Lehrer hatte Großvater van der Molen alles sorgfältig nach Datum geordnet und durch alle Wechselfälle des Lebens hindurch bewahrt. In einem alten Koffer fanden wir noch viel mehr, auch aus früheren und späteren Jahren.

Die Briefe enthalten einen Schatz an Informationen über das ganze Tun und Treiben meiner Eltern in den dreißiger Jahren, über die Kinder, über die Welt, in der sie lebten, und ihre Ansichten darüber, noch nicht von der milden Zensur des Gedächtnisses gereinigt. So dachten sie damals wirklich, und mit ihnen viele andere Niederländer.

Das Ganze strahlte – um damit anzufangen – ein starkes Gefühl der Geborgenheit aus. Aus all diesen Blättern mit Klatsch, mit Ermahnungen, mit viel Aufhebens um kleine Geschenke, meist Geld oder Zigarren, mit Geschwätz und Lachen spricht tiefe, echte Herzlichkeit. Ich sehe eine zufriedene Familie vor mir, immer vollauf beschäftigt – mit Arbeit, mit den Kindern, mit der Bewirtung von Gästen, mit Backen und Einmachen: ein Mikrokosmos voller Betriebsamkeit, der sich um sich selbst drehte und in dem der Rest der Welt nur eine marginale Rolle spielte.

Auf die internationale Politik ging man höchstens mit nichts sagenden Floskeln ein, wie: »Es spukt in Europa. Wenn es zu schlimm wird, müsst Ihr hierher kommen.« In der ganzen Korrespondenz der Zeit zwischen 1932 und 1939, insgesamt mehr als tausend eng beschriebene Seiten, stoße ich erst 1938 auf den Namen Hitler. Deutschland sah man vor allem als Land, in dem manches billiger war: »Mit einem deutschen Schiff kommt man schon für 400 Gulden hin und zurück.« Meine Schwester Anna sollte später sagen: »Sie sprachen über Politik, als ob es um Geheimnisse ginge, von denen wir Kinder nichts hören durften.«

Meine Eltern hielten sich in Erziehungsfragen an die landläufigen Anschauungen der Vorkriegszeit (erst zehn Jahre später sollte Benjamin

Spock das Kind selbst in den Mittelpunkt der Erziehung stellen). In den Briefen ging es in erster Linie um Disziplin. Kinder mussten bestimmten Erwartungen entsprechen, und viele ihrer Probleme und Eigenarten nahm man einfach nicht wahr. Gjalt zum Beispiel neigte zum Weinen, aber dagegen ging man unnachsichtig vor. Ein Junge weinte nicht, das passte nicht zum damaligen Idealbild, es gehörte sich einfach nicht, und deshalb musste damit so schnell wie möglich Schluss sein.

Wenn überhaupt einmal Emotionen ins Spiel kamen, gebrauchte man gern Ausdrücke wie »ruhen lassen« und »nicht mehr davon sprechen«. Mindestens ein halbes Jahr spukte zwischen den Zeilen eine obskure Angelegenheit mit einem entfernten Verwandten herum, verpackt in Sätze wie »Hoffentlich hat Onkel vor seinem Tod nichts mehr von den Neuigkeiten über den Jungen gehört.« Worum es dabei in Wirklichkeit ging – ich vermute, um eine Scheidung –, wurde nicht ausgesprochen. Es war, als lägen überall schwere, mit dicken Muttern verschlossene gusseiserne Deckel, mit denen man jedes vorkommende Problem – sowohl zu Hause wie anderswo – geschickt verdeckte.

In sozialen Fragen lagen meine Eltern anscheinend auf einer Linie, aber im Ton unterschieden sich ihre Briefe in dieser Hinsicht deutlich. Mein Vater war nachsichtig, für meine Mutter dagegen war praktisch alles, was jemandem widerfuhr, eine Frage eigenen Verschuldens. Selbst krisenbedingte Arbeitslosigkeit sah sie in erster Linie als Folge individuellen Versagens von Leuten, die »nicht für sich selbst sorgen können«. Eigentlich war sie ja damals noch sehr jung, wird mir plötzlich bewusst, während ich dies schreibe, zwanzig Jahre jünger als ich jetzt.

Die Tätigkeit des Pfarrers forderte ständig den ganzen Menschen. Die Kirche stand neben dem Wohnhaus, und das bedeutete, dass Arbeit und Privatsphäre immer miteinander verwoben waren. Eines Abends, als meine Mutter einmal nicht da war, hörte mein Vater während des Gottesdienstes durch die offenen Fenster den kleinen Gjalt laut rufen. Er ließ seine Gemeinde einen besonders langen Psalm singen, stieg von der Kanzel, rannte im Talar zum Haus, setzte sein schlaftrunkenes Söhnchen aufs Töpfchen, trabte zurück und setzte den Gottesdienst fort.

Im Pfarrermilieu wurde – und wird – das Pfarrhaus auch als »Glashaus« bezeichnet, in dem die gesamte Familie stets darauf bedacht sein muss, den tadellosen Ruf des Amtsinhabers vor Schaden zu bewahren. Immer musste man alles vermeiden, was Anlass zu Klatsch hätte geben können. Niemals ging meine Mutter, wenn mein Vater auf Reisen war, allein aus. Als das Modehaus Gerzon das hübsche holländische Kindermädchen als Mannequin engagieren wollte, lehnte die junge Frau doch lieber ab – wegen des Geredes.

»Seit Sonntag, dem 12. Januar, sind wir bei Tisch nicht mehr unter uns gewesen und haben dauernd Gäste gehabt«, schrieb meine Mutter Ende Januar 1936. »Erst jemanden für einen Tag, dann eine Dame für fünf Tage, dann einen Pfarrer, der immer noch da ist, und gestern abend nach einer Versammlung wieder Leute zum Essen. So ganz allmählich habe ich das Gefühl, ich bin eher Pensionsinhaberin als Hausfrau.« Manche der Gäste waren auf dem Weg nach Holland, andere waren gerade angekommen, es herrschte ein ständiges Kommen und Gehen. »Wir hatten immer ein offenes Haus«, erinnerte sich Anna. »Vor allem sonntags waren immer Leute zum Essen da, dafür wurden dann große Reistafeln zubereitet.«

Regelmäßig mussten sie und Tineke Brautjungfern spielen, wenn eine Pflanzerbraut, weil sie am Ort kein eigenes Haus hatte, im Pfarrhaus ihre Hochzeitsvorbereitungen traf. »Wir bekamen dann ein kleines Geschenk, und dann brachen sie zusammen zu irgendeiner Plantage im Rimbu [Dschungel] auf«, erzählte Tineke. Viele der jungen Bräute hatten sich auf eine »Handschuhehe« eingelassen, wie man das damals nannte. Meistens waren sich die jungen Liebenden zwar schon in den Niederlanden begegnet, aber manche kannten sich hauptsächlich durch Korrespondenz. Und manchmal hatten Braut und Bräutigam einander noch nie leibhaftig zu Gesicht bekommen.

Inzwischen war ein neues Familienmitglied dazugekommen, ein Kinderfräulein, Tante Ans. »Ich war eine Abenteurerin«, sollte sie mir mehr als sechzig Jahre später erzählen. »Ich fand Ostindien himmlisch. Immer Sommerkleider, immer Hauspersonal um einen herum, ach, das war ein Land für mich. Ich war schon einmal dagewesen, und ich ging einfach auf gut Glück zurück. An Bord hatte ich vom Steuermann gehört, dass nicht weniger als vier Pfarrer mit uns fuhren. ›Das gibt Sturm, Mädchen!‹ Deine Mutter lernte ich auf dem Kinderdeck kennen, sie saß dort neben einem großen Korb und stopfte Strümpfe. Dabei habe ich ihr dann geholfen, und ich habe es nie bereut.«

In Medan hatte sie schon bald ein Puppentheater gebastelt und gab Vorstellungen, zur Freude aller Nachbarskinder. Ihr Einkommen: fünfunddreißig Gulden im Monat, plus Kost und Logis.

Ich machte sie in einer Seniorenwohnung in Zeist ausfindig, eine alte Frau mit runzligem Gesicht und auffallend junger Stimme. »Ich reise jetzt nur noch mit den Pausenfilmen im deutschen Fernsehen«, sagte sie. »›Die schönsten Bahnstrecken Deutschlands‹, zwischen vier und sechs Uhr in der Nacht, wenn ich nicht einschlafen kann.« Für sie waren die Jahre bei meinen Eltern eine ganz unbeschwerte und glückliche Zeit, noch sechzig Jahre später sprach sie mit glänzenden Augen davon. »Dein Vater war in den Tropen ganz in seinem Element, er steckte voller Geschichten und war für jeden Spaß zu haben. Wir waren gewaltige Spötter, vor allem, wenn Verehrer um mich herumscharwenzelten. Deine Mutter machte dann auch mit, aber es durfte, wie sie es ausdrückte, ›nicht zu toll werden‹.«

Tante Ans gehörte in gewissem Sinne zur ostindischen Jeunesse dorée, und in Medan war das Schwimmbad für diese jungen Leute der Treffpunkt schlechthin. »Da gab es immer Musik, es gab einen sehr netten Bademeister und jeden Tag sauberes Wasser. Krieg oder Drogen, daran dachte noch niemand, es war wirklich eine unbeschwerte Zeit.«

Sie muss ein hübsches Mädel gewesen sein, das war noch immer zu sehen. Aber sie gehörte auch zu den Orthodoxen, und sie bewahrte streng ihre Keuschheit. »Solche Zustände wie in *Rubber*, nein. Flirten, dafür waren wir viel zu solide. Ich war kaum auf dem Schiff, als an der Reling schon ein Mann seine Hand auf meine Hand legte. Ob ich nicht abends aufs Bootsdeck kommen wollte. Ich dachte natürlich nicht daran.« Sie zeigte mir ein Foto mit einer fröhlichen Gruppe auf einem Schiff, junge Leute mit strahlenden Gesichtern, und wies auf ein lachendes Mädchen in der Mitte. »Ach ja, mit ihr hat es ein unglückliches Ende genommen, schon ein Jahr später. Sie hat einen Missionar geheiratet, ziemlich abgelegene Gegend, beim ersten Kind ging es gleich schief, keine Hilfe, weißt du.« Bei einem anderen, der wie ein gepflegter junger Büromensch aussah: »Der wurde im Krieg torpediert, aber er hat überlebt, auf einer Planke, zusammen mit einem Japaner, sie trieben endlos auf dem Ozean.« Dann sah ich sie selbst, eine anziehende junge Frau, für die die Zukunft auch einiges bereithielt.

Tante Ans konnte meiner Mutter viel von ihrer bis dahin allein getragenen Verantwortung von den Schultern nehmen. Mutters Briefe lassen deutlich erkennen, dass sie endlich Gefallen am Leben in Indonesien findet. »Ich habe nie geglaubt, dass es wahr sein könnte, was die Leute sagten: nach dem ersten Urlaub sei man anders, und doch ist es so«, schrieb sie im Februar 1934. »Es ist, als hätte man in diesen Monaten über sein Leben hier nachdenken können, und jetzt, wo man wieder mittendrin ist, wählt man sehr viel bewusster.« Allmählich erkannte sie die großen Vorteile: weg zu sein von dem engen Holland, weg von all dem Spießergetue, und stattdessen, so schrieb sie, in einem Land »ohne Kälte und Regen und zugefrorene Kräne und süße Kartoffeln und Frostbeulen an den Zehen und Rheumatismus und was weiß ich noch« zu leben. Und nach einem schönen Abendspaziergang durch einen Kampong [ein Wohnviertel der Indonesier] bekannte sie sogar: »Ich fange nun doch an, Ostindien zu lieben.« Aber ein halbes Jahr später bat sie ihren Vater flehentlich, nur ja die Wonnen des Sommers in den Niederlanden nicht so genüsslich zu beschreiben. »Dann sehnt sich mein Herz doch manchmal allzu sehr nach Holland.«

Im Übrigen lassen die Briefe das Bild einer normalen »niederländisch-indischen« Familie mit jungen, lebhaften Kindern lebendig werden.

März 1934: Die ganze Familie sitzt in Medan vor dem Radiogerät und hört den Livebericht vom Begräbnis der Königinmutter Emma in Delft. Alle sind tief beeindruckt von der modernen Technik. »Den Gottesdienst konnten wir ausgezeichnet hören, und auch das Getrappel der Pferde und die Trauermusik.«

April 1934: Gjalt wird fünf und bekommt eine Mundharmonika. Er beschäftigt sich erst ganz brav damit, aber nach ein paar Tagen nimmt er das Ding auseinander. Stolz präsentiert er das Ergebnis: »Mutter, da drin ist die Musik!«

Herbst 1934: Nicht dünn, sondern dick ist jetzt in Mode. »Geert hat letztes Jahr nach unserer Ankunft so schön zugenommen«, schreibt mein Vater. »Wir sind schon ein Weilchen hinterher, dass sie noch ein bisschen voller wird.«

Januar 1935: In einem Briefumschlag finde ich einen Zettel. Es ist eine Wunschliste für die Geburtstage jenes Frühjahrs, von meinem Vater rasch hingekritzelt, so als hätten meine Großeltern gleich um die Ecke gewohnt:

Cas, Gjalt: 1 Lokomotive, ein Satz Wagen, am liebsten Märklin
(sie spielen zusammen damit, die Schienen sind noch in Ordnung, das rollende Material ist nur noch Schrott).
Anna: Jubeljahr 10
Ein Buch, oder z. B. Nageletui! Aber wenn die Dame noch ein Kind bleiben soll, dann ein Buch.
Für Geert bitte besorgen: lange, dünne schwarze Handschuhe, Größe 6 ¼ 2.

Juli 1935: ein Zeitungsausschnitt mit einem Artikel zum Orchesterverein von Medan, dem meine Mutter als Geigerin angehörte. »Der Dirigent Hesseling ist in seiner Gestik zweifellos zurückhaltender als sein Vorgänger, dessen bekannte temperamentvoll-impulsive, charakteristische Gesten und ›Stellungen‹, wenn man zum ersten Mal mit ihnen Bekanntschaft machte, bisweilen die Lachmuskeln zu reizen drohten.«

November 1935: »Italien ist ein Räuber. Gut, aber was für ein Halunke da in Abessinien, und was, wenn die Schwarzen gesiegt hätten! Was für ein Schlag für die weiße Rasse! Wie kompliziert diese Welt doch ist.«

Weihnachten 1935: »Anna versucht tatsächlich schon ein bisschen Atmosphäre um sich herum zu schaffen. Nur hat sie so viel Temperament, dass sie wohl irgendwann nach Holland muss, in ein paar Jahren. Sie hat auch schon die ersten Wunschträume für später. So spricht sie ständig davon, dass sie Missionarin werden und dann nach Neuguinea gehen will. Cas hat noch keine Wunschträume. Gjalt würde gern Matrose werden. Bauer will er niemals werden, das findet er einfach dreckig, hat er gesagt. Der ganze Matsch und die Kühe. Und Tien springt ständig von einem zum andern.«

Juli 1936: »Die Zeitung berichtet von Bürgerkrieg und allen möglichen Spannungen in Europa, und da ist es schon sonderbar, dass wir solche Ferien genießen.«

Tatsächlich war in Europa einiges in Bewegung geraten. Im Herbst 1935 hatte das faschistische Italien in Afrika den größten Kolonialfeldzug aller Zeiten begonnen. Benito Mussolini wollte damit die Grundlage für seinen großen Traum schaffen: ein italienisches Imperium rund ums Mittelmeer. Die Italiener besaßen schon Libyen und eine Kolonie bei Eritrea, und jetzt fielen sie mit einer Armee von vierhunderttausend Mann auch in Abessinien (Äthiopien) ein. Der Duce glaubte, 1935 sei der richtige Augenblick gekommen; er ging nämlich davon aus, dass er innerhalb von zwei oder drei Jahren den Kampf gegen Deutschland aufnehmen müsse.

Bis weit in die dreißiger Jahre hinein waren die Beziehungen zwischen Deutschland und Italien alles andere als freundschaftlich. In England und den Vereinigten Staaten wurde Mussolini von vielen bewundert, sogar von Winston Churchill. Hitler hatte eine Büste Mussolinis in seinem Arbeitszimmer. Diese Zuneigung beruhte jedoch zu Anfang nicht auf Gegenseitigkeit. Der Duce betrachtete den Führer als »sexuell degenerierten Typ«, seinen Judenhass fand er schlichtweg irrsinnig, und als Hitler 1934 in Österreich einmarschieren wollte, reagierte Mussolini sogar mit einer Drohgebärde und zog am Brenner Truppen zusammen.

Mussolinis Denken war noch von der klassischen europäischen Konstellation zur Zeit des Ersten Weltkriegs bestimmt: Italien, unterstützt von England und Frankreich, gegenüber einem österreichisch-deutschen Bündnis. Darum war er auch sehr erstaunt, als sich die Engländer im Abessinienkrieg gegen Italien stellten. Es blieb ihm dann kaum etwas anderes übrig, als Hitler um Unterstützung anzugehen. So entstanden auf dem europäischen Kontinent völlig neue Koalitionen.

In Afrika fielen schätzungsweise achthunderttausend Abessinier und hundertzwanzigtausend Italiener. Einiges in der italienischen Strategie sollte als Vorbild für den späteren deutschen »Blitzkrieg« dienen. Nach sieben Monaten fiel Addis Abeba, und am 9. Mai 1936 konnte sich König Viktor Emanuel zum Kaiser von Äthiopien ausrufen. Vergebens trat der richtige Kaiser, Haile Selassi, vor dem Völkerbund für die Sache seines Landes ein: »Wenn man uns nicht zu Hilfe kommt«, prophezeite er ohne Verbitterung, »wird auch der Westen seinen Untergang erleben.« Er hatte Recht: Der Völkerbund stand mit leeren Händen da, die internationale Rechtsordnung erwies sich als völlig machtlos, und auch in anderer Hinsicht markierte dieser Krieg den Beginn einer neuen Epoche in den internationalen Beziehungen.

Der spanische Bürgerkrieg, auf den mein Vater im Juli 1936 in einem einzigen Satz anspielt, war aus späterer Sicht auch so eine Generalprobe. Im Juli 1936 begann der faschistische General Franco von Marokko aus einen »Kreuzzug gegen den Marxismus«, mit anderen Worten gegen die chaotische, aber demokratisch gewählte Regierung aus Republikanern, Sozialisten, katalanischen Nationalisten, Anarchosyndikalisten und Kommunisten. Endlich konnte sich irgendwo in Europa die wachsende Spannung zwischen Faschisten und Antifaschisten entladen, wenn auch in kleinen Dörfern und auf dürren Hochebenen. Aus fast jedem Land eilten Sozialisten, Kommunisten und Anarchosyndikalisten der Republik zu Hilfe. Insgesamt kämpften etwa vierzigtausend Männer und Frauen in den Internationalen Brigaden. Franco und die Seinen wurden von Deutschland und Italien großzügig mit Truppen, Flugzeugen und modernem Kriegsmaterial versorgt. Die westlichen Demokratien dagegen entschieden sich für strikte Nichtbeteiligung. Sie blockierten die Grenzen und vereitelten dadurch schließlich jegliche materielle Unterstützung – die vor allem die Sowjetunion leistete –, so dass die Republik langsam stranguliert wurde.

Es war ein Krieg, der mit großer Leidenschaft geführt wurde. »Heute in Spanien, morgen in Italien«, riefen die italienischen Antifaschisten, und in der Provinz Guadalajara kämpften sie sogar gegen das »Freiwilligenkorps« ihrer faschistischen Landsleute, Mann gegen Mann. Auf beiden Seiten wurden etwa fünfzigtausend Menschen an die Wand gestellt, ganz abgesehen von den Zahllosen, die im Kampf fielen oder durch Hunger und Entbehrungen umkamen. Schließlich begannen Kommunisten, katalanische Nationalisten und Anarchosyndikalisten sich auch noch gegenseitig abzuschlachten.

Im März 1939 eroberten Francos Truppen Madrid. Von da an wurde das Land fast vierzig Jahre lang mit eiserner Faust regiert. Die niederländischen Idealisten, die gegen Franco gekämpft, die ersten, die den Kampf gegen Faschismus und Nationalsozialismus aufgenommen hatten, bekamen von der niederländischen Regierung zu hören, dass sie ihre niederländische Staatsbürgerschaft samt allen dazugehörigen Rechten verwirkt hätten. In vielen Fällen sollte diese Strafe erst Jahrzehnte nach dem Krieg aufgehoben werden.

*

Im Leben meiner Familie spielte das alles nur ganz am Rande eine Rolle. Die großen Helden der Kinder waren nicht Politiker, Soldaten oder Widerstandskämpfer, sondern diejenigen, die die Nachrichten von all den Vorgängen transportierten, die Piloten der Postflugzeuge. Die Jungen sprachen über Technik, nicht über Politik, und Fliegen war ihre Manie. Auch in der größten Mittagshitze radelte Cas mit seinen Freunden zum Flugplatz, um sich Pilotenautogramme für seine Sammlung zu besorgen.

Das Flugzeug war das Symbol der neuen Zeit schlechthin: schnell, glänzend, luxuriös, elegant, nicht mehr mit eckigen Formen, die sich ihren Weg durch den Raum bahnten, sondern in Stromlinienform, die sich quasi mit ihrer Umgebung bewegte. Auf allen möglichen Gebieten kam es zu einem technischen Wettlauf zwischen den einzelnen Ländern, Wettkämpfe und Vorführungen wurden veranstaltet, und Kristallisationspunkt war dabei das ständig verbesserte und verfeinerte Flugzeug.

In diesen Zusammenhang gehörte auch das Flugrennen London-Melbourne im Oktober 1934, etwas, das die fliegenden Holländer der KLM besonders interessierte. Sie hatten bis dahin schon zehn Jahre Erfahrung mit der Langstrecke Amsterdam-Batavia gesammelt und dachten daran, diese Route bis Australien zu verlängern. Deshalb versuchten sie es mit einem typisch holländischen Kunststück: Während Engländer, Italiener, Deutsche, Franzosen und Amerikaner eigens konstruierte Spezialflugzeuge ins Rennen schickten, mit Zusatztanks und anderen Raffinessen, setzten die Niederländer eine normale Linienmaschine ein. Nun war der Uiver (Storch) auch nicht gerade eine Durchschnittsmaschine. Er war die erste Douglas der KLM, ein komfortables, äußerst modernes Flugzeug, das anders als die Fokker-Maschinen nicht mehr zum großen Teil aus Holz und Leinwand gebaut war, sondern ganz aus Metall. Fokker war wütend über diesen Streich mit dem Spitzenmodell der amerikanischen Konkurrenz, aber die KLM-Leute wollten vor allem beweisen, dass sie mit normaler Ausrüstung, drei Passagieren und ein paar hundert Kilo Post das Gleiche schaffen konnten wie ihre Konkurrenten.

So standen am Vorabend des Wettflugs auf dem britischen Flugplatz Mildenhall neben dem Panderjager – dem zweiten niederländischen Teilnehmer – drei schlanke Havilland Comets, eine Boeing Transport, eine Lockheed Vega, eine Bellanca Monoplane und eine Airspeed A. S. 7. Und zusammen mit all dieser hinter Stromlinien lauernden Kraft wartete, in den Worten eines Augenzeugen, »wie eine holländische Rauchschwalbe in einer Voliere voller Exoten« der Uiver.

Er flog mit seinen dreihundert Stundenkilometern ruhig und gleichmäßig über Europa, Arabien und Asien. Nach fünf Stunden war die Maschine in Rom, dann in Aleppo, Bagdad, Kalkutta, Rangun, Singapur, Sumatra und Batavia – für die Piloten alles vertrautes Gelände –, und anschließend flog sie Richtung Australien, sie führte das Rennen an. Ganz Holland hing am Radiogerät, und zu Recht, denn was sich da abspielte, war eins der legendären Ereignisse der Luftfahrtgeschichte.

Über Australien geriet der Uiver in schwere Unwetter, aber dank häufiger Kurswechsel konnte man ihnen ausweichen. Man hatte schon Funkkontakt mit Melbourne, wo so gutes Wetter herrschte, dass Kapitän K. Parmentier beschloss, sich zu rasieren, denn er wollte ordentlich aussehen, wenn er als Triumphator empfangen wurde. Aber plötzlich geriet die Maschine doch wieder in ein schweres Gewitter, der Kontakt mit Melbourne brach ab, orkanartige Böen schlugen gegen die Scheiben, rundum war es stockfinster, und zu allem Unglück begann sich auf den Tragflächen eine dicke Eiskruste zu bilden. Die Lage wurde gefährlich, der Treibstoff ging zur Neige, weiterfliegen wurde riskant.

Auch jetzt zeigte sich Holland von seiner besten Seite: von der soliden. Parmentier wollte keine Menschenleben aufs Spiel setzen, egal um welchen Preis. Er entschied sich für eine Notlandung. Im Mondlicht, das für einen Augenblick zwischen Wolken hindurchschien, erkannten die Piloten einen Fluss und die Lichter einer kleinen Stadt. Auf einmal erloschen die Lichter, dann gingen sie wieder an, und plötzlich begriff der Funker van Brugge, was los war: Da sendete jemand vom Kraftwerk aus Morsezeichen, mit der gesamten Straßenbeleuchtung. A-L-B-U-R-Y hieß dieses Städtchen also. Man hatte die suchende Maschine entdeckt, der Bürgermeister trommelte in aller Eile sämtliche Autobesitzer zusammen und schickte sie mit ihren Fahrzeugen zur Rennbahn, und im Licht Hunderter Scheinwerfer konnte das Flugzeug sicher landen. Früh am nächsten Morgen hing die halbe Bevölkerung an den Tauen, mit denen der Uiver aus dem Matsch gezogen wurde, das Flugzeug konnte wieder abheben, und eine Dreiviertelstunde später kam Melbourne in Sicht. Mit einer Gesamtflugzeit von gut neunzig Stunden kam der Uiver auf den zweiten Platz.

Eine Welle der Freude und des Stolzes überrollte die Nation. Bei der Uiver-Legende, die uns heute durch das Zusammenspiel moderner Technik und altmodischen Gemeinschaftsgeistes berührt, bei dieser Legende ging es damals vor allem um Mannesmut und Nationalismus. Hier feierte man den endgültigen Sieg des holländischen Credos: Normal ist schon verrückt genug. Dies war der größte Triumph der Bescheidenheit und Schlichtheit, des »Kleinen, aber Tapferen«, kurz und gut, all der Tugenden, die der kalvinistischen Nation so teuer waren. Das ganze Land ergab sich einem Uiver-Rausch, es gab Uiver-Abzeichen, Uiver-Zigarren, Uiver-Lieder, Uiver-Souvenirteller und im Restaurant Uiver-Menüs. Einem Kind wurde der Name Uivertje aufgebürdet, und für Hühner und Käfigvögel brachte man Uiver-Kraftfutter auf den Markt. Für kurze Zeit hatten die Niederlande wieder eine Hand voll wahre Helden.

Auch in Medan litten alle, wie meine Mutter schrieb, »am Uiver-Fieber«. Die Kinder spielten Uiver und Panderjager, Cas baute mit Teilen aus seinem Metallbaukasten eine Kopie des Flugzeugs zusammen, und Anna träumte, dass sie mit dem Uiver in die weite Welt hinaus flog.

Zwei Monate später, beim Transport der Weihnachtspost, stürzte das Flugzeug – »dieser Prachtvogel« – in der Nähe der irakischen Grenze ab. Alle Besatzungsmitglieder kamen ums Leben. Die Kinder waren wie vom Schlag getroffen. Meine Mutter schrieb im Dezember 1934:

»Cas hat gestern abend, als er ins Bett ging, so geweint – Anna tat groß, nannte den Uiver Quatsch und Cas kindisch, aber im Bett liefen ihr auch dicke Tränen übers Gesicht.« Anna heute: »Ich weiß noch, wie die Männer hießen: Moll, Parmentier, Prins, van Brugge ...«

Mein Vater flog am Montag, dem 22. Juni 1937, zum ersten Mal: von Medan nach Batavia. Alle begleiteten ihn zum Flugplatz. Meine Mutter schrieb, dass sie gerne mitgeflogen wäre: Die Douglas wirkte so komfortabel. Ein Bekannter, der schon öfter geflogen war, hatte gesagt, man würde in so einem Flugzeug »maßlos verwöhnt, und man würde dann eine Schiffsreise als sehr zeitraubend empfinden«. Nur die fünfjährige Tineke heulte Rotz und Wasser, als sie ihren Vater ins Flugzeug steigen sah, und weigerte sich hinzusehen, als die Maschine abhob.

Später berichtete mein Vater seinen Schwiegereltern. »Fliegen ist großartig«, schrieb er. »In gut sechs Stunden von Medan nach Batavia in einer zweimotorigen Douglas-Maschine. Wunderbar leise bewegt man sich durch die Luft, gewöhnlich in dreitausend Meter Höhe, langsam sieht man die Landkarte von Sumatra unter sich wegziehen, aber am Ende hat man sich doch satt gesehen am ›Blumenkohl‹ der Urwälder und an den Flüsschen, die sich da so gemütlich hinschlängeln. Ich habe eine Stunde ruhig geschlafen.« Auch über den Service wusste er nur Gutes zu berichten: »Man bekommt einen Becher wunderbaren Kaffee oder Tee.«

Weniger angenehm war das plötzliche Absacken des Flugzeugs über der Sundastraße. »In Gewitter und Blitz machte die Maschine auf einmal einen so irrsinnigen Satz abwärts, dass wir einen halben Meter von unseren Sitzen hochgeschleudert wurden und der ganze Barang [Gepäck, Kram] aus den Gepäcknetzen fiel. Es dauerte ein Weilchen, bis ich alle meine Bücher wieder aufgeklaubt hatte.«

Der Flug dauerte sechseinhalb Stunden. Mein Vater hatte versprochen, dass er den Piloten auf dem Rückflug bitten würde, eine kleine Runde über dem Haus zu drehen. Aber alle lagen krank im Bett, und Anna sah als Einzige, dass er Wort hielt.

*

Es gab eine indonesische Frau, die eine wichtige Rolle im Leben der Familie spielte: eine »Babu« (Hausmädchen), Babu Clown. Obwohl sie einen Großteil ihres Lebens mit meinen Eltern und meinen Brüdern und Schwestern teilte, sind von ihr nur ein paar Erinnerungsfragmente im Gedächtnis der Lebenden und in Briefen geblieben. »Meine alte Babu habe ich nun schon sieben Jahre«, schrieb meine Mutter im Juni 1937. »Sie ist alt und hässlich und ein bisschen frech und nicht ganz bei Trost, aber sie tut ihre Arbeit und kann lecker und sparsam kochen, und das ist viel wert. Wenn ich sie ab und zu mal anschnauze, ist sie anschließend wieder für einen Monat brav.«

Ihr wirklicher Name ist in Vergessenheit geraten, nur als Babu Clown lebt sie noch fort. Sie gehörte zu der Hand voll Indonesier, die hinter dem Haus wohnten, sie machte die Betten, putzte die Zimmer, räumte die hingeworfene Wäsche weg und steckte den Kindern heimlich selbst gebackene Plätzchen zu. Neben der normalen Babu gab es noch eine weitere, die für die Arbeiten draußen zuständig und den ganzen Tag mit der Wäsche beschäftigt war, eine Köchin für die Einkäufe, das Kochen und den Abwasch, einen Boy für die übrigen Hausarbeiten und das Auftragen der Mahlzeiten, außerdem gab es noch einen Gärtnerjungen und einen Chauffeur.

Das Hauspersonal wurde verhältnismäßig gut bezahlt: Ein Boy bekam im Allgemeinen um die zwanzig Gulden im Monat, plus freier Kost. Ein Kautschukzapfer verdiente nur etwa zwölf Gulden monatlich, ungefähr vierzig Cent am Tag. Auf einigen javanischen Zuckerplantagen wurden sogar noch Tagelöhne von vier Cent gezahlt, ein Gulden zwanzig im Monat. Dazu gab es in einem europäischen Haus immer ein paar Extras: getragene Kleidung, übrig gebliebene Lebensmittel, gebrauchten Hausrat und Ähnliches.

Meine Mutter hatte ihre eigenen Ansichten über den Umgang mit Personal. »Man hat sich so darauf eingestellt, dass sie bedingungslos tun, was man ihnen aufträgt, dass man Ungehorsam als einen der größten Fehler betrachtet, genau wie irgendwelche Bemerkungen über die aufgetragene Arbeit«, schrieb sie im Februar 1937. »Sie sind im Grunde Maschinen. Sie tun ihre Arbeit und leben ansonsten ihr eigenes Leben im Kampong, und wenn man die Fäden in der Hand behält, dann läuft die Sache schon. Was auch typisch orientalisch ist: dass man auf ihre persönlichen Belange keine Rücksicht zu nehmen braucht. Wie in der Bibel, in diesem Gleichnis von dem Herrn, der mit seinem Knecht von der Reise heimkehrt und dann den Knecht erst fürs Essen sorgen und bedienen lässt, und dann erst darf der Knecht an sich selbst denken.«

Anna erzählte, dass einer der indonesischen Hausangestellten ausgezeichnet Niederländisch verstand. »Trotzdem ließ man bei Tisch seiner Zunge freien Lauf. Ich habe mich manchmal zu Tode geschämt, aber dieser Diener verzog keine Miene.« Immerhin – aufs Personal zu schimpfen, war tabu, das war für meine Mutter unter aller Kritik.

Babu Clown wurde schließlich krank und kam ins Krankenhaus, auf Kosten meiner Mutter, für fünfundzwanzig Cent am Tag. »Ich fürchte, ich muss sie entlassen«, schrieb meine Mutter. Andere Erwähnungen dieser Frau, die die Familie all die Jahre begleitete, ansonsten aber für sie nicht existierte, habe ich nicht gefunden.

Nun ist Vorsicht geboten, wenn man verallgemeinernde Schlussfolgerungen aus einem weit zurückliegenden Briefwechsel zieht. Zunächst einmal bin ich überzeugt, dass besonders meine Mutter in ihren Briefen unbewusst einen bestimmten Effekt zu erzielen suchte. Sie wollte ihren Eltern Woche für Woche zeigen, wie gut sie ihre Sache machte, was für eine vorbildliche Tochter sie war, wie sie die Vorrechte ihres Status und ihres Standes wahrte – und dabei verzerrte sie manchmal die Realität. So wurde die liebenswerte Tante Ans in der Korrespondenz lange nur »das Fräulein« genannt. »Sie ist kein Dummkopf, sondern ein sehr kultiviertes Mädchen, das aber sehr wohl seinen Platz kennt und dem man deshalb auch nicht erst Grenzen setzen muss«, schrieb meine Mutter ihren Eltern. In Wirklichkeit standen die beiden miteinander schnell auf ausgesprochen freundschaftlichem Fuß.

Ein weiterer verzerrender Faktor war der jeweilige Augenblick. Wenn meine Mutter mit einem Hausangestellten Streit gehabt hatte, konnte sie in ihrem Zorn allerlei schreckliche Dinge über Indonesier im Allgemeinen und ihr Personal im Besonderen schreiben. Wer nur einen solchen Brief liest, könnte leicht zu einem vorschnellen Urteil kommen, obwohl meine Eltern – nach Aussage aller, mit denen ich über diese Zeit gesprochen habe – im alltäglichen Umgang gut mit ihren Angestellten auskamen.

Sind vielleicht irgendwelche andere Schlussfolgerungen erlaubt? Ich habe keinerlei Anzeichen dafür entdeckt, dass meine Eltern in ihren ostindischen Jahren klar umrissene rassistische Vorstellungen gehegt hätten, obwohl gewisse bei meiner Mutter erkennbare Züge schon in diese Richtung deuten. Aber es steckte etwas anderes dahinter, etwas, das komplizierter war als bloße Rassendiskriminierung und unangebrachte »weiße« Überlegenheitsgefühle.

Das Verhältnis meiner Eltern zu Indonesiern und »Ostindien« war beherrscht von dem, was Edward Said später als »Orientalismus« bezeichnen sollte. Damit meinte Said in seiner berühmten Studie gleichen Titels eine Denkweise, die auf der Überzeugung beruht, dass Osten und Westen von Grund auf verschieden seien. Anders gesagt, Orientalismus in diesem Sinne ist die Vorstellung vom vernunftbestimmten Weißen und mysteriösen, von Intuition bestimmten Orientalen, vom männlichen, tatkräftigen Westen und passiven, genussfreudigen Orient – ein Denkmuster, an dem von Wissenschaftlern, Kolonialbeamten, Geistlichen, Journalisten und Romanautoren eifrig weitergestrickt wurde. Said geht es in seinem Buch vor allem um die Engländer im Mittleren Osten, aber seine Überlegungen sind auch auf das Verhältnis der Niederländer zu »ihrem« Indien anwendbar.

Der Osten des Orientalismus, dies betont Said immer wieder, war nichts anderes als eine europäische Fiktion, der Orientalismus selbst eine überaus einseitige Sicht- und Denkweise. Im Grunde war er das Erbe eines für das späte neunzehnte Jahrhundert typischen Denkens, Teil eines Gedankenguts, dem wir auch bei manchen religiösen Konflikten und beim Nationalsozialismus und Antisemitismus begegnen, eines Gemischs aus Rassentheorien, Romantik, Angst vor Dekadenz, Fortschrittsbegeisterung und aufkommendem Nationalismus, all das übergossen mit einer Soße aus junger, wilder Wissenschaft.

Der Orientalismus war deshalb auch als Denkmuster wie geschaffen für Europas koloniale Expansion. Für die Europäer war die Beweisführung klar und vollkommen überzeugend: Hier waren die abendländischen Menschen, dort die Orientalen, jene waren die Herren, die anderen mussten beherrscht werden, was auch bedeutete, dass man ihr Land erobern und ihre inneren Angelegenheiten strenger Kontrolle unterwerfen durfte und dass es legitim war, wenn der Westen einfach über die Menschen und Güter jener Länder verfügte.

Said versuchte zu zeigen, »dass die europäische Kultur an Stärke und Identität gewann, indem sie sich gegen den Orient als einer Art Surrogat und selbst unterschwelligem Ich absetzte«. Orientale, so kann man in allen Beschreibungen lesen, waren »lethargisch«, »antriebslos«, »gedankenarm«, sie waren »Lügner« und »Intriganten«. Meiner Mutter beispielsweise graute vor der Vorstellung, Cas könnte sich zu einem »trägen indonesischen Jungen« entwickeln. In Briefen sprach sie von dem »Argwohn, den man nun einmal gegenüber jedem Indo hat, etwas wie ein Sturmsignal: ›sei auf der Hut‹«. (In einer Hinsicht hatte sie übrigens doch Vertrauen zu Indonesiern: Sie liebten Kinder sehr, »egal von welcher Rasse oder Hautfarbe« diese waren.)

In den Niederlanden äußerte sich dieses Empfinden unter anderem in allerlei Geschichten von den »dunklen Leidenschaften des Orientalen«; der Batak (Bewohner Nord-Sumatras) war immer ein »bekehrter Heide«, und dem Atjeh (Bewohner Nordwest-Sumatras) sollte immer das Klischee des Mannes mit dem Klewang (Krummsäbel) zwischen den Zähnen anhaften. In jeder Hinsicht bildeten die Indonesier den Gegenpol zur weißen Rasse mit ihrer »Offenheit, Geradlinigkeit und Würde«. Dank des negativen Spiegels dieses Orients entdeckte das zerbröckelte Europa etwas von seiner eigenen Identität, die zu entwickeln den Europäern so schwer fiel.

Im Orientalismus war – und ist – die kulturelle Übermacht Europas am deutlichsten sichtbar. Hier stehen »wir« Europäer all den »anderen«, den Nichteuropäern, gegenüber, und die herausragende Eigenschaft dieses »Wir« ist das Gefühl selbstverständlicher Überlegenheit über alle nichteuropäischen Völker und Kulturen. Der Orientalismus als »Kenntnis des Orients« – ich zitiere hier Said – schuf in gewissem Sinne auch den Orient, den Orientalen und seine Welt. Und dieses Wissen war untrennbar mit Macht verbunden, und es sah den Osten auch nur mit den Augen des Machthabers.

»Der Orient wurde so gesehen, als ob er durch das Klassenzimmer, das Kriminalgericht, das Gefängnis, das illustrierte Handbuch begrenzt wurde«, schreibt Said. »Der Orientalismus ist damit die Kenntnis des Orients, welche die orientalischen Dinge in der Klasse, im Gefängnis oder im Handbuch zur genauen Überprüfung, Studium, Beurteilung und Disziplinierung oder Beherrschung platziert.«

So war es auch auf dem indonesischen Archipel. Der Wissenschaftler, der Missionar, der Pflanzer, der Beamte, der Pfarrer, der Shell-Angestellte und der Soldat, sie alle schufen in ihrem Kopf ihr eigenes Ostindien, und das war möglich, weil sie dort tun und lassen konnten, was sie wollten, ohne nennenswerten Gegendruck von Seiten der Indonesier. Niemals kam ihnen der Gedanke, man könnte Ostindien für sich selbst sprechen lassen – ja mehr noch, der Indonesier, der dies vereinzelt eben doch tat, wurde meist als »Agitator« oder »Aufrührer« gesehen. Als Person existierte ein Indonesier für die Weißen kaum.

In den berühmten »ostindischen« Romanen der niederländischen Literatur spielen die richtigen Indonesier meistens nur eine Nebenrolle – Multatulis rührende Geschichte von Adinda und Saidjah in seinem Roman *Max Havelaar* ist die Ausnahme, die die Regel bestätigt –, und das Gleiche gilt für die vielen hundert Briefe meiner Mutter.

Als Anna die erste Klasse der höheren Schule von Medan besuchte – sie war damals dreizehn –, hat sie einmal bei einem Vortragsabend das Märchen von Schneewittchen mit starkem indonesischem Akzent nacherzählt, eine Nummer, mit der sie im Familienkreis großen Erfolg gehabt hatte. Aber dies war ein anderes Publikum, hier saßen auch chinesische und indonesische Jungen. »Meine Eltern fanden es herrlich und lachten, und diese Jungs haben auch alle hübsch applaudiert. Aber schon als ich vor dem Saal stand, spürte ich: Das geht einfach nicht! Trotzdem hat mich niemand darauf angesprochen. Niemand hat vorher oder hinterher zu mir gesagt: ›Das kannst du doch nicht machen!‹ Diese indonesischen Jungen haben schrecklich viel schlucken müssen.«

Auf diese Weise schuf die »orientalistische« Denkweise gewissermaßen zwei gegensätzliche Welten, und dazu gehörte dann auch die Vorstellung, man diene beiden Welten. Die so genannte »ethische Richtung« der niederländischen Kolonialpolitik ist ein treffendes Beispiel dafür:

Von einem Tag auf den anderen überlegten sich die Niederländer, Ostindien sei für sie keine auszubeutende Kolonie mehr, vielmehr bestehe ihre Aufgabe darin, der einheimischen Bevölkerung zu nutzen. Im Grunde waren sie aber auch weiterhin von der absoluten Überlegenheit der weißen Holländer überzeugt, so dumm, dick, aggressiv, geldgierig, kurzsichtig und stumpfsinnig viele von ihnen auch waren.

Hier lag aber zugleich die Schwäche des Systems. Zum Orientalismus gehörte und gehört, wie zu jedem Vorurteil, eine statische Gesellschaft. Und so wurde dem Osten und dem Orientalen, wie Said dargestellt hat, jede Möglichkeit der Entwicklung und Veränderung abgesprochen.

Am Ende seines Lebens schrieb mein Vater, er frage sich noch immer, wie es möglich war, dass die freiheitsliebenden Niederländer – er selbst eingeschlossen – »so viele Jahre lang diese kolonialen Verhältnisse ohne Bauchschmerzen akzeptiert, Freiheitskämpfer als verbrecherische Aufständische unschädlich gemacht, Eroberer geehrt und seelenruhig von *unserem* Ostindien gesprochen haben. Und sogar die ersten legitimen Zeichen von ›Merdeka‹ haben wir nicht erkannt, geschweige denn anerkannt!«

Die Antwort liegt in eben dieser Denkweise, mit der die Europäer sich in den Schlaf gewiegt hatten. Da allein das »weiße« Wissen von Ostindien zählte – ja mehr noch, was die Niederländer über Ostindien dachten und schrieben, *war* in ihren Augen Ostindien –, wurden sie von der Massenbewegung, der Volksbewegung, die sie nach dem Zweiten Weltkrieg innerhalb weniger Jahre aus dem Land hinausspülen sollte, völlig überrascht.

*

Die große ökonomische Krise bekam die Familie erst ziemlich spät am eigenen Leibe zu spüren.

Zu den frühen Erinnerungen Tinekes gehört eine tiefe Enttäuschung: Schon lange hatte sie sich auf einen richtigen Tretroller zu ihrem Geburtstag gespitzt, aber was sie bekam, war eins dieser Holzdinger mit kleinen Rädchen aus Blech, etwas für Kleinkinder, wo sie doch schon so groß war. Vermutlich steckten Geldprobleme hinter diesem Fehlkauf.

Im November 1934 schrieb mein Vater: »Übrigens wird unser Gehalt schon zum dritten Mal gekürzt, so dass wir nur ja nicht krank werden dürfen, auch keine Babys bekommen, sonst sitzen wir in der Klemme.« Sein Auto musste er verkaufen, was ihm erst am Silvestertag gelang. Er hatte gehofft, 250 Gulden zu bekommen, aber es waren nur 165. »Das Ding wurde zu riskant für unser Portemonnaie, riskant durch unvorhersehbare Reparaturen. Ich hatte deswegen übrigens ein etwas wehmütiges Silvester.«

Nun hatte die Krise für meine Eltern noch vergleichsweise glimpfliche Folgen. Die Mitglieder der Gemeinde von Medan waren offenbar finanziell solide genug, um das Gehalt meines Vaters ordnungsgemäß weiterbezahlen zu können. An und für sich war das schon ein Wunder, denn bei den ostindischen Pflanzern hatte die Krise noch schlimmer zugeschlagen als in den Niederlanden.

Die ostindische Wirtschaft hing vor allem vom Export von Rohstoffen ab, und der war infolge des starren Festhaltens am »goldenen Standard« des Guldenkurses auf ein Drittel zurückgegangen. Der Ertrag des Kautschukexports lag im Jahre 1933 nur noch bei einem Sechstel des Ertrages vor der Krise. Um den Zucker war es noch schlechter bestellt. Von den 179 ostindischen Zuckerfabriken wurden bis 1936 nicht weniger als 143 geschlossen.

Die Krise dauerte noch kein Jahr, als schon die Massenentlassungen begannen. Die kleine Welt von *Rubber* mit ihren Clubs brach zusammen. Insgesamt verloren in der ostindischen Wirtschaft ungefähr siebenhunderttausend Einheimische und etwa zehntausend Europäer ihre Arbeit, einer von fünf Angestellten. Für die Europäer bedeutete das meistens Heimreise mit dem nächsten Schiff nach Holland, für die Indonesier Rückkehr aufs Land, wo es ohnehin schon nichts zu essen gab. Wer Glück hatte, behielt seine Stelle und musste eine Lohnkürzung nach der anderen hinnehmen.

Der Staatshaushalt wurde von 1929 bis 1933 halbiert. Auf Status legte man jedoch weiterhin sehr viel Wert und bot alles auf, um den Schein zu wahren. Zufällig war mein Vater im Jahre 1936 auf der gleichen Strecke unterwegs, auf der eine Woche später Generalgouverneur B. C. de Jonge fahren sollte, und mit Staunen sah er, wie die Kulissen für die Show aufgebaut wurden: »Überall wurde angestrichen, sogar die Kilometersteine, aber im Hospital von Kota Radja nur der Saal, den Frau de Jonge betreten sollte.«

Auch im Aufgabenbereich meines Vaters machten sich die Folgen der Krise bemerkbar. Im Sommer 1935 erwähnte er, immer öfter müsse er »Ehen zu kitten versuchen, [...] die nicht mehr funktionierten«. Einen Monat später drang ein entlassener Plantagenarbeiter in sein Arbeitszimmer vor, fuchtelte mit einer Pistole herum und drohte mit Selbstmord und Mord an seinem Chef, der ihm gekündigt hatte. Nach zwei Stunden Reden ging er wieder – und wurde bald darauf festgenommen und aufs Schiff nach Holland gebracht, ohne dass er einer Fliege etwas zuleide getan hätte.

Wahrscheinlich hing es mit den finanziellen Problemen zusammen, dass meine Mutter nun dazu überging, immer mehr selbst zu machen. Aus Vlaardingen bekam sie Rezepte für Kuchen und verschiedene Sorten Plätzchen. Auch dass Tante Ans wegging, hatte vermutlich mit den Sparmaßnahmen zu tun. Als holländisches Kindermädchen wurde sie einfach zu teuer, so lieb man sie auch gewonnen hatte. Dem Briefwechsel ist zu entnehmen, dass meine Eltern im Frühjahr 1936 eine andere Familie im benachbarten Brastagi für sie gefunden hatten. Aber im Mai teilte sie plötzlich mit: »Ich gehe nicht nach Brastagi, ich heirate.« Endlich, so sagte sie, hatte sie den Richtigen gefunden.

Der künftige Gatte der fröhlichen Ans war meiner Mutter zufolge »so durch und durch solide, dass man ihn in Holland sofort als Diakon nehmen würde«. Das Paar heiratete im August 1936. Von der Hochzeit hatte man einen Film gemacht: »Ganz reizend. Vor allem die Kinder sehen so nett aus.« Eine Kopie wurde nach Holland geschickt, und in der Werkstatt in Schiedam baute man mit Stühlen und Segelmacherbänken ein provisorisches Kino auf. Die ganze Familie kam, um sich den Film anzusehen, und alle waren tief beeindruckt. Nur Koos kratzte sich mit seiner Segelmacherhand den Kopf und drückte sich vor der Vorführung.

Zu meiner Überraschung existierte eine Videokopie des Films. Ich

durfte sie mir ausleihen, und als ich sie zu Hause in den Recorder einge-
legt hatte, wurde vor meinen Augen auf einmal die ganze Welt all der
Geschichten und Briefe lebendig, wenn auch nur für ein paar Minuten:
meine Eltern, die in ein Auto einsteigen, meine Mutter lachend, mein
Vater ein bisschen feierlich. Dann sieht man die Kirche und das Haus
und die Bäume im Wind. Unter den anderen Leuten erkenne ich Tineke,
die ein weißes Kleidchen anhat und Blumen streut, Cas in einer Art
Matrosenanzug, Anna, die auf das Ganze aufpasst. Die letzten Minuten
des Films zeigen den Empfang. Wieder sehe ich meine Geschwister.
Jetzt gratulieren sie dem Brautpaar, Tineke, etwas unbeholfen, in ihrem
Kleid, Gjalt in einem samtenen Wams. Dann erscheint ein vergnügter
zehnjähriger Cas, der Braut *und* Bräutigam einen Kuss geben will. Aber
da sieht man den Bräutigam erstarren – die Kamera hält es unbarmherzig fest –, man sieht, wie er Cas' Annäherung abwehrt und ihn sogar
mit einer kleinen Fingergeste in die Schranken weist: Männer küssen
nicht. Cas zieht sich zurück.

Wie hemmend sich die Politik Colijns auswirkte, sollte sich erweisen,
als die Niederlande im September 1936, durch Abwertungen des französischen Franc und Schweizer Franken dazu gezwungen, endlich
doch den festen Wechselkurs des Gulden aufgaben. Die Währung verlor zwanzig Prozent ihres Wertes, aber unmittelbar darauf begann die
Konjunktur anzuziehen.

Auch Medan lebte allmählich wieder auf, obwohl die goldenen Zeiten der Jahre vor 1929 nie mehr wiederkehren sollten. Im März 1938
wurde meinem Vater zum ersten Mal wieder sein volles Gehalt bewilligt. Für Tante Ans kam die Besserung zu langsam und zu spät. Schon
wenige Monate nach der Hochzeit kehrte das Ehepaar nach Holland
zurück, weil der Ehemann seine Stelle verloren hatte. Ans war bedrückt,
er heiter. »Als wir an Bord waren, schien eine Last von ihm abgefallen
zu sein.« Sie ließen sich in Nijkerk in der Veluwe nieder, und die wilde
Ans, die so sehr die Sonne und die weite Welt liebte, sollte dort den Rest
ihres Lebens verbringen.

*

Im Sommer 1935 befasste sich mein Vater zum ersten Mal öffentlich mit Politik. In diesen Monaten machte der Führer der niederländischen Nazipartei NSB, Antoon Mussert, eine Rundreise durch Ostindien. Zehntausend Nationalsozialisten gaben ihm auf Schiphol vor dem Abflug das Geleit, und in Ostindien wurde er wie ein großer Staatsmann empfangen, obwohl ihn nicht einmal acht Prozent der Stimmberechtigten gewählt hatten. Zweimal durfte er bei Generalgouverneur de Jonge zum Tee kommen, und ansonsten absolvierte er ein volles Programm mit Treffen und Vorträgen auf dem ganzen Archipel.

Die ostindische Presse verfolgte den Besuch sehr genau und mit Wohlwollen. »Gedanken an Mussolini und Hitler gingen uns durch den Kopf, die Vorstellung eines von Schwarzhemden flankierten Diktators«, schrieb *De Sumatra Post*. »Und dann, ein wenig bestürzt eigentlich, drücken wir einem Niederländer die Hand, der so bieder und typisch ist, wie er nur sein kann.«

Am Dienstag, dem 27. August 1935, kam Mussert nach Medan, und am Abend hielt er einen Vortrag im Orion-Kino. Der Saal war gerammelt voll, das Podium mit NSB-Fahnen und einem Porträt der Königin geschmückt, vorne saßen die örtlichen NSB-Mitglieder – alles in allem etwa zweihundertfünfzig –, und dahinter war noch Platz für die übrigen Neugierigen, darunter der Bürgermeister, ein paar Verwaltungsbeamte und auch mein Vater.

In einem Leserbrief an *De Sumatra Post* hielt er am nächsten Tag seine Eindrücke fest. Das Ganze hatte ihn ein bisschen enttäuscht. Mussert war als Redner ganz eindeutig nicht von dem Kaliber, das er erwartet hatte: »Seine Bemerkungen ließen mich unruhig hin und her rutschen und lösten Widerwillen in mir aus, ich fragte mich: Sollen wir das einfach so schlucken?« Was ihn vor allem erstaunte, waren Musserts Warnungen vor einer Wiederholung der Mordlust der Französischen Revolution, als hätte Deutschland nicht gerade erst die »Nacht der langen Messer« hinter sich gehabt (in der auf Hitlers Anordnung eine große Zahl seiner Konkurrenten und Gegner erschossen worden war), und ähnliche Äußerungen. »Wie viele Männer der Wissenschaft sind nicht aus dem nationalsozialistischen Deutschland geflohen oder ausgewiesen worden? [...] Wer hätte nicht von dem Schicksal gehört, das der große Dogmatiker Dr. Karl Barth erleiden musste?« (Barth, treibende Kraft der Bekennenden Kirche, war gerade von Hitler aus Deutschland vertrieben worden.) Am meisten störte ihn das nationalsozialistische Führerprinzip, das im Widerspruch zur kalvinistischen Lehre von der Souveränität Gottes über alle Gebiete des Lebens stand. »Ein System, das dem Religiösen ein abgegrenztes Gebiet zuweist, hat weder das Wesen noch die Kraft des Glaubens begriffen.« In einem zweiten Beitrag hat er dies weiter ausgeführt: Er fand es »tyrannisch und kurzsichtig«, dass Hitler den Arierparagraphen – der Juden von allerlei Ämtern ausschloss – auch auf »Diener der Gemeinde Christi« anwenden ließ. Die Regelung sei, schrieb er, »auf staatlichem Gebiet tolerabel, aber nicht in einer Kirche, die das Evangelium zu verkünden hat«.

Musserts Besuch hatte im ruhigen Medan die Gemüter tüchtig erhitzt, und der Beitrag meines Vaters goss Öl ins Feuer. Es hagelte Anrufe mit Beifallsbekundungen, und in der Apotheke gerieten sich sogar ein Anhänger und ein Gegner, mit den Zeitungen in der Hand, buchstäblich in die Haare. Offensichtlich war man in der Frage, welche Haltung man gegenüber dieser seltsamen neuen Bewegung des Nationalsozialismus einnehmen sollte, doch ziemlich ratlos. Das Autoritäre in seiner modernen Verpackung besaß zwar eine gewisse Anziehungskraft, aber andererseits empfand man auch einiges Unbehagen.

Vor allem diese Gemütsverfassung spiegelte der Beitrag meines Vaters wider, die des Zuhörers, der mit dem Gefühl wachsenden Unbehagens unruhig auf seinem Stuhl herumrutscht, ohne dass er schon genau wüsste warum. Nur ein einziger Aspekt stand ihm sofort deutlich vor Augen: die Gefahr für die eigene, christliche Sphäre. Und genau dieses Element des Nationalsozialismus sollte das sein, was die orthodoxen Kalvinisten schon in einem frühen Stadium zu vehementem Protest gegen das Nazitum veranlasste. Das Unbestimmte, Ambivalente in der Einstellung gegenüber dem Phänomen Hitler, das Nicht-stillsitzen-Können, ohne zu wissen warum – es war eine für diese Zeit typische Haltung.

Im Nachhinein ist es leicht, Adolf Hitler und den Nazis alles Böse zuzuschreiben, aber diejenigen, die in den dreißiger Jahren deren Aufstieg beobachteten, mussten sich ihre Meinung erst noch bilden. Das

Phänomen war völlig neu. Niemand hatte dergleichen je gesehen. Stalin konnte man, trotz seiner zahllosen Opfer, noch als normalen russischen Tyrannen betrachten, eine Erscheinung, wie sie aus der russischen Geschichte leider nur allzu bekannt war. Bei Hitler lagen die Dinge anders. »Hitler war *sui generis*«, schrieb der Historiker und Biograph John Lukacs. »Es gab außer ihm noch eine Menge Nazis, Antisemiten, deutsche Nationalisten, Rassisten und Demagogen, aber keinen wie Hitler. Seinesgleichen wird uns nicht noch einmal begegnen.« Hitler war tatsächlich, wenn wir versuchen, ihn als historische Figur zu sehen, nicht nur Charlie Chaplins *Great Dictator*, nicht nur der Gangster der zwanziger und der Massenmörder der dreißiger und vierziger Jahre. Wenn die Sache nur so einfach wäre.

»Die Welt von heute, ob es uns gefällt oder nicht, ist das Werk Hitlers«, hat Sebastian Haffner vierzig Jahre später in einer scharfsinnigen Studie zu Hitlers Leben geschrieben.* Hitler habe zwar »mit staunenerregender Wucht danebengehauen«, das heißt, »mit einer Gewaltleistung ohnegleichen das genaue Gegenteil von dem bewirkt, was er bewirken wollte«, es lasse sich aber andererseits nicht leugnen, dass er, zum Teil ungewollt, ungeheuer viel erreicht habe. Hitler-Biograph Joachim Fest äußerte sogar die Vermutung, dass der Führer, wäre er Ende 1938 durch ein Attentat ums Leben gekommen, als einer der größten deutschen Staatsmänner in die Geschichte eingegangen wäre, wobei man seinen Antisemitismus und die Konzentrationslager als kleine Schönheitsfehler mit dem Mantel der Nächstenliebe zugedeckt hätte. Und kaum ein Historiker würde dem heutzutage widersprechen.

Hitler war ausgesprochen faul. Alle seine Biographen haben auf das Künstlerhafte seiner Tageseinteilung mit spätem Aufstehen und viel Bummelei hingewiesen, eine Lebensweise, die er erst aufgab, als es abwärts ging, nach dem Dezember 1941. Er war auch keineswegs ein wirklicher Führer, eher jemand, der Kräfte entfesselte und zu weiterer Entfaltung brachte, die schon lange in der deutschen Gesellschaft geschlummert hatten. Aber als Katalysator und Symbolfigur war er beispiellos.

Die Art, wie sich das verarmte und demoralisierte Deutschland unter seinen Auspizien in wenigen Jahren wieder Geltung verschaffte, der Erfolg der deutschen Version des amerikanischen New Deal, sechs Millionen Arbeitslose, die innerhalb von drei Jahren alle wieder in Lohn und Brot waren, der bescheidene Wohlstand, der in zahllosen Familien die bittere Armut ablöste, der schnelle Bau des Autobahnnetzes, die Einführung des Volkswagens im Jahre 1938, der Aufbau der abgetakelten Reichswehr zur modernsten Armee Europas, der Wehrmacht, innerhalb von fünf Jahren, die unverschämte Diplomatie – all das hinterließ bei den Zeitgenossen einen überwältigenden Eindruck.

Im Vergleich dazu waren die Leistungen der demokratischen Länder äußerst mager. Für viele hatte deshalb in den dreißiger Jahren das Wort »Demokratie« einen schlechten Klang: Damit assoziierte man Parteiengekungel, Unentschlossenheit, Depression und Arbeitslosigkeit. Es hatte noch keineswegs die positive Bedeutung, die später selbstverständlich sein sollte.

So ist es nicht weiter verwunderlich, dass die ersten niederländischen Broschüren und Zeitungsartikel über Hitler vor allem von der Suche nach einem Standpunkt gekennzeichnet sind – und ganz sicher hatte manches davon auch seinen Weg in das Pfarrhaus in Medan gefunden. Nur in der Linken herrschten – auch wegen der engen Kontakte zu deutschen Gleichgesinnten – von Anfang an starke Aversionen gegen Nationalsozialismus und Faschismus. Die Kommunisten und andere weit links stehende Gruppen agitierten schon in den zwanziger Jahren gegen die Nazis. Vom Frühjahr 1933 an verkauften die Sozialdemokraten auf den Straßen das speziell auf antifaschistische (allerdings auch antikommunistische) Agitation ausgerichtete Wochenblatt *Vrijheid, arbeid en brood* (Freiheit, Arbeit und Brot). »Wer vom Faschismus infiziert ist, hört auf, Niederländer zu sein«, schrieb der Gewerkschaftsführer Henri Polak in *Het Volk*. »Er ist Faschist, und das bedeutet: Mörder.« Polak wurde wegen Beleidigung zu fünfundzwanzig Gulden Buße verurteilt.

Bei den Katholiken waren die Meinungen geteilt: Die katholischen Gewerkschaften waren schon 1933 entschiedene Faschismusgegner und schlossen NSB-Mitglieder aus, die Römisch-Katholische Staatspartei verwarf den Faschismus theoretisch, unternahm aber praktisch nur wenig gegen ihn; die katholische Kirche warnte anfänglich nur vor dem Faschismus, gab ansonsten aber keiner bestimmten Staats- oder Regierungsform den Vorzug. Bei den Liberalen reagierte man sogar einigermaßen positiv auf den Ruf nach dem »starken Mann«, allerdings gab es auch andere Stimmen.

Der wachsende Antisemitismus störte nur wenige, solange es bei Worten blieb. Missachtung von Juden war in den damaligen Niederlanden ein ziemlich weit verbreitetes Phänomen. So sprach ein Wochenblatt der Fratres minores von der »plumpen, sinnlichen Judenbande«, die sich weigere, »mit ihren wie Murmeln hervorquellenden Augen« die Wunder Christi zu sehen. In einem Niederländischbuch für katholische Grundschulen war noch bis in die fünfziger Jahre hinein die Geschichte von einem »kleinen Judenjungen« zu lesen, der versehentlich eine katholische Kirche betritt und dort zur Kommunion geht. Als sein Vater, »ein echter Christenhasser«, davon hört, entbrennt er in so großem Zorn, dass er den Jungen ins Feuer des Ofens wirft. Seine Mutter holt ihn jedoch nach einiger Zeit unversehrt wieder heraus. Die Heilige Jungfrau Maria habe ihn vor dem Feuer beschützt, berichtet der Junge voller Freude. Der grausame jüdische Vater wird bestraft, und Mutter und Sohn weihen ihr Leben von da an Maria und der einzigen wahren Kirche.

Die Haltung der Katholiken änderte sich erst im Jahre 1936, als Johannes de Jong sein Amt als Erzbischof von Utrecht antrat. De Jong hegte eine so tiefe Abneigung gegen den Faschismus und »die deutsche Gottlosigkeit«, dass er sich schon 1934 weigerte, bei einer Romreise über Deutschland zu fahren. Seine Haltung sollte später von großer Bedeutung für den Widerstand der katholischen und anderer Kirchen sein. Im Mai 1936 ließ er von den Kanzeln verkünden, dass NSB-Mitglieder künftig »nicht mehr zu den Heiligen Sakramenten zugelassen werden können«. Mit anderen Worten, sie wurden exkommuniziert.

Auch bei den Protestanten gingen die Meinungen weit auseinander. Johannes de Heer, Schöpfer zahlloser frommer Lieder, warnte schon 1919 vor dem Hakenkreuz als dem »Merkmal der Antisemiten«: »Diejenigen, die die Juden hassen, hassen mit den Juden auch Jehova, der Juden Gott.« Der Hersteld Verband bekundete – auch durch die Aktivitäten Jan Buskes' – schon früh seine Solidarität mit der Bekennenden Kirche. Die Führung der Niederländischen Reformierten Kirche dagegen wahrte vornehme Distanz, obwohl die Atmosphäre mit »geistlichen Boshaftigkeiten« geladen war. »Kein Argument, so schwerwiegend es auch sein mochte, konnte den Gleichmut unserer höchsten Kirchenleitung überwinden«, schrieb der beunruhigte Pfarrer Noordmans 1940 in einem Vortragsmanuskript. Trotzdem gab es auch viele Gemeinden, die schon früh verfolgten Juden und deutschen Mitchristen halfen.

Bei den orthodoxen Kalvinisten war alles noch komplizierter. Der NSB rekrutierte sich – wenigstens in der Anfangsphase – aus »kleinen Leuten« wie ihnen. So gab es im NSB-Gedankengut auch vieles, worin sie sich wiedererkennen konnten: den Hang zu autoritärer Führerschaft, das nationalistische Denken, den Zweifel an der Demokratie, das Verlangen nach Zucht und Ordnung, die Sympathie für das fromme Deutschland des Lutherliedes, die Abneigung gegen das perfide England und das dekadente Frankreich, den latenten Antisemitismus – all das war vertrautes Gelände. Es gab auch große Unterschiede – und die sollten auch schnell das Übergewicht gewinnen –, dennoch kann man es getrost als Wunder bezeichnen, dass diese Bevölkerungsgruppe nur zu einem geringen Teil vom nationalsozialistischen Virus befallen wurde.

Die Professoren Klaas Schilder, Anne Anema und V. H. Rutgers von der Freien Universität bezogen schon Anfang der dreißiger Jahre auf überzeugende Weise Stellung gegen den Faschismus und Hitlers »fanatische Horden«. Aber der älteste Sohn Abraham Kuypers, Professor H. H. Kuyper, machte in seinen Kommentaren in *De Heraut* kein Hehl aus seiner Wertschätzung für Hitler und Mussolini.

Im Blatt *Anti-Revolutionaire Staatkunde* schrieb der Rezensent von *Mein Kampf*, Hitlers Antisemitismus sei grundsätzlich inakzeptabel, aber »rein menschlich betrachtet« könne er ihm ein gutes Stück folgen. Besonders Ehen »mit Individuen einer körperlich niedriger stehenden Rasse« müssten vermieden werden. Ein Pfarrer in einem orthodox-kalvinistischen Wochenblatt: »Niemals darf man vergessen – will man [Hitlers] Vorgehen objektiv beurteilen –, dass die Juden immer ein Problem darstellen.« Und H. Diemer, Chefredakteur des Leib- und Magenblattes meiner frommen Großmutter, stimmte in seinem Buch *Het Duitsche Nationaal-Socialisme* (1934) der Blut-und-Boden-Theorie voll und ganz zu. »Die jüdische Rasse ist eine fremde Rasse«, meinte er. »Sie hat von Geschlecht zu Geschlecht ihre eigenen Charakterzüge bewahrt, wenigstens im Innersten ihres Wesens, und darum ist sowohl um der Juden wie auch um der Nichtjuden willen zu wünschen, dass man dieser Wirklichkeit ins Auge blickt und Maßnahmen ergreift, beide Rassen zu schützen.« Diemer dachte in diesem Zusammenhang an eine Politik getrennter Entwicklung, und er glaubte, dass Hitler genau darauf zusteure, »mit voller Respektierung von Person und Religion«. Und all die Gewalt der Braunhemden? »Bei dieser Umwälzung sind Dinge geschehen, die *Rohheiten* waren, und vielleicht *wird* sich noch das eine oder andere ereignen, was wir als Rohheit verurteilen, aber dies ist leider immer charakteristisch für Zeiten der Umwälzung.«

Meinungsumfragen gab es in jener Zeit noch nicht, aber vor allem aus den Auffassungen des *Standaard* kann man recht zuverlässig auf verbreitete Einstellungen schließen, besonders was die orthodoxen Kalvinisten angeht, indirekt aber auch für das niederländische Bürgertum allgemein gilt, mit Ausnahme der Sozialisten und Kommunisten.

Nun, die Meinungen schwankten heftig hin und her. Schon im Herbst 1934 hatte *De Standaard* in einer Reihe von Leitartikeln grundsätzlich das Antichristliche und Rassistische des Nationalsozialismus abgelehnt. Das Führerprinzip widersprach so sehr den orthodoxen Prinzipien der Allmacht Gottes und der Souveränität im eigenen Kreis, dass eine Verständigung ausgeschlossen war. Was das Vorgehen der Nazis in Deutschland betraf, äußerte man sich aber, besonders bis 1938, auffallend milde. Der Gewalt gegen Juden und Andersdenkende schenkte man wenig Beachtung, außer wenn die Kirchen betroffen waren. »Die Repression der Linken wurde ausdrücklich begrüßt, die Zeitung übernahm so gut wie alle offiziellen Erklärungen kommentarlos und sang ein Loblied auf den Kampf gegen Feminismus, Pazifismus, moderne Kunst und vor allem Marxismus«, urteilt Frank de Vree in seiner Studie zur Haltung der niederländischen Presse gegenüber Nazideutschland. Die berüchtigte »Reichskristallnacht« vom 9. zum 10. November 1938, in deren Verlauf Zehntausende von Juden von den Nazis misshandelt, beraubt und wie Vieh durch die Straßen gehetzt wurden – etliche wurden auch ermordet –, verurteilte *De Standaard* in scharfen Worten, als »schauerlichen Tiefpunkt«, »mittelalterliches Pogrom« und »Schandfleck in der Geschichte«. Aber dann konnte die Zeitung es sich doch nicht verkneifen, auch auf »die Eigenart des Juden« hinzuweisen, der mit »seinem unausrottbaren Drang nach finanzieller Vorherrschaft und seiner Geschicklichkeit darin« selbst Anlass zu alldem gegeben habe.

Das gleiche Bild vermitteln die Sitzungsberichte der ersten und zweiten Kammer des niederländischen Parlaments. Nur äußerst selten haben die protestantischen Parteien im Parlament die Lage in Deutschland, die Verfolgung der Juden oder auch nur die Verfolgung progressiver Mitchristen zur Sprache gebracht. Und wenn es doch einmal geschah, dann nur ganz am Rande, als Argument für die Richtigkeit der eigenen Innenpolitik und als Mittel der Selbstbestätigung der eigenen kleinen Welt.

*

Was den niederländischen und speziell den orthodox-kalvinistischen Antisemitismus angeht, so hat vermutlich auch das »versäulte« Denken eine Rolle gespielt: Was den Juden geschah, war etwas, das sich außerhalb der eigenen Welt abspielte. Es war schlimm, aber es betraf die anderen. Am 19. August 1935 berichtete *De Sumatra Post* ausführlich über neue antisemitische Exzesse in Deutschland, über das Verbot der Ehe zwischen Ariern und Nichtariern und die jüngste Hassrede Julius Streichers vor jubelndem Publikum im überfüllten Berliner Sportpalast. Eine Woche später erwähnte mein Vater in seinem zweiten Beitrag für diese Zeitung die »Arierpolitik« Hitlers; er sah darin zwar einen Angriff auf die Kirche, verschloss aber die Augen vor dem Antisemitismus, der dahinter steckte. »Auf staatlichem Gebiet tolerabel« – und das, wo er doch nie anders als mit Respekt vom »auserwählten Volk Gottes« sprach.

Mein Vater unterschied sich hierin nicht von der großen Mehrheit der Bevölkerung. Den meisten Niederländern flößte Hitlers Judenverfolgung tiefen Abscheu ein, aber sie sahen darin in erster Linie ein Problem der jüdischen Gemeinschaft selbst. Obwohl die Lage in Deutschland immer bedrohlicher wurde und sich an den niederländischen

Grenzen die Verzweifelten drängten, ließ die Regierung jährlich nicht mehr als siebentausend jüdische Flüchtlinge ins Land. Die Niederlande, mit noch nicht einmal zehn Millionen Einwohnern, würden sonst »zu voll werden«, erklärte Premier Colijn. Außerdem, so meinte er, wäre es auch nicht im Interesse der Juden selbst, wenn zu viele jüdische Flüchtlinge kämen, denn dann »würde in unserem Volk die Stimmung gegenüber den Juden eine ungünstige Wendung nehmen«.

Wegen dieser Politik spielten sich an den Grenzen unmenschliche Szenen ab. Ich zitiere aus einer Broschüre des antinationalsozialistischen Comité van Waakzaamheid (Komitee für Wachsamkeit) aus dem Jahre 1938: »Ein Mann, der schwer misshandelt worden war und, um weiteren Gefahren zu entgehen, zu Fuß vierzehn Tage lang durch Deutschland gezogen war, wurde abgewiesen, weil er die ihm zugefügten Verletzungen nicht nachweisen konnte.« »Eine staatenlose Frau, Jüdin, die nach zwölf Tagen Fußmarsch die niederländische Grenze mehr tot als lebendig erreichte, wurde unverzüglich wieder abgeschoben.« »Ein Mann, der um zehn Uhr morgens mit dem Zug angekommen war, durfte auf niederländischem Territorium nicht die telegraphisch angeforderte Bestätigung eines Stellenangebots aus England abwarten, sondern wurde nach einigen Stunden Aufenthalt ohne Erbarmen wieder abgeschoben. Bei seiner Abschiebung beteuerte er, unter Anrufung Gottes, dass die Rückkehr nach Deutschland seinen Tod bedeute. Über sein weiteres Schicksal ist uns nichts bekannt.«

Für die Flüchtlinge, die ins Land gelassen wurden, baute man ein spezielles Lager. Pläne, dieses Lager irgendwo in der Nähe von Ermelo zu errichten, wurden torpediert, und zwar vom niederländischen Automobilklub – der sich die Ferienstimmung in der Veluwe nicht trüben lassen wollte – und von Königin Wilhelmina, die so ein Flüchtlingslager, wie sie schrieb, nicht gerne in der Nachbarschaft ihres Sommersitzes entstehen sah. Schließlich fand man einen geeigneten Platz im hintersten Winkel von Drenthe, weit genug weg von den Ballungsgebieten, unweit der Ostgrenze: Westerbork. Es gab ein paar christliche Hilfskomitees, aber der Großteil der Kosten wurde von der niederländischen jüdischen Gemeinschaft getragen. Der nichtjüdische Steuerzahler sollte damit nicht belastet werden.

Manchmal frage ich mich: Hat bei den orthodoxen Glaubensbrüdern der Vorkriegszeit, die sich selbst so gern »die Kinder Gottes« nannten, vielleicht auch heimliche Eifersucht mitgespielt? Eifersucht auf die einzigen wahren »Kinder Israels«? Juden passten ja nicht in das Bild des idealen Staates – eines niederländischen Staates wie im siebzehnten Jahrhundert –, das die Glaubensbrüder immer vor Augen hatten. »Die Juden«, schrieb der Lehrer und Journalist Hendrik Algra, »sind eine Nation für sich, sie leben als Gäste mitten in unserem Volk. Sie sind *keine* Fremden in unserem Land; sie genießen auch die vollen Bürgerrechte, und das auch zu Recht, aber sie sind nicht Teil unserer Nation.« In Palästina, schrieb er in einem anderen Artikel, sehe man jedoch »auf dem Acker den jüdischen jungen Mann hinter dem Pflug gehen. [...] Wir kennen die Juden nicht anders denn als ein Volk von Händlern, Advokaten und Trödlern. Wer nach Palästina kam, fragte sich verwundert: Sind dies die Juden? So verändert war dieses Volk.«

In dieser Art wurde über die Juden diskutiert, bei den Protestanten und im Rest der niederländischen Gesellschaft. Der eine schrieb Artikel gegen die jüdischen Flüchtlinge, der andere warb um Mitleid für sie, der eine murrte, De Bijenkorf sei ein jüdisches Geschäft, der andere meinte, das stimme ja überhaupt nicht, und zählte zum Beweis die Juden und Nichtjuden im Vorstand auf. Das Problem war nicht, dass in den Niederlanden auf einmal heftiger Antisemitismus aufgeflammt wäre. Aber man kann schon von einer gefährlichen Phase sprechen, in der sich etwas Derartiges vorbereitete, was aber in jener Zeit so gut wie niemand sah: Die Anwesenheit der jüdischen Bevölkerungsgruppe, jahrhundertelang von allen als eine Selbstverständlichkeit empfunden, wurde in den dreißiger Jahren zum Gegenstand der öffentlichen Diskussion, auch in den Niederlanden.

Schließlich kamen die orthodoxen Kalvinisten im Jahre 1936, nach drei Jahren des Suchens und Tastens, zu einer Entscheidung. Die ließ an Deutlichkeit nichts zu wünschen übrig.

Wer Mitglied des NSB war, wurde fortan vom Heiligen Abendmahl ausgeschlossen, eine Maßnahme, die auf Ausstoßung aus der Glaubensgemeinschaft hinauslief. Der Kampener Professor Klaas Schilder schrieb eine scharfe antinazistische Streitschrift mit dem Titel *Geen duimbreed* (Keinen Fingerbreit). Bei Kriegsbeginn waren unter den gut sechshunderttausend Orthodoxen nur wenige hundert NSB-Mitglieder.

Die Suche nach dem eigenen Standpunkt in dieser Welt war damit nicht vorbei. Meine Eltern wussten nun einmal ebenso wenig wie irgendjemand sonst, an welcher Stelle innerhalb der Geschichte sie sich befanden. Und vor allem wussten sie eines nicht: dass ihr Leben sich zwischen einem vergangenen und einem kommenden Weltkrieg ab-spielte.

KAPITEL 7

Die zweite Welt, in der wir leben

U m ein Haar hätte die Familie Mak 1934 noch ein Kind verloren. »Während eines Urlaubs am Tobasee gingen wir Großen noch kurz schwimmen«, erzählte Tante Ans. »Zufällig drehe ich mich um und sehe plötzlich nur noch die Finger von Tineke aus dem Wasser ragen. Ich alarmiere Cas, der am Ufer steht. Der rennt ins Wasser und rettet sie im letzten Moment. Wenn ich mich in dem Augenblick nicht umgesehen hätte, wäre es zu spät gewesen. Noch heute habe ich dieses Bild vor Augen, die kleinen Finger, die aus dem Wasser ragen ...«

Ich bin überzeugt, dass Tinekes Rettung für meine Eltern kein Zufall war, sondern Gottes helfende Hand hatte eingegriffen.

Der Glaube war wie eine zweite Welt, in der sie lebten. Er war eine zweite Welt, die einem Angst einjagte, die Normen auferlegte, strafte und maßregelte – einige holländische Schriftsteller sind durch die Beschreibung dieser gottesfürchtigen Hölle groß geworden –, aber das war er nicht ausschließlich. Der Glaube war auch eine Welt, die stützte und tröstete und die einem ungeahnte Mittel an die Hand gab, die Widrigkeiten des Schicksals hinzunehmen.

Immer wieder stieß ich in den Briefen auf Berichte über Verwandte oder Gemeindemitglieder, die voller Gottvertauen aus dem Leben schieden und manchmal sogar mit einem Psalm auf den Lippen starben. Der erstaunliche Gleichmut, mit dem meine Eltern den Tod ihres Kindes akzeptierten, war keine Haltung, die sie sich auferlegten, sondern Ausdruck eines echten inneren Friedens. Dasselbe galt bei anderen einschneidenden Ereignissen. »Gott wird dafür sorgen, dass alles gut wird«, stand bei einer solchen Gelegenheit in einem Brief, und tatsächlich wurde meistens alles wieder gut.

Zugleich aber ging mit dieser zweiten Welt auch etwas Rechthaberisches einher, eine Pedanterie, mit der man jedes Gefühl abwehren konnte. »Die Menschen leben in den Tag hinein und denken immer nur an Beförderung und Pension und nie daran, dass Gott selbst einfach so einen Punkt hinter alles machen könnte«, schrieb meine Mutter nach dem Tod eines hohen Verwaltungsbeamten. »Es ist gut, dass die Leute mal wieder aufgeweckt werden.« Auch bei meinem Vater schien die Zufriedenheit über seine Unerschütterlichkeit zuzunehmen. Seine Texte und Briefe haben nun manchmal etwas Belehrendes, hier und da schimmert eine Selbstzufriedenheit durch, die ich vorher nicht bei ihm bemerkt habe. Im März 1935 bat man ihn, dem Rotary-Club in Medan beizutreten, »wo ich (welch große Ehre!) alle vierzehn Tage mit den führenden Persönlichkeiten Delis im Hotel zusammentreffen werde. Ein gutes Essen, ein gemütlicher Plausch mit einem Vortrag als Zugabe.«

Die orthodoxen Kalvinisten hatten von der Macht gekostet, und auch meine Eltern waren in gewisser Weise auf den Geschmack gekommen.

Meine Eltern waren jedoch keine Vorzeigemitglieder der protestantisch-christlichen Säule. Ende 1935 diskutierte man im Hause Mak zum Beispiel über die bizarre Frage, ob Nicht-Christen die *Matthäuspassion* überhaupt singen dürften. Es muss dabei hoch hergegangen sein, denn die kleine Anna hatte sogar gerufen: »Wenn ich Chef der Niederlande wäre, ich würde es verbieten!« Meine Eltern hielten derlei Ansichten für vollkommenen Nonsens. Mit derartigen reformierten Überempfindlichkeiten wollten sie nichts zu tun haben.

Die reformierte Säule vereinigte eigentlich zwei Bewegungen in sich: Einerseits war sie eine politische Emanzipationsbewegung, zum anderen war sie auch eine Erweckungsbewegung inmitten der wachsenden Glaubensunsicherheiten, die das Ende des Jahrhunderts der Gewissheiten mit sich brachte. Meine Eltern waren ganz offensichtlich eher Anhänger der letzteren, denn aus allem geht hervor, dass das politische Wohlergehen der Kalvinisten und die Frage, ob man hautfarbene Strümpfe tragen darf, sie nicht interessierten.

Zunächst versuchten sie noch, eine Art Gleichgewicht zwischen dem tagtäglichen Leben in den Tropen, den Normen ihrer Säule und dem moralischen Auftrag, dem sie sich verschrieben hatten, zu finden. So schrieb meine Mutter 1934, eine bestimmte Hochzeit sei ihrer Meinung nach »zu sehr auf Wirkung gezielt gewesen«. Eine Hochzeit durfte durchaus feierlich und vornehm sein, aber sie hatte etwas dagegen, wenn »die Aufmerksamkeit zu sehr auf das Äußerliche gelenkt wird«. »Ich denke, ich werde mit der Mutter der Braut noch ein ernstes Wort reden.«

Mitte der dreißiger Jahre aber wurden meine Eltern immer mehr das, was die orthodoxen Kalvinisten »weltlich« nannten. Trotz der allgemeinen Krise entwickelten sie ein unorthodoxes Gefühl für Äußerlichkeiten. Ein befreundeter Kapitän, der manchmal für einen Tag in Belawan festmachen musste, lud die Familie zum Beispiel hin und wieder zum Essen auf sein Schiff ein. »Wie schön sah unsere Mutter dann aus«, erinnerte Anna sich. »Sie trug ein Kleid und dazu einen eleganten Hut. Wie eine richtige Dame sah sie aus.« Offensichtlich wollten sie weiter kommen, weg von Holland, weg von Vlaardingen und ganz bestimmt weg von Zwart Nazareth. Mit einer Familie von etwas vornehmerer Herkunft waren sie eng befreundet, und alles musste so wie bei diesen Leuten gemacht werden. Anna: »Die wussten, wie man sich benahm, die hatten Fischbestecke!«

Wirklich notwendig war dieses Höherstreben nicht: Ein kalvinistischer Pfarrer musste zwar auch ein wenig repräsentieren, doch so viel Repräsentation war in einer Gemeinde, die vorwiegend aus einfachen Leuten bestand, nun auch wieder nicht nötig.

So richtig in Schwung kam ihr gesellschaftliches Leben, als mein Onkel Ludzer nach intensiver Lobbyarbeit meines Vaters zum Gemeindearzt von Medan berufen wurde. Ende Mai 1935 kam er an, frisch verheiratet und zur großen Freude meiner Mutter, die ihren jüngsten Bruder über alles liebte. Auch wenn Onkel Ludz und Tante Mien in jeder Hinsicht zur Welt der Ungläubigen gehörten, machte dies die Familienbande nicht weniger innig. Innerhalb kürzester Zeit gelang es den jungen, lebenslustigen Neuankömmlingen, den orthodox-kalvinistischen Lebensstil meiner Eltern aufzubrechen. Bereits vierzehn Tage nach ihrer Ankunft lese ich in einem Brief meines Vaters: »Gestern sind wir zusammen auf einem Jahrmarkt gewesen und haben chinesisch gegessen. Geertje findet diese Speisen herrlich, ich weniger.«

Sechs Wochen später, so lese ich, sammelt meine Mutter zusammen mit Tante Mien Spenden für eine Wohltätigkeitsorganisation und geht anschließend bei Gerzon, einem Konfektionsgeschäft, einkaufen. Mein Vater und Onkel Ludzer denken sich allerlei Tricks aus, um gute Zigarren aus Holland zu beschaffen. Wieder gehen sie zu viert chinesisch essen, und Ludz und Mien schleppen meine Eltern sogar mit ins Kino, wo sie sich *The House of Rothschild* ansehen. Meine Mutter findet den Film »ein bisschen projüdisch, aber doch wirklich sehenswert«.

Im Sommer 1935 fängt mein Vater während einer Reise durch Java an, auf eigene Faust »die Welt« zu erkunden. In Bandung besucht er eine Theatervorstellung von Cor Ruys – »Lauter Stiche und Zoten, unter allem Niveau« –, in Surabaja wohnt er einem Konzert der berühmten amerikanischen Sängerin Grace Moore bei und unterhält sich »unter den Lampions irgendeines Shanghai-Restaurants« die halbe Nacht mit einem Journalisten aus Medan.

Auch in anderer Hinsicht trat die Pfarrersfamilie aus dem Bannkreis ihrer Säule. Anfang 1936 begann mein Vater, für den Rundfunk Bücher zu rezensieren. Er besprach unter anderem sein Geburtstagsgeschenk *Bartje* (»Ein außergewöhnlich schönes Buch, das sich hervorragend verkauft«), *Maria Stuart* von Stefan Zweig (»Zwar sehr gut und interessant, aber es bereichert den Leser nicht wirklich«) und *Ewig singen die Wälder* von Trygve Gulbranssen (»Sehr schön und zum Glück keine Verherrlichung des Ur-Germanentums mit Mannesmut, Mannespflicht und Manneskraft, sondern vielmehr ein Lob der christlichen Tugenden. Und das ist in dieser Zeit kein unnötiger Luxus«).

Im Februar 1938 stand ein Galadiner mit dem Generalgouverneur auf dem Programm. Mein Vater: »Wenn ich meine Frau mir gegenüber am Tisch sah, strahlend in ihrem schönen neuen Kleid, und mein Blick dann wieder auf den wollenen Ärmel der Kutte des Pastors fiel, der neben mir saß, da konnte ich nicht anders, als innerlich inständig zu murmeln: ›Es lebe der orthodoxe Kalvinismus, es lebe der orthodoxe Kalvinismus!‹«

Dem Totalabstinenzlertum scheint er vollkommen abgeschworen

zu haben. Meine Mutter beklagte sich darüber, dass mein Vater nach den Rotariertreffen immer häufiger mit einer leichten Fahne zwischen die Laken glitt, und ihr Nachbar und Freund Klevant trug anlässlich ihrer kupfernen Hochzeit ein Gedicht mit dem Titel »Der bekehrte Totalabstinenzler« vor. Onkel Ludz und mein Vater nahmen sich sogar vor, sich nach der Anmeldung von Ludz' erstem Kind ordentlich zu besaufen. Mein Vater: »Als Pfarrer muss ich doch wissen, was es heißt, einen heiligen Rausch zu haben.«

Tante Mien: »Mit deiner Mutter führte ich manchmal tief schürfende Gespräche, doch meist war es vor allem gemütlich, gemütlich und auch ein wenig oberflächlich. Denn du darfst nicht vergessen: Die Männer arbeiteten tagsüber bis zur Erschöpfung. Die waren abends fix und fertig. Wir waren gut befreundet, wir mochten uns sehr, aber man kann niemandem ins Herz schauen.«

In der Gemeinde tratschte man währenddessen, die Atmosphäre im Pfarrhaus stimme nicht mehr, und der Pfarrer renne der Elite hinterher.

Die »Weltlichkeit« meiner Eltern hatte allerdings auch deutliche Grenzen. Konflikte durften niemals zum Streit ausarten: Sie mussten aus der Welt geschafft werden, ehe die Gemeinde wieder zum Abendmahl ging. Außereheliche Flirts gab es nicht, auch nicht solche der allerharmlosesten Art. Die freiere Lebensweise von Onkel Ludz und Tante Mien (um 1910 herum geboren und aufgewachsen während der »wilden« Zwanziger) betrachteten meine Eltern (um 1900 herum geboren und zum Teil noch in der Atmosphäre des 19. Jahrhunderts groß geworden) mit Sorge.

»Ich komme mir schon jetzt antiquiert vor«, schrieb meine Mutter im Frühjahr 1935. »Die Leute, die nach dem Krieg aufgewachsen sind, haben einen viel größeren Wohlstand und deshalb auch mehr Freiheit erlebt als wir. Dadurch entsteht bei diesen Menschen automatisch eine Neigung, zunächst für sich zu sorgen, und erst danach kommt die übrige Menschheit. Man bildet sich ein, man könne ohne ›etwas Herzhaftes‹ aufs Brot, Pudding zum Nachtisch und mindestens zweimal im Monat Ausgehen oder ins Kino nicht glücklich sein. Weil die Leute sich an all diesen Luxus gewöhnt haben, gibt es keine Opferbereitschaft mehr. Sie wollen nicht das Gefühl haben, dass man etwas von ihnen erwartet.«

In einem anderen Brief, kurze Zeit später, schreibt sie: »Die sechzehnjährigen Burschen sind so was von arrogant. Ich denke, sie gehören der weniger gelungenen zweiten Generation der ›Dressur in Freiheit‹ an, die wir als Kinder genossen. Typisch, dass dergleichen nie länger als eine oder höchstens zwei Generationen gut geht. Dann kommt die unvermeidliche Reaktion. In intellektuellen Kreisen plädiert man inzwischen immer weniger für die absolute Freiheit bei der Erziehung. (…) Die Konsequenz aus der Freiheit ist die Zügellosigkeit, und Menschen, die die Augen offen halten, sehen die Welt daran zugrunde gehen. Man fordert nun Zucht und Ordnung. Und unsere Kinder werden sich vielleicht wieder für die Freiheit entscheiden. Wie sehr sich der Geist in so kurzer Zeit ändern kann, das ist schon erstaunlich.«

Im September 1936 durfte Anna zum ersten Mal mit ins Kino, und zwar in den Film *A Midsummer Night's Dream*, was zu Diskussionen zwischen meinen Eltern führte. Nach Ansicht meiner Mutter war der Film, trotz einer kleinen Liebesgeschichte, so unschuldig wie nur irgendetwas, während mein Vater fürchtete, er könne einen »schlechten Einfluss« haben. Das hielt meine Mutter für Unsinn: »Als ich so alt war wie Anna, da habe ich Justus van Maurik, Jacobus Jan Cremer, Jacob van Lennep und die *Camera Obscura* von Hildebrand gelesen*, und das hat mir auch nicht geschadet.«

Die Suche nach neuen Normen hatte einen tieferen Grund als nur das Ausbrechen aus der Enge der orthodox-kalvinistischen Welt. Die Krise warf erneut Gewissheiten über den Haufen, das erste ferne Grollen eines möglicherweise ausbrechenden neuen Kriegs war bereits vernehmbar, und es sah so aus, als seien die alten gesellschaftlichen Strukturen und Glaubenswahrheiten am Ende ihres Lateins. Viele junge europäische Intellektuelle bekannten sich zum Kommunismus, andere, wie Jan Buskes, begeisterten sich für Pazifismus und Sozialismus, wieder andere meinten, ihre Ideale im Nationalsozialismus oder Faschismus finden zu können. Auch innerhalb der Kirchen machten sich Menschen erneut auf die Suche; zum Teil aus einer wachsenden Glaubenskrise heraus, zum Teil auch, um sich dem totalitären Denken zu widersetzen, welches den Menschen zu einem Sandkorn im Strom der Geschichte reduzierte.

Das war der Grund, warum sich Albert Schweitzer wie so viele andere vom Westen abgewandt hatte, auch wenn die meisten nicht buchstäblich bis nach Zentralafrika gingen. Karl Barth und seine Bekennende Kirche riefen hingegen zum Widerstand auf und ermutigten die Menschen, in dieser »ungläubigen« Welt persönliche Verantwortung zu übernehmen. Eine Gruppe junger französischer Katholiken, die sich um die Zeitschrift *Esprit* scharte, versuchte dasselbe in der römisch-katholischen Kirche. Ihre Vorstellungen schlugen Wurzeln und bildeten in den Niederlanden, in Frankreich und auch in Deutschland selbst die geistige Grundlage für viele Widerstandsgruppen gegen den Nationalsozialismus.

Die offizielle Reformierte Kirche, die bei weitem stärkste protestantische Gruppierung in den Niederlanden, war immer schon weniger straff organisiert als die orthodoxen Kalvinisten; und fortschrittlich war diese Staatskirche ebenso wenig. Doch im Laufe der dreißiger Jahre, als das orthodox-kalvinistische Leben immer weiter erstarrte, setzte bei den Reformierten eine überraschende Belebung ein. Man brach allmählich mit der Gewohnheit, den Gottesbegriff nur für die eigenen Projektionen zu benutzen und den Menschen in den Mittelpunkt des Denkens zu stellen. In der neuen Betrachtungsweise ging es um Spannungsfelder – zwischen Sünde und Gnade, Glaube und Unglaube, zwischen Ängsten und Vertrauen –, und dazu brauchte man mehr als nur Theologie. Glauben wurde eine Frage des Zuhörens und Akzeptierens und weniger der Interpretation und des immer Besserwissens.

Nach ihrem »Ausbruch« aus den Beschränkungen der orthodox-kalvinistischen Welt – eine eigentlich sehr kurze Phase – gerieten meine Eltern sehr stark unter den Einfluss dieses Gedankenguts. Im Sommer 1937 lernten sie dessen englische Variante kennen, die 1921 von Frank Buchman gegründete Oxfordgruppe, die meine Mutter hin und wieder als »Heilsarmee für Intellektuelle« bezeichnete. Die Bewegung für moralische und geistliche Wiederbewaffnung, welche Buchman 1938 als Nachfolgeorganisation der Oxfordgruppe ins Leben rief, war eine Art neue Erweckungsbewegung, auch wenn sie vor allem die Erweckung der Bessergestellten im Auge hatte. Die Anhänger gingen davon aus, dass alles Böse in der Welt in erster Linie eine Folge des Schlechten im einzelnen Menschen ist. Deshalb mussten Herz und Glauben wieder miteinander in Einklang gebracht werden, und daran konnte jeder arbeiten, indem er täglich einer inneren Stimme lauschte. Auf diese Weise könne Gott auch in die Politik hineinwirken, und die kleinen Länder Europas könnten dabei eine Vorreiterrolle spielen, meinten einige führende Persönlichkeiten. Diese Bewegung, die auch manchen von außerhalb der Kirche an sich zu binden verstand, entwickelte sich später zu einer radikal anti-kommunistischen Bewegung, doch da hatten meine Eltern sich längst wieder davon gelöst.

Die Gruppensitzungen, die meine Mutter in ihren Briefen beschrieb, haben große Ähnlichkeit mit den therapeutischen Gruppen während der siebziger Jahre. Es wurde von jedem Teilnehmer erwartet, mit größtmöglicher Aufrichtigkeit über sich zu berichten, und dazu verwandte man einen bestimmten Jargon. Probleme mussten »eingebracht« werden, jeder Teilnehmer musste morgens eine »stille Zeit« abhalten, und vor allem musste man »teilen«.

Mein Vater betrachtete das Ganze recht nüchtern; dafür war er zu sehr orthodoxer Kalvinist und zu sehr Theologe. Er konnte bei Tisch eines der Gruppenmitglieder perfekt imitieren, das beim »Teilen« mit affektierte Stimme rief, es tue ihm so Leid, dass es sich früher »den Dienstboten gegenüber so schlecht benommen hatte«. Doch meine Mutter, das schließe ich aus ihren Briefen, ging in dieser Bewegung vollkommen auf. Jeden Tag hielt sie in ihrem Zimmer eine Stunde lang eine »stille Zeit« ab. »Wenn man an ihre Tür klopfte, wurde sie wütend«, erzählte Tineke. »Unseren Eltern hat es bestimmt etwas gebracht, aber wir Kinder fanden die Folgen dieser Bewegung nicht sonderlich berauschend. Ständig klingelten irgendwelche Damen an der Haustür, die während ihrer ›stillen Zeit‹ schon wieder eine ›Erfahrung‹ gemacht hatten, und am Telefon wurde dann die ganze Zeit über weitergetratscht. Wir Kinder nannten sie die ›Oxforddamen‹.«

Anna durfte auch mitmachen. »Während dieser ›stillen Zeit‹ musste man sich selbst befragen, jeden Tag. Ich war damals zwölf und ein sehr gewissenhaftes Kind, und darum ging die Sache auch schief. Ich bekam dadurch nur immer mehr Schuldgefühle.«

Auch die im Tiefschlaf liegende Gemeinde von Medan wurde vom Feuer erfasst. Meine Mutter gründete einen Bibelkreis für Frauen, und in den einzelnen Vierteln schlossen die Leute sich zu Kontaktgruppen zusammen. »Neun Jahre lang haben wir gegen einen leblosen Klotz gekämpft, der mit drei oder vier Begeisterten nicht in Bewegung zu versetzen war, und nun sieht es so aus, als ginge es«, schrieb sie.

Ich denke, trotz aller Verschwommenheit war diese Bewegung für meine Eltern wichtig: Glauben war nach dieser Phase für sie nicht mehr nur ein kollektives Gefühl, wie es damals in vielen Gemeinden noch der Fall war, sondern wurde zu einem individuellen Empfinden, das man sowohl in der Kirche als auch außerhalb erleben konnte. Das Wort, die Predigt, all das wurde weniger wichtig; Glauben musste vor allem aus dem Inneren kommen. In den späteren Kriegstagebüchern meines Vaters begegne ich der »stillen Zeit« immer wieder, sie ist eine Art Meditation, aus der er große Kraft geschöpft hat. Die Gruppen waren eine frühe, mehr oder weniger selbstverständliche Form dessen, was man später als Ökumene bezeichnen sollte, die Wiedervereinigung verschiedener Kirchen. Außerdem vermittelte die Oxfordbewegung – so wie später New-Age-Gruppen und andere Zirkel – ihren Mitgliedern das Gefühl, an etwas vollkommen anderem teilzunehmen, etwas, das abseits aller ausgetretenen Pfade lag, eine Oase der Offenheit und Spontaneität in einer Gesellschaft, die ansonsten straff organisiert und diszipliniert war.

Schließlich verschwanden die Oxforddamen wieder aus dem Hause Mak. Meine Mutter bekam fürchterlichen Streit mit ein paar Leuten aus der Gruppe – Anna: »Ich weiß nicht, worüber sie sich stritten, aber das ganze Haus war in Aufruhr« –, und es drohte zudem die Spaltung der orthodox-kalvinistischen Gemeinde. Und mit der hatten sie bereits Probleme genug.

*

Im Juni 1936 fand im Hause Mak ein kleiner Revolutionsversuch statt. Meine Mutter hielt einem Hausangestellten eine Gardinenpredigt, und nach fünf Jahren treuem Dienst wagte der Mann es, sich vehement gegen die Vorwürfe zu wehren. »Das ist so ziemlich das Schlimmste, was sie tun können, und ich habe ihm dann auch in aller Deutlichkeit gesagt, dass ich ihn nie wieder sehen will«, schrieb sie am nächsten Tag. Sie wollte ihn im Übrigen sowieso entlassen. »Der gute Mann ärgerte mich schon seit längerem, und er war frech. Außerdem war er schlampig, und ich weiß nicht, was sonst noch, so dass er bereits auf der Kündigungsliste stand.«

Ich werde nie erfahren, worum es bei diesem Streit genau ging. Doch etwas viel Wichtigeres wird aus diesem Vorfall deutlich: Ein ostindischer Hausangestellter nahm eine Strafpredigt nicht wortlos hin, er ließ sich nicht länger alles gefallen. Das war unerhört, diese frechen Widerworte, sie kosteten den Mann seinen Job, aber es war auch ein Zeichen dafür, dass der Zeitgeist sich allmählich wandelte.

Wenn man über diese Periode liest oder schreibt, fühlt man sich sehr stark an Tschechow erinnert: Eine kleine Oberschicht, die nur mit sich selbst beschäftigt ist, in der sich alles um Rang, Stand, Probleme und Affären dreht und die nicht die leiseste Ahnung hat, dass all das, aber auch wirklich alles, innerhalb eines Jahrzehnts aus und vorbei sein wird.

Die niederländische Herrschaft über Ostindien während der letzten Jahre vor dem Krieg kann man mit einem Haus auf einem Hügel vergleichen, das durch heftige Regenfälle unmerklich unterspült worden ist: Äußerlich scheint alles in Ordnung zu sein, während gleichzeitig die Fundamente jeden Augenblick wegsacken können. Von der durch Hochkonjunktur und Partylaune geprägten Atmosphäre aus der Zeit von Székely-Lulofs Roman *Gummi* war kaum mehr etwas übrig. Wegen der Krise hatte das Gouvernement solche Einsparungen anordnen müssen, dass von den schönen ethischen Plänen kaum einer realisiert werden konnte. Außerdem war eine nationalistische Bewegung entstanden, die zunehmend Unterstützung in der Bevölkerung fand, die aber von den Weißen vollkommen ignoriert wurde. Hinzu kam noch die zunehmende Internationalisierung der indonesischen Wirtschaft, so dass sie sich quasi immer weiter von den Niederlanden entfernte. Asien erwachte allmählich, auch in wirtschaftlicher Hinsicht, und Japan wurde eine sich schnell entwickelnde Großmacht.

Die meisten Spielsachen im Hause Mak kamen immer schon aus England und den Niederlanden. Vor dem Nikolaustag 1933 jedoch wurde Medan von billigen japanischen Produkten überschwemmt. »Anna wünscht sich sehnlichst ein Fahrrad. Und die japanischen Fahrräder sind so billig (zehn Gulden), dass ich denke, es müsste möglich sein«, schrieb meine Mutter. Zu Beginn der dreißiger Jahre importierte Ostindien bereits doppelt so viele Waren aus Japan wie aus den Niederlanden. Ein bedeutender Teil des Exports ging nicht mehr ins Mutterland, sondern in die Vereinigten Staaten, und der Archipel orientierte sich allmählich immer mehr auf die umliegenden Staaten.

Es ist darum auch umso erstaunlicher zu beobachten, wie die fernen Niederlande sich etwas vormachten und sich weiterhin für *das* Lotsenland hielten, welches Indonesien in die neue Zeit führte. Es sieht fast so aus, als habe niemand die nötige Distanz gehabt, um die unvermeidliche Frage stellen zu können: Wie lange wird die kleine, wohlhabende weiße Minderheit sich zwischen den vielen Millionen bettelarmen Indonesiern noch aufrecht halten können?

Es gab nur wenige Niederländer, die diese Probleme erkannten. So berichtete der Generalgouverneur Idenburg bereits 1912 seinem Parteifreund Abraham Kuyper vom »Geist des Erwachens«, der nach dem Sieg der Japaner über die Russen 1905 durch Asien wabere. »Die Einheimischen beginnen, Rechenschaft über ihr Dasein abzulegen. Man hat ihnen vorgerechnet, dass sie ihr Land weit unter Wert an die Zuckerrohrpflanzer verpachtet haben, dass sie zu wenig Lohn für ihre Arbeit bekommen. (...) Sie haben gehört, was in Japan, China und der Türkei vorgeht. Sie haben die Metamorphose der in Indonesien lebenden Chinesen beobachtet, die sehr selbstbewusst auftreten. Sie fragen sich: Warum?« Und einer seiner Nachfolger schrieb im Mai 1928, den Niederländern stünde ein »endloser, immer heftiger werdender Kampf bevor, in dem wir letztendlich den Kürzeren ziehen werden«.

Der neu ernannte Generalgouverneur de Jonge hielt jedoch alles, was die einheimischen Parteien äußerten, für »Wichtigtuerei über unverstandene, vom Westen übernommene Parolen wie ›Imperialismus‹ und ›Kapitalismus‹. Ich bin der Ansicht, dass wir nun zwar schon seit dreihundert Jahren in Ostindien arbeiten, dass es aber noch weitere dreihundert Jahre dauern wird, bis das Land reif für irgendeine Form der Unabhängigkeit ist«, sagte er 1936 der *Sumatra Post*, und das war die Vorstellung, mit der die meisten Niederländer lebten, auch meine Eltern.

Die Menschen glaubten an die von ihnen selbst entwickelte Idee von der ethischen Politik, sie glaubten an die *Pax Neerlandica*, mit der man das Inselreich in einem Staat vereinigt hatte, sie glaubten an den modernen Westen, den man dort eingeführt hatte, an die Art, auf die man die Inder »zu größerer Selbstständigkeit erzog«, ohne dass diese im Übrigen jemals darum gebeten hätten.

Durch die ruhigen dreißiger Jahre, die auf die »wilden« zwanziger folgten, wurde man in diesem Glauben bestärkt. Bei der Hochzeit von Prinzessin Juliana und Prinz Bernhard am 7. Januar 1937 war, so meine Mutter, die gesamte einheimische Bevölkerung auf den Beinen. »Catrinus musste gestern in Siantar predigen, und er erzählte, dass überall Fahnen hingen, auch in den kleinsten Dörfern. Und auch hier hat jeder sein Fahrrad mit Wimpeln geschmückt, alle tragen orangefarbene Bänder und Anstecknadeln mit den Porträts von Prinzessin Juliana und Prinz Bernhard. Welch ein Unterschied zum Jahr 1929, als wir hier ankamen. Damals sah man am 31. August, dem Geburtstag der Königin, kaum Fahnen, und niemand trug orangefarbene Bänder.« Das Fahnenmeer und der Jubel nährten die Illusion, auf dem richtigen Weg zu sein, hin zu einer neuen Gesellschaft, in der Niederländer, Chinesen und Indonesier harmonisch zusammenleben würden.

Die Niederländer haben in den zwanziger und dreißiger Jahren wirklich viel bewegt in Indonesien. Die Organisation von Verwaltung und Gerichtsbarkeit war im Laufe der Zeit immer weiter optimiert worden, und man arbeitete dort sehr sorgfältig. Der Zustand der Straßen und Eisenbahnbrücken heute spricht für die Qualitätsarbeit der damaligen Erbauer. Die Trinkwasserversorgung einer Millionenstadt wie Jakarta funktioniert noch immer über das Leitungsnetz, das die Niederländer früher einmal für das kleine Batavia gebaut haben. Ein Enkel meines Vaters, der Jahrzehnte später als Wasserbauingenieur in Indonesien beschäftigt war, fand die besten Karten des Gebiets, wo er arbeitete, in einem niederländischen Archiv, Karten, die von emsig arbeitenden holländischen Landvermessern mit großer Genauigkeit gezeichnet worden waren. Auch dies ist ein Aspekt des niederländisch-ostindischen Abenteuers.

Zugleich aber stellten diese Fürsorglichkeit und Rechtschaffenheit eine Falle dar. Die meisten Niederländer waren so mit sich und ihrer ethischen Politik zufrieden, dass sie nicht über den Tag hinaus dachten. Während man in England und Frankreich der dreißiger Jahre anfing, über die Zukunft der eigenen Kolonialreiche zu diskutieren, und darüber nachdachte, wie die neuen politischen Verhältnisse aussehen könnten, verschwendete die Regierung in Den Haag auf solche Fragen kaum einen Gedanken. Denn schließlich würde die Arbeit in Ostindien ja noch mindestens dreihundert Jahre dauern.

Am Ende waren es kaum noch zehn.

*

Die erste nicht-weiße Bewegung wurde unter der Schirmherrschaft von Ernest François Eugène Douwes Dekker gegründet, einem Großneffen des Schriftstellers Multatuli. Douwes Dekker wurde 1879 geboren und hatte eine javanische Großmutter, auf die er sehr stolz war. Seine ersten beiden Arbeitsstellen auf einer Plantage und in einer Fabrik verlor er bald wieder, weil er sich zu sehr für die Kulis einsetzte. Er verbrachte einige Zeit in Südafrika – wo er im Burenkrieg mitkämpfte –, und mit vierundzwanzig Jahren wurde er Journalist beim *Bataviaasch Nieuwsblad*.

Gleichzeitig begann er vermutlich auch, einige begeisterte junge Indonesier zu ermuntern, aktiv zu werden. 1908 wurde die Vereinigung Budi Utomo (Erhabenes Streben) gegründet, die bald darauf ihren ersten Kongress veranstaltete. Ungefähr dreihundert Menschen – niedere Verwaltungsbeamte, Lehrer, ein paar Ärzte – nahmen daran teil und baten das Gouvernement darum, eigene Dorfschulen, Obdachlosenheime und Volksbibliotheken einrichten zu dürfen. Zum ersten Mal meldete sich damit eine ostindische Elite zu Wort, die nicht in den alten feudalen Strukturen dachte, sondern das Land modernisieren wollte.

Diese Bewegung war Douwes Dekker schon bald nicht mehr radikal genug. Zusammen mit einigen Anhängern gründete er 1912 eine echte politische Partei, die Indische Partei, die Indonesien auf der Grundlage der Gleichberechtigung auf eine unabhängige Existenz vorbereiten wollte. Douwes Dekker, der öffentlich das Ende des Kolonialismus predigte, entwickelte sich zu einem Volkshelden. Man organisierte Demonstrationen, bei denen Indo-Europäer und Ostinder gemeinsam mit Fahnen und Musikkapellen marschierten, Bilder, wie man sie in Ostindien noch nie gesehen hatte. Douwes Dekker wurde auf Händen getragen, vor allem die ärmeren Indonesier verehrten ihn. Manche sahen in ihm sogar eine Reinkarnation Mohammeds.

Die Indische Partei war noch kein Jahr alt, da wurde sie vom »ethischen« Generalgouverneur Idenburg bereits verboten. Douwes Dekker und zwei weitere Anführer wurden verhaftet und kurze Zeit später in die Niederlande verbannt. Dort geriet er in die Wirren des Ersten Weltkriegs – ich stütze mich in meinen Ausführungen auf die Arbeit von Louis de Jong –, arbeitete für den deutschen Geheimdienst, beteiligte sich an einem Waffenschmuggel von San Francisco nach Singapur, wurde von den Engländern verhaftet und durfte schließlich 1918 wieder nach Batavia zurückkehren. Wieder arbeitete er als Journalist und wurde zwei Jahre später erneut verhaftet. Nach seiner Entlassung betätigte er sich nicht weiter politisch und gründete in Bandung nicht weniger als neun Schulen. Einer der Lehrer, die er einstellte, war ein Ingenieur namens Sukarno.

In der Zwischenzeit hatten muslimische Indonesier eine neue Bewegung ins Leben gerufen, die Sarekat Islam*, die Hunderttausende Anhänger fand. Auch der Sozialismus und der Kommunismus schlugen allmählich auf dem Archipel Wurzeln. Sehr bald verschafften sich einige Kommunisten Einfluss auf die große Sarekat Islam und andere oppositionelle Gruppen. In dieser Atmosphäre kam es 1926 zu einer Reihe von Volksaufständen, die aber rasch niedergeschlagen wurden. Auf Sumatra enthaupteten bewaffnete Polizeikräfte den Rädelsführer und trugen seinen Kopf auf einer Stange durch die Dörfer. Anschließend wurden viele Dissidenten verhaftet und in ein Lager am Oberlauf des Digul gebracht, mitten im Dschungel von Neu-Guinea. 1930 waren dort circa eintausendeinhundert Indonesier interniert, und mit ihnen rund tausend Frauen und Kinder. Manche blieben mehr als fünfzehn Jahre in

Haft. Das Leben in Boven-Digul war in dem heißen, feuchten Klima sehr schwer – obwohl man sagen muss, dass die Versorgung mit Lebensmitteln und medizinischer Hilfe dort recht gut war. Vermutlich Dutzende von Dissidenten überlebten den Lageraufenthalt nicht.

Ein neuer Impuls ging von der Jugend aus, vor allem von den Studenten. In den zwanziger Jahren waren die Studienmöglichkeiten für ostindische Jugendliche sehr viel besser geworden, und das bedeutete, dass sich ständig einige Hundert ostindische Studenten in den Niederlanden aufhielten. An der Nordsee spielten die Unterschiede in Religion und Nationalität, die es zwischen ihnen gab, keine Rolle mehr; sie spürten deutlicher als je zuvor, dass sie als Indonesier zusammen in einem Boot saßen. In diesen Kreisen tauchte auch zum ersten Mal der Begriff »Indonesia Merdeka« (Indonesien frei) auf. Es war der Titel ihrer Studentenzeitung. Eines der bedeutendsten Mitglieder war Mohammad Hatta*.

In Ostindien selbst waren die meisten einheimischen Gruppen zusammengeschrumpft oder standen unter der Fuchtel der Elite, so dass viele Jugendliche nicht recht wussten, was sie tun sollten. In dieser Situation gründete Sukarno seine Studienklubs. Er reiste durchs ganze Land und predigte überall, der Widerstand gegen die Kolonialherrschaft brauche eine Ideologie: eine sowohl muslimische als auch nationalistische, die gleichzeitig auch christlich und marxistisch sein müsse. Wenige Monate nach dem Scheitern des kommunistischen Aufstands im Jahr 1926 gründete er die Partai Perserakatan Nasional Indonesia (PNI), die Bewegung, die am Ende den Durchbruch schaffte.

Mit großer Energie engagierten Sukarno und die Seinen sich für die nationale Sache. »Wilde« Schulen wurden gegründet, einige Volksuniversitäten und Jugendorganisationen. Man ermunterte die einheimischen Arbeiter, eigene Gewerkschaften zu gründen. Eine Art Nationalhymne entstand: *Indonesia Raya* (Großes Indonesien). Und es wurden Kundgebungen abgehalten, viele Kundgebungen, mit Zehntausenden von Teilnehmern und Tausenden von rot-weißen Fahnen.

Generalgouverneur de Graeff war einer der wenigen, die spürten, dass diese Bewegung letztendlich nicht aufzuhalten war. Dennoch wurde er 1929 mehr oder weniger gezwungen, Sukarno und einige andere Führer der PNI zu verhaften und vor den Landrat zu bringen.

Sukarnos Verteidigungsrede – die später in den Niederlanden unter dem Titel *Indonesien klagt an* veröffentlicht wurde – dauerte immerhin zwei Tage. Noch heute macht der Text einen tiefen Eindruck auf den Leser. Er ist ein einziges Zeugnis der langen Spur des Elends, die die Niederländer im Laufe der Jahrhunderte auf dem Archipel hinterlassen haben, gut fundiert und mit zahllosen Verweisen auf theoretische Abhandlungen über den Imperialismus und den modernen Kapitalismus. An den vielen Zitaten kann man deutlich erkennen, wie sehr Sukarno damals von niederländischen Sozialdemokraten wie Pieter Jelles Troelstra (den er immerhin sechs Mal erwähnt) und Henriette Roland Holst beeinflusst war. »Wir stehen nicht als Sukarno vor diesem Gericht, nicht als (meine Mitangeklagten) Gatot Mangkrupradja, nicht als Maskun oder Supriadinata, wir stehen hier als Leib und Seele des stöhnenden Volks von Ostindien, als ergebene und treue Söhne von Mutter Indien«, sagte Sukarno zum Schluss. »Ihr Urteil über unsere Berufung wird ein Urteil über die Berufung des ostindischen Volks selbst, über die Berufung von Mutter Indien selbst sein.«

Er wurde zu vier Jahren Haft verurteilt, doch schon 1931 ließ Gouverneur de Graeff ihn wieder frei, zwei Wochen vor dem Amtsantritt seines Nachfolgers, des *Hardliners* de Jonge. Die niederländische Regierung war erbost, konnte aber nichts dagegen unternehmen.

Sukarno wurde von der Bevölkerung triumphal empfangen. An jedem Bahnhof, wo sein Zug hielt, erwartete ihn eine große, jubelnde Menschenmenge. Doch die Weißen hatten den Eindruck, all das geschehe auf einem anderen Planeten und nicht genau vor ihrer Nase. Man bemerkte es nicht, man wollte es nicht bemerken, möglicherweise weil die sich daraus ergebenden Konsequenzen zu groß waren, ein Phänomen, das man in der Geschichte häufiger beobachten kann.

In dem Briefbündel meiner Mutter fand ich exakt einen Abschnitt über die politische Situation in Ostindien, und darin ging es um den Indo-Europäischen Verband, »die einzige politische Bewegung von Bedeutung«. Obwohl Sukarno und die Seinen zu diesem Zeitpunkt – Mitte 1935 – bereits Hunderttausende von Anhängern hatten, zählte diese Bewegung für meine Mutter offenbar nicht. Ihre größte Sorge galt dem

Aufstieg der europäisch-ostindischen Mischlinge, die mit ihrem »Minderwertigkeitskomplex und ihrem Machtstreben« die Position der Europäer allmählich bedrohten. »Wir haben krasse Fälle erlebt, in denen Mischlingskapitäne mit reinrassigen Untergebenen übel umgesprungen sind. Und dann die Art und Weise, mit der Reinrassige aus Positionen entfernt und Mischlinge an ihre Stelle gesetzt werden.« An die Kommunisten verschwendete sie kein Wort. Die waren in ihren Augen einfach »nicht ganz zurechnungsfähig oder vom Teufel besessen«. Was die brauchten, war »eine anständige Tracht Prügel«.

Auch in den Niederlanden hielt man Sukarno für kaum mehr als einen Schreihals und Agitator. Dies ist ein Propagandabild der niederländischen Regierung und der holländischen Nationalisten, das so tiefe Wurzeln schlug, dass weite Kreise noch bis heute so über ihn denken. Dass die nationalistische Bewegung eine typische Emanzipationsbewegung war, in der hart gearbeitet und studiert wurde, ist immer übersehen worden. Und dass Sukarno in Wirklichkeit, trotz all seiner Fehler, ein sehr charismatischer Führer, ein engagierter Kämpfer gegen den Kolonialismus und ein mit allen Wassern gewaschener Politiker war – er machte den Amerikanern zum Beispiel schon sehr früh deutlich, dass er keine kommunistische Revolution anstrebte, und sicherte sich so ihre Unterstützung –, davor verschließt man in den Niederlanden bis heute die Augen.

In der niederländischen Politik gab es während der dreißiger Jahre kaum jemanden, der für ein unabhängiges Ostindien gewesen wäre. Konservativen und Liberalen ging es vor allem um ökonomische Interessen, die Konfessionellen sahen die Arbeit ihrer Missionare gefährdet, und die Sozialdemokraten meinten, die niederländischen Arbeiter, so der führende Sozialdemokrat Johan Willem Albarda, profitierten zu stark von den Beziehungen zu Ostindien, als dass man die Kolonien einfach aufgeben könnte: »Man muss nur an die Bedeutung des ostindischen Markts für die Textilindustrie denken. (...) Auch die Interessen der Hafen-, Lager- und Transportarbeiter sind eng mit dem Besitz der Kolonien verbunden.«

Meine Mutter schrieb im Februar 1934: »Hier fürchtet man sich in erster Linie vor Japan, das mit seinen Produkten auf alle Märkte zu drängen versucht. Singapur scheint stark aufzurüsten. Ob man einen Ausbruch in diese Richtung fürchtet? Vorhin kamen Anna und Cas mit ihren Zeugnissen nach Hause. Beide gut.«

Dennoch existierte die andere Wirklichkeit weiterhin, eine Wirklichkeit, in der – mit den Worten des Islamkenners und Gouverneurs von Ostjava van der Plas – »die intellektuellen Einheimischen, bei aller Selbstbeherrschung und nüchterner Kenntnis der Möglichkeiten, sich ausnahmslos danach sehnen und davon träumen, Herr im eigenen Land zu sein, und manchmal wollen sie noch mehr«.

1936 schickte man im Namen des Volksrats, in dem alle ostindischen Gruppierungen vertreten waren, eine Bittschrift an die Erste und Zweite Kammer des niederländischen Parlaments. Darin wurde in außergewöhnlich vorsichtigen Formulierungen um eine Konferenz zwischen den Niederlanden und Niederländisch-Indien gebeten, auf der über einen Weg beraten werden sollte, auf dem die Kolonie allmählich – man dachte an einen Zeitraum von zehn Jahren – eine gewisse Selbstständigkeit erlangen sollte. Die Autoren der Petition strebten dabei weniger die Unabhängigkeit als vielmehr eine dem britischen »Dominion-Status« vergleichbare Regelung an.

Diese »Sutarjo-Petition« war der Wendepunkt, denn die niederländische Regierung lehnte sogar diese Bitte ab. Die »Landeskinder« hätten, so meinte man, bereits genug »Mitspracherecht bei der Verwaltung des Landes und der Kommunen«. In den Niederlanden unterstützten nur die Sozialdemokraten und die Kommunisten die Petition, und in der Kolonie wurde nun auch den gemäßigteren Reformern klar, dass ein harter, geschlossener Kampf gegen die Holländer vonnöten war. Dass die Sutarjo-Petition die letzte Chance zu einer friedlichen Einigung war, sahen nur wenige.

Im selben Jahr untersagte man Douwes Dekker, weiterhin als Lehrer zu arbeiten.

Mein Vater kämpfte während dieser unruhigen Zeit vor allem an einer Front: Er setzte sich eifrig für die Einführung der Sonntagsruhe auf den Plantagen ein. In den ostindischen Betrieben erhielten die Angestellten und Kulis nur zwei freie Tage pro Monat, und dagegen liefen alle Kirchen Sturm. Mein Vater veröffentlichte in der *Sumatra Post* Artikel über dieses Thema, er hielt Vorträge, er schrieb Briefe an Colijn und die Mitglieder der beiden Kammern des Parlaments, er sprach im Rundfunk, kurzum: Er legte sich wie ein echter Aktivist ins Zeug.

Er dachte dabei auch an das Schicksal der Hunderttausende von indischen Kulis, die auf diese Weise zwei zusätzliche freie Tage im Monat bekämen, doch dies war nicht der wichtigste Grund. Aus seiner Rundfunkansprache, deren Manuskript ich zwischen alten Predigten fand, geht hervor, dass er und seine Kollegen vor allem um die Sonntagsruhe des europäischen Personals besorgt waren. Das kam nämlich wegen dieser Regelung seltener in die Kirche und ging immer häufiger in den Club.

Viel später, als er seine Erinnerungen zu Papier brachte, sprach mein Vater von einer »schuldhaften Zeitgebundenheit«. Im Nachhinein erfüllte ihn sein damaliges Verhalten mit Scham. »Ich machte mir«, schrieb er, »nur Sorgen wegen der Beachtung des Sabbatgebots. Die anderen Gebote – ›Du sollst nicht stehlen. Du sollst nicht begehren deines Nächsten Gut. Du sollst Deinen Nächsten lieben wie dich selbst.‹ – schienen im Hinblick auf die Inder nicht zu gelten. (...) Haben wir – der Kirchenrat und unsere Gemeindemitglieder – uns mit denen solidarisch erklärt, die für die Befreiung von unserer Kolonialherrschaft kämpften? Ich muss ehrlich zugeben: Nein, davon kann überhaupt keine Rede sein.« Wenn es wieder einmal zu Exzessen kam, war man erbost, »doch ansonsten hatten wir mit der Gesellschaftsordnung keine Probleme«. »Kam es uns manchmal schmerzhaft in den Sinn oder waren wir beunruhigt darüber, dass wir – trotz all der Segnungen unserer Herrschaft – eigentlich ihre Unterdrücker und dann und wann auch ihre Ausbeuter waren? Nicht im Geringsten!« Gleich nach dem Krieg fanden fast alle Niederländer es ganz selbstverständlich, dass man widerstandslos auf die alten Positionen zurückkehren konnte. »Ich selbst war auch so naiv.« Erst danach sollte mein Vater aufwachen.

*

Meine Mutter wurde allmählich zu einer ganz normalen holländisch-indischen Dame. Die häufige Abwesenheit meines Vaters machte ihr nicht mehr so viel aus. Im März 1936 berichtet sie mit nur einer halben Zeile von seiner Rückkehr von einer Reise, die immerhin fast einen Monat gedauert hatte. »Man gewöhnt sich so an das Reisen und Umherziehen, dass Abfahrt und Heimkehr keine besonderen Ereignisse mehr sind«, erläuterte sie ein paar Briefe später. »Vor allem jetzt, da die Kinder etwas größer sind und ich viel mehr Ablenkung habe als früher, als ich doch sehr ans Haus gebunden war und nichts anderes tun konnte, als die Tage zu zählen. Ich will damit aber nicht sagen, dass ich mich nicht manchmal nach einem ganz normalen, geregelten Leben sehnte. Das werden wir aber wohl erst führen, wenn wir in den Ruhestand getreten sind.«

Sie wurde erneut schwanger, und in den Briefen wurde über die Namensgebung diskutiert. Bei ihren ersten Kindern hatten meine Eltern sich brav an die Tradition gehalten und Namen gewählt, die in der Familie bereits vorkamen: Das erste Kind war nach der Mutter meiner Mutter benannt worden, das nächste nach dem Vater meines Vaters. Das dritte trug den Namen des Vaters meiner Mutter. Beim vierten begannen meine Eltern, die Namen zu modernisieren, und aus Catherina wurde Tineke. Das fünfte bekam zwei klassische Namen aus beiden Familien mit auf den Weg: Jacobus Ludzer. Danach brachen sie mit der Familientradition und folgten ihrem Gefühl.

1937, noch ehe das Kind geboren war, schickten sie den Text für die Geburtsanzeige in holländischen Zeitungen nach Vlaardingen. Die van der Molens reagierten aufgebracht: »Ihr« Hattem sei jetzt an der Reihe, und den habe man einfach übergangen. Meine Eltern antworteten, dass sie kaum etwas mit Hattem zu tun hätten und dass damit nun endlich einmal Schluss sein müsse. »Ich hätte nie gedacht«, schrieb meine Mutter bissig, »dass wir über solche Fragen Briefe würden wechseln müssen.« Das sei doch nur etwas für Familien, »die nicht über eine gewisse Kleinbürgerlichkeit hinauskommen«. »Liebe Leute«, schrieb sie kurze Zeit später, »bitte tut mir einen Gefallen: Überlasst es Euren Kindern, wie sie ihre Kinder nennen, und seid in solchen Dingen nicht so kleingeistig.«

Wer die Vorgeschichte kennt, die Schuldgefühle meiner Mutter und das immer undeutlicher werdende Porträt von Koosje im Kopf meines Vaters, der versteht, warum meine Eltern hartnäckig blieben, wenn sie auch ein kleines Zugeständnis machten. Sie nannten das Kind Hans, mit vollständigem Namen Johannes Hattum. Johannes: Jahwe hat sich erbarmt.

Hans wurde am Morgen des 5. März 1937 geboren, einem Freitag. Mein Vater dokumentierte das Ereignis detailliert in einem langen Brief an die Verwandtschaft in den Niederlanden. Cas feierte an genau diesem Tag seinen zehnten Geburtstag. Er bekam einen Fußball und ein Schachbrett geschenkt, und in der Schule erzählte ihm sein Lehrer Klevant, dass er außerdem noch ein Brüderchen bekommen habe. »Lauter Jubel und Hurra-Rufe schallten durch die Klassenräume, so dass ganz Medan in kürzester Zeit Bescheid wusste. Der Resident schickte ein Glückwunschschreiben, in dem er berichtete, er habe die Nachricht bereits von den aus der Schule kommenden Kindern vernommen. Anna hatte große Tränen in den Augen.« Zu Hause nahm mein Vater die beiden Jüngsten auf den Schoß und versuchte, ihnen die Neuigkeit zu vermitteln, aber sie schienen nicht recht zu verstehen. Am Nachmittag durften die Kinder in den Tierpark und anschließend mit Anna in eine Milchbar. Die Geburt war problemlos verlaufen. »Ein kräftiger Bursche mit einem Mund, der aussieht wie ein Briefkastenschlitz.« Meine Mutter war überaus dankbar und glücklich.

Doch einen Monat später, als mein Vater erneut zu einer wochenlangen Reise aufbrach, klagte sie zum ersten Mal seit Jahren wieder über die »doppelte Verantwortung, die mich sonst nicht so belastet«, und über die »Junggesellen-Neigungen« ihres Mannes.

Die Kinder wurden größer. Nach ausgedehnter Lektüre von Mädchenbüchern begann Anna, eigensinnig zu werden und sich »zu jungenhaft« zu verhalten. Sie gewöhnte sich einen neuen Jargon an, in dem Wörter wie »riesig« und »kolossal« vorkamen. Cas weigerte sich, sein Haar weiterhin gescheitelt zu tragen, und kämmte es nach hinten. Der Kommentar dazu lautete: unmöglich. Nach Auskunft seiner Lehrer störte er oft und war unkonzentriert, weil er in drei Minuten verstand, wofür alle anderen fünfzehn Minuten brauchten. Gjalt war besessen von allem, was mit Musik zu tun hatte; kurze Zeit später sollte er Geigenunterricht bekommen. Tineke hatte Sommersprossen, und nach Meinung meiner Mutter war sie ein »echtes Kirmeskind«. Sie wollte später keinen Beruf erlernen, sie wollte immer nur schmusen, »erst mit meiner Mutter, dann mit meinem Mann und später mit meinen Kindern«. Hänschen war ein schmächtiges Baby mit schmalen Lippen, dunklen Augen und einer spitzen Nase. »Ludzer behauptet, er sei Doktor Cohen wie aus dem Gesicht geschnitten.«

Im Sommer 1937 beschloss man, fortan alle Briefe per Luftpost zu schicken. »Wie herrlich, dass wir nun innerhalb von fünf Tagen alles voneinander erfahren können.« Seit dem Herbst wurden sogar ernsthafte Versuche unternommen, die van der Molens für einen längeren Urlaub nach Ostindien zu holen. Von allen Seiten kamen Geldgeschenke, die zu den Reisekosten – etwa zweitausendfünfhundert Gulden für zwei Personen – beitragen sollten. Mein Großvater nahm sogar eine Hypothek auf sein Haus auf, und an einem Novembermorgen kamen sie schließlich mit einem Schiff in Medan an. Mittags stand meine Mutter schluchzend an der Anrichte und hatte den ersten Streit mit ihren immer alles besser wissenden Eltern bereits hinter sich.

Die Arbeit nahm kein Ende. Mein Vater, im Dezember 1937: »Um sieben Uhr abends begann der Traugottesdienst, und während ich am Nachmittag die Predigt noch ein wenig einstudierte, kam ein Mann, der sich bis über beide Ohren verschuldet hatte, und berichtete mir, er würde sich und seine Familie umbringen, weil niemand ihnen helfe. Nun darf man sich von solchen Äußerungen nicht Bange machen lassen, aber man muss einem solchen Kerl doch Rede und Antwort stehen und ihm eine ordentliche Gardinenpredigt halten – und dann wieder weiter mit der Predigt: ›Liebes Brautpaar, ihr seid reich …‹ Nachts um halb drei lagen wir endlich in unserem Bett.«

Im April 1938 fing Hans an zu laufen. Pausenlos rannte er durch Haus und Garten. »Überall entdeckt er Sachen«, schrieb meine Mutter. »›Schön, schön‹, sagt er dann und rennt drauf zu.«

Einige Monate später, im September, fiel zum ersten Mal der Name Hitler. Meine Mutter schrieb, an nationalen Feiertagen sei die ganze Stadt voller Fahnen, chinesische, englische, niederländische und auch

Hakenkreuzfahnen. Niemand hatte damit ein Problem. »Die Hitler-fahne ist doch schließlich die deutsche Nationalflagge?« Es fiel ihr aber auf, dass das Tun und Lassen der Deutschen von ihren Konsulaten und Botschaften sehr genau beobachtet wurde. »Der Druck, der auf die Deutschen öffentlich und insgeheim ausgeübt wird, ist enorm.«

In der Korrespondenz taucht ein neues Problem auf: Was sollte man mit den beiden ältesten Kindern machen? Sollten sie ihre ganze Jugend in den Tropen verbringen, oder war es besser, sie in den Niederlanden aufwachsen zu lassen? Meine Mutter war allergisch gegen Trägheit und Bequemlichkeit, Symptome des Schlimmsten, was niederländischen Kindern in ihren Augen widerfahren konnte: »verindischen«. Tineke erinnerte sich daran, dass sie als kleines Kind einmal etwas Geld aus ihrer Sparbüchse nahm, um ein paar heiß begehrte »Sternmurmeln« zu kaufen, und daran, wie wütend meine Mutter über diese »heimliche Tat« war. »Ich habe so fürchterlich geweint, ich konnte gar nicht mehr aufhören zu schluchzen, denn ich hatte doch Recht, es war ja schließlich mein Geld. Heute denke ich, dass etwas ganz anderes dahinter steckte: Sie fand ostindische Kinder hinterlistig, und sie hatte eine Höllenangst, dass wir auch so werden könnten.«

Meine Mutter selbst war vom hohen Entwicklungsstand der niederländischen Gesellschaft zutiefst überzeugt. »Wenn man die Kinder zu hundertprozentigen tüchtigen Menschen erziehen will, dann muss man sie zurück in die Niederlande schicken«, schrieb sie bereits im Sommer 1935. »Wenn die Kinder erst einmal dreizehn oder vierzehn sind und ›Kritik an ihrem Zuhause äußern‹, dann kann man fast nichts mehr tun, und dann wird es höchste Zeit, dass sie die indische Umgebung verlassen.« Darum wollte sie auch am liebsten, dass die ganze Familie nach dem zweiten Urlaub im Jahr 1939 in den Niederlanden blieb.

Einige Monate später tauchte zum ersten Mal der Plan auf, Anna und Cas – wenn es nicht anders ging – allein in den Niederlanden zu lassen, denn »sie müssen doch lernen, wie ein normales Familienleben aussieht«. Die Sorgen meiner Mutter waren durchaus weit verbreitet. In den englischen Kolonien wurden fast alle Kinder auf ein Internat in England geschickt, und auch in Niederländisch-Indien wurde die Trennung von Eltern und heranwachsenden Kindern als eine selbstverständliche Notwendigkeit betrachtet. Meine Mutter war folglich auch überhaupt nicht mit der in Ostindien immer stärker werdenden Neigung einverstanden, die Kinder bei sich zu behalten. »Im Grunde ist das Egoismus, Angst vor dem finanziellen Opfer, Angst, sein Kind zu verlieren. Man muss Kinder aber doch erziehen, um sie zu verlieren.« Doch schwer fiel es ihr trotzdem.

Mit der Zeit aber legte man die Entscheidung in Gottes Hand. So schrieb mein Vater im Sommer 1937: »Wir sehnen uns nicht nach den kirchlich nebligen Niederlanden. Aber die Kinder … Wir machen uns keine Sorgen und werden in Seelenruhe unseren nächsten Urlaub abwarten. Finde ich etwas Passendes in den Niederlanden, dann ist das für mich ein Fingerzeig. Wenn nicht, dann ist auch dies ein Zeichen.«

Was an diesen Überlegungen im Nachhinein besonders auffällt, ist das Fehlen jeglichen Arguments jenseits des Privaten. Die Unruhe in Europa, die aggressiven Verlautbarungen aus Deutschland, die militärische Expansion Japans, all das scheint bei der Entscheidungsfindung meiner Eltern überhaupt keine Rolle gespielt zu haben.

Für meinen Vater hatte das sich zusammenbrauende Unwetter nichts mit seiner persönlichen Zukunft zu tun. »Es spukt ein wenig in der Welt«, schrieb er schon mal, ansonsten berührte es ihn nicht. »So leben wir und freuen uns darüber, dass der Herr uns vor Hölle und Wahnsinn bewahrt.«

In Wirklichkeit marschierte Japan in dieser Welt, in der es »spukte«, bereits seit zehn Jahren von einem Krieg zum nächsten. 1931 hatte es die Mandschurei überfallen, seit 1937 befand es sich mit China im Krieg, und seit 1938 kämpfte das Land in der Mongolei auch gegen die Sowjetunion.

In Europa war Hitlers Armee, entgegen allen vertraglichen Abmachungen, wieder ins Rheinland einmarschiert. Zwei Jahre später, im März 1938, gelang dem Führer der Anschluss Österreichs an das Großdeutsche Reich. Kurz danach brach er einen Streit wegen der »Unterdrückung von deutschen Volksgenossen« im tschechoslowakischen Sudetenland vom Zaun und drohte mit einer militärischen Invasion.

Der britische Premierminister Neville Chamberlain reiste nach München, um dort, auch im Namen Frankreichs, zu retten, was zu retten war. Er setzte den tschechoslowakischen Präsidenten stark unter Druck, und so gelang es ihm schließlich, diesen dazu zu bringen, einen Vertrag zu unterschreiben, in dem Deutschland – im Tausch gegen territoriale Garantien – das Sudetenland zugesprochen wurde. Die Filmaufnahmen vom September 1938 gehören zu den Klassikern dieses Jahrhunderts: Chamberlain, der unter lautem Jubel aus seinem Flugzeug steigt und mit einem Blatt Papier winkt: »Peace in our time«

Chamberlain wurde später immer mit Schwäche und Verrat in Verbindung gebracht, doch sein wirkliches Problem war das eines jeden durchschnittlichen Politikers: Er traute sich nicht, gegen den Willen seiner Wähler zu handeln. Er kannte die öffentliche Meinung in Großbritannien wie kein anderer, und den Menschen im Vereinigten Königreich war der Erste Weltkrieg noch frisch im Gedächtnis. Außerdem war ihm klar, dass man in Versailles einen großen Fehler gemacht hatte, der korrigiert werden musste, bevor es zu spät war.

So kam es zu einem grundlegenden Ungleichgewicht bei den Verhandlungen: Für Hitler war der Krieg eine Läuterung, und darum konnte er seine Forderungen immer weiter in die Höhe schrauben. England und Frankreich hingegen suchten permanent nach Kompromissen, um einen solchen Krieg zu vermeiden. Hinzu kam noch, dass im Jahr 1938 praktisch kein Engländer erpicht darauf war, einen Krieg anzufangen, bloß um zu verhindern, dass Deutschland sich einen Landstrich zurückholte, der (in ihren Augen) sowieso zu Deutschland gehörte. Es gab also viel Jubel und wenig Protest.

Auch in den Niederlanden waren alle froh: Der Krieg war abgewendet worden, und alle Häuser waren mit Fahnen geschmückt – ein Bild, das fachmännisch aus der nationalen Erinnerung gelöscht wurde. Nur wenigen war gleich klar, dass die Tschechoslowakei im Tausch gegen ein vages Versprechen verraten und verkauft worden war. England hatte, so das Mitglied des Unterhauses Winston Churchill, die Wahl zwischen »Schande und Krieg«. »Wir haben die Schande gewählt und werden den Krieg bekommen.« In der Zeitschrift *De groene Amsterdamer* schrieb

Menno ter Braak* über den »Verrat der Flaggen«: »Einer meiner Gewährsleute sagte mir: ›Der Frieden ist ausgebrochen.‹ Er hatte Recht: Die verratenen Tschechen werden es dieser Tage spüren.«

Innerhalb von sechs Monaten waren Hitlers Truppen nicht nur ins Sudetenland einmarschiert, sondern auch in Prag.

München und Prag beschäftigten meine Eltern vor allem deswegen, weil dadurch möglicherweise ihr zweiter Heimaturlaub gefährdet war. »Auch wenn die Herren wieder beraten und konferieren, weiß man doch nie, wann sie mit ihren hübschen Kanonen schießen werden«, schrieb meine Mutter verschmitzt. Vollkommen beruhigt war sie nicht. »Man hat das Gefühl, dass sich hier knurrende Hunde gegenüberstehen, die einander durchaus irgendwann an die Kehle springen können.«

Für andere war der Einmarsch in Prag am 15. März 1939 ein Wendepunkt. Konnte man die vorangehenden Aktionen Hitlers noch als eine Wiederherstellung des Deutschen Reichs betrachten, als eine Korrektur des Versailler Vertrags, wenn man so will, so war der Einmarsch der deutschen Truppen in diese souveräne, florierende Demokratie eine regelrechte Invasion. In Wien wurden die Deutschen von einer jubelnden Menge begrüßt, in Prag herrschte bei der nicht deutsch gesinnten Bevölkerung nur ein düsteres Schweigen. Wer nicht vollkommen blind war, dem wurde nun alles klar: Deutschland wollte schlicht und einfach so große Teile von Europa erobern, wie nur irgend möglich, und jedes Land konnte das nächste Opfer sein.

So fuhr die Familie im Juni 1939 erneut nach Europa. Es war eine herrliche Reise. Das Schiff war nicht groß, es war eher ein Frachtschiff, auf dem auch Passagiere mitfuhren, doch die Matrosen taten alles, um den Kindern Vergnügen zu bereiten. In einem leeren Frachtraum bauten sie aus Segeltuch ein Schwimmbecken, sie ließen Tineke und Gjalt auf der Brücke mitfahren, und Cas lernte, wie man Seepferdchen präpariert. Anna war vierzehn. Stundenlang saß sie auf dem Vordeck und schaute aufs Meer, beobachtete die fliegenden Fische, voller Zukunftsträume, von den Niederlanden, von einer hübschen Schule, neuen Freundinnen und Freunden, von einem anderen Leben, von der Gischt, die mit der Bugwelle fortgetrieben wurde.

KAPITEL 8

Der Zwischenkrieg

Große geschichtliche Veränderungen werden meistens nur vom Rande aus miterlebt, als etwas an der Peripherie des Alltagslebens, und wer kann, dreht ihnen den Rücken zu. Die Zeitungen berichten zuverlässig über all das, was später in den Geschichtsbüchern steht, die Tatsachen scheinen unabweisbar und sind nicht zu übersehen, und doch gibt sich jeder alle erdenkliche Mühe, ihnen zu entrinnen, wie der Gärtner in der orientalischen Parabel dem Tod zu entkommen versucht.

So ist es auch bei dieser Familiengeschichte. Oft fühle ich mich beim Schreiben wie ein Junge, der eine Theateraufführung erlebt und der Versuchung nicht widerstehen kann, seinen Helden zuzurufen: »Pass auf, hinter dir!« Viele historische Abhandlungen sind im Grunde solche Warnrufe, dieses Rufen gibt späteren Generationen immer wieder ein gutes Gefühl.

Das offizielle niederländische Geschichtswerk zum Zweiten Weltkrieg, *Het Koninkrijk der Nederlanden in de Tweede Wereldoorlog*, zwei Regalreihen mit neunundzwanzig Bänden, ist eine Fundgrube für Geschichten. Eine der wirklich unvergesslichen spielt in der Nacht vom 9. zum 10. Mai 1940, der Nacht, in der die deutsche Wehrmacht ohne Ultimatum oder Kriegserklärung in die neutralen Niederlande einfiel. Die niederländische Regierung war nicht ganz und gar unvorbereitet: Schon früher hatte es ernst zu nehmende Hinweise auf einen möglichen Angriff gegeben, und an jenem Abend kamen aus allen Grenzregionen Meldungen über außergewöhnliche Aktivitäten auf deutscher Seite. Der Außenminister und der Verteidigungsminister blieben mit einer Reihe von Beamten bis tief in die Nacht auf. Weil das Radio nicht eingeschaltet war – was sollte auch mitten in der Nacht gesendet werden –, wusste niemand, dass der zentrale Flugwarndienst schon seit halb zwei ununterbrochen »fremde Flugzeuge, die von Osten nach Westen flogen«, meldete. Es waren, wie sich später zeigte, deutsche Maschinen, die über der Nordsee eine Schleife flogen, um anschließend ihren Angriff auf die Ballungsgebiete im Westen der Niederlande zu beginnen.

Schließlich hatten sich die Männer schlafen gelegt, die meisten angezogen in ihrem Arbeitszimmer. Mitten in der Nacht wurde der Verteidigungsminister von seinem Außenamts-Kollegen angerufen: Ob sein Flugwarndienst nicht bitte aufhören könne, dauernd diese alarmierenden Rundfunkmeldungen zu bringen. Das mache die Belgier unglaublich nervös, und es könne der niederländischen Neutralität nur schaden. Die Bitte schien dem Minister gerechtfertigt, und er ließ sich mit dem diensthabenden Offizier des Flugwarndienstes verbinden. »Wäre es nicht vernünftiger, diese Neutralitätsverletzungen nicht so herauszuposaunen?«, fragte er. In diesem Moment klingelte ein anderes Telefon. Ein Adjutant nahm den Hörer ab, und was er hörte, brachte den Protest des Ministers zum Verstummen: Die Flugplätze Waalhaven und Bergen wurden schwer bombardiert. Der große europäische Krieg hatte schließlich auch die Niederlande erreicht.

Lange habe ich mich gewundert, mit welcher Arglosigkeit meine Eltern im Februar 1940 aus Europa fortgingen und zwei ihrer Kinder in der Überzeugung zurückließen, ein paar Jahre später würde die Familie in aller Ruhe wieder zusammenfinden. War das nur mit nationalen Scheuklappen zu erklären oder mit grenzenlosem Gottvertrauen? Lasen sie nicht die Zeitung, waren sie nicht normale, recht gut informierte Kinder ihrer Zeit?

Jetzt, mehr als ein halbes Jahrhundert später, können wir die Bühne der Jahre '39 und '40 ziemlich gut überblicken und sind so in einer äußerst komfortablen Lage. Deshalb sprechen wir heute nur in mitleidigem Ton von der halsstarrigen Naivität der niederländischen Regierung und der Bevölkerungsmehrheit. Und ein erhabenes und hinreißendes Schauspiel bietet sich uns hier wirklich nicht. Nur: Für jene Zeit und gemessen an dem Wissen und der Erfahrung, die man damals hatte, waren ihre Vorstellungen weniger seltsam, als sie uns jetzt scheinen.

Während des Ersten Weltkriegs hatte die Neutralität der Niederlande im Interesse aller kämpfenden Parteien gelegen. Für die Engländer erwies sich das Land als unverzichtbare Basis für ihr ausgedehntes nachrichtendienstliches Netz, und für die Deutschen war die heimliche Durchfuhr vieler Güter von unschätzbarem Wert. Kurz und gut, man hatte allen Grund, auch für einen künftigen Krieg auf einen solchen neutralen Status zu hoffen.

Außerdem gab es für die Niederlande keine Alternative. Wäre das Land ein Bündnis mit England oder Frankreich eingegangen, dann wäre eine Besetzung durch die Deutschen nahezu unvermeidlich gewesen. So gab es wenigstens eine theoretische Chance, noch einmal davonzukommen. Wer ein so labiles Gleichgewicht erhalten wollte, musste aber ständig auf der Hut vor Fehlinformationen und Provokationen aller Art sein, durch die das Land ins gefährliche Fahrwasser der Parteinahme geraten konnte.

Und noch etwas kam hinzu: Viele Niederländer mussten sich einfach an den Neutralitätsgedanken klammern, um normal weiterleben zu können. Alles andere hätte ihre Welt völlig auf den Kopf gestellt. Der überwältigende Drang nach Normalität und die Blindheit für drohende Katastrophen, deren Folgen allzu schwerwiegend wären, kommen in der Geschichte immer wieder vor, und ganz gewiss spielten sie auch am Ende der dreißiger Jahre eine Rolle. Nur eine kleine Zahl nüchterner und mutiger Menschen hatte die Kraft, der kollektiven Selbsttäuschung zu widerstehen. Ein jüdischer Anwalt aus Amsterdam, ein gewisser Gans, der 1938 in Ruhe seine letzten Geschäfte abwickelte und dann mit seiner Familie nach Amerika emigrierte, wurde von allen für verrückt erklärt. Noch immer zehrte man vom Münchner Scheinfrieden.

Krieg und die Niederlande, das blieb für die Mehrheit der Bevölkerung eine undenkbare Kombination. In Frankreich, Belgien, England, Deutschland, Österreich und Italien standen auf jedem Dorfplatz die Ehrenmale für die Gefallenen des Weltkriegs, mit zehn, zwanzig, dreißig Namen, und jeder konnte sich noch die Gesichter zu den Namen vorstellen. Der Durchschnittsniederländer hatte schon seit Jahrhunderten keine Erfahrungen mit dem Phänomen Krieg gemacht, außer mit Kriegen in weiter Ferne oder vor langer Zeit, man kannte Krieg nur vom Hörensagen, aus zehnter Hand. In dieser Hinsicht hatten die Niederlande gewissermaßen noch etwas Unschuldiges. Alles, einfach alles, was man auf diesem Gebiet tat und entschied, war neu.

*

Auch wenn man all das bedenkt, bleibt ein Staunen. Im Nachhinein betrachtet, scheint das halbe Land im Jahre 1939 von einem magischen Denken beherrscht gewesen zu sein, das der beklemmenden Wirklichkeit, wie die Zeitungen sie ihren Lesern täglich vorsetzten, immer weiter entschwebte. Der Niederländer war erfüllt von dem Gefühl, dass ihm nichts passieren könne. Zur selben Zeit schuf der Maler Carel Willink sein magisch-realistisches Meisterwerk *Simon der Säulenheilige*, eine bedrohliche, brennende Landschaft, und in dieser Landschaft sitzt ein magerer Mann auf einer Säule und kehrt der Bedrohung den Rücken zu.

Das Gemälde charakterisiert die Lebenshaltung jener Zeit genau, auch die meiner Eltern. Auf der Hinreise hatten sie sich zunächst ein paar Wochen Ferien in der Schweiz gegönnt. Es war vorläufig das letzte Mal, dass die ganze Familie beisammen sein würde, denn Anna und Cas sollten, das war jetzt endgültig entschieden, bei einer niederländischen Pflegefamilie bleiben. Es war herrliches Wetter, die Kinder ließen sich von den Hügeln herab durchs Gras rollen, und den ganzen Tag spielten sie in einem Bächlein ohne unheimliche Tiere, für Kinder aus Ostindien ein bis dahin unbekanntes Vergnügen. Dann kamen die Besuche in Schiedam und Vlaardingen, mit den Gerüchen von Teer und Honigkuchen. Anschließend zog sich die Familie in eine Pension in Zeist zurück.

Im gleichen Frühjahr schrillten überall in Europa die Alarmglocken. Alle größeren Mächte trieben im Eiltempo ihre Wiederbewaffnung voran. Ein halbes Jahr nach München war die Euphorie vergessen: Im März 1939 waren die deutschen Truppen, entgegen allen Versprechungen, auch in den Rest der Tschechoslowakei einmarschiert. Zwei Wochen später kündigte Hitler den Nichtangriffsvertrag mit Polen. Die Engländer hatten jedoch eine politische Kehrtwendung vollzogen: Sie waren jetzt fest entschlossen, Deutschland aufzuhalten. Zu Hitlers

Überraschung gaben sie eine Garantieerklärung für die Unabhängigkeit Polens ab. Am 7. April, Karfreitag, marschierte die italienische Armee in Albanien ein. Im Grunde herrschte auf dem Kontinent schon von da an Krieg.

Deutschland verfügte in dem Moment über eine Kriegsmaschinerie, die alles in den Schatten stellte, was auf diesem Gebiet im übrigen Europa existierte. Die deutschen Rüstungsausgaben waren schon seit Jahren doppelt so hoch wie die der anderen europäischen Mächte gewesen. Außerdem erkannte Hitler als Erster, dass nicht mehr die Stärke auf See, sondern die Schlagkraft einer modernen, mobilen Landarmee den Ausschlag gab, und was dies anging, waren seine Truppen mit dem Neuesten und Besten ausgestattet. Wenn Hitler und Stalin mit vereinten Kräften vorgegangen wären und Amerika sich abseits gehalten hätte, wäre der Westen erledigt gewesen.

Genau dies war das Kalkül, das die hinter einem der überraschendsten Bündnisse jener Periode stand: dem Molotow-Ribbentrop-Pakt, dem unerwarteten Deal zwischen den beiden geschworenen Feinden Hitler und Stalin. Für beide Seiten bot sich hier eine einmalige Gelegenheit: Hitler konnte sich ganz auf die Eroberung Frankreichs und einer Reihe anderer westeuropäischer Länder konzentrieren, während Stalin freie Hand für die Besetzung der osteuropäischen Staaten hatte. Vor einer zweiten Front brauchte Deutschland diesmal keine Angst zu haben. Später stellte sich heraus, dass zu dem Vertrag noch ein geheimes Zusatzprotokoll gehörte, in dem Hitler und Stalin exakt die Aufteilung Osteuropas in Einflusszonen regelten. Das einzige Problemgebiet, Polen, sollten sich beide teilen.

Der Vertrag stellte die politische Bühne Europas völlig auf den Kopf. »Über den deutsch-sowjetischen Nichtangriffspakt ist oft gesagt worden, er habe Hitler grünes Licht für den Krieg gegeben«, schrieb Norman Davies. »Das stimmt, aber es ist nur die halbe Wahrheit: Der Pakt gab auch Stalin grünes Licht für den Krieg. Sobald die Tinte trocken war, konnte jeder der beiden seine Nachbarn angreifen, ohne Schwierigkeiten mit dem anderen zu bekommen.« Und genau dies taten sie auch. Zwischen 1939 und 1941 marschierten die Armeen beider Partner mit mehr oder weniger Erfolg durch ihre jeweiligen Einflusszonen.

Stalin fiel in sechs Länder ein: in Ostpolen, Finnland (das mehr oder weniger unabhängig blieb), Estland, Lettland, Litauen und Bessarabien (das damals ein Teil Rumäniens war). Hitler eroberte acht: Außer »seinem« Teil Polens waren dies Dänemark, Norwegen, die Niederlande, Belgien, Frankreich, Jugoslawien und Griechenland. Erst 1941 sollten die beiden Mächte selbst aneinander geraten, und dann ging es um das Schicksal ganz Europas.

Der Sommer 1939 war lang und warm, und in der Zeister Pension meiner Eltern wurden all diese Entwicklungen nur bruchstückhaft wahrgenommen. Anfang August fand die traditionelle Nimweger Viertagewanderung statt. »Mit welch schlichter Herzlichkeit haben all diese Ausländer einander begrüßt!«, schrieb das christliche Blatt *De Stuwdam* (Der Staudamm). »Die deutsche Hitlerjugend, die überall Freunde hatte, und die anderen Nationalitäten, bei denen man von der Wanderfreude unserer östlichen Nachbarn begeistert war. Politik – daran dachte man einfach nicht.«

Die Propagandamaschine der Nazis hatte eine neue Kampagne gestartet, diesmal gegen die Polen: Diese misshandelten angeblich deutsche Einwohner. Die Anschuldigungen – unter anderem war vom »Kastrieren« von »Volksgenossen« die Rede – wurden von der niederländischen Presse kommentarlos übernommen. Hitler forderte die Rückkehr der Freien Stadt Danzig ins Deutsche Reich. England und Frankreich garantierten die polnische Unabhängigkeit, konnten und wollten das Land aber nicht militärisch unterstützen, hauptsächlich, weil ihre eigene Verteidigung noch längst nicht gesichert war.

Ende August häuften sich in den Zeitungen die alarmierenden Schlagzeilen. *De Standaard* vom Montag, dem 28. August 1939: »Britische Schiffe zurück«, »Eisenbahnverkehr mit Deutschland unterbrochen«, »Grenzzwischenfälle werden ernster«, »Britisches Parlament tritt morgen mittag zusammen«, »Belgien macht mobil«, »Deutschland garantiert Unverletzlichkeit des niederländischen Territoriums«: »Das Deutsche Reich wird die Unantastbarkeit und Integrität der Niederlande unter keinen Umständen verletzen und jederzeit das niederländische Territorium respektieren.«

Am selben Montag war mein Vater in Sneek, wo die orthodox-kalvinistischen Gemeinden ihre achtzehnte Synode abhielten. Nach einer Betstunde verfolgten alle über Lautsprecher, die im Kirchengebäude aufgehängt waren, eine Rundfunkansprache Königin Wilhelminas: Die Mobilmachung wurde ausgerufen. Auf den Straßen drängten sich die Menschen um die ausgehängten Bekanntmachungen. Am nächsten Tag eröffnete der Vorsitzende die Versammlung mit einer beinahe apokalyptischen Rede: »Inmitten von Feuer und Rauch ragt das große Götzenbild staatlicher Allmacht auf, und die Gestapo steht bereit, jeden, der sich davor nicht verneigen will, in den Feuerofen zu werfen.«

Die niederländischen Grenzbahnhöfe waren noch so ruhig »wie ein gemütlicher Ferienort«, berichtete die christliche Monatszeitschrift *Op den Uitkijk* (Ausschau). Nur wenn ein Zug aus Deutschland einfuhr, entstand einiges Gedränge. Der Reporter beobachtete, dass die Grenzschutzbeamten unter anderem eine ganze jüdische Familie »retournierten«. Am Nachmittag musste er sich ebenfalls ausweisen, bestand aber zum Glück, wie er schrieb, »die Prüfung als rassereiner holländischer Bürger. [...] Einer der Beamten, die mich begleiteten, erklärte mir: ›Es ist wegen Ihres nicht rein arischen Aussehens.‹ [...] Man muss froh sein«, sinnierte unser Journalist, »dass man noch in einem freien Land frei atmen kann und dass unsere Beamten an den Grenzen wachsam sind.«

Am Freitag, dem 1. September 1939, berichtete *De Standaard* auf der Titelseite ausführlich über das deutsche Ultimatum an die polnische Regierung. Die Deutschen seien bereit, schrieb die Zeitung, einen Bevollmächtigten zu empfangen, um einen neuen Vertrag zu schließen. Aber der Rest der Seite war offensichtlich in letzter Sekunde zusammengestellt worden und meldete Grenzverletzungen, Gefechte und deutsche Bombenangriffe. Hitlers Tagesbefehl wurde im vollen Wortlaut abgedruckt: »Der polnische Staat hat die von mir erstrebte friedliche Regelung nachbarlicher Beziehungen verweigert, er hat stattdessen an die Waffen appelliert. Die Deutschen in Polen werden mit blutigem Terror verfolgt, von Haus und Hof vertrieben. [...] Um diesem wahnwitzigen Treiben ein Ende zu bereiten, bleibt mir kein anderes Mittel, als von jetzt an Gewalt gegen Gewalt zu setzen.«

Die Nazis hatten den Anlass zum Angriff geschickt inszeniert. Sie hatten Angehörige einer Strafkompanie in polnische Uniformen gesteckt, die so Verkleideten eine deutsche Rundfunkstation unmittelbar an der polnischen Grenze angreifen lassen und sie dann umgebracht. Die Leichen zeigte man der Presse, als Beweis für polnische Aggression auf deutschem Gebiet. Gleich darauf überschritten die deutschen Truppen überall die Grenze.

Die Schlagzeilen am Samstag, dem 2. September: »Ultimaten Londons an Berlin«, »Sofortiger Rückzug der Truppen aus Polen«, »Vorläufige Neutralität Italiens«, »Mussolini will Versöhnungskonferenz«. Es half alles nichts mehr. Am nächsten Tag war ganz Europa im Kriegszustand. Die Polen verteidigten sich wie die Löwen, aber als am 17. September auch noch die Rote Armee von Osten her ins Land einfiel, hatten sie keine Chance mehr. Zwei Wochen später veranstalteten die Deutschen und die Sowjets in Brest-Litowsk ihre gemeinsame Siegesparade.

In Zeist gingen die Kinder ganz normal zur Schule. Dass irgendetwas los war, merkten sie nur, weil die Pension offenbar in der Nähe des niederländischen Hauptquartiers lag. Von einem Tag auf den anderen waren alle Straßen voll von Militärwagen. »Aber wir fanden Kastaniensuchen interessanter«, erzählte Tineke. »Und dass es immer kälter wurde, das hatten wir auch noch nie erlebt. Ich musste auf einmal dicke Sachen tragen, und wir wussten nicht so recht, wie uns geschah. In der Schule musste ich häkeln lernen, ein Mäntelchen für eine Puppe, die ich nie haben wollte. Und dann wurde es noch kälter, und ich bekam lange Wollstrümpfe und Handschuhe an, das war alles einfach schrecklich. Ich fand Holland blöd, wie konnte man bloß auf die Idee kommen, da hinzufahren!«

Der Januar wurde der kälteste der Geschichte. Bald nach Neujahr wütete ein Schneesturm, so heftig, dass sogar Züge stecken blieben und Dörfer von der Außenwelt abgeschnitten wurden. *De Standaard* beschäftigte sich eingehend damit, und ansonsten lockte man die »kleinen Leute« seitenweise mit Werbung für Autos und Kleidung – darunter war auch ein Rock, der knapp oberhalb des Knies endete, was zehn Jahre zuvor noch undenkbar gewesen wäre.

Es waren die Monate des *Phoney war*, wie dieser »Scheinkrieg« im Westen gern genannt wurde, die bedrohliche Zeit des Wartens zwischen der formellen Kriegserklärung im September 1939 und dem tatsächlichen Beginn der Feindseligkeiten im Mai 1940. Auf See hatten die Engländer eine Blockade eröffnet, in den niederländischen Häfen wurde es still und leer, Anfang Oktober war als Erstes der Zucker rationiert worden, und jederzeit musste mit mehr Maßnahmen dieser Art gerechnet werden. Im November war über bestimmte Teile des Landes der Ausnahmezustand verhängt worden – dies betraf auch Zeist –, die Post konnte zensiert werden, und für manche Versammlungen musste man eine Genehmigung einholen. Für Städte wie Utrecht wurden detaillierte Evakuierungspläne aufgestellt.

In jenem Herbst blieb es in Westeuropa scheinbar ruhig. Bezeichnend für die damalige Atmosphäre waren die Schilder, die an einigen Stellen der französischen Front aufgestellt worden waren: »Nicht schießen bitte, wir schießen nicht«, und gegenüber auf der deutschen Seite standen Schilder mit der Aufschrift: »Wenn Sie nicht schießen, schießen wir auch nicht.«

In Osteuropa war der Zweite Weltkrieg zu dieser Zeit schon längst nicht mehr »phoney«. Die Finnen wurden von den Sowjets überfallen, aber sie kämpften buchstäblich mit dem Mut der Verzweiflung und konnten die Rote Armee immer wieder in blutigen Gefechten zurückschlagen. Unter dem Druck Englands kam schließlich ein Friedensvertrag zustande, der – gegen Abtretung einiger Grenzgebiete nahe Leningrad – die Unabhängigkeit und Neutralität Finnlands garantierte.

Viel schlimmer erging es den Polen. Hitler betrachtete sie als tiefer stehende Rasse, »eher Tiere als menschliche Wesen«. Der westliche Teil Polens wurde ans Deutsche Reich »angeschlossen«, was auch bedeutete, dass die polnische Bevölkerung ganzer Dörfer und Städte vertrieben und durch Deutsche ersetzt wurde: eine ethnische Säuberung, wie sie in Europa seit Jahrhunderten nicht mehr vorgekommen war. Der Rest Polens wurde zu einer Art Gestapoland, in dem die SS tun und lassen konnte, was sie wollte. Alten- und Behindertenheime wurden geräumt, ihre Insassen verschwanden, Intellektuelle und Priester wurden zu Tausenden ermordet, Juden in Ghettos zusammengetrieben, zahllose in

Konzentrationslager verschleppt, andere durchstreiften, heimatlos geworden, das ganze Land, Hunderttausende von Bürgern starben an Hunger und Entbehrungen, viele wurden einfach ermordet. Insgesamt sollten zwischen sechs und sieben Millionen Polen den Krieg nicht überleben: drei Millionen Juden, drei bis vier Millionen Nichtjuden.

So wurde der Zweite Weltkrieg schon bald zur Fortsetzung der europäischen Selbstvernichtung, die im Jahre 1914 begonnen hatte. Auf der Landkarte sah das Ganze ab 1941 fast genauso aus wie im Ersten Weltkrieg: ein Kampf zwischen dem Zentrum Europas auf der einen und Russland beziehungsweise England und Frankreich auf der anderen Seite. Offensichtlich musste noch eine ganze Menge Vergeltungs- und Zerstörungsarbeit vollendet werden.

Zum Teil hing dies mit einem Frieden zusammen, der kein Frieden war. Der Versailler Vertrag hatte die europäischen Machtverhältnisse im Jahre 1919 so stark aus dem Gleichgewicht gebracht, dass ein Zurückschlagen des Waagebalkens früher oder später unvermeidlich war. Außerdem waren aus der Hölle und dem Chaos des Ersten Weltkriegs zwei revolutionäre Bewegungen hervorgegangen, Kommunismus und Nationalsozialismus, zu denen die Europäer auf irgendeine Weise Position beziehen mussten. Deshalb war die Konfrontation im Zweiten Weltkrieg in viel höherem Grade ideologisch bestimmt. Dies war eher ein Kampf zwischen »Gut und Böse« als der Kampf der Jahre 1914 bis 1918.

Dass die Niederlande in diese gewaltige Katastrophe zunächst nicht hineingerissen wurden, war mehr Glück als Verstand. Trotzdem wären meine Eltern liebend gern in Europa geblieben. Mein Vater reiste überall im Land herum und predigte – in der Hoffnung, von irgendeiner Gemeinde berufen zu werden. Aber er hatte kein Glück, vielleicht auch wegen seiner Sympathien für die Ökumene und die Oxfordgruppe. Die Gemeinde von Leeuwarden wollte ihn gerne haben, aber da war es schon zu spät: Die fünfzehn Koffer der Familie waren bereits wieder mit dem Postschiff nach Ostindien unterwegs.

Während meine Mutter in Zeist endlich einmal mit den Kindern im Herbstlaub spielen konnte, führte die niederländische Regierung hinter den Kulissen ihren eigenen *Phoney war*. Hitler wollte eigentlich schon in jenem Herbst Belgien und die Niederlande überfallen, um einer möglichen Besetzung durch die Alliierten zuvorzukommen. Im Oktober 1939 waren genaue Pläne dafür ausgearbeitet worden – Codebezeichnung war »Fall Gelb« –, und man hatte auch schon ein Datum für den Angriff festgelegt: Sonntag, den 12. November. Wegen Nebel und Regen wurde die Aktion dann aber immer wieder verschoben, schließlich sogar über den Winter hinaus, auf das kommende Frühjahr. Insgesamt hat man neunzehnmal einen Termin festgesetzt, und achtzehnmal wurde der Angriff dann doch wieder verschoben. Bis zum 10. Mai 1940.

Meine Eltern haben von alledem, wie die meisten Niederländer, wenig bis nichts gemerkt. Die Versorgung mit Nachrichten war noch längst nicht auf dem hohen Stand, den wir heute haben, viele Familien hatten nur »Drahtfunk« – ein an die Telefonleitung angeschlossenes Rundfunkgerät mit einem großen braunen Schalter, mit dem man zwischen zwei niederländischen und zwei ausländischen Sendern wählen konnte –, und die aufdringliche Präsenz des Fernsehens ist das Phänomen einer Zeit, die damals noch ferne Zukunft war. Das Gros der Bevölkerung achtete nur wenig auf das, was außerhalb der Grenzen geschah.

Nur hin und wieder sickerte etwas von den deutschen Kriegsvorbereitungen durch. Am Freitag, dem 10. November 1939, zum Beispiel meldete *De Standaard* eine plötzliche Urlaubssperre für alle Soldaten. Die niederländische Regierung, die den Hinweis erhalten hatte, dass um den kommenden Sonntag herum Gefahr drohte, nannte als vage Begründung, sie halte es für »geboten, die Verteidigungskraft zum jetzigen Zeitpunkt nicht zu schwächen«. Die Maßnahme führte zu entsprechender Aufregung im beschaulichen Zeist und zu großem Gedränge auf den Bahnhöfen: Um die vierzigtausend Urlauber eilten zu ihren Einheiten. Gleichzeitig wurden Zuid-Beveland und die Grebbe- und Betuwe-Linie geräumt und unter Wasser gesetzt. Insgesamt mussten etwa zweitausend Menschen ihre Häuser verlassen. Die Niederländische Bank ließ vorsorglich Gold im Wert von 166 Millionen Gulden in Kisten packen. Vom südlichen Limburg aus setzte sich ein kleiner Flüchtlingsstrom in Bewegung. Hier und dort wurden Sperren aus umgekippten Bauernkarren und Holzpfählen mit Stacheldraht errichtet, verstärkt mit ein paar Steinen und Sand.

All diese Neuigkeiten wurden aber schon in derselben Woche von einer anderen Nachricht in den Hintergrund gedrängt: Hitler war mit knapper Not einem Bombenanschlag im Münchner Bürgerbräukeller entgangen, den der mutige Tischler Georg Elser im Alleingang verübt hatte. *De Standaard* sprach von einem »feigen Mordanschlag«. Königin Wilhelmina schickte Hitler ein Glückwunschtelegramm.

Am darauf folgenden Montag saßen meine Eltern vor dem Radiogerät und lauschten brav der Rede von Ministerpräsident Dirk-Jan de Geer. Dieser versicherte den Niederländern, es gebe keinerlei Grund zur Beunruhigung. Sich Sorgen zu machen, meinte der Christdemokrat, sei eigentlich auch »undankbar gegenüber Gott«, weil der Mensch dann mehr Last trage, als Gott ihm zu tragen gebe. Sein Vorgänger Colijn schimpfte am selben Abend gegenüber der Zeitung *De Telegraaf* über all die »unnötige Besorgnis«, wo doch »alles in bester Ordnung« gewesen sei, für ihn ein Beweis dafür, »dass es um unsere Nerven noch nicht zum Besten bestellt war«. Nein, er hätte die Sache anders angepackt.

Inzwischen hatte Hitler wieder einen neuen Angriffstermin festgelegt: Mittwoch, den 22. November.

Aber hätte die niederländische Regierung überhaupt etwas anderes tun können, als den Kopf in den Sand zu stecken? Hitler verdankte seinen Erfolg, schrieb Sebastian Haffner, weniger seiner Stärke als seinem siebten Sinn für die Schwäche seiner Gegner. »Ob Hitler der Weimarer Republik, ob er dem Pariser Friedenssystem den Todesstoß versetzte, ob er die deutschen Konservativen oder ob er Frankreich überrannte: Immer stürzte er nur das Fallende, tötete er nur das schon Sterbende.« Dies passt auch hervorragend auf das Königreich der Niederlande.

So besaß die niederländische Armee, um nur ein Beispiel zu nennen, in jenen Jahren nicht einen einzigen Panzer. Die Kanonen wurden fast alle noch von Pferden gezogen. Die Uniform war aus schlechtem Material, unbequem und behindernd. Der einfache Soldat war mit einem schweren, österreichischen Gewehr ausgerüstet, das vor einem halben Jahrhundert konstruiert worden war. Die Kommunikationsmittel waren primitiv und unzulänglich. Die Luftwaffe hatte ein Sammelsurium überwiegend veralteter Maschinen. Die Niederlande waren ein typisches Handelsland, die Affinität zur Armee war schwach, und eine militärische Tradition gab es im Gegensatz zu Deutschland, England und Frankreich erst recht nicht.

Ende der dreißiger Jahre kamen auf diesem Gebiet Veränderungen in Gang, aber da war es schon zu spät. 1939 hatte man zum Beispiel fünfzehn moderne Douglas-Bomber gekauft, aber die Bomben fehlten noch. Man erwartete, dass die Engländer und Franzosen den Niederlanden bei einem Angriff zu Hilfe kommen würden, aber niemand war der Frage nachgegangen, wie umfangreich – oder besser gesagt, wie begrenzt – diese Hilfe tatsächlich sein konnte. Auch über die technischen Einzelheiten hatte niemand nachgedacht: So sollte sich eine Zusammenarbeit mit der britischen Luftwaffe als nahezu unmöglich erweisen, weil die Tankanlagen auf den niederländischen Flugplätzen nicht über Einfüllstutzen verfügten, die zu den britischen Flugzeugtanks passten. Man machte sich Gedanken über einen möglichen Krieg, war sich darüber im Klaren, dass die niederländische Armee nicht lange würde standhalten können, aber fast niemand bezog in seine Überlegungen auch schon ein, was danach kommen würde: eine Besetzung des Landes durch die Deutschen. Nie hat man auch nur das Nächstliegende in Angriff genommen: den Aufbau eines Kommunikationsnetzes zwischen einer möglichen Exilregierung und einem besetzten Holland. Charakteristisch für die Moral der niederländischen Truppen ist der fast klassische Satz aus einem Gefechtsbericht jener Maitage von 1940: »Dann wurde es lebensgefährlich, und wir zogen uns zurück.«

Bei den großen niederländischen Unternehmen herrschte eine andere Mentalität. In den Vorständen rechnete man allgemein mit einem neuen Weltkrieg und auch damit, dass die Niederlande diesmal nicht verschont bleiben würden. Bei Philips zum Beispiel gab es schon seit 1935 eine besondere Abteilung für die interne Vorbereitung auf den Kriegsfall, und 1939 hatte man alle geheimen Unterlagen nach England und Amerika geschafft. An der Unilever-Spitze zweifelte man nicht an einem bevorstehenden deutschen Angriff: Im Notfall konnte man durch ein paar Unterschriften das Konzerneigentum in anderen Teilen der Welt von der Rotterdamer Zentrale »abkoppeln«. Die Niederländische

Bank hatte schon seit 1938 in aller Ruhe den größten Teil der Goldreserven nach London und New York verschifft.

Auch die Organisationssoziologie kennt das Phänomen des Rufers in der Wüste, der in einer gefährlichen Situation vergebens Warnung auf Warnung ausspricht. Fast immer ergeht es solchen Warnern übel: Ihre unbequeme Solidarität wird ihnen von Vorgesetzten und Kollegen, die eher dazu neigen, auf dem eingeschlagenen Weg zu bleiben, meistens schlecht vergolten.

In der zwielichtigen Situation der Jahre 1939 und 1940 gab es auch einen solchen Warner, in diesem Fall einen, der für das ganze Land die Alarmglocken läutete. Es war der Militärattaché in Berlin, Major G. J. Sas, ein Mann, der ausgezeichnete Beziehungen zum Stabschef der militärischen Abwehr, Hans Oster, unterhielt. Dieser Topspion, ein Pfarrerssohn und Offizier, der seinen humanen Grundsätzen treu blieb, war überzeugt, dass Hitler Deutschland und Europa ins Unglück stürzen werde. Er informierte Sas fortlaufend über die deutschen Pläne im Hinblick auf die Niederlande. Aber die von Sas weitergegebenen Warnungen wurden mit Hohn aufgenommen. Als er beispielsweise im Mai 1939 berichtete, die Deutschen planten den Einsatz starker Fallschirmjägereinheiten und Luftlandetruppen, so dass die berühmte holländische »Wasserlinie« im Ernstfall wertlos sein würde (und genauso sollte es kommen), lachte man ihm in Den Haag ins Gesicht: »Die fangen wir dann schon mit Heugabeln auf!«

Auf die Dauer wurden seine Berichte in den Geheimakten des niederländischen Nachrichtendienstes mehr oder weniger lächerlich gemacht und mit ironischen Ausrufezeichen versehen. Nur seinen Hinweis auf einen möglichen Angriff am 12. November 1939 nahm man ernst, aber das auch nur, weil die Engländer die gleichen Informationen weitergegeben hatten. Als der Angriff wegen ungünstiger Wetterbedingungen abgeblasen wurde, verlor Sas noch weiter an Ansehen. Nur wenige, unter ihnen Königin Wilhelmina, schenkten seinen Alarmmeldungen Glauben. Der Rest betrachtete ihn als Panikmacher und seinen geheimen Informanten Oster als jemanden, der darauf aus war, die niederländische Neutralität ins Wanken zu bringen. In dieser Auffassung wurde man noch dadurch bestärkt, dass Hitler einen Angriffstermin nach dem anderen festsetzte und wieder annullierte, Daten, die Sas gewissenhaft nach Den Haag meldete, wo man die Informationen aber vor allem als Mittel deutscher Enervierungsstrategie sah.

Das historische Datum war dann schließlich der 10. Mai 1940, aber es hätte zum Beispiel auch gut Mittwoch, der 17. Januar, sein können, eine Viertelstunde vor Sonnenaufgang. Es waren eiskalte Wochen, niemand rechnete mit irgendwelchen Aktionen, und eben das wollte Hitler ausnutzen: Seine Truppen konnten ja die holländische Wasserlinie nun einfach zu Fuß überqueren. Eine Woche vorher fielen jedoch große Teile des »Fall Gelb« genannten Plans durch einen Zufall der belgischen Regierung in die Hände. Ein kleines deutsches Flugzeug hatte auf belgischem Territorium notlanden müssen, und an Bord war ein nachlässiger Offizier, ein gewisser Major Helmuth Reinberger, der den vollständigen Angriffsplan in seiner Tasche hatte. Aber auch dies alarmierte die niederländische Regierung noch nicht wirklich, weil sie sich nicht vorstellen konnte, dass Deutsche derart lässig mit ihren Angriffsplänen umgingen. All das waren nur Provokationen, meinte man.

Hitler selbst jedoch war außer sich. Wieder einmal sah er sich gezwungen, alles zu verschieben: Viele seiner alten Pläne waren ja jetzt wertlos. Nur dank dieses Zufalls konnten meine Eltern einen Monat später noch in Ruhe abreisen; ohne Helmuth Reinberger hätte ihr Leben einen ganz anderen Verlauf genommen.

In ihrem Leib- und Magenblatt *De Standaard* wurden diese Dinge mit keinem Wort erwähnt. Allerdings meldete die Zeitung Mitte Januar auf einmal, dass für bestimmte Truppenteile Urlaubssperren verhängt worden seien und dass einige Brücken nachts gesperrt würden. Ansonsten enthielt die Zeitung regelmäßig Berichte über fremde Flugzeuge, die man wieder verjagt hatte, über unerklärliche Lichtsignale und über Schiffe, die auf eine Mine gelaufen waren, wobei es manchmal zwanzig, dreißig Tote gab.

In einem Brief von Ende Februar berichtete Cas aufgeregt von einer Schießerei über Zeist. »Es war ein toller Anblick, fünf oder sechs Suchscheinwerfer, bei klarem Nachthimmel, und all die Warnschüsse und dann die echten Granaten, die im Schnittpunkt der Lichter explodierten.« Man hatte, schrieb er, auch »ein großes Spionagekomplott entdeckt«; jemand hatte diesen Flugzeugen von Zeist aus mit »Lichtzeichen« geholfen. So schwirrte das Land von Gerüchten über eine »fünfte Kolonne«, Komplotte von Deutschen und niederländischen Verrätern, die im entscheidenden Moment der niederländischen Armee in den Rücken fallen sollten.

Und wieder wurde vor zu großer Nervosität gewarnt: Sie könne die Neutralität des Landes gefährden. Am 22. April 1940 schrieb meine Mutter, gerade nach Ostindien zurückgekehrt, an ihre Eltern: »Ihr habt tüchtig vom Leder gezogen gegen unsere östlichen Nachbarn. Sollten wir nicht die gleiche Verabredung treffen wie mit den Kindern und in unseren Briefen nur neutral über Krieg und Politik sprechen? Wenn man als Volk neutral sein will, muss man doch auch bei sich selbst anfangen und nicht die Neutralität der Regierung überlassen und in seinen eigenen Äußerungen drauflosschlagen.«

Es war der letzte Brief, der die Niederlande auf normalem Wege erreichte.

*

Am 19. Februar 1940 reiste die Familie wieder vom Rotterdamer Maasbahnhof nach Genua ab, um von dort aus nach Ostindien zurückzufahren. Wegen des Kriegszustands waren die Fenster des Zuges verhängt. Für Anna und Cas hatte man in Zeist eine Pflegefamilie gefunden, einen Missionsarzt und seine Frau. Meine Mutter meinte, das sei eine Familie, in der eine gute Atmosphäre herrsche, das spüre man einfach gleich. Die Frau wirke ein bisschen spröde, schrieb sie, habe aber eigentlich viel Humor, und er sei »ein feiner Mann, den seine Arbeit als Arzt geistig nicht abgestumpft, sondern eher bereichert hat«.

Ich weiß nicht, ob die Entscheidung meiner Eltern im letzten Moment noch ins Wanken geriet. Vermutlich nahmen sie die Haltung von Menschen an, die ihren Entschluss gefasst haben und dann, was auch geschieht, an ihm festhalten. Sogar Onkel Koos sagte, als mein Vater sich von ihm verabschiedete: »Mensch, willst du das wirklich machen, mit den Kindern?« »Ach«, entgegnete mein Vater, »es wird schon gut gehen. Wir bleiben neutral.« Die Angst vor dem »Verindischen« der Kinder war offenbar größer als die Angst vor Hitler.

Dramatisch war der Abschied nicht. »Mutter war vor allem mit Kleidern und Geschenken beschäftigt«, erzählte Anna, »aber Vater fand es schon ziemlich schlimm. Er wollte dabei sein, wenn seine Kinder groß wurden. Aber andererseits dachten wir alle, wir könnten einander ja schnell wiedersehen, wenn es nötig wäre.«

Alle waren auf dem Bahnsteig. Der Zug war gerammelt voll mit Menschen, die nach Ostindien zurück wollten, überall lag Krieg in der Luft. Anna: »Vater war so nervös, dass er den kleinen Hans wie wild zu drücken und zu liebkosen anfing, obwohl der doch mitfuhr und wir dablieben. Wir winkten, bis wir sie nicht mehr sehen konnten. Unsere neue Pflegemutter war auch da, in einem langen braunen Mantel aus Pferdehaut.«

»Als der Zug abfuhr, wurde es in unserem Abteil auf einmal ganz still, alle waren bedrückt«, erzählte Tineke. »Da habe ich angefangen, laut zu singen, ›Lass den Mut nicht sinken‹ und so. Da haben sie ein bisschen gelächelt.«

Gut anderthalb Monate später wurden Dänemark und Norwegen überfallen. Und wieder einen Monat später, in der Nacht von Donnerstag, dem 9., auf Freitag, den 10. Mai 1940, rückten um etwa drei Uhr die ersten deutschen Stoßtrupps ins schlafende Limburg vor, um eine Reihe von Maasbrücken zu besetzen. Zur gleichen Zeit drang eine große Zahl von Flugzeugen in den niederländischen Luftraum ein. Ungefähr Viertel nach drei wurde im südlimburgischen Waubach eine niederländische Grenzpatrouille gefangen genommen. Etwa im selben Moment kam es in der Provinz Groningen zum ersten Gefecht. Dort wurde die Wache des Grenzbahnhofs Nieuweschans überfallen, um den Weg für einen deutschen Panzerzug Richtung Groningen frei zu machen. Kurz nach vier schreckten auch am Hoofd in Schiedam alle aus dem Schlaf: In der Gegend des Flugplatzes Waalhaven, ganz in der Nähe, wurde heftig gekämpft. Und als die Maks nach draußen rannten, sahen sie Fallschirmjäger vom Himmel kommen, Hunderte und Aberhunderte, den ganzen Nieuwe Waterweg entlang. Jetzt war es soweit. Krieg.

In Medan erfuhr man fast sofort vom deutschen Angriff. *De Sumatra Post* vom Freitagnachmittag, also die Ausgabe vom 10. Mai, enthielt noch die üblichen Nachrichten: »Chamberlains Rücktritt so gut wie gewiss. Wird Churchill Premier?« »Luftwaffe besser als Schlachtkreuzer? Nach Norwegen Klärung für Verteidigung Ostindiens notwendig«, »NSB in Ostindien unter Kontrolle. Keine öffentlichen Versammlungen«, »Holländische Presse sieht keinen Grund zur Beunruhigung. Das Ausland kann am Willen der Niederlande nicht mehr zweifeln«.

Auffällig war jedoch eine kurze Meldung oben auf der Titelseite, vermutlich im allerletzten Moment eingefügt: »Der Polizeipräsident von Medan hat […] folgenden Aufruf erlassen: Alle männlichen Deutschen und Österreicher über sechzehn Jahre müssen sich bis heute nachmittag zwei Uhr im Polizeipräsidium Medan […] mit Handgepäck und Waschzeug melden.«

Kurz nachdem die Zeitung zugestellt worden war, wusste man schon mehr. Die Vorderveranda meiner Eltern war voller Leute, die in ernste Gespräche vertieft waren, erinnerte sich Tineke. Währenddessen bauten Gjalt und sie im Garten große Sandburgen, die sie anschließend bombardierten. »Das fanden wir jetzt auf einmal herrlich, dieses Kriegsspielen machte uns großes Vergnügen.«

Die *Sumatra Post*, die meinen Eltern am nächsten Tag geliefert wurde, gab sich durch und durch kämpferisch. »Proklamation der Königin: Dem Vaterlande treu bleib' ich bis in den Tod!«, »Mehr als 100 deutsche Flugzeuge abgeschossen«, »Frankreich hat zum Schwert gegriffen!«. »Die Deutschen in Rotterdam. Sie kamen in Schiffen versteckt«, »Ostindien bekundet Treue«. »Zu den Waffen!«, schrieb der Chefredakteur. »Keine Umstände mit dieser Bande. Hinaus mit ihnen!«

Am Montag, dem 13. Mai, war die Zeitung noch immer optimistisch: »Deutsche nicht über IJssellinie und Peel hinaus. Trotz intensiver Fallschirmtaktik Niederlande Herr der Lage.«

Dienstag, 14. Mai: »Unser Heer sicher hinter Grebbe-Linie«, »Einsatz gegen den NSB«, »Rotterdam erholt sich wieder«.

Mittwoch, 15. Mai: »Der bittere Kelch des Leidens«, »Proklamation I. M. der Königin«: »[…] musste die schwere, aber notwendige Entscheidung getroffen werden, den Sitz der Regierung ins Ausland zu verlegen, so lange, wie es unumgänglich ist …«, »Niederlande haben Kampfhandlungen eingestellt«: »[…] feindlichen Truppen war es in großer Zahl gelungen, die Moerdijk-Brücken zu überqueren und Rotterdam zurückzuerobern, das zuvor schwer bombardiert wurde. Dadurch war das Herz des Landes ungeschützt dem Feinde ausgeliefert, und der niederländischen Armee hinter der Wasserlinie drohte unmittelbar ein feindlicher Angriff im Rücken. [...] dass weiterer Widerstand sinnlos geworden war und die Kampfhandlungen deshalb eingestellt werden mussten.«

Donnerstag, 16. Mai: »Rundfunkansprache des Oberkommandierenden«: »Rotterdam wurde schwer heimgesucht. Utrecht und andere Städte hätten das gleiche Schicksal erlitten ...«, »Die Niederlande bleiben im Krieg«, »In Asien weht die niederländische Fahne noch, ebenso in Westindien. Wir haben keinen Grund anzunehmen, dass die Ruhe dort gestört wird ...«

Eine kleine Meldung im Inneren besagte, dass die Postflugzeuge Uhu und Bussard zurückgerufen wurden und dass die Post aus diesen Maschinen an die Absender zurückgehen werde. Von diesem Moment an waren die direkten Verbindungen in die Niederlande unterbrochen. Nachrichten erhielt man nur noch häppchenweise auf dem Weg über Amerika. Über Bekannte in der Schweiz und das Rote Kreuz wurden hin und wieder noch Lebenszeichen mit Anna und Cas ausgetauscht, aber viel war das nicht. In der Briefsammlung meines äußerst gewissenhaften Großvaters findet sich nach jenem letzten Brief vom 22. April nichts mehr. Ein schwarzes Loch von fünf Jahren.

Anna und Cas waren am Morgen des 10. Mai gleich mitten im Kriegsgeschehen. Sie wohnten fast unmittelbar am Flugplatz Soesterberg, und um sie herum wurde geschossen. »In diesen Tagen blühte überall die japanische Kirsche, es war herrliches Wetter«, erzählte Anna. »Wir glaubten, dass ganz schnell wieder Schluss sein würde, Colijn hatte das schließlich immer wieder gesagt. Ich ahnte auch nicht, dass dadurch jeder Kontakt zu meinen Eltern unterbrochen war. In ein paar Tagen kriege ich sicher wieder einen Brief, das glaubte ich.«

Auch die Verwandten in Schiedam waren dem Kriegsschauplatz ganz nah; praktisch vor ihrer Nase wurde ein niederländisches Torpedoboot bombardiert. Gleichzeitig ging das Leben weiter. In der Stadt spürte man ständig die Erschütterungen durch das Artilleriefeuer, und meine Großmutter ließ sich einen neuen Hut für den Gottesdienst am nächsten Tag ins Haus liefern.

»Jeden Tag diese schweren deutschen Flugzeuge über einem, und man hatte Angst, dass sie Bomben werfen würden«, schrieb sie hinterher in einem Brief, der Medan über Italien erreichte. »Viele sind gefallen, aber uns hat der Herr behütet. Warum? Wir sind doch nicht besser als all die Menschen, die gefallen sind.« Aber sie hatte die Rundfunkandacht gehört und ein Lied mitgesungen, »und dann sah ich gleich Euer Porträt an, und es war, als wenn Ihr mir alle zulächeln würdet«. Den Rest des Briefs hatte die Zensur weggeschnitten.

Am Dienstag darauf gab es um zwei Uhr Luftalarm, und dann begann der Bombenangriff auf Rotterdam. »Vom Hoofd konnten wir das Dröhnen hören«, hat mir mein Vetter Catrinus später erzählt. »Wir sahen ungeheuer viel Rauch und schreckliche Brände, und bald darauf hörten wir, was los war. Am Abend kam die Meldung, dass die Niederlande sich ergeben hatten. Und dann sahen wir auch die ersten Flüchtlinge aus Rotterdam.«

Der deutsche Bombenangriff verursachte einen Brand, der innerhalb von drei Stunden die gesamte Innenstadt verwüstete. Neunhundert Rotterdamer kamen ums Leben, Zehntausende wurden obdachlos. Fünfundzwanzigtausend Wohnungen gingen verloren, gut zweitausend Geschäfte und etwa zweitausend Fabriken und Werkstätten.

Auch etwa achtzig deutsche Soldaten kamen ums Leben. Sie waren in Schlauchbooten über die Maas gefahren, wurden von holländischen Marinesoldaten beschossen und dann vom Bombenangriff ihrer eigenen Luftwaffe überrascht. Eine Augenzeugin hat mir erzählt, was sie damals sah: »Alles brannte noch. Aus einigen Speichern quoll glühende Kaffeemasse. Am Maasboulevard standen zwei Karren, voll mit Leichen von Deutschen, eine Reihe Stiefel über der anderen, ein paar lagen noch in den brennenden Trümmern, auf dem Rücken, mit offenem Mund, halb offenen Augen, die Körper waren zum Teil verkohlt, man zog sie mit einer Art Fleischerhaken heraus.«

Zwei Tage später fuhren Catrinus, sein Bruder Arie und sein Vater Koos nach Rotterdam, um ihre Kunden zu suchen. »Das waren praktisch Beileidsbesuche bei unseren Geschäftsfreunden und Kollegen, denn all die Betriebe waren zerstört. Aber trotzdem standen die Männer mit der ganzen Belegschaft neben den teilweise noch schwelenden Trümmern, den Resten der Gebäude, in denen sie oft viele Jahre gearbeitet hatten.« Was Catrinus von dieser Fahrt hauptsächlich im Gedächtnis blieb, das waren die Gerüche, die Kombinationen aus Teer-, Tau- und Kaffeegeruch und je nach Betrieb noch anderen Düften, vermischt mit dem leicht süßlichen Leichengeruch, der hier und da aus den Schutthaufen aufstieg.

An vielen anderen Orten wurden die deutschen Soldaten staunend begafft. Der Autor Anton Coolen hat geschildert, wie seine Nachbarn sich anstrengten, ein paar Deutschen den Weg zu zeigen. »Sie geben sich Mühe, den Deutschen die Auskünfte zu geben, die sie haben wollen. Ein paar Frauen sind mit Schalen voll dampfendem Kaffee aus ihren Häusern gekommen, sie bringen sie den Deutschen, die ihre Karten zusammenfalten und lachen.« Mit deutschfreundlicher Gesinnung hatte das nichts zu tun, sagt der Historiker Chris van der Heijden zu Recht. Es war ganz einfach Freundlichkeit, es war Naivität und vollkommenes Unverständnis für den Ernst der Lage. In Zeist marschierten deutsche Truppen ein, stramm, strohblond, mit dem modernsten Material ausgestattet. Anna und Cas sahen zu. »Alle, die am Straßenrand standen, waren bedrückt«, erinnerte sich Anna. »Rotterdam brannte ja noch. Einen Mann gab es, der seinen Arm schräg nach oben hielt. Ich traute meinen Augen nicht. Das war niemand anders als mein eigener Pflegevater. Er war nicht mal NSB-Mitglied oder so was, er fand nur einfach großartig, was er da sah, diese Ordnung, das Stramme, Moderne. Da bin ich weggegangen. Ich weiß noch, wie ich im Wintergarten saß und weinte, draußen blühte alles, und ich dachte: Wie ist es möglich ...«

*

In Medan brachen Monate an, in denen, wie Tineke es ausdrückte, »ein Grauschleier über dem Leben hing«. Aus Holland kam keinerlei Lebenszeichen, und der Kummer und die zunehmende Unruhe der Eltern waren spürbar. Meine Mutter war oft krank, in der Schule lief es nicht mehr so gut, vertrautes Spielzeug war während des Urlaubs verloren gegangen, und Tineke konnte auf einmal schlechter sehen und laufen. Sie bekam eine Brille, und das bedrückte sie noch zusätzlich. Hans erinnerte sich, dass er in jener Zeit endlos bei den Hausangestellten spielte: ein deutliches Anzeichen dafür, dass meine Mutter gedanklich abwesend war. Der Himmel heiterte sich wieder etwas auf, als über das Rote Kreuz die ersten Nachrichten aus Holland eintrafen, kurze, aufmunternde Mitteilungen: »Alles in Ordnung. Alle unversehrt. Wir behalten den Kopf oben!« Oder, im März 1941: »Strenger Winter. Kein Mangel. Anna legt Ostern Glaubensbekenntnis ab. Die Kinder lernen ausgezeichnet.«

Nach einiger Zeit kamen auch Briefe, die über Bekannte in der Schweiz, Italien und Amerika auf unmöglichen Wegen schließlich doch den Residentsweg in Medan erreichten. Und was stand in dieser mit gepanzerten Zügen und Geleitschiffen unter Lebensgefahr transportierten Post? »Das Gärtchen sieht im Augenblick tadellos aus, die Studentenblumen blühen schon«, schrieben meine Großeltern. »Wir sind so gesund wie Fische im Wasser, und die neuen Kartoffeln werden mit jedem Tag besser und leckerer.« Anna und Cas erzählten hauptsächlich von den Ferien und der Schule, meldeten brav ihre Zeugnisnoten, und in einem der Umschläge fand ich sogar noch einen kompletten Schaltplan für eine elektrische Warnglocke, den Cas seinem Bruder Gjalt ans andere Ende der Welt geschickt hatte, mitten durch eine Welt im Krieg.

Cas und meine alte Großmutter Mak waren die einzigen, die über die Ereignisse in Holland berichteten. »In Rotterdam ist das Desaster kaum zu ermessen«, schrieb Cas am 2. Juni 1940. »Das ganze Stadtzentrum ist kaputt, und unterm Bijenkorf wurden vierhundert Menschen lebendig begraben, die wegen der noch glühenden Schuttmassen nicht befreit werden können, obwohl die ›Totengräber‹ ununterbrochen arbeiten. Außerdem haben sich sehr viele Leute umgebracht, unter anderem der Mann, bei dem ich Annas Armband gekauft habe.« Ansonsten ist der Weltkrieg, zumindest in der Korrespondenz der Erwachsenen, ganz auf das Maß des Privaten reduziert. Am 18. Juni 1940 schnurrt Großvater van der Molen schon wieder vor lauter Zufriedenheit: »Nun sitze ich wie ein König in meinem Büro. Und ich werde mich darin üben, mich mit den veränderten Umständen abzufinden. Sich darin üben, mit allem zufrieden zu sein, was einem widerfährt.«

Mehrmals schreiben sowohl meine Großeltern als auch Anna, dass sie von Briefen träumen, die sie erhalten haben. Wie lange diese Post unterwegs war, ist unklar. Durchschnittlich brauchte eine über das Rote Kreuz verschickte Mitteilung Anfang 1941 zwei Monate, manchmal nur einen, aber einem der Schreiben entnehme ich, dass die Briefe mitunter auch erst nach einem halben Jahr eintrafen: »Silvester bekamen wir Briefe Mai und Juni«, schrieb mein Vater am 11. Februar 1941. Jedes Lebenszeichen wurde bejubelt. Ein Gast erinnerte sich an die große Freude meiner Eltern nach dem Eintreffen eines Briefs; immer wieder sagten sie zueinander: »Anna spielt Bach.«

Der letzte Brief, den ich gefunden habe, trägt das Datum des 26. August 1941: »Gib den Kleinen einen Kuss, und für Euch ein kräftiger Händedruck. Auf bald.«

In der kleinen Welt von Medan hatte inzwischen eine Hasskampagne gegen alles Deutsche begonnen. Jeder mit deutscher Staatsangehörigkeit wurde ohne Ansehen der Person eingesperrt: Nazis, Nazigegner, geflüchtete Juden, Missionare, Ärzte, Krankenschwestern und sogar indonesische Jungen mit ungewissen germanischen Vätern, Jungen, die kein Wort Deutsch sprachen. Allein in Deli wurden so innerhalb weniger Tage gut zweihundert Deutsche interniert, darunter fünfundsiebzig Missionare und Ärzte der Rheinischen Mission. Der nette deutsche Chefarzt des städtischen Krankenhauses wurde entlassen, und Onkel Ludzer nahm seine Stelle ein. Das Inventar deutscher Firmen wurde beschlagnahmt, das Eigentum internierter Deutscher versteigert, und so gelangte Gjalt auf einmal in den Besitz einer traumhaften Sammlung von Grammophonplatten. Nie gehörte, sehr weltliche Opernklänge schallten durch das orthodox-kalvinistische Pfarrhaus. Der deutsche Konsul in Medan beging Selbstmord.

Ansonsten verhielt sich Ostindien ruhig. Wie die Niederlande lag auch der ostindische Archipel seit Jahren im Zentrum einer Region, in der ein labiles Machtgleichgewicht herrschte. Einerseits würde Japan niemals eine Übernahme Ostindiens durch die Engländer oder Amerikaner zulassen, weil das Land viel zu sehr auf die bedeutenden indonesischen Ressourcen angewiesen war, andererseits würden es die Engländer und Amerikaner niemals hinnehmen, dass diese Ressourcen ausschließlich Japan zugute kämen. Der Staatssekretär des Auswärtigen Amts in Berlin, Ernst von Weizsäcker, verglich Ostindien im Mai 1940 mit dem »Auge eines Taifuns«, in dem bekanntlich Windstille herrscht, weil die Luftströmungen sich dort gegenseitig aufheben.

Der Expansionsdrang Japans sollte dieser Windstille dann doch ein Ende bereiten. Am Ende der zwanziger Jahre waren in Japan Gruppen in Erscheinung getreten, die entfernt an die faschistische Bewegung in Italien erinnerten: Verbindungen enttäuschter Offiziere und wütender Arbeiter, die sich als Opfer des kapitalistischen Systems empfanden. Und wie in Italien sah man in nationaler Erhebung und Expansion die Lösung aller Probleme.

Unter dem Einfluss dieser Bewegung begann Japan ab 1927 Heer und Flotte zu modernisieren und auszubauen. 1931 besetzte eine rebellische Heeresgruppe aus eigener Initiative die Mandschurei, Anfang 1932 bombardierten die Japaner Shanghai, man löste sich aus internationalen Bindungen, gemäßigte Politiker wurden ermordet und Regierungen abgesetzt, und auf diese Weise bemächtigten sich die aggressiven Militärs allmählich der Außenpolitik.

Krieg bedeutete für sie, wie für die Nazis und Faschisten, nationale Läuterung, eine heilige Aufgabe. Oder, wie der japanische Kriegsminister Anfang 1940 in seinen »Vorschriften für das Schlachtfeld« schrieb: »Das Schlachtfeld ist der Ort, wo das göttliche Innere der Kaiserlichen Streitmacht dank der Kaiserlichen Befehle zur Entfaltung gelangt; wo beim Angriff nur Gelände erobert, im Gefecht nur gesiegt werden darf; wo sich der Kaiserliche Weg überall offenbart und wo dem Feinde, der dessen mit Ehrfurcht gewahr wird, der hohe Wert der göttlichen Tugenden des Kaisers eingeschärft wird.«

Für diese Kaiserliche Streitmacht wurde Niederländisch-Indien nach und nach zu einer Beute, die nur darauf wartete, verschlungen zu werden. Das Ostindien der Vorkriegszeit war auch ohne Japaner in einem jämmerlichen Zustand. Die Unternehmen hatten sich immer noch nicht von der großen Wirtschaftskrise erholt. Geld für die versprochenen »ethischen« Projekte gab es schon seit Jahren nicht mehr. Die Unabhängigkeitsbewegung hatte bereits in den dreißiger Jahren einen großen Teil der Bevölkerung auf ihre Seite gebracht. Aber die niederländische Kolonialverwaltung dachte gar nicht daran, sich um Kontakte zu dieser nationalistischen Massenbewegung zu bemühen. Im Dezember 1939 wurde in Batavia der erste indonesische Volkskongress veranstaltet; er hatte so viele begeisterte Teilnehmer, dass ein niederländischer Verwaltungsbeamter später schrieb, er habe damals alle seine Illusionen über die Beliebtheit der Niederländer in der einheimischen Bevölkerung für immer verloren.

Während die ostindische Gesellschaft mit der neuen Zeit ging, hielt die Regierung an den überkommenen feudalen und kolonialen Strukturen fest, ohne auch nur zu irgendwelchen nennenswerten Zugeständnissen bereit zu sein. Aus all diesen Gründen, bemerkt der Historiker und Indonesienexperte van den Doel ganz zu Recht, war Niederländisch-Indien schon vor Kriegsbeginn »wenig mehr als ein Koloss auf tönernen Füßen«.

Und die Weißen spürten dies, auch meine Eltern. In der Schule lernten Tineke und Gjalt mehr nationalistische Lieder als je zuvor. Unablässig sammelten sie Silberpapier für den »Spitfirefonds«. Weil der Nachschub an Lektüre aus den Niederlanden unterbunden war, begann man alles Mögliche selbst zu schreiben. Mein Vater wagte sich unter dem Pseudonym Cas Molenaar sogar an ein Kinderbuch über einen kleinen dicken Elefanten im Zoo, der so schrecklich allein war ... Vor allem für Hans war es noch jahrelang ein geliebtes Vorlesebuch.

Tineke erinnerte sich an ständiges Gerede über den Krieg. »Mal drang Hitlers Schreien aus dem Radio, dann wieder die feierliche Stimme des Generalgouverneurs.« Einmal wurde in Medan eine Parade abgehalten. »Ich war verrückt nach Uniformen, deshalb rannte ich hin, um zuzusehen. Ich stand am Rand und sah schmerbäuchige Männer mit einem Gewehr auf der Schulter, ich war zehn, aber ich dachte damals schon: Das soll eine Armee sein?«

Ihren letzten ostindischen Urlaub verbrachten meine Eltern im Herbst 1941 irgendwo in den Bergen in einem alten Häuschen für durchreisende Beamte. Es waren die letzten Monate in Frieden und Wohlstand: Erst ein Vierteljahrhundert später, Ende der sechziger Jahre, sollten meine Eltern wieder ungefähr den damaligen Lebensstandard erreicht haben. Das Häuschen hatte keine Elektrizität, die Abende verbrachte die Familie bei Kerzenlicht. »Wir spielten endlos mit Autos, auf Straßen, die wir auf der Lehmmauer des Tennisplatzes angelegt hatten«, erzählte Tineke. »Mit Vater machte ich ein Schachturnier, jeden Tag eine Partie. Und ich hatte ständig das Gefühl: Das sind die letzten Ferien. Niemand hatte mir das gesagt, aber ich wusste es. In dieser Zeit bekam ich auch eine Brosche von ihm, in der Form eines V. Schon nach zwei Wochen habe ich sie verloren, bei einem Geburtstagsfest. Stundenlang habe ich deswegen geweint, ich war nicht zu beruhigen, denn ich wusste auch: Das ist das Letzte, was ich von ihm bekommen habe.«

Aber noch war mein Vater da, wenn auch nicht mehr lange. Tineke erinnerte sich, dass sie in jenen Monaten oft zusammen zum Schwimmbad radelten, und wie er sie dabei über die hohe Brücke schob. »Stell dir vor, ich hätte Truitje aus der fünften Klasse geheiratet«, sagte er. »Dann hätte es dich nicht gegeben.« Und sie sagten einander, wie gut es sei, dass es sie und ihn gab, und meine Mutter und Gjalt und Hans und Anna und Cas, dass nun alles so sei, wie es sein sollte.

Hans

Meine ersten Erinnerungen sind mit dem großen Zimmer verbunden, in dem die ganze Familie saß und auch der Besuch empfangen wurde. In der Ecke stand das Grammophon, ein wundersamer Apparat. Gegenüber lag das Esszimmer. Ich sehe mich selbst in Augenhöhe mit dem Tisch, wie ich nach meinem Milchbecher greife, meinem wunderschönen eigenen Becher, mit einem Henkel in Form eines Männchens, das in den Becher zu klettern versucht. Noch bevor die anderen alle angefangen hatten zu essen, hatte ich ihn schon leer.

Ein kleines Stückchen weiter weg war die Küche. Da stand auch der Eisschrank. Jeden Morgen kam ein drahtiger Einheimischer mit einem Lappen auf den Schultern und brachte einen großen Block Eis, frisch aus der Eisfabrik.

Dann kam man zur Kaki lima, der offenen Veranda, auf der meistens die Babu, die für die Arbeiten draußen da war, mit Waschwannen, Stärke und Wäscheblau hantierte. Wenn man weiterging, kam man zu den Wohnräumen der Hausangestellten, und ganz hinten waren eine Wiese und der buddhistische Tempel, der Klingentempel. Ich weiß noch, dass der schmale Streifen Boden zwischen dem Haus und der Kirche einmal umgegraben worden war, und wie herrlich es dann war, aus dem Haus zu rennen, auf der Erde herumzutanzen und die Erdklumpen an den Füßen zu spüren.

Mit diesem Streifen Erde verbindet sich noch eine andere frühe Erinnerung. Eines Tages waren meine Eltern aus irgendeinem Grund ganz aufgeregt, und dann taten sie etwas Merkwürdiges. Wir hatten Platten mit Wagner, und in den japanischen Wochenschaufilmen diente diese Musik immer als Untermalung. Ob das der Grund war oder etwas anderes, jedenfalls zerdepperten meine Eltern an der Stelle, wo wir früher auf der Erde getanzt hatten, all die Wagnerplatten und zertraten sie zu Scherben. Irgendwie waren sie voller ohnmächtiger Wut. Ich muss da so ungefähr drei gewesen sein.

Eine noch frühere Erinnerung ist mit meiner ältesten Schwester Anna verbunden. Eigentlich ist es keine konkrete Erinnerung, ich erinnere mich eher ganz allgemein, wie wohl ich mich in Annas Gegenwart fühlte, und wie sehr sie mir fehlte, als sie weg war.

Von meinem Vater sind mir nur wenig frühe Bilder geblieben. Er war viel unterwegs, um Gemeindemitglieder zu besuchen. Singapur, das Wort fiel ständig. Irgendwann wurde er Soldat. Wir hatten ein Auto mit einer spitzen Schnauze, das nannte man »Stromlinienform«, ich lernte das von meinem Bruder Gjalt. So eine Schnauze wurde auch »modern« genannt. Ich fragte meine Mutter: »Was ist modern?« Für mich war das ein so ungewöhnliches Wort, jeden fragte ich, was das sei. Dieses moderne Stromlinienauto war eines Tages grün gespritzt, und dann habe ich meinen Vater nicht mehr wiedergesehen. Mit diesem grünen Auto verschwand mein Vater.

Meine Mutter war immer da. Sie spielte Geige, und wenn mit Luftalarm zu rechnen war, wurde sie auf einmal sehr streng. Dann bekam ich für jede Kleinigkeit eins auf den Deckel, während sie mich sonst immer gewähren ließ. Ich spielte viel bei den Hausangestellten. Ein Mädchen hat mir da ein ganz kompliziertes Murmelspiel beigebracht, das mir später noch viel Vergnügen bereitet hat. Ansonsten hatte ich einen Baukasten, mit schönen langen Bausteinen, und ein Gießkännchen, das mein Vater extra vom Blechschmied hatte machen lassen. Damit habe ich auch sehr viel gespielt.
Ich beschäftigte mich mit allem Möglichen. Zum Beispiel dachte ich lange über die Frage nach, wie man Geräusche in einem Zigarrenkistchen aufbewahren könnte. Warum konnten die nicht in einem Kistchen aufbewahrt werden, ich verstand es einfach nicht.
Ich weiß, das sind alles ganz kleine Erinnerungen, aber das Leben war klein.
1939 fuhren wir in den Ferien in die Niederlande. Erst machten wir ein paar Wochen Urlaub in der Schweiz. Ich erinnere mich an einen bestimmten Bauerntanz, den wir da sahen, mit Lederhosen und viel Gejodel, etwas, das mich tief beeindruckte. Sonst weiß ich nicht mehr viel aus dieser Zeit, abgesehen von der Rückreise. Das war auch wieder so ein gefühlsgeladener Augenblick, als das Schiff von Genua abfuhr, im Februar 1940, als der neue Weltkrieg schon im Gange war. Diese gespannte Atmosphäre, wenn so ein volles Passagierschiff sich vom Kai wegschob, weg von Europa, gemächlich, ruhig, aber man

spürte: Dies ist ein besonderer Moment. Ich sehe es noch vor mir, dieses graue Wetter, das Rötliche des Hafens, die paar Menschen, die auf dem Kai standen, viele Soldaten überall, und dann die Entfernung, die immer größer wurde. Dann kam die endlose Fahrt, man konnte die Delphine beobachten, Papierflieger vom Vorder- zum Achterdeck schweben lassen, so ein Schiff ist für kleine Jungen unendlich reizvoll. Schon bald nach unserer Rückkehr hing eine Stimmung in der Luft, die neu war, mit viel Gereiztheit zwischen Vater und Mutter und Onkel Ludz und Tante Mien, und ständig fiel ein neues Wort: Krieg. Wir durften kein Schokoladenpapier mehr herumfliegen lassen, das war alles für den Spitfirefonds.

Ich kann diese Atmosphäre nicht gut beschreiben, manchmal gelingt das Künstlern ziemlich gut. Ich habe mal einen Film über ein kleines polnisches Grenzdorf kurz vor der deutschen Invasion gesehen. Das war genau die Stimmung im damaligen Medan. Ganz sicher nicht die Mentalität von Verdammt in alle Ewigkeit, so eine Atmosphäre von Mannesmut und Heldentum, das kann man vergessen. Es war viel merkwürdiger, eine ganz eigenartige Aufgeregtheit.

Dann geschah allerlei, was ich bewusst registrierte. Ich hörte zum ersten Mal das Wort »Kapitulation«. Das bedeutete, dass man tun musste, was die Japse sagten, und dass wir Papierfahnen basteln mussten. Das klappte nicht so gut, und Mutter sagte: »Vielleicht solltest du jemanden auf der Straße bitten, dass er Sirihsaft draufspuckt, dann haben wir einen schönen roten Punkt.«

Ansonsten versuchte ich vor allem, meiner Mutter und meiner Schwester Tineke auszuweichen. Sie durften mich nicht auf der Straße entdecken, so viel war mir klar, also sah ich zu, dass ich überall rasch vorbeihuschte und durchschlüpfte. Einmal brachte ein Indonesier mich nach Hause, er meinte, »einfach so herumzustreifen« wäre »nicht gut für einen kleinen holländischen Jungen«.

Schon bald war es mit dieser halben Freiheit vorbei. Wir wurden zu einem Gelände gebracht, das von Mauern umgeben war, nicht weit von Medan. Das war unser erstes Lager, Glugur. Alle Erwachsenen sprachen nur vom Krieg, und immer aufgeregt. Sie meinten, er würde wohl schnell wieder vorbei sein. Ich sollte nur immer mein Bestes tun, sagten sie, und als Belohnung für ein paar leichte Arbeiten bekam ich sogar ein Modellauto. Wir waren dicht am Gelände der Deli-Eisenbahn, und durch ein Loch in der Mauer konnte man wunderbar die rangierenden Züge beobachten. Eines Tages tauchte vor diesem Loch plötzlich unsere eigene Babu Mina auf. Sie hat dann eine Weile mit meiner Mutter gesprochen, aber ob sie daraufhin irgendetwas getan hat, weiß ich nicht.

Gjalt entwickelte sich hier zum Mann im Haus. Auf einmal schien er alles zu können. Er verfertigte sogar kleine Kochplatten aus Ton und einer Spirale aus Kupferdraht. Offenbar hielt das Stromnetz einiges aus, denn er stellte einen ganzen Haufen von diesen Dingern her, für alle.

Hin und wieder kam ein Wagen mit Broten. Es wunderte mich dann, dass es den Japanern Spaß machte, das Endstück von so einem Brot abzuschneiden und es dann ganz leer zu essen, so dass nichts mehr für uns übrig blieb. Dann begannen auch die endlosen Appelle. Und ich lernte, mich zu verneigen.

KAPITEL 9

Pearl Harbor

Am 7. Dezember 1941 überfielen die Japaner Pearl Harbor, einen riesigen Marinestützpunkt der Vereinigten Staaten auf der zu Hawaii gehörenden Insel Oahu. Gleichzeitig landete die japanische Armee in Thailand und an der Nordostküste von Malakka, um von dort aus Singapur zu erobern und anschließend nach Sumatra vorzustoßen. Fünf Stunden später erklärte Generalgouverneur Tjarda van Starkenborgh im Namen der niederländischen Regierung in London Japan den Krieg. Der Zweite Weltkrieg war schließlich auch auf den Pazifik übergesprungen, auf Ostindien und das sichere Medan.

»Singapur darf und wird nicht fallen«, titelte die *Sumatra Post* vom 17. Dezember mit großen Lettern; zu Recht, denn wenn das »uneinnehmbare« Singapur fiel, dann stand den Japanern der Weg nach Sumatra offen. Im Innenteil der Zeitung wurde erklärt, was die Signale des Fliegeralarms bedeuteten und was alle tun mussten, um »Familie und Haus« zu schützen. »Wo bin ich vor Luftangriffen sicher? Flach auf den Boden legen!« Außerdem erschien ein Hintergrundbericht über den niederländischen Naziführer Antoon Mussert, »ein körperlich und psychologisch minderwertiger Mann«, wie es hieß.

In der Zeit sahen die Kinder meinen Vater auf den Stufen vor dem Haus sitzen, vornüber gebeugt, die Arme verschränkt: »Diese blöden Engländer! Die ›Repulse‹ und die ›Prince of Wales‹! Solche Prachtschiffe, diese blöden Engländer!« Das muss kurz nach dem 10. Dezember gewesen sein, an dem die beiden nagelneuen Schiffe, die ohne Luftunterstützung vor Malaysia kreuzten, von japanischen Bombern versenkt worden waren. Von diesem Moment an war der Weg für die japanische Eroberung von Singapur mehr oder weniger frei; und damit auch für die Eroberung von Niederländisch-Indien.

Immer noch begannen meine Eltern ihren Tag mit einem vom Klavier begleiteten Lied, mit einem Bibelabschnitt und dem Morgengebet. Währenddessen holte der Boy die Fahrräder der Kinder aus dem Schuppen, stellte sie in aller Ruhe der Reihe nach unter einem Baum auf den Ständer, prüfte die Vorder- und die Hinterreifen, pumpte, wenn nötig, noch etwas Luft bei und wartete dann, bis die Kinder zur Schule fuhren.

Vier Monate später saß die ganze Familie hinter Stacheldraht.

Am 28. Dezember, einem Sonntag, traf der Krieg Medan zum ersten Mal. Völlig überraschend griffen nachmittags japanische Bomber den Flughafen an, warfen ihre Ladung ab und verschwanden wieder. Ungefähr dreißig Menschen kamen ums Leben.

Danach gab es fast täglich Fliegeralarm, weil ein japanisches Aufklärungsflugzeug mit großer Regelmäßigkeit eine Runde über der Stadt drehte. »Nach einer Weile sprachen wir gerührt von unserem kleinen Aufklärer«, berichtete Tineke. »Ich mochte unseren kleinen Aufklärer durchaus, denn in der Schule mussten wir dann nicht das Einmaleins lernen und auch keine Diktate schreiben, sondern versteckten uns gemütlich im Splittergraben.«

In einer erhalten gebliebenen Ausgabe der *Sumatra Post* fand ich zufällig eine Betrachtung, die mein Vater Silvester 1941 schrieb. Dieser Krieg sei, so meinte er, ein Aufruf Gottes, sich auf seine Seite zu stellen, auf die des »Siegers über Tod und Teufel«. »Hat das Jahr 1941 uns nichts gelehrt? Wie armselig, wenn wir in dieser Zeit noch dösen und an den großen Ereignissen, an Gott selbst vorbei leben, indem wir uns vor dem Kampf nur fürchten und an uns selbst denken.«

Er bezog diese Worte offensichtlich auch auf sich selbst. Vierzehn Tage später überstellte die Kirche ihn zu den Kolonialtruppen, um dort als Militärgeistlicher zu arbeiten. Die Kolonialtruppen auf Nordsumatra waren eine kleine Armee von circa dreitausend Mann. Die wenigsten waren Berufssoldaten, und der größte Teil bestand aus rasch einberufenen Beamten, Geschäftsleuten, Pflanzern, Lehrern und anderen ungeübten Zivilisten. Doch, wie mein Vater später immer wieder betonte, feige waren sie nicht.

Alles ging sehr schnell: Guam fiel am 10. Dezember; Hongkong am

25., am 11. Januar wurden Menado auf Celebes und die Ölinsel Tarakan bei Borneo erobert, und am 16. Januar wurde der Flughafen von Medan erneut bombardiert.

Viele Frauen waren von dem Gedanken besessen zu fliehen, egal wohin. »Wir machten uns alle gegenseitig verrückt«, meinte meine Tante Mien später. »Deine Mutter und ich schmiedeten allerlei Pläne, mit den Kindern nach Java zu fliehen, doch am Ende habe ich mich allein auf den Weg gemacht. Sie war der Ansicht, als Pfarrersfrau bei den Mitgliedern ihrer Gemeinde ausharren zu müssen. Ich finde übrigens, dass sie die richtige Entscheidung getroffen hat.«

Meine Tante kam nach einer schrecklichen Reise in Zügen voller verwundeter Soldaten tatsächlich mit ihren Kindern auf Java an, wo sie die restliche Zeit des Kriegs in einem Internierungslager bei Semarang verbrachte. Ihr Mann, mein Onkel Ludzer, arbeitete all die Jahre außerhalb des Lagers als Arzt, wobei er mit selbst gemachten Instrumenten und Medikamenten improvisieren musste. Die Bevölkerung bezahlte ihn mit Reis, Gemüse und hin und wieder einem Huhn. »Mein Krieg bedeutete Einsamkeit«, schrieb er hinterher in einem Brief an Anna und Cas. »Ich habe anderthalb Jahre lang einsam und allein in einem Plantagen-Krankenhaus gehockt. Meine Gesellschaft waren ein Hund, eine schwanzlose Katze und eine Ziege.« »Wir haben einander nach dem Krieg wiedergefunden«, sagte meine Tante Mien. »Mehr will ich dazu nicht sagen.«

Inzwischen waren die Engländer und Amerikaner herbeigeeilt, um bei der Verteidigung des Archipels zu helfen. Am 24. Januar eroberten die Japaner Balikpapan; die riesigen Ölförderanlagen dort wurden gerade noch rechtzeitig vor ihrer Besetzung in die Luft gesprengt. »Erneut Rückschläge für die Flotte der Japse«, jubelte die *Sumatra Post* am 2. Februar. Die nächste Seite informierte die Leser darüber, wie sie »Gemüse im eigenen Garten« anbauen können. Am 15. Februar fielen den Japanern die Ölförderanlagen von Palembang unversehrt in die Hände, und auch Singapur wurde erobert. Nun war den Alliierten klar, dass Java nicht mehr zu retten war. Sie zogen sich nach Australien zurück und überließen Niederländisch-Indien seinem Schicksal. Die *Sumatra Post* vom 7. Februar, die letzte Ausgabe, die ich finden konnte, berichtete über den »Endkampf« um Singapur. In der Beilage wurde »der Reiz eines schönen Halses« besungen, und auf der letzten Seite standen einige »Rezepte für Aufläufe«. Danach kam der Versand der *Sumatra Post* offenbar zum Erliegen.

Die niederländische Regierung hatte inzwischen den Befehl erteilt, ungeachtet der hoffnungslosen Lage weiterzukämpfen. Sie fürchtete, dass sie sonst die Kolonie endgültig verlieren würde. Die letzten Schiffe der niederländischen Marine wurden deshalb in die Javasee geschickt, um in einem Akt der Verzweiflung die japanische Flotte abzufangen. Am 27. Februar kam es zur Entscheidungsschlacht. Bei einbrechender Dunkelheit signalisierte Konteradmiral Karel Doorman seinem Geschwader unter anderem: »All ships follow me«, woraufhin der gesamte Verband, inklusive Doormans Flaggschiff, der Kreuzer »De Ruyter«, von den Japanern versenkt wurde. Anschließend konnten die japanischen Truppen mehr oder weniger problemlos auf Java und Sumatra landen. Am darauf folgenden Sonntag fand auf Java die offizielle Kapitulation statt, und wiederum einen Tag später flohen etliche niederländische Führungskräfte nach Australien. Der Generalgouverneur blieb tapfer auf seinem Posten. Die kleine Armee von Pflanzern auf Sumatra kämpfte einfach weiter.

Mein Vater war am Donnerstag, dem 5. März, wieder zur Front aufgebrochen, und wie immer, wenn er auf Reisen ging, winkte meine Mutter ihm nach. In Medan selbst war von den Kämpfen nichts zu spüren. »Der Krieg war woanders, da, wo unser Vater war«, erinnerte Tineke sich. In der Stadt herrschte sogar eine auffällige Ruhe. Doch eines Morgens, gut eine Woche später, als die Kinder sich gerade ein paar soeben geschlüpfte Küken ansahen, ertönte plötzlich lautes Rufen: »Die Japse, die Japse!« »Und da näherte sich auch schon eine Kolonne merkwürdig gefärbter Männlein auf Fahrrädern. Sie hielten vor dem Polizeibüro gegenüber von unserem Haus an, gingen hinein, und so begann die japanische Besetzung von Medan. Und wieder dachte ich: Das soll eine Armee sein?«

Was Tieneke an diesem 13. März 1941 gesehen hatte, war ein Fahr-

radbataillon aus der Vorhut der Kampfgruppe Yoshia der 25. Kaiser-
lich-Japanischen Armee. Im Bataillonstagebuch notierten die Truppen
über die Besetzung von Medan: »Sowohl die einheimische als auch die
indo-chinesische Bevölkerungsgruppe begrüßen die Soldaten mit lauten »Banzai«-Jubelrufen. Der Palast des Sultans, die luxuriösen Wohnungen der Niederländer, die Bürogebäude, Geschäfte und Restaurants,
alles in der schönen Stadt war noch in bestem Zustand.« Diese Beob-
achtung war für die Niederländer schmerzhaft, aber es war so: Viele
Inder, wahrscheinlich sogar die Mehrheit, begrüßten die Japaner zunächst als asiatische Befreier.

Mutter saß natürlich den halben Tag am Telefon«, erzählte Tineke.
»Wir Weißen verloren sofort unsere Freiheit. Wir mussten auf unserem
Hof bleiben, und jedes Haus musste eine japanische Fahne haben. Bei
uns war das ein Kissenbezug mit einem runden Fleck aus rotem Lip-
penstift. Vorsichtshalber schüttete meine Mutter die meisten alkoho-
lischen Getränke in den Ausguss, denn betrunkenen Soldaten war nicht
zu trauen.«

Auf einmal begannen die immer schweigsamen Hausangestellten
zu reden. Von ihnen erfuhr meine Mutter, dass das Haus nebenan von
japanischen Offizieren requiriert worden war. Sie gaben ihr den Tipp,
den Männern eine Flasche Sherry zu schenken, »dann kommen sie nicht
zu Ihnen«, womit sie schließlich auch Recht behielten.

Gjalt und Tieneke fassten den Entschluss, Widerstand zu leisten.
Die neuen »Nachbarn« hatten den ganzen Tag über das Radio an, aus
dem ohrenbetäubendes japanisches Gebrüll schallte, aber Gjalt –
damals elf Jahre alt – bastelte einen kleinen Apparat, mit dem man,
wenn man ihn an eine Steckdose anschloss, den Empfang erheblich
stören konnte. »Es war uns eine heilige Pflicht, das ein oder zwei Mal
am Tag zu machen«, sagte Tineke. »Das war unser Widerstand.« Sie
erinnerte sich auch noch daran, dass der Pfarrer der ostindischen Kirche vorbeikam, um seine Hilfe anzubieten. »Ich sehe ihn noch vor mir.
Unsere Mutter sagte: ›Nun haben wir unsere Freiheit verloren.‹ Und er
erwiderte: ›Die haben wir nie gehabt.‹«

Meine Mutter war verblüfft; später hat sie diese Geschichte oft erzählt. So hatte sie das Ganze noch nie betrachtet.

Mein Vater hatte sich inzwischen mit den Resten der kolonialen Streit-macht bis nach Atjeh zurückgezogen, in das Alastal. Die Offiziere heg-ten die vage Hoffnung, von dort aus einen Guerillakrieg führen zu kön-nen, doch den Mannschaften war sehr bald klar, dass sie gegen die Japaner keine Chance hatten. Hin und wieder schlug eine Granate in einen Armeelaster ein, Körperteile flogen durch die Luft, krepierende Soldaten wälzten sich am Boden. Das war Krieg, ein kleiner, blutiger, hoffnungsloser Krieg.

Mit der Zeit verschlechterte sich die Moral der Truppe dermaßen, dass ernsthafte Kämpfe nicht mehr in Betracht kamen. Verstärkung konnte nicht länger zu den Truppen gelangen, weil in Atjeh ein Auf-stand gegen die Niederländer ausgebrochen war. Die sich zurückziehen-den Soldaten »machten ihrem Unmut durch lautes Singen und Fluchen Luft, oder sie saßen lustlos in den Autos«, bemerkte der Befehlshaber nach dem Krieg in einem Bericht. Viele hatten keine Vorstellung davon, was auf sie zukommen könnte. »Immer lauter erhob sich die Forderung, jetzt müsse endlich Schluss sein. Alle wollten zurück in ihren Betrieb, ihre Schule und ihr Büro, um dort unter den Japanern die niederlän-dische Kultur hochzuhalten.«

Am Nachmittag des 26. März ergab sich der Oberkommandierende mit seinen Truppen Oberst Kitayama. Die Einheit meines Vaters kapi-tulierte auf dem abgelegenen Militärstützpunkt Blangkedjeren. »Mit einer weißen Fahne gingen wir den rasch näher kommenden Truppen entgegen, und eine Stunde später überschwemmten kampfeslustige Japaner unser Lager«, notierte er später. Unvergesslich war ihm vor allem die persönliche Erniedrigung, die Tatsache, »dass fremde Kerle dich auf einmal abtasten, dir das Koppel von der Uniform reißen und dir mit Tritten und Schlägen zeigen, wer jetzt das Sagen hat und dass du nichts mehr zu melden hast«. Die Japaner verschwendeten an die-ser Operation nicht allzu viele Worte. Den feindlichen Widerstand in diesem Gebiet bezeichneten sie in ihren Berichten als »leicht bis nicht vorhanden«. Sumatra war in ihren Augen nicht mehr als eine Routinearbeit.

Meine Eltern sollten einander jahrelang nicht wiedersehen.

Zusammen mit den anderen Kriegsgefangenen wurde mein Vater auf einen LKW geladen und nach Belawan gebracht. Hier mussten sie in Quarantänebaracken für Kulis auf den Weitertransport per Schiff warten, Bestimmungshafen unbekannt. Am 15. Mai, dem Tag der Abfahrt, bekamen er und der katholische Priester plötzlich vom japanischen Dolmetscher einen Entlassungsschein in die Hand gedrückt: Als Geistliche durften sie das Lager verlassen, sie durften nach Hause. Der Dolmetscher fügte noch hinzu, sie dürften auch ihre Kameraden begleiten. »Wir sahen einander an«, schrieb mein Vater später, »steckten das Blatt mit den für uns unleserlichen Hieroglyphen und Stempeln in die Jackentaschen und sagten gleichzeitig: ›Berichten Sie dem Kommandanten, dass wir mitgehen.‹ Diese Entscheidung war für uns so selbstverständlich, dass wir keine Sekunde darüber nachdenken mussten.«

Der Pastor und er wurden mit Tausenden anderen Kriegsgefangenen auf der »Kyokaisei Maru« zusammengepfercht, einem Truppentransporter, auf dem es für den Einzelnen kaum genug Platz zum Liegen gab und wo einige außenbords angebrachte Bretter und Seile als Latrine dienten. So waren sie tagelang unterwegs. Was sie erwartete, wusste niemand, auch wenn das vage Gerücht die Runde machte, dass sie beim Bau einer neuen Eisenbahnlinie irgendwo in Thailand eingesetzt würden. Später sollten mehrere dieser Transportschiffe torpediert und versenkt werden.

War es ein Zeichen von Mut, als mein Vater in jenem entscheidenden Augenblick, einzig und allein, um bei seinen Kameraden zu bleiben, den Entschluss fasste, der sein Leben entscheidend verändern sollte? Ich denke, es war eine Mischung aus Optimismus – er ahnte nicht, was ihm bevorstand –, Solidarität – einmal, in der Affäre Geelkerken, hatte er seine Kameraden im Stich gelassen, und das sollte ihm kein zweites Mal passieren –, aus Disziplin und Pflichtbewusstsein, aus seiner bekannten Sorglosigkeit und aus Gottvertrauen, die ihn diese Entscheidung treffen ließ. So wurde er vor eine Wahl gestellt, die innerhalb seines Wertesystems nicht einmal eine Wahlmöglichkeit bot, weil es schlechterdings für ihn unmöglich war, nicht mitzugehen.

»Nehmen wir einmal an, ich wäre nicht mitgegangen«, schrieb er später. »Bei jeder Begegnung mit einem ehemaligen Kriegsgefangenen, der in Birma war, wäre ich vor Scham in den Boden versunken.« Vor allem aber war er davon überzeugt, dass meine Mutter ihn bei seiner Heimkehr unterkühlt gefragt hätte: »Was machst du hier? Ich dachte, du bist Militärpfarrer.«

Am regnerischen Morgen des 25. Mai 1942 kam er zusammen mit eintausendfünfhundert Schicksalsgenossen im birmanischen Hafen Tavoy an. Drei Tage später wurden die Männer unter Stockhieben von Bord getrieben und zum ersten Einsatzort gebracht, wo sie einen Flugplatz anlegen mussten.

Ich zitiere kurzerhand aus den Tagebucheinträgen, die mein Vater zwischendurch machte:

28. Mai 1942: Früh am Morgen Abreise, rasch, Schläge. Dürfen nicht sitzen. Alle voller Erwartung. Leb wohl, du elender Seelenverkäufer mit deiner Außengalerie. Stockhiebe. Ankunft in einer Art Kral. Dreck von an Amöbenruhr Erkrankten. Vier Stunden Fußmarsch. Fürchterlich.

29. Mai 1942: G. um zwei Uhr gestorben. Um drei Uhr bereits begraben. In einer Ecke zusammengetrieben worden. Zum Glück Sonne. Ein paar müssen arbeiten, schwer, Schläge. Krankenstationen besucht. Überall gelesen, gebetet. Schlechtes Essen. Konserven aufgemacht. In einer Reisschälerei in der Spreu geschlafen.

5. Juni 1942: Heute Nacht Krämpfe. Gott gebe, dass ich gesund bleibe. Noch vor morgen 116 Männer zum Arbeitsdienst bereitstellen. Arbeit an einer dreißig Meter hohen Brücke. Einundfünfzig Kilometer von hier. Essen gut. Unterkunft auch. Arbeit schwer.

26. Juni 1942: Die Leute sterben vollkommen unerwartet. Wieder ein neues Phänomen, woher kommt es? Geschwollene Füße, aufgedunsene Gesichter, Wunden, die nicht heilen. Die Uhr deines Magens geht im Vergleich zur Uhr der Küche um Stunden vor.

*

Auch in Medan und im übrigen Deli wurden die Europäer rasch ihrer Freiheit beraubt. Bereits nach zwei Wochen erhielten sie den Befehl, sich für die Abfahrt in die Internierungslager fertig zu machen. Plötzlich war es aus und vorbei mit der geordneten Welt meiner Eltern, in der um halb sieben gefrühstückt wurde und um halb eins das Essen auf dem Tisch stand, in der die Babu die Wäsche wusch, der Boy die Mahlzeiten servierte und meine Mutter der Mittelpunkt des Universums war. Jetzt war sie den ganzen Tag damit beschäftigt, das Haus aufzuräumen, die Möbel einzulagern, die Matratzen aufzurollen und Kleider, Bettzeug, einen kleinen Vorrat an Lebensmitteln und die silberne Krokettenzange (als Tauschobjekt in Notfällen) in den einen großen Koffer zu packen, den sie mitnehmen durfte. »Ich nahm nichts mit außer einer Streichholzschachtel voll Sand aus dem Garten, denn ich dachte: Hierhin kommen wir nie wieder zurück«, erzählte Tineke. »Und so kam es dann auch. Jahrelang habe ich die Schachtel aufbewahrt, genauso wie mein Poesiealbum.«

Am 13. April war es so weit. Durch alle europäischen Straßen von Medan zogen weiße Familien mit Koffern, die Kinder mit Teddybären und anderem Spielzeug, Richtung Stadtzentrum. Sie wussten nicht, wo sie hingebracht würden; manche hatten sogar riesige Kabinenkoffer auf Handwagen dabei.

Die Weißen wurden von einem Moment auf den anderen mit der neuen Situation konfrontiert. Auf der Esplanade wurden die Männer von Frauen und Kindern getrennt. Die größten Gepäckstücke und die Matratzen hatten die Japaner bei den Häusern abgeholt und auf einen großen Haufen geworfen, und nun trieben sie die Frauen und Kinder zum Abtransport. Der Platz war seit der Mobilmachung von Schützengräben durchzogen. Das Ganze war eine raffinierte Demütigung: Alle Frauen mussten ihre Sachen zusammenraffen und – unter dem Gewicht der Koffer und Matratzen schwitzend und keuchend – über die Schützengräben klettern und Richtung Bahnhof gehen, quer über die Esplanade, wo drei Jahre zuvor die führende europäische Schicht der Stadt nach der Musik von *Wien Neêrlands bloed* herumgetanzt hatte.

Der Platz war umringt von Indonesiern. Manche konnten das Schauspiel nicht mit ansehen. Sie sprangen in die Gräben und halfen dabei, die Koffer und Kinder auf die andere Seite zu schaffen. Andere beobachteten die weiße Blamage wortlos. Keiner von ihnen würde diese Szene jemals vergessen.

Die Zugfahrt dauerte nur kurz. Meine Mutter, Gjalt, Tineke und Hans wurden in das nahe gelegene Glugur gebracht, einer ehemaligen Quarantänestation der Deli-Eisenbahngesellschaft, lange Baracken voller Wandläuse, mit dicken Gitterstäben vor den Fenstern und einer stabilen Mauer, die oben mit Glasscherben gesichert war. »O«, sagte meine Mutter, als sie aus dem Zug stieg, »das sind ja Kulibaracken!«

Anfangs trösteten sich die meisten Europäer mit dem Gedanken, dass das alles nicht lange dauern würde. »Die Kuliunterkünfte gehörten zu den Kulis und nicht zu uns, dachte man«, berichtete Tineke über die Zeit. »Diese Art zu leben, passte nicht zu uns. Das ist bald wieder vorbei, und in ein paar Monaten ist wieder alles so wie früher.«

Meine Mutter muss es während dieser Monate schwer gehabt haben, schwerer vielleicht sogar als mein Vater. Sie war während der Vorkriegsjahre eine Dame gewesen, wie es in den Niederlanden und Ostindien viele gab, jemand, die ihren festgefügten Ansichten treu bleiben konnte, weil sie viele Seiten des Lebens nie persönlich kennen gelernt hatte. Jetzt wurde ihr ganzes Wertesystem über den Haufen geworfen. Aber sie hielt sich tapfer, auch wenn sie – wie viele Menschen, die sich mit Gewalt aufrecht halten müssen – hin und wieder mit den Nerven am Ende war. Tineke: »Dann weinte sie in einem fort, und plötzlich war es auch wieder vorbei.«

Die Frauen, deren Mann in einem »normalen« Männerlager interniert waren, konnten ihren Gatten anfangs gelegentlich Kassiber schicken. Es gab Frauen, die die Hälfte des kostbaren Papiers für eine Art Buchhaltung verwandten, um ihren Männern bis zum letzten Atemzug Rechenschaft über die Haushaltskasse zu geben.

Meine Mutter bekam noch einen einzigen Brief von meinem Vater, den sie ihr Leben lang aufbewahrt hat: einen winzigen grünen Zettel, der mit eilig hingekritzelten Bleistiftbuchstaben beschrieben war, im letzten Moment noch durch den Stacheldraht geschmuggelt:

Liebste, in wenigen Minuten müssen wir antreten, um abzufahren. Niemand weiß, wohin. Sei tapfer, auch wenn wir sehr weit wegfahren. Wisse, dass ich Dir für all Deine Liebe danken möchte. Liebste, Gott

sorgt für uns und wird das auch weiterhin tun. Alles wird gut. Einen
herzlichen Kuss für Dich und die Kinder. C.

Danach riss die Verbindung ab.

Gut einen Monat später kam die Familie in ein anderes, nicht weit ent-
ferntes Lager namens Pulau Brayan, ein paar Häuser und Schuppen auf
einem Gelände der Deli-Eisenbahngesellschaft. Der gesamte Komplex
umfasste fünf Einheiten: Block A, B und C bestanden aus ehemaligen
Wohnungen der einheimischen Eisenbahnangestellten und ein paar
ausrangierten Kulibaracken, Block D bestand aus einer Reihe von Wohnungen für die europäischen Angestellten, und Block E waren einige
Baracken. Dort lebten gut zweitausenddreihundert Frauen und Kinder.
Pulau Brayan war das größte Internierungslager auf Sumatra und auch
eines der schlechtesten. Die Wasserversorgung und die Sanitäranlagen
waren in einem so katastrophalen Zustand, dass Block A sogar vom
japanischen Gesundheitsamt für unbrauchbar erklärt wurde.

Das Lager befand sich an der Straße nach Belawan, und anfangs fuhren noch regelmäßig Transporte mit Kriegsgefangenen vorüber, die auf
dem Weg zum Hafen waren, um von dort aus verschifft zu werden,
nicht selten nach Birma. Die Kommunikation mit der Außenwelt wurde
immer schwieriger, und um überhaupt noch irgendetwas zu erfahren,
behalfen die Frauen sich mit Wahrsagerinnen und Kartenlegen. »Neben
uns wohnte auch so eine Wahrsagerin«, erzählte Tineke. »Irgendwie
hatte das auch etwas Gemütliches, dieses Murmeln durch die Wand
hindurch: ›Ich sehe, ich sehe …‹«

Die wirkungsvollste Droge im Lager aber war das optimistische
Gerücht, »ein geruchloses Gas«, so ein ehemaliger Lagerinsasse, »Hoff-
nunggeber, Erlöser, aus der Kombination von Isolation, Verzweiflung
und Hoffnung entstehend, kritiklos aufgesogen«. So wurde in Pulau
Brayan bereits am 14. Juni 1942 herumerzählt, die Engländer seien an
der niederländischen Küste gelandet. »Man sagt, Den Haag sei erobert,
und in Holland werde gekämpft«, notierte eine Tagebuchschreiberin.

Auch in den Tagebuchaufzeichnungen meines Vaters aus Birma finde ich hin und wieder solche Fluchten aus der Realität. 27. Oktober

1942: »Churchill: Vor Beginn des neuen Jahres bricht Deutschland zusammen! Wenn alles optimal verläuft, sind wir am 1. April zu Hause!« Oft zeigt sich aber auch, dass er recht gut informiert war. In den birmanischen Lagern wusste man von den schweren Kämpfen in Russland und von der Landung der Amerikaner in Nordafrika, auch wenn man von der vorhergehenden Schlacht bei El Alamein nie etwas gehört hatte.

Diese Mischung aus Dichtung und Wahrheit gab es auch in den Lagern auf Sumatra. Hier und da gab es sogar versteckte Radios. Darüber hinaus gelangten Informationen aus Zeitungen ins Lager, die als Verpackungsmaterial benutzt wurden – sogar dann, wenn sie von den Japanern zensiert wurden. Die Notizen einer Beamtengattin zeigen zum Beispiel ganz deutlich, wie man hinter dem Stacheldraht von Pulau Brayan von der Seeschlacht bei den Midway Inseln erfuhr, der ersten großen Niederlage der Japaner. Die Schlacht fand vom 3. bis zum 6. Juni 1942 statt, und bereits vier Tage später berichtet sie von einem großen Gefecht bei Honolulu, bei dem zwei japanische Flugzeugträger gesunken seien (tatsächlich waren es sogar vier).

Am 17. August schreibt sie:

Es ist verboten, auf den öffentlichen Wegen in Shorts herumzulaufen. Wieder sind zwei Lastwagen mit Kriegsgefangenen vorübergefahren. Es ist so ein jämmerlicher Anblick, gerade so, als wollten sie einfach vom Laster springen. Die Tränen schießen mir immer in die Augen. Man kann sehen, wie sie schauen, Männer und Frauen, von beiden Seiten, aber so auf die Schnelle können sie nicht alles erkennen. Der eine Wagen fuhr in einem Bogen über die Straße, der andere fuhr langsam, und unter lautem Jubel wurden allerlei Konserven und so weiter hineingeworfen. Diese dankbaren Jubelrufe. Die Australier auf einem Wagen riefen: »Midway!« und streckten den Daumen in die Höhe.

Für die Kinder waren die ersten Monate vor allem ein großes Abenteuer. Wenn man noch etwas Geld hatte, konnte man zusätzliche Nahrung kaufen, und an Feiertagen buken sie aus geschmuggelten Bananen und Kokos Kuchen. Meiner Mutter ging es weniger gut, und sie musste schon bald für eine Weile ins Krankenhaus. Die Kinder schlugen sich währenddessen allein durch. »Ich dachte: Jetzt muss ich Hans erziehen«, erzählte Tineke. »Ich verpasste ihm also dann und wann eine Ohrfeige, weil ich glaubte, das bedeute ›erziehen‹. Aber ich erinnere mich auch an wunderschöne Augenblicke, wenn wir abends hinter unserer Baracke saßen und einfach nur zu den Sternen hinaufsahen, zum Universum, diese großartige Unendlichkeit.«

Der Hunger kam erst im Laufe der Zeit.

Hans

In Pulau Brayan habe ich vor allem wunderbar gespielt. Ich erinnere mich noch daran, dass ich versucht habe, meinen Freunden dort im Lager diesen Schweizer Tanz beizubringen, dieses Rumgehopse und Rumgejodele. Aber das klappte überhaupt nicht, und darüber war ich sehr enttäuscht.

Ansonsten habe ich die Zeit genossen. Es war dort niemals kalt, man konnte alles tun, auch wenn manches gefährlich war. Es gab dort Schlangen, und im klaren Wasser konnte man riesige Blutegelhaufen sehen. Wenn ein Sturzregen niedergegangen war und alle Wege sich in kleine Bäche verwandelt hatten, dann flitzte ich barfuß – wie auf einem Surfbrett – mit einer Holzplanke über das fließende Wasser. Herrlich.

Ich achtete auch mehr auf das Verhalten der Erwachsenen. Sie schlossen sich zu Cliquen zusammen, taten alles Mögliche gemeinsam. Manchmal sah ich sie lachend und rufend in Gruppen ausgelassen durch die Baracken laufen. Das fand ich verrückt, und es machte mir ein wenig Angst. Aber ich lernte auch zum ersten Mal Nonnen kennen. Die hatten sich gleich an die Arbeit gemacht: all die herumrennenden Kinder unterrichten.

Ein paar Monate später wurden wir erneut umquartiert, jetzt innerhalb des Lagers, und wir wurden in Wohnungen für die Kulis der Deli-Eisenbahngesellschaft untergebracht. Dort fing Gjalt an, sehr gefährliche Dinge zu tun. Er büchste aus, erkundete die Gegend und versuchte, von überall her etwas zu essen zu besorgen. Einmal kam er nachts vollkommen durchnässt und zitternd nach Hause. Er war wie-

der einmal abgehauen und hatte einen Freund in einem anderen Lager besucht, der Geburtstag hatte. Auf dem Rückweg durch die stockfinstere Nacht war er in ein tiefes lehmiges Wasserloch gestürzt. Nur mühsam hatte er sich retten können, indem er mit den Händen und vielleicht mit einem Taschenmesser Stufen in die Brunnenwand grub. Ich glaube übrigens nicht, dass unsere Mutter jemals geahnt hat, wie riskant das alles war.

Meinen Vater habe ich nicht sehr vermisst. Wenn ich ehrlich bin, fand ich ich viel wichtiger, ebenso gut pfeifen zu können wie Gjalt, als mich zu fragen, wie es meinem Vater ging. Ein paarmal durften wir ihm einen Brief schreiben, und dann waren wir sehr aufgeregt. Nach unserer Befreiung erfuhren wir nur auf Umwegen, dass er noch am Leben war.

Was meine Mutter angeht, so kann ich ihre Haltung am besten an Hand der unterschiedlichen Phasen der Zeit im Lager beschreiben. Anfangs gingen die meisten Niederländer davon aus, dass ihre Gefangenschaft nicht lange währen würde. Sie dachten, die Japaner wollten sie nur für kurze Zeit aus dem Weg schaffen, und sie könnten bald ihr früheres Leben mehr oder weniger unverändert wieder aufnehmen. Deshalb versuchten die meisten im Lager auch, von ihren üblichen Gewohnheiten so wenig wie möglich abzuweichen. Das alte ostindische Leben blieb die Norm, auch wenn meine Mutter von Anfang an ein paar Konserven mit Knäckebrot streng in Reserve hielt, für den Fall, »dass wir wirklich einmal in große Not geraten«.

Zu Beginn war das Elend nicht besonders groß. Der Lebensstandard in Glugur war, und das gilt vor allem für die Anfangszeit, vergleichbar mit dem in einem heutigen, gut organisierten Flüchtlingslager. Im nächsten Lager, Pulau Brayan, änderte sich das. Die Japaner fingen an, alles Wertvolle zu konfiszieren, Kontakt mit der Außenwelt war fast unmöglich, Babu Mina konnte nicht mehr auf einen Plausch vorbeikommen, es fehlte an Allem und Schmuggeln war lebenswichtig.

In dieser Phase stellten sich alle auf einen längeren Aufenthalt ein. Meine Mutter ließ Gjalt zum Beispiel einen Abfluss für das Waschwasser bauen, damit sie nicht länger Eimer schleppen musste. Sie legte ein Beet mit Zwiebeln, Knoblauch und vitaminreichem Tjabé (spanischer Pfeffer) an und mit Lilien, an denen sie sich erfreute. Lehrerinnen machten sich daran, für die älteren Jugendlichen eine Art weiterführende Schule zu organisieren. Tineke füllte ihr altes Poesiealbum mit französischen und deutschen Sätzen, die sie anschließend wieder ausradierte. Für uns Kinder war all das ein deutliches Signal: Das hier ist nicht bald wieder vorbei, das kann durchaus länger dauern.

Die Frauen begannen in dieser Phase, die Funktionen ihrer Männer zu übernehmen. Meine Mutter zum Beispiel organisierte mit Frau de Vreede und anderen Pfarrersfrauen Treffen, bei denen man zusammen betete und Ähnliches, eine Art Gottesdienst also. Ich fand das nicht so toll. Ich war ein fürchterlicher Rumtreiber, aber meine Mutter bestand auf meiner Anwesenheit. Die Sonntagsschule gefiel mir sehr viel besser.

Und dann gab es die Schule der Nonnen. Aus zwei Brettern hatte ich eigenhändig eine Art Melkschemel gebaut, und darauf lernte ich bei den Nonnen in einem offenen Schuppen Lesen und Schreiben. Es wurde auch viel gesungen. Später hatten wir unter einer Tanne Unterricht.

Als das Papier alle war, schrieben wir in den Sand. Schwester Francine zog mit einem spitzen Stock zwei Linien, und darauf mussten wir dann schreiben. Ich sehe noch vor mir, wie ich auf den Knien sitze und das A und das M übe. Manchmal las eine Lehrerin auch einfach zwei Stunden vor. Das war unser Fernsehen, könnte man sagen.

Ich war sehr glücklich in dem Lager. Ich lief von unserer Wohnung zur Schule und zurück, ich sang Lieder über Amerikaner, die Japaner abknallen, und einmal bekam ich von einer Frau sogar ein Plätzchen, weil ihr das so gefiel. Ich erinnere mich noch, dass ich Pfeifdienst hatte und die Menschen zum Essen zusammenrufen musste, und daran, wie herrlich es war, mit nackten Füßen durch den Schlamm zu laufen. Eigentlich fand ich damals alles herrlich.

KAPITEL 10

Honeymoon

In diesem Sommer 1942 besuchte Anna als braves holländisches Schulmädchen die zehnte Klasse des Gymnasiums in Zeist. Alles in ihrem Leben lief mehr oder weniger normal weiter, abgesehen davon, dass die Wehrmacht das halbe Schulgelände beschlagnahmt hatte und sie von ihrem Klassenzimmer aus den ganzen Tag halbnackte Soldaten sah, die hinter dem Gebäude ihre Trainingsrunden drehten.

Heimweh nach den Eltern hatten weder Anna noch Cas. Diesem ist einmal sogar die Äußerung entschlüpft, er habe den Krieg als herrliche Zeit empfunden, weil man ihm da so viel Freiheit ließ. Allerdings träumte er ein paarmal, schrieb er später, dass er mit einem Luftballon wieder in dem indonesischen Garten neben der Kirche landete. »Ein schöner Traum, aber es ging mehr um den Garten als um das Haus.« Die Niederlande und die Menschen dort blieben ihm noch lange fremd. »Nicht nur, dass die Sonne dort in Ostindien so etwas wie der chinesische Kaiser war und hier ein kränklicher Beamter, dort konnte man um eine Mundharmonika feilschen, hier gab es feste Preise. Dort hatten die Menschen etwas Wildes, hier waren sie säuerlich.«

Bei ihren Pflegeeltern waren Anna und Cas nicht sehr glücklich. »Wir waren bei ihnen interniert«, meinte Cas. Zum ersten Konflikt kam es gleich nach der Abreise meiner Eltern. Anna fasste Zuneigung zum Sohn des Hauses, und er zu ihr. In sehr ernstem Ton wurde die Affäre nach Medan gemeldet. »Anna ist viel zu jung, um daran zu denken, und wir haben beiden deshalb auch nachdrücklich zu verstehen gegeben, dass solche Beziehungen nicht in Frage kommen.« Das Zimmer des anderen war von da an tabu. Zusammen Hausaufgaben zu machen – Anna hatte noch etwas in der Richtung vorgeschlagen –, war nur im Wohnzimmer gestattet, unter Aufsicht. »Kein einziger Kuss« war mehr erlaubt.

Dann kam der Sommer. Mit der Pflegefamilie war verabredet worden, dass Anna und Cas die Ferien anderswo verbringen sollten, und trotz der besonderen Umstände hielt man starr an der Abmachung fest. Ob sie nun das erste Mal ohne die Eltern waren oder nicht, zum 1. Juli mussten sie weg und allein zurechtkommen. In den alten Sammelmappen der Familie fand ich noch die Bettelbriefe, in denen Anna bei Großeltern, Onkeln und Tanten um Aufnahme für etwa eine Woche bat.

Und dann noch die Politik: In der Pflegefamilie war man offenbar außerordentlich pro-deutsch oder, besser gesagt, anti-englisch. »Mein Pflegevater war kein Landesverräter oder so«, hat Anna später gesagt. »Er war ein guter, zuverlässiger Arzt. Er hatte einfach Angst und war verwirrt, und er liebte die Ordnung. Im Grunde war er ein sehr sensibler Mann, er tat mir oft Leid. Er mochte mich auch sehr gern.«

In der stillen, beklemmenden Zeit nach der Besetzung war die Schule für Anna und Cas zum zweiten Zuhause geworden. »Wir unternahmen viel mit unseren Mitschülern zusammen, denn die Klassen waren klein«, erzählte Anna. »Und es kam noch hinzu, dass sonst auch fast nichts mehr erlaubt war, keine Vereine mehr, keine Versammlungen, nichts, und so blieb einem nur die Klasse. Wir machten gemeinsam Hausaufgaben, hörten uns gegenseitig ab, und als ich einmal ein paar Wochen krank war, bekam ich jeden Tag Briefe von der Klasse. So war das. Dass jemand die Schule hassen konnte, das war mir ein Rätsel. Es war eigentlich eine schöne Zeit.«

Die ersten Kriegsmonate in den Niederlanden sollten von Historikern später als die Periode der Anpassung bezeichnet werden; es waren die Monate, in denen der durchschnittliche Niederländer mit der neuen Situation zurechtzukommen versuchte, so gut es eben ging. Es war eine Zeit der Verwirrung, des Tastens, man lief gewissermaßen auf den Zehenspitzen. Fast alles, was man tat, war darauf ausgerichtet, so weit möglich das normale Leben fortzusetzen und wenn das nicht gelang, möglichst unbehelligt davonzukommen.

Hinter dieser Haltung steckte zum Teil Opportunismus; nicht wenige hatten während der Krise ohnehin jegliches Vertrauen in die Politik verloren, und ihnen war es ziemlich gleichgültig, aus welcher Ecke der Wind wehte. Viele neue Mitglieder des NSB – seit Mai 1940 war dessen Mitgliederzahl von dreißigtausend auf achtzigtausend gestiegen – kamen aus solchen Gruppen. Außerdem hielten zahllose Niederländer – vor allem aus dem gehobenen Bürgertum – noch lange am »Neutralismus« der Vorkriegszeit fest und versuchten sich weiterhin alles Politische vom Leibe zu halten. Wieder andere träumten von einer nationalen Erweckung, unter Anerkennung der neuen Ordnung.

Wie groß diese Gruppe war, zeigt der enorme Erfolg der Nederlandsche Unie, einer im Juli 1940 gegründeten Organisation, die den Schock der Niederlage nutzen wollte, um eine neue, »organisch geordnete« Nation und Gesellschaft aufzubauen. Während ihres kurzen Bestehens – sie wurde schon bald verboten – registrierte man fast achthunderttausend Mitglieder, im Verhältnis zur Bevölkerungszahl mehr, als der niederländische Automobilklub heute hat.

Beinahe vom ersten Moment an gab es auch Widerstand und eine bescheidene Untergrundpresse, aber die Zahl derer, die in der Illegalität aktiv waren, war vor allem zu Anfang äußerst gering. Lou de Jong spricht in seinem Standardwerk, bezogen auf die Zeit bis 1942, von einigen hundert »im Untergrund Lebenden«, also Menschen, die den größten Teil ihrer Zeit Widerstandsaktivitäten widmeten. 1942 waren es ein paar tausend, und für September 1944 schätzt er die gesamte Untergrundbewegung auf ungefähr fünfundzwanzigtausend Menschen. Gleichzeitig kämpften etwa ebenso viele niederländische SS-Leute an der Ostfront. Beide Extreme zeigen, dass die allermeisten Niederländer etwas anderes wollten: ein ordentliches, ruhiges Leben, mit einer Art von politischem Pannendienst als Führung.

Das war die Realität der ersten Kriegsjahre, einer Zeit des rar gesäten Heldentums. Natürlich neigt der Mensch dazu, alles, was in der Vergangenheit geschehen ist, im Licht der späteren Entwicklung zu sehen, und besonders die historische Literatur zu den Kriegsjahren ist von dieser Neigung bestimmt. Man hat die Zeit von 1940 bis 1945, gerade weil alles so heikel und kompliziert war und ist, immer in ein bestimmtes Schema pressen wollen: in den fünfziger Jahren in das nationalistische Schema mit seinen Symbolen – Hakenkreuz und Rotweißblau –, in den Sechzigern in das des politischen Gegensatzes von Kollaboration und Widerstand, und in späteren Jahrzehnten konzentrierte man sich auf das moralische Problem der passiven »Mitschuld« der Niederländer am *Grote Moord*, dem Großen Morden. Man sah am liebsten Helden oder, wenn es nicht anders ging, Antihelden.

In der Realität jener Tage war alles längst nicht so eindeutig. »Wir vergessen leicht, wie sehr man im ersten Jahr dazu neigte, nachzugeben, die Vergangenheit zu verleugnen, sich anzupassen und neue Lieder mitzusingen, so sehr nämlich, dass einem manchmal angst und bange wurde«, schrieb Hendrik Algra – der später zu einem der Führer der friesischen Widerstandsbewegung werden sollte – in seinen Erinnerungen.

Auch bei den sonst so prinzipienfesten Antirevolutionären herrschte anfänglich große Verwirrung. Viele der »kleinen Leute« waren zutiefst enttäuscht von ihrer Oranje-Herrscherin, die sich, gerade als Not am Mann war, als Erste davongemacht hatte. Im *Standaard* sprach Colijn unmittelbar nach der Kapitulation in scharfem Ton von der »schmählichen Flucht der Regierung [...], als unsere Männer zu Hunderten und Tausenden hingemäht wurden«. Er schloss seinen Leitartikel mit der Aufforderung, den Tatsachen »fest ins Auge zu blicken. [...] Wenn man *mit* Armee diesen Deutschen nicht widerstehen kann, dann kann man es ohne Armee erst recht nicht. Widerstand ist ausgeschlossen. Er ist sinnlos und würde die Lage nur verschlimmern.«

Als ein Freund ihn ein paar Tage später besuchte, brach der große Parteiführer in Tränen aus. Ende Juni 1940 brachte er eine Denkschrift mit dem Titel *Op de grens van twee werelden* (An der Grenze zweier Welten) heraus. Man brauche nicht darauf zu hoffen, schrieb er seinen Anhängern, dass Ihre Majestät die Königin und ihre Minister eines schönen Tages wieder in Hoek van Holland an Land gehen und die Staatsgeschäfte im alten Stil fortführen würden. »Wenn nicht wirklich Wunder geschehen, [...] wird der europäische Kontinent in Zukunft unter deutscher Vorherrschaft stehen. Es ist gesunde und darum erlaubte

Realpolitik, die Tatsachen anzuerkennen, wie sie sich uns darbieten.« England könne, so meinte er, auch wenn es selbst nicht bezwungen werde, kaum noch Einfluss auf das Schicksal Europas nehmen. Allerdings erwartete er, dass die Niederlande ihre »nationale Souveränität« beim Abschluss eines Friedensvertrages »ungeschmälert zurückerhalten« würden und dass dies vielleicht der Beginn eines neuartigen europäischen Wirtschaftssystems sein könnte.

Colijn stand mit dieser Auffassung nicht allein. In Dänemark äußerte der sozialdemokratische Premier Stauning ähnliche Ansichten, in Belgien schrieb der sozialistische Parteiführer Hendrik de Man in einem Manifest, der Zusammenbruch dieser verrotteten Welt sei keine Katastrophe, sondern eine Befreiung, und in Bukarest bemerkte die amerikanische Journalistin Rosie G. Waldeck in ihrem Tagebuch: »Der Fall Frankreichs bildete den Höhepunkt von zwanzig Jahren demokratischen Versagens. […] Hitler, so empfand es Europa, war ein schlauer Bursche – unangenehm, aber schlau. Er hatte, was die Stärke seines Landes anging, viel erreicht. Warum sollten wir es nicht auf seine Weise versuchen?«

Später hat man Colijns Denkschrift immer mit Hohn überschüttet, als Beispiel für verderblichen Defätismus. Mutig und prinzipientreu waren seine Ausführungen wirklich nicht, und vom Vertrauen auf »Gottes Führung« war auch nur noch wenig zu spüren. Dass Amerika in den Krieg eintreten könnte – eine Vorstellung, die Mitte 1940 keineswegs völlig irreal war –, hat er zum Beispiel überhaupt nicht berücksichtigt. Im Übrigen aber ist, dies muss man ehrlich zugeben, gegen Colijns Analyse wenig einzuwenden. Deutschland war zu jener Zeit tatsächlich von erdrückender Stärke, Frankreich vollständig besiegt und England zu einer kleinen aufgeklärten Enklave vor der Küste Europas reduziert. Hitler hatte die einmalige Gelegenheit, dem größten Teil Westeuropas ein mildes Friedensdiktat aufzuerlegen und die einzelnen Länder dann zu einer von Deutschland geführten europäischen Union avant la lettre zu vereinigen. In dieser Situation wäre England kaum noch in der Lage gewesen, den Krieg fortzusetzen. In Colijns Worten: »Politisch gesehen ist ein wirklicher Frieden in Europa notwendig. Es geht nicht um einen Vertrag. Es geht um ›Frieden‹ in Europa.«

Colijns großer Irrtum lag woanders: Er sah in Hitler immer noch einen normalen Staatsmann, jemanden, der mehr oder weniger in den gleichen Kategorien dachte wie er selbst. Er wollte nicht einsehen, dass Hitler ein andersartiges Phänomen war, zwar tatsächlich ein europäischer Führer, aber auch ein Machthaber voll irrsinniger Ideen und voller Größenwahn, dessen Charakter normale Vereinbarungen und Beziehungen unmöglich machte. Außerdem weigerte sich Colijn auch, eine weitere Charaktereigenschaft Hitlers zu sehen: seine grenzenlose Begierde nach Krieg und Mord.

Hitler der Wahnsinnige vergab im Sommer 1940 eine einmalige Chance. Er unternahm gar keine Anstrengungen, sein neues Imperium zu konsolidieren und eine »neue Ordnung« zu schaffen, schloss keinen Friedensvertrag mit den besetzten Ländern, suchte keinen Ausweg aus dem von ihm nie gewollten und geplanten Krieg mit England, dachte erst recht nicht an die Möglichkeit eines Krieges mit den Vereinigten Staaten, er widmete sich nur einer einzigen Sache: dem Mythos vom Lebensraum, den Deutschland brauchte, und der lag im Osten. Den Kampf um diesen Lebensraum begann er von jenem Sommer an vorzubereiten.

Bei den Antirevolutionären nahm man Colijns Worte höflich zur Kenntnis, aber viele waren keineswegs glücklich über seine Äußerungen. Die orthodoxen Kalvinisten glaubten nämlich an Wunder. Die früheren Anführer, die ihre zahlreiche Zuhörerschaft sonst immer mit Geboten und Prinzipien zu bombardieren pflegten, hielten sich nun auffallend zurück. Die deutsche Führung ist jetzt unsere rechtmäßige Führung, schrieb *De Standaard* immer wieder. »Märtyrertum wird von niemandem verlangt. Man muss sich sogar davor hüten.«

Die Stimmen, die an die Prinzipien der Glaubensgemeinschaft erinnerten, kamen nun aus einer anderen Richtung, und dies schon sehr bald. Der Kampener Dozent Klaas Schilder geißelte in seinem Blatt *De Reformatie* Woche für Woche die »Kriechermentalität«, die »unser Volk vergiftet und schwächt, so dass Freund und Feind über so viel Ohnmacht nur mitleidig lächeln können«. »Raus aus dem Versteck, rein in die Uniform«, schrieb er am 21. Juni 1940. »Das ist gefährlich? Mag sein – aber wenn Gott es nun will?«

In der friesischen Zeitung *Friesch Dagblad* drückte sich der inzwischen zum Chefredakteur ernannte Hendrik Algra auch nicht gerade zurückhaltend aus. Die Hölle brenne vor allem für die Hasenfüße, schrieb er Ende August 1940. »Die Angsthasen stehen ganz oben auf der Liste. Gemeint sind die Feiglinge, die aus Furcht ihren Gott verleugnen. Sie lieben sich selbst am meisten. Sie verkriechen sich, wenn Gefahr droht. Auf sie kann Christus nicht zählen.« Und noch einmal Schilder: »Das Blut der wahren Märtyrer ist die Saat der Kirche und nicht der Angstschweiß von Märtyrern, die auf halbem Wege umkehren.« Schon Ende August wurde er verhaftet. Er hatte einen Artikel mit dem Satz beendet: »Komm, Herr Schnitter, ja, eile Dich, komm über den Kanal und über den Brennerpass, komm über Malta und Japan, ja, komm von den äußersten Enden der Erde und bringe Deine Sense mit, und sei Deinem Volke gnädig.«

Gegen Ende des Jahres kam Schilder wieder frei, aber *De Reformatie* blieb verboten. Das *Friesch Dagblad* erschien noch bis Ende Mai 1941, dann stellte die Zeitung ihr Erscheinen ein, weil die Redakteure nicht unter der Pressezensur weiterarbeiten wollten. Ihr Leser Colijn schickte einen Brief, in dem er die Zeitung zu ihrer konsequenten Haltung beglückwünschte. Kurz darauf wurde Hendrik Algra verhaftet.

Inzwischen waren auch andere in Bewegung gekommen. Ende Oktober wurde in den meisten Kirchen eine Protesterklärung – eine Sensation für das obrigkeitstreue Kirchenvolk – gegen eine neue Bestimmung verlesen, nach der Juden keine Beamten mehr sein durften. Als dann aber von allen Niederländern im Unterrichtswesen und im Staatsdienst ein Ariernachweis verlangt wurde, empfahlen die christlichen Bildungsorganisationen wie auch die meisten Mitglieder des Obersten Gerichtshofes und andere hochgestellte Persönlichkeiten, das Formular auszufüllen.

J. Koopmans, Sekretär der christlichen Studentenvereinigung NCSV, reagierte wütend auf diese Empfehlung und ließ eine Broschüre mit dem Titel *Bijna te laat* (Beinahe zu spät) drucken, von der fünfzigtausend Exemplare verteilt wurden: »Wenn alle, die das Formular ausfüllen sollten, sich wie *ein* Mann geweigert hätten, wäre es den Deutschen einfach nicht möglich gewesen, ihre Methoden hier einzuführen. Wir müssen ehrlich bekennen: Dafür ist es jetzt zu spät.« Im gleichen Herbst rief eine Gruppe aufgebrachter junger Antirevolutionäre, deren Zeitschrift verboten worden war, ein neues, eigenes Untergrundblatt ins Leben; sie gaben ihm den Titel *Vrij Nederland*.

So bereitete sich allmählich ein kleines Wunder vor: Gerade bei den »kleinen Leuten«, die wie niemand sonst die gottlosen Bolschewisten hassten, die in ihrer Mehrheit nichts von Pazifisten, Engländern, moderner Kunst, jüdischen Autoren und anderen Sittenverderbern hielten, gerade bei diesen Orthodoxen also, die Ordnung und Autorität so sehr liebten, bildeten sich schon früh allerlei Gruppen, die zum Kern einer Widerstandsbewegung werden sollten. Diese Kalvinisten hatten in ihrem Inneren etwas Hartes, neigten zur Starrheit, zum sturen Beharren auf Prinzipien und auf dem, was sie für Recht hielten, und darin lag etwas Gnadenloses, sie waren furchtbar, wenn es um Leidenschaft ging, um Schönheit, um Gefühle – aber man konnte sich bei ihnen verstecken.

Anna und Cas bekamen von alldem nicht sehr viel mit. Wie es bei Heranwachsenden häufig vorkommt, waren sie von ganz anderen Dingen erfüllt. Anna, damals in der zehnten Klasse, wurde von dem Roman *Im Westen nichts Neues* tief bewegt. »Das hat mich doch sehr bedrückt. Ich habe in dieser Zeit einen Aufsatz geschrieben, der offenbar so traurig war, dass der Lehrer zu mir sagte: ›Du hast eine schöne Note dafür bekommen, aber wir müssen uns doch mal unterhalten.‹ So waren die Schulen damals noch.«

Besonders dramatisch fand sie ihr Leben allerdings nicht. »In meiner Schule waren etliche Kinder in der gleichen Lage wie ich. Wir waren fünf, eine war Missionarskind, zwei andere hatten keinen Vater mehr, eine war eine richtige Waise, und dazu ich. Wir waren gute Freundinnen.«

Die Ferien verbrachten Anna und Cas größtenteils im warmen Schoß der Maks am Schiedamer Hoofd, an deren großem Tisch immer Platz für einen Gast war und bei denen es immer fröhlich zuging. Oder sie waren bei ihren Großeltern in Vlaardingen, wo ein stiller, freundlicher deutscher Offizier einquartiert war, mit dem sie in vorsichtiger Distanz Weihnachten feierten.

Im Frühjahr 1943 erfuhren Anna und Cas vom Roten Kreuz, dass mein Vater als Kriegsgefangener in Thailand war. Vom Rest der Familie wussten sie überhaupt nichts. »Uns geht es sehr gut«, schrieb Anna an meinen Vater. »Wir wohnen immer noch in den gleichen Orten und Häusern wie früher. Cas ist jetzt in der zehnten Klasse HBS B. und ich in der elften Gymn. A. Nächstes Jahr machen wir beide die Reifeprüfung. Cas hat sich sehr verändert, ich nicht besonders. Cas schießt im Augenblick in die Höhe, und er ist eindeutig im Stimmbruch.«

Sie warf den Brief, mit einer nicht sehr genauen japanischen Adresse versehen, in einen normalen Briefkasten. Was hätte sie auch sonst tun sollen? Ich habe ein Foto aus dieser Zeit vor mir, Anna als Mädchen mit wirrem Haar. Ihre Schulklasse im Jahre 1940, die Jungen in gebauschten Blusen, offene Gesichter, fast noch Kinder. Die gleiche Klasse 1944, alle in Erwachsenenkleidung, und sie sehen auch erwachsen aus, aber auch verschlossener. »Tja, wie konnte es auch anders sein«, meinte Anna, »in der Zeit mussten all diese Jungs dauernd untertauchen.«

Der Brief aus Zeist kam wunderbarerweise nach ein paar Monaten tatsächlich im Dschungel an.

So erschöpften sich viele Niederländer zu Beginn im Bemühen um Anpassung und Kompromisse. Bestimmten Gruppen waren diese Auswege aber von Anfang an verschlossen: den Arbeitslosen und den Juden.

Im Großen und Ganzen hatte die deutsche Verwaltung in den Niederlanden zwei Hauptziele vor Augen. Erstens sollte die niederländische Wirtschaft ganz der deutschen Kriegführung dienstbar gemacht werden. Zweitens sollte das niederländische Brudervolk auch geistig der großen germanischen Völkergemeinschaft einverleibt werden, und zu diesem Zweck musste man das niederländische Blut natürlich von unschönen fremden Beimischungen reinigen.

Die erste Absicht wurde weitgehend verwirklicht. Die Niederlande wurden ausgebeutet wie eine Kolonie. Viele Branchen wurden unmittelbar für die deutsche Rüstungsindustrie in Anspruch genommen, und sie ließen sich auch in Anspruch nehmen. Der Personalbestand des

Flugzeugherstellers Fokker war 1942 um ein Vielfaches höher als in der Vorkriegszeit. Auch am Hoofd war der wirtschaftliche Selbsterhaltungstrieb stärker als alle antideutschen Gefühle zusammen. Man nähte dort unter anderem für die Kriegsmarine Leichensäcke. »Sie kamen mit einem blutigen Muster ins Geschäft«, erzählte Catrinus. »Sie brauchten eine ganze Menge.«

Und je länger die Besetzung andauerte, desto mehr landwirtschaftliche Produkte wurden nach Deutschland geschafft, Butter, Käse, Getreide und anderes. In der älteren Generation galt im Umgang mit Deutschen noch Jahre nach dem Krieg die Parole »Bring erst mal mein Fahrrad zurück!« Die zwei Millionen geklauten Fahrräder waren Symbol für vieles andere. Zahlreiche Fabrikanlagen schaffte man fort, sogar vollständige Walzwerke. Zweiundsiebzig Fernmeldeämter der Post wurden ausgeräumt. Ganze Eisenbahnstrecken – Schwellen, Gleise, Weichen und Signale – wurden demontiert und in den Osten verbracht. Zehntausende von niederländischen Arbeitern setzte man in Deutschland ein, am Anfang nur die Arbeitslosen, aber später war kein erwachsener Mann mehr vor den Razzien der Deutschen sicher. Auf die Dauer wurden praktisch die gesamten Niederlande zur Plünderung freigegeben.

Der zunehmende Terror erschwerte die geistige Eroberung des germanischen Brudervolkes ganz erheblich. Nur die Entfernung der Juden aus der niederländischen Gesellschaft gelang. Und was ihre Ausrottung anging, so wurde hier fast ebenso effizient gearbeitet wie in Deutschland selbst.

Die Zahlen sind und bleiben für die Niederländer außerordentlich schmerzlich. Von den gut sechzigtausend in Belgien lebenden Juden wurden ungefähr fünfundzwanzigtausend ermordet: vierzig Prozent. Achtzigtausend der dreihundertfünfzigtausend Juden im seit jeher recht antisemitischen Frankreich kamen ums Leben: fast fünfundzwanzig Prozent. Von den fünfundvierzigtausend im faschistischen Italien waren es siebentausendfünfhundert: sechzehn Prozent. Achthundert der tausendachthundert Juden in Norwegen haben den Krieg nicht überlebt: ungefähr vierzig Prozent. Von den sechseinhalbtausend dänischen Juden starben gut hundert: nicht ganz zwei Prozent. Von den ungefähr hundertvierzigtausend in den Niederlanden lebenden Juden wurden mehr als einhunderttausend ermordet: ungefähr fünfundsiebzig Prozent. Somit ist die Todesrate der Niederlande nur noch mit der Polens und einiger anderer mittel- und osteuropäischer Länder mit einer ausgeprägten antisemitischen Tradition zu vergleichen.

Dass die Zahl der ermordeten Juden gerade in diesem toleranten Land so auffällig hoch ist, wird von manchen Historikern als das »niederländische Paradox« bezeichnet. Man hat vielerlei Erklärungen dafür vorgeschlagen. Eine ist ganz simpel: Das Land hatte keine Grenzen mehr, über die man sich schnell und sicher absetzen konnte, es war vom Deutschen Reich und seinen Eroberungen eingeschlossen. Rettungsaktionen wie in Dänemark und in den französisch-spanischen Pyrenäen, bei denen viele heimlich über die Grenze gebracht wurden, waren hier unmöglich. Unzugängliche, waldreiche Bergregionen gab es auch nicht. Diese Erklärung lässt allerdings eine unangenehme Frage offen: Wie kommt es, dass sich im gleichen Land Zigtausende nichtjüdischer Untergetauchter versteckt halten konnten?

Andere gaben der niederländischen Obrigkeitstreue die Schuld. Mein Großvater van der Molen hat auf den entsprechenden Befehl hin gewissenhaft sein Radiogerät, seine Türglocke und andere Kupferwaren abgeliefert. Anna und Cas registrierten seine grenzenlose Bravheit mit wachsendem Ärger. Niemals tat er etwas zu irgend jemandes Nachteil, die paar bescheidenen Sonderzuwendungen, die er bekam, teilte er mit anderen, er wurde immer magerer, und nie sollte er ein Gesetz übertreten. Seinen kleinen Hund hatte er so dressiert, dass er kein Stückchen Wurstpelle annahm, wenn man sagte: »Es kommt von Hitler.« Das war seine bedeutendste Widerstandshandlung.

Das Verhalten meines Großvaters war für niederländische Verhältnisse nichts Außergewöhnliches. Wenn es ein Land gab, das erst wieder lernen musste, was das Wort »Widerstand« bedeutete, dann waren das die Niederlande. Das tief verwurzelte Misstrauen beispielsweise eines Italieners, eines Spaniers oder eines Russen gegenüber dem Staat ist dem Niederländer vollkommen fremd. Jahrhundertelang wurde das Land von gereiften, einigermaßen kompetenten Regenten mit typisch bürgerlicher Mentalität gelenkt. Im Laufe der Zeit hatte diese Regenten-obrigkeit ihre eigenen Qualitäten und ihre eigene Herrschaftsmoral entwickelt, und nach der Jahrhundertwende wurde dieser Herrschafts-stil beinahe unbemerkt von den Eliten der verschiedenen weltanschau-lichen Gruppen übernommen.

Die Herrschaftsgewalt des Staates zu achten, war deshalb etwas Selbstverständliches. Man unterwarf sich, ohne dass es dafür besonde-rer Disziplinierung oder Machtdemonstration bedurft hätte. So wur-den in diesem Land dann auch innerhalb weniger Monate, ohne dass sich viel Widerspruch erhob, alle Juden registriert und alle jüdischen Professoren, Lehrer, Gemeinderäte, Beigeordneten, Richter und Beam-ten entlassen. Die Entfernung der Juden aus der Gemeinschaft konnte beginnen.

Auch viele jüdische Niederländer waren anfänglich recht arglos. Während in Belgien und Frankreich der Anteil der Überlebenden unter den autochthonen Juden höher war als unter denen, die vor den Nazis aus Deutschland geflohen waren, gilt für die Niederlande das Umge-kehrte. Wahrscheinlich nur deshalb, weil die ausländischen Juden wach-samer waren als die niederländischen. Kennzeichnend für die übliche Einstellung war der Satz: »Ich habe nichts getan, also weshalb sollte ich untertauchen?«, wie eine deutsche Jüdin einmal sagte. Oder, wie der jüdische Historiker Jacques Presser später geschrieben hat: »Man hatte nicht die Energie, die Beziehungen, das Geld, man unterschätzte die Gefahren der Deportation, überschätzte die des Untertauchens; man war ängstlich, schrecklich ängstlich; man hatte kein Vertrauen in die eigene Kraft.«

Diese Haltung wurde noch dadurch begünstigt, dass um den Geno-zid, in den die Deportation der Juden mündete, auf raffinierte Weise eine Mauer des Schweigens errichtet wurde, sowohl in Deutschland als auch in den besetzten Gebieten. Den Juden blieb nichts erspart, aber der Rest der Bevölkerung hatte immer die Möglichkeit wegzusehen. Wer nichts wissen wollte, brauchte auch nichts zu wissen. Und als die Zeit der Anpassung endlich vorbei war und der Widerstandsgeist erwachte, waren die meisten Juden schon deportiert und ermordet worden.

Eine dritte Erklärung für die auffällig hohe Zahl der Holocaust-Opfer in den Niederlanden sucht man auch im Charakter der deutschen Instanzen, die die Niederlande faktisch in ihrer Gewalt hatten. Als germanische Brudervölker hatten die Niederländer und Norweger eine Zivil- statt einer Militärverwaltung bekommen. Dass kein Wehrmachts- regime errichtet wurde, hat den Niederländern in mancher Hinsicht das Leben erleichtert, andererseits aber fehlte nun innerhalb der deut- schen Verwaltung eine starke Gegenkraft zu den Nazis. In Frankreich waren für die Verfolgung der Juden Wehrmachtsoffiziere zuständig, die nicht gewillt waren, viel Energie darauf zu verwenden. In den Nieder- landen dagegen hatten Organisationen wie die SS und die Gestapo freie Hand, die besessen ihr Ziel verfolgten.

Dennoch gibt es, was die Zahl der Überlebenden angeht, große regionale Unterschiede, für die Historiker immer noch keine befrie- digende Erklärung gefunden haben. In einigen Orten überlebte die jüdische Gemeinschaft zu fast sechzig Prozent, in anderen gab es kaum zehn Prozent Überlebende. Von der jüdischen Gemeinschaft von As- sen, gut vierhundert Männern, Frauen und Kindern, waren nach dem Krieg noch genau drei am Leben, weniger als ein Prozent. Diese Unter- schiede können nicht mit der Zahl der örtlichen NSB-Mitglieder erklärt werden, nicht mit Bürgermeistern oder Polizeikommissaren auf der »richtigen« oder »falschen« Seite, nicht einmal mit der Aktivität der re- gionalen Widerstandsgruppen. In Friesland zum Beispiel fanden viele Juden aus Amsterdam einen sicheren Unterschlupf, aber die meisten friesischen Juden wurden deportiert. Hängt dies damit zusammen, dass die friesischen Juden – im Gegensatz zu den Juden in anderen kleinen Gemeinden – mehr unter sich blieben und weniger integriert waren? Hat es etwas mit der starren Trennung der Menschen und Überzeugun- gen in den versäulten Niederlanden zu tun? Diese Fragen sind immer noch weitgehend ungeklärt.

Aus Untersuchungen dieser Art geht allerdings eines deutlich her- vor: Der Faktor Antisemitismus hat in den Niederlanden keine erkenn- bare Rolle gespielt. Die isolierte Ghettoexistenz war für die niederlän- dischen Juden schon seit langem Vergangenheit. Der Integrations- und Assimilationsprozess war in vollem Gange und vielfach schon abgeschlossen. Es gab immer noch Niederländer, die der Ansicht waren, ein bisschen mehr Bescheidenheit würde den Juden gut anstehen, und im konfessionellen Milieu betrachtete man Juden erst als vollwertig, wenn sie bekehrt und getauft waren, aber ein Antisemitismus dieser Art war mit dem mörderischen osteuropäischen Judenhass, auf dem Hitler aufbauen konnte, einem Antisemitismus, der nicht die Anpassung der Juden wollte, sondern ihr völliges Verschwinden, überhaupt nicht vergleichbar.

Sogar den niederländischen Nazis war dieser Unterschied bewusst. Ihr Führer Mussert übernahm für das erste Parteiprogramm des NSB das Gedankengut der großen deutschen Schwesterpartei und schrieb ihr Programm zum größten Teil ab – bis auf die antisemitischen Passagen. Er wusste, dass diese auf die niederländischen Wähler nur einen schlechten Eindruck machen würden, und außerdem hatte er selbst gar nichts gegen Juden. Einer der ersten niederländischen Faschisten, Jan Baars, hat Hitler 1933 wegen der Judenverfolgungen sogar ein Protesttelegramm geschickt. (Später, zur Zeit der Besetzung, sollte Baars übrigens im Untergrund wertvolle Arbeit leisten.) Ein anderer Faschist der ersten Stunde, Bertus Smit, Gründer und Chefredakteur des auch in eigener Regie vertriebenen Blättchens *Het Hakenkruis* (Das Hakenkreuz), war zutiefst erschrocken, als er 1936 von einem kommunistischen Flüchtling hörte, was in Deutschland wirklich vorging. Er ließ eine Broschüre mit dem deutsch-niederländischen Titel *Führung, de doden klagen u aan* (Führung, die Toten klagen dich an) drucken und wurde daraufhin von der Haager Polizei wegen Beleidigung eines befreundeten Staatsoberhaupts verhaftet.

Kurz und gut, was die Niederlande angeht, kann man auf keinen Fall von starkem und aktivem Antisemitismus sprechen. Viele Juden sind aber einem passiven Antisemitismus, sind Bequemlichkeit und Angst vor dem Fremden zum Opfer gefallen, einem Mangel an Zuneigung, wenn man so will.

Bezeichnend für diesen passiven Antisemitismus ist die Haltung der niederländischen Regierung in London. Ohne jeden Zweifel hat Königin Wilhelmina auf dem Weg über Radio Oranje viel zum Erstarken des niederländischen Widerstandsgeistes beigetragen. Deshalb ist es umso verwunderlicher, dass die Königin in ihren berühmten Rundfunkansprachen – die Historikerin Nanda van der Zee hat dies genau untersucht – dem Schicksal jener Bevölkerungsgruppe, die weitaus am meisten unter dem Terror der Deutschen zu leiden hatte, kaum jemals Beachtung geschenkt hat. Obwohl jeder zehnte Einwohner ihrer Hauptstadt deportiert wurde und sie darüber auch sehr gut informiert war – am 17. Oktober 1942 sprach sie schon vom »systematischen Ausrotten der Juden« –, ist das Staatsoberhaupt in all den Jahren nur dreimal und dann auch nur mit ein paar Worten auf die Judenverfolgung eingegangen.

Dieses Desinteresse war für die gesamte Londoner Exilregierung charakteristisch. In deren Büros war bis Anfang 1944 niemand speziell damit beauftragt, sich um das Schicksal der verfolgten Juden zu kümmern. Bis Juni 1944 hat man von London aus nichts Konkretes unternommen, um ihnen zu helfen: Das Thema kam in den Protokollen des Ministerrats nicht ein einziges Mal vor, obwohl die niederländische Untergrundpresse Woche für Woche Warnungen aussprach und das niederländische Volk zu Hilfe und Widerstand aufrief. »Niederländische Polizisten vom alten Schlag, denkt an Eure Menschenpflicht und Eure wahre Berufspflicht: Verhaftet keine Juden, oder erledigt solche Aufträge nur zum Schein. Gebt ihnen Gelegenheit, zu entkommen oder sich zu verstecken«, hieß es in einem dieser Hilferufe. »Eisenbahner, Lokführer, denkt daran, dass jeder mit Sklaven beladene Zug, den Ihr fahren lasst, zur Schlachtbank fährt!«

Warum haben die Niederländer jene eindrucksvolle Stimme, deren Worte von Zahllosen wie Gottes Wort aufgenommen wurden und die Tausende rechtzeitig hätte mobilisieren können, niemals so etwas sagen hören? Der dänische König Christian X. ritt – wenigstens der Legende zufolge – mit einem Judenstern auf seinem Mantel durch die Straßen Kopenhagens. Die niederländischen Juden hörten von ihrer Regierung im sicheren London – nichts.

Wenn es um das Große Morden geht, denkt man unweigerlich in den Kategorien von Schuld, Strafe und Moral, ob es um Deutsche oder um

Niederländer geht. Nur ist diese Annäherung an das Problem möglicherweise nicht besonders realistisch, und das gilt dann sowohl für die Vergangenheit als auch für die Zukunft.

Bis zum heutigen Tag stellen der Nationalsozialismus, der deutsche Antisemitismus und vor allem das Phänomen Hitler die Historiker vor große Probleme. Denn es ist die Frage, ob hinter allem, was mit dem Holocaust zusammenhängt, ein lange im Voraus entworfener Plan steckte. Viele gegenwärtige Historiker haben sich allmählich von dieser Vorstellung verabschiedet. Sie sehen den Holocaust eher als Ergebnis der Häufung einzelner Initiativen von ehrgeizigen Parteibonzen und Verwaltungsapparaten, die sich Hitlers Gunst erhalten und ihre Macht bewahren und erweitern wollten und deshalb zu immer radikaleren Aktionen übergingen. So gesehen, war der Völkermord eher eine Folge der Anarchie und der durch nichts gehemmten Machtbesessenheit an der Spitze des Dritten Reiches als das Resultat eines Jahre vorher aufgestellten Plans.

Zugleich aber, und das macht diesen millionenfachen Mord so schwer fassbar, war der Holocaust auch das Produkt einer Staatsbürokratie, wenn auch einer völlig enthemmten. Bezeichnend ist die hohe Überlebensrate in Italien, vierundachtzig Prozent. Die Italiener, auch die meisten Faschisten, betrachteten die Judenverfolgung als amoralisch und sabotierten sie, wo sie nur konnten, auf ihre eigene, nichtbürokratische Weise. Ohne eine gut funktionierende Bürokratie ging es ganz offensichtlich nicht.

Nach Ansicht des polnisch-britischen Soziologen Zygmunt Bauman liegt die Erklärung für den Massenmord an den Juden und den westeuropäischen Zigeunern deshalb auch nicht allein in der Machtgier und dem mittelalterlichen Antisemitismus der Hauptverantwortlichen und der Vollstrecker. Wenn sich der Umgang der Nazis mit den Juden auf antisemitische Exzesse wie die Kristallnacht beschränkt hätte, so argumentiert Bauman, wäre der langen Geschichte der von Hass bestimmten Gewalttätigkeiten gegen Juden lediglich ein weiteres Kapitel hinzugefügt worden, vielleicht hätte es dann auch viele tausend Opfer gegeben, aber auf keinen Fall sechs Millionen.

Das Große Morden war, allein schon durch seine Dimension, etwas noch nie Dagewesenes. Die Geschichte des Holocaust trägt die Handschrift der Moderne, des Machbarkeitsdenkens, der perfekten Bürokratie, schreibt Bauman. Nur ein bürokratischer Apparat des zwanzigsten Jahrhunderts konnte eine gewaltige logistische Aufgabe wie die »Endlösung« bewältigen. Nur dank der Anwendung moderner, rationaler Prinzipien, dank Effizienzstreben, Arbeitsteilung und Kostenkalkulation war diese industrielle Vernichtung von Menschenleben möglich. Und die Begeisterung, die diese Maschinerie antrieb, war letztlich nicht nur die des ideologisch inspirierten Antisemiten, sondern auch die des exakten, sorgfältigen Bürokraten, für den es keinerlei moralische oder religiöse Hemmungen mehr gab.

Diese Betrachtungsweise wirft ein anderes Licht auf die niederländischen Verhältnisse. Niederländer und Deutsche waren ja beide solide, diszipliniert und obrigkeitstreu. Während die Sollzahlen für die Deportationen in Frankreich und Belgien dank einer unwilligen Bürokratie schon bald gesenkt werden mussten, wurden die Transporte in den Niederlanden so reibungslos abgewickelt, dass es, in den Worten des obersten Verfolgers Adolf Eichmann, »eine Lust« war, dies zu beobachten. An Sabotage dachten nur wenige.

Das Meldewesen war perfekt organisiert, und man setzte seine Ehre daran, es auf diesem hohen Stand zu halten. Der niederländische Personalausweis war der beste aller besetzten Gebiete, beinahe fälschungssicher, die fachmännische Arbeit und der ganze Stolz eines unbekannten niederländischen Beamten. In Leeuwarden wurden 547 der 665 Juden deportiert, ohne dass die Deutschen dafür auch nur einen Finger krumm zu machen brauchten. Alles wurde von der Stadtverwaltung und der örtlichen Polizei organisiert und ausgeführt. Von diesen 547 sollten sieben lebend zurückkehren. Das Einwohnermeldeamt von Amsterdam lieferte innerhalb weniger Tage eine so genannte Punktkarte, die genau zeigte, wie sich die jüdischen Mitbürger auf die einzelnen Wohngebiete der Stadt verteilten. Viele Juden wurden von gewöhnlichen Amsterdamer Polizisten verhaftet, ohne jede Überwachung durch deutsche Amtspersonen. Nachts transportierten die Amsterdamer Straßenbahnen die verhafteten Männer, Frauen und Kinder pünktlich zum Bahnhof. Dann wurden sie vom ungestört funktionierenden Räderwerk der Niederländischen Eisenbahnen zuverlässig weiterbefördert, dem unbekannten Osten entgegen.

Baumans Gedankengang ist im Grunde viel beunruhigender als die Erklärungen anderer, die aus den damaligen Deutschen schlichtweg halbe Teufel machen: Wenn er Recht hat, könnte das alles nämlich morgen wieder geschehen. Aus Baumans Sicht war es nicht etwa so, dass die moderne Kultur in Deutschland und den Niederlanden während einiger Kriegsjahre von der Barbarei hinweggefegt worden wäre, wie man allgemein annimmt, nein, auch der Holocaust wurde weitgehend von eben dieser rational orientierten Gesellschaft hervorgebracht. Oder, um es mit einem von Bauman selbst gebrauchten Bild auszudrücken: Der Holocaust ist nichts Abgeschlossenes, kein gerahmtes Bild an der Wand, sondern ein Fenster, das die einmalige Gelegenheit bietet, Strömungen unter der Oberfläche unserer westlichen Zivilisation zu entdecken, die man sonst nicht sieht. »Und was zum Vorschein kam, geht nicht nur die Urheber, die Opfer und die Zeugen des Verbrechens etwas an, sondern ist von größter Bedeutung für alle, die heute leben und auch in Zukunft leben wollen«, schließt Bauman. »Der Blick durch dieses Fenster verstörte mich zutiefst, aber je bedrückter ich wurde, desto mehr wuchs in mir die Überzeugung, dass es äußerst gefährlich ist, diesen Blick nicht zu tun.«

*

Ende Februar 1941 kam es in Amsterdam und seiner nördlichen Umgebung zu einem spontanen Proteststreik von kurzer Dauer. Schon seit Monaten herrschte dort unter Werft- und Fabrikarbeitern Unruhe, weil man fürchtete, nach Deutschland geschickt zu werden. Als die Deutschen brutale Razzien im jüdischen Ghetto durchzuführen begannen, war dies der Funke, der das Pulverfass zum Explodieren brachte – wobei allerdings auch die illegale kommunistische Partei ihre Hand im Spiel hatte. Innerhalb eines Tages kam das öffentliche Leben Amsterdams weitgehend zum Erliegen. Die Straßenbahnen, das Uhrwerk der Stadt, standen still. Jubelnde, protestierende Arbeiter füllten die Straßen. Zwölf Stunden später war das alles praktisch schon wieder vorbei. Zwei SS-Totenkopf-Infanterieregimenter rückten in die Stadt ein, man verhängte eine nächtliche Ausgangssperre, und innerhalb kürzester Zeit war die Stadt voller deutscher Polizei.

Im Rückblick markiert dieser Februarstreik das Ende des mehr oder weniger friedlichen »Honeymoon« zwischen den deutschen Besatzern und der Mehrheit der Niederländer. Die Besatzer arbeiteten in Ruhe weiter an der Ausführung ihrer Pläne, wenn sie auch erkannt hatten, dass sie bei weiteren Deportationen umsichtiger vorgehen mussten. Vielen Niederländern gingen nun aber allmählich die Augen auf.

Als das Kriegsglück die Deutschen verließ, verstärkte sich der Druck auf die Bevölkerung weiter. Ständig wurden neue Verbote erlassen. Überall beschlagnahmte man Radiogeräte, Fahrräder, Züge und Maschinen. Viele wurden verhaftet, das Leben wurde immer unwirklicher, man verheimlichte immer mehr, und mit jedem Monat wurden die Methoden härter.

»Es gibt nur zwei Möglichkeiten, im Untergrund gegen einen Besatzer vorzugehen«, hat Hendrik Algra später geschrieben. »Es muss eine Organisation mit rigoroser Geheimhaltung wie bei manchen Spionagediensten geben oder eine Untergrundbewegung, bei der kaum eine Grenze zum solidarischen Volk erkennbar ist.« Beide Organisationsformen hat es im niederländischen Widerstand gegeben, wobei allerdings die zuletzt genannte vorherrschte, besonders im orthodox-kalvinistischen Bevölkerungsteil.

Spätestens ab 1942 war die Untergrundbewegung in den Niederlanden so weit, dass sie einigermaßen effektiv arbeiten konnte. Die Grenzlinien zwischen den unterschiedlichen Gruppen innerhalb der Gesellschaft waren dann deutlich genug erkennbar. Es gab Gleichgültige, die nur darauf aus waren, die eigene Haut zu retten. Es gab Schurken, die vom Unglück anderer zu profitieren suchten. Einige Hunderttausend hatten sich, teilweise aus ideologischen Gründen, oft aus Opportunismus, auf die Seite der Besatzer geschlagen. Eine wachsende Zahl von Menschen entfaltete alle möglichen Aktivitäten im Untergrund, es war eine Armee, der gegen Ende des Krieges schon Zehntausende angehörten. Und es gab Zahllose, die auf der richtigen Seite standen und die Untergrundbewegung wie eine schützende Mauer umgaben, Zahllose, die viel wussten und viel sahen, die nichts verrieten und oft kleinere

Hilfsdienste leisteten. In den meisten Dörfern wusste man zum Beispiel genau, bei wem sich Untergetauchte versteckt hielten – trotzdem sind die meisten nicht verraten worden. Und an der Amsterdamer Prinsengracht konnte sich die jüdische Familie Frank jahrelang in einem Hinterhaus verstecken; sie wurde schließlich verraten, aber nicht von einem Bewohner ihres Viertels.

Auch Anna und Cas gehörten zu so einem Kreis am Rande des Untergrunds. Anna war 1942 Mitglied eines Literaturzirkels von Schülern geworden, man sprach über allerlei Bücher, immer bei einem der Mitglieder zu Hause. Offiziell war sogar dies verboten, aber sie waren nur zu acht. Eines Abends erschien ein neues Mitglied, ein junger Mann schon. Er spielte Violine und studierte seit ein paar Jahren. Anna verliebte sich auf den ersten Blick, nie zuvor hatte sie so etwas erlebt. Weihnachten 1943 verlobten sich die beiden.

Auf diese Weise landete Anna mitten in einer ganz besonderen Familie. »Ich war in der elften Klasse, ich hatte schon lange Zeit kein Elternhaus mehr gehabt, und dies war sofort ein Zuhause. Mein Verlobter war der Jüngste, es gab noch eine Schwester und zwei ältere Brüder, und alle drei hatten sich mit Haut und Haaren dem Widerstand verschrieben. Ich lernte deshalb schnell, dass es allerlei Dinge gab, über die man besser schwieg oder die ich besser gar nicht erst sah.«

Der Vater war Zigarrenfabrikant, ein bekannter Name in orthodox-kalvinistischen Kreisen, wo man einen tüchtigen Rauchkolben sehr zu schätzen wusste. Die Brüder standen in engem Kontakt zum Pfarrer Frits Slomp, dem Gründer einer landesweiten Hilfsorganisation für Untergetauchte und Untertauchende. Einer der jungen Männer gehörte zum bewaffneten Arm des niederländischen Widerstands, den so genannten Rollkommandos, die unter anderem Überfälle auf Ämter begingen, um Lebensmittelmarken, Ausweise und andere Papiere zu beschaffen. Seine Schwester brachte jüdische Kinder zu den vorgesehenen Verstecken, auch bei orthodoxen Kalvinisten.

Schon bald wurde Anna in die Untergrundarbeit einbezogen: Sie durfte Lebensmittelmarken und Geld in Häusern abliefern, in denen Menschen versteckt waren. »Ich war in diesen Jahren sehr mit mir selbst beschäftigt«, erzählte sie. »Mit meiner Verliebtheit, mit Literatur in der Schule, Krieg, Widerstand, für mich war eins so großartig wie das andere.«

Alle in ihrer Klasse führten ein Doppelleben. Eines der Mädchen, ein sehr nettes, war Mitglied des NSB. Eines Tages, als Schnee gefallen war, fing die ganze Schule an, dieses Mädchen mit Schneebällen zu bewerfen. »Sie war vor mir, und sie war so allein, wie sie da mit ihrer Schultasche vor mir her ging. Da bin ich neben ihr gegangen, und es hörte auf.«

Über all diese Dinge wurde aber niemals gesprochen. Wenn jüdische Kinder untergebracht worden waren, hörte Anna nur, die Sache habe geklappt, mehr wusste sie nicht. Einmal fand sie einen ganzen Packen Lebensmittelmarken in den Pantoffeln des ältesten Bruders ihres Verlobten, Marken, die ganz offensichtlich aus irgendeinem Überfall stammten. »Dazu sagte man nichts, man tat, als hätte man nichts gesehen.« Sie wusste, dass bei einer ihrer Freundinnen zu Hause untergetauchte Juden versteckt waren, aber sie ließ sich nie anmerken, dass sie es wusste. »Diese Menschen sind übrigens verraten worden, die Juden wurden verhaftet, und der Vater auch. Wie unser Fahrradhändler, auch einer, der viel riskiert hat, den haben sie auch abgeholt, und er ist nie zurückgekommen.«

Eigentlich ist das, was hier geschah, wenn man die Verhältnisse der Vorkriegszeit berücksichtigt, außerordentlich bemerkenswert: Wer am meisten wagte, den meisten Untergetauchten half und überhaupt mehr leistete als alle anderen, das waren die Kommunisten und die orthodoxen Kalvinisten, Menschen vom äußersten linken und vom äußersten rechten Rand, oft in brüderlicher Zusammenarbeit. Der Gestapochef von Delfzijl nannte die orthodox-kalvinistische Kirche einmal die größte illegale Organisation der Niederlande. Dieses Kompliment war weniger der Führung dieser Kirche als den vielen einfachen Gemeindemitgliedern zu verdanken, die im Widerstand aktiv waren.

Obwohl die Orthodoxen nur einen kleinen Teil der Bevölkerung ausmachten, etwa sieben Prozent, war vermutlich mehr als ein Viertel der untergetauchten Juden bei Angehörigen dieser Kirche versteckt.

Die Zahl derer, die ihre Arbeit im Widerstand mit dem Leben bezahlten, war hier doppelt so hoch wie bei anderen Glaubensgemeinschaften. Sie dominierten einen bedeutenden Teil der Untergrundpresse: Sowohl *Vrij Nederland* als auch *Trouw* kamen aus dieser Richtung. Ein Widerstandskämpfer, der in Bedrängnis geriet, konnte es fast immer riskieren, sich an einen orthodoxen Pfarrer zu wenden. Sogar der steife Colijn kam von seiner distanzierten und resignierten Haltung ab und rief zum Widerstand auf; er sollte schließlich im Exil sterben.

»Ich dachte, alle würden so etwas machen«, hat Anna später erzählt. »Ich holte bei verschiedenen Leuten die monatliche Spende für den Widerstand ab, bei einem Fabrikanten die Riesensumme von hundert Gulden, bei anderen zehn oder fünfundzwanzig. Dieses Geld brachte ich einem Pfarrer, der selbst sieben Kinder hatte, dazu noch eine Hand voll jüdischer Pflegekinder. Er war selbst ganz ungewöhnlich blond, und die jüdischen Kinder ließ er einmal im Monat blondieren, damit sie nicht auffielen. Sehr mutige Leute, denn links und rechts von ihm wohnten Deutsche. Für mein Gefühl war jeder in meiner Umgebung auf der richtigen Seite und aktiv. Erst später habe ich gemerkt, dass das gar nicht stimmte.«

Die Nazis haben wirklich ihr Bestes getan, um die Orthodoxen auf ihre Seite zu bekommen. Oberflächlich betrachtet waren sie, wie schon gesagt, ideale Verbündete. Dennoch sammelte sich gerade in dieser Gruppe der niederländischen Gesellschaft schon früh der Widerstand. Wie war das möglich?

Erstens war das, was die orthodoxen Patriarchen um Abraham Kuyper ins Leben gerufen hatten, nicht nur eine religiöse, sondern auch eine nationalistische Bewegung. Nicht umsonst sprach man beispielsweise von »christlich-nationalem« Unterricht. Kuyper und seine Epigonen verfochten – allerdings hauptsächlich in der Theorie – eine Art von Nationalismus, der zwingend vorschrieb, wie die Niederlande eigentlich auszusehen hätten: eine kalvinistische, am Ideal des siebzehnten Jahrhunderts orientierte Nation unter Führung des Hauses Oranien, die aber Fremde und Minderheiten respektierte. Was nach 1940 geschah, vertrug sich überhaupt nicht mit diesen Grundsätzen.

Es kam vor, dass Orthodoxe versuchten, Juden zu bekehren, manchmal wurden Untergetauchte sogar auf inakzeptable Weise unter Druck gesetzt, aber nichts deutet darauf hin, dass Bekehrungseifer das ausschlaggebende Motiv dafür gewesen wäre, Juden zu helfen. Trotz des Misstrauens gegenüber den jüdischen »Fremden« empfand man es fast als religiöse Pflicht, in diesen Zeiten höchster Not an der Seite des alten Volkes Abrahams, Isaaks und Jakobs zu stehen. »Die Leistungen der Orthodoxen ragen weit über die anderer und größerer Glaubensgemeinschaften hinaus«, stellte der britische Holocaust-Forscher Bob Moore fest. »Vielleicht lag dies daran, dass es in Gebieten, in denen viele Orthodoxe wohnten, die besten Voraussetzungen zum Untertauchen gab. Es scheint aber eher so zu sein, dass die Orthodoxen zur Hilfe bereit waren, weil sie im Schicksal der Juden ihr eigenes Selbstbild als verfolgtes Volk Gottes wiedererkannten.«

Dazu kam noch ein zweiter Aspekt: Wenn es eine Bevölkerungsgruppe gab, die ganz und gar allergisch auf jede staatliche Einmischung und überhaupt auf Eingriffe von oben reagierte, dann waren das die Orthodoxen. Sie hatten ja nicht ohne Grund den sicheren Hafen der Staatskirche verlassen, um überall ihre eigenen Gemeinden zu gründen, und das Gleiche galt für die eigenen Schulen, die eigenen Zeitungen und all die anderen Einrichtungen, die sie unter großen Opfern ins Leben gerufen hatten. Das totalitäre Naziregime verletzte diese Autonomie schon bald auf rücksichtslose Art, und auch hierauf reagierten sie ungewöhnlich heftig. Außerdem waren sie – und darin glichen sie den Kommunisten – ausgezeichnet organisiert, diszipliniert und opferbereit. Ihre Gruppe war nicht allzu groß, man kannte sich untereinander, und so konnte das Netzwerk der Pfarrer – die immer einen guten Vorwand für Reisen hatten – in der Untergrundbewegung eine lebenswichtige Aufgabe erfüllen.

Der Widerstand in all seinen Spielarten weitete sich erheblich aus, als die Besatzer im Frühjahr 1943 beschlossen, die ehemaligen niederländischen Soldaten nun doch noch als Kriegsgefangene nach Deutschland zu bringen. Man hoffte, auf diese Weise mit einem Schlag eine große Zahl von Arbeitskräften zu beschaffen, die an die Stelle der eingerückten deutschen Männer treten konnten. Auch Männer vom Schiedamer Hoofd mussten sich melden. Mein Vetter Catrinus zum Beispiel wurde in die Nähe von Dresden geschickt, in eine Fabrik, die Panzer-fäuste herstellte. »Die Maks waren nett, aber übervorsichtig, wenn nicht ängstlich«, sollte er hinterher sagen.

Nach drei Jahren Besetzung waren die meisten Niederländer schon weniger obrigkeitstreu. Überall im Land kam es zu wilden Streiks, überall wurden Flugblätter verteilt, die dazu aufriefen, sich dem Ar-beitseinsatz zu entziehen. Einmal sah Anna einen ganzen Trupp junger Männer auf dem Weg zum Arbeitseinsatz durch Hilversum gehen. »Ich sah, wie eine junge Frau ganz ruhig zu einem der Jungs trat und neben ihm her ging, dann so tat, als wollte sie ihm ein Päckchen mitgeben, ihn fest am Arm packte und mit ihm die Reihe verließ. Niemand sah es oder wollte es sehen.«

Die Zahl der Untergetauchten sollte im Laufe der Zeit auf gut drei-hunderttausend anwachsen, und um ihre Unterbringung und Ernäh-rung zu sichern, mussten umfangreiche Untergrundorganisationen aufgebaut werden, in denen viele Tausende mitarbeiteten. Damit war die Phase der Anpassung endgültig vorbei. Bravheit wurde riskanter als Untertauchen und sogar Beteiligung am Widerstand. All das reizte wiederum die Deutschen zu neuen Repressionsmaßnahmen, und so kam es zu weiterer Eskalation, bis die Gesellschaft im letzten Jahr der Besetzung in einen völlig chaotischen Zustand geriet.

Mitten in diesem Chaos legte Anna die Reifeprüfung ab. Ich habe das Telegramm gefunden, das sie am 4. Juni 1944 meinen Großeltern schickte: »Alles, was in Büchern steht, ist in diesen Kopf gefahren. Bestanden.«

*

Nun bleibt nach alledem noch eine entscheidende Frage: Was wussten die Niederländer über das Schicksal, das die Juden am Ende erwartete? Oder besser gesagt, was konnte und was wollte man wissen?

Anna, in jener Zeit eine Schülerin von etwa achtzehn Jahren, meinte, in ihrer Umgebung habe niemand gewusst, wohin die Juden fuhren. »Es wurde gesagt: Sie werden zum Arbeiten weggeschafft. Das haben wir dann eben geglaubt. Wir hatten eine vom NSB in der Klasse, ich bin mir sicher, dass auch sie nicht mehr gewusst hat. Mir sind erst die Augen aufgegangen, als ich nach dem Krieg Fotos von Bergen-Belsen gesehen habe. Man konnte es einfach nicht glauben.«

Auch in Gruppen, die unter Lebensgefahr jüdische Kinder von einem Unterschlupf zum nächsten brachten und von den Deutschen nur Schlimmes erwarteten, hat man offensichtlich in vielen Fällen nichts gewusst. »Dass etwas nicht stimmte, war ihnen schon klar«, hat ein Vetter von Annas Verlobtem mir erzählt, »aber was tatsächlich alles geschah, die Vergasungen, davon wussten auch sie nichts.«

Und doch hatten sie höchstwahrscheinlich die schon erwähnte Broschüre *Bijna te laat* gelesen, in der Koopmans schon im November 1940 über die Juden schrieb: »Man bringt sie weg, man bringt sie um.« Über das berüchtigte Lager Mauthausen und »Morde in deutschen Nazilagern« hat die Untergrundzeitung *Het Parool* Mitte 1941 berichtet. Am 9. Oktober 1942 schrieb ein untergetauchtes Mädchen namens Anne Frank: »Wir nehmen an, dass die meisten ermordet werden. Das englische Radio spricht von Vergasung. Vielleicht ist das ja die schnellste Todesart.« Acht Tage später notierte der jüdische Philologe Victor Klemperer in Dresden, zwei verhaftete Frauen seien nach Auschwitz transportiert worden, in ein Lager, »das ein schnell arbeitendes Schlachthaus zu sein scheint«.

Wie aus einer neueren, von Studenten durchgeführten Untersuchung niederländischer Kriegstagebücher hervorgeht, vermuteten nicht weniger als vierundzwanzig der siebzig Tagebuchschreiber, dass ein Massenmord im Gange war. Ab Juni 1942 tauchen regelmäßig Ausdrücke wie »ermorden«, »umbringen« und »ausrotten« auf. Je intensiver, aggressiver und härter die Judenverfolgung wurde, desto empfindlicher reagierten die Tagebuchschreiber. Anders als oft behauptet, gab es also Menschen, die den Gerüchten über Gaskammern glaubten und ohnmächtige Wut empfanden, gab es relativ viele, die etwas über den Massenmord wussten.

Andererseits haben all die anderen Tagebuchautoren, die große Mehrheit, das grauenhafte Schicksal der Juden mit keinem Wort erwähnt. Haben sie etwas gehört, haben sie es nicht geglaubt? »Von 1943 an wussten die meisten Deutschen genug, um genau zu wissen, dass sie nicht mehr wissen wollten«, habe ich einmal einen deutschen Fernsehkommentator sagen hören, und das galt auch für ziemlich viele Niederländer.

Die BBC und Radio Oranje haben vom Sommer 1942 an hin und wieder von Gerüchten über deutsche Vernichtungslager berichtet. Radio Oranje sprach schon am 29. Juli 1942 von »jüdischen Polen«, die zu Tausenden in Gaskammern umgebracht würden, und warnte, »unseren jüdischen Mitbürgern« könne es ebenso ergehen. Am 17. Dezember 1942 brachte man sogar eine Sondermitteilung der Alliierten, in der von Massendeportationen, Lagern in Polen und Massenexekutionen die Rede war. »Von denen, die deportiert werden, kommt später kein Lebenszeichen mehr.«

Aus kürzlich freigegebenem Material geht hervor, dass der britische Geheimdienst, dem es gelungen war, die deutschen Codemeldungen zu entziffern, fast von Anfang an genau über die Art, den Umfang und den Zweck der Massentransporte Bescheid wusste. Nur eine kleine Gruppe von Eingeweihten wurde informiert: Niemand durfte wissen, dass die Engländer den Schlüssel für die deutschen Codes besaßen. Außerdem fehlte der Wille zum Eingreifen. Von Bombardierungen der Gaskammern hielt die britische Luftwaffe nichts: Man wollte für »diese jammernden Juden« – eine Äußerung, die einem englischen Beamten einmal herausrutschte – keine Energie verschwenden. Luftaufnahmen von Auschwitz-Birkenau, auf denen deutlich Gaskammern und Gefangene zu sehen waren, wurden erst dreißig Jahre später entwickelt: Die damaligen Militärs interessierten sich nur für die Chemieanlagen in einigen Kilometern Entfernung.

Bei einer nachträglichen Beurteilung all dessen müssen wir uns ständig vor Augen halten, dass diese massenhafte, industrielle Ausrottung etwas Einmaliges in der Geschichte der Menschheit ist. Wenn es in der Geschichte *ein* Beispiel für einen »Credibility gap«, eine Glaubwürdigkeitslücke, gibt, dann ist das der Holocaust. Vielen Journalisten jener Zeit erschienen die ersten Berichte über die Vernichtungslager so unglaubwürdig, dass sie sie für allzu plumpe Kriegspropaganda hielten. Die *New York Times* beispielsweise brachte zwar die entsprechenden Meldungen, aber unauffällig im Innenteil.

Auch die niederländische Untergrundpresse ging mit Nachrichten dieser Art äußerst vorsichtig um, nicht zuletzt, weil man fürchtete, die vielen untergetauchten Juden könnten allzu sehr in Panik geraten. Erst am 27. September 1943 berichtete *Het Parool* zum ersten Mal über die Existenz von Gaskammern. »Eine solche Gaskammer wirkt äußerlich wie ein Baderaum.« Der Bericht stammte aus erster Hand, von einem polnischen Gefangenen, der Augenzeuge gewesen war. Die Redaktion von *Het Parool* zweifelte aber am Wahrheitsgehalt seiner Geschichte; außerdem, wie gesagt, befürchtete man panikartige Reaktionen. So entschied man sich schließlich für den gleichen Kompromiss wie die *New York Times*: Man brachte den Bericht, aber an unauffälliger Stelle.

Andererseits gab es auch bei manchen Betroffenen etwas wie intuitive Gewissheit. Schon im Mai 1940 verübten Dutzende von Juden Selbstmord, weil sie spürten, was geschah. In Amsterdam-Süd, wo viele Juden wohnten, lehnten sich im Sommer 1942 zwei Mädchen aus dem Fenster und riefen über die stillen Gärten hinweg: »Lasst euch nicht wegbringen! Taucht unter! Das wird unser Untergang!« Im Judenrat brach im Jahre 1943 blanke Panik aus, als die Mitarbeiter auch ihre eigenen Karteikarten und die ihrer Angehörigen heraussuchen mussten. In Westerbork, dem niederländischen Durchgangslager, lastete jedesmal, wenn ein Transport abging, das Bewusstsein der tödlichen Gefahr auf den Menschen. Man wusste, wollte aber zugleich nicht wissen, aus bloßem Selbsterhaltungstrieb.

Annas Verlobter und seine Familie gehörten zu den Ausnahmen. Sie spürten, dass sie etwas tun mussten, und sie taten es. Anna nannte die Mutter ihres Verlobten schon bald »Mutter«, und 1944 zog sie bei der Familie ein. Es war ein offenes Haus, und alles strahlte Wärme aus, daran erinnerte sie sich später noch sehr deutlich. »Pfingsten 1944, die ganze Familie war bei dieser Gelegenheit beisammen, ein herrliches Frühlingswochenende, der älteste Bruder spielte auf dem Klavier aus der *Matthäuspassion*.«

Mein Jesus schweigt
Zu falschen Lügen stille,
Um uns damit zu zeigen,
Daß sein Erbarmens voller Wille
Vor uns zum Leiden sei geneigt,
Und daß wir in dergleichen Pein
Ihm sollen ähnlich sein
Und in Verfolgung stille schweigen.

Ein paar Tage später wurde dieser Bruder verraten, verhaftet und im Lager Amersfoort eingesperrt. Seine Schwester tauchte sofort unter. Anna und ihr Verlobter sind noch mit dem Rad nach Amersfoort gefahren, aber sie schafften es nicht mehr, Kontakt mit ihm aufzunehmen. Dann verschwand er.

»Ich erinnere mich noch, wie es war, als die Nachricht von seiner Verhaftung kam«, erzählte Anna. »Seine Mutter hielt ein Mittagsschläfchen. Sein Vater ging ins Schlafzimmer, um es ihr zu sagen. Und als wir raufgingen, um mit ihnen darüber zu sprechen, lag er neben ihr, noch in seinem Mantel. Sie hatten immer gewusst, dass dies passieren konnte.«

Hans

Zu ihrem zweiundvierzigsten Geburtstag, am 24. Mai 1943, bekam unsere Mutter als Geschenk ein Ei, das hatten wir ein paar Wochen im Voraus bei einer Frau bestellt, die noch ein Huhn besaß, und mit sauer ersparten Zehn-Cent-Stücken bezahlt. Mutters Gärtchen hatte sich großartig herausgemacht, mit Papayabäumen und kartoffelähnlichen Knollen, aus denen man Kuchen machen konnte. Abends saßen wir manchmal dort zusammen und redeten, denn es wurde schon früh dunkel. Wir hatten einen ganz anständigen Schlafraum, vom Rest getrennt, wenn man auch die Ratten über die Balken huschen sah.
Eines Morgens mussten wir feststellen, dass ein Dieb unser Gärtchen komplett geplündert hatte, alles war über Nacht weg. Das war ein harter Schlag für unsere Familie. Und zu der Zeit fiel noch ein dunk-

ler Schatten auf unser Leben: Gjalt musste weg. Es wurde bekannt gegeben, dass alle Jungen über zehn ins Männerlager sollten. So kam es. Sie wurden in einen großen Lastwagen geladen – ein Lastwagen voller Jungs, die sich an den Seiten festhielten. Sie hatten gelernt, erwachsen zu sein, also hielten sie sich schon wegen ihrer Freunde tapfer. Gjalt war ganz unbefangen. Ich erinnere mich noch an seine Augen, damals beim Aufbruch, fragend, groß und braun. Wir haben danach nichts mehr von ihm gehört.

Eine Frau ließ sich völlig gehen, ich kann dieses Weib jetzt noch plärren hören, aber unsere Mutter war nur still, sehr still, und als Gjalt weg war, verkroch sie sich für Stunden in ihr Bett.

Ich habe dann Gjalts Drachen steigen lassen, den wunderbaren roten Drachen, den er selbst gebaut hatte, den hatte ich jetzt geerbt, weil er ihn dalassen musste, und das war ja nun wieder eine feine Sache. Dann bin ich fischen gegangen, am gleichen Nachmittag, und habe einen Wels gefangen, den ich in eine kleine Blechbüchse tat. Am nächsten Tag war das Tier weg, entwischt, was einerseits schade war, aber doch auch ein kleines Wunder.

So lebte ich als Lagerkind von einem Tag in den anderen. Jetzt war also Gjalt weg. Morgen würde wieder etwas anderes sein. Manchmal kam es im Lager zu heftigen Gefühlsausbrüchen. Eines Tages bekamen wir einen Beutel mit Kokosstücken, der in Blätter aus einem Buch eingepackt war. Eine der Frauen erkannte die Blätter, sie stammten aus einem wichtigen Buch der Bibliothek, und sie geriet völlig außer sich. »Was ist das für eine Barbarei?« Meine Mutter sagte nur: »Tja, die Bibliothek wird demnächst sicher auch als Teeverpackung dienen, wenn sie nicht schon für Tabakbeutel draufgegangen ist.«

An einem anderen Tag wurde ein ganzes Kinderheim der Heilsarmee im Lager abgeladen, komplett mit Heilsarmisten und tragbarem Harmonium. Das war wieder eine Welt für sich, mit eigener Musik, eigenen Liedern, und diese Fröhlichkeit zog uns an wie ein Magnet.

Fast unmerklich verschlechterte sich die Versorgung mit Nahrungsmitteln. Zuerst aßen wir immer Reis, aber jetzt wurde der allmählich durch Mais ersetzt. Unbehandelter Mais ist schwer verdaulich, aber einige hatten einen Fleischwolf mitgenommen und machten daraus jetzt ein kleines Geschäft. Ich habe dann angeboten, einen dieser Fleischwölfe zu drehen, und so bekamen wir unseren Mais gratis gemahlen.

Dann gab man uns auch Sojabohnen – auch ganz schwer verdaulich – und Rumbia, Brei aus Baumrinde, ein Zeug, das sogar ich ungenießbar fand. Aber wenigstens hatten wir immer Sojasprossen, gemahlene Garnelen und Palmöl. Ich machte jetzt selbst schon mal ein kleines Feuerchen, und bald habe ich auch angefangen zu kochen. So lernte ich, mit sehr geringen Mitteln doch etwas Essbares zustande zu bringen. Zum Beispiel habe ich auch Schneckenkuchen gemacht, aus selbst gefangenen Schnecken. Das Rezept war einfach: Man schmort Schnecken in einer Blechbüchse auf kleiner Flamme, so bildet sich dann auf dem Boden allmählich eine Masse aus zähflüssigem Schneckenfleisch, und das klebt man dann mit kleinen Resten Reis oder Mais zusammen. Das Ganze war durchaus essbar, fand ich.

Von einer sehr netten Frau bekam ich eines Tages das obere Ende eines alten Schreibblocks, so einen Block Papier mit Heftklammern drin. Was ich daraus alles gemacht habe, aus diesen Papierstreifen: Kleine Girlanden, Häuschen, alles Mögliche. Ich habe alles mit Reis zusammengeleimt, mit Reis kann man nämlich wunderbar kleben, auch das fand ich damals heraus.

In der ersten Phase wurden im Lager noch Kinder geboren, aber jetzt starben allmählich immer mehr Menschen. Die Ersten waren die Kleinsten. Am Anfang wunderte man sich nicht besonders, denn auch unter normalen Umständen starben in Ostindien ziemlich viele kleine Kinder. Dann starben auch immer mehr Erwachsene. Sie erkrankten an Beriberi*, Malaria, Ruhr oder Verdauungsstörungen wegen des schlechten Essens, und sie starben, ganz unterschiedliche Menschen jeden Alters. Wir hatten noch das Glück, dass wir eine ausgezeichnete Ärztin hatten, Frau van der Molen, eine energische kleine Frau, die recht gut mit den Japanern umgehen konnte. Wahrscheinlich hatte sie ihnen ein paarmal bei einem Notfall geholfen, und deswegen hatte sie noch ziemlich viel Einfluss auf das Menü. Sie sorgte dafür, dass wir zusätzlich zu den Mahlzeiten aus der Garküche immer eine kleine persönliche Ration Erdnusspaste, gemahlene Garnelen, Maisöl oder Kokosstücke bekamen, immer noch irgendetwas Gesundes.

Etwa alle zwei Wochen hatten kleine Jungs wie ich Pfeifdienst. Dann musste man ausrufen, dass das Essen für Hong drei – die Baracke drei – fertig sei, oder für Hong acht, denn die Garküche gab das Essen für die einzelnen Gruppen zu verschiedenen Zeiten aus. Und man durfte die Leute aufrufen, die sich irgendeine Extraration abholen konnten. Zum Beispiel Krá, Angebackenes aus dem Reistopf, was war das für eine Freude, wenn man die bekam. Manchmal gab es Fischgräten, damit konnte man auch viel machen. Ich hoffte immer auf Reste von Rochen, die hatten essbare Knorpel. Und dann konnte man auch immer noch versuchen, ein bisschen zu schnorren. Was das anging, hatte ich bald den Bogen raus.

Was ich überhaupt nicht konnte, war Fliegen fangen. Die Japse hatten die Gewohnheit, zu den blödsinnigsten Zeiten Fliegenfangtage anzusetzen. Wer die meisten Fliegen gefangen hatte, bekam eine gewaltige Yams-Knolle oder einen anderen Preis. Ich hegte große Erwartungen, ich hatte ein leeres Aspirin-Röhrchen für all meine toten Fliegen, aber wie ich auch schlug, es war immer daneben und zu spät. Nach tagelanger Schufterei hatte ich schließlich dreihundert Fliegen beisammen. Als ich sie ablieferte, sah ich Jungen mit tausend und sogar anderthalbtausend Fliegen. Und ich sah, wie sie mit großen Knollen unterm Arm abzogen. Aber so verrückt es auch klingt, diese Fliegenfangtage haben sich durchaus bewährt. Denn wenn man so einen Schwarm Kinder auf die Fliegen loslässt, ist man die Biester tatsächlich erst einmal los.

Aus alldem kann man erkennen, dass wir ganz allmählich zu hungern begannen, und nicht zu knapp. Aber an das Gefühl selbst kann ich mich nicht erinnern. Hunger ist eine Abstraktion, und als Kind nimmt man die Dinge nun einmal, wie sie kommen. Ich habe einige wenige Erinnerungen an Hunger als ein »starkes Bedürfnis nach Essen«. Und sonst kann ich den Hunger im Nachhinein nur aus anderem rekonstruieren. Zum Beispiel wohnten direkt neben uns zwei Frauen, die Abend für Abend nur noch über Rezepte redeten. »Kalbsmedaillons! Kalbsmedaillons!«, rief dann die eine. Und die andere quiekte: »Und dazu grüne Erbsen, einfach himmlisch!« Die besorgten es sich gegenseitig mit Essen, die tischten sich ganze Phantasiediners auf. Als kleiner Junge wusste ich nicht einmal, wovon sie da sprachen, ich erinnere mich nur an ihr Gegurre und Gegacker. Es war aber das erste Anzeichen für Hunger im Lager.

Was wir mit unserer Kinderbibel machten, ist für mich heute auch so ein Indiz für meinen eigenen Hunger. Die schleppten wir durch alle Lager mit, und immer wieder sahen wir uns die Bilder an. Eins davon, »Die Weisen aus dem Morgenland«, hatte Anna rausgerissen, weil wir das alle zu unheimlich fanden, aber ansonsten war noch alles heil. Aber was wir uns immer öfter und länger ansahen, das waren Bilder mit Essen auf dem Tisch. »Die Hochzeit zu Kana«, die konnten wir uns stundenlang ansehen, das wurde eine Art Pornographie für uns.

Wir hatten auch ein Kinderbuch über einen kleinen Bären, und ich fing an, darin alles auszumalen, was auf dem Tisch stand. Das war nicht wenig. In diesem Büchlein war jede Menge Essbares abgebildet. Natürlich kann ich meinen Hunger im Nachhinein auch aus der Tatsache ableiten, dass ich Schneckenkuchen zubereitete und dann auch tatsächlich aß und dass ich jeden Baum kannte, an dem Mäuseöhrchen wuchsen, essbare Pilze.

Richtigen Hunger, Hunger, der mir auch als Hunger im Gedächtnis geblieben ist, habe ich nur an zwei Tagen gehabt. Das eine Mal, nachdem wir tagelang nur Rumbia gehabt hatten, dieses salzige Hühnerfutter, das man wirklich nicht runterkriegen konnte. Und das andere Mal, als der Japs uns zur Strafe für irgendetwas nichts essen ließ. Gekocht werden musste aber, schon um uns eine Art Tantalusqual zu bereiten. Das war wirklich schlimm. Wir starrten nur zu dem dampfenden Reis in der Ferne hinüber, und wir fielen beinahe um vor Hunger. Da hat meine Mutter zum ersten Mal ihren Vorrat an Knäckebrot angegriffen. Jeder von uns bekam ein Stückchen, »aber ganz langsam kauen!«

Schließlich war unsere Strafe vorbei, aber bevor wir neuen Reis bekamen, mussten wir erst den alten aufessen. Alle erwarteten, dass der durch die Hitze ganz sauer geworden wäre, also ungenießbar. Aber wie sich zeigte, war der Reis nur ganz unten im Topf ein bisschen verdorben, der Rest war gut, und wir bekamen die Krá, und daraus konnten wir auch noch leckere Kuchen backen. Und meine Mutter sagte: »Es ist ein Wunder des Herrn, dass dieser Reis nicht verdorben ist, ein wirkliches Wunder.«

Ein paarmal wurden wir von alliierten Flugzeugen beschossen. Die Piloten hielten unser Lager offenbar für Kasernen; deshalb erteilten die Japse die Anweisung, nur ja immer viel Wäsche auf die Leine zu hängen. Ich fand die Sache hauptsächlich spannend. Aber das ganze Theater veranlasste die Japse dann dazu, uns woanders zu internieren, auf einer verlassenen Kautschukplantage mitten im Urwald, Aek Paminke. Und da begann Phase drei.

KAPITEL 11

»Einfach ›Tschüs‹ sagen und verschwinden«

B is zum Ende ihres Lebens goss meine Mutter jeden Morgen einen Ficus in einem Aluminiumtopf, auf dessen Rand Dutzende von exotischen Ortsnamen eingraviert waren: Thanbuyzayat, Retpu, Chepauk, Nike, Kanchanaburi. Der Topf war das alte Essgeschirr meines Vaters, das dieser jahrelang mit sich herumgeschleppt hatte und das jetzt auf der Fensterbank einer Seniorenwohnung in Drachten gelandet war.

Irgendwo in seinem Schreibtisch lagen noch immer die gelben, dicht beschriebenen und an den Rändern zerfaserten Blätter, auf denen er mit Bleistift die Namen der verstorbenen Kriegsgefangenen, ihr Sterbedatum, das Bibelzitat, über das er bei ihrem Begräbnis gepredigt hatte, und die Todesursache notiert hatte: »D.« für Dysenterie, »M.« für Malaria, »B.« für Beriberi und manchmal »Erschossen«. Außerdem befanden sich Tagebuchfragmente darunter, fleckige Konvolute mit Notizen wie:

3. Januar 1943: L., T. und V. begraben. Abends gepredigt. Vier Gottesdienste. 6. Januar: D. und drei andere begraben.
8. Januar: M. B. begraben. »Mit Gott bin ich im Reinen.« 9. Januar: Die Nächte sind eiskalt. Zum Trost spielt das Kabarett mit Wim Kan gleich neben dem Hospital. 11. Januar: A. O. »Präge dir einfach den Namen Gezien ein.« 12. Januar: A. O. begraben. 14. Januar: LvdB: »Grüße an Frau und Kind. Danke für alle Liebe.« 15. Januar: VDB begraben.

In einer Ecke derselben Schreibtischschublade lag eine Halskette mit einem Aluminiumplättchen, auf dem zweimal der gleiche Text stand: »N.I. BLG.AB. 1899 Mak Catrinus, orthodox-kalvinistisch«. Zwischen den beiden Aufschriften war eine Perforation, so dass nach seinem Tod die eine Hälfte bei der Leiche bleiben konnte, während die andere ihre Wanderschaft durch die Verwaltung des Roten Kreuzes antreten konnte. Das Amulett war noch immer vollständig.

Die Eisenbahnlinie durch Birma ist vermutlich die am schnellsten gebaute und wieder abgebrochene der Welt. Im Oktober 1942 begann man mit den Arbeiten, exakt ein Jahr später fuhren die ersten, mit Holz geheizten Lokomotiven ächzend und stöhnend durch den sich über vierhundert Kilometer erstreckenden Dschungel zwischen Bangkok und Rangun, und gleich nach dem Krieg war bereits wieder Schluss.

Die kurze Bauzeit war für die Japaner von essentieller Bedeutung. Ihre Armeen waren zu Beginn des Kriegs sehr schnell vorgestoßen, eigentlich zu schnell, und vor allem an der birmanischen Front hatte das Militär große Nachschubprobleme. Um die Häfen von Birma zu erreichen, mussten die Transportschiffe einen Umweg von zweitausend Meilen über Singapur machen, und vor allem der letzte Teil der Reise war überaus gefährlich. Schließlich wurden so viele Frachter versenkt, dass die japanischen Werften die Verluste unmöglich ersetzen konnten. Die einzige Lösung dieses Problems bestand im Bau eines neuen Nachschubwegs über Land, einer direkten Eisenbahnverbindung zwischen Bangkok und Birma.

Die Entscheidung, die Bahnlinie zu bauen, fiel in Tokio offiziell erst Mitte Juni, doch bereits früher hatten die japanischen Pioniereinheiten begonnen, massenhaft Arbeitskräfte anzuwerben. Die Bahnlinie sollte als eingleisige Schmalspurbahn mit fünfzig Ausweichstellen angelegt werden. Mehr als vier Millionen Kubikmeter Erde und drei Millionen Kubikmeter Fels mussten bewegt werden, einige Hundert Brücken wurden benötigt, fast alle aus Holz. Für dieses enorme Projekt standen Japan kaum Maschinen zur Verfügung: Durchstiche, Einebnungen, Tunnel, alles konnte nur durch die Arbeit Hunderttausender Hände realisiert werden.

So wurde also auch mein Vater zusammen mit sechzigtausend niederländischen, englischen, amerikanischen und australischen Kriegsgefangenen nach Birma verfrachtet, um dort an diesem eiligen Projekt zu arbeiten. Hinzu kamen noch ungefähr zweihunderttausend Ostinder und Tamilen, so genannte Romushas, Freiwillige, die man mit schönen Versprechungen geködert hatte.

All diese Arbeiter waren in Lagern entlang der geplanten Eisenbahnstrecke untergebracht. Die ersten befanden sich noch in halbwegs bewohnten Gegenden, die entfernteren aber lagen mitten im Dschungel, so dass sie immer schlechter zu erreichen waren und die Versorgung immer schwieriger wurde. Fast alle Erdarbeiten mussten von Hand ausgeführt werden, das Werkzeug war schlecht, die Ernährung war absolut unzureichend, und das heißfeuchte Klima setzte der Kleidung und dem Körper gleichermaßen zu. »Die Leute aus Deli arbeiten heute als Kulis«, schrieb mein Vater am Sonntag, dem 13. September 1942. »Jetzt sind die Rollen vertauscht. Gott treibt seinen Spott mit uns.«

Gut einen Monat später notierte er: »Zur Erinnerung: Tiere: Schlangen, Skorpione, Kaliblutsauger, Wanzen, Filzläuse, Tausendfüßler – Japaner. Zu wenig Seife. Ein Major sammelt Holz. Milliarden Maden in der Latrine. Abends Regen mit Donner, Blitz und kaltem Wind aus den Bergen, während man in einer undichten Baracke dennoch gemütlich unter einer Decke liegt.«

Je mehr Arbeiter ausfielen, umso schwerer mussten die anderen arbeiten. Hinzu kommt, dass viele Europäer vor dem Krieg Büroarbeiten gemacht, viel getrunken und gefeiert hatten, so dass sie nicht über die nötige Kondition für derlei Arbeiten verfügten. Etliche starben sehr bald, während die körperliche Verfassung anderer, die früher unter Magenbeschwerden, Stress, Übergewicht und ähnliche Zivilisationskrankheiten litten, in der ersten Phase der Lagerzeit sogar besser wurde.

Die ostindischen Niederländer konnten sich an das Lagerleben am besten anpassen. »Wie wenig macht das, was wir als Entbehrung empfinden, diesen indischen Burschen aus«, schrieb ein Gefangener nach einem halben Jahr Lageraufenthalt. »Es scheint fast, als seien sie alle an das Dschungelleben gewöhnt; ein jeder kann kochen, sie wissen, was essbar ist, und finden im Wald Wurzeln, Knollen und Blätter, die sie kochen und zu Essen verarbeiten können. Im Fluss fanden sie beim Tauchen sofort Austern, und die wurden gleich am ersten Abend gekocht und gegessen.« Gerade das, wovor meine Mutter sich immer so gefürchtet hatte, das »Verindischen« ihrer Kinder und ihres Mannes, wurde nun zur Überlebensnotwendigkeit.

Es waren auch die »indischen Jungs«, die die erfolgreichsten Fluchtversuche unternahmen. Die Dschungellager waren meist nicht mit einem Zaun oder Ähnlichem umgeben, weil die Internierten sowieso nirgendwohin konnten. Dennoch wagten manche den Versuch. Ein Kriegsgefangener fand, nur mit einer kurzen Hose aus geflochtenen Pflanzen bekleidet, Hilfe bei einem Einsiedler. Danach lebte er bis zur Befreiung ganz allein im Urwald, der ihm am Ende »so vertraut war wie das Wohnzimmer mit der Stehlampe«.

Den meisten Flüchtlingen erging es weniger gut. »Acht entflohene Aussies erschossen«, notierte mein Vater am 8. Juni 1942. Am 25. November desselben Jahres schrieb er: »Freier Tag. Vier Männer geflohen, am Nachmittag gefunden. Achtzig Männer mussten stramm stehen – viele wurden ohnmächtig. Grausige Strafe für die Insassen der benachbarten Baracken. Am nächsten Morgen standen sie immer noch da. Sie bekamen viel Prügel.« Der folgende Tag: »Halb fünf nachmittags. Unsere Leute stehen immer noch stramm! Seit gestern mit Schlägen, Tritten usw. Einer wurde bereits tot fortgeschafft.« Einen weiteren Tag später: »Gestern um neun Uhr fünfundvierzig, nach siebenundzwanzig Stunden, durften die Männer in ihre Quartiere.« Am 1. Dezember: »Es geht das Gerücht, dass drei entflohene Offiziere gefasst wurden. Das bedeutet Todesstrafe.« Am Samstag, dem 12. Dezember: »Heute *no duty*. Plötzlich werden Pastor Vergeest und ich gerufen. Die drei geflohenen Offiziere sollen erschossen worden sein. Nach langem Reden durften wir nach Thanbuyzayat (ins Hauptlager) gehen.« Am Sonntag: »Dort drei Offiziere begraben. Sie wurden am Morgen brutal erschossen, nachdem sie sich auf dem Friedhof hatten hinlegen müssen. Der Pastor hielt eine Rede für Harterink, ich sprach für De Rochemont und Hermans.«

*

Eine Überlebensmöglichkeit bestand darin, dass man »Kongsies« bildete. Überall in den birmanischen und indischen Lagern schlossen sich Nachbarn und alte Freunde zu kleinen Gruppen zusammen und halfen einander so über die Runden. In dieser extremen Situation kam es auf fast natürliche Weise zu dieser Form intensiver gegenseitiger Hilfe, als werde ein Ur-Instinkt angesprochen. Und dieser Instinkt half wirklich, denn es versteht sich von selbst, dass ein Mensch in der Gruppe größere Überlebenschancen hat, als wenn er Schwierigkeiten allein meistern muss.

Zu einer solchen Gruppe schloss sich mein Vater mit dem Feldgeistlichen Ezechiël Vergeest zusammen, der schon bald, ungeachtet der Glaubensunterschiede, zu einem der besten Freunde seines Lebens wurde. Vergeest war, mit den Worten meines Vaters, »ein fideler Bursche, nüchtern, herzlich, humorvoll, jemand, der für jeden ein offenes Ohr hatte und hilfsbereit war«. Gemeinsam fassten sie den Entschluss, sich freiwillig den gefangenen Soldaten anzuschließen, gemeinsam duckten sie sich bei Beschuss oder Bombardement im Schützengraben, gemeinsam verteilten sie, wenn die Not groß war, Zigarettenpapier – mein Vater riss Blätter aus seinen Predigtsammlungen, Vergeest plünderte sein Brevier – und gemeinsam schleppten sie sich an der Eisenbahnlinie entlang, Vergeests Feldaltar mit den Priestergewändern und den liturgischen Gegenständen brüderlich in ihrer Mitte.

Pastor Vergeest trug immer seine Kutte und benahm sich in allem wie ein echter Priester. Es stellte sich jedoch heraus, dass er auch ein vortrefflicher Handwerker war. Als das kalvinistisch-katholische Duo in ein neu errichtetes Lager kam, zimmerte er innerhalb von zwei Tagen für beide eine ordentliche Liege, eine Sitzbank und ein Bücherregal zusammen. Einmal tröstete er einen tieftraurigen jungen Mann, dem seine Gitarre abhanden gekommen war, mit dem Versprechen, ihm eine neue zu bauen. Und das tat er mitten im Dschungel wirklich.

Mein Vater fühlte sich natürlich von Vergeests Herzlichkeit und seiner Geschicklichkeit angezogen – er selbst konnte kaum einen Nagel in die Wand schlagen –, doch es war vor allem dessen glühender Glaube, seine zutiefst christliche Überzeugung, die die Kluft zwischen Rom und der Reformation rasch zuschütteten. »Da Costa! Kampfgefährte! Mein Freund und Feind zugleich!«, dichtete der katholische Schriftsteller Josephus Albertus Alberdingk Thijm im neunzehnten Jahrhundert über seinen Freund, den zum Protestantismus übergetretenen Juden Isaäc da Costa, und so war auch das Verhältnis zwischen den beiden Pfarrern an der birmanischen Eisenbahnlinie. »Manchmal stellte ich mir vor«, schrieb mein Vater später, »der Herr käme uns beide dort besuchen. Dann hätten wir gewiss als Freunde des Großen Freunds an seiner Seite gehen dürfen, und wer nun zu seiner Rechten und wer zur Linken ging, das wäre uns gleich gewesen.«

An hohen Feiertagen zelebrierten sie den Gottesdienst gemeinsam, an normalen Sonntagen wechselten sie einander ab. Meistens fanden diese Gottesdienste unter freiem Himmel statt, oft auf einer Rodung im Dschungel, manchmal an einem Weg oder auf der weit gestreckten Fläche eines Flugplatzes, dann und wann aber auch in einer Kantine oder einem Schuppen, auf dessen Dach der Regen prasselte. Es kam vor, dass während des Gottesdienstes plötzlich eine Kuhherde durch die Reihen der Lauschenden zog. In einem Lager hatten die Priester Aussicht auf die Latrinen, auf denen permanent eine Reihe von Männern ihre Notdurft verrichteten und von denen einige seelenruhig sitzenblieben, weil sie offenbar zuhörten. War es abends früh dunkel, dann entfachte man große Feuer, so dass Priester, Prediger und Gemeinde nur vom rötlichen Licht der hoch auflodernden Flammen beleuchtet wurden. Manchmal aber leuchtete auch nur der Mond.

Für die Australier und Engländer predigte mein Vater am Ende ebenso geschickt wie für die Niederländer. Er war dabei jedoch auf eine geliehene englische Taschenbibel angewiesen, woraus der Besitzer ebenfalls Seiten für seinen Handel mit Zigarettenpapier riss. Oft hielt er den Atem an, wenn er die immer dünner werdende Bibel aufschlug: Ob jene Passage aus dem Buch Exodus wohl noch vorhanden war? Und gab es das Buch Jesaja noch?

All diese Gottesdienste waren sehr gut besucht. Manchmal saßen die Männer zweimal pro Woche zu Hunderten auf einem kahlen Flugplatz und lauschten der Auslegung des Markusevangeliums. Doch, so schrieb mein Vater später in einem Bericht für seinen Arbeitgeber, als man sich mit der Situation einigermaßen abgefunden hatte, schwand das Interesse auch wieder. Und außerdem: »Ein Gottesdienst mit dreihundertfünfzig Besuchern, das hört sich zunächst beeindruckend an, doch wenn man bedenkt, dass das Lager zweitausend Insassen hatte, dann sind das nur verschwindend wenig.« Seiner Ansicht nach konnte man anhand der Anzahl der Kirchenbesucher ein Diagramm von der Tiefe der Not erstellen, denn beide Linien verliefen immer parallel.

Auffällig war allerdings, dass die christliche Tradition bei den Engländern und Australiern stärker zu sein schien als bei den Niederländern. In den alliierten Krankenhäusern sprach noch fast jeder das Vaterunser oder das apostolische Gaubensbekenntnis laut mit, stellte mein Vater fest. Bei den Niederländern brauchte man damit niemandem mehr zu kommen. Dort war die Säkularisierung 1943 bereits recht weit fortgeschritten.

Wie zu erwarten war, hatten mein Vater und Vergeest innerhalb weniger Monate alle Hände voll mit den Kranken zu tun. Ab Ende 1942 werden in den Notizen meines Vaters zahllose Sterbefälle und Begräbnisse vermerkt. »Welch ein fürchterlicher Anblick, all die verdreckten, kranken, in Lumpen gehüllten Menschen, ausgezehrte Wesen, mager bis aufs Skelett oder aber dick und aufgedunsen vor lauter Ödemen«, seufzte mein Vater in seinem Tagebuch. Manche verloren wegen Vitaminmangels ihr Augenlicht, bei anderen entwickelten sich kleine Wunden zu schmerzhaftesten Tropengeschwüren, so dass das faulige Fleisch mit einem scharf angeschliffenen Löffel oft bis auf den Knochen weggeschnitten werden musste. Manche ließen sich ihre Wunden von kleinen fleischfressenden Fischen im Fluss sauber nagen, doch nicht selten war eine Amputation das einzige Mittel, das Leben des Betreffenden zu retten. Die Ärzte arbeiteten oft mit Methoden des siebzehnten Jahrhunderts. Manchmal gab es kein anderes Betäubungsmittel, als den Patienten bewusstlos zu schlagen, und dann hieß es: festhalten, absägen und das Gebrüll des Patienten mit einem Baumwollfetzen so gut es geht unterdrücken.

Eine andere grauenhafte Krankheit hatte den Namen *Changi-balls*. Dabei schwoll das Skrotum des Patienten an, bis es die Größe des Hodensacks eines Elefantenbullen hatte. Am Ende konnte man nur noch breitbeinig liegen, und unter großen Schmerzen starben die meisten. Außerdem gab es ständig Dysenterie-*, Malaria- und Choleraepidemien.

War das die Folge absichtlicher Verwahrlosung? Härte und Brutalität spielten gewiss eine Rolle, doch das war nicht der einzige Grund.

Die japanischen Militärs waren zutiefst vom Kodex der Samurai durchdrungen. Vor Soldaten, die sich lebend dem Feind ergaben, hatten sie nicht den mindesten Respekt. Selbst kämpften sie lieber bis in den Tod, als dass sie kapitulierten, und die Zivilbevölkerung und die Kriegsgefangenen bezogen sie dabei mit ein. In der Schlacht bei Midway kämpften japanische Jagdflieger, die wussten, dass in ihren Tanks nur Treibstoff für den Hinflug und das Gefecht war. In einem japanischen Befehl vom 16. Dezember 1942 heißt es: »Es muss dafür Sorge getragen werden, dass nicht ein zu großer Prozentsatz der alliierten Kriegsgefangenen während des Transports stirbt. Mehr als fünfzehn Prozent sind nicht zu verantworten.« Beim Bau der birmanischen Eisenbahnlinie stürzten bei Arbeiten an der Brücke von Wanpo einunddreißig Kriegsgefangene zu Tode, und neunundzwanzig wurden von den Bewachern erschlagen. In der Schlacht im Golf von Leyte im Oktober 1944 kamen fünfzigtausend japanische Soldaten ums Leben und weniger als fünfhundert gerieten in Kriegsgefangenschaft.

Auch die Soldaten bekamen häufig Prügel und wenig zu essen. Rekruten mussten die anstrengendsten Übungen absolvieren, Demütigungen waren an der Tagesordnung, die Strafen waren nicht selten drakonisch. Schläge für eine kleine Nachlässigkeit galten als leichte Ermahnung. »Jeder, der es drei Monate lang bei einem japanischen Feldwebel aushielt«, schrieb ein japanischer Offizier später, »würde vor einem Feind niemals die Flucht ergreifen.« Die Bedingungen in vielen Kriegsgefangenenlagern waren in japanischen Augen nicht mehr als normal. Im Licht des glorreichen Siegs zählten Menschenleben kaum.

Die große Zahl der Opfer beim Bau der Birma-Eisenbahn lässt sich allerdings nicht nur dadurch erklären. Zu Beginn wurde zwar schwer gearbeitet, doch es gab auch allerlei Ruhetage und Möglichkeiten, wieder zu Kräften zu kommen. Als die Erbauer jedoch in Zeitnot gerieten, ertönte immer häufiger »Speedo, speedo, kurah, bagero!« Je mehr Kranke und Tote es gab, umso größer wurde die Arbeitsbelastung für die anderen, und schließlich brachen auch die Stärksten zusammen. Während der letzten Phase hat es Gruppen gegeben, in denen innerhalb von vier Monaten mehr als ein Viertel der Männer starb.

Aus dieser Zeit datieren die Notizen meines Vaters über einen Krankentransport aus einem der Dschungellager zu einer weiter entfernt gelegenen Krankenstation. Zuerst wurden die Patienten auf Ochsenwagen geladen, die von den kräftigsten Männern durch Regen und Schlamm gezogen wurden, und anschließend ging es weiter auf einem fürchterlich schaukelnden Laster. »Für die Patienten ist dieses Gerumpel schrecklich«, notierte mein Vater. »Sie liegen auf Tragbahren oder hocken gekrümmt, stöhnend und leidend, aufeinander, manchmal wüst auf diejenigen schimpfend, die an Amöbenruhr leiden, weil diese ihren Stuhl nicht halten können und so einen unerträglichen Gestank und Dreck verursachen.«

Das neue Lager war noch schlimmer als das alte. Es herrschte ein katastrophaler Mangel an Medikamenten, und die Küche war in der Hand einer »Bande von halb bekloppten und raublustigen Australiern«, die vom Kochen nicht den blassesten Schimmer hatten. »Bereits jetzt hat das Lager den Namen ›Im Tal des Todes‹«, schrieb er wenige Tage später. »In diesem Lager sterben die Menschen an Pellagra*, Beriberi, Dysenterie, hartnäckigen Dschungelfiebern und vor allem an Malaria, und nicht wenige an Malaria celebralis. Diese Kranken werden plötzlich bewusstlos und sterben nach einem oder zwei Tagen, ohne das Bewusstsein wiederzuerlangen. Das Lager gibt es jetzt gerade mal drei Wochen, und bei unserer Ankunft lagen bereits neununddreißig Männer auf dem Friedhof.«

Fast jeden Tag saß mein Vater an einem, zwei oder manchmal auch drei Sterbebetten. Mitunter begannen die Männer in der Stunde des Todes zu schreien, oder sie riefen nach ihrer Frau und ihren Kindern. Es fiel ihm jedoch auf, so schrieb er später in seinem Bericht, wie wenig die Männer oft noch zu sagen hatten. Meist blieb es bei einem »Grüß meine Familie«.

Merkwürdig war auch, dass selbst die am stärksten ausgezehrten Kranken wider besseres Wissen an ihre Genesung glaubten. »Auch hier sahen wir, dass es einen mysteriösen Zusammenhang zwischen Körper und Seele gibt«, bemerkte mein Vater. »Es gab Männer, die weiterhin mutig gegen Krankheit und Tod kämpften, was ihnen den Sieg brachte oder das Sterben um Wochen hinauszögerte. Andrerseits gab es Fälle, bei denen der Zusammenbruch der Moral alle Hoffnung auf Besserung wegfegte, ja, einige begrüßten den Tod wie einen willkommenen Gast, den man lieber früher als später empfängt.«

Von anderen ehemaligen Kriegsgefangenen hörte ich ähnliche Geschichten: bedeutungsvolle letzte Worte wie im Film, die gab es praktisch nie. »Eigentlich war es verdammt einfach zu sterben«, erzählte ein Krankenpfleger aus einem der Lager in Birma später im Fernsehen. »Man musste nur einfach ›Tschüs‹ sagen und verschwinden.«

In japanischen Lagern starb ungefähr ein Viertel der Gefangenen. Allein zehn Prozent kamen bei der Torpedierung ihrer Transportschiffe ums Leben.

Von den ungefähr sechzigtausend Kriegsgefangenen, die zu Arbeiten an der birmanischen Eisenbahnlinie eingesetzt wurden, starben rund fünfzehntausend. Von den gut siebzehntausend Niederländern überlebten etwa dreitausend das Lager nicht; das sind nicht ganz achtzehn Prozent. Bei den Engländern und Australiern lag die Sterbequote zehn Prozent höher. Die größte Zahl der Opfer gab es unter den asiatischen Arbeitern, bei denen es nicht die Disziplin, die Hygiene und die gegenseitige Hilfe wie in einer Armee gab: Schätzungsweise achtzig bis neunzig Prozent der Romushas sind irgendwo entlang der Eisenbahnlinie krepiert, ungefähr hundertachtzigtausend Männer und Halbwüchsige. Letztendlich hat der Bau dieser Eisenbahnlinie ungefähr zweihunderttausend Menschenleben gekostet, auf zwei Eisenbahnschwellen kam ein Toter.

*

Es ist ein großer Unterschied, ob man ein schweres Schicksal erleidet oder ob man dabei eine aktive Rolle bei der Linderung des Leids spielt. Mein Vater war als Offizier in einer privilegierten Situation: Er musste sich nicht an der schweren und riskanten Schufterei an der Eisenbahnlinie selbst beteiligen. Außerdem konnte er genau wie die Ärzte seiner gewohnten Arbeit nachgehen. Er hatte das Gefühl, dass dies für ihn äußerst nützliche Jahre waren, und all das zusammen macht einen himmelweiten Unterschied.

Sein Glaube machte ihn anfänglich zornig, später aber weiser. »Es gibt Leute, die lernen es nie!«, notierte er nach ein paar Monaten Gefangenschaft wütend. Der Kabarettist Wim Kan, der im März 1943 in der Krankenbaracke landete, berichtet in seinem Tagebuch von »einem elenden Schwadroneur, der die Bibel als eine Art Tageszeitung betrachtet, voller vermischter Nachrichten, passend für jede Gelegenheit«. Das war ganz bestimmt mein Vater, wie er leibt und lebte, damals noch voller orthodox-kalvinistischer Gewissheit und Bekehrungseifer.

Im Laufe der Zeit wurde er weiser und milder. Er wurde ein Teil der Soldatenwelt, und die Soldatenwelt wurde ein Teil von ihm, bis er sich fast nicht mehr davon losmachen konnte. Er machte seine Arbeit so, wie auch der Arzt und Wim Kan ihre Arbeit machten. Manche brachte er durch, vielen half er auf ihrem Weg über die Grenze des Todes, und inmitten von Eiter, Kot und Stöhnen wandelte er auf seine Art im Angesicht Gottes. Glaubte er an ein Jenseits? Gewiss. Doch in jenen Jahren, so schrieb er später seiner ältesten Tochter, wuchs in ihm die Überzeugung, dass es auch eine Hölle gebe. Denn irgendwann einmal müsse es doch Gerechtigkeit geben? Einmal müssten die Tränen doch getrocknet werden?

Natürlich plagten ihn oft auch Heimweh und die Sehnsucht nach seiner Frau und den Kindern. »Diese Woche eine schwere Depression gehabt, die nicht mehr feierlich war«, notierte er zum Beispiel am 14. November 1942. »Ich bin der Menschen müde, des Schimpfens, des Gequassels, des Gejammers bin ich müde und des Getratsches (das es auch hier gibt), ich bin der Gefahren müde und der Beklemmungen. Im Dunkeln habe ich geheult, wie der kleine Hans es im Arm seiner Mutter tun würde – unter Tränen habe ich Gott gesagt, dass es nun langsam gut sei. Das verschaffte mir Erleichterung. Danach habe ich über mich selbst gelacht.«

Von meiner Mutter und den Kindern auf Sumatra hörte er während des gesamten Kriegs nichts. Aus einem Brief, den ein Mitgefangener bekam und in dem zufällig vom »Sohn des Nachbarn, der sich gerade mit einer Tochter des Pfarrers in Medan verlobt« hat, konnte er den Schluss ziehen, dass Anna einen Freund hatte.

Später schrieb er an Geburtstagen und zu anderen besonderen Anlässen Briefe an seine Frau und seine Kinder. Die trug er den ganzen Krieg über bei sich, denn verschicken konnte er sie nicht. »Ich konnte heute nacht vor Kälte nicht schlafen, und da habe ich an Dich und an unsere viele Jahre während Liebe gedacht«, schrieb er meiner Mutter im Dezember 1944. Fünfundzwanzig Jahre zuvor hatten sie sich verlobt. »Wenn ich abends durch den Wald nach Hause radelte, sahen die Sterne aus, als seien sie aus Gold. Ich erinnere mich noch genau an Deinen Sommermantel und auch an den Wintermantel und daran, wie du beim Einschenken des Kaffees aussahst.«

Später beschrieb er einen Traum, den er in derselben Periode des Lagerlebens hatte. Darin wurde er zu seinem Lehrer, Professor Grosheide von der Freien Universität in Amsterdam, gebeten, und mein Vater ging wieder an der Amstel entlang. Der Professor empfing ihn sehr freundlich und meinte, er halte sich dort in Birma recht wacker, aber auf eine Sache wolle er ihn doch aufmerksam machen: »Du betest in letzter Zeit so verkrampft. Selbst wenn du das *Vaterunser* sprichst, tust du dies gleichsam händeringend, als wolltest du von Gott etwas erzwingen. Ein Kind spricht doch auch vertrauensvoll mit seinem Vater? Entspann dich.« Gleich danach fiel ihm ein Buch in die Hände, ein Kommentar von Psalm 23, ein Psalm Davids, so wunderschön, wie er noch nie etwas gelesen hatte. »Der Herr ist mein Hirte, mir wird nichts mangeln …« Dann wachte er, von einem merkwürdigen Glück erfüllt, auf.

Während dieser Zeit trat der unterschiedliche Hintergrund meiner Eltern stärker denn je hervor. Meine Mutter vermisste meinen Vater schrecklich, sie fühlte sich sehr einsam: »Ich kam mir manchmal vor wie der kleine Elefant im Zoo, der sagt: ›Ich bin so allein‹«, schrieb sie ihm später. Mein Vater hingegen fühlte sich inmitten der niederländischen, englischen und australischen Soldaten wie ein Fisch im Wasser, sogar unter den schwierigsten Bedingungen. Er zog sich wieder auf die praktische, bodennahe Haltung der Maks vom Hoofd zurück, und in den Umgangsformen der Soldaten erkannte er problemlos die einfache Schiedamer Jugend wieder, zu der er früher einmal gehört hatte.

»Im Fluss gebadet und geschwommen, wie Jungs im Urlaub«, schrieb er zu Beginn der Lagerzeit, und ähnliche Bemerkungen finden sich in seinen Aufzeichnungen immer wieder. »Vor dem Gottesdienst haben die Zuhörer tatsächlich fast lautlos eine Schlange totgeschlagen.« »Wir werden ausbezahlt, davon kaufen wir etwas Ordentliches zu essen.«

Und aus den Briefen seiner Mitgefangenen aus der Zeit gleich nach dem Krieg hört man noch ihre Witze heraus: »Tja, alter Mitabzappler, internationales Predigtbürschchen, Kollege von der Blubberkirche, Bruder-Hauptmann, da bin ich wieder.«

Doch dann wurden plötzlich am ersten Weihnachtstag drei entflohene Kriegsgefangene ins Lager zurückgebracht. »Mannschaft angetreten. Dann mussten wir auf einem Zettel angeben, ob man sie wiedererkannte. Elende Spannung. Ich kannte sie nicht. Von ungefähr hundert Leuten wurden sie wiedererkannt, und das bedeutete das sichere Todesurteil. Mittags Musik von den Aussies. Außer Weihnachtsliedern auch Hurra-Musik, während gleichzeitig drei Männer am Pfahl standen, zum Tode verurteilt!«

Danach ging das normale Lagerleben wieder weiter: »Viermal gepredigt. Ein Aussie-Begräbnis geleitet. Ein Aussie-prayer-service.« – »L. von Java begraben.« – »Anderthalb Stunden am Sterbebett gesessen.« – B. plötzlich gestorben. Abends Wim Kan und Anhang. Danach um elf Uhr mit Fackeln zum Begräbnis von B.« – »Abends in kleinem Offizierskreis Vorträge über die Französische Revolution, das neunzehnte Jahrhundert und die Evolution. Sehr interessant.« – »Nun bereits siebenhundert Männer im Hospital. Allmählich wird es grobe Arbeit.« – »Es gibt jeden Tag viel zu tun, Abendandachten, Gespräche, Sterbende, Begräbnisse. Abends lassen wir Fachleute auftreten, die über aktuelle Fragen sprechen. Wie soll die politische Ordnung nach dem Krieg aussehen? Wie die Armee? Wie kann die Wirtschaft wieder aufgebaut werden?«

Es war ein Leben, das scheinbar nie zu Ende gehen würde. Den ersten Geburtstag in Gefangenschaft feierte mein Vater auf seine Weise: Er nahm sich die Zeit, in Ruhe die Fotos meiner Mutter und der Kinder zu betrachten, »um zu sehen, wie reich ich bin«, und er spendierte sich und dem Pastor nach dem Essen echten Kaffee. Doch ein Jahr später, da dachte er gar nicht an seinen Geburtstag, bis der Pastor ihm gratulierte. »Wir sind bereits dreizehn Tage unterwegs und reisen von einem Lager ins nächste. Großes Elend. Ich hockte gerade mit (unleserlich) Leuten auf einem offenen Wagen, unterwegs zum Lager bei Kilometer 132 in Thailand«, notierte er an seinem vierundvierzigsten Geburtstag. Drei

Monate später: »In Belawan, Tavoy waren wir noch sehr optimistisch, sehr naiv also. Jetzt bin ich ruhig, aber auch datumslos. Ja, jetzt sind wir hoffentlich nächstes Jahr Weihnachten wieder zu Hause!!«

Das Wissen, dass die Gefangenschaft erst am 18. August 1945 zu Ende sein würde, stammt aus späterer Zeit. Das nagende Gefühl von damals, das Gefühl der Unbeständigkeit, der Zukunftslosigkeit, keine Erinnerung kann dies wieder hervorrufen.

Hans

In der Offenbarung des Johannes ist die Rede von einer Zeit und Zeiten und einer halben Zeit, und genau so war es auch bei uns. Zunächst denkt man: Das ist bald wieder vorbei. Dann denkt man: Das geht nie vorbei. Und dann ist es auf einmal vorbei.

Eines Mittags mussten wir in einen Zug einsteigen, in ganz normale Personenwaggons mit Holzbänken, dieselben wie die, mit denen ich ein halbes Jahrhundert später als Tourist durchs Land fuhr. Die Waggons wurden von einer Dampflokomotive gezogen, die mit Holz befeuert wurde. Die Sonne ging unter, wir fuhren an lauter hell erleuchteten Bahnhöfen vorüber, und schließlich wussten wir nicht mehr, wo wir waren.

Ich fand diese nächtliche Reise phantastisch, festlich auch, weil meine Mutter wieder Knäckebrot aus der Dose verteilte. Unser Gepäck hatten wir abgeben müssen, und als wir schließlich ausstiegen, da fanden wir unsere Matratzen auf einem großen, nassen Haufen wieder, der stark an einen Misthaufen erinnerte. Die Japaner hatten die Sachen einfach auf den Boden geworfen, und dann waren ein paar dieser tropischen Regenschauer darauf niedergegangen. Anschließend mussten wir einen großen Teil unseres Gepäcks acht Kilometer weit über einen Schlammpfad vom Bahnhof ins Lager schleppen. Ein schöner Spaziergang war es aber dennoch! Tineke hat es fertig gebracht, den ganzen Weg noch einmal zu gehen, um einen Holztisch auf ihrem Kopf die acht Kilometer weit ins Lager zu tragen. Alle sagten, dies sei eine enorme Leistung.

Das Lager war sehr einfach. Es bestand aus Schuppen, Hütten mit Wänden aus geflochtenem Bambus und einem Dach aus Palmblättern, das bei jedem Sturm hochgeweht wurde. Es gab keinerlei Trennwände, nichts; jeder bekam siebzig Zentimeter auf seiner Pritsche zugewiesen. Ich weiß noch genau, wir hatten zusammen zwei Meter zehn.

Dass dieses Lager mit den anderen nicht zu vergleichen war, das war uns bald klar. Hier starben wirklich viele Menschen, pro Tag zwei oder drei, und wenn es ein guter Tag war, dann starb nur einer. Wir wussten, dass zweitausend Menschen im Lager lebten, und wir konnten uns also ausrechnen, wieviel Zeit uns noch blieb.

Wenn man als Kind unter solchen Bedingungen lebt, bekommt man ein merkwürdiges Verhältnis zum Tod. Man hörte zum Beispiel, dass die Mutter eines Freundes gestorben war, aber wie schlimm das war, das wurde einem nicht bewusst. Andere Dinge waren viel wichtiger. Zum Beispiel: Wo bekomme ich Holz her? Wo esse ich heute abend? Wie kann ich ein Lagerfeuer machen?

Ob ich während dieser Zeit zur Schule gegangen bin, daran kann ich mich nicht erinnern. Ich hatte zwei gute Freunde: Jan Westra und ein ostindisches Mädchen mit hübschen schwarzen Zöpfen. Damals war ich sieben, fast acht, und ich weiß noch, dass wir uns im Dschungel herumtrieben, ich erinnere mich noch an die essbaren Pilze, die wir dort manchmal fanden, an die riesigen Schlangen, die es dort gab, und die Grube, die als Toilette diente und die schon bald eine einzige wogende Masse aus wimmelnden Maden war.

Dass viele Menschen ins Krankenhaus kamen oder starben, merkten wir an dem Platz auf unserer Pritsche. Die zweihundertzehn Zentimeter, die wir zu Beginn hatten, waren am Ende zu drei Metern geworden. Da kann man sich ausrechnen, wie es dort zuging. Die Leute von der Heilsarmee hausten gleich nebenan, und abends konnte man ihre Klagelieder hören, von einem Harmonium begleitet, das sie überallhin mitschleppten. Es starben auch ein paar von dem Heilsverein, obwohl ich immer gedacht hatte, dass der Herr sie doch gewiss verschonen würde.

Ich weiß bis heute nicht, ob die Japaner die Absicht hatten, uns dort in Aek Paminke langsam krepieren zu lassen. Die Lagerinsassen sprachen davon. Sie redeten von der Befreiung, doch sie sagten auch

zueinander: »Wenn das zu lange dauert, dann ist das unser Ende.«
Aber es würde ein allmähliches Ende sein, kein gewalttätiges. Der
niederländische Schriftsteller Rudy Kousbroek, der seine Jugend in
einem Lager der Japaner verbrachte, hat vollkommen Recht, wenn er
sagt: Ungeachtet des ganzen Elends waren die japanischen Lager, im
Gegensatz zu den deutschen Konzentrationslagern, keine absichtlich
eingerichteten Vernichtungslager. Das waren sie nicht.

Auch unsere dreiköpfige Familie wurde immer schwächer. Je mehr
Monate ins Land zogen, umso mehr musste ich mich um mich selbst
kümmern. Tineke bekam immer häufiger Malariaanfälle, und meine
Mutter war eigentlich ständig krank. Sie hatte Rippenfellentzündung,
und später kam noch alles Mögliche hinzu. Obwohl ich noch ein
Kind war, so wurde mir, was meine Mutter anging, doch allmählich
klar, dass sie es nicht mehr lange machen würde. Als sie viele, viele
Jahre später tatsächlich starb, dachte ich: Wann habe ich das schon
einmal erlebt? Und mir wurde plötzlich klar, dass ich dasselbe Gefühl
bereits mit acht Jahren einmal hatte. Schon damals hatte ich mich
innerlich von ihr verabschiedet.
Meine Mutter zog sich immer mehr auf die stets größer werdende
Pritsche von zwei Meter zehn zurück. Zu den Aktivitäten, die sie in
den ersten Lagern immer noch an den Tag gelegt hatte, war sie jetzt
nicht mehr fähig. Sie war nur noch ein Häufchen Elend. Lediglich in
der Abenddämmerung kam sie manchmal noch nach draußen. Nahrung konnte sie praktisch nicht mehr bei sich behalten.
Trotzdem versuchte sie ständig, die Mahlzeiten zu etwas Besonderem
zu machen. Ständig achtete sie darauf, dass wir nicht in Lethargie ver-
fielen. Jeden Tag mussten wir unsere Ecke kehren, jeden Morgen rollten
wir unsere Matratzen auf, immer wurde der Tisch so gut es ging ge-
deckt, immer beharrte sie auf solche kleinen Rituale. Und immer versuchte sie dafür zu sorgen, dass Tineke und ich mehr zu essen bekamen
als sie.
Tineke tat, was sie konnte. Sie war sehr geschickt und kümmerte sich
darum, dass der Laden einigermaßen lief. Doch die Malariaanfälle
warfen sie regelmäßig aufs Lager. Vor lauter Verzweiflung sah ich

dann zu, dass ich bei der Heilsarmee zu essen bekam. Ehrlich gesagt, machte mir das alles nicht besonders viel aus. Ich dachte in erster Linie darüber nach, was ich am nächsten Tag tun würde. Ich ging meinen eigenen Weg, ich suchte Pilze, ich machte Feuer, ich half Mutter. Aber eine Sache war mir völlig klar: Mittelfristig würde ich mich mit Tineke durchs Leben schlagen müssen, nicht mit ihr.

Ich selbst war während der gesamten Lagerzeit nur einmal krank. Aber da war ich so krank, dass ich nicht einmal mehr den Kopf heben konnte. Das nannte man die Japanische Grippe; nach zwei Tagen ging es mir wieder besser.

Die Japaner belästigten uns kaum. Sie schwebten hoch über uns und waren weit weg. Hin und wieder hörte man in der ruhigen Abenddämmerung das Geräusch von Schlägen und Schreie: »Tuan! Tuan!« Dann wurde jemand misshandelt. Ich selbst bin nur einmal geschlagen worden. Einmal aber bin ich um mein Leben gelaufen, nachdem man mich auf verbotenem Gebiet überrascht hatte. Ich machte mir buchstäblich in die Hosen vor Angst und fürchtete mich wie ein Tier.

Die direkte Bewachung hatten Indonesier übernommen, so genannte Heihos. Von ihnen erfuhren wir auch zuerst, dass der Krieg vorbei war, am 15. August 1945. Ich habe gehört, dass sich die Leute erzählten, die Heihos hätten bereits am selben Tag die rot-weißen Bänder der Nationalisten getragen. Ich selbst bemerkte jedoch erst Ende August, dass sich etwas verändert hatte. Eines Tages wurde die niederländische Flagge gehisst – wo man das Ding all die Jahre versteckt hatte, weiß der Teufel –, während die Japaner daneben standen. Alle sagten damals: »Jetzt ist es vorbei.«

Meine Mutter wog zu diesem Zeitpunkt siebenunddreißig Kilo.

KAPITEL 12

Puderdöschen

N ach einem Jahr Gefangenschaft schrieb mein Vater im September 1943: »Wir leben hier jeden Tag an den Grenzen der Ewigkeit. Von den Ruhrkranken werden Dutzende überleben, wenn die Befreiung schnell kommt.«

Es sollte noch fast zwei Ewigkeiten dauern.

In all den Jahren schien die Freiheit in greifbarer Nähe zu liegen. Während der ersten acht Monate des Jahres 1942 errangen Deutschland und Japan noch einen Erfolg nach dem anderen, aber im Herbst wendete sich das Blatt: Im Pazifik wurde der japanische Vormarsch bei Guadalcanal zum Stehen gebracht, bei Stalingrad wurde die sechste Armee von den Russen eingekreist, und in Nordafrika siegten die Engländer bei El Alamein über Feldmarschall Rommel. Von November 1942 an erlitten die Achsenmächte im Grunde nur noch Niederlagen, eine Serie, die nur von einzelnen Verzweiflungsoffensiven unterbrochen wurde.

Mit den Schwächen des japanischen Systems wurden mein Vater und seine Kameraden täglich konfrontiert. Sie erkannten mehr oder weniger intuitiv, dass die schlechte Versorgung mit Nachschub, die Konflikte zwischen den verschiedenen Armeeclans und der völlige Mangel an Koordination zwangsläufig zur Niederlage der Japaner führen mussten. Gewiss, die Japaner waren harte Kämpfer und ausgezeichnete Techniker. Das bekannte ZERO-Jagdflugzeug war das modernste jener Zeit, keine Hurricane konnte es mit ihm aufnehmen. Auch die Projektierung der Birma-Eisenbahn war ein Meisterstück japanischer Ingenieurskunst, was auch immer Filme wie *Die Brücke am Kwai* suggerieren mögen. Aber andererseits wurde dann so vieles mit purer Menschenkraft, roher Gewalt und ungeheuer primitiven Mitteln verwirklicht.

Man denke zum Beispiel an das wacklige hölzerne Viadukt bei Wan-Po am Kwai, das von Tausenden von Zwangsarbeitern praktisch in Handarbeit zusammengesetzt wurde, und vergleiche das mit der Art, wie die Amerikaner in null Komma nichts überall ihre Transportsysteme aufbauten und innerhalb von zwei, drei Monaten Flugplätze, Straßen, Nachschublager und halbe Städte für zehntausend oder mehr Soldaten aus dem Boden stampften. Solche straff geleiteten, von einer zentralen Instanz koordinierten Kriegsanstrengungen waren in Japan unmöglich. Dafür waren die Clans der führenden Familien, Unternehmen und Heeresgruppen viel zu mächtig.

Außerdem hatten sich die japanischen Kriegsherren, genau wie Hitler, nur auf einen kurzen Blitzkrieg und nicht auf langwierige Kämpfe vorbereitet. Und von der gewaltigen Stärke ihres Gegners hatten sie erst recht keine Vorstellung. Als die amerikanische Rüstungsproduktion einmal in Gang gekommen war, produzierten die Vereinigten Staaten dreizehnmal so viel Stahl wie die Japaner, bauten viermal so viele Flugzeuge, zwanzigmal so viele Panzer, sechsmal so viele Zerstörer, und die Qualität all dessen war auch noch um einiges höher. Japan musste fast den gesamten Ölbedarf durch Importe decken, so dass seine Luftwaffe schon bald mit erheblichem Treibstoffmangel zu kämpfen hatte. Deshalb war schon seit Anfang Juni 1942, nach der Seeschlacht von Midway, klar abzusehen, dass Japan diesen Krieg verlieren würde. Die Frage war nur, wie lange das dauern würde, und welcher Preis an Verlusten dafür gezahlt werden musste.

Ab 1943 erwähnte mein Vater in seinen Notizen alliierte Bombenangriffe auf die Birma-Eisenbahn. Zu Pfingsten war sein Kriegsgefangenenlager zum ersten Mal Ziel eines massiven Angriffs von sechs riesigen Liberators. Am Nachmittag mussten er und der Priester etwa dreißig Tote begraben. »Es war bis jetzt die direkteste Kriegserfahrung«, notierte er. »Tief in einem Laufgraben, Krachen der Explosionen, sicher eine Stunde lang wütendes Maschinengewehrfeuer, die Kugeln flogen um uns herum. Der Anblick der Verwundeten und Verstümmelten ist unbeschreiblich.«

Dennoch sollte es Jahre dauern, bis die Befreier sie wirklich erreichten. Die Kämpfe in den Urwäldern und Sümpfen von Birma waren charakteristisch für den Kriegsverlauf im gesamten Pazifik: Es ging nur langsam und mühsam voran, trotz der materiellen, technischen und zahlenmäßigen Überlegenheit, trotz des sicheren Sieges. Man musste Insel für Insel erobern, oft in langen und blutigen Gefechten, es waren Hunderte von D-Days im Kleinen.

In den Gefangenenlagern sank die Moral zusehends. Eine Tagebuchaufzeichnung meines Vaters vom Herbst 1944: »Am frühen Morgen habe ich mich schon herumstreiten müssen, weil sie den Toten, der in einen Sack oder eine Matte eingenäht ist, nicht zuverlässig und nicht genau identifizieren können. Wir haben hier nämlich nicht mal ein Leichenhaus, und die Toten werden einfach draußen auf den schmalen Waldweg gelegt, der zur Baracke führt. Am Tag, wenn sich die Zahl erhöht, muss man ständig an ihnen vorbei und über sie hinweg. Man gewöhnt sich an alles, aber es macht einen wütend, wenn sie einem die Namen der Gestorbenen nicht mehr genau nennen können und man befehlen muss, die eingehüllten Gesichter wieder freizulegen.

Dann werde ich auf der Straße Zeuge einer Rauferei zwischen zwei ekelhaften Burschen. Es geht um ein paar Knollen, die von einem Ochsenwagen gefallen sind und auf die sie gierig gewartet haben. Als der Wagen mit dem Japs weiterfährt, kommen sie angeschossen. Der eine ist schneller und rafft alle drei an sich. Keine Rede davon, dass man die armselige Beute anständig teilt, nein, man kämpft, man schlägt und beschimpft sich, und das, wo hier alle mit einem Bein im Grab stehen.

Kommt man oben in die Baracken, hört man nichts als Klagen darüber, dass das Essen nicht ehrlich verteilt wird. In der großen Baracke unten herrschen nur noch Raubgier und Verwilderung. Da ist niemand mehr seiner Habseligkeiten sicher. Schon bei Tage belauern die Hyänen ihre Opfer. Wer ist heute wieder schwächer, wer ist bewusstlos? Schrecklich, wenn die Kälte einen weckt und man merkt, dass einem die Decke gestohlen wurde. Ich habe Männer vor Wut heulen sehen, weil man ihnen ihr kostbares Ei oder einen letzten Rest ebenso kostbaren Tabaks geklaut hatte.«

Erst im Mai 1945 gaben die Japaner ihren Widerstand in Birma auf. Sie zogen sich nach Thailand zurück, und von da an wurde die Birma-

Strecke kaum noch befahren. Die Kriegsgefangenen müssen etwas davon gemerkt haben. In seinem Tagebuch aus dieser Zeit schildert mein Vater einen bemerkenswerten Zwischenfall. Bei einem Marsch tauchten plötzlich sechs oder sieben zerlumpte japanische Frontsoldaten aus dem Morgennebel auf, die sich mühsam den Abhang herunterschleppten und dann vor dem Offizier, der die Kriegsgefangenen begleitete, erschrocken Haltung annahmen. Wahrscheinlich lagen noch Hunderte Kilometer Dschungel vor ihnen und hatten sie schon Hunderte, wenn nicht Tausende Kilometer zu Fuß zurückgelegt. Irgendetwas schien aber nicht in Ordnung zu sein. »Unser sauber gekleideter, wohlgenährter Kriegsgefangenen-Offizier faucht die Frontsoldaten wütend an: Er tobt, regt sich auf, und am Ende schlägt er den anderen Göttersöhnen, seinen Brüdern, heftig mit der Faust ins Gesicht. Unwillkürlich haben wir alle unseren Schritt verlangsamt. Es gibt Momente, in denen man Mitleid mit seinen schlimmsten Feinden hat.«

Die Kriegsgefangenen waren aber offenbar schon so zermürbt, dass sie aus nichts mehr irgendwelche Schlussfolgerungen ziehen konnten. Man wusste nicht mehr, woran man sich noch halten sollte, und man glaubte auch nichts mehr.

Auch in Europa sollten letztlich die amerikanischen Ressourcen kriegsentscheidend sein. Einen wichtigen Beitrag leistete allerdings auch der Führer selbst. Mit ein paar verhängnisvollen Fehleinschätzungen und Entscheidungen schaffte er es zwischen Frühjahr 1940 und Herbst 1941, einen fast vollständigen Sieg in eine fast sichere Niederlage zu verwandeln.

Der gewaltige Erfolg des Feldzugs im Westen – die Eroberung Frankreichs nahm statt sechs Monaten nicht einmal sechs Wochen in Anspruch – hatte die Deutschen in euphorische Stimmung versetzt. Schon im Juli 1940, noch bevor die Luftschlacht um England richtig begonnen hatte, teilte Hitler seinen Generälen mit, dass er sich mit seinen Angriffsplänen nun auf die Sowjetunion konzentriere, die letzte mögliche Operationsbasis der Engländer auf dem Kontinent. Die eroberten Gebiete sollten Kolonien des Dritten Reiches werden, die kaukasischen Ölfelder sollten Armee und Wirtschaft endgültig von allen Kraftstoffproblemen befreien. Außerdem war Hitler überzeugt, dass die Russen früher oder später Deutschland angreifen würden, und er wollte ihnen zuvorkommen. Und er hatte es eilig, denn seit dem Winter 1937/1938 war er sich aus irgendeinem Grunde sicher, dass er nicht mehr lange zu leben hätte.

Sobald er erkannt hatte, dass eine Invasion in England unmöglich war – und das hatte er schon, bevor die Luftschlacht um England entschieden war –, begann er seine Truppen Richtung Osten zu verlegen. Was Russland anging, war er der festen Überzeugung, dass »das Riesenreich im Osten«, wie er es ausdrückte, »reif zum Zusammenbruch« sei. In dieser Ansicht sah er sich durch die dilettantische Kriegführung der Roten Armee gegen die Finnen im Jahre 1939 noch zusätzlich bestätigt. Hitler vertraute jetzt noch mehr als zuvor auf seine »Intuition« und sorgte deshalb nicht einmal dafür, dass seine Truppen geeignete Winterausrüstung bekamen: Wenn die Blätter fielen, würde ja schon alles vorbei sein.

Der deutsche Russlandfeldzug, der Ende Juni 1941 begann, war von Anfang an ein idiotisches und aussichtsloses Unternehmen.

Ein idiotisches, weil das Land auf einen solchen Krieg gar nicht vorbereitet war und es auf absehbare Zeit eigentlich auch alle Truppen im Westen brauchte, um einem zu erwartenden Gegenangriff Englands (mit den Vereinigten Staaten im Hintergrund) widerstehen zu können. Ein aussichtsloses, weil doch selbst in dem Fall, dass die Wehrmacht alle Schlachten gewinnen würde, irgendwo in dem unermesslichen Gebiet eine Grenze entstehen musste. Das würde dann eine Front sein, die allein schon wegen ihrer Länge und der Entfernung vom Kernland kaum zu versorgen und zu halten wäre. Offenbar hatte aber niemand in Hitlers näherer Umgebung eine klare Vorstellung vom Endziel des Krieges. In der Gedankenwelt der Nazis kam es vor allem auf den Kampf selbst an.

Zum Bild Hitlers als eines Genies des Bösen passt die Vorstellung, dass er sich auch für den gesamten Krieg einen teuflischen Plan zurechtgelegt und diesen dann genau ausgeführt habe. Die äußerliche Ordnung, die Disziplin und die Regelungswut des Dritten Reiches waren aber irreführend. In Wirklichkeit war die Art, wie Hitler zu seinen

Entscheidungen kam – darüber sind sich wohl die meisten Historiker einig –, ziemlich chaotisch und impulsiv. Hitler löste sich gewissermaßen vom alltäglichen Regierungsgeschäft, um die Rolle des väterlichen Führers spielen zu können. Innerhalb der Führungsspitze der Nazis ging es deshalb auch nicht wie an der Spitze eines Amtes oder im Management eines Unternehmens zu, es herrschte eher eine Atmosphäre wie an einem Hof. Das hatte zur Folge, dass in den tieferen Regionen auffällig viel gepfuscht und improvisiert wurde.

Jeder Lump, jeder Idiot, Antisemit oder Bürokrat, der den Segen des Führers hatte, konnte weitgehend tun, was er wollte – und das mit der Unterstützung von Wehrmacht, Beamtenapparat und anderen Organisationen, die tatsächlich modern und ordentlich organisiert waren. Und jeder hohe Nazi versuchte, diesen Segen zu bekommen, in heftigem Konkurrenzkampf mit anderen Mächtigen und Machtapparaten. So kam es zu den inneren Gegensätzen, die das Nazisystem schließlich an den Abgrund führen sollten: Das Regime schien die Verkörperung der Ordnung selbst zu sein, zerstörte aber im Grunde das Gleichgewicht, das innerhalb eines normalen Staatsapparates herrscht.

All das hängt unmittelbar mit Hitlers eigenartiger Persönlichkeit zusammen, und deshalb ist eine deutsche Geschichte dieser Zeit ohne Hitler praktisch nicht vorstellbar. In seinem meisterhaften psychologischen Porträt Hitlers stellt der Journalist und Historiker Sebastian Haffner einen Vergleich zwischen Hitler und Napoleon an, und dabei springt ein Unterschied sofort ins Auge. Der französische Kaiser hat trotz seiner gescheiterten Feldzüge ungeheuer viel hinterlassen: seine Gesetzgebung, sein Erziehungssystem und nicht zuletzt den straffen Staatsbau mit Departements und Präfekturen. Hitler dagegen hat, schreibt Haffner, »keinen Staatsbau hingestellt, und seine Leistungen, die zehn Jahre lang die Deutschen überwältigten und die Welt in Atem hielten, sind ephemer und spurlos geblieben – nicht nur, weil sie in einer Katastrophe endeten, sondern weil sie nie auf Endgültigkeit angelegt waren«.

Napoleon war nach Ansicht Haffners im gleichen Maße Staatsmann, wie Hitler dies nicht war. Und das hing vor allem damit zusammen, dass Hitler nicht imstande war, über die Grenzen seines eigenen

Daseins hinauszublicken. Er sorgte nicht für Nachfolger, er ordnete seine politische Zeitplanung seiner Vorstellung von der eigenen Lebenserwartung unter und zerstörte sogar ganz bewusst, um seiner persönlichen Allmacht und Unersetzlichkeit willen, die Funktionsfähigkeit des deutschen Staates.

Wenn wir den Zweiten Weltkrieg in diesem Licht betrachten, sieht es so aus, als sei der entscheidende Wendepunkt nicht am D-Day erreicht worden, sondern zweieinhalb Jahre vorher, am Wochenende des 6. und 7. Dezember 1941.

Am Samstag, dem 6. Dezember, wurden die deutschen Armeen, die so weit vorgestoßen waren, dass die Offiziere durch ihre Feldstecher schon die Türme des Kreml sehen konnten, von sibirischen Truppen zum ersten Mal zurückgeschlagen. Hitler war wütend, forderte von seinen Soldaten »fanatischen Widerstand«, lehnte Rückzug kategorisch ab und ernannte sich selbst zum Oberbefehlshaber, was darauf hinauslief, dass seine Generäle mehr oder weniger kaltgestellt wurden. Am nächsten Tag, Sonntag, wurde Amerika durch den japanischen Angriff auf Pearl Harbor in den Krieg hineingezogen. Am Donnerstag darauf beging Deutschland einen Fehler, der sich als verhängnisvoll erweisen sollte: Auch Hitler erklärte den Vereinigten Staaten den Krieg. Hitlers Kriegserklärung an Amerika war – hier folge ich abermals Haffner – die am wenigsten begreifliche von all seinen Entscheidungen. Deutschland war gegenüber Japan zu nichts verpflichtet. Deutschland, Italien und Japan hatten nur für den Fall Abmachungen getroffen, dass eins dieser Länder angegriffen würde, und davon konnte hier keine Rede sein. Hätte Hitler sich ruhig verhalten, dann hätte ihn der amerikanisch-japanische Krieg sogar von einer Menge Sorgen befreit. Und außerdem: Was sollte Deutschland, ohne Seeherrschaft, ohne Interkontinentalraketen, die es ja noch nicht gab, überhaupt mit einem Feind anfangen, den es nicht einmal erreichen konnte?

Für den amerikanischen Präsidenten Roosevelt war die deutsche Kriegserklärung dagegen ein Geschenk des Himmels: Jetzt besaß er gegenüber einer unwilligen Öffentlichkeit das beste Argument dafür, auch in Europa in den Kampf gegen »das Böse« zu ziehen. Ohne Hitlers

Kriegserklärung hätte er das den Amerikanern nur schwer verkaufen können. Vermutlich hätten sich dann alle Kriegsanstrengungen gegen Japan gerichtet.

Warum handelte Hitler in so offenkundigem Widerspruch zu seinen eigenen Interessen? Haffner sieht nur eine Erklärung für dieses selbstzerstörerische Verhalten: Nach der Niederlage bei Moskau war Hitler so enttäuscht, dass die Wunschträume, die sich um »sein« Herrenvolk drehten, in pathologische Zerstörungswut umschlugen. Deshalb kämpfte er weiter. Er hatte ja noch ein anderes Ziel, das er in *Mein Kampf* ebenfalls exakt umrissen hatte: die totale Ausrottung der Juden und Zigeuner. Dafür setzte er nun all seine Kräfte ein. Gut einen Monat nach der Niederlage vor Moskau wurde in einer Villa am Wannsee bei Berlin der Plan zur »Endlösung der Judenfrage« gefasst, das heißt, zur Ermordung von Menschen mit modernen, industriellen Mitteln, auf eine Art und in einem Umfang, wie es sie in der Geschichte noch nicht gegeben hatte.

Der Massenmord an den Juden und Zigeunern muss Hitler und den Seinen mindestens so wichtig gewesen sein wie die Kriegführung selbst – vielleicht sogar wichtiger. Bis zuletzt wurden dafür mehrere Divisionen der härtesten SS-Truppen freigestellt, der Wehrmacht fehlten dringend notwendige Transportkapazitäten, weil man so viele Züge für die Deportationen benötigte, und außerdem wurde, als Nachrichten über das systematische Morden durchsickerten, jede Aussicht auf einen ehrenvollen Frieden zunichte. Ein so teuflischer Gegner musste bis zur bedingungslosen Kapitulation auf Leben und Tod bekämpft werden.

Gegen Ende des Krieges offenbarte sich Hitlers Wahnsinn noch auf andere Weise. Auch im Untergang konnte er nicht zwischen seiner persönlichen Existenz und dem Verlauf der Geschichte trennen. Immer mehr deutete darauf hin, dass er den Rest Europas mit in den Abgrund reißen wollte, vor allem Deutschland selbst. Am Ende des Ersten Weltkriegs, im September 1918, begannen sich die deutschen Generäle, sobald sie erkannten, dass der Kampf verloren war, auf einen Waffenstillstand vorzubereiten, um weiteres Blutvergießen zu vermeiden. Hitler jedoch tat am Ende des Zweiten Weltkriegs das Gegenteil. Im September 1944, nach den großen Niederlagen bei Stalingrad und Kursk und nach der Invasion der alliierten Armeen in der Normandie und ihrem unaufhaltsamen Vordringen durch Frankreich und Belgien, legte er noch einmal zu.

> *Wir wollen weitermarschieren,*
> *Bis alles in Scherben fällt,*
> *Denn heute gehört uns Deutschland*
> *Und morgen die ganze Welt!*

sangen die deutschen Soldaten, und als es mit der Eroberung der Welt nicht klappte, richtete Hitler all seine Energien auf das zuerst Genannte. Um Weihnachten 1944 ließ er in den Ardennen einen letzten Ausbruchsversuch unternehmen, der seine Truppen nur noch weiter schwächte. Viele deutsche Städte wurden von den Alliierten systematisch dem Erdboden gleichgemacht. Gleichzeitig drangen die russischen Truppen mit großer Geschwindigkeit vom Osten her vor. Im ersten deutschen Dorf, das die Sowjetarmee einnahm, wurde ein Massaker verübt. Die Nazipropaganda versetzte die Bevölkerung daraufhin mit Fotos von deutschen Bäuerinnen, die an den Türen ihrer Scheunen gekreuzigt worden waren, in Panik. Tatsächlich ging es beim Vorrücken der russischen Armee ungeheuer grausam zu, Plünderungen, Mord und Vergewaltigung waren an der Tagesordnung. Es gab nur eins, was sich damit vergleichen ließ: der Feldzug der Deutschen in Polen und Russland.

Mein Vetter Catrinus, der von Schiedam nach Deutschland verschleppte Segelmacher, erlebte dieses Chaos teilweise mit. Im Februar 1945 sah er aus der Ferne Dresden im Feuersturm untergehen – in dieser einen Nacht vom 14. auf den 15. Februar sollten Zehntausende von Zivilisten bei lebendigem Leibe verbrennen oder unter den Trümmern krepieren, es gab viele unbekannte und ungezählte Tote, weil die Stadt voller Flüchtlinge war. Seinen Bruder Piet hatte man in die Stadt selbst verlegt, aber er kam mit dem Leben davon. Es gelang den beiden dann, sich in die Flüchtlingsströme zu mischen, die im Vorfrühling 1945 durch Deutschland zogen. »Alles wurde in diesem Winter evakuiert«, erzählte Catrinus. »Wir sahen sogar, wie ganze Konzentrationslager verlegt wurden, spindeldürre Häftlinge, daneben Deutsche in Uniform.« Auf einem Dorfplatz konnte er beobachten, wie zwei Gruppen von Kriegsgefangenen einander entgegenkamen, die einen in Richtung Westen, die anderen in Richtung Osten. Die Bewacher beider Gruppen zeigten einander den Vogel.

Nicht nur die alliierten Bombenangriffe richteten Deutschland zugrunde. In den letzten Kriegsmonaten gab Hitler den Befehl, auch Deutschland in eine Wüste zu verwandeln, Fabriken zu zerstören und Hunderttausende von Deutschen aus ihren Wohnorten zu »evakuieren«. Dieser Befehl eines Mannes, der von einem Leben nach dem Krieg nichts wissen wollte, ging sogar den meisten führenden Nazis zu weit. Sie ignorierten ihn.

*

So wurde das Kriegsende in Europa durch Hitlers Wahnsinn um fast ein Dreivierteljahr verzögert. In den Niederlanden brach Anfang September 1944 die letzte Phase der Besetzung an, als der Süden zum größten Teil von den Alliierten befreit worden war und in anderen Teilen des Landes die NSB-Leute in Panik die Flucht ergriffen, einschließlich ihres Führers Mussert, der sich samt Tante, Ehegattin, Großnichte und Mätresse davonmachte. Auch die deutschen Nachbarn von Großvater van der Molen machten sich aus dem Staub; mein unbestechlicher Großvater bekam den Schlüssel und passte während des ganzen strengen Winters auf das Haus auf, ohne je etwas anzufassen.

Nach diesem »verrückten Dienstag«, dem 5. September, stand für alle fest, dass die Deutschen verlieren würden, und fast überall wurde nun auf irgendeine Weise Widerstand geleistet. Die Frage war nur, wie lange das alles noch dauern würde. Ein britischer Versuch, durch ein Luftlandeunternehmen bei Arnheim den Übergang über Maas, Rhein und Waal zu erzwingen, schlug fehl. Danach ließen die alliierten Truppen vorläufig vom Rest der Niederlande ab, um sich ganz auf den Angriff auf Deutschland selbst zu konzentrieren.

In den folgenden Monaten verloren die Besatzer jegliche Umsicht. Das Land wurde schamlos ausgeraubt. Überall wurden Arbeiter von der Straße weg nach Deutschland zum Arbeitseinsatz verschleppt.

Wirtschaftlich war die Randstad* praktisch tot. Das Transportwesen war nach einem Aufruf der Londoner Exilregierung zum größten Teil lahm gelegt worden – es ist eine Ironie der Geschichte, dass dies fast unmittelbar nach der Abfahrt des letzten Transportzugs von Westerbork nach Auschwitz geschah, in dem unter anderem Anne Frank und ihre Familie waren. Der Eisenbahnerstreik vom 17. September hatte zum Ziel, die feindlichen Verbindungslinien zu unterbrechen. Der erhoffte schnelle Sieg blieb aber aus, so dass der Streik hauptsächlich der eigenen Bevölkerung schadete. Was an Lastwagen, Schiffen und anderen Transportmitteln noch übrig war, wurde jetzt von den Deutschen rücksichtslos beschlagnahmt.

Vor allem im Westen des Landes verschlechterte sich die Lebensmittelversorgung rapide. Während des größten Teils des Krieges hatte die niederländische Bevölkerung keinen Hunger gelitten – die durchschnittliche Tagesration entsprach von August 1941 bis August 1944 fünfzehn- bis achtzehnhundert Kalorien –, aber im November 1944 kam es plötzlich zu einem Rückgang auf elfhundert und im Februar 1945 auf nur noch sechshundert Kalorien. Zudem machte der strenge Winter den Transport von Nahrungsmitteln auf dem Wasserweg unmöglich. Die Großstädte versanken im Chaos, Straßenbahnen fuhren nicht mehr, Gas und Elektrizität waren ausgefallen, Brennstoff war knapp oder fehlte ganz.

In ihrer Villa am Schiedamseweg verbrachten die van der Molens die Winterabende beim Licht eines Batterielämpchens, sie mit Stricken nach Gefühl, er mit Vorlesen, und um sieben gingen sie wieder schlafen. Anna und Cas hatten im Sommer beide die Reifeprüfung abgelegt, mit ausgezeichneten Noten, aber studieren konnten sie nicht, das Chaos im Land war zu groß. Anna hatte in einem Pflegeheim in Hilversum zu arbeiten begonnen. Um das Gebäude herum wurde nachts ein Baum nach dem anderen gefällt, und auch Holzzäune fielen dem Beil zum Opfer. »Die Menschen sehen alle so schlecht aus«, schrieb sie Mitte Januar. »Seit Wochen haben wir keine Butter mehr gehabt und auch fast kein Fett, und wir bekommen auch viel weniger Brot und Kartoffeln. Letzten Samstag gab es scharfe Razzien. Es ist manchmal so beängstigend. Wohin wird es in ein paar Monaten mit uns gekommen sein? Aber wir sind gesund, das ist die Hauptsache.«

Cas war inzwischen zur Familie eines Lehrers gezogen, mit dem er, wie er später geschrieben hat, herrliche Abende erlebte. »Er sprach vor dem offenen Kamin über Dickens, Shakespeare, Pascal, Boyle, über die Verhältnisse vor dem Krieg, über seine Studienzeit. Oder wir machten bei Kerzenlicht Musik, bei der kleinen alten Orgel mit den schönen Registern, in dem ganz im Empirestil gehaltenen Zimmer mit Möbeln, die er mühsam auf Streifzügen zusammengesucht hatte: französische Tänze aus dem achtzehnten Jahrhundert oder Musik von Huygens. Und diese Nachmittage im Garten, wo die Pflanzen, die Bäume und Blumen so sorgfältig ausgesucht und angeordnet waren und wo ich mit seinen Kindern auf dem Rasen herumtoben musste – man zog mich auf wegen meiner Steifheit. Oder ich saß ganz still in seinem Arbeitszimmer, wenn er arbeitete.«

Später kühlte das Verhältnis aus ungeklärten Gründen ab – »Er behauptete, mir läge nicht viel an ihm« –, und außerdem litten alle immer mehr unter Hunger. Schließlich machte er sich im Dezember 1944 allein, mit löcherigen Schuhen, falschen Papieren und einem Fahrrad ohne Reifen auf den Weg zu einer befreundeten Pfarrersfamilie in der Nähe von Dokkum. Dort nahm man ihn liebevoll auf. Der Organist des Dorfes, der von seinem Platz an der Orgel immer in die Küche des Pfarrhauses hinuntersehen konnte, erzählte Jahre später, dass er dort an einem Wintertag plötzlich einen fremden Jungen am Tisch sitzen sah. Der leckte einen Topf aus, »mit einer solchen Hingabe, so lange, so gründlich, so etwas hatte ich noch nie gesehen«. Dieser Junge muss Cas gewesen sein.

Nach gut einem halben Jahr war Annas sonniges Pfingstwochenende nur noch eine Erinnerung aus ferner Vergangenheit. Das Haus der Familie hatten die Deutschen beschlagnahmt, der Vater war gestorben, die übrigen Familienmitglieder lebten in einer Pension, ein Zuhause hatten sie nicht mehr. »Wir haben nun schon fast drei Monate keine Elektrizität mehr«, schrieb Anna Ende Dezember 1944 ihrem Bruder. »Und jetzt auch kein Gas. Das Essen bereiten wir mit einem kleinen Behelfskocher zu. Die brennen gut, aber ich bin immer todmüde in den

Wochen, in denen ich mit Kochen an der Reihe bin. Man muss sich so fürchterlich beeilen, denn sie brennen nur mit Holz, und es ist auch schwierig, für all die Leute das Essen fertig zu bekommen. Gestern habe ich tatsächlich dabei geheult. Aber das ging schnell wieder vorbei.«

In jenem Winter ist sie noch einmal zu ihrer »Familie« gelaufen, von Hilversum nach Zeist. Um zwölf Uhr brach sie auf, um acht Uhr abends kam sie an. Unterwegs trank sie eine Tasse Ersatzkaffee. In den Wäldern waren sonst nur deutsche Soldaten und Kriegsgefangene unterwegs. Es schneite.

Mitte April war in Rotterdam kein Brot mehr zu bekommen, und Mitte Mai konnten auch keine Kartoffeln mehr zugeteilt werden. Zu dieser Zeit erhielt Anna plötzlich einen schmuddeligen, auf den 20. Mai 1944 datierten Brief meines Vaters, der zu einem großen Teil aus vorgedruckten Mitteilungen bestand: »*My health is good, usual, poor* [die letzten beiden Wörter waren durchgestrichen]. *I am ill in hospital* [durchgestrichen]. *I am not working* [durchgestrichen]. *My best regards to you, Cas and friends. I am very happy with my work as a padre. Am very anxious to hear anything about mother. Heard from Klein Anna engaged. Congratulations. Fey, Klevant e.a. OK.*«

Was sie vor allem verblüffte, war die Tatsache, dass mein Vater im Dschungel von Birma offenbar von ihrer Verlobung erfahren hatte.

Und dann, auf einmal, war es vorbei. Die Bäcker bekamen Mehl aus Schweden, Flugzeuge warfen Lebensmittel ab, Hitler beging Selbstmord, die Wehrmacht kapitulierte. In der Umgebung von Hilversum beobachtete Anna, wie Deutsche gestohlenes Vieh zurückbrachten, weil sie damit doch nirgendwo mehr hin konnten. Dann sah sie deutsche Kriegsgefangene, die kaum noch Kleider am Leibe hatten, die Verwundeten auf gestohlenen Handkarren. »Ich empfand keinen Triumph, überhaupt nicht, ich fand das hauptsächlich tragisch. Wir hatten damals noch nichts von Bergen-Belsen gehört.«

Am 11. Mai 1945 entsprach die durchschnittliche Tagesration genau siebenhundertfünfzig Kalorien, aber Anna schrieb: »Jetzt scheint es, als würde sich die Welt für uns öffnen.«

*

Auch im Fernen Osten vergingen endlose Monate zwischen dem Augenblick, in dem die meisten Japaner die Aussichtslosigkeit ihres Kampfes einsahen, und dem Augenblick der Kapitulation. Das Land war, wie Deutschland, schließlich selbst zum Schlachtfeld geworden. Städte wie Tokio wurden von grauenhaften Bombenangriffen und Feuerstürmen heimgesucht, bei denen Hunderttausende japanischer Zivilisten ums Leben kamen. Auf der Ebene der Regierung tobte ein heftiger Kampf zwischen Gemäßigten und Ultranationalisten. Diese hatten innerhalb der Armee die Fäden fest in der Hand; ihre Devise lautete: »Hundert Millionen sterben gemeinsam.« Auf Okinawa und anderen Inseln kam es tatsächlich vor, dass Überlebende sich ins Meer stürzten, um der Schande der Niederlage nicht ins Auge blicken zu müssen.

Im Frühjahr 1945 war die japanische Wirtschaft am Ende. Die Flotte war versenkt, die Luftwaffe konnte wegen Treibstoffmangels nicht mehr fliegen, es gab keinen Stahl mehr für den Bau neuer Schiffe, keine Nahrungsmittel für Soldaten und Bevölkerung. Das japanische Kaiserreich sank in sich zusammen, und die Kriegsgefangenen und Lagerinsassen sanken mit.

In den Briefen und Tagebuchaufzeichnungen meines Vaters klingt viel von dieser Auflösung durch: Er erwähnt die schäbigen japanischen Uniformen, die chaotischen Transporte, den Selbstmord eines japanischen Offiziers, der vorher erst noch ein paar Kriegsgefangenen an einer Verkaufsbude Essen spendiert hatte. Im April wurde mein Vater infolge eines Verwaltungsirrtums mit einer Kolonne von tausend Mann, die eine Straße anlegen sollten, in den Dschungel geschickt. Nach einer zweitägigen Zugfahrt durch Sturzregen, in offenen Waggons, mussten sie zu Fuß in die Berge – ein Marsch, der vor allem den Kranken schwer zu schaffen machte.

»Bei den Engländern und Australiern treten bei solchen Gelegenheiten Eigenschaften zutage, von denen wir individualistischen Holländer lernen können«, schrieb mein Vater. »Wenn einer von ihnen in Gefahr ist, verprügelt zu werden, ziehen sie schweigend und drohend einen Kordon um den Japs und sein Opfer, so dass der Japs meistens klein beigibt. Droht jemand unter seinem Barang [Gepäck] zusammenzubrechen, dann nimmt man ihm für kürzere oder längere Zeit, je nachdem, wie lange es nötig ist, seinen Feldsack ab. Nachmittags gibt es genug Freiwillige, die denen, die am schlimmsten hinken, unter die Arme greifen und sie stützen oder auf einer eilig und geschickt zusammengebauten Bambustrage mitschleppen.«

Schon nach ein paar Wochen berichtet er, dass die Zahl der Kranken in beunruhigendem Maße steigt.

»Außer Beriberi und Pellagra grassieren Ruhr und vor allem Malaria, aber wir bekommen kein Chinin. Immer und überall haben die Japse die Nahrungsrationen, Medikamente und Rotkreuz-Zuteilungen für die Kriegsgefangenen rücksichtslos und knallhart gestohlen. Nach zwei Wochen sind von vierhundert Arbeitern achtzig krank, nach vier Wochen hundertfünfzig.

Nach genau einem Monat haben wir in unserem Biwak den ersten Toten. Mit acht Mann (vier Träger, die sich mit den anderen vier abwechseln) tragen wir ihn zum Friedhof, der weiter unten in zehn Kilometer Entfernung liegt. Trotz der traurigen Last empfinden wir es alle als schönen Ausflug. Unterwegs schlagen wir mit wahrer Lust Schlangen tot, die vor unseren Füßen den Weg überqueren wollen. Eine dicke, von bestimmt zweieinhalb Metern Länge, wird als Beute mitgenommen. So trägt unsere Kolonne an einem Stock einen zweiten Toten, und wir freuen uns über diese Beute mehr, als uns der Tote auf der Bahre bekümmert.

Im englischen Lager mit dem Friedhof werden wir gastfreundlich aufgenommen. Es gibt den üblichen kurzen Gottesdienst: ›A man born out of a woman has only a short time to live …‹ Alle beten laut das Vaterunser mit. Hinterher sagt ein Mann zu mir: ›Schön, dass sie gerade in der Nähe waren, Herr Pfarrer, man wird dann wenigstens nicht wie ein Hund begraben.‹ Nach unserer Rückkehr bekomme ich zum Abendessen ein großes Stück gekochte und dann gebratene Schlange. Schlangenfleisch schmeckt großartig, erinnert an Räucheraal. Meine Nachbarn müssen auch probieren, und hier und da streitet man sich schon darüber, wer beim nächsten Begräbnis mitgehen soll.«

Nach drei Monaten war schon ein Viertel der Gefangenen gestorben. Mein Vater schrieb:

»Hier im Dschungel sind wir völlig isoliert und hören wirklich gar nichts vom Weltgeschehen. Jeder hofft, dass die Tage bis zur Befreiung gezählt sind. So kann es nicht mehr lange weitergehen, oder wir gehen alle zugrunde.«

In Ostindien hatten alle schwer zu leiden, sowohl die Internierten als auch die Normalbevölkerung. Vom Herbst 1943 an hatten die Japaner auf dem Land Tausende von Bauern mit schönen Versprechungen als »Romushas« angeworben. Diese »Arbeitssoldaten« wurden in Birma und in zahlreichen anderen Regionen meist unter fürchterlichen Bedingungen eingesetzt. Nach einigen Schätzungen haben um die zehn Millionen Javaner auf diese Weise kürzere oder längere Zeit für die Japaner gearbeitet, Zehntausende von ihnen starben an den Folgen von Unterernährung oder Erschöpfung. Onkel Ludz schrieb nach dem Krieg, dass auf der Plantage, auf der er als Arzt arbeitete, regelmäßig ein paar Lastwagen erschienen, um die stärksten Kulis abzuholen. »Von den tausend Kulis, die von unserer Plantage geholt wurden, sind hundertfünfzig zurückgekommen. Der Rest war tot oder weggelaufen, und die Weggelaufenen starben meistens auch.«

Und auch in anderer Hinsicht wurde das Leben für die Indonesier immer schwieriger. Jeder musste eine festgesetzte Menge Reis an die Japaner abliefern, und dadurch entstand in bestimmten Regionen immer größerer Mangel. In Jogjakarta lag die Tagesration Reis am Ende bei nicht mehr als fünfundsiebzig Gramm. Hier und dort kam es zu schweren Hungersnöten. In einigen javanischen Städten lagen im Jahre 1945 die Leichen von Verhungerten auf der Straße.

Meine Mutter erwähnte in ihren ersten Briefen aus der Zeit nach Kriegsende auch Verhungerte auf den Straßen von Medan. »Hier im Lager und seiner Umgebung tauchen Scharen von Bettlern auf, mit nichts als einem Jutesack oder einem Lappen Bast am Leibe, und betteln um die Reste aus der Küche. Reis kostet 35 Gulden pro Kilo, Zucker 75, und die Kulilöhne sind nicht gestiegen.« Schätzungen zufolge hat die japanische Herrschaft über den Archipel etwa zweieinhalb Millionen Menschen das Leben gekostet, ungefähr fünf Prozent der Bevölkerung.

Die Nahrungsmittelknappheit wirkte sich natürlich auch auf die internierten Europäer aus. Auf Südsumatra und vor allem auf Java litten sie schon bald großen Hunger. Die Zahl der Todesopfer stieg schnell.

Auf Nordsumatra, wo meine Familie interniert war, war die Lage besser. Hier lag die Sterblichkeit während der ersten zwei Jahre nicht über dem Normalen. Die großen Probleme fingen erst im letzten Jahr an.

Als die Japaner eine Niederlage nach der anderen hinnehmen mussten, wurde das Lagerregime härter. Ab April 1944 waren die Lager unmittelbar dem Kommando der sechzehnten Armee unterstellt, und von da an beharrte man starr auf den Vorschriften. Onkel Ludz hatte meiner Mutter in den ersten Jahren ab und zu noch Geld und Nahrungsmittel zukommen lassen können, aber dieser kleine Schmuggel hörte 1944 abrupt auf. Unter den Japanern wuchs die Befürchtung, die Lager könnten sich zu Widerstandsnestern entwickeln, und darum wurde jeder Kontakt zur einheimischen Bevölkerung streng untersagt. Deshalb fürchtete sich Hans »wie ein Tier«, als die Japaner ihn bei einer kleinen Expedition außerhalb des Lagers erwischten.

Als eine alliierte Invasion immer wahrscheinlicher wurde, verlegte man die meisten Europäer in Nordsumatra – insgesamt etwa siebentausend – auf eine Hand voll alter Plantagen um den kleinen Ort Rantauprapat, ungefähr dreihundert Kilometer südlich von Medan. So landeten meine Mutter, Hans und Tineke im Frühjahr 1945 in den düsteren Kautschukwäldern der Plantage Aek Paminke, und Gjalt verschlug es nach Siringoringo, einer verlassenen Kautschukpflanzung in einem sumpfigen Tal, in das sich sonst so gut wie nie ein Mensch verirrte.

In Siringoringo machte sich Gjalt, so jung er war, mit tausendundein kleineren Arbeiten nützlich. In seinen ersten Nachkriegsbriefen aus dem Lager erzählte er ständig von Reparaturarbeiten und vom Umbau eines Teils der Krankenstation zum Schweinestall, »denn wir haben vierzig Schweine bekommen«. Aber er hatte auch Leichen das Maß nehmen müssen und Särge gezimmert. Mit seinem Lagerältesten, »Onkel Kees«, hatte er es großartig getroffen. Onkel Kees war ein Arbeiter, dem dank harter Schufterei ein sozialer Aufstieg gelungen war. Durch ihn lernte Gjalt eine ganz andere Welt kennen, die Welt der Handarbeit, des handwerklichen Sachverstands, der Disziplin, der Sorgfalt im Umgang mit dem Werkzeug, und diese Welt sollte ihn nie mehr loslassen.

Den Angehörigen im benachbarten Aek Paminke erging es weniger gut. »Als wir ankamen, wusste ich sofort: Das hier ist etwas völlig anderes«, erzählte Tineke. »Es gab kein Wasser, keine Elektrizität, für alles war man auf ein kleines Flüsschen angewiesen. Ich hatte regelmäßig Malariaanfälle, aber unsere Mutter bekam zusätzlich zu ihrer Rippenfellentzündung auch noch Malaria *und* Amöbenruhr. An so einer Kombination stirbt man früher oder später, das war mir durchaus klar. Aber andererseits wollte ich es gar nicht wissen.«

Was meine Mutter gerettet hat, war in erster Linie ihr starker Glaube, davon bin ich überzeugt. Gottes Nähe war für sie eine Realität, und dies gab ihr die Fähigkeit, sich innerlich über Krankheit und Entbehrungen zu erheben. Außerdem verbanden ihre Gebete sie im Geiste mit ihrem Mann und mit ihren Kindern in Übersee – eine spirituelle Beziehung, die wechselseitig war.

Daneben spielten noch andere Eigenschaften eine Rolle. Wie mein Vater von seinem Kameradschaftsgeist aufrecht gehalten wurde, so verdankte meine Mutter ihrem Standesbewusstsein, dass ihr Selbstwertgefühl sie nicht verließ. Oder besser gesagt, das Standesbewusstsein umgab sie gewissermaßen mit einem eisernen Panzer. Ihre Ansprüche an sich selbst – und an ihre Kinder – blieben hoch: immer höflich und hilfsbereit bleiben, niemals stehlen, nie ordinäre Lieder singen. Bis zuletzt besuchte sie Kranke. Sie wusste sehr gut, dass ihre Aussichten, die Befreiung zu erleben, rasch schwanden. Aber niemals hat sie gejammert, niemals geklagt, mit keinem Wort.

Dennoch war sie keineswegs mit sich zufrieden. In ihrem ersten Brief an meinen Vater nach dem Ende des Krieges schrieb sie, in zarter grauer Bleistiftschrift: »Ich bin gar keine tapfere Frau gewesen, keine vorbildliche Pfarrersfrau, im Gegenteil. Von Anfang an war ich dem Leben in den Lagern körperlich nicht recht gewachsen. Ob es an der Ernährung, der harten Arbeit oder dem ungünstigen Klima lag, weiß ich nicht, aber rühmlich war es jedenfalls nicht.«

In den drei Lagern von Aek Paminke lebten insgesamt viertausend Frauen und Kinder. Innerhalb weniger Monate gab es dort vierzig Todesfälle. In Siringoringo hausten circa anderthalbtausend Männer und fünfhundert Jungen. Einen Monat vor der Befreiung zählte man sechshundertfünfzig Kranke. In den zehn Monaten, die das Lager bestand, kamen etwa hundertzwanzig Gefangene ums Leben. In fast allen Lagern stieg die Sterblichkeit ab April sprunghaft auf das Zehnfache der vorangegangenen Zeit an. Hätte die Internierung noch ein halbes Jahr länger angedauert, wären nach späteren Schätzungen fast alle Lagerinsassen über fünfzig Jahre und die Hälfte der übrigen gestorben.

Meine Mutter hat immer wieder dasselbe alte Kalenderblatt mit einem Spruch des japanischen Christen Toyohiko Kagawa aufgehängt: *»Fürchtet euch nicht vor dem morgigen Tag, wir leben im Heute, in diesem Augenblick. Jede Minute meines Lebens soll Gott geweiht sein.«* In jedem Lager hing es in einem kleinen Regal hinter der leeren Zuckerdose.

In seinem Tagebuch notierte mein Vater: »Geträumt: Wir mussten eine Leiche unter einem weißen Laken begraben, aber das war nicht so schwer – es war Sand. Später wurde die Leiche lebendig, und das Ganze wurde abgeblasen.«

Die Lagerzeit hat in meiner Familie teils oberflächliche, teils tiefe Spuren hinterlassen. Meine Geschwister verwandelten sich innerhalb weniger Jahre aus behüteten Bürgerkindern in Jugendliche, wie sie für Kriegszeiten typisch sind, rau, vernachlässigt, aber auch gereift und stark. Sie würden sich immer zu helfen wissen, hiernach konnten sie alles überleben, und das machte das Leben schwerer und leichter zugleich. Hungern sollten sie nie wieder, aber auch mehr als ein halbes Jahrhundert nach dem Krieg wurde in der Familie niemals ein Butterbrot weggeworfen.

In den Niederlanden gab es heftige Diskussionen darüber, wie schlimm die japanischen Lager in Ostindien gewesen seien. Der frühere Chefredakteur des *Deli Courant* beispielsweise nannte Siringoringo später grundsätzlich »das Bergen-Belsen Asiens«, wo sich »kleine Kindergerippe« an seine Beine geklammert hätten. Zu Recht schrieb der Publizist Rudy Kousbroek – auch ein Kind Siringoringos –, dass man derartige Vergleiche besser unterlassen sollte. »In Bergen-Belsen starben von zweitausend Menschen nicht hundertzwanzig, sondern anderthalbtausend. Die Sterblichkeit bei uns lag bei sechs Prozent, in Bergen-Belsen bei gut siebzig.«

Ich kann über all das nicht aus eigener Erfahrung mitreden, sondern muss mich an Zahlen, Berichte, Tagebücher und später Erzähltes halten. Ich weiß aber, dass meine Mutter um ein Haar ihr Leben verloren hätte und dass in meiner Familie noch nach fünfundfünfzig Jahren die Spuren der drei Lagerjahre erkennbar sind. Ein Vergleich mit den deutschen Vernichtungslagern hinkt jedoch in jeder Beziehung.

Jedes Lager hat bei Internierten ganz individuelle Traumata hinterlassen. Trotzdem kann man kaum verallgemeinernd über »die« ostindischen Lager sprechen. Auf diesem Gebiet wird oft generalisiert, weil viele ehemalige Lagerinsassen sich den Begriff »Lager« gewissermaßen aneignen. »Jeder betrachtet sein eigenes Lager als ›normal‹, als ›das‹ Lager«, schrieb die ehemalige Internierte Doetje van Velden schon 1963 in ihrem Standardwerk über die japanischen Lager für Zivilisten. »Er reagiert erstaunt und manchmal sogar verärgert, wenn er hört, dass es anderswo anders zuging; er hegt unausrottbare Vorurteile gegenüber allen anderen Lagern. Er kann es nur schwer ertragen, dass ein anderes Lager ›schlimmer‹ gewesen sein soll, wenn er aus einem anerkannt schlechten Lager kommt.«

In Wirklichkeit waren die Unterschiede zwischen den Lagern gewaltig. De Jong beschreibt ein Lager, Kampili auf Südostcelebes, das einen großartigen japanischen Lagerkommandanten hatte und dessen Insassen die Lagerzeit fast alle recht gut überstanden: Die Sterblichkeitsrate lag nicht über anderthalb Prozent. Auf Java dagegen betrug der Durchschnittswert sechzehn und auf Südsumatra sogar siebenunddreißig Prozent. Meine Familie hatte Glück: Auf Nordsumatra lag die Sterblichkeit nicht über fünf Prozent. (Zum Vergleich: Auf den Plantagen bei Medan lag vierzig Jahre zuvor die Sterblichkeit unter den Kulis innerhalb eines Zeitraums von drei Jahren bei zwanzig Prozent.)

Auch die Art, wie die Internierten selbst das Leben im Lager organisierten, war von großer Bedeutung. Hans sprach später von dem »angeborenen, natürlichen Organisationstalent«, mit dem die Frauen sein Lager geführt hätten, nach Prinzipien, die »sehr gut zu den Ansprüchen der Japaner auf dem Gebiet von Hygiene und Ernährung passten«. Er meinte, was dies anging, habe er immer Glück gehabt.

Nur wenige Lagerinsassen haben sich je gefragt, was wohl die Japaner von *ihnen* hielten. Zu denen, die darüber nachgedacht haben, gehört die eben erwähnte Doetje van Velden, die dem Thema eine ganze Dissertation widmete. Sie hatte gemerkt, dass die Japaner vor allem höchst erstaunt waren: Wie war es möglich, dass diese Leute aus dem Westen immer noch große Töne spuckten, sogar, als sie den Krieg verloren hatten? In Japan widersprach es der Etikette, sich über Unannehmlichkeiten zu beklagen, aber hier gab es täglich Klagen, und reichlich. Das Sich-Verneigen – von den Europäern als sehr erniedrigend empfunden – war in japanischen Augen eine ganz normale Form der Begrüßung. Auch die Strafen in den Lagern unterschieden sich im Allgemeinen nicht von dem, was in der japanischen Armee üblich war.

Van Velden weist darauf hin, dass die Japaner zunächst erwarteten, der Krieg würde bald vorbei sein, womit sich auch das Problem der gefangenen europäischen Zivilisten nach kurzer Zeit erledigen würde. Als der Waffenstillstand ausblieb, hatte man auf einmal große Gruppen niederländischer Zivilisten am Hals, die man unterbringen und versorgen musste. In dieser Situation verhielt man sich gegenüber den Internierten nicht anders als gegen Japaner – solche vom niedrigsten Rang, gewiss, aber immerhin wie gegen Japaner. Das erklärt zum Beispiel auch, mit welcher Selbstverständlichkeit man von den Gefangenen erwartete, dass sie dem japanischen Kaiser die Ehre erwiesen, seinen Geburtstag mitfeierten und an allen japanischen Feiertagen flaggten.

Nach van Veldens Ansicht müssen besonders die Frauenlager auch für die »besseren« japanischen Lagerleiter irritierend gewesen sein: »Sie waren gewohnt, dass eine Frau gehorchte und sich nicht beklagte; jetzt hatten sie eine Gruppe aufsässiger Frauen unter sich, von denen *sie* verachtet wurden und die sie nicht anrühren durften. Die sie aber trotzdem ihrer Disziplin unterwerfen mussten.«

Tatsächlich berichtete Tineke von Schikanen und Demütigungen und von einem Lagerkommandanten, der ständig irgendwelche Inspektionen durchführte und herumbrüllte. »Unsere Lagerälteste ist ein paarmal fürchterlich verdroschen worden. Dann hat sich unsere Ärztin, eine ganz kleine Frau, noch dazwischengeworfen, sehr mutig. Aber wenn ich Grabdienst hatte und der japanische Chef sah, wie müde ich war, dann sagte er etwas Nettes, zeigte auf all meine vorstehenden Rippen und ließ mir Zeit.«

Auch meine Mutter, seit dem Krieg gewiss keine Freundin des japanischen Volkes, hat später immer betont, dass weitaus die meisten japanischen Soldaten sich gegenüber den eingesperrten Frauen diszipliniert und korrekt verhielten. Erzwungene Prostitution und andere Sexualvergehen sind hier und da vorgekommen, und einige niederländische Frauen und Mädchen wurden auch als »Trostmädchen« in japanischen Bordellen eingesetzt – aber soweit ich das aus Tagebüchern und anderen Quellen erschließen kann, nicht in großem Maßstab.

Es gab Lager, deren Kommandanten regelrechten Terror ausübten oder deren koreanische oder indonesische Hilfswachleute zu Misshandlungen neigten. Im Lager Glugur war ein Koreaner mit dem Spitznamen Morgenstund (wegen seiner Goldzähne) als Schläger berüchtigt. »Wenn man den sah, machte man lieber einen Bogen«, erzählte Tineke. Aber sie selbst ist nicht ein einziges Mal geschlagen worden.

Einfacher war es, die Masse europäischer Gefangener gefügig zu halten, indem man ihnen Nahrung und Medikamente vorenthielt und sie auf diese Weise schwächte. Das geschah dann auch. Natürlich hingen die Ernährungsprobleme in erster Linie mit der Hungersnot in ganz Ostindien zusammen. Die japanische Armee verfügte jedoch über große Nahrungsmittelvorräte. Wenn man gewollt hätte, dann hätte es auf dem ganzen Archipel Lager wie Kampili anstelle von Lagern wie Aek Paminke gegeben, aber dieser Wille fehlte offenbar. Medikamente wurden oft nicht ausgeteilt, obwohl sie vorhanden waren, und als das amerikanische Rote Kreuz mit Hilfssendungen begann, wurden diese zum größten Teil von den Japanern unterschlagen.

Es muss der japanischen Armeeführung, schließt van Velden aus japanischen Regierungsdokumenten, »nicht unrecht gewesen sein, wenn [die Gefangenen] immer schwächer wurden, so dass sie im Falle einer feindlichen Invasion nicht gefährlich werden konnten«. Die Medikamente, die meiner Mutter das Leben retteten, waren unmittelbar nach der Befreiung verfügbar. Offensichtlich waren sie die ganze Zeit in nächster Nähe vorhanden gewesen, aber die Japaner hatten getan, als wüssten sie von nichts, und dieser passiven Methode der Dezimierung wäre beinahe auch meine Mutter zum Opfer gefallen.

Japaner und Niederländer lebten in völlig verschiedenen Welten. Der Abstand war so groß, dass viele der Internierten hinterher nicht einmal Hass, sondern nur Verachtung und Widerwillen empfanden. »Ich glaube, dass wir die Japaner mit all ihrer Rohheit nie für voll nehmen konnten«, schrieb meine Mutter kurz nach der Befreiung. »Es waren solch jämmerliche Gestalten mit ihren Brillen und krummen Beinen, dass man, wenn sie einem auch noch so viel Schlimmes antaten, im tiefsten Inneren manchmal nur über sie lachen konnte. Wenn man dann so ein Krummbein mit langem Schleppsäbel durchs Lager laufen sah, verbeugte man sich tief (sonst bekam man Schläge), und dabei murmelte man auf holländisch ein paar Freundlichkeiten, aber über Spott gingen diese Gefühle nie hinaus.«

Die Japaner sahen sich als Göttersöhne, die Niederländer in ihren Kulibaracken hielten sich immer noch für die Herren, und beide Seiten hatten für die jeweils andere nur tiefe Verachtung übrig. Es war, unabhängig von allen Demütigungen, die die Niederländer hinnehmen mussten, ein fataler Zusammenprall von Kulturen, von blindem Nationalismus und ebenso blindem »Orientalismus«.

*

Am Ende bedurfte es der beiden Atombomben von Hiroshima und Nagasaki, um eine Kapitulation zu erzwingen.

Die Deutschen – ihre Atomforscher entdeckten als erste die Kernspaltung – hatten seit 1942 fieberhaft an der Entwicklung einer Atombombe gearbeitet, aber die Amerikaner waren den Nazis zuvorgekommen. Ihren Vorsprung verdankten sie nicht zuletzt der Tatsache, dass zahlreiche vertriebene jüdische Wissenschaftler eine Menge kostbares Wissen aus Deutschland in die Neue Welt mitgenommen hatten. Außerdem gab es unter den deutschen Wissenschaftlern einen gewissen Widerwillen gegen den Bau einer Superbombe für Hitler. Sie konzentrierten sich hauptsächlich auf die Entwicklung einer »Uran-Maschine«, so dass die Deutschen unter Hitler den ersten Atomreaktor für friedliche Zwecke konstruierten, während die Amerikaner und Engländer mit aller Kraft die Entwicklung der grauenhaftesten Waffe aller Zeiten vorantrieben.

So wurde schließlich im hellen Morgenlicht des 6. August 1945 um Viertel nach acht eine Atombombe über der japanischen Stadt Hiroshima gezündet. Zehntausende von Männern, Frauen und Kindern waren im Bruchteil einer Sekunde tot. Zahllose irrten mit schweren Verbrennungen und völlig verstört über die Trümmerfelder, Verstümmelte und Entstellte schleppten sich Meter für Meter zu nicht mehr existierenden Krankenhäusern, schwer verletzte Frauen, unter ihnen manche, denen sich die Muster ihres Kimonos in die Haut eingebrannt hatten, lagen wimmernd am Straßenrand, andere tranken das radioaktiv verseuchte Wasser des Flusses Ota, Zehntausende sollten eines langsamen, qualvollen Todes sterben. Drei Tage später geschah der Stadt Nagasaki das Gleiche. Nach amerikanischen Angaben kamen knapp hunderttausend Menschen ums Leben, die Japaner schätzen die Zahl der Getöteten auf das Doppelte. Am 15. August verkündete Kaiser Hirohito im Rundfunk mit seiner abnorm hohen Piepstimme die japanische Kapitulation.

Es gab später niemanden, der angesichts dieser zwei Bomben nicht ein tiefes Unbehagen empfunden hätte. Sie lösten keinen Siegestaumel aus, kein Gefühl des Triumphs. Jeder empfand das Unheimliche dieser Bomben, die im Bruchteil einer Sekunde ganze Städte auslöschen konnten, jeder wusste, dass man mit ihnen noch unbekannte Gebiete des Krieges und der Entmenschlichung betreten hatte. Dieses Gefühl sollte in den folgenden Jahren nur noch stärker werden.

Noch immer gibt es Diskussionen über die Frage, ob Japan sich nicht auch ohne die Bomben nach wenigen Wochen ergeben hätte. Fest steht, dass es in der Armee starke Kräfte gab, die bis zum letzten Blutstropfen kämpfen wollten. Von Anfang an und bis zum Schluss hat Kaiser Hirohito, davon sind heute die meisten Historiker überzeugt, hinter den Kulissen bei allen die Kriegführung betreffenden Entscheidungen eine zentrale Rolle gespielt. Nach dem Krieg wurde diese Tatsache aber von den Amerikanern verschleiert, um die kaiserliche Dynastie zu erhalten.

Fest steht außerdem, dass der Krieg im Pazifik so langsam voranging, dass er sich auch noch über Monate hätte hinziehen können, mit Zigtausenden weiterer Opfern, zu denen mit Sicherheit meine Mutter auf Sumatra und fast ebenso gewiss mein Vater in Thailand gehört hätten.

Im Lager meines Vaters waren zur Zeit der Kapitulation die meisten so krank, dass kaum noch jemand in der Lage war zu kochen. Nicht einmal Totengräber gab es noch. Jeden Morgen begannen der Arzt und mein Vater mit dem Ausheben einiger Gruben für die Toten des jeweiligen Tages, und nach dem Beerdigungsgottesdienst, am Nachmittag, schaufelten sie die Gräber gemeinsam wieder zu. »Hätte der Krieg bis Ende Oktober gedauert, wären wir wahrscheinlich alle gestorben, alle tausend«, schrieb er kurz nach der Befreiung.

Mein Vater erfuhr nach drei Tagen, dass Japan kapituliert hatte, am Nachmittag des 18. August, einem Samstag. Zuerst waren unerwartet ein paar hohe japanische Offiziere zu Besuch gekommen. Die hatten die Lagerältesten zu sich gerufen und zu aller Überraschung gefragt: »What do you want first?« Die Ärzte riefen wie aus einem Mund: »Medikamente, vor allem Chinin!« Ein Soldat trabte los und kam gleich darauf mit Kartons voller Pillen zurück, die die ganze Zeit im Magazin des Lagers vorrätig gewesen waren. »Und das, wo wir ihnen vorher nie auch nur eine einzige Chinintablette für unsere vielen Malariakranken abbetteln konnten.«

Mein Vater hatte auch eine Bitte: Er wollte gerne ein kleines Lager in ein paar Kilometern Entfernung besuchen, allerdings nicht so sehr aus seelsorgerischen Gründen, sondern weil ihm und seinen Kameraden, wenn sie an dem Lager vorbeikamen, aufgefallen war, dass die Gefangenen dort um einiges besser aussahen als im eigenen. »Denk dran, vor allem Medikamente und … Nachrichten«, flüsterten die Männer aus seiner Baracke, während sie ihm noch eine zusätzliche Tasche umhängten. Als er sich dem Lager näherte, sauste ein Lastwagen mit ein paar Kriegsgefangenen vorbei, die ihm etwas zuschrien und begeistert das V-Zeichen machten.

Im Lager selbst waren alle in heller Aufregung: »Wisst ihr das noch nicht, der Krieg ist vorbei!« Mein Vater glaubte kein Wort davon. Natürlich wieder nur so ein blödes Gerücht. Erst als es überall nach Reistafel zu duften begann, der festlichsten, von der er je kosten sollte, als ihm das ganze Lager drohte, er würde nur trockenen Reis bekommen, wenn er nicht eine Befreiungspredigt hielte, die sich gewaschen hätte, erst da wurde ihm langsam klar, dass es jetzt wirklich vorbei war.

Vor fünfzig jubelnden und tanzenden Engländern, Holländern und Australiern predigte er sich an diesem Nachmittag das Herz aus dem Leibe. »Unsere Seele ist entkommen, wie der Vogel aus der Schlinge des Vogelfängers entrinnt, die Schlinge ist gerissen, und wir sind entkommen! Unsere Hilfe liegt im Namen des Herrn, der Himmel und Erde geschaffen hat.«

In den Internierungslagern auf Sumatra erfuhren die Gefangenen die große Neuigkeit erst eine Woche später. In Siringoringo goss es an jenem Freitagnachmittag in Strömen; es war der 24. August. Auf einmal hörte man die Lagerältesten in einer der Baracken laut »Hurra!« rufen, dann noch einmal, und noch einmal. Alles strömte zusammen: Sollten die Rationen vergrößert werden, oder war vielleicht ein Wasserbüffel zur Schlachtung geliefert worden? Plötzlich kam einer der Lagerältesten angelaufen, triefnass, mit hoch aufgekrempelten Hosenbeinen, auf bloßen Füßen. »Meine Herren, der Krieg ist vorbei«, schrie er – ich zitiere jetzt aus einem der Lagertagebücher. »Großes Gejohle und Jubelgeschrei. ›Bis auf weiteres gehen jeden Tag hundert Mann nach Aek Paminke.‹ Wieder Gejohle. ›Unsere Königin ist in Holland.‹ Gewaltiges Gejohle, und das Wilhelmuslied wird angestimmt. […] Man schüttelt sich die Hände und beglückwünscht sich gegenseitig, wir sind frei! Draußen regnet es noch stark. Vor meinem Bett hat sich eine Wasserpfütze gebildet.«

Für Tineke, Hans und meine Mutter kam die Befreiung am gleichen Tag. »Es wird nun bald Frieden sein«, sagte die Lagerälteste. Die Menge der mageren, zerlumpten Frauen und Mädchen wusste gleich, dass der Frieden schon da war. »Ein zittriges Wilhelmuslied wurde angestimmt«, erinnerte sich Tineke später, »und gleich kamen Medikamente: Von heute auf morgen war ich meine Malaria los. Wir durften auch das Lager verlassen, der Draht wurde durchgeschnitten, und entlang der Straße entstand direkt ganz spontan ein Markt.«

Sie wusste noch, wie sie das »Befreiungshuhn« schlachtete: »Ich schlug ihm den Kopf ab, aber das Tier hörte nicht auf zu laufen und rannte geradewegs in die Latrine. Eine Katastrophe! Ich habe es, ohne dass es jemand sah, aus dem Dreck geholt, gut abgewaschen und dann einfach gebraten und den anderen vorgesetzt. Was ich nicht weiß, macht mich nicht heiß, wenn man es nur gut kocht und brät, auch das hatte ich im Lager gelernt.«

Dann gab es schnell besseres Essen, Tanklastwagen brachten Trinkwasser – das alles wurde von den Japanern organisiert –, und alliierte Flugzeuge warfen Dosen mit Essensrationen über dem Lager ab. Aus der Fallschirmseide wurde gleich wieder alles Mögliche hergestellt: Blusen, Röcke, Taschen, Etuis, alle Fallschirme wurden restlos verwertet. Das Lager blieb allerdings bestehen, wie es war, die Japaner blieben auf ihrem Posten, und das war auch notwendig: Der Aufstand, der zur Bildung der Republik Indonesien führen sollte, war in jenem Augenblick schon in vollem Gange, und manchmal war es für Europäer außerhalb des Lagers recht gefährlich. So spielten die Japaner von einem Moment auf den anderen eine völlig andere Rolle: Sie waren jetzt nicht mehr die Bewacher, sondern die Beschützer der Niederländer, und während der ersten Monate taten sie im Allgemeinen ihre Pflicht.

Kurz nach der Befreiung wurden Namen von Menschen bekannt gegeben, die in anderen Lagern waren. Gjalt erschien schon bald leibhaftig. Hans erinnerte sich, dass er eines Tages eine dunkle Stimme aus der Baracke hörte. »Ich dachte: Verdammt, da ist ein Japs zu Besuch, was ist da los? Aber es war mein Bruder, der hatte eine tiefe Stimme bekommen. Atemlos lauschte ich seinen Berichten – wie sie da bei den Männern selbst Seife gemacht hatten, und noch vieles andere.«

Und dann kamen die Tage, an denen die Nachrichten des Roten Kreuzes aus Birma und den weiter entfernten Lagern eintrafen. Tineke: »Es war schrecklich. Wir saßen ganz still in einer Ecke, denn auf Umwegen hatten wir erfahren, dass Vater irgendwo in Thailand lebend gesehen worden war. Aber überall saßen Leute, die weinten, es kam buchstäblich ein Wehklagen über das Lager, aus allen Schuppen und Baracken hörte man Schluchzen und Jammern. Eine Frau gegenüber erfuhr am selben Tag, dass ihr Mann in einem ostindischen Lager umgekommen war und ihr Sohn in den Niederlanden. Ich dachte: Das ist doch einfach nicht möglich. Aber zugleich wusste ich: Das hätte uns auch passieren können. Im Lager dachte man nie über den nächsten Tag hinaus – wenn man den nur erlebte. Jetzt empfand ich erst die ganze Schwere dessen, was geschehen war.«

Der Zweite Weltkrieg kostete knapp 300 000 Niederländer das Leben. Von den 100 000 Internierten in den ostindischen Lagern haben gut 13 000 die Gefangenschaft nicht überlebt. Von den niederländischen Kriegsgefangenen an der Birma-Eisenbahn starben gut 3.000.

Für die Niederlande selbst kommen Schätzungen auf 280 000 Tote: 104 000 Juden, 30 000 Opfer des Arbeitseinsatzes in Deutschland, 22 500 nichtjüdische Opfer der Lager (darunter Homosexuelle, Zigeuner und viele Menschen aus dem Widerstand), 20 400 zivile Opfer der Kampfhandlungen, 18 000 Todesfälle durch Hunger und Unterernährung, 4.570 gefallene Soldaten, 2.800 Opfer deutscher Exekutionen, 3.600 Seeleute und ungefähr 10 000 niederländische SS-Leute, die hauptsächlich an der Ostfront gefallen waren. Dazu kamen noch die 65 000 Niederländer, die an den indirekten Folgen des Krieges starben, diejenigen, die am Leben geblieben wären, wenn die Sterblichkeit in den Kriegsjahren wie vor 1940 und nach 1946 gewesen wäre.

Auch der älteste Bruder von Annas Verlobtem, der Widerstandskämpfer, der an jenem schönen Pfingsttag die Matthäuspassion gespielt hatte, kehrte nicht zurück. Nach Monaten der Ungewissheit kam die Mitteilung, dass er wahrscheinlich schon im Dezember 1944 im Konzentrationslager Neuengamme gestorben war. Trauer und Schuldgefühle sind immer geblieben. »Denn ich hatte den Jungen schrecklich gern.«

*

Die Aufzeichnungen meines Vaters brechen mit der Befreiung ab. Das ist schade, denn die Zeit danach war auch voller bemerkenswerter Ereignisse. Gleich zu Anfang zeigte sich, dass die niederländischen Kriegsgefangenen in einer besonderen Situation waren. Offiziell hatten die Niederlande zwar auf der Seite der Alliierten gekämpft, aber viel Einfluss hatte das Land nicht mehr, und das machte sich in den thailändischen Lagern schon bald bemerkbar.

Zwei Wochen nach der japanischen Kapitulation waren alle amerikanischen Kriegsgefangenen zu ein paar Orten mit Flugplätzen gebracht worden. Direkt bei den Flugplätzen hatte man für sie drei große Zelte errichtet: Im ersten zogen sie all ihre Lumpen aus, im zweiten wurden sie desinfiziert und von einem Arzt in Augenschein genommen, im dritten neu eingekleidet, und ein paar Stunden später saßen sie im Flugzeug nach Hause. Mitte September 1945 waren fast alle Amerikaner abgeflogen, und einige Wochen später waren auch die meisten Briten und Australier weg.

Nur die Holländer – darunter der Priester und mein Vater – blieben zurück. Die niederländische Regierung war auf den Gedanken verfallen, dass man diese ausgemergelten Soldaten nach ein paar Wochen Ruhe bestimmt gegen die indonesischen Rebellen einsetzen könnte, bis frische Truppen aus Europa eingetroffen waren. So sind einige Dutzend ehemalige Kriegsgefangene noch nach der Befreiung gefallen.

Nun war die Regierung auch in einer misslichen Lage. Formal war Ostindien im August 1945 wieder Niederländisch-Indien, aber in Wirklichkeit hatten die Niederlande dort nur noch wenig zu melden. Es gab keine Flotte mehr, und die paar tausend niederländischen Soldaten waren buchstäblich nur noch Haut und Knochen. Java und Sumatra unterstanden außerdem noch dem britischen Oberkommandierenden in Südostasien, Lord Louis Mountbatten. Als der stellvertretende niederländische Generalgouverneur Anfang Oktober in Batavia ankam, um die Verwaltungsgeschäfte wiederaufzunehmen, fand er eine Lage vor, die, wie er schrieb, »jegliche Vorstellungskraft überstieg«. Überall wehten die rotweißen Fahnen der Nationalisten, überall sah er »unfreundliche Aufschriften, die mehr oder weniger derb zu verstehen gaben, dass wir nicht willkommen waren«.

Auch international war es um den niederländischen Einfluss schlecht bestellt. Die Regierung schaffte es zunächst nicht einmal, ein paar Schiffe aus dem alliierten »Pool« für die dringend notwendigen Transporte aus dem Fernen Osten nach Holland oder umgekehrt zu bekommen. So mussten viele Kriegsgefangene endlos in den Lagern bleiben.

Erst im Oktober 1946, gut ein Jahr nach den Amerikanern, Briten und Australiern, konnten die letzten Niederländer die thailändischen Lager verlassen.

Wer die Zustände und Ereignisse im ersten Nachkriegsjahr beurteilen will, muss sich eine Tatsache ständig vor Augen halten: Fast überall herrschte ein unvorstellbares Durcheinander.

In den Niederlanden hatten sich die allermeisten Menschen nur dadurch am Leben erhalten können, dass sie vieles auf nicht immer ganz korrekte Art »organisierten« und, wo es möglich war, zusammenschnorrten. Die Verwaltung war ein einziges Chaos. Eine von acht Familien hatte kein eigenes Zuhause und musste bei anderen wohnen. Einer von zehn Menschen besaß nur noch die Kleider, die er auf dem Leibe trug. In den ärmeren Vierteln lief mehr als die Hälfte der Kinder barfuß.

Produktionskapazitäten und Infrastruktur waren zu einem Viertel zerstört, schwer beschädigt oder verschwunden. Eine Reise vom Norden in den Süden des Landes dauerte Tage. Vier von fünf Lokomotiven waren zerstört oder verschollen. Von den ungefähr hunderttausend Personenwagen, die es 1940 in den Niederlanden gab, waren fast siebzigtausend gestohlen worden, von den gut fünfzigtausend Lastwagen fast vierzigtausend.

Halb Europa war unterwegs. Die Straßen und die großen Bahnhöfe waren voll von Menschen, die vom Militärdienst oder von der Zwangsarbeit, aus der Gefangenschaft oder aus einem Versteck zurückkehrten. Millionen waren vor den vordringenden Russen geflohen, Hunderttausende schafften es nicht mehr, aus der neuen Sowjetzone wegzukommen. In den niederländischen Zeitungen standen im Sommer 1945 überall kleine Anzeigen wie: »Wer weiß etwas über […], zuletzt in Neuengamme gesehen, Februar 1945.« Noch mehr als ein Jahr nach der Befreiung tauchten Überlebende aus Auschwitz auf, die, von den Russen befreit, über Odessa hatten zurückreisen müssen. Aus der Tschechoslowakei wurden drei Millionen Sudetendeutsche vertrieben (fünfundzwanzigtausend überlebten diese ethnische Säuberung nicht). Als Anna 1952 durch Deutschland fuhr, sah sie noch immer Gruppen von Vertriebenen auf den Straßen.

In Niederländisch-Indien herrschte ein Machtvakuum. In Medan hatten die Holländer im Frühjahr 1942 auf der Esplanade ihr Gesicht verloren, ein für alle Mal, und so war es auf dem gesamten Archipel. Darum war es auch nicht verwunderlich, dass japanische Parolen wie »Asien den Asiaten« in der indonesischen Bevölkerung zunächst viel Anklang fanden. Nach der schroffen Zurückweisung der Sutarjo-Petition im Jahre 1938 war jedem gebildeten Indonesier klar, dass die Holländer dem Land nicht einmal etwas wie begrenzte Autonomie zugestehen würden. Die japanische Besetzung eröffnete dann diese Möglichkeit, allerdings verloren die Japaner wegen ihrer katastrophalen Verwaltung, der dadurch verursachten Hungersnöte und des elenden Schicksals der Romushas schon bald jegliches Wohlwollen der Bevölkerung. So gewann die indonesische Freiheitsbewegung, von den internierten Niederländern unbemerkt, während der Kriegsjahre ganz erheblich an Kraft und Dynamik.

Als Japan kapitulierte, nutzten Sukarno und die Seinen ihre Chance. Zwei Tage später wurde die freie indonesische Republik proklamiert. Das war der Beginn der *Bersiap*-Zeit, nach Sukarnos Aufruf an die Indonesier, *bersiap*, das heißt »bereit« zu sein. Überall kam es jetzt zu Angriffen bewaffneter Banden auf Niederländer, chinesische Händler, wirkliche oder vermeintliche Kollaborateure und andere. Außerdem wurden viele Angehörige der alten einheimischen Elite abgesetzt oder ermordet.

Die meisten Niederländer blieben vorläufig in ihren Lagern oder wurden – wie meine Mutter, Tineke, Hans und Gjalt – in besondere Stadtviertel gebracht. So gut es ging, wurden sie von der geschlagenen japanischen Armee und von rasch nach Indonesien verlegten britisch-indischen Truppen geschützt. Besonders auf Java gerieten die Internierten schon bald in große Bedrängnis. In Westjava wurden niederländische Frauen und Kinder aus einem Zug geholt und abgeschlachtet. Im November 1945 kam es in Surabaja zu einem schweren Gefecht zwischen den Engländern und fanatischen indonesischen Jugendlichen. In Semarang erschossen Japaner eine große Zahl von Indonesiern – eine Repressalie, mit der sie auf die Ermordung einiger ihrer Soldaten reagierten.

»Von den Niederländern, die noch im Landesinneren in Haft sind, weiß man wenig oder gar nichts«, schrieb die amerikanische Journalistin Martha Gellhorn im Februar 1946. »Die Leichen, die in den Kanälen treiben, sind Leichen von Niederländern. […] Die Indonesier schlagen oder foltern oder töten ihre niederländischen Gefangenen nicht; sie vernachlässigen sie einfach, bis sie sterben. Das geschieht nicht aus Grausamkeit, sondern aus einem Mangel an Effizienz.« Insgesamt kamen in dieser Zeit noch einmal dreieinhalbtausend Niederländer ums Leben. Die Zahl der ermordeten Chinesen war vermutlich viel höher.

In Holland selbst betrachtete man die Rebellion in Ostindien zunächst als vorübergehendes Problem, als Phänomen einer Übergangsphase, die nach ein paar Monaten sicher wieder vorbei sein würde. »Ich glaube, die Unannehmlichkeiten dort unten nähern sich ihrem Ende«, schrieb Großvater van der Molen am 27. Oktober 1945 an Cas. Er leitete dies aus der einfachen Tatsache ab, dass eine Woche später zum ersten Mal wieder ein Flugzeug nach Batavia fliegen sollte, »mit Luftpost für alle Orte in Ostindien«.

In den Niederlanden war jedoch fast niemandem bewusst, wie sehr jegliche Autorität in der indonesischen Kultur auf Respekt und Ehrfurcht beruhte. Und so war auch kaum jemandem klar, welch katastrophale Folgen die Kapitulation, die demütigenden Appelle und Fußmärsche, die Internierung, die Tatsache, dass die Niederländer sich – buchstäblich – den Japanern beugen mussten, welch katastrophale Folgen diese ganze Periode für die niederländische Autorität gehabt hatte. Nach der Befreiung zeigte sich, dass die niederländische Regierung nicht einmal für die eigenen Staatsangehörigen sorgen konnte, dass diese sogar auf den Schutz japanischer Soldaten angewiesen waren. Das Debakel war perfekt. Aber in Holland erkannte das so gut wie niemand.

*

»Security: Think before you write!«, stand vorgedruckt auf vielen Familienbriefen aus jener Periode, und auch der Inhalt spiegelt diese Zeit der Freude, des Chaos und der Verwirrung wider.

Ich habe zum Beispiel die erste Nachricht gefunden, die mein Vater unmittelbar nach der Befreiung für meine Mutter schrieb, ein winziges zusammengefaltetes Stückchen Papier und darauf nur die mit Bleistift geschriebenen Wörter: »Healthy. Love. Psalm 103. Catrinus.«

Aus dem ersten Brief meiner Mutter an ihre Kinder in den Niederlanden, noch in Aek Paminke und auch mit Bleistift geschrieben: »Es gießt in Strömen; das Atap-Dach der Baracke, in der wir mit zweihundert Frauen und Kindern leben, ist hier und da undicht; es ist sechs Uhr abends, aber wegen der Bäume stockdunkel; die einzigen Lichtquellen sind selbst gemachte Öllämpchen, die in der Zugluft flackern, weil die Wände aus Bambus sind. Wenn es regnet, sitzt man auf einem Podest ungefähr einen Meter über dem Boden auf der umgedrehten Matratze. Wenn es trocken ist, lebt man draußen im Kautschukwald.«

Gjalt, Anfang September 1945, aus Siringoringo an meine Mutter: »Ich habe die Büchse mit Hühnerschenkeln bekommen. Hat wunderbar geschmeckt. Gerade sind wieder drei Fallschirmspringer gelandet und heute nachmittag ein Haufen Pakete. Die Maschine flog so niedrig, dass die Fallschirme, als man die Pakete abwarf, kaum offen waren, so dass sich die Behälter schräg in den Boden bohrten.«

Am Sonntag, dem 7. Oktober, im Lager Kanchanabury, erfuhr mein Vater, dass meine Mutter noch lebte. Ein Freund zeigte ihm einen Brief seiner Frau, in dem stand: »Frau Mak ist hier« – vier Wörter, die ihn in einen Taumel versetzten. »In mir jubelt es immerfort: Geert lebt. Nachts mehrmals aufgewacht, um mir dessen wieder ganz bewusst zu werden.«

Darauf folgten bald mehr Briefe, mit immer mehr Namen von Freunden und Kollegen, die offenbar nicht mehr am Leben waren, einer nach dem anderen, Brief auf Brief.

Die Korrespondenz meines Vaters lässt erkennen, dass er schon bald wieder ans frühere, normale Leben anzuknüpfen versuchte. Von Thailand aus unternahm er, was er nur konnte, um das erste Niko-ausfest nach dem Krieg zu einem richtigen Fest zu machen. Für Tineke kaufte er, nach Rücksprache mit meiner Mutter, einen Gürtel aus thailändischer Schmiedearbeit, »für erwiesene Dienste«. Für Gjalt klapperte er Stadt und Land nach Grammophonnadeln und Violinsaiten ab. Ganz spontan kaufte er für Hans eine Hose. »Ob sie wohl passt?«, schrieb er an meine Mutter. »Ich fühle mich als Vater so ungeschickt.«

Im Hinblick auf die Zukunft war er allerdings nicht optimistisch:

Als die Opferbereitschaft und der Mut der gewöhnlichen Sterblichen nicht mehr gebraucht wurden, kamen gleich wieder die Bonzen mit Rängen und Ordensbändern aus ihren Verstecken gekrochen. »Was gibt es doch für einen Haufen erbärmlicher Gestalten, und das in Kreisen, die führen sollen. Was für eine verachtenswerte Charakterlosigkeit, immer wieder.« Auf diese düsteren Worte folgte aber noch ein Jubelschrei, oben auf den Umschlag hatte er rasch mit Bleistift gekritzelt: »Gerade ersten Brief aus Holland bekommen, von Maartje, Schiedam!«

Anna und Cas hatten schon seit Jahren keine Nachrichten aus Medan mehr bekommen. Anna füllte brav ein Rotkreuz-Formular nach dem anderen aus, sie waren so etwas wie Rufe ins Ungewisse hinein. »Wir hoffen, dass Ihr alle noch am Leben seid. Uns geht es gut, wir sind verschont geblieben, trotz aller Bedrängnis. Wohne jetzt bei meiner zukünftigen Schwiegermutter. Wir warten voller Spannung auf irgendein Lebenszeichen. Nur Mut! Psalm 46. Anna.« Aber es kam keine Antwort. Sie lebten weiterhin, wie Cas es ausdrückte, in »scheußlicher Spannung«.

Nach der Befreiung der Niederlande wuchs ihre Sorge noch, weil sie über das Rote Kreuz keinerlei Nachricht vom Schicksal meiner Mutter und der anderen Kinder erhielten. Cas wollte sich zur Armee melden, um so bei der »Befreiung Ostindiens aus den Klauen Japans« zu helfen. Die zuständigen Stellen teilten mit, dass sie schon mehr als genug Soldaten hätten und dass für die weitere Zukunft des Landes kluge, hart arbeitende Studenten wichtiger seien, die sich nach ein paar Jahren überall an die Arbeit machen könnten.

Von solchen »verstandesmäßigen Überlegungen« hielt Anna überhaupt nichts. »Ich begreife ehrlich gesagt nicht, dass Du Dich nicht sofort spontan nach Ostindien meldest«, schrieb sie ihrem Bruder im Juli 1945. »An Deiner Stelle hätte ich das schon längst getan. Du hast Verstand genug, um das Versäumte später nachzuholen. Hast Du wirklich geglaubt, sie könnten Dich nicht gebrauchen? Wenn man nur daran denkt, wie die Menschen dort leiden, schlimmer, als wir hier unter den Deutschen je gelitten haben, dann sage ich: alle melden, egal wer, und über das Wie, Wer oder Was wird dann schon die Regierung entscheiden.« Sie hat auch daran gedacht, selbst für eine Weile nach Ost-indien zu gehen; das, so schrieb sie, schulde sie nun einmal »meinem Holland und meinen Eltern«.

Ende September empfingen die van der Molens das erste Lebenszei-chen meines Vaters, einen langen Brief, den er auf dem thailändischen Flugplatz Kirigan hatte abschicken können. »Ich glaube, ich bin seit fünf Jahren nicht mehr so froh gewesen«, schrieb Anna ihren Groß-eltern. »Erst war ich ganz ruhig, aber als mir dann richtig klar wurde, was es bedeutete, kamen mir wahrhaftig die Tränen. Es ist fast zu schön. Das war ganz Vater, wie er früher war, und das nach so viel Elend.« An Cas: »Jetzt ist es auf einmal ganz real, dass man dort noch einen Vater hat!« Und an meinen Vater: »Am Abend vor dem Schlafengehen lese ich den Brief, und dann lege ich ihn unter mein Kopfkissen, und die ganze Woche bin ich immer wie auf Wolken gegangen.«

Auch Großmutter Mak konnte ihr Glück nicht fassen. Sie lief zu den van der Molens in Vlaardingen und schrieb schon am Tag darauf einen Antwortbrief an meinen Vater. »Deine Schwiegermutter war auch so glücklich, wir haben beide vor Dankbarkeit geweint. Herr van der Molen erzählte, ich habe den und den gesehen und ihm gesagt, dass wir einen Brief von Catrinus bekommen haben. Deine Schwiegermut-ter sagte: ›Wenn du den Ausrufer bestellt hättest, wäre es schneller ge-gangen.‹ Dann hat Dein Schwiegervater den Brief vorgelesen. Wie schrecklich schlimm und schwer ist Dein Weg gewesen, Catrinus, aber Du durftest Gott preisen, und den Namen der Höchsten Majestät, sei-nen Ruhm, seine Gnade und Barmherzigkeit und den Frieden und die Erlösung durch das teure Blut von Golgatha durftest Du einer armen verlorenen Seele bringen und all dies preisen. Was für ein herrliches Werk durftest Du tun, zum Ruhme unseres Königs Jesus. Ich habe es auch wie Herr van der Molen gemacht und überall erzählt: Mein Sohn Catrinus lebt noch. Er hat einen Brief geschrieben. Es geht ihm gut!«

Acht Tage später kam auch das erste Lebenszeichen aus Sumatra, ein kurzer Brief von Gjalt: »Von Vater haben wir zuletzt einen Brief vom November 1944 bekommen. Es geht ihm sehr gut, und er schrieb auch, Anna wäre verlobt. Er war ziemlich erstaunt. Mutter auch, glaube ich.«

*

Unterdessen blieb die Situation in Ostindien unklar. Am 11. Oktober landeten die ersten alliierten Truppen, britische Gurkhas, in Belawan. Angeführt von Leutnant Raymond Westerling, der kurz zuvor mit dem Fallschirm gelandet war, brachten die Europäer Medan wieder unter ihre Kontrolle, ohne auf Widerstand zu stoßen. Die paar mit Speeren bewaffneten Nationalisten, die die Brücke über den Fluss bewachten, präsentierten den Speer vor jedem Offizier, sogar vor den Niederländern. Aber nach wenigen Tagen kam es zu Unruhen. Schüsse fielen, ein Europäer wurde ermordet, und die übrigen Weißen verbarrikadierten sich in ihren Häusern.

Am Anfang nahmen meine Eltern den Aufstand nicht besonders ernst. Die meisten Niederländer sahen ein, dass man nicht einfach die Verhältnisse der Vorkriegszeit wiederherstellen und im gleichen Stil weitermachen konnte, aber sie hatten keine Vorstellung von der Stärke der Unabhängigkeitsbewegung und der Schwäche der niederländischen Autoritäten. Mein Vater meinte, das Ganze seien Schwierigkeiten mit Räuberbanden, aber ganz wohl war ihm doch nicht. »Safety first«, schrieb er meiner Mutter im Oktober. »Wenn es gefährlich wird, nutze jede Gelegenheit wegzukommen. Ich komme schon nach. Aber vielleicht bist Du in diesem Moment schon weg.« Sie sah jedoch keine großen Probleme: »Was hier den Ton angibt, ist eine Bande von Fahrern, Angebern und weggelaufenen Spitzbuben, die als Freiwillige bei den Japsen gedient haben.« Und im nächsten Brief: »Nachts wird schon mal geschossen, aber das sind nur die Wachen, die schießen auf alles, was sich bewegt.«

Im Dezember wird der Ton ihrer Briefe besorgter. »Die Rotweißen spielen langsam verrückt. Schießereien überall, Brandstiftungen, man spricht sogar von einer regelrechten Schlacht hier in der Gegend.« Ende 1945 kam sie zu einem Entschluss: Sie würde nicht bis zur Rückkehr meines Vaters bleiben, sondern sich auf die Warteliste für ein Schiff nach den Niederlanden setzen lassen. Im Übrigen war sie auch der Ansicht, dass Kinder und Jugendliche unbedingt nach Holland zurück müssten. »Die Kinder streunen nur herum«, schrieb sie. »Es ist einfach grässlich, wenn Jungen von sechzehn, siebzehn Jahren, die gerade erst sechs Schuljahre hinter sich haben, nichts anderes tun als in der

Beatrixschule herumzuhängen, Zigaretten zu rauchen und mit Mädchen hinten auf dem Fahrrad hin- und herzufahren. Die müssen dringend weg.«

Der ganze Packen von Briefen, der aus dieser Phase erhalten geblieben ist, zeigt eines ganz deutlich: Die Bindungen innerhalb der Familie waren auffallend stark geblieben, trotz Zeit und Entfernung. »Es ist jetzt alles noch so verschwommen – so viel muss überbrückt werden«, schrieb mein Vater in seinem ersten Brief an Cas. »Du hast doch sicher auch dieses Gefühl – an welchen Vater schreibe ich jetzt? Tatsächlich kennst du mich aus der Zeit, in der du knapp vierzehn warst, danach musste das Bild immer unwirklicher werden.«

Am 3. Januar 1946 bekam er den ersten Brief von Anna. »Ich würde zwar einen Brief nicht unter mein Kissen legen, wie Du als Mädchen es tust, aber ähnliche Gefühle haben mich auch bewegt«, schrieb er zurück. »Ja, auch wenn wir entsetzlich lange und weit auseinander gerissen wurden, mit solchen Briefen kommt man sich wieder sehr nahe, und ich erkenne Dich wieder, Anna, nicht ohne Rührung und Freude, und mit Dankbarkeit gegenüber Gott.«

Nach den ersten direkten Kontakten wird die Familie von einer enormen Mitteilungswut erfasst. Jeder muss wöchentlich mindestens einen halben Tag der Korrespondenz mit anderen Familienmitgliedern gewidmet haben. Auffallend schnell wurden die Fäden von früher wieder aufgenommen, und es schien, als würde sich wie bei einem Reißverschluss alles wieder zusammenfügen.

Anna an meinen Vater: »Ich bin so schrecklich selbstständig. In allem handle ich nach eigenem Gutdünken. Ich würde so gerne mal Streit mit Dir haben, weil ich in den letzten Wochen zu spät schlafen gegangen bin.«

Gjalt: »Seit den letzten Tagen übe ich auch wieder Geige. Zu Nikolaus habe ich ein paar Saiten bekommen. Ein Jahr lang habe ich nicht spielen können. Aber es überrascht mich gewaltig, wie schnell ich wieder reinkomme.«

Onkel Ludz an Anna und Cas: »Wir haben Eure Mutter wieder recht gut hinbekommen. Vorigen Sonntag konnte ich bei ihr nur noch wenig

Ödeme finden. Gjalt und Tineke sind nette Kinder. Gjalt ernst und immer mit witzigen technischen Einfällen beschäftigt. Zu meinem Geburtstag hat er für mich aus einem Haufen verrostetem altem Zeug eine brauchbare Leselampe gemacht. Tien ist süß, hat ein niedliches Sommersprossengesicht und ein Paar schelmisch glänzende Augen hinter einer Brille. Hans ist genau wie Cas früher, etwas schlaff und mit einem Übermaß an Phantasie.«

Die älteren Kinder berührten schon bald »gewichtigere« Themen. Cas schrieb vom Pessimismus der Jugend, wollte die Meinung meines Vaters über allerlei mehr oder weniger philosophische Fragen hören. Anna bekannte, sie hasse die Deutschen mittlerweile so sehr, dass es sie selbst erschrecke. »Wenn ich das Wort Deutscher höre, wird mein Herz zu einem Stück Eis.« »Diese Hassgefühle trüben unser ganzes Leben.« Sie meinte, ihre eigene Reaktion sei vor allem deshalb so erschreckend, weil sie zeige, dass »in unserem tiefsten Inneren« die gleichen Gefühle lebendig seien, »die auch die niederträchtigsten Japse und Moffen hatten«. Aber die Versöhnungsbotschaft der Evangelischen Kirche Deutschlands, Martin Niemöllers und anderer, beeindruckte sie tief. »Das hat mich wirklich beschämt. Solche Deutschen gibt es auch noch.« »Kind, ich kann es mir so gut vorstellen«, schrieb meine Mutter zurück.

Hans, Anfang Dezember 1945: »Lieber Vater. Ich glaube nicht mehr an den Nikolaus.«

Gjalt, fünfzehn: »Wir haben ganz viele Platten laufen lassen, Sinfonien von J. C. Bach, Variations Symphoniques von C. Franck und irgendein Klavierkonzert von Saint-Saëns. Was ich von diesem Komponisten gehört habe, gefällt mir sehr.«

Tien, vierzehn, an ihren studierenden Bruder Cas: »Wir haben hier ein Huhn, und das hat schon zwanzig Eier gelegt. Wir sind jetzt auf den Geschmack gekommen und wollen in Holland damit weitermachen. Es ist schade, dass die Viecher im Winter nicht legen, sonst würde ich Dir raten, auch ein Huhn zu halten, dann hättest Du immer ein frisches Ei zum Frühstück.«

Hans, neun Jahre: »Vater meint, ich wäre sehr klug, weil ich mit dem Finger fühlen kann, ob ein Huhn ein Ei legen wird oder nicht. Aber da ist gar nichts Verwunderliches dran. Jedes indonesische Kind kann das.«

Meine Mutter an Cas: »Das ganze Haus ist mehr oder weniger in Aufregung wegen der abreisenden und der ankommenden Leute. Die Frau und zwei sehr dicke Töchter von einem Herrn hier sind angekommen, zwei Familien fahren mit der Noorddam ab, und bei uns war es noch zweifelhaft. Wie ein Ameisenhaufen, in dem man mit einer Mistgabel herumgewühlt hat.«

Mein Vater an Anna: »Alles in Medan weg, außer meinen Büchern, dem größten Schatz, und der friesischen Uhr. Wir scheinen jetzt arm zu sein.«

Die Familie kam in Medan in ein geräumiges Haus, das sie mit zwei anderen teilte. Tineke und meine Mutter hatten ein Zimmer mit einer kleinen Ziegelveranda für sich. »Onkel« Kees, Gjalts Lagerältester, übernahm in gewisser Weise die Führung der kleinen Gemeinschaft. Weil das ganze Land in Aufregung wegen des nationalistischen Aufstands war, standen sie unter ständiger Bewachung ambonesischer Soldaten – sie trugen prächtige Pfadfinderhüte mit umgeschlagenen Krempen – und britisch-indischer Gurkhas. Vor allem Hans konnte sich an den Gurkhas nicht satt sehen. »Diese Gurkhas spielten Dudelsack, und dazu exerzierten sie. All diese Inder mit Schottenrock und einem Dudelsack unter dem Arm, und dann marschierten sie, immer hin und her, auf dem Platz vor der Beatrixschule.«

Obwohl sie das Europäer-Viertel eigentlich gar nicht verlassen durften, schnüffelten Gjalt und Hans überall herum. In manchen Häusern fanden sie alte Eisschränke, und manchmal entdeckten sie in einer Garage sogar noch ein uraltes Auto. Hans fing im Wassergraben Fische, spielte Verstecken und fuhr mit den Wagen, die Wasser verteilten, endlos durch Medan. »Wenn Mutter nur nicht erfährt, wo ich bin, dann ist alles in Ordnung. Das war meine Devise.« Gjalt ist heimlich noch einmal im alten Haus gewesen, und er schaffte es, Schallplatten und ein paar Stühle wegzuschaffen. Sonst war alles leergeplündert. Die Wände im schönen Esszimmer meiner Mutter waren mit japanischen Pin-ups vollgeschmiert.

Onkel Kees fuhr gleich in einem großen Chevrolet herum, zur Freude der Kinder. Hans entdeckte auf dem Armaturenbrett einen kleinen

Ventilator aus merkwürdigem Material: Bakelit. »Das war ein amerikanisches Auto, das wusste ich schon, aber besonders imponiert haben uns die Amerikaner damals noch nicht. In meinen Kinderaugen waren sie in Ordnung, sie hatten im Krieg gut gekämpft, aber das Land war weit weg. Nein, die Engländer, die trugen wir auf Händen. Für uns waren sie es, die den Krieg gewonnen hatten. Alles, was englisch war, machte großen Eindruck auf uns.«

Gjalt war besessen von Musik. Auf einem geliehenen aufziehbaren Grammophon ließ er den ganzen Tag die Klassikplatten laufen, die die Japaner liegen gelassen hatten – bis die Antriebsfeder brach. Dank seiner technischen Begabung und Geschicklichkeit konnte er das Ding auseinander nehmen, ganz Medan klapperte er auf der Suche nach einer anderen Feder ab, dachte über die Möglichkeit nach, einen elektrischen Antrieb einzubauen, füllte seine Tage mit Hoffnung, Arbeit und Enttäuschung.

Hin und wieder wurden unter freiem Himmel Filme vorgeführt. Einmal hat Onkel Kees Hans einen Film verboten, aber Hans ließ sich natürlich nichts sagen. Er schlich aus dem Haus, an der Hecke entlang, und dann sah er sich von einem trockenen Graben aus heimlich den Film an. Noch fünfzig Jahre später konnte er die Filmmelodie nachsingen: »Goodnight, I dream of you …«

Dieses Verbot war für Hans die erste Konfrontation mit holländischer Autorität und holländischen Vätern. »Ich konnte überhaupt nicht verstehen, was an dem Film nicht in Ordnung sein sollte. Für mich waren diese Väter komische Menschen. Erst viel später wurde mir klar, dass Filme für viele Leute sowieso Sünde waren, wie Tanzen und noch andere Dinge. Auch Sex, im Lager hatte ich schon mal gesehen, wie ein Wachmann mit einer einheimischen Frau zugange war, so geht das also, dachte ich, genau wie bei den Hühnern. Ich nahm alles, wie es war.«

Man organisierte provisorischen Unterricht. Jemand zog eine Art Pfadfinderverein auf. Gjalt und Tineke lernten bei einem Pastor ein bisschen Latein. Hans tauschte das seidene Unterkleid seiner Mutter gegen zwei Hühner und eine Hand voll Eier. Gjalt hatte eine Stelle in einem Spielwarenladen gefunden, dessen Lager er ausräumen musste, es war der phantastischste Ort der Welt. Er war jetzt sechzehn, unglaublich geschickt, aber eine weiterführende Schule hatte er noch nicht besucht, und in Englisch und Geographie hatte er fast gar keine Kenntnisse.

»Im Lager waren wir richtige Dritte-Welt-Kinder geworden«, sagte Hans ein halbes Jahrhundert später. »Wir sorgten selbst dafür, dass wir zu essen bekamen, und alles, was wir können mussten, haben wir uns von anderen abgeguckt. Mit allem wussten wir uns zu helfen, das hatte auch etwas ungeheuer Befriedigendes, das darf man nicht vergessen. Heute gibt es jede Menge Reinigungszeug, aber mich könnte man immer noch mit einer schmutzigen Pfanne im Dschungel aussetzen, die hätte ich im Handumdrehen sauber.«

Aus Gjalts wundersamem Spielzeuglager stammte auch das große Geschenk zu Hans' neuntem Geburtstag: Eine richtige elektrische Eisenbahn mit Batteriebetrieb. Die Jungen haben kaum damit gespielt, weil alles gleich wieder für die Rückreise in die Niederlande eingepackt werden musste. Als sie dort den Zug aus dem Karton holten, zeigte sich, dass er durch die Erschütterungen auf dem Schiff kaputtgegangen war, alle Spritzgussteile waren zertrümmert. Der Karton hatte zu nah beim Maschinenraum gelegen.

In dieses Leben, diese halbe Existenz, die nur aus Reparieren, Spielen und Warten bestand, platzte Anfang Februar auf einmal mein Vater hinein. Er hatte ein paar Wochen Urlaub bekommen können, von Singapur aus hatte ihn ein englischer Bomber mitgenommen, und so stand er plötzlich auf der Veranda des Hauses in Medan. Hans: »Ich kam rein. Ich stellte fest: Ja, das ist mein Vater. Aber viel wichtiger war mir die Tatsache, dass er offensichtlich Hauptmann war. Und die Väter all der Kinder in meiner Umgebung, die waren höchstens Leutnant. Ansonsten war alles ganz merkwürdig. Es wäre mir nie eingefallen, mich etwa bei ihm auf den Schoß zu setzen.«

Tineke: »Ich rief ›Pappi!‹, als er mich umarmte, und gleichzeitig dachte ich: Das Wort passt nicht mehr. Er war beinahe ein fremder Mann, und ich war nicht mehr das kleine Mädchen. Ich glaube, er spürte das auch. Einmal sagte er: ›Du bist Puderdöschen, die neue jüngste Tochter Hiobs nach all seinem Unglück.‹«

Mein Vater war immer noch Militärgeistlicher, aber in jener Zeit widmete er sich vor allem der Aufgabe, seine Informationen über verstorbene Kameraden weiterzugeben. In den Lagern hatte er in gewisser Weise die Funktion eines Standesbeamten ausgeübt. Seine einzige Akte war das winzige Notizbuch, in dem er alle Todesfälle festgehalten hatte, die er miterlebte, mit Datum, Ort, Krankheit, Mitteilungen für Angehörige und dem Bibeltext für das Begräbnis. Mit diesen Aufzeichnungen hatte er im September 1942 begonnen, als ihm klar wurde, dass die Kriegsgefangenschaft länger dauern konnte und dass Informationen dieser Art später sehr wichtig sein konnten. Und das waren sie. Die Orte waren für die Kriegsgräberfürsorge von Interesse, die Daten konnten den Angehörigen manchmal im Zusammenhang mit juristischen Fragen nützen, und die Bibeltexte boten oft ein bisschen seelischen Halt.

So reiste mein Vater während des ersten Nachkriegsjahres kreuz und quer durch Ostindien, ließ sich von Armeelastwagen mitnehmen, von Flugzeugen, von Zügen und Schiffen, die Truppen transportierten, überall predigte und redete er und suchte zugleich nach Angehörigen toter Soldaten. Das Gleiche tat er später in den Niederlanden. Teilweise handelte er im Auftrag der niederländisch-indischen Armee, teilweise als Ad-hoc-Standesbeamter, teilweise aus dem Gefühl der Pflicht gegenüber seinen alten Kameraden, ob sie Christen gewesen waren oder nicht.

Er schrieb viele Dutzende von Briefen an Angehörige. Nur wenige antworteten. Eine junge Witwe schrieb zurück, er habe ihr nichts Neues gesagt. »Ich habe schon lange gewusst, dass er nicht zurückkommen würde. In den letzten zwei Monaten, wenn ich abends las oder nähte, hatte ich immer die Vorstellung, jemand sähe mir zu. Und wenn ich dann aufblickte, erwartete ich, ihn zu sehen. Und es hätte mich gar nicht erstaunt, wenn ich ihn tatsächlich gesehen hätte. Ich wunderte mich sogar, dass ich ihn nicht sah.«

Meine Mutter wollte allmählich nur noch eins: weg. Die Lage blieb angespannt. Christliche Bataks wurden von revolutionären Guerillaeinheiten abgeschlachtet. Die Wartelisten für die Schiffe waren lang. Allerdings hatte sie den zweifelhaften Vorteil einer schwachen Konstitution, stand also weit oben auf der Liste.

Am Morgen des 6. März 1946 war es so weit. Mein Vater brachte Frau und Kinder zu den Lastwagen, die sie zur Reede von Belawan transportieren sollten. »Mir wurde ganz elend zumute«, schrieb er noch am selben Morgen an Anna. »Britisch-indische Soldaten als Fahrer, auf jedem Wagen Bewaffnete, dann wieder Wagen mit Maschinengewehren, Rotkreuzautos, ein richtiger Kriegskonvoi. Ein Haufen Auswanderer waren wir jetzt, schlimmer noch, Vertriebene, die hier kein Zuhause mehr haben.«

Er selbst musste bleiben, und ich vermute, dass ihm die verlängerte Wehrpflicht gefühlsmäßig gar nicht unwillkommen war. Theoretisch war es wunderbar für ihn, wieder bei seiner Familie zu sein, aber oft glaube ich, dass der einzige Platz, an dem er sich damals wirklich »zu Hause« und »verstanden« fühlte, der unter seinen Kameraden war und unter seinen Schicksalsgenossen von der Birma-Eisenbahn. In einem seiner Briefe entschlüpfte ihm sogar die Bemerkung, er hoffe, diese Arbeit noch lange tun zu dürfen. Später hat er ohne nennenswerte Probleme wieder die Schwelle zum normalen Leben überschritten, aber zu jener Zeit wäre ihm das noch schwer gefallen.

Von Medan ging er schon bald wieder weg. Er war froh, die heruntergekommene Stadt verlassen zu können. Es sollte für immer sein, aber das wusste er damals noch nicht. Sein Aufgabenbereich war jetzt die Seelsorge bei den niederländischen Truppen, die auf Bali, Makassar und Lombok den nationalistischen Aufstand niederschlagen und die Ordnung aufrechterhalten sollten.

Dabei ging man nicht gerade zimperlich vor. Manchen Historikern zufolge waren bei den Truppen sogar ehemalige SS-Angehörige, die so die Gelegenheit bekamen, sich zu »rehabilitieren«. Die Erklärung liegt auf der Hand: Die niederländische Armee konnte hier auf eine große Zahl erfahrener und gut ausgebildeter Soldaten zurückgreifen. Es hat tatsächlich derartige Pläne gegeben, aber sie wurden nie umgesetzt. In Wirklichkeit blieb es bei wenigen Einzelfällen.

Allerdings hatte die niederländische Regierung beschlossen, in einigen Regionen die Strategie des so genannten Gegenterrors zu verfolgen. Die indonesischen Revolutionäre ermordeten manchmal auf grauenhafte Weise Landsleute, die im Verdacht standen, gemeinsame Sache mit den Niederländern zu machen. Um diesen Terror mit gleicher Münze heimzuzahlen, schickte man »Spezialtruppen« nach Celebes, die praktisch eine Blankovollmacht hatten. Ihr Führer war der schon erwähnte, inzwischen zum Hauptmann beförderte Raymond Westerling. Wenn er zu einem Kampong kam, trieb er alle Bewohner zusammen, zwang ein Dutzend völlig verängstigter Menschen, ihm die zehn »Extremisten« des Dorfes zu zeigen, und schoss dann diese – oft ganz willkürlich genannten – Personen an Ort und Stelle nieder. Das wiederholte er ein paarmal, so dass nach einem Besuch Westerlings einige Dutzend tote Dorfbewohner auf dem Platz lagen – ob schuldig oder unschuldig, spielte keine Rolle. Es wurde gefoltert, Gefangene wurden ohne irgendeinen Prozess aus Gefängnissen geholt und erschossen, und manchmal ließ Westerling Männer, die man verdächtigte, »Terroristen« zu sein, zu zweit miteinander ringen. Der Verlierer bekam die Kugel.

Die niederländischen Behörden waren mit der Wirkung dieser Aktionen zunächst sehr zufrieden. Der Staatsanwalt von Makassar schrieb seinen Vorgesetzten am 20. Dezember 1945, es sei bedauerlich, dass diese Methode »manchmal zu einem Blutbad führen« könne, aber sie sei »absolut notwendig für die Wiederherstellung von Ruhe und Ordnung«. Für den höheren Beamten, der den Bericht zu beurteilen hatte, war Westerlings Vorgehensweise »formal nichts anderes als Mord«, aber »moralisch, nämlich als letztes uns noch verbliebenes Mittel zu wirklichem Schutz der Bevölkerung, völlig zu rechtfertigen«. Die Spitze der niederländisch-indischen Regierung teilte diese Auffassung. Nach niederländischen Angaben kostete der »Feldzug« auf Celebes 3856 Indonesier das Leben, von denen 388 von Westerling persönlich ermordet worden waren. Indonesische Schätzungen kommen auf zehntausend und mehr.

Später wurden auch auf Java Säuberungsaktionen durchgeführt, die große Ähnlichkeit mit dem »Gegenterror« hatten, aber im Gegensatz zu den Aktionen auf Celebes nicht offiziell gebilligt worden waren. Schließlich sickerte zu viel von der Schlächterei der Spezialtruppen durch. Die niederländische Regierung, die befürchtete, diese Methoden könnten »dem Weltforum bekannt werden«, enthob Westerling seines Kommandos. Die Spezialtruppen blieben jedoch aktiv.

Ich weiß nicht, inwieweit mein Vater von alledem etwas mitbekommen hat. Es besteht die Möglichkeit, dass er über manche Verbrechen informiert war; schließlich war er ja für die Soldaten eine Art Beichtvater. Er kann das, was er erfahren hat, vollständig verdrängt haben; auch das ist nicht ausgeschlossen. Andererseits hat er solche Dinge nie auch nur mit einem einzigen Wort erwähnt, auch nicht, als er am Ende seines Lebens in aller Aufrichtigkeit eine Bilanz zu ziehen versuchte. Ich kann also nur nach dem urteilen, was aus seinen damaligen Briefen hervorgeht.

Zunächst betrachtete er den nationalistischen Aufstand, wie die meisten seiner Landsleute, vor allem als chaotischen Mord- und Raubzug, dem so schnell wie möglich ein Ende bereitet werden musste. Schon bald aber äußert sich in seinen Briefen ein starkes Unbehagen angesichts der Art, wie die Niederlande die Ordnung wiederherzustellen versuchten. Er ärgerte sich schwarz über das »Dilettantische« der frisch angekommenen Truppen, denen in jeder Hinsicht die Fähigkeiten der Engländer, Niederländer und Australier fehlten, mit denen er drei Jahre zusammen gewesen war.

Wichtiger war die Änderung seines politischen Standpunkts. Einen Monat nach der Abreise meiner Mutter hielten die orthodox-kalvinistischen Kirchen Ostindiens in Batavia ihre erste Synode ab, und bei dieser Gelegenheit wohnte er bei seinem Freund und Kollegen Jo Verkuyl. Dieser war eng mit einigen Führern der Nationalisten befreundet, zu denen auch der Ministerpräsident der provisorischen indonesischen Regierung, Sutan Sjahrir, gehörte. Zum ersten Mal erfuhr mein Vater nun allerlei aus dem »Inneren« der nationalistischen Bewegung. Nach und nach kam er zu der Überzeugung, das die nationalistische Sache grundsätzlich gerecht sei, wenn er auch weiterhin nur sehr schwer die Gewalt akzeptieren konnte, mit der manche für dieses Recht kämpften.

»Wie können wir mit der Faust auf den Tisch hauen, um unsere Herrschaft wiederherzustellen«, schrieb er zwei Wochen später an Cas, »wenn wir diese Herrschaft in dem feigen Fünftagekrieg gegen den Japaner auf Java verspielt haben? Und wie hilflos waren wir am 15. August 1945, als es darum ging, die Macht wieder von den Japsen zu übernehmen? Wenn wir ›geschichtlich begründete Herrschaft‹ über Ostindien ausüben durften, dann hat die Geschichte uns diese Rechtfertigung wieder genommen.«

Bezeichnend für diese Wandlung war die Artikelserie zur indonesischen Frage, die er für ein kirchliches Blatt in Holland schrieb. Er beendete die Serie nach der Hälfte, als ihm klar wurde, dass sich sein Standpunkt seit dem ersten Beitrag stark verändert hatte. Ein Schlusswort, mit dem er Rechenschaft über seine Wendung ablegte, wurde von der Redaktion abgelehnt. Im christlichen Teil der Niederlande hatte man zu jener Zeit wenig Interesse an einer Anschauung, die von den gängigen Meinungen abwich.

»Hier auf Bali werden Ordnung und Ruhe mit Gewalt aufrechterhalten«, schrieb er kurz darauf an Anna und ihren Verlobten. »Ich muss Euch bekennen, dass mir dieses Vorgehen und die Methoden nicht gefallen. Meines Erachtens erweckt die Antirevolutionäre Partei hier zwar den Eindruck der Stärke und bewahrt die Ordnung, ist aber dennoch im Unrecht.« Er befürchtete, dass sich die Anhänger der Antirevolutionären in den Niederlanden wieder »vor den kapitalistischen Karren der früheren Kolonialpolitik« spannen lassen würden, wie sie es unter Colijn immer getan hatten. Und allmählich stellte er sich immer öfter die Frage, ob er bei der Armee – »das heißt: dieser Stümperarmee« – noch länger arbeiten wollte.

Im August 1946 wurde meinem Vater offiziell ein Heimaturlaub bewilligt, einschließlich Flugticket Batavia-Schiphol. In der niederländisch-indischen Armee fühlte er sich nicht mehr zu Hause, aber ins dumpfe kalvinistische Holland zog ihn auch nicht viel zurück. Seine Briefe zeigen, dass er in jenen letzten Wochen irgendwie zwischen den beiden Welten hing. »Ich erwarte nicht allzu viel von Holland«, schrieb er meiner Mutter. »Nicht viel vom Nebel, noch weniger von der Atmosphäre in der Kirche. Liebste, wir wollen es uns im vertrauten Kreis der eigenen Familie gut gehen lassen, hoffentlich irgendwo in einem eigenen Haus.«

Bis zum letzten Tag zweifelte er. »Wenn ich vergessen hätte, wie Dein Haar duftete, würde ich hierbleiben«, schrieb er ihr im letzten

Moment. »Aber ich habe es nicht vergessen. Also auf baldiges Umarmen in Holland.«

*

Fast fünfzig Jahre später sollten Hans, Tineke und Anna noch einmal ins Land ihrer Jugend reisen. Das Pfarrhaus in Medan war noch unverändert, strahlend weiß. Der Boden bestand noch immer aus den Fliesen von damals, die erkannten sie sofort. Hans entdeckte zu seiner Freude die gleiche Art von kleinen Fischen in dem Wassergraben, an dem er als Neunjähriger gespielt hatte.

Die Lagergebäude in Glugur und Pulau Brayan wurden jetzt von indonesischen Familien bewohnt. »Als ich in Glugur stand, habe ich es direkt gesehen«, erzählte Tineke. »Dieselbe hohe Mauer mit Glasscherben. Und da stand das Haus der Japse, da war die zentrale Küche. Nur die Bäume waren weg, und die Baracken hatte man zu Häusern mit getrennten kleinen Wohnungen umgebaut.«

Ein elementares Triumphgefühl erfasste sie. »Alles, was wir geschafft hatten, kam wieder an die Oberfläche, das Essen, das Überleben, die Tatsache, dass wir durchgehalten hatten.« Aber später schwand diese Freude, auf dem welligen Boden einer Kautschukpflanzung, die sie an Aek Paminke erinnerte. »Das Gefühl war nur widerwärtig, unheimlich, bedrohlich, etwas von Tod und Verderben.«

Aek Paminke und Siringoringo waren damals schon wieder von der Vegetation verschlungen worden. In Siringoringo erinnerten nur noch die Reste der Küchenherde, die Treppe zum Fluss und eine einzelne verrostete Kipplore an das Lager. Mitte der siebziger Jahre berichtete Pfarrer Vergeest, der noch immer ganz in der Nähe wohnte, dass die Bauern mit Scherben und verrosteten Büchsen zu ihm kämen und sagten: »Herr Pfarrer, da müssen früher Menschen gewohnt haben.« Das Lager war schon aus der Erinnerung der örtlichen Bevölkerung verschwunden.

Dies galt auch für die Birma-Eisenbahn, die – wir sahen es – zweihunderttausend Menschenleben gekostet hatte, beinahe auch das meines Vaters. Obwohl sie im Prinzip eine sinnvolle Verbindung war, wurde die Strecke unmittelbar nach dem Krieg stillgelegt, weil niemand mehr

Interesse an ihr hatte. Birma wollte die Isolation, die Engländer sahen in der Strecke eine gefährliche Konkurrentin für Singapur, nur Thailand nutzte weiterhin ein Stück davon: die ersten hundertdreißig Kilometer von Thonburi – einer Vorstadt Bangkoks – zu dem kleinen Ort Nam Tok. Davon abgesehen, hat die Bevölkerung die Strecke nie als etwas Eigenes empfunden, sie war ein merkwürdiges Überbleibsel der japanischen Besetzung und sonst nichts. Als ich gut vierzig Jahre nach dem Krieg den Versuch unternahm, den Spuren meines Vaters in Birma und Thailand zu folgen, hatte man das erste Stück der Todesstrecke inzwischen in eine Touristenattraktion verwandelt. In Bangkok warben die Reiseveranstalter: »Board the original Death Railway Train, for a one hour journey to Nam Tok. Don't hesitate! Join our Death Railway Tour!«

Hinter Nam Tok war die Strecke offensichtlich bis auf den letzten Nagel demontiert worden, hauptsächlich von der einheimischen Bevölkerung. Aus den Schwellen hatte man Häuser und Terrassen gebaut, die Schienen als Alteisen verkauft, den Rest hatte sich der Dschungel genommen.

Im Wald war der frühere Streckenverlauf hier und dort noch erkennbar, an einem Einschnitt im Boden, einem alten Eimer oder einem Schlackenhaufen, aber das war auch alles. In Kanchaburi – im dortigen Lager hatte mein Vater einen großen Teil der Jahre 1944 und 1945 verbracht – konnte sich nicht einmal mehr jemand an ein Kriegsgefangenenlager erinnern. Nach viel Sucherei fand man einen alten Mann, der mir noch die Stelle zeigen konnte: Jetzt lag dort der Busbahnhof.

Beim früheren Lager Hin Dat – Hot Springs – sprudelten noch die warmen Quellen, die Gefangene während der Arbeiten an der Bahnstrecke gefunden hatten. Der Bademeister war einer der wenigen, die etwas von jener Zeit wussten. »Diese Weißen waren stark und arbeiteten gut.« Er zeigte mir im Wald eine Grube voller menschlicher Überreste, Knochen und weißer Schädel, am Vortag bei Grabungsarbeiten entdeckt. Aber ansonsten dachte niemand mehr an den Krieg. Als ich im Zug thailändische Schulkinder danach fragte, meinten sie, die Bahnstrecke wäre für Touristen angelegt worden, die zu den in der Nähe gelegenen Wasserfällen wollten. Den Film The Deer Hunter, der in dieser

Gegend gedreht worden war, ja, den kannten sie, davon sprach man hier noch immer.

An der Grenze zu Birma verschwand die Strecke in einem später angelegten Stausee. Unter dem Wasser, wusste mein Reisegefährte zu erzählen, lagen die Reste eines kompletten Zuges, der einmal von einer Brücke gestürzt war, und auch ein paar vergessene Gräber von Kriegsgefangenen, Gräber, die früher ein Bauer aus der Nachbarschaft jahrelang in Ordnung gehalten hatte.

Bei der berühmten Brücke über den Kwai gab es Wandschmuck und Tassen mit klugen Sprüchen zu kaufen: »Souvenir Kwai Bridge. Self done is soon done.« Ein Stückchen weiter weg stand das Denkmal, das die Kaiserliche Japanische Armee im Jahre 1944 großmütig gestiftet hatte, zum Gedächtnis aller, die beim Bau der Birma-Eisenbahn starben, der Engländer, Australier, Niederländer, Tamilen und Indonesier. Das Monument bestand aus einem Betonblock, einem Eisengitter und ein paar Marmorplatten, alten Tischplatten, die man in thailändischen Cafés konfisziert hatte.

Auch dies hatten Kriegsgefangene gebaut, genauso gehetzt und vom gleichen Gebrüll angetrieben wie beim Bau der Bahnstrecke selbst. »Es scheint ein Monument der Schäbigkeit zu werden«, schrieb der englische Sergeant Baynes im Januar 1944 in sein Tagebuch. Vierzig Jahre später konnte ich das nur bestätigen: Das Gitter war verrostet, der Beton verwittert, die gestohlenen Tischplatten löcherig und von Moos überwuchert.

KAPITEL 13

»Schlimmer als tot geht doch nicht«

Als meine Mutter zum letzten Mal in ihrem Leben die indonesische Küste am Horizont verschwinden sah, erfüllte sie eine Mischung aus Sorge und Glück. Die Niederlande bedeuteten für sie eine ungewisse Zukunft, aber auch Ruhe und vor allem Sicherheit. »Hier auf dem Schiff, mitten auf dem Ozean, erlebe ich zum ersten Mal wieder so etwas wie eine normale Gesellschaft«, schrieb sie meinem Vater. »Es ist, als sei eine Art Druck von all den Menschen genommen worden: Wir sind frei!«

Als sie an Bord der »Tjisadane« gegangen war, das Schiff, welches sie nach Hause bringen sollte, fiel eine bleierne Last von ihren Schultern. Es machte ihr kaum etwas aus, dass sie auf einem beschlagnahmten Frachtschiff unterwegs war, dass im Laderaum fünf Hängematten übereinander hingen, dass sie mit den Kindern auf einer Decke leben musste, unter einer Plane als Schutz vor der Sonne, wie italienische Emigranten auf der Fahrt nach Amerika.

Dreimal am Tag gab es etwas zu essen: Hühnerragout, Eier, Fleisch, ungeahnte Köstlichkeiten. Sogar eine richtige niederländische Zeitung wurde verteilt, die *Kroniek*, die extra für die aus Ostindien Heimkehrenden gemacht wurde. Hieraus erfuhr sie allerlei interessante Dinge: dass man in Utrecht wieder gläserne Telefonzellen aufgestellt hatte, dass die Autobahn zwischen Nimwegen und Arnheim im Sommer fertig gestellt werden würde und dass H. P. J. Ketwich Verschuur, Generaldirektor des Niederländischen Roten Kreuzes, zum Leiter der Zentralstelle für das Ausland der niederländischen Pfadfinder ernannt worden war. Delphine schwammen vor dem Schiff her, Haie folgten ihm. Nein, bis zum Hafen von Akaba war meine Mutter glücklich.

Für den kleinen Hans nahm die Reise auf halber Strecke eine andere Wendung. Er wurde krank, buchstäblich todkrank. Nicht weit von Port Said bekamen alle an Bord europäische Kleidung. Die Kinder erhielten Spielsachen und Puppen, die von kanadischen und amerikanischen Hilfsorganisationen gestiftet wurden. Die meisten Rückkehrer trugen noch immer Blusen aus Fallschirmseide und Hosen und Röcke, die aus Mehlsäcken gemacht waren. Die Freude war also groß. Hans erinnerte sich daran, dass für ihn eine Kniebundhose mit Fischgrätenmuster ausgesucht wurde. Außerdem bekam er eine Jacke, ein Hemd und einen Mantel. »Das Ganze fand in einem riesigen Zelt statt, alle bekamen so viel Kaffee und Kuchen, wie sie nur wollten, und alle kreischten und jubelten. Eine Kapelle deutscher Kriegsgefangener machte Musik, und die Leute sagten: ›Das sind also Moffen.‹ Wahrscheinlich hatte man die Kapelle aus der Hinterlassenschaft von General Rommel übernommen, und ich war von dort nicht wegzukriegen. Ich dachte, ›Moffen‹ seien nicht so schlimm. Jedenfalls waren sie keine Japaner.«

Am selben Tag wurde er krank. »Hänschen fühlt sich ein wenig unwohl«, schrieb meine Mutter, »aber es wird wohl nichts Schlimmes sein.« Es stellte sich heraus, dass er an einer schweren Nierenentzündung litt. Hans: »Ich erinnere mich noch daran, dass ein großes Standbild vorüberglitt, während ich mich übergab. Ich hatte kein Zeitgefühl mehr, ich wusste nicht, ob es Tag war oder Nacht, manchmal sah ich meine Mutter lautlos näher kommen oder sich entfernen, doch eigentlich war ich nur krank. In der Krankenstation lag noch ein anderer Junge, und ich weiß noch, dass ich mich mit ihm über ein Foto in der Zeitung unterhalten habe, auf dem ein Flugzeug ohne Propeller zu sehen war. Wir fragten uns, ob es wohl fliegen kann. Danach waren wir wieder ruhig und krank.«

In den Niederlanden angekommen, wurde Hans direkt vom Schiff ins Vlaardinger Krankenhaus gefahren. »Zum Glück lag ich ich auf der obersten Tragbahre und konnte durch ein kleines Lüftungsfenster etwas von Holland sehen. Ich schaute mir die Augen aus dem Kopf. Die Straßen waren rot wegen des Ziegelsteinpflasters, und auch die Häuser waren alle rot. Dergleichen sah man in Medan nicht. Einer der Krankenpfleger saß bei uns, und ich fragte ihn alles Mögliche über die

Niederlande. ›Ja‹, sagte der Mann, ›wir haben hier fürchterlichen Hunger gelitten. Doch jetzt kann es dir schon wieder passieren, dass du auf der Straße ein halbes Brot liegen siehst.‹ He, dachte ich, nicht schlecht: ein halbes Brot.«

Auf der Kinderstation des Krankenhauses wurde er wie ein Fabeltier empfangen. »Kommst du wirklich aus Ostindien?« »Du bist ja gar nicht braun?« »Hast du keinen Affen mitgebracht?« Hier lernte er im Kontakt mit den Kindern und Pflegerinnen zum ersten Mal die echten Niederlande kennen. »Wie merkwürdig ich die Leute fand! Dieses Gefühl hat mich nie wieder verlassen. Als ich fast ein halbes Jahrhundert später wieder durch ein ostindisches Dorf ging, da kehrte es noch einmal wieder, dieses Gefühl. Da wusste ich wieder, was normal ist.«

*

Das rot gepflasterte Holland, das Hans durch das Krankenwagenfenster sah, verfügte bereits wieder über eine gewisse Ordnung und Organisation. Die Züge fuhren wieder, und in den meisten Fabriken und Büros wurde wieder gearbeitet, und abends hatten alle wieder eine Mahlzeit auf dem Tisch. Doch damit ist auch schon alles gesagt.

Die Innenstadt von Rotterdam lag immer noch in Schutt und Asche. Meine Mutter war entsetzt, als sie am Hauptbahnhof ausstieg und über ein einziges großes Trümmerfeld blickte, das bis hinunter zur Maas reichte. Die Wirtschaft erholte sich mühsam wieder, aber aufgrund der Aufstände in Ostindien mangelte es überall an Rohstoffen. Über Devisen, mit denen man woanders welche hätte kaufen können, verfügte das Land nicht.

Wer sich nur die Statistiken dieses Jahrhunderts anschaut, dem würde sofort auffallen, dass die Jahre zwischen 1940 und 1945 außergewöhnlich waren. Die Kurven in den Diagrammen dieser sechs Jahre schießen in die Höhe und stürzen in die Tiefe, die Geburtenzahlen schwingen sich – mit einem Abstand von neun Monaten – parallel zu den Niederlagen der Deutschen und den Siegen der Alliierten in die Höhe, Produktion, Wohlfahrt und Gesundheit sinken auf einen nie dagewesenen Tiefpunkt. 1946 hatte der Wiederaufbau gerade erst begonnen.

Nur das Geldwesen war dank einer einmaligen, einschneidenden Aktion bereits wieder einigermaßen intakt. An einem Dienstag im September 1945 waren alle Spar- und Girokonten gesperrt worden, und jeder Niederländer hatte einen neuen Zehn-Gulden-Schein ausgehändigt bekommen. Dadurch war das gesamte Bargeld von Schwarzhändlern und anderen Kriegsgewinnlern mit einem Schlag wertlos geworden. Die Sparguthaben wurden erst wieder freigegeben, wenn man die legale Herkunft des Gelds nachgewiesen hatte. Erst am Ende der Woche wurden die ersten Wochenlöhne in neuem Geld ausbezahlt. Es war eine typisch niederländische Operation, dieser nach dem damaligen Finanzminister benannte »Zehner von Lieftinck«, ein Schulbeispiel für das Vertrauen, das die Niederländer in ihre Regierung setzen können und das in anderen Ländern und zu anderen Zeiten undenkbar wäre.

Armut und Mangel waren während der ersten Nachkriegsjahre an der Tagesordnung. Das geht unter anderem aus den ersten Berichten des 1945 gegründeten Niederländischen Instituts für Volksbefragung hervor. Im bitterkalten Januar des Jahres 1947 gab ein Drittel der Befragten an, keine Kohlen mehr im Haus zu haben. Ende 1947 sagte jeder Sechste, seine Familie habe im vergangenen Jahr schon mal nicht genug zu essen gehabt. Und im September 1948 erklärte noch jeder Dritte, dass er nicht über ausreichende Kleidung verfüge, um den Winter halbwegs anständig zu überstehen.

1914 war Europa in der Welt so führend, wie die Vereinigten Staaten es heute sind. Niemand zweifelte an der Macht der europäischen Länder. Dank ihrer Kolonialreiche beherrschten sie den Welthandel, und auf fast allen Gebieten – Wirtschaft, Technik, Kultur – standen sie an der Spitze. 1945, nach dreißig Jahren der Selbstvernichtung, war es damit aus und vorbei. Die Sowjetunion und die Vereinigten Staaten hatten die Vorherrschaft übernommen, das Selbstvertrauen aus der Zeit vor dem Krieg war verschwunden, das Ansehen war wie eine Seifenblase zerplatzt.

Aus den Umfragen geht deshalb auch hervor, dass viele Niederländer in Europa keine Zukunft mehr für sich sahen. Ein Drittel bis ein Viertel der Befragten wollte am liebsten auswandern. Im April 1948 sank der Anteil derer, die die Antwort »bleibe lieber in den Niederlanden« ankreuzten, auf den historischen Tiefststand von 56,6 Prozent. Auffallend war aber, dass die meisten durchaus glücklich waren. Im Frühjahr 1947 beantworteten 65 Prozent die Frage, ob sie glücklich seien, mit »Ja«, und im Dezember 1948 waren es sogar 87 Prozent. Die meisten hatten auch Spaß an ihrer Arbeit. Nur 12 Prozent waren total unzufrieden.

Im April 1946 waren die Niederlande in Verhandlungen mit der jungen Republik Indonesien eingetreten. Es dauerte fast ein Jahr, bis eine Übereinkunft erzielt werden konnte. Im Vertrag von Linggadjati vom 25. März 1947 erkannten die Niederlande die Souveränität der Republik Indonesien auf Java, Madura und Sumatra an. Am 1. Januar 1949 sollten die souveränen Vereinigten Staaten von Indonesien gegründet werden, die das gesamte Grundgebiet der ehemaligen niederländisch-ostindischen Kolonien, inklusive Neuguinea, umfassen sollten. Zugleich wollte man eine Niederländisch-Ostindische Union bilden, an deren Spitze die niederländische Königin stehen sollte, eine dem britischen Commonwealth vergleichbare Konstruktion also.

Wäre man tatsächlich auf dieser Linie geblieben, hätten die Niederlande sich halbwegs anständig aus der Affäre ziehen können. Viele – vor allem unter denjenigen, die von der Lage in Indonesien keine Ahnung hatte – weigerten sich jedoch, die Wirklichkeit zu erkennen. Das Nationale Komitee zur Erhaltung der Einheit des Reichs sammelte dreihunderttausend Unterschriften gegen die Auflösung des niederländischen Imperiums. Namentlich führende Katholiken widersetzten sich heftig jeder Übereinkunft.

Schließlich gab die niederländische Regierung dem Vertrag von Linggadjati eine andere Interpretation: Die Union sollte als ein eigener Staat gelten, und von souveränen Vereinigten Staaten von Indonesien sollte keine Rede mehr sein. Damit war die Vorstellung einer allmählichen Dekolonisierung wieder vom Tisch. Außerdem wurde dadurch der Notwendigkeit einer starken zentralen Macht im zersplitterten Indonesien keinerlei Rechnung getragen. Ohne eine solche Autorität würde das Inselreich nur allzu bald durch innere Streitigkeiten untergehen: eine leichte Beute für Nachbarn wie Malaysia und die Philippinen.

In den Niederlanden sah man das nicht. Die meisten waren der Ansicht, man könne die Situation in Indonesien einfach auf das holländische Richtig-Falsch-Modell reduzieren. Die Japaner waren demnach die Deutschen des Ostens, Sukarno hatte mit ihnen zusammengearbeitet und war folglich ein ostindischer Mussert, Hatta war eine Art Rost van Tonningen*, kurzum: Die »Befreiung« Ostindiens war nichts anderes als eine Fortsetzung der Befreiung der Niederlande. Oder, wie es eine Oppositionsgruppe formulierte: »Wollt ihr Hitler wiederhaben? Wollt ihr Mussert wiederhaben? Warum solltet ihr dann siebzig Millionen Indonesier an Sukarno ausliefern?«

Ohne es offen auszusprechen, war man sich in den Niederlanden wohl schon der Tatsache bewusst, dass die Kolonien nicht zu halten sein würden. Denn ungeachtet der drängenden Probleme in Ostindien schenkte die niederländische Politik auch anderen Dingen allmählich mehr Aufmerksamkeit. Das Interesse für das ferne Kolonialreich nahm ab, und man wandte sich verstärkt den Nachbarn in Europa zu. Die alte Neutralitätspolitik wurde ohne große Diskussionen aufgegeben: In Zukunft wollten die Niederlande ein treues Mitglied des neuen Atlantischen Bündnisses sein und überzeugte Anhänger der europäischen Vereinigung. Nachdem es den Ersten Weltkrieg verpasst hatte, waren die Niederlande nun mit einem Schlag auf der Höhe der Zeit.

Zur gleichen Zeit geschah aber noch etwas anderes: Die Niederlande drehten sich gleichsam um. Bis in die dreißiger Jahre war das Land nicht nur wirtschaftlich, sondern auch politisch und kulturell auf Deutschland hin ausgerichtet gewesen. Nun drehte es dem großen Nachbarn endgültig den Rücken zu. Zwischen 1948 und 1950 stammten ungefähr sieben Prozent des Nationaleinkommens aus amerikanischer Aufbauhilfe. Dank dieser Hilfe – das ganze Projekt wurde nach dem amerikanischen Außenminister George Marshall benannt – ging der Wiederaufbau Europas erheblich schneller voran. Die Niederländer wandten den Blick in Richtung Atlantischer Ozean auf die junge, reiche Welt am jenseitigen Ufer.

Innerlich blieben die Niederlande das kleine konservative Land, das sie schon immer gewesen waren. Die Industrialisierung setzte erst sehr langsam ein: 1947 arbeiteten noch zwei Drittel der Bevölkerung wie seit alters her in der Landwirtschaft, in der Fischerei und im Dienstleistungssektor. Die Politik wurde im Wesentlichen von der Praxis bestimmt. Allen war klar, dass das Land nur dann erfolgreich wiederaufgebaut werden könnte, wenn der Staat die Fäden fest in die Hand nehmen würde, und in diesem Licht schmolzen alle theoretischen Einwände wie Schnee in der Sonne. Colijns »Nachtwächterstaat«, der nur das Allernötigste« tat, gehörte endgültig der Vergangenheit an. Der Staat war nun überall aktiv: in der Wirtschaft, im Wohnungsbau, bei der Reglementierung von Löhnen und Preisen.

Um die parlamentarische Kontrolle all dessen war es allerdings äußerst schlecht bestellt. Militärische Autorität regierte, pfuschte den Zeitungen ins Handwerk, versuchte auf die Ernennung von Bürgermeistern Einfluss zu nehmen und verschob die Wahlen immer wieder. Jedesmal berief man sich auf die Gefahr eines revolutionären Umsturzes, für den übrigens nie auch nur die Spur eines Beweises gefunden wurde.

In den politischen Kreisen kursierten allerlei mehr oder weniger ausgereifte Reformpläne. In der Umgebung von Königin Wilhelmina und Prinz Bernhard spielte man mit dem Gedanken an einen streng und autoritär regierten Staat, in dem der Einfluss der alten politischen Parteien zurückgedrängt werden sollte. Andere hofften, das ehemalige Säulensystem mit einer neuen Politik durchbrechen zu können, basierend auf persönlicher Verantwortung für die Gemeinschaft, beflügelt von einer geistigen oder sozialen Mission, vergleichbar also mit dem Gedankengut der Oxfordbewegung, der meine Eltern zehn Jahre zuvor nahe gestanden hatten.

Mit dieser »Durchbruch«-Vorstellung im Hinterkopf, gründete man die Nachfolgepartei der alte SDAP: die »progressive« Partij van de Arbeid (PvdA; Arbeitspartei). Auch innerhalb der neuen liberalen Partei der Freiheit – die spätere VVD – spielte dieses Denken eine gewisse Rolle. Einige Prostestanten und Katholiken ließen tatsächlich die Beschränkungen ihrer Säulen hinter sich und wurden Mitglied der neuen Parteien. Die Katholiken verwehrten den Sozialdemokraten nicht länger die Beteiligung an der Regierung: Von 1945 bis 1958 sollte die Landespolitik von katholisch-sozialdemokratischen Koalitionen beherrscht werden, meist unter der Leitung des väterlichen Sozialdemokraten Willem Drees. Die Säulen wirklich abzubauen, konnten sich die konfessionellen Gruppen jedoch nicht entschließen.

So blieb am Ende alles größtenteils beim Alten: die PvdA übernahm wieder die Führungsrolle in der »roten« Säule, die VVD regierte mehr oder weniger die Neutralen, und in der konfessionellen Welt war – nach außen hin – überhaupt keine Veränderung spürbar. Schon der hier und da erwogene Gedanke, die orthodox-kalvinistische Antirevolutionäre Partei mit der Christlich-historischen Union zu einer protestantisch-christlichen Partei zu vereinen, war den Antirevolutionären ein Gräuel.

Auch auf personeller Ebene änderte sich nichts. Die führenden Persönlichkeiten hatten bereits vor dem Krieg Schlüsselpositionen innegehabt und wären auch ohne Krieg an die Spitze gelangt. Im Chaos der ersten Nachkriegsjahre zeigte sich, dass gerade die alten gesellschaftlichen Kräfte sehr viel beharrlicher blieben, als die jüngere Generation gedacht hatte. Innerhalb kürzester Zeit hatten sie ihre alten Organisationen wieder in Kraft gesetzt, sie erlangten die Kontrolle über die Kommunikationswege, und damit hatten sie die Niederlande erneut im Griff. »Weder die zerstörerischen Wirkungen des Kriegs«, schrieb der Historiker J. C. H. Blom in diesem Zusammenhang, »noch die unverkennbar wachgerufenen nationalen Gefühle, die Einheitsvorstellungen und der Erneuerungswillen, weder die Radikalisierung von Teilen der Arbeiterschaft, noch die demokratisierende und säulenübergreifende Wirkung der Zusammenarbeit während des Kriegs, weder der gemeinsam erlittene Mangel, noch das Scheitern des Systems im Jahr 1940 und führender Persönlichkeiten während des Kriegs schafften es, dieses System zu zerschlagen.«

Als Erste bekamen die Jugendlichen die Macht der alten Ordnung wieder zu spüren. Schon bald nach der Befreiung kam bei den Erwachsenen eine Art moralische Panik auf. »Die Jugend, die jahrelang alles entbehren musste, denkt nur noch an Rauchen und Tanzen«, schrieb meine Tante Ans in ihrem ersten Brief an meine Mutter. »Manchmal ist man froh darüber, keine Töchter zu haben.« Und wirklich, wie sollte das werden mit unseren Söhnen, die sich während des Hungerwinters daran gewöhnt hatten, »zu stehlen, zu lügen und zu betrügen«, und mit unseren Töchtern, die mit den Befreiern tanzten und »primitiv sinnlichen Impulsen folgten«.

»Der Krieg«, schrieb A. Bouman im *Maandblad Geestelijke Volksgezondheid* nicht ohne Inbrunst, »hat auf brutale Weise schlummernde sexuelle Instinkte geweckt und aktiviert. Wie ein leichtsinniger Eisbrecher raste er durch die Eisfläche unserer Sexualmoral hindurch, und nun stöhnen die Deiche unter den sich stauenden Eisschollen.«

Auch in Ostindien machte man sich Sorgen, obwohl es dort keine Kanadier und Amerikaner gab, mit denen man ordentlich auf den Putz hauen konnte. Schon von Medan aus schickte meine Mutter ihren Kindern in den Niederlanden ermahnende Briefe. Sie sei schockiert darüber, schrieb sie, »wie die jungen orthodoxen Kalvinisten hier, die sich auch sehr herausputzen, ohne zu unterscheiden in jeden Film gehen, mit Engländern flirten und bei jeder sich bietenden Gelegenheit tanzen. Ich bin ganz und gar nicht steif und altmodisch, aber das finde ich einfach stillos. Und so scheint es mir auch oft an der Freien Universität zuzugehen. Junge Menschen, die zu Hause ›nichts durften‹, werden losgelassen, und unter dem Namen ›künstlerisch‹ ist dann auf einmal alles erlaubt. Warum organisieren sie nicht einmal einen Kammermusikabend?«

Während der Überfahrt in die Niederlande, als sie wochenlang mit Hunderten von Leuten auf engstem Raum zusammenleben musste, wuchs ihre Sorge. Mitte März 1946 schrieb sie meinem Vater: »Das Problem an Bord ist, dass die reifere Jugend sich mehr oder weniger langweilt, zu viel flirtet, Zigaretten raucht und sich kaum für Vorträge, Musik und Schachturniere interessiert.«

Auf der »Tjisadane« machte man alles andere, als vor einem Schachbrett zu sitzen. Die Mädchen und die Soldatenwitwen tanzten sich das ganze Elend von der Seele, und nach Auskunft von Tineke lag in jedem Rettungsboot ein schmusendes Paar. Der nach dem Krieg einsetzende Babyboom, wie man das Phänomen später nennen sollte, ist die noch immer sichtbare Erinnerung an einen beispiellosen Ausbruch von sexueller Aktivität nach den langen Jahren des Kriegs. Ein Trieb, der stärker war als alle Lehren und alle Moral und der intensiv ausgelebt wurde, innerhalb der Ehe und außerhalb davon, vorher und hinterher.

Dass sich die Normen wandelten, kann man auch der Statistik entnehmen. So stieg die Zahl der Scheidungen von sechzehn pro tausend Einwohnern (1940) auf über dreißig (1945–1950), ein Spitzenwert, der erst in den wilden Sechzigern wieder erreicht werden sollte. Es war, als seien all die Schalter, auf denen »Pflicht« und »Disziplin« stand – just die Werte, mit denen die vorige Generation recht erfolgreich durchs Leben gekommen war –, umgelegt worden.

Die moralische Panik war jedoch vor allem ein Problem der Älteren, des Establishments selbst. Die amerikanische Essayistin Barbara Ehrenreich bezeichnete »die Angst vor dem Absturz« als die wichtigste Triebfeder der Mittelschicht. Ihrer Meinung nach besteht die tiefe Unsicherheit dieser breiten Bevölkerungsgruppe nicht nur aus der ewigen Angst vor dem sozialen Abstieg, sondern auch aus einer Angst vor innerer Schwäche, vor Erschöpfung, vor Versagen, vor Verlust von Disziplin und Willenskraft.

Es war dieselbe Angst, dieselbe Unsicherheit wie in den zwanziger Jahren, die die Säulen nun nach ihrer erfolgreichen Emanzipation bis ins Mark spürten und der sie so schnell wie möglich ein Ende bereiteten. Auf das, was die Jugendlichen meinten, wurde dabei natürlich gar nicht oder nur kaum gehört. So blieb das Land bis in die sechziger Jahre hinein »versäult«, also in Gruppen aufgeteilt, wie es vor dem Krieg auch schon gewesen war. In politischer und gesellschaftlicher Hinsicht stellte der Krieg vorerst noch keine wesentliche Zäsur dar. Das alte Leben ging einfach wieder weiter.

*

Bezeichnend für die erneute Rückbesinnung der Säulen auf ihren Kern war die erneute Kirchenspaltung bei den orthodoxen Kalvinisten. Mein Vater landete mitten in den Problemen. Als er 1946 zum ersten Mal wieder eine niederländische Kanzel bestieg, lautete die erste Frage der Presbyter: »Stehen Sie auf der Seite von Klaas Schilder oder auf der Seite der Synode?« Niemand kam auf den Gedanken, dass mein Vater ganz andere Dinge um die Ohren gehabt hatte.

Die ganze orthodox-kalvinistische Welt sprach von nichts anderem mehr. Der Streit drehte sich im Prinzip um ein altes Problem, das nie ganz hatte gelöst werden können. Zwischen den beiden Strömungen innerhalb der orthodox-kalvinistischen Kirche, den »Losgelösten« und den »Dolerenden«, hatte es immer eine Reihe von theologischen Meinungsverschiedenheiten gegeben, vor allem über die Taufe und die so genannte Prädestination. Was bedeutete die Taufe genau? Ist sie eine Garantie dafür, dass man in den Himmel kommt? Oder muss Gott einen schon vor der Geburt in seiner allmächtigen Weisheit auserwählt haben?

Die Katholiken kennen dieses Problem nicht, weil für sie die Sakramente Taufe, Beichte und Kommunion eine Versicherung der Gnade darstellen. Bei den Protestanten ist dies aber viel weniger deutlich. Dort kann man die Taufe pessimistisch interpretieren – »Die Taufe sagt gar nichts aus, erst wenn man ›wiedergeboren‹ ist, weiß man, dass man auserwählt ist, doch wehe, wenn man das nicht spürt …« –, oder man kann sie optimistisch interpretieren – »In der Taufe besiegelt Gott sein Versprechen, dass du ›auserwählt‹ bist, du bist damit ein Mitglied seines Bundes, und wenn du an ihn glaubst, kann nichts schief gehen.«

Im Prinzip basierten die Zweifel meiner Großmutter Mak auf diesem theologischen Problem, doch für sie und viele Gläubige war es alles andere als eine theoretische Frage. In ihren Augen waren Himmel und Hölle ebenso konkret wie die Kirche um die Ecke, und darum wurde jede Diskussion so emotional geführt.

So spukt dieser Streit um die unterschiedliche Auffassung der Taufe schon seit Jahrhunderten durch die protestantische Welt. Er markiert in etwa die Grenze zwischen den »strengen« und pietistischen Kirchen – wie dem Reformierten Bund innerhalb der Reformierten Kirche – und den »leichten« Kirchen, wie die »normalen« orthodox-kalvinistischen und reformierten Kirchen. Die Trennlinie verlief irgendwo zwischen den »Losgelösten« und den »Dolerenden«. Abraham Kuyper hatte bei der Vereinigung der beiden Gruppen den Unterschied zwischen den Pessimisten und den Optimisten so sorgfältig wie möglich camoufliert, doch das Problem blieb eine tickende Zeitbombe.

Ein halbes Jahrhundert später, im Frühjahr 1944, explodierte diese Bombe plötzlich. Nachdem die orthodox-kalvinistischen Kirchenfürsten die Wahl zwischen Pessimismus und Optimismus bisher dem Gewissen jedes einfachen Gläubigen überlassen hatten, entschieden sie sich nun für die pessimistische Sichtweise und erklärten diese als für die gesamte Kirche verbindlich. Der bedeutendste Dissident – der schon früher erwähnte Professor Klaas Schilder aus Kampen – wurde abgesetzt. Eine Reihe anderer prominenter Theologen folgte. So wurde der Pessimismus den Optimisten gleichsam reingewürgt.

Die Reaktionen waren heftig. Zahlreiche Gläubige traten aus der Kirche aus, weil sie mit der Sichtweise der Kirchenleitung nicht einverstanden waren, aber viele waren auch aus anderen Gründen wütend: Hat eine Synode überhaupt das Recht, den einzelnen Gemeinden eine Interpretation zwingend aufzuerlegen? Wo blieb da die Selbstständigkeit der einzelnen Gemeinden?

Es ging bei dieser Spaltung also nicht um ein grundsätzliches Problem, sondern um zwei: um eine bestimmte theologische Interpretation und gleichzeitig auch um die Demokratie innerhalb der Kirche, um das Recht einer Gemeinde, einer bestimmten Meinung anhängen zu dürfen.

Im Hintergrund spielte auch die Rivalität zwischen den beiden orthodox-kalvinistischen theologischen Fakultäten in Kampen und an der Freien Universität von Amsterdam eine Rolle. Hinzu kam noch die Kriegssituation: Der Kontakt nach außen war abgerissen, man sah – wie es ein Kirchenmitglied später ausdrücken sollte – »jeden Fussel auf dem Mantel des anderen«, und durch die demütigenden Jahre der Besetzung reagierten viele der Kalvinisten extrem allergisch auf Befehle von oben. Außerdem war da der energische Klaas Schilder, der nun all seine Kraft in den Kampf gegen seine orthodox-kalvinistischen Mitbrüder steckte und der die ganze Welt in »falsche« und »wahre« Gemeinden eingeteilt hatte; nur er und die Seinen gehörten zur letzten Kategorie.

Schilder, so meinte später Jan Veenhof, Professor an der Freien Universität, sei ein typischer Reformer gewesen – wenn auch ein rechter Reformer –, mit eigenen, begeisterten Anhängern. Und im Kern sei es auch um die Frage gegangen, wer die Kirche in Zukunft führen solle, »das kirchliche Establishment, getragen von den Schülern Kuypers (…), oder die Reformer, deren markantester Wortführer Klaas Schilder war«?

Dann vollzog sich im Großen und Ganzen ein ähnliches Drama wie seinerzeit im Fall Geelkerken, diesmal aber in viel größerem Maßstab. In Diskussionen und Polemiken gab ein Wort das andere, gleichsam wie Steine wurden sie zu einer Mauer aufeinander gestapelt, Bruderkämpfe auf Leben und Tod. In der Schiedamer Gemeinde meiner Großmutter und meiner Tante Maart wurde ihr geliebter Prediger das Opfer der Jagd auf Ketzer. Einer von Maarts Söhnen erzählte mir später, wie sich vor seinen Augen die Gemeinde spaltete. »Eines Sonntags, ich war ungefähr zehn Jahre alt, betrat auf einmal ein fremder Prediger die Kanzel. Er verlas eine Erkärung, woraus hervorging, dass unser Pfarrer der orthodox-kalvinistischen Kirche sein Amt nicht mehr ausüben durfte. Auf einmal erhoben sich überall Gläubige, dort ein Mann, dort ein Ehepaar, dort eine ganze Familie, es gab ein Gedrängel, und Kirchenbänke klapperten, ansonsten aber war es totenstill. Einer kam wieder, doch nur, um eine vergessene Bibel zu holen. Dann fiel die Tür ins Schloss. So also sah eine Kirchenspaltung aus.«

Anschließend spielten sich zahllose Dramen in den Häusern und Wohnungen ab. Freundschaften wurden aufgekündigt, Verlobungen zerbrachen, Geschäftsleute verloren die Hälfte ihrer Kunden, Bauern emigrierten, Familien wurden auseinander gerissen. Rund sechzigtausend orthodoxe Kalvinisten traten aus der Kirche aus und gründeten die Vrijgemaakte Gereformeerde Kerken in Nederland. Sie bildeten eine eigene Säule mit eigener Zeitung (*Het Nederlands Dagblad*) und eigenem Wochenblatt (*De Reformatie*), mit einer eigenen theologischen Fakultät und einer eigenen politischen Partei (*Gereformeerde Politieke Verbond*).

Meine Tante Maart in Schiedam folgte ihrem geliebten Prediger, und ein paar von den Maks gingen mit. Andere blieben der Gemeinde treu, doch großen Streit gab es deswegen nicht – das lag der Familie nicht im Blut –, dennoch kam es immerhin zu so großen Reibungen, dass man einander für eine Weile aus dem Weg ging. Großmutter Mak wagte nach all den Jahren den Wechsel nicht mehr. Beide Parteien redeten auf sie ein, so dass sie am Ende gar nicht mehr wusste, wofür sie sich entscheiden sollte. Ihr ältester Sohn Koos, der als Mitglied der Reformierten Kirche »neutral« war, hat hin und wieder versucht zu ver-

mitteln. Vergeblich. Zum ersten Mal in ihrem Leben saß meine Großmutter in der Kirche allein.

Mein Vater war vor allem wütend. Einer der ersten Briefe, die ihn aus
den Niederlanden erreichten, stammte von seinem alten Freund Scheps,
der Journalist der orthodox-kalvinistischen Welt. Auf nur zwei Seiten
brachte der ihn auf den neuesten Stand:
»Wir haben zwar keine Ratten und Schlangen gegessen, aber was
Hunger ist, das haben wir gelernt. Und die Befreiung kam wirklich in
letzter Minute. Nicht, dass jetzt alles in Butter wäre. Die Regierung
Schermerhorn, die wir jetzt haben, ist rosarot. Die Radiostationen dürfen noch nicht senden, die Säuberung der Presse verläuft hundsmise-
rabel, die Verurteilung des ganzen NSB-Gesocks dauert ewig und drei
Tage, und viele sitzen nur in Untersuchungshaft, darunter auch Un-
schuldige, und das sind die Dinge, die in einem Rechtsstaat nicht vor-
kommen dürfen.
In den orthodox-kalvinistischen Gemeinden herrscht eine nie dagewesene Aufregung. Das Schilder-Schisma war ein ordentlicher Schlag
ins Kontor. Die Zahl der Prediger in den Vrijgemaakt Gereformeerde
Kerken beträgt zur Zeit einhundertachtzehn. In Kampen haben wir
zwei theologische Hochschulen. Die von Schilder hat siebzig Studenten, die orthodox-kalvinistische fünfzig. Die Verbindlichkeit des Sy-
nodalbeschlusses hat für mächtigen Wirbel gesorgt. Es hagelte nur so
Flugblätter und Broschüren. *De Reformatie* schlägt einen Ton an, der
uns alle traurig stimmen muss. Du siehst, es handelt sich um eine tief
greifende Spaltung. Sobald Du wieder in Holland bist, kannst Du Dich
mit den entsprechenden Schriften vertraut machen.«
Mein Vater wurde aus der Geschichte zunächst nicht ganz schlau,
doch er verstand genug, um zu erkennen, dass seine Glaubensbrüder es
sich in ihren dogmatischen Kopf gesetzt hatten, ausgerechnet mitten
im Krieg eine Kirchenspaltung zu organisieren. »Es könnte sein, dass
ich diesen Radau-Kirchen Lebewohl sage«, schrieb er an Anna und Cas.
Seine größte Enttäuschung widerfuhr ihm jedoch auf einem anderen Gebiet. Während des Kriegs hatte er immer vor vielen Zuhörern
gepredigt. Nach der Befreiung kam fast niemand mehr.

»Komm heut abend mit Geschichten ...« Doch so wie in dem bekannten Gedicht von Leo Vroman* war es natürlich nicht. Es wurde sehr
wenig erzählt, und die Menschen hörten erst recht nicht zu. Die meisten Tränen wurden in Einsamkeit vergossen.

Nach dem Krieg waren alle so mit praktischen Dingen beschäftigt,
dass es kaum Zeit für Kontemplation gab. Wörter wie »Trauma« und
»Opferhilfe« konnten erst nach dem Wiederaufbau erfunden werden.
Mein Cousin Catrinus war nach einer sehr mühseligen Fahrt von Dresden nach Schiedam erst zwei Tage wieder zu Hause, als er bereits
erneut den ersten Auftrag bekam. Im Passage-Theater sollte die Befrei-
ungsrevue *Wir haben's hinter uns!* aufgeführt werden. Am Ende der Vorstellung sollten Fallschirmspringer herabschweben, und dafür musste
er eine Konstruktion aus Segeltuch und Seilen bauen. Wir haben's hinter uns! »Aber ich hatte die ganze Geschichte überhaupt noch nicht
hinter mich gebracht. Ich hatte das alles immer noch im Kopf. Wir hatten entsetzlich viel gesehen und erlebt. Mein Vater hatte Menschen vor
Hunger zusammenbrechen sehen. Doch unsere Geschichten, die konnten wir nicht loswerden.«

Für die jüdischen Deportierten begann eine »kleine Shoah« voller
Ablehnung und Geschacher niederländischer Familien und Institutionen um jüdische Kinder, die den Krieg in Verstecken überlebt hatten.
Das zog sich über Jahre hin. Im Gedenkbuch des Nationalkomitees
für den 5. Mai von 1955 finde ich seitenlange Betrachtungen über die
Widerstandsbewegung, über Nachkriegserfolge beim Aufbau von Wirtschaft, Verkehr, Wasserwirtschaft und der KLM. Das alles mit einem
netten Vorwort von Prinz Bernhard versehen, doch über die Juden und
ihre Verfolgung stehen in dem Buch, ich habe nachgezählt, exakt zwanzig Zeilen.

Das Ausmaß und der Charakter des Holocaust wurde den Menschen erst allmählich bewusst, so wie auch eine Katastrophe oder ein
schrecklicher Verlust nur langsam ins Bewusstsein vordringen. Es war,
als wollten der Friede und die Unschuld sich diesem Wissen so lange
wie möglich widersetzen: Es geschieht nicht, es kann nicht geschehen
sein, es ist nicht geschehen. Man hatte Angst vor dem Wort »Jude« und
vermied, es auszusprechen; diese Tendenz wurde sogar stärker, je län-

ger der Krieg vergangen war. »Jodenkoek« (Judenkuchen) wurden in »Jodelaars« (Jodler) umbenannt, und das Lied »Ach, kleine Jodenjongen« (Ach, kleiner Judenjunge) wurde zu »Ach, kleine Jodeljongen« (Ach, kleiner Jodeljunge) umgetextet.

Während der fünfziger Jahre schenkte man der Judenverfolgung in den Schulen auffallend wenig Aufmerksamkeit. Widerstandskämpfer, Untergetauchte, Moffen, Prinz Bernhard und die Kanadier waren die wichtigsten Bestandteile der Geschichte, die man Hans und mir auf der Konigin-Wilhelmina-Schule in Leeuwarden erzählte. Juden spielten darin nur eine untergeordnete Rolle. Sie wurden nach Westerbork verschleppt, und meistens nahm das Ganze kein gutes Ende. Sie fungierten in erster Linie als Opfer, in denen sich der Heldenmut der Widerstandskämpfer spiegelte.

Ähnliche Erfahrungen wie die Juden machten auch meine Eltern und andere, die in Ostindien interniert gewesen waren. Man habe ihr Schicksal nicht hören und nicht sehen wollen, schrieb Henk Leffelaar später, auch er ein Kind aus dem Lager Siringoringo, »so wie man auch einen Schwerverwundeten lieber nicht erblickt oder sich den Film von einer Operation lieber nicht anschaut. Es geht einem zu nahe.«

Vielleicht hatte diese Haltung auch damit zu tun, dass es in den friedlichen Niederlanden keine Tradition gab, wie mit den Folgen eines Kriegs umzugehen war. Veteranen – in anderen Ländern hoch geehrt – wurden hier recht bald ihrem Schicksal überlassen. Mein Vater geriet gleich in große finanzielle Schwierigkeiten, weil er freiwillig als Prediger bei den Truppen geblieben war. Es war übrigens sowieso die Frage, ob die ehemaligen Kriegsgefangenen für all die Jahre im Lager überhaupt Sold bekommen sollten. Mit den anderen, die ebenfalls dem Tod ins Auge gesehen hatten, wusste man sich auch keinen Rat.

»Sand darüber!«, schrieb Großvater van der Molen regelmäßig in seinen Briefen, wenn irgendetwas die Ordnung seines Lebens allzu sehr zu stören drohte. Das waren manchmal ganze Sandberge, denn Verdrängung war damals noch die gängige Methode, mit solchen Problemen umzugehen.

Die Rückkehr zum normalen Leben hatte auch für meine Familie höchste Priorität. Die Wiedervereinigung war prosaisch und emotional zugleich gewesen. Weil Heimkehrer nicht abgeholt werden durften, war in Amsterdam niemand am Hafen gewesen. Cas hatte auf einer Fähre gestanden und gewunken, als die »Tjisadane« ins IJ* einfuhr, doch niemand hatte ihn erkannt. Und dann fuhr am Schiedamseweg in Vlaardingen ein Taxi vor, und da waren sie.

»Es war sehr merkwürdig, sie aus dem Wagen steigen zu sehen«, schrieb Cas am nächsten Tag meinem Vater. »Gjalt schleppte das Gepäck und schenkte dem Chauffeur Zigaretten. Alle benahmen sich ganz normal, so normal, dass der Rausch, der mich beim Anblick der ›Tjisadane‹ erfasst hatte, noch mehr zu einem ›Traum‹ wurde.«

Das erste, was Anna auffiel, war, dass Tineke und Gjalt so groß geworden waren. Ihre Mutter kam ihr sehr verändert vor, wettergebräunter, magerer. »Sie waren alle sie selbst geblieben. Doch für uns in den Niederlanden hatte die Welt sich längst wieder normalisiert, während sie immer noch im Lager zu leben schienen. Und sie fanden ihrerseits allerlei Dinge normal, die für uns überhaupt nicht normal waren. Alles machten sie selbst, sie fanden für alles eine Lösung. Sie waren außergewöhnlich geschickt und aktiv geworden.«

Es wurde viel geredet, jeder versuchte den anderen zu übertönen. Anna war recht klein geblieben, Cas war groß und mager, und er sprach ein wenig affektiert. »Doch nach einer Weile war alles wieder normal, gerade so, als wären wir nie fort gewesen«, meinte Tineke. Hans fand es vor allem wunderbar, Anna wiederzusehen, »wie ein junger Hund, der jahrelang sein Herrchen vermisst hat«.

Gjalt und Cas waren während der ersten Tage unzertrennlich. »Sie redeten den ganzen Tag lang über Musik und Atomenergie«, schrieb meine Mutter. Zusammen fuhren sie nach Amsterdam, in eine fremde Welt, die Gjalt mit der ihm eigenen Nüchternheit betrachtete. »Wir benutzen eine Zeitung als Tischdecke«, berichtete er meinem Vater. »Hin und wieder schauen ein paar Freunde vorbei, von denen sind ein paar echt schlau, sagt Cas. Ich kann mir darüber natürlich kein Urteil erlauben, weil ich von dem, was sie sagen, nichts kapiere.« Cas schleppte seinen Bruder mit ins Rijksmuseum, kaufte ihm Reproduktionen und eröffnete ihm ganz neue Perspektiven, bis meine Mutter weitere Ausflüge nach Amsterdam untersagte, weil sie fürchtete, Gjalt könne genauso »verwildern« wie die übrige Jugend.

Die Familie war fünf Monate bei den van der Molens einquartiert und bezog dann ein eigenes Haus. Es war nicht gerade eine einfache Zeit, vor allem, als auch noch die Familie von Onkel Ludzer hinzukam. Zu Gunsten meiner Mutter und meiner Tante Mien entschloss sich Großvater van der Molen zu einem für ihn beispiellosen Schritt: Er betrat das von ihm so brav bewachte Haus seiner deutschen Nachbarn, öffnete den reich gefüllten Kleiderschrank und nahm für beide ein schönes Kleid heraus. *Bleyle* stand auf dem Etikett, erinnerte Anna sich. »Mutters Kleid war zimtbraun und stand ihr sehr gut. Auf einmal war sie keine Lagerbewohnerin mehr.«

Hier habe ich die Fotos: Anna schaut entschlossen in die Linse, Cas hat etwas von einem verträumten Studenten, Gjalt lacht unter seinem dichten Schopf, an Tineke fällt vor allem ihre große Brille auf, Hans ist etwas dicklich, mein Vater sieht mager und fröhlich aus, meine Mutter schaut seitlich zu Boden, erschöpft.

Schauen wir noch einmal genauer hin. Henk Leffelaar bemerkte, als er Jahre später die Familienfotos aus der Zeit gleich nach dem Lager betrachtete, etwas Merkwürdiges: Irgendwas war mit den Augen der Abgebildeten. Manche Fotos hätten bei einem normalen Sportfest aufgenommen sein können, doch man sah sofort, dass etwas nicht stimmte. Die Augen. Es waren die Augen von Menschen, Kindern, die sehr viel gesehen hatten, auch den Tod.

Hatte meine Familie 1956 Leffelaar-Augen? Anna und Cas hatten sie nicht, meine Mutter und Hans bestimmt, Gjalt nicht, bei Tineke und meinem Vater habe ich meine Zweifel.

Zwei Dinge stellten das langsam einsetzende Familienleben gleich wieder auf den Kopf: die Erkrankung von Hans und die unerwartete Schwangerschaft meiner Mutter.

Es stellte sich zum Schrecken meiner Mutter heraus, dass auch sie wie viele andere Frauen zum Babyboom beitragen sollte. Sie war während des kurzen Urlaubs meines Vaters schwanger geworden, aber das wurde ihr erst klar, als sie im fünften Monat war. Weil die Menstruation der Frauen aus den Lagern vollkommen aus dem Rhythmus geraten war, hatte sie die ganze Zeit nichts geahnt. Nur meinem Vater war aufgefallen, dass sie sich verändert hatte. Als meine Mutter ihm im Juni 1946 ein paar Fotos schickte, antwortete er ihr: »Du bist ganz schön dick geworden. Es will mir nicht so ganz in den Kopf, dass Du das auf dem Foto bist. Du hast etwas mir Unbekanntes an Dir.«

Ich habe mich oft gefragt, wie meine Eltern auf diese Nachricht reagiert haben. Sie waren beide schon nicht mehr ganz jung, fünf- beziehungsweise sechsundvierzig Jahre alt. Wie meine Mutter im ersten Moment reagierte, weiß ich: »Guter Gott, jetzt auch noch ein Baby, das hat mir gerade noch gefehlt!« Zu ihrer eigenen Überraschung erfasste sie mit der Zeit doch die Freude über die späte Blüte: zum letzten Mal schwanger, zum letzten Mal dieses innige Miteinander zweier Körper, zum letzten Mal stillen. Sie entschloss sich, es zu genießen, und das tat sie.

Mein Vater gestand in den Briefen an seine beiden ältesten Kinder, dass diese Schwangerschaft alles andere als erwünscht und gewollt war. An Anna schrieb er: »Ich bekam einen Schreck (vieles spricht dagegen, objektiv), doch tief im Herzen spürte ich auch ein großes Gefühl der Dankbarkeit und der Freude. Du weißt, wie sehr ich kleine Kinder mag, und neben dem neunjährigen Hans kam ich mir schon richtig alt vor. Doch dies ist ein Wunder, und Gott, der auch heute alles wohl gemacht hat, wird uns gewiss auch weiterhin segnen.«

Meine Brüder und Schwestern, so glaube ich, betrachteten mein Kommen vor allem als ein Symbol für die wieder auferstehenden Niederlande im Allgemeinen und diese wieder auferstehende Familie im Besonderen. Hans machte sich während des Sommers Sorgen um seine Mutter: »Sie bekam so einen dicken Bauch, und ich fragte mich, ob sie vielleicht wieder Beriberi oder etwas Ähnliches hatte? Eines Tages fragte ich sie geradeheraus, und sie sagte, ich bekäme ein Brüderchen oder Schwesterchen.« Er fand das herrlich.

So kam ich Anfang Dezember 1946 zur Welt, ein unanständig gesundes Kind einer ermatteten Mutter, ein Neuankömmling in einer Familie, die schon ein sehr intensives Leben hinter sich hatte. Hans hatte auf seinem Krankenlager einen Hampelmann für mich gebastelt, der in meiner Wiege hängen sollte. Eigentlich ging er davon aus, dass ich gleich fröhlich damit zu spielen anfangen würde, und er war erstaunt, als ich das nicht tat.

Anna kündigte ihre Stelle und kam nach Vlaardingen, um sich um die Familie zu kümmern. Ihren Verlobten sah sie nun seltener: Zwischen Utrecht und Vlaardingen pendeln war damals noch undenkbar, und selbst für eine Wochenendbeziehung war die Entfernung zu groß. Sie schrieben einander und sahen sich hin und wieder. Eines Tages erreichte uns die Nachricht, dass er die Verlobung aufgelöst hatte. Anna war wie betäubt: »Ich dachte: Das war's, ich habe ein paar schöne Jahre gehabt, die muss ich nun in eine Schachtel tun und gut aufbewahren, tief in meiner Seele.« Und so machte sie es.

Gut zwanzig Jahre später sah sie ihren ehemaligen Verlobten plötzlich in Amsterdam vor einem Schaufenster stehen. Sie sah seinen Rücken und erkannte ihn sofort. Dieses eine Mal haben sie noch miteinander geredet. Bald darauf starb er.

Hans war während all der Monate krank. Manchmal ging es ihm etwas besser, manchmal war sein Zustand ernst. Holland hatte er vor allem in Krankenhäusern kennen gelernt. Er träumte von Ostindien, Tag und Nacht, von der Sonne und davon, draußen zu spielen, er verging fast vor Heimweh, und als er einmal kurz hinaus durfte, da versuchte er sofort, ein Loch im Zaun zu finden.

Im Sommer war er soweit wiederhergestellt, dass er für ein paar Monate nach Hause durfte, aber im Herbst wurde er wieder sehr krank. Damals begann der Wettlauf gegen den Tod, der Hans' Leben fürderhin bestimmen sollte.

Ende September schrieb mein Vater: »Hänschen geht es leider immer noch nicht besser. Er ist ruhig und gut gelaunt. Onkel Ludzer bezeichnet seine Krankheit als ›bösartigen Fall‹.« An die folgenden Monate kann Hans sich nicht erinnern – »Ich muss sehr krank gewesen sein« –, doch mit einer Reihe von Spritzen, die das neue Medikament Penizillin enthielten – »Mein Hintern war zerstochen wie ein Sieb« –, brachten ihn die Ärzte über den Berg.

Weihnachten durfte er wieder nach Hause. Es war der bis dahin kälteste Winter des Jahrhunderts. Die Bettdecken waren morgens mit Reif überzogen. Auf den Zechen fuhren die Kumpel Sonntagsschichten, und Mitte Februar 1947 wurden Schulen, Kinos und andere öffentliche Einrichtungen von weiteren Kohlelieferungen ausgeschlossen: Der gesamte Brennstoff war für Betriebe und Privathaushalte reserviert.

Aus dieser Zeit stammt ein eilig und besorgt geschriebenes Brieflein meines Vaters an Cas: »Anbei Deine Brotmarken. Hans geht es seit einigen Tagen nicht sonderlich gut. Wir wollen versuchen, ihn zur Behandlung nach Amsterdam zu geben. Aber diese Woche darf er nicht transportiert werden. Geert Ludzer wächst und schläft nachts durch; auch mit seinem Lachen ist er nun etwas großzügiger. Vater.«

Wegen des Kranken waren der Familie zusätzliche Kohlemarken zugeteilt worden, und deshalb durfte in Hans' Zimmer ein Kanonenofen brennen. Alle hockten dort beieinander. Das neue Baby lag dort, Gjalt machte dort seine Hausaufgaben, mein Vater bastelte ein Holzschuhschiff. Das Zimmer war der einzige warme Ort im Haus, und es war dort sehr gemütlich.

Ende Februar wurde Hans ins Binnengasthuis in Amsterdam eingeliefert. »Mit einem Taxi wurde ich hingefahren, überall lagen Schnee und Eis, das ganze Land war weiß, dergleichen hatte ich noch nie gesehen.« Die Verlegung war seine Rettung: Die Diät, die man in Vlaardingen zusammengestellt hatte, um seine Nieren zu schonen, enthielt nämlich kein Gramm Eiweiß, so dass er um ein Haar an Eiweißmangel gestorben wäre. Die Ärzte in Amsterdam stellten ein Gleichgewicht zwischen Eiweißbedarf und -zufuhr her: Zusammenhänge, die man erst vor kurzem erkannt hatte. »Also aß ich brav Buttermilchsuppe, denn damit ließ sich das Eiweiß gut dosieren, und den Kalk, der von der Zimmerdecke fiel. Eines schönen Tages im Mai 1947 durfte ich nach Hause. Die Ulmen entlang der Grachten waren hellgrün. Es war das erste Mal, dass ich dies sah.« Es dauerte noch fast ein Jahr, bis er wieder – halbtags – zur Schule gehen durfte. Erst im Oktober 1948 war er mehr oder weniger wiederhergestellt.

Ganz gesund sollte Hans niemals mehr werden, dafür waren seine Nieren zu stark geschädigt. Doch lange Zeit hatte er einen wichtigen Bundesgenossen: den medizinischen Fortschritt, der seiner Krankheit immer einen Schritt voraus war.

Dank der Entdeckung des Penizillins stellten Lungenentzündungen und andere Infektionen nach dem Zweiten Weltkrieg keine tödliche Bedrohung mehr dar. Das Wundermittel rettete auch Hans das Leben. Während der sechziger Jahre entwickelte man die Technik der Dialyse. Die Patienten konnten ein relativ normales Leben führen und mussten zweimal pro Woche nachts ihr Blut waschen lassen. Für Hans kam dieses Verfahren zur rechten Zeit. Und als sich in den siebziger Jahren herausstellte, dass die Dialyse zu viele Nebenwirkungen nach sich zog, da war die Medizin so weit, dass erfolgreich Organe transplantiert werden konnten. Hans bekam eine Niere von einem lebenden Spender: von seinem Bruder Cas.

*

Im warmen Sommer des Jahres 1947 zog die Familie nach Leeuwarden. Mein Vater war als Krankenhaus- und Evangelisationsprediger dorthin berufen worden. Er fuhr hin, um sich zu informieren, alle Kinder waren sehr aufgeregt, und dann folgten sie ihm.

Die Reise war wie folgt organisiert: Gjalt sollte mit dem Umzugsauto mitfahren, meine Mutter, Tineke, Hans und ich sollten mit einem Auto zum Flughafen nach Schiphol fahren und dann mit einer Dakota über das IJsselmeer nach Leeuwarden fliegen. An einem sonnigen Augustmorgen kam der Umzugswagen der Firma Jan de Jong aus Leeuwarden. Eigentlich handelte es sich um einen alten Armeelaster, eine Zugmaschine mit Auflieger, hellblau gespritzt, mit einem riesigen geschlossenen Hänger hinten dran. Gjalt behauptete, er dürfe während der Fahrt nach Friesland dort oben drauf sitzen – diese Art zu reisen war er aus Ostindien gewohnt, aber daraus wurde nichts, er musste im Führerhaus Platz nehmen.

Für Tineke und Hans war der Flug eine Riesensache. Sie flogen über den Polder Wieringermeer und das IJsselmeer, auf dem Abschluss suchen sie Lastwagen mit großen gelben Strohballen, in Leeuwarden warteten Onkel Petrus und Tante Maai, um sie zu empfangen, und dann kamen sie in das große neue Haus an der Westersingel. Dort trafen sie auf meinen Vater, der ihnen sogleich stolz das neue Phoenix-Fahrrad präsentierte, das er soeben gekauft hatte.

Die Westersingel war eine breite Straße, die an der Stadtgracht entlangführte, mit großzügigen Bürgersteigen, kleinen Rasenflächen mit rauschenden Pappeln und einer langen Reihe von verwohnten Tjalks auf der gegenüberliegenden Seite. Diese waren die letzten Reste einer riesigen Segelschiffflotte, die jahrhundertelang den Transport in den Niederlanden aufrechterhalten hatten. In einem davon wohnten Skipper Vaartjes und seine Frau, zwei braungebrannte Menschen, die tagtäglich in der benachbarten Gasse einen Eimer Wasser holten. Mit den anderen Seeleuten hatten wir keinen Kontakt. Sie waren arm und schmutzig, sie tranken und fluchten. Später musste ich manchmal sonntags morgens zu ihnen hin, um den *Elisabethbode* hinzubringen, erbauliche Evangelisationslektüre, in der viel über Sünde und Gnade geschrieben stand. Wenn ich dann nach Hause kam, hatte ich die Taschen immer voller Süßigkeiten.

Unsere Nachbarn gehörten zur oberen Schicht der Stadt. Rechts von uns wohnte die Witwe eines reichen Gutsbesitzers, die schon ewig hundert Jahre alt war, darüber wohnte ein städtischer Beigeordneter und ein Stückchen weiter die nette, junge Familie eines Tierarztes. Links wohnten ein Staatsanwalt und seine Frau, vornehme freundliche Leute. Außerdem gab es noch zwei reformierte Prediger in der Nachbarschaft. Der eine war nett, und der andere konnte als freigeistiger Prediger auf unsere orthodox-kalvinistische Pfarrersfamilie nur herabsehen, doch das war eher eine Frage des Standes- denn des Glaubensunterschieds. Dann wohnte dort noch der Vorsitzende der Handelskammer, dessen beiden Söhne zusammen mit Hans die Kinder aus der hinteren Gasse von »unserer« Gracht mit Prügel verjagten. Es gab dort einen korrekten Buchhalter, einen Kartoffelmagnaten und ein reiches Alkoholikerehepaar, das mit Vieh handelte. Und auf der Ecke wohnten der »reiche Jan«, ein Geschäftsmann mit einer Schar üppiger Töchter, von denen eine später eine Rolle in Jan Wolkers' Sittenroman *Türkische Früchte** spielen sollte.

Es wurde ein herrlicher Sommer. Hans hatte sich auf dem Krankenlager »Harrus Genießsalon« ausgedacht, mit Massagen und Musik für erschöpfte Menschen, mit netten Aufmerksamkeiten und Süßigkeiten.

Gjalt träumte von einem elektrischen Plattenspieler, Hans mühte sich mit einem alten gusseisernen Lautsprecher herum, doch mein Vater hatte die Lösung. Über einen alten Kameraden aus der Gefangenschaft, der jetzt bei Philips arbeitete, konnte er günstig ein wunderbares Radio kaufen, aus glänzendem Bakelit und mit einer gläsernen Senderskala, die von Beromünster bis Trondheim reichte.

Das Radio war ein zentraler Quell des Vergnügens. Sehr beliebt war die Sendung *De Wigwam* des katholischen Senders. Die sozialdemokratische Rundfunkanstalt brachte *Ome Keesje* (Onkelchen Kees), aber das durfte auf Grund des Verbots meiner Mutter nicht gehört werden, weil es sonntags ausgestrahlt wurde und außerdem »ordinär« war. Hans überbrückte diesen Verlust, indem er viele Teile der Sendung mit einem Staubsaugerschlauch und dem alten Lautsprecher perfekt imitierte.

Fortan lag morgens das christlich-nationale *Friesch Dagblad* des ehemaligen Widerstandskämpfers Hendrik Algra im Briefkasten. In den ersten Tagen nach dem Umzug, Ende August 1947, berichtete das Blatt über einen »Stoff, der in sehr kleinen Mengen wirkt und der sehr wichtig für die Bekämpfung von Krankheiten ist: die so genannten Vitamine«. Viel Aufmerksamkeit schenkte man dem neuen Notgesetz zur Altersvorsorge, das am 1. Oktober 1947 in Kraft treten sollte und das dafür sorgte, dass jedes Rentnerehepaar im Monat gut einhundert Gulden am Postschalter ausbezahlt bekam. Einfach so, vom Sozialminister Willem Drees. In München standen die Schwiegereltern Adolf Hitlers vor Gericht: »Der alte Herr Fritz Braun, der auf die Siebzig zugeht, ist nach dem Sturz seines Schwiegersohns zum Hilfsarbeiter in einem Möbellager herabgesunken. Das Ehepaar behauptet jedoch, auch während des Kriegs durch die Beziehung ihrer Tochter Eva keinerlei Vorteile erhalten zu haben.« In der Hauptstadt Frieslands rührte sich das Tribunal gegen Kollaborateure: »Johanna H., 21 Jahre und ohne Beruf, wohnhaft in Leeuwarden, gehört zu den jungen Frauen, denen zur Last gelegt wird, vertraulichen Umgang mit den Deutschen gepflegt zu haben. Weniger euphemistisch ausgedrückt: eine Moffenhure zu sein. Die Strafe der ersten Instanz – ein Jahr und elf Monate – empfand man jedoch als zu hoch.« Für den Torf im Winter sah es bereits bestens aus: »Der Sommer war für die Torfstecher und ihr Produkt hervorragend.

Die Torfballen sind sehr gut getrocknet.« In den Kleinanzeigen wurde der »Verlust einer Sandale zwischen Leeuwarden, Warga und Garijp« beklagt. »Ihre Dienste bieten an: drei Heumacher und ein Junge.«

Der Kommentar des *Friesch Dagblad* beschäftigte sich mit den Plänen, eine große Anzahl osteuropäischer Juden nach Südamerika in die niederländische Kolonie Surinam zu bringen. Chefredakteur Algra hielt das für eine gute Idee, machte jedoch eine wichtige Randbemerkung: »Sie werden Juden bleiben und sich nicht mit unserer Nation verbunden fühlen, sondern mit ihren Brüdern und Schwestern in Palästina. Ein Assimilationsprozess wie in den Niederlanden, wo sich der allergrößte Teil der Juden zu hundert Prozent als Niederländer fühlt, kann man in Surinam nicht erwarten.« Er warnte, unter den Juden in Palästina gäbe es Elemente, die auch vor dem fürchterlichsten Terror nicht zurückschreckten. »Sie hängen Geiseln auf. Und … sie haben Beziehungen weit über Palästina hinaus.« Er riet der Regierung, diese »ungesunden und illegalen Aktivitäten« zu verhindern. Oder besser noch gar nicht erst damit anzufangen.

Spannend ist auch, mit welchen Ausdrücken diese mit der Antirevolutionären Partei der orthodoxen Kalvinisten sympathisierende Zeitung das Thema Indonesien behandelte. »Entschiedene Worte!«, forderte das Blatt, als die niederländische Regierung im Juni 1947 von den Indonesiern die Bildung einer vorläufigen Föderalen Verwaltung verlangte und damit dem Vertrag von Linggadjati eine völlig neue Interpretation gab.« – »In all dem steckt ein gutes Stück holländischer Entschlossenheit. Hier ist van Mook am Wort, der des Spiels müde ist und der jetzt, zusammen mit seinem Stab, wieder zum Stil der Verhandlungen mit Japan zurückgefunden hat. Als unser Land bereits besetzt war, hat er mit den Japanern verhandelt, die bedrohlich waren und viele Forderungen stellten. Doch van Mook war kühn, verwegen, unnachgiebig. Mit dem schlaffen Gerede ist jetzt Schluss. Wir hören wieder die Stimme niederländischer Führungspersönlichkeiten, die die indischen Völker nicht der Sabotage, dem Terror und falscher Ideologie opfern wollen.«

Tatsächlich waren diese »entschiedenen Worte« nichts anderes als der Auftakt zu dem, was man später als erste polizeiliche Aktion bezeichnen sollte. In den Niederlanden neigte man immer stärker dazu, den republikanischen »Extremisten« eine Lektion in Form einer kurzen militärischen Aktion zu erteilen. Man hatte viel Geld in den Wiederaufbau gesteckt, ein Heer von hunderttausend Mann stand in den Tropen unter Waffen, doch wegen des großen Chaos brachte die Kolonie immer noch keinen einzigen Cent Gewinn.

Der Wirtschaftswissenschaftler Jan Tinbergen hat errechnet, dass Ostindien 1938, im letzten »normalen« Jahr, mit vierzehn Prozent zum niederländischen Bruttosozialprodukt beigetragen hatte. Nach dem Krieg machte man sich diese Zahl ausgiebig zunutze. Was bedeutete der Verlust Ostindiens für den niederländischen Arbeiter, fragte sich der katholische Politiker und ehemalige Kolonialminister Welter: »Für den kleinen Mann bedeuten diese vierzehn Prozent den Verzicht auf den Kinobesuch, auf das Glas Bier, auf ein neues Fahrrad, auf einen neuen Mantel für die Gattin. Alles, was das Leben lebenswert macht, steckt in eben diesen vierzehn Prozent.«

Ostindien spielte im Weltbild der Niederländer auch emotional eine große Rolle. Es gab keine Kirche, in der nicht regelmäßig ein Missionar auf die Kanzel stieg, es gab keinen Verein, der nicht mit einem Krankenhaus oder einer Schule im Fernen Osten in Verbindung stand. In allen Schulklassen hingen Landkarten des Archipels, und jedes Schulkind konnte die Namen der Inseln runterrasseln und die wichtigsten Städte auf der Karte zeigen. Kurzum: Neben dem ganzen Imperialismus und Orientalismus gab es auch ein gewisses Maß an aufrichtiger Anteilnahme.

Deshalb wurde dann auch Ende Juli 1947 unter allgemeinem Jubel die Operation »Product« gestartet. Dabei sollte es sich um eine »begrenzte polizeiliche Aktion« handeln, denn die Regierung wollte betonen, dass es dabei um die Wiederherstellung der rechtmäßigen Ordnung gehe. Mindestens ebenso wichtig war jedoch das »Produkt« der Operation, nämlich die Wiedereroberung der Gebiete, in denen die für die Niederlande wichtigen Wirtschaftszentren lagen: die Ölfelder in Südsumatra, die Plantagen von Deli und die Betriebe im nördlichen Teil Javas. »Begrenzt« war die Operation ebenso wenig. Hunderttausend Soldaten beteiligten sich daran, von denen die meisten aus den Niederlanden dorthin verschifft worden waren. Auf diese Weise lernten zahllose junge niederländische Männer Ostindien noch kennen, wenn auch auf den letzten Drücker und auf etwas einseitige Weise.

Militärisch betrachtet ging alles gut voran. Die Aktion löste jedoch eine solche Welle von internationaler Empörung aus, dass die Niederländer ihren Vormarsch nach gut einem Monat stoppten. Wichtigstes Resultat des Unternehmens war, dass diejenigen in der indonesischen Führung, die für einen harten anti-niederländischen Kurs votierten, die Überhand gewannen. Dann mischten sich die Vereinten Nationen in den Konflikt ein. Einem Vermittlungsausschuss gelang es, beide Parteien erneut zu einer Einigung zu bewegen, und im Januar 1948 wurde die Renville-Übereinkunft unterzeichnet. Das »vernünftige« Indonesien gewann dadurch erheblich an Prestige, und die Niederlande gerieten international zunehmend in die Isolation. Das Land war jedoch so selbstzufrieden, dass nur die wenigsten sich dies bewusst machten.

An der Westersingel in Leeuwarden herrschte in der Indonesien-Frage große Zwiespältigkeit. Jeden Tag kam das nationalistische *Friesch Dagblad* ins Haus, doch allwöchentlich studierten mein Vater und Cas auch die radikal linke Zeitschrift *De Groene Amsterdammer*. Meiner Mutter ging es vor allem um das Standesgefühl, um den Rangunterschied zwischen ihr und »diesen Asiaten«, zwischen den Niederländern und »den Rüpeln von Sukarno«, dem Mann, der mit den Japanern kollaboriert hatte.

Bei meinem Vater lagen die Dinge anders. In den orthodox-kalvinistischen Kreisen, in denen er verkehrte, vertrat man vor allem den simplen Standpunkt, dass die Kolonien um jeden Preis gehalten werden mussten. Das fand er absolut nicht, und in dieser Hinsicht war er einer der Progressivsten. Ihm ging es vor allem um Gerechtigkeit. Einerseits sagte ihm sein Gefühl, dass ein solches Land nach so vielen Jahren selbstverständlich ein Recht auf Unabhängigkeit hatte. Andererseits aber konnte er nicht anders, als »seinen Leuten« gegenüber loyal zu sein. Auch dies war eine Frage der Gerechtigkeit: Auch die enormen Anstrengungen all der gutwilligen »einfachen« Arbeiter in Ostindien mussten belohnt werden.

Im Laufe der Zeit verschob sich für ihn der Akzent immer weiter in Richtung des ersten Aspekts, und meine Mutter ist ihm darin gefolgt.

Eine wichtige Rolle spielten dabei die Briefe von Ezechiël Vergeest, dem alten Lagerkameraden meines Vaters, der als Missionar in Indonesien geblieben war (und der später auch die indonesische Staatsbürgerschaft annahm). Die beiden haben weiterhin miteinander korrespondiert, und wenn wieder ein Brief ankam, dann flammte am Wohnzimmertisch jedesmal die Diskussion darüber auf, was aus der indonesischen Republik werden sollte. In späteren Jahren hat mein Vater die indonesische Unabhängigkeit aus ganzer Überzeugung gutgeheißen und hat diesen Standpunkt auch auf vielerlei Weise vertreten.

1947 und 1948 hatten sich die Ansichten aber noch nicht so deutlich herauskristallisiert. Meine Brüder und Schwestern lauschten wie Fußballfans den enthusiastischen Radioberichterstattern in New York und Batavia, und wenn ein militärischer Erfolg gemeldet wurde, dann brachen sie alle in lauten Jubel aus. Der vorherrschende Gedanke in der Familie war, dass diese plündernden Banden zur Ordnung gerufen werden müssten und dass die polizeilichen Aktionen unvermeidlich waren. »Wir sind zwar für einen Prozess, der zur Unabhängigkeit führt, aber wir lassen nicht zu, dass ein paar Idioten und bewaffnete Räuber all das zerstören, was wir dort aufgebaut haben«, lässt sich diese Haltung in etwa zusammenfassen. Aber es wurde nie von »Ploppern«* gesprochen, stets nur von »Nationalisten«, und immer schwang dabei auch so etwas wie Respekt mit.

Am Ende wurde der Streit an einer ganz anderen Front beigelegt: im Dreiecksverhältnis zwischen den Vereinigten Staaten, den Niederlanden und Indonesien.

Anfangs steckte die Regierung in Washington in einem Dilemma. Seit jeher hegten die Vereinigten Staaten große Sympathie für jede antikoloniale Bewegung, und der Antikolonialismus stellte – und stellt – einen permanenten Unterstrom in der amerikanischen Außenpolitik dar. Gleichzeitig aber war den Amerikanern am Aufbau eines starken Europa gelegen, das ein Gegengewicht zur Sowjetunion bilden sollte. Der Besitz von Kolonien war dafür unerlässlich. Außerdem brauchten die Amerikaner überall im Stillen Ozean sichere Militärstützpunkte. Im State Department wogte deshalb auch schon seit 1945 ein Streit zwischen den »Europäern« und den antikolonialistischen »Asiaten«. Das war der Grund, warum sich bei den Niederländern die Sicherheit breit machte, sie könnten – ungeachtet der Haltung der amerikanischen Presse – auf die stillschweigende Unterstützung Washingtons zählen. Dieser Eindruck verstärkte sich noch, als die Amerikaner anlässlich der ersten Polizeiaktion keinerlei öffentliche Kritik an den Niederlanden äußerten.

Als die Regierung der indonesischen Republik jedoch einen kommunistischen Aufstand erfolgreich niederschlug, stieg das Ansehen Indonesiens enorm. Den amerikanischen Politikern, »Asiaten« und »Europäern«, wurde allmählich klar, dass die Niederlande den Archipel nie wieder so richtig unter Kontrolle würden bringen können.

In Den Haag hatte man jedoch wenig Gespür für diese Nuancen. Der Führung der Katholischen Volkspartei gelang es, die Indonesien-Politik in ihre Hand zu bekommen. Von einer Republik wollten sie nichts mehr wissen, und sie strebten nun eine Föderation der indonesischen Inseln unter niederländischer Verwaltung an. Dies war eine völlig unverantwortliche Politik, die von Männern gemacht wurde, die nur von einer Sache Ahnung hatten: der Macht in Den Haag. Sie redeten und entschieden über Ostindien und Krieg, zwei Dinge, von denen sie überhaupt keine Ahnung hatten. Die Indonesier und die niederländischen Soldaten, die in dieses sinnlose Gefecht geschickt wurden, hatten das Nachsehen.

Im Dezember 1948 begann eine zweite Polizeiaktion auf Java und Sumatra, bei der unter anderem Sukarno, Hatta und einige andere Mitglieder der republikanischen Regierung festgenommen wurden. Die ehemalige Garde von Raymond Westerling erwarb sich Verdienste, indem sie den Generalsekretär des indonesischen Schulministeriums ohne jede Art von Prozess umbrachte. Auch ein Mitglied von Hattas persönlichem Stab wurde erschossen, ein Indonesier, der in Utrecht studiert hatte und während des Kriegs im niederländischen Widerstand aktiv gewesen war. Niederländische Soldaten ermordeten auch den indonesischen Justizminister.

Das Ganze wirkte wie ein Bumerang: Der Sicherheitsrat, angeführt von den erzürnten Vereinigten Staaten, forderte einen sofortigen Waffenstillstand und die Freilassung der indonesischen Regierungsmitglieder. Hinzu kam noch, dass sich die »Europäer« im State Department all-mählich Sorgen über die Auswirkungen der Indonesien-Frage auf die schwache niederländische Wirtschaft machten. Anfang 1949 meldete die *New York Times*, die Niederlande gäben für ihre Armee in Indonesien genauso viel aus, wie sie Marshallhilfe von den Amerikanern bekämen. Das erhöhte den Einfluss, den die Amerikaner auf die Niederlande hatten, denn das Land konnte auf keinen Cent der Marshallhilfe verzichten.

In Indonesien lief das Verhalten mancher niederländischer Truppen immer mehr aus dem Ruder. Zum Teil war dies eine Reaktion auf den Terror der republikanischen Guerillas. Einheimische und Niederländer, die in ihre Hände fielen, wurden manchmal ermordet aufgefunden, mit abgeschnittenen Geschlechtsteilen, die man ihnen in den Mund gesteckt hatte, oder auf andere Weise grausam verstümmelt. Die niederländischen Soldaten hatten während ihrer Ausbildung kaum Schießen gelernt; nun schickte man sie mitten in einen Guerillakrieg hinein. Die meisten Politiker und Offiziere taten so, als hätten sie noch nie was von Exzessen der Niederländer gehört, und das sollte ihrer Meinung nach auch so bleiben. Man schob die gesamte Verantwortung auf die Soldaten, die die schmutzige Arbeit machen mussten.

So begann Westerling Schule zu machen: In West-Java, bei Sukabumi, wurden Ende Januar 1949 in zwei Dörfern hundertsechzehn Bewohner – darunter alte Bauern und Kinder – erschossen, weil sie »der Aufforderung anzuhalten keine Folge geleistet hatten«. Im Zuge einer Repressionsmaßnahme wurden im Zentrum von Java, nach einem Überfall auf einen niederländischen Laster, einundzwanzig indonesische Gefangene im Beisein des Brigadekommandanten exekutiert.

Der Oberkommandierende, Generalleutnant S. H. Spoor, sah sich im April 1949 genötigt, allen Kommandanten auf Sumatra und Java ein Telegramm zu schicken, in dem er schwere disziplinarische Maßnahmen für den Fall ankündigte, wenn »Offiziere und Mannschaften nicht begreifen können, dass Grausamkeiten und Vergewaltigungen, Diebstahl und Plünderungen eines Soldaten unwürdig sind«.

Gefoltert wurde recht systematisch. Jahre später haben der Sozialforscher W. J. Hendrix und der Soziologe J. A. A. van Doorn ein solches

Verhör minutiös beschrieben: »Die Szenerie erinnerte an alte Kupfer-stiche, auf denen das Foltern abgebildet ist: die Folterknechte roh und gewöhnlich, der Inquisitor schaut mit einer gewissen Vornehmheit zu. Die Verhöre waren zunächst meist freundlich und wohlwollend. (...) Das wirklich harte Verhör begann erst, wenn der Gefangene allmäh-lich erschöpft war. Dann brachte man die Stromdrähte an den Geni-talien an. Manche verloren anschließend das Bewusstsein. Bei dieser elektrischen Tortur scheidet der Gefangene oft Urin und Kot aus, und er springt merkwürdig auf, was unterdrücktes Lachen hinter seinem Rücken nach sich zieht.«

Hendrix' Kompanie kontrollierte zwischen Januar 1948 und August 1949 auf Java ein Gebiet, das so groß wie die Provinz Utrecht war. Er hat während dieser Zeit exakt festgehalten, welchen Terror und Gegen-terror es in diesem Gebiet gab. Der republikanische Terror bestand in der Ermordung zweier Geheimdienstleute und dem Niederbrennen von zwei Schulen und ein paar Dutzend Häusern, hinzu kommt noch eine »unbekannte Zahl« von Häusern in einem verlassenen Außenposten.

Der niederländische Gegenterror bestand darin, dass 443 indone-sische Häuser niedergebrannt wurden, vier- bis fünfhundert Menschen wurden verhaftet und dem oben beschriebenen Verhör unterworfen, bei dem vierundzwanzig Gefangene umgebracht wurden. Darüber hinaus wurden bei »Säuberungsaktionen« Dutzende – manche sagen auch Hunderte – Indonesier getötet.

Die Autoren relativieren ihr Forschungsergebnis jedoch in zweierlei Hinsicht. Es sei, so meinen sie, »durchaus nicht unwahrscheinlich, dass die betreffende Kompanie über dem Durchschnitt liegt«. Und außer-dem betonen sie, dass es in den Kolonialkriegen anderer Staaten – Frankreich in Vietnam und Algerien, Portugal in Angola, Belgien im Kongo – oft noch viel blutiger zuging. Wer dies zur Kenntnis nehme, so schreiben sie, »der wird feststellen müssen, dass die Niederlande im Verhältnis sehr viel weniger hart durchgegriffen haben«.

Das Problem der Niederlande in dieser Frage liegt jedoch auf einer ganz anderen Ebene: das endlose Leugnen, das Verdrängen der Erinne-rungen, die Weigerung, der historischen Wahrheit ins Auge zu sehen.

Immer haben die Niederländer, die über ein ähnliches Verhalten der Amerikaner in Vietnam und der Serben in Bosnien und im Kosovo so entrüstet waren, ihre eigenen My Lais und Oradours sorgfältig zugedeckt. Das ist auch der Grund, warum – abgesehen von Hendrix' Untersuchung und den Berichten aus Celebes – praktisch keine Unterlagen erhalten geblieben sind, anhand derer man exakte Angaben machen könnte. Bezeichnend sind auch die Begriffe, derer man sich bedient. Immer nur ist von »Exzessen« die Rede, bis auf den heutigen Tag. Niederländer begehen keine Kriegsverbrechen, niemals.

Unter massivem Druck der Vereinigten Staaten wurde Anfang Mai 1949 dann schließlich eine Konferenz einberufen, bei der sich die Niederlande, Indonesien und die nicht zur Rebublik gehörenden Teilstaaten an einen Tisch setzten. Hier kam man ein paar Monate später überein, doch von zwei souveränen Staaten auszugehen und in der Union lediglich die Zusammenarbeit locker zu institutionalisieren. Allerdings weigerten die Niederlande sich, über Neuguinea zu verhandeln, was im deutlichen Widerspruch zur Übereinkunft von Linggadjati stand. Man wollte dieses Gebiet als möglichen Fluchtort für indonesisch-europäische Migranten in der Hinterhand behalten. Am 27. Dezember 1949 wurde Indonesien in die Unabhängigkeit entlassen.

»Tatsächlich verhält es sich so, dass die Vereinigten Staaten die Niederlande aus dem indonesischen Sumpf gerettet haben«, schlussfolgert Cees Fasseur, Professor für indonesische Geschichte, zu Recht. »Das ostindische Abenteuer war in sehr hohem Maße das Abreagieren der Frustrationen und Demütigungen aus fünf langen Kriegsjahren. Dass manchen dieser Gefühle ein langes Leben beschieden war, bewies die Neuguinea-Frage.«

Die Folge all dieser Umstände war, dass eine mehr oder weniger natürliche Arbeitsbeziehung zwischen zwei selbstständigen Staaten – wie zum Beispiel Großbritanien und Indien sie pflegen – zwischen den Niederlanden und Indonesien nie enstanden ist. Die vielen Möglichkeiten dazu wurden von provinziellen Politikern aller niederländischen Parteien fachmännisch im Ansatz zerstört. Eine große Menge Erfahrung, Kapital und Wissen wurde dadurch vernichtet.

Vernichtet wurde auch der Frieden und die Unschuld zahlloser einfacher Burschen, die in den Osten geschickt worden waren. Der Mythos von den »rettenden« Holländern ließ sich vor Ort oft nicht aufrechterhalten. Und als die Soldaten das merkten, blieb unklar, was die Politiker in Den Haag denn nun von ihnen erwarteten. Wofür kämpften sie eigentlich? Wofür fielen ihre Kameraden? Das war schon damals die Frage, und später natürlich erst recht.

Die Niederlande haben sich, wie gesagt, lange Zeit geweigert, sich diesem Teil ihrer Geschichte zu stellen und damit ins Reine zu kommen. Offenbar fiel es sehr schwer, sich bewusst zu machen, dass die historische Identität der »unschuldigen« Niederlande auch pechschwarze Seiten hat, dass »das Böse« nicht nur jenseits unserer Ostgrenze gewohnt hat, sondern auch in uns selbst.

Fast die gesamte niederländische Literatur über das ehemalige Niederländisch-Indien beschreibt nostalgisch die Atmosphäre der guten alten Kolonialzeit. Für die andere Seite der Geschichte, wie sie im Rhemrev-Bericht beschrieben wird, hat man sich nie sonderlich interessiert. Als der Indonesien-Kenner Jan Breman 1987 diesen Bericht in seiner eigenen Untersuchung erneut publizierte, reagierten einige sehr feindlich darauf. Ähnliche Kritik traf auch den Nationalhistoriker Lou de Jong, als er eine Reihe von unangenehmen Fakten veröffentlichte, die das Verhalten des niederländischen Militärs während der polizeilichen Aktionen in ein negatives Licht rückten. Man gründete sogar ein »Komitee für die historische Ehrenrettung von Niederländisch-Indien«, das mit Hilfe der Gerichte eine positivere Geschichtsschreibung erzwingen wollte.

Noch 1995, ein halbes Jahrhundert nach der Unabhängigkeitserklärung Indonesiens, verweigerte die niederländische Regierung die Teilnahme von Königin Beatrix an den Jubiläumsfestlichkeiten. Die Regierung in Jakarta hatte, als eine Geste der Versöhnung, die Landesfürstin nachdrücklich eingeladen, zusammen mit den Indonesiern die fünfzigjährige Unabhängigkeit zu feiern. Die Niederländer waren der Ansicht, Indonesien sei erst 1949 unabhängig geworden, und so besuchte die Königin das Land erst vier Tage nach dem Fest. Dies war nicht nur eine unvorstellbar grobe Geste, es war mehr. Noch immer wollten die Niederlande die Rechtmäßigkeit des Aufstands nicht anerkennen. Noch immer wollte Den Haag nicht verstehen, worum es ging.

*

In einer Zigarrenkiste finde ich die Stammkarten für die Lebensmittelmarken, und sogleich sehe ich die ganze Familie vor mir, wie sie, mitgenommen aber wieder beieinander, an der Westersingel in Leeuwarden wohnte.

Außer Cas wurden alle am 20. August 1947 dort gemeldet. Mein Vater – geboren am 28. September 1899. Gjalt – 16. April 1930. Tien – 15. November 1931. Mutter – 24. Mai 1901. Hans – 5. März 1937. Geert – 4. Dezember 1946. Unser Hausmädchen Aukje Swart, geboren am 2. Januar 1927, aufgewachsen in Sint Annaparochie und seit dem 14. Juni 1948 in der Westersingel gemeldet. Und schließlich die alte und verschlissene Stammkarte von Cas, der ja bereits einige Jahre in den Niederlanden auf dem Buckel hatte. Geboren am 5. März 1927. Am 6. Mai 1946 in die Marnixstraat in Amsterdam verzogen. Doch seiner Karte kann ich entnehmen, dass er am 27. April 1949 wieder nach Leeuwarden gezogen ist. Anna hatte wieder angefangen, als Krankenpflegerin in Amsterdam zu arbeiten.

Mein ältester Bruder hatte den Entschluss gefasst, sein Physik- und Chemiestudium abzubrechen. Es war ihm alles zu oberflächlich. Theologie, das war's. Mit ein paar Freunden wollte er die Kirche von innen her reformieren. Er kam nach Leeuwarden und verkroch sich zwei Jahre lang in sein Erkerzimmer, um für sein Staatsexamen zu lernen. Sein Studium kam sehr langsam voran, sehr zum Ärger meiner Mutter. Er brachte allerlei neue Leute ins Haus, steckte ständig voller wilder Pläne und Gedanken, trug Gedichte vor und brachte seinen jüngsten Brüdern die Dinge bei, die ihm wichtig waren. Er lehrte mich schon im Grundschulalter, Gedichte von Lucebert zu rezitieren:

Ich berichte, dass die samtenen Dichter zünftig
schüchtern und humanistisch totgehen
den gerührten Henkern wird künftig
die heiße eherne Kehle musikalisch aufgehen

noch ich, der ich in diesem Band wohn
wie eine Ratte in der Falle, lechz nach dem Pfuhl
der Revolution und ruf: Reimratten, Hohn,
Hohn noch dieser viel zu schönen Poësieschul.

Wie eine kleine Handgranate schickte er mich damit zu meinem christlich-nationalen Schulmeister.

Im Nachhinein denke ich, Cas hat seine während des Kriegs verlorene Spielzeit auch mit solchen Dingen nachgeholt. Er ließ sich durch alles ablenken, baute mit Hans prächtige Brücken und Kräne mit dem Meccano-Baukasten; tagelang waren sie damit beschäftigt. Auch in den orthodox-kalvinistischen Jugendclubs in Leeuwarden fiel er sofort auf. Überall führte er neue Gedanken ein, zum Beispiel dass es auch andere Wissenschaften als die Theologie gibt – Psychologie, Soziologie – und dass man die Welt auch von deren Standpunkt aus betrachten kann. Für die Elite der Freien Universität war das alles nicht neu, für die suchende Jugend in Leeuwarden war es manchmal eine Offenbarung.

Schon bald merkte er, wie einsam und beschränkt das theologische Studium war. »Meine christlichste Zeit war die Periode meines Chemiestudiums«, seufzte er später manchmal. Dort habe man zumindest über ethische Probleme nachgedacht, über die Grenzen der menschlichen Freiheit, über die Atombombe. Was er bei den Chemikern kennen gelernt hatte, das Diskutieren und die gedankliche Durchdringung, das hoffte er in noch viel stärkerem Maße bei den Theologen zu finden. Er stieß aber auf Starrheit, Orthodoxie und Engstirnigkeit. Als er schließlich vor den friesischen Predigern sein kirchliches Examen ablegte, warf man ihm vor, er sei »zu sehr Herr«. Er müsse »mehr Bauer werden«. Alle lachten. Auch mein Vater.

Mein Vater hat vermutlich nie geahnt, mit welchen Problemen sein ältester Sohn rang, und ich fürchte, er wollte es auch nicht wissen. Einmal, gleich nach dem Krieg, schickte er Cas einen langen Brief, eine Beichte beinah, in dem er von seinen eigenen »Malästen«, wie er es nennt, berichtet: »Durch die Praxis habe ich allmählich gelernt, zu organisieren und diszipliniert zu leben und zu arbeiten«, schrieb er. »Jeder Mensch hat in seinem Leben Schwierigkeiten zu überwinden. Wenn er ein solches Hindernis überwindet, dann gewinnt er an Selbstvertrauen. Doch jeder begegnet auch Problemen, die er – aus welchem Grund auch immer – nicht überwinden kann. Dann ist es nicht richtig, so zu tun, als gäbe es sie nicht. Doch wenn ich mir in aller Ruhe die Gründe klar gemacht habe, dann lasse ich sie offenen Auges links liegen.«

Ansonsten redete er nicht mehr mit ihm darüber. Cas' Studium war für ihn wahrscheinlich auch so eine Schwierigkeit, die man besser links liegen ließ.

Damals war er nur selten zu Hause, doch wenn er da war, dann war es gemütlich und schön. Geschichten erzählen war nicht mehr so ganz seine Sache, aber man sah, dass er Freude an seinen Kindern, am Radio, an seiner Pfeife und am Lachen bei Tisch hatte, und auch er selbst sprudelte von all dem über, was er erlebt hatte.

Tatsache war, dass er einfach fürchterlich viel zu tun hatte. Er musste alle Krankenhäuser abklappern und dort die orthodox-kalvinistischen Patienten besuchen. Außerdem erwartete man von ihm, dass er rund um Leeuwarden die Evangelisationsarbeit organisierte. Im Prinzip war er dafür genau der richtige Mann, denn in Birma hatte er gelernt, mit allen und jedem Kontakte anzuknüpfen. Manchmal fuhr er mit dem Lautsprecherwagen von Bruder Lodema über die Dörfer, manchmal hielt er Straßenpredigten in der Hauptgeschäftsstraße von Leeuwarden, dann wieder veranstaltete er eine Kirmesaktion, bei der die Gemeindejugend Flugblätter verteilte, auf denen stand, es gebe auch andere menschliche Freuden.

Jeden Sonntag musste er zwei-, drei- oder gar viermal predigen, er engagierte sich in allerlei Vereinen – von Laubsägeclubs für die Kinder aus den Hinterhöfen bis hin zum vornehmen Komitee für Lebensfragen –, und dann gab es noch die Versammlungen mit anderen Pfarrern und den Kirchenräten. Außerdem war er Vorstandsmitglied einer Stiftung, die unverheirateten Müttern half. Diese Stiftung hatte den Namen »Rat und Tat«, doch bei uns zu Hause hieß sie immer nur »Rat nach der Tat«. Das Büro war bei uns auf dem Speicher untergebracht, und jeden Freitagnachmittag bot eine Sozialarbeiterin dort eine

Sprechstunde an. Dann standen die wütenden Mütter mit ihren gefallenen Töchtern bereits in der Diele und warteten. Wenn ich dann mit meiner elektrischen Eisenbahn spielte, wurde das Summen der Lokomotive und das Klicken der Weichen regelmäßig von Schluchzen und keifenden Vorwürfen übertönt.

Und außerdem waren da noch die vielen Beerdigungen. So wie ein Arzt immer wieder raus muss, weil irgendwo ein Kind geboren wird, so durchkreuzen im Leben eines Pfarrers Beerdigungen ständig Pläne und Termine. Ein Fahrradausflug kann nicht stattfinden, weil plötzlich jemand begraben werden muss. Eine Geburtstagsfeier? Ich sehe meinen Vater heute noch mittendrin mit einem hohen Hut und schwarzem Mantel forteilen, wobei er noch rasch eine passende Predigt aus der Schublade nimmt. Kurz vor Schluss ist er wieder da, um der Kinderschar die versprochene Geschichte zu erzählen. In der Zwischenzeit hat er eine Predigt gehalten, hat mit den Angehörigen gesprochen und ist an der Spitze des Zugs dreimal um die Kirche gegangen, denn auch bei den orthodox-kalvinistischen Friesen kamen alte Traditionen nur langsam aus der Mode.

Äußerlich veränderte er sich nur langsam. Sein Haar wurde etwas dünner, er bekam ein paar Falten mehr, doch er hatte immer noch denselben kräftigen Schritt wie früher. In der Stadt fiel er auf, weil er »wie ein normaler Mensch« Rad fuhr und nicht wie ein steifer Pfarrer. »Man merkte, dass er viel erlebt hatte«, sagte jemand, der ihn damals kannte. »Er verurteilte niemanden, und er konnte ganz unerwartete Zusammenhänge herstellen.« Seine Predigten waren gediegen. Vor allem später folgte er progressiven Theologen und Politikern ein wenig unkritisch, doch er versuchte wirklich, sein Leben gemäß der Lehre zu gestalten, die er verkündete. Vor allem die jungen Menschen mochten ihn, auch wenn er in ihren Augen ein wenig zerstreut war. Manchmal hatte man den Eindruck, er sei mit seinen Gedanken ganz woanders.

Um Weihnachten herum fand jedesmal der »Zehn-Tage-Feldzug« statt, eine fürchterliche Zeit, in der er jeden Abend unterwegs war, zur Weihnachtsfeier des Evangelisationsvereins, zu einer Frauengemeinschaft mit heißer Schokolade und einer Apfelsine, einem nächtlichen Weihnachtsgottesdienst … Einmal hat er zwischendurch auch noch ein Weihnachtsbuch mit dem Titel *Und dennoch Freude* zusammengestellt. Wenn er dann am zweiten Feiertag ein paar Stunden Zeit hatte, um mit seiner eigenen Familie todmüde Weihnachten zu feiern, konnte meine Mutter dem Drang nicht widerstehen, hin und wieder diese drei Worte mit einem ironischen Lächeln fallen zu lassen.

Mein Vater fürchtete sich immer vor drei Dingen: zu spät zu kommen, seine Predigt zu vergessen und vor dem »Teuren«. Vor allem um den Jahreswechsel herum reichte ein erbauliches Wort über die »teuren Verstorbenen« oft aus, um viele Kirchenbesucher zum Taschentuch greifen zu lassen. Die Gemeindemitglieder legten großen Wert auf dieses »Teuren«, doch in professionellen Predigerkreisen galt es als ein billiger und geschmackloser Trick. Einmal ließ mein Vater an Silvester die gesamte Gemeinde von Spannum in Tränen ausbrechen, und ich erinnere mich noch daran, wie kühl meine Mutter ihn anschließend empfing.

Ihr Leben hatte sich nach dem Krieg einschneidend verändert. Mein Vater nahm die Dinge so, wie sie kamen, doch meiner Mutter bereitete das große Schwierigkeiten. Ihre Gesichtszüge waren schärfer geworden. Durch die Zeit im Lager und die anschließende Schwangerschaft hatte sie alle Jugendlichkeit verloren. »Der Punkt war nicht, dass ich mehr wollte, als ich bewältigen konnte«, schrieb sie meinem Bruder Cas später in einem Anfall von Offenheit. »Ich *musste* mehr tun, als ich konnte.« Aber sie hatte während der Kriegsjahre auch viel gelernt. Sie gestand, dass sie sich in Medan nie an das parvenühafte Betragen ihrer Bekannten hatte gewöhnen können und dass sie oft auch krampfhaft »anders als andere« hatte sein wollen. Im Lager hatte sie dann den wirklichen Wert von Freundschaft erfahren, weil alles Äußerliche damals von den Menschen abgefallen war. Sie hatte dort gelernt, was die größten Werte im menschlichen Leben sind, und – wichtiger noch – sich so zu geben, wie sie war.

»Nach dem Krieg spürte ich sehr deutlich: Wenn wir wieder alle beisammen sind, dann müssen wir genügsam und diszipliniert leben, ohne jeden Schnickschnack, und mit einem offenen Auge und einem offenen Ohr für einander und unsere Umgebung. Ob daraus etwas geworden ist, musst Du selbst beurteilen. Mir selbst hat die meisten

Probleme bereitet, dass Dein Vater auf die Befreiung so vollkommen anders reagierte als ich. Vielleicht war ich beim ›Wiederaufbau‹ zu ungeduldig, ich wollte so schnell wie möglich wieder zur ›Normalität‹ zurückkehren, wollte ein Haus mit privater Atmosphäre, vielleicht weil ich mich so sehr nach Ruhe sehnte. Vaters Reaktion war vermutlich die allernatürlichste: kein Trara, gut essen, und der Rest kommt dann schon von ganz allein. Uns selbst ist das erst später bewusst geworden, mir meine Verkrampftheit, Vater seine Oberflächlichkeit. Aber Du verstehst, dass wir damals unbewusst eher gegeneinander arbeiteten, als dass wir uns unterstützten.«

Das lag jedoch nicht nur am Krieg und seinen Nachwehen. Auch die Tatsache, dass mein Vater nun ein »spezialisierter« Prediger geworden war, muss für meine Mutter weitreichende Konsequenzen gehabt haben. Ihre Stellung in Den Briel und Medan war vergleichbar mit der, die auch die Gattin des Dorfarztes innehatte. Auf einmal existierte die gemeinsame Firma, die meine Eltern gleichsam betrieben, nicht mehr, und damit war auch ihr Lebensinhalt stark zusammengeschrumpft. Jetzt war sie nur noch die Mutter von ein paar heranwachsenden Kindern und die Frau eines Mannes, der nie zu Hause war. Für eine so intelligente und vielseitige Frau muss das eine schwer zu verkraftende Veränderung gewesen sein.

Auch hierfür hatte mein Vater keinen Blick. Er hatte keine Ahnung, worauf sie alles für ihn verzichtete und wie wunderbar sie es fand, wenn er sonntags einmal in aller Ruhe am Mittagessen teilnehmen konnte. So erfüllt war er von dem Gedanken, das Evangelium predigen zu müssen. Andere Menschen ermahnte er, nicht der Sklave ihrer Arbeit zu werden. Geistliche waren davon offenbar ausgenommen. Auch Gjalt und Tineke hatten es nicht leicht. Zwar passten sie sich äußerlich einigermaßen an, doch innerlich blieben sie ostindische Lagerkinder. Als sie in Vlaardingen wohnten, hatten sie das Gymnasium in Schiedam besucht, wo eine freundliche, offene Atmosphäre herrschte und wo sie sich zu Hause fühlten. In Leeuwarden gefiel es ihnen überhaupt nicht.

Über den Unsinn, den manche Lehrer erzählten, konnten sie zu Hause nicht reden. Die Meinungen dieser Männer über die Welt, die Geschichte, über die Politik und das, was in der Bibel steht, ihre Witze, all das fanden sie abscheulich. Es gab einen Lehrer, der ständig rief: »Wenn Ostindien verloren geht, ist alles verloren.« Sie waren wirklich zutiefst schockiert über die Ansichten, denen sie dort begegneten, auch wenn sie vor ein paar Lehrern und dem Rektor einen gewissen Respekt hatten. Aber vielleicht waren es nicht einmal die Menschen, die sie so bedrückten, vielleicht war es viel mehr die Atmosphäre dort, diese komplett mit Zeitungen zugeklebte Welt.

Mein Vater schrieb in einem seiner ersten Briefe nach dem Krieg: »Die Jugend lernt aus diesen Jahren und wird dadurch geläutert.« So einfach ging das aber nicht. Die Leffelaar-Augen waren bei fast allen Lagerinsassen verschwunden, aber sie mussten zusehen, dass sie auf irgendeine Weise mit ihrer Vergangenheit ins Reine kamen. Zum Beispiel indem sie extrem viel arbeiteten oder indem sie sich mit einer Kruste aus Beherrschung und Kultiviertheit umgaben, unter der das Chaos wütete, oder indem sie bei schwerwiegenden Problemen eine Art emotionalen Filter benutzten. Und alle hatten sie ein sehr starkes Bedürfnis nach Unabhängigkeit entwickelt oder, besser gesagt, eine große Angst vor Abhängigkeit.

Bei uns zu Hause pflegte man in gewisser Weise noch jahrelang den starken Mann zu markieren. »Schlimmer als tot geht doch nicht«, sagte Gjalt, wenn er wieder einmal in einen beängstigend hohen Baum kletterte. Tineke erzählte später, dass sie nach dem Krieg keinen Respekt mehr vor Erwachsenen hatte. »Im Lager hatten wir Erwachsene so dumme, kindische und gemeine Dinge tun sehen, wir haben gesehen, wie vornehme Damen Milch austeilten und wie sie die anderen dabei betrogen, vor all diesen Menschen hatten wir keinerlei Achtung mehr. Und dadurch war unser Denken auch unglaublich frei.«

Hinzu kam noch ein Gefühl, das tiefer wurzelte und das alle ehemaligen Internierten hatten: die Gewissheit nämlich, dass man – wenn der Krieg noch länger dauerte – nicht überleben würde. Dass man sterben würde, wie auch immer. Und das Auffällige war, so schrieb Henk Leffelaar, dass dieses Gefühl mit der Befreiung nicht verschwand. »Niemand, der sich guter Gesundheit erfreut, erwartet, denkt daran oder rechnet auch nur mit der Möglichkeit, dass es morgen, in einer Woche, in einem Jahr aus und vorbei sein kann. Der Tod ist für die Lebenden ein großes Tabu, doch in den Lagern war er für die Lebenden kein Tabu mehr, sondern Wirklichkeit.« Deshalb haben auch so viele Ex-Gefangene das Gefühl, ihre Lebenszeit nur geliehen zu haben, als seien sie, um es mit den Worten von Leffelaar zu sagen, »Gäste, welche die ihnen geschenkte Gastfreundschaft missbrauchten«.

Es hat den Anschein, als sei dies den Erwachsenen kaum bewusst gewesen. Aus den Briefen meiner Eltern und Großeltern spricht eine enorme Anteilnahme, doch eine Tatsache wird systematisch ausgeblendet: dass diese Kinder und Enkel mit ihren zehn, zwanzig Jahren in mancherlei Hinsicht mehr erlebt hatten als ihr Großvater in all seinen ehrwürdigen achtzig Jahren zusammen. Gjalt wurde wie ein fünfzehnjähriges Schulkind gelobt, obwohl er bereits über hundert Toden getrotzt hatte. Anna wurde wie ein junges Mädchen bevormundet, obwohl sie sich mit sehr viel Geschick allein durch die Kriegsjahre geschlagen hatte. Und Tineke bekam zu ihrer großen Überraschung plötzlich Ärger mit meiner Mutter, weil sie nach einem Volkstanzwochenende erst um Mitternacht nach Hause kam: Die vollkommen abhängige Frau aus dem Lager entpuppte sich auf einmal als scharfe Wächterin der kleingeistigen holländischen Sitten. Über Hans schrieb mein Großvater, »viel Lesen, jedenfalls wenn es sich um gute Literatur handelt, bildet Kinder wirklich«, während dieses »Kind« schon ein paar Mal an der Schwelle des Todes gestanden hatte.

»Er steht wieder mit beiden Beinen auf der Erde, der junge Mann«, schrieb mein Großvater im Frühjahr 1948 über Cas, und das war das Einzige, worauf es ankam. »Die Gesellschaft braucht junge Burschen, die fest auf beiden Beinen stehen!« Das Merkwürdige ist: Wenn ich die Briefe von Cas und Anna lese, spüre ich gerade eine sehr frühe Reife: Anna, die sich mit siebzehn wie eine Mutter Sorgen um Cas macht. Cas, der meine Mutter im Tonfall eines älteren Bruders auf familiäre Probleme aufmerksam macht, wie ein Mann in den Vierzigern. Mit einem Schrecken wird mir bewusst, dass er zu diesem Zeitpunkt noch keine fünfundzwanzig war. Doch damals bemerkte man das eigentlich nie, geschweige dass man es anerkannt hätte.

*

So lebten nach dem Krieg zwei Arten von Jugendlichen mehr oder weniger nebeneinander her: diejenigen, die viel zu viel erlebt hatten, und diejenigen, die fast nichts erlebt hatten. Eine Zwischenform schien es nicht zu geben. Gleichzeitig tat jeder so, als sei nichts geschehen.

Tineke, Hans und Gjalt fiel es schwer, neue Freunde und Freundinnen zu finden. Sie hatten viele nette Mitschüler, und sie gingen auch zusammen mit ihnen aus, doch dabei blieb es. Es gab schließlich keine gemeinsame Vergangenheit, auf die man hätte zurückgreifen können. Die meisten ihrer Mitschüler kamen aus den umliegenden Dörfern, in denen noch nie etwas passiert war, nicht einmal während des Kriegs. Diese Kluft war fast unüberbrückbar.

Meine Mutter erkrankte erneut und musste das Bett hüten. Ihr altes Lagerleiden, Rippenfellentzündung, machte ihr wieder zu schaffen. Wie selbstverständlich musste Anna erneut ihre Ausbildung unterbrechen, damit sie sich um den Haushalt kümmern konnte. Cas lernte ein Mädchen kennen, eine muntere Friesin. »Sie macht einen sehr netten Eindruck«, berichtete meine Mutter den van der Molens Anfang September 1949. »Sie ist intelligent, nüchtern, sportlich und gewiss nicht kunstsinnig. Aber sie ist feinfühlig. Ich hoffe, sie bleibt der Familie erhalten.« Das blieb sie tatsächlich.

Gjalt war immer noch von der Musik fasziniert. Manchmal konnte er, wenn er ein Stück gehört hatte, den ganzen Tag nichts mehr tun, weil es ihm nicht mehr aus dem Kopf ging und er innerlich so aufgewühlt war. Tineke und Cas spielten Flöte, Anna Klavier, und mich brachten sie mit traurigen Weihnachtsliedern zum Heulen. Hans kümmerte sich unermüdlich um mich, er erzählte mir phantastische Geschichten, und oft radelten wir zusammen durch Leeuwarden: Er saß auf dem Sattel und trat in die Pedale, während ich auf der Stange hockte und lenkte. Eine Sache jagte ihm aber einen ziemlichen Schrecken ein: als er sah, dass ich mit drei dasselbe Hemd trug, das er mit acht im Lager angehabt hatte.

An der Westersingel herrschte permanenter Geldmangel. Meine Mutter schrieb im Januar 1949: »In Medan konnte ich von meinem Haushaltsgeld auch noch die Gasrechnung bezahlen, ich konnte das

Service ergänzen und Kleidung und Schuhe kaufen. Heute verfüge ich über mehr Geld als früher und kann davon nur die notwendigsten Ausgaben bestreiten, obwohl ich sehr sparsam bin. Butter, Eier, Schweinefleisch und Hülsenfrüchte sind absoluter Luxus. Viele Menschen, und es sind nicht nur die Arbeiter, können sich sonntags nicht einmal mehr Kekse leisten. Was unser Privatleben angeht, müssen wir unsere Ansprüche zurückschrauben, und wir erfahren am eigenen Leib, dass wir in einem armen Land leben.«

Aus Sparsamkeit wurde das Telefon praktisch nicht benutzt. Der Apparat hing in der Westersingel – so wie in vielen anderen Häusern – im Flur an der Wand. Es war ein Kommunikationsmittel, mit dem man kurze Nachrichten übermittelte. Ferngespräche führte man äußerst selten, sondern griff lieber zum Stift und schrieb einen Brief. Im schriftlichen Äußern von Gedanken und Gefühlen war die ganze Familie außerordentlich fleißig. Als meine Großmutter in Vlaardingen im Dezember 1948 ihren achtzigsten (und letzten) Geburtstag feierte, da galt es als große Ausnahme, dass beim Kaffee – »mit einem Vorkriegskuchen«, wie mein Großvater schrieb – das Telefon nach oben getragen wurde, damit sie mit ihren Lieben reden konnte. Und als sie ein paar Tage später ernsthaft erkrankte, da teilte der Großvater dies seinen Kindern nicht per Telefon mit, sondern schickte einen kurzen Brief.

Die Familie überlebte auf russische Art: durch Gartenbau. Gjalt züchtete Mangold. Ganze Töpfe voller Brombeermarmelade wurden gekocht, und Anna und Tineke machten endlos Bohnen ein. Speicher und Keller waren regelrechte Vorratslager, voller Äpfel, Kartoffeln, Marmeladen, Weckgläsern und riesigen Büchsen mit australischem Honig, die mein Vater über einen Lagerkameraden bezog. Mit zusätzlichen Gottesdiensten verschaffte er sich zusätzliche Einnahmen, doch viel war das nicht. »Man könnte meinen, Catrinus sei ein Predigtautomat«, schrieb Großvater van der Molen im Februar 1948. »Aber ein Zehner pro Gottesdienst ist zu wenig. Das ist unter dem Marktpreis!«

Aus der Korrespondenz geht hervor, dass innerhalb der Verwandtschaft ständig Geld und Lebensmittelmarken hin und her wanderten: für Opa etwas besonders Leckeres, eintausendsechshundert Gramm Brot für Leeuwarden: »Aber denk daran, es vor Samstag zu kaufen, denn sonst verfallen die Marken.« Das Speditionswesen arbeitete noch sehr gut. Immer wieder stoße ich in den Briefen auf Stellen, an denen von den merkwürdigsten Dingen die Rede ist, die per Spediteur zwischen Vlaardingen, Leeuwarden und Eindhoven hin und her geschickt werden: kleine Tonnen mit Heringen, Kleidung, Weihnachtstruthähne und im Herbst 1948 sogar drei Öfen. Die Transportkosten werden gar nicht erwähnt und können deshalb nicht besonders hoch gewesen sein.

Der allwöchentliche Brief meines Großvaters vom 14. Oktober 1948 behandelt zum größten Teil das Problem des sparsamen Heizens: »Herrlich, dieser Koks und der Torf. Ob der Küchenherd damit die ganze Nacht anbleibt, bezweifle ich, aber wenn man noch etwas Anthrazit dazumischt, kann man wunderbar damit heizen.« Und eine Woche später: »Übrigens, die Mischung aus Koks und Eierkohlen wird Dir auch gefallen.«

Auf den Umschlägen und den Briefrändern finde ich regelmäßig Additionen und komplizierte Kodierungen bereits ausgegebener oder noch vorhandener Marken, Spuren von endlosem Rechnen, Knobeln und Brüten. Jetzt, da ich die Briefe nach so vielen Jahren in den Händen halte, überkommt mich der beinah unbezwingbare Drang, all den Lieben von damals einen Scheck zukommen zu lassen, quer durch Raum und Zeit hindurch, in die Westersingel 28 in Leeuwarden, am 5. Dezember 1949.

*

Meine Mutter erkrankte immer mehr. Am 18. März 1948 konnte sie bereits nicht mehr ihren Vater an seinem Geburtstag besuchen. Als Großmutter van der Molen kurz vor Weihnachten 1948 starb, war sie – soweit ich das eruieren konnte – ebenfalls nicht im Stande hinzufahren. Einer der letzten Briefe meiner Großmutter stammt aus dem Frühjahr 1948. Mit großen geschwungenen Buchstaben schreibt sie: »Bist Du bereits beim Frühjahrsputz, Geert? Es ist vielleicht noch ein wenig kalt. Unser Haus ist unten schon sauber. Ich bin erschöpft, ich kann den Stift nicht länger halten, ein Kuss von Mutter.«

Meine Mutter lag die ganze Zeit oben im Bett, bis sie schließlich im Herbst 1949 mit einem Lazarettzug in den Kurort Davos in den Schwei-

zer Alpen gebracht wurde. Im Frühjahr 1950 war sie so weit wiederhergestellt und konnte nach Hause fahren.

Sie schickte mir ein paar Karten aus der Schweiz, die mich so traurig machten, dass sich auch heute noch etwas in mir zusammenzieht,
wenn ich sie betrachte. Ich habe sie in ihrer Sammlung wiedergefunden: ein hungriges Eichhörnchen, ein kaltes Dorf, ein weinender Junge
im Schnee. »Mutter sah neulich auch einen kleinen Jungen, der weinte,
weil sein Ski zerbrochen war«, stand auf der Rückseite.

Währenddessen machte Anna den Haushalt auf ihre Weise. Sie verfügte in der Familie über eine natürliche Autorität, alle taten, was sie
sagte, sie teilte sich ihre Arbeit genau ein, und eigentlich lief alles sehr
gut. Nur meine Mutter war der Ansicht, bei uns gehe es zu wie bei den
»Zigeunern«. Es kam zu Spannungen zwischen Anna und meiner Mutter, die mit der Zeit wuchsen.

Als meine Mutter wiederkam, ging Anna bald darauf zurück nach
Amsterdam. Sie wurde einfach wieder Schwesternschülerin mit einem
Einkommen von achtzig Gulden im Monat. Die Arbeit machte ihr
Freude; das war dann eben ihr Leben. »Man dachte darüber auch gar
nicht weiter nach, man machte es eben einfach«, sagte sie später.

Ich sehe uns so vor mir, wie wir damals waren, und so, wie meine
Mutter uns in ihren Briefen aus den Sommern von 1949 und 1950 beschreibt: Hans sitzt am Radio und hört sich *De Wigwam* an. Ich spiele
alles nach, was ich sehe. Meine Mutter: »Dann wieder ist er Eisverkäufer
und erkundigt sich interessiert, ob das Eis auch ›schön kalt‹ ist, oder er
ist eine Katze, eine Kuh oder ein Schwein, das laut grunzend in einen
gedachten Viehtransporter verladen wird.«

Mein Vater unternimmt mit Tineke und Gjalt eine zehntägige Wanderung durch die Provinzen Brabant und Limburg. Wir haben Gäste,
die halbe Familie fährt mit dem Rad und einem Eimer auf dem Ge-
päckträger einen ganzen Tag in die Wälder, um Brombeeren zu pflü-
cken. Die Ausbeute: zwölf Gläser Marmelade. Gjalt hat einen Ferien-
job bei einem Bauern. Er bringt zwei italienische Jungen mit nach
Hause, die kein Geld mehr haben. »Bei Tisch herrscht eine einzige ba-
bylonische Sprachverwirrung. Es wird Niederländisch, Französisch,

Englisch, Italienisch und – wenn gar nichts mehr geht – Latein gesprochen.«

In den Briefen stoße ich auf neue Ausdrücke: Eine »schwierige Lage« heißt jetzt »elende Situation«, das Wort »organisieren« wird bei jeder passenden und unpassenden Gelegenheit benutzt, genauso wie »heiß«.

Nach diesen beiden Sommern gingen die Kinder immer mehr ihrer eigenen Wege. Gjalt fasste den Entschluss, etwas Handwerkliches zu machen. Er ließ das Gymnasium Gymnasium sein und wechselte auf eine Gartenbauschule in Frederiksoord. Danach wurde er Lehrer mit einem großen Interesse für den Landbau, genau wie sein Großvater. Cas ging nach Amsterdam, um dort Theologie zu studieren. Bald darauf folgte ihm Tineke, die – mit einem Stipendium von elfhundert Gulden im Jahr – klassische Sprachen belegte. Mein Vater arbeitete Tag und Nacht.

Ganz selten verbrachten meine Eltern etwas Zeit gemeinsam, sonntags nachmittags zum Beispiel, wenn mein Vater zufällig mit einer Predigt früh fertig war und die Kinder eine andere Kirche besuchten. Dann saßen sie zusammen im Wintergarten und schrieben oder lasen, meine Mutter in einem Liegestuhl, der Familienteddy am Fußende, der Bär, der alle Lager überlebt hatte.

KAPITEL 14

Die Schnelligkeit des Lebens

In der Nacht vom Samstag zum Sonntag, dem 1. Februar 1953, geschah das, was Niederländer immer fürchten: Das Wasser kam. Ein unerhört schwerer Nordweststurm in Verbindung mit einer Springflut trieb das Meer im Delta Südhollands und Zeelands auf eine solche Höhe, dass vielerorts die Deiche brachen. Friesland entging mit knapper Not einer Katastrophe. Das niedrig gelegene Südholland wurde nur dadurch gerettet, dass ein Schiffer seinen Kahn opferte: Mit dem Schwenk seines Lebens drehte er das Schiff genau vor das Loch im Deich der holländischen IJssel und hielt so die Fluten auf.

Am Schiedamer Hoofd war man seit jeher an Hochwasser gewöhnt. Immer wieder einmal staute das Meer das Wasser im Nieuwe Waterweg zurück, mit einem Kanonenschuss wurden die Deichwarte alarmiert, man trommelte die Nachbarn aus dem Bett, damit sie schleunigst Fenster und Türen mit Planken sicherten, und nach einem Tag war die Sache wieder ausgestanden. »Dann dichtet man im Hocken alles mit Lehm ab, bis einem die Beine weh tun«, schrieb mein Vater als Siebzehnjähriger nach einer solchen Nachtaktion. »Hinter einem kommt das Wasser heran, mit Stroh und Wasserlinse vorneweg, mal ist es ganz nah, mal geht es wieder zurück. Über einem reiben sich die Äste der Bäume im Wind aneinander, ein scheußliches Geräusch, und immer wieder hört man neue Böen kommen.«

Diesmal kam es anders. Das erste alarmierende Vorzeichen war schon am frühen Samstagabend zu beobachten: Das Wasser ging nicht zurück, obwohl Ebbe war. Wegen der Springflut blieb es auf seinem hohen Stand. Die Meteorologen des Sturmflutwarndienstes hatten schon am Mittag einen sehr schweren Sturm und eine »enorme Flutwelle« vorhergesagt. Sie entschieden, die selten erteilte Warnung »gefährliches Hochwasser« auszugeben, aber ihr Telegramm erreichte nur wenige Verantwortliche. So gut wie niemand hatte irgendwelche Vorsorgemaßnahmen getroffen.

In Leeuwarden stürmte es gegen Abend so stark, dass Hans und ich auf der Brücke vom gemeinsamen Fahrrad geweht wurden. In Schiedam wurden die Flutwehre vor den Türen und Fenstern schon bald undicht. Zunächst versuchten die Maks das Problem noch mit Hilfe von Eimern zu lösen, aber um Mitternacht drang das Wasser auf einmal mit voller Kraft über die Flutwehre hinweg ins Haus, wenig später auch von der Rückseite her. Catrinus holte noch blitzschnell die Buchhaltungsunterlagen aus dem Büro, griff zum Telefonhörer, um die Polizei anzurufen – das Hoofd war eine entlegene Ecke – und brach dann das Gespräch schnell wieder ab: »Ich muss jetzt auflegen, ich stehe bis zur Hüfte im Wasser.«

Die Familie versammelte sich in der guten Stube, die etwas höher lag, um den Ofen. »Auf einmal ging der mit einem Zischen aus. Da mussten wir wieder zusehen, dass wir wegkamen.« Auf der oberen Etage haben dann alle abgewartet, wie hoch das Wasser noch steigen würde. Onkel Koos rechnete vor: Bis vier Uhr würde es noch steigen, dann musste es zum Stillstand kommen. Er behielt Recht. »Inzwischen hörte man alles. Man hörte die Fässchen mit Schnittbohnen im Keller gegeneinander schlagen, die Anrichte meiner Mutter geriet ins Treiben, die klirrenden Gläser, die Stühle, das ganze Haus hörte man unter sich schwimmen.«

Am frühen Sonntagmorgen – mein Vater machte sich auf den Weg zum Predigtdienst – sprach das Radio von einer »Notlage durch abnorm hohen Wasserstand«. Die Nachrichtenagentur ANP meldete ein paar Deichbrüche und blockierte Bahnstrecken in Brabant, aber niemand hatte eine Vorstellung vom Ausmaß der Katastrophe. Das änderte sich erst, als Bürgermeister und Polizeibeamte aus Zeeland beim ANP anriefen, der einzigen Instanz, die am Sonntagmorgen erreichbar war.

Die Schlagzeile des *Friesch Dagblad* lautete am Montag: »Wahrscheinlich mehr als 300 Todesopfer«. Es waren schließlich mehr als achtzehnhundert.

Eine beispiellose Solidaritätswelle erfasste das Land. 1953 verließen sich die Niederländer noch in erster Linie auf ihre Mitmenschen, auf das »niederländische Volk«, und nicht auf den Staat. Die Liste der in Dörfern gesammelten Beträge, die das *Friesch Dagblad* nach zwei Tagen abdruckte, ist schlichtweg beeindruckend, besonders, wenn man die sehr bescheidenen Einkommen der damaligen Zeit berücksichtigt.

Betriebe stellten ihre Lastwagen zur Verfügung, Fahrer ihre Arbeitskraft, Bauunternehmer ihre Bagger, Bauern ihr Viehfutter. Geld spielte für kurze Zeit keine Rolle mehr. Etwas wie landesweite Nachbarschaftshilfe kam in Gang. Mein Großvater schrieb: »Auch wir, Mien, die Mädchen und ich, haben gestern zusammen alle Kleider, die wir entbehren konnten, und alle Möbel und Decken zusammengesucht. Die Sachen wurden gestern abgeholt.«

In Tinekes Kirche predigte der Pfarrer über die Sünden dieses Volkes, die nun bestraft würden.

So schnell, wie die gewöhnlichen Sterblichen in den friesischen Dörfern reagiert hatten, so unbeweglich und schwerfällig waren die meisten Amtsträger. Die genaue Rekonstruktion der Katastrophe durch den Journalisten Kees Slager ist in dieser Hinsicht äußerst aufschlussreich. In dem kleinen Ort Kortgene beispielsweise wurden nach der Katastrophe alle Führungsaufgaben von einer Gruppe von Einwohnern übernommen, weil sich Bürgermeister und Beigeordnete ins benachbarte, trockene Colijnplaat abgesetzt hatten. Der Bürgermeister von Stellendam, der während der schlimmsten Stunden der Katastrophe wenig Rückgrat bewiesen hatte, zeichnete sich durch besondere Entschlossenheit aus, sobald die Gefahr vorbei war. Er ließ die Polizei unnachsichtig gegen Dorfbewohner vorgehen, die ein paar Sachen aus ihren Häusern holen wollten. An vielen Orten wurden die Polderarbeiter – bärenstarke Männer, die mehr von Deichen und Sandsäcken verstanden als irgendjemand sonst – evakuiert und durch Soldaten ersetzt, die noch nie eine Schaufel in der Hand gehabt hatten. Die Marine war allerdings sofort in Aktion getreten.

Auch in der Katastrophennacht selbst hatten viele Amtsträger versagt. Warnungen von Schleusenwärtern, Deicharbeitern und anderen untergeordneten Personen wurden in den Wind geschlagen. All die Männer in Führungspositionen waren noch Kinder eines klassischen, hierarchisch und formaljuristisch denkenden Beamtenapparats. Als sie buchstäblich weggeschwemmt waren, während und unmittelbar nach der Unglücksnacht, musste der Löwenanteil aller organisatorischen Aufgaben von inoffiziellen Führern unterschiedlichster Art bewältigt werden: In einem Dorf waren dies zum Beispiel der Leiter der Feuerwehr, ein Pfarrer, ein paar Bauern, ein älterer Arbeiter. Es gab eine große Ausnahme von dieser Regel: die Bürgermeister, die ihre Posten ihren Aktivitäten im Widerstand zu verdanken hatten. Die hatten zu improvisieren gelernt und fanden auch den Mut, Dienstvorschriften zu umgehen.

So offenbarte die Flutkatastrophe außer der Schwäche der Deiche zum ersten Mal auch ein anderes verborgenes Problem im Holland der Nachkriegszeit: Amtsträger, die ihre Position der Zugehörigkeit zu einem bestimmten Verein und ihrem Glauben verdankten, aber nicht ihren Fähigkeiten, Mächtige, die keine Autorität mehr besaßen, Strukturen, die, wenn es darauf ankam, ihre Funktion nicht mehr erfüllten.

Vorläufig standen die Säulen noch. Am Westersingel in Leeuwarden lasen wir hauptsächlich orthodox-kalvinistische Zeitungen. Hans und ich besuchten eine orthodox-kalvinistische Schule mit ebensolchen Lehrern und Lehrerinnen. Tineke und Cas studierten an einer Universität der Kirche, der Gemüsemann gehörte unserer Glaubensrichtung an, der Lebensmittelhändler ebenfalls, unser Bäcker natürlich auch, die Pfadfinderschaft sowieso, und meine Eltern wählten die entsprechenden Parteien. Die ganze Welt war orthodox-kalvinistisch, einschließlich der Zäune um die Häuser und der Blätter an den Bäumen.

Außer meinem Onkel Petrus und meiner Tante Maai. An ihnen war etwas Besonderes, etwas, das ich als kleiner Junge nicht so recht einordnen konnte. Sie waren Onkel und Tante, und ich hatte sie sehr gern, wir besuchten sie jeden zweiten Sonntag zum Kaffee. Sie waren unlösbar mit der Familie verbunden, und doch lebten sie in einem anderen Land.

Im Frühjahr hing ein Plakat der städtischen Schule bei ihnen im Fenster, sie gingen nicht zur Kirche, sie lasen eine fremde Zeitung, sie

lehnten erschrocken ab, wenn sie ein Gläschen Wein angeboten bekamen, sie kauften ihr Brot und ihre Törtchen im Genossenschaftsladen
statt bei einem normalen Bäcker, und dieses eigenartige Verhalten
erreichte am Tag nach Koninginnedag, der am 30. April gefeiert wird,
seinen Höhepunkt.

An einem 1. Mai sah ich es mit eigenen Augen. Ich war mit meiner
Mutter in der Innenstadt unterwegs, auf einmal konnten wir nicht weiter, an Mutters Hand auf meiner Schulter merkte ich, dass etwas Beun-
ruhigendes im Anzug war, und schon näherte sich ein Umzug: Tromm-
ler, Fahnen, auf einem Karren eine erstarrte Bühnenszene mit einem
betrunkenen Mann und ängstlichen Kindern, wieder Trommeln und
Leute zu Fuß, noch einmal ein Karren, jetzt mit fröhlichen alten Leuten
und einem gewaltigen Gulden, noch ein Musikkorps, eine Kolonne
starker Männer mit riesigen Fahnen, und dahinter ging, zackig und
stolz, mein Onkel Petrus. Ich rief seinen Namen, aber er sah nicht zu
uns herüber. Ich spürte den Griff meiner Mutter fester werden. Sie war,
glaube ich, gegenüber alledem etwas ratlos.

Aber bald darauf, als meine revolutionären Verwandten bei einem
Wettbewerb »gut gepflegte Vorgärten« eine »ehrenvolle Erwähnung«
erhielten, war alles wieder gut.

Für meine Familie war diese Versäulung eine neue Erfahrung. In Ostindien hatten die Unterschiede des Glaubens und der Weltanschauung
nie eine so große Rolle gespielt, und außerdem war der familiäre Hintergrund meiner Eltern selbst zu vielgestaltig, als dass sie ihnen besonders große Bedeutung beigemessen hätten. Aber in Leeuwarden sahen
sie sich unmittelbar mit dem Phänomen der weltanschaulichen Abschottung konfrontiert, einschließlich aller Regeln und Verbote und
aller Verlogenheit, die dazu gehörten. Bei Geburtstagsbesuchen war
das Haus von der Elite des kleinen orthodoxen Universums bevölkert.
Die feierlichen Stimmen der beiden ältesten Pfarrer, das brüllende Gelächter und das Gewieher eines dritten und vierten, das Gekicher eines
fünften und das Kreischen von dessen Frau – all das drang durch die
Flure mit den Marmorfliesen bis nach oben an mein Bett.

Bisweilen wurde die Grenze zwischen uns und den anderen mit

aller Härte und Deutlichkeit gezogen, wenn nämlich ein Bruder oder eine Schwester wegen »verstocktem Verharren in Sünde« aus der Gemeinschaft des Herrn – das waren wir – ausgeschlossen wurde. Dies geschah durch Verlesen eines dreistufig aufgebauten Formeltextes, der am Ende der Psalmen-Ausgabe abgedruckt war. Der Verfasser dieses Textes muss ein guter Dramenregisseur gewesen sein. Beim ersten Mal wurde der Gemeinde nur mitgeteilt, dass ein Sünder oder eine Sünderin in ihrer Mitte sei, am zweiten Sonntag wurde der Name des Betroffenen genannt, am dritten Sonntag auch die Art der Sünde – meistens Ehebruch, manchmal Homosexualität, manchmal auch, aber das war vor meiner Zeit, chronischer Sozialismus –, und der Ausschluss wurde vollzogen.

Was außerhalb unserer Welt geschah, blieb verschwommen und unwirklich. Nur Cas, seine Freundin und ein paar von ihren Freunden waren neugierig. Ihr konfessioneller Jugendklub begann Segelfahrten mit jungen Kommunisten zu organisieren, und beim örtlichen AJC, der Jugendorganisation der Sozialdemokraten, lernten sie Volkstanz. Die AJC-Mitglieder fanden solche Grenzüberschreitungen auch interessant: »Dann gehen wir also morgens in eure Kirche, und nachmittags sehen wir bei uns einen Film über Hiroshima.« Aber als die Pfarrer von der Sache Wind bekamen, verlangten sie, dass die Gemeinschaftsveranstaltungen mit Gebeten eröffnet würden, und davon wollten die jungen Sozialdemokraten nichts wissen. Cas und seine Freunde konnten ihrem Ärger nur leise murrend Luft machen.

Die Säulen hatten sich am Ende der vierziger Jahre noch weiter verfestigt. Ein neuer äußerer Feind war in Erscheinung getreten, ein Feind, der in Gewissenlosigkeit und Antichristlichkeit mit den Nazis wetteiferte: der Russe, der Kommunist.

Zwischen den großen Gewinnern des Zweiten Weltkriegs, der Sowjetunion, England und Amerika, kam es ziemlich schnell zu Differenzen hinsichtlich der Neuordnung Europas nach dem Krieg. Was sollte aus Polen werden? Sollte Deutschland ein geteilter Staat bleiben? Durfte der Westen zulassen, dass all die Staaten im Osten zu Vasallen Russlands wurden? Konnte die Sowjetunion das intensive Engagement der

Vereinigten Staaten in Europa – man denke beispielsweise an den Marshallplan und die Gründung der NATO – noch akzeptieren?

Die Atmosphäre lud sich gefährlich auf – auch in den Niederlanden –, als Ende Februar 1948 die Regierung der Tschechoslowakei durch einen Coup der Kommunisten zu Fall gebracht und der Außenminister Jan Masaryk aus dem Fenster seines Büros »gesprungen« wurde. Einen Monat später kam es zur ersten direkten Konfrontation zwischen den Machtblöcken: Alle Land- und Wasserwege zu den Westsektoren Berlins wurden von den Russen gesperrt. Die Westmächte errichteten eine Luftbrücke, um die Blockade zu brechen, es folgten dramatische Monate, bis der Ostblock nachgab. Nach einem weiteren Jahr hatte die Sowjetunion ihre eigene Atombombe.

Aus einigem Abstand betrachtet, erscheint diese Konfrontation zwischen der Großmacht im Osten des europäischen Kontinents und dem jungen atlantischen Bündnis beinahe unvermeidlich. Man musste zu einem neuen Gleichgewicht finden, und das kostete Zeit. So ging es bei ziemlich vielen Konflikten, ungeachtet aller ideologischen Verbrämung, im Grunde auch um ganz gewöhnliche nationale und territoriale Interessen, die auch ohne Kalten Krieg aufeinander geprallt wären.

Gewiss, man kannte die Welt des jeweils anderen nicht, und deshalb spielten Angst und Missverständnisse eine größere Rolle als gewöhnlich. Stalin war sich zum Beispiel sicher, dass die Amerikaner alles taten, um seine Herrschaft über Osteuropa zu unterminieren. Die Amerikaner waren ihrerseits überzeugt, dass die Russen den Kommunismus nach der Machtübernahme in Osteuropa auch dem Westen aufzwingen wollten. Auch in den Niederlanden herrschte große Angst vor einer russischen Invasion. Meine Mutter schrieb 1948: »Es ist nur die Frage, ob wir es nicht irgendwann mit den Russen oder den Amerikanern zu tun bekommen. Es ist schon schwierig, all diese Realitäten zu überblicken.«

Viele wanderten aus Furcht vor »dem Russen« nach Australien, Südafrika oder Kanada aus. »Man muss bedenken«, sagte man bei der Auswanderermission, »die Deutschen, das waren noch Christen. Aber die Russen, die haben sich ganz und gar von Gott losgesagt.«

Für die Maks am Hoofd waren die Eigner so genannter Fluchtschiffe eine gute Kundschaft: reiche Niederländer, die für den Fall, dass die Russen kommen würden, ständig ein Schiff bereitliegen hatten. Insgesamt haben die Maks in den fünfziger Jahren etwa zwanzig solcher Schiffe aufgetakelt.

In den Jahren nach 1948 erfasste dieser Kalte Krieg die ganze Welt. Ob es um die Entwicklungen in China, die Unabhängigkeit Indonesiens, die Entlassung Afrikas in die Freiheit, die Revolutionen in Südamerika und Asien ging, alles presste man ins Schema der Ost-West-Konfrontation, auch wenn die Hintergründe ganz andere waren.

Beide Seiten führten derart verbissene Propagandafeldzüge, dass sie mit ihnen auf die Dauer das Gegenteil dessen erreichten, was sie beabsichtigten, besonders bei den jüngeren Menschen. Die Berichte über den Terror und die großen Säuberungen Stalins zum Beispiel wurden lange für übertrieben gehalten. Wie bei der Judenverfolgung gab es hier ein Glaubwürdigkeitsproblem: Die Verbrechen der Sowjets und die geschätzten Opferzahlen überstiegen beinahe jegliches Fassungsvermögen. Als in den achtziger Jahren die Archive zugänglich wurden, stellte sich heraus, dass die Wirklichkeit – siebzehn Millionen Gulag-Opfer, siebenunddreißig Millionen Opfer bewusst herbeigeführter Hungersnöte und anderer Verfolgungsmaßnahmen – schlimmer war, als selbst die größten Kommunistenfresser des Kalten Krieges je zu behaupten gewagt hatten.

Ende der fünfziger Jahre verfügten beide Seiten über genug Atomwaffen und Atomwaffenträger, um die wichtigsten Städte des Gegners erreichen und vernichten zu können. Einige Male kam es zu akuten Spannungen, und das waren dann nervenaufreibende Tage. Ich erinnere mich, wie mein Vater während der Kuba-Krise am Radio klebte, stündlich musste er die Nachrichten verfolgen – eine ganz andere Haltung als sein relatives Desinteresse in den dreißiger Jahren. Die Atomwaffen machten den Krieg zu etwas, das einen unmittelbar betraf, und zu einer permanenten Gefahr, auch für die normale Zivilbevölkerung.

Schließlich führte der Kalte Krieg zu einem riskanten, zugleich aber auch komfortablen Status quo. Die DDR etwa hat nur vierzig Jahre existiert, aber damals hatte man das Empfinden, dass es dieses Land schon seit ewigen Zeiten gab und bis zum Ende aller Tage geben würde.

Der Kalte Krieg war eine Art Krieg, gleichzeitig hatte es aber den Anschein, als hätte für Europa ein neues Zeitalter von Gewissheiten begonnen.

*

Was die Verhältnisse im Inneren der Niederlande angeht, waren die fünfziger Jahre von Schweigen geprägt.

Journalisten des *Haags Dagblad* entdeckten nach sorgfältigen Nachforschungen, dass der Bürgermeister von Den Haag im Jahre 1942 als Bürgermeister des Dorfes Hazerswoude an der Verhaftung einer jüdischen Familie beteiligt gewesen war. Nicht der Bürgermeister, sondern die Journalisten landeten auf der Anklagebank: Man bezeichnete sie als Lügner, Opportunisten und Verleumder und bezichtigte sie des Diebstahls von Akten. Nur dass ihre Behauptungen, wie sich zeigte, der Wahrheit entsprachen. Kurze Zeit später rettete der Bürgermeister seine Ehre, indem er zurücktrat.

Noch andere unangenehme Dinge versuchte man zu vertuschen. Ein Beispiel ist der Fall Hofmans. Anfang der fünfziger Jahre geriet Königin Juliana unter den Einfluss der Gesundbeterin Greet Hofmans. Spürbar wurde dies bei einem Staatsbesuch in Amerika, als sich die Königin in ihren Reden nicht an den damaligen politischen Konsens hielt, sondern – mitten im Kalten Krieg – von Abrüstung und Verständigung zwischen den Völkern zu sprechen begann. Sie sagte allerlei Schönes, Erhebendes und sogar Vernünftiges, aber mit der Politik der Regierung hatten ihre Worte nichts mehr zu tun. Nur *Het Parool* roch den Braten und fragte sich, ob »der Geist Savonarolas oder der Propheten Israels« in unsere Regierung gefahren sei. »Hört man in Den Haag jetzt auch schon Stimmen, und wird man vielleicht von Visionen verfolgt?« Auch in diesem Fall gerieten die Journalisten unter schweren Beschuss.

Hinter den Kulissen gab es tatsächlich große Probleme. Die Monarchin blockierte die Ernennung einiger Bürgermeister und verweigerte die Unterzeichnung von Todesurteilen für Kriegsverbrecher. Es drohte eine ernste konstitutionelle Krise, ohne dass die Bevölkerung davon irgendetwas wusste. Anfang Juni 1956, unmittelbar vor den Wahlen, brachte das deutsche Nachrichtenmagazin *Der Spiegel* einen detaillierten Bericht über diese Dinge. Daraufhin rief der Außenminister die Chefredakteure der niederländischen Zeitungen zusammen und bat sie, die *Spiegel*-Berichte vorläufig nicht zu erwähnen. Sie zeigten sich folgsam; der *Spiegel* selbst wurde in den Niederlanden nicht verkauft. Die ganze Welt wusste von der Sache, aber Holland war noch einmal, ein letztes Mal, eine Insel ohne Verbindung zum Rest der Welt.

Auch das Verhältnis zu Indonesien war vom Bemühen um Geschlossenheit und von der Neigung zur Abschottung bestimmt. Der zähe Konflikt um den Westteil Neuguineas – einen Teil des früheren Niederländisch-Indien, der noch zu den Niederlanden gehörte, den aber die Regierung in Jakarta annektieren wollte – führte fast zu einem Krieg, weil Außenminister Joseph Luns behauptete, seine Politik habe die volle Unterstützung der Vereinigten Staaten. Dem einzigen Journalisten, der sich später die Mühe machte, diese Behauptung zu überprüfen, und hohe Beamte des State Department befragte – wie sich zeigte, war das genaue Gegenteil wahr –, machte man danach das Arbeiten jahrelang so gut wie unmöglich. Eine Gruppe von Unternehmern sah wachsende Gefahren für die fünfzigtausend niederländischen Staatsbürger, die fünfhundert niederländischen Unternehmen und die fünf Milliarden Gulden niederländischen Kapitals in Indonesien voraus – und die Spannungen sollten tatsächlich zu einem überstürzten Exodus führen. Zwischen 1951 und 1963 versuchten sie ganz im Geheimen alles Menschenmögliche, um den Dialog zwischen den Niederlanden und Indonesien wieder in Gang zu bringen. Als man von diesen Vermittlungsbemühungen erfuhr, wurden die Mitglieder der Gruppe von einem großen Teil der Öffentlichkeit als Landesverräter beschimpft.

So waren die Niederlande im Frühjahr 1962 nahe daran, einen letzten großen Kolonialkrieg zu führen, um ein Stück Wildnis am anderen Ende der Welt. Man schickte Truppen und Kriegsschiffe nach Neuguinea, und es kam zu ersten Scharmützeln. Das Merkwürdige war, dass die Niederlande nicht das geringste nachweisbare Interesse an diesem Kampf hatten: Es ging einzig und allein um Prinzipien, man fühlte sich getrieben, den Papuas zu helfen und ihnen die Segnungen der europäischen Kultur zu bringen – es war ein letzter Ausbruch von »Orientalismus« im Sinne Saids, von moralischem Idealismus und kultiviertem Imperialismus.

Schließlich wurden Regierung und Parlament der Niederlande vom neuen amerikanischen Präsidenten John F. Kennedy jäh aus ihren Träumen gerissen: Er verweigerte der niederländischen Flotte die Nutzung aller amerikanischen Marinestützpunkte. Im Sommer 1962 akzeptierte Den Haag widerwillig einen amerikanischen Friedensplan. Am 31. Dezember um Mitternacht wurde im früheren Hollandia die niederländische Flagge endgültig eingeholt.

Die gleiche geistig-politische Atmosphäre bestimmte auch die Auseinandersetzung mit den niederländischen »Polizeiaktionen« in Indonesien. Der Kriegsverbrecher Westerling konnte in den Niederlanden einen ruhigen Lebensabend verbringen. Nach vielem Drängen war schließlich doch noch eine Untersuchung zum Vorgehen der »Spezialtruppen« eingeleitet worden. Die Ergebnisse waren äußerst unangenehm, und nicht nur für Westerling. Man wollte einen Strafprozess gegen ihn und vier seiner Offiziere anstrengen. Der Ministerrat wies diesen Gedanken jedoch zurück. Die anti-indonesische Stimmung war so, dass ein Prozess gegen Westerling in der Bevölkerung vielleicht nicht allzu gut angekommen wäre. »Wir nehmen an«, so das Fazit Lou de Jongs, »den Ministern war außerdem bewusst, dass sich im Falle eines Prozesses herausstellen würde, dass die Spitze der Verwaltung und des Militärs in Batavia und Makassar beim Gegenterror ihre Hand im Spiel hatte. Westerling und seine Männer waren nur ein Werkzeug.«

Inzwischen lebte der »Schrecken von Celebes« unbehelligt in Friesland, wo er eine neue Existenz als Opernsänger aufzubauen versuchte. Gjalt, der damals in dem kleinen Dorf Warns unterrichtete, war einige Zeit Mieter von Westerlings Mutter. Als kleiner Junge bin ich auch selbst, als ich zufällig einmal in der winzigen Pension an der Dorfstraße zu Gast war, Westerling begegnet, einem Mann voll verhaltener Kraft. Auch ein typischer »ostindischer« Mann, der alles konnte und machte. Für mich war Raymond Westerling jahrelang vor allem der Mann, der den Inhalt einer überfüllten Fäkalientonne in eine Grube im Garten umfüllte und es wagte, den Schlauch, den er zu diesem Zweck in die Tonne gesteckt hatte, anzusaugen, als wäre die braune Brühe Leitungswasser. Wir waren fassungslos.

*

Diejenigen, die gegen den engen und erstarrten Geist der fünfziger Jahre protestierten, taten dies vor allem mit den Füßen. Viele jüngere Menschen hatten während des Krieges und kurz danach einen Blick in andere Welten werfen können, manche waren zur Zeit der »Polizeiaktionen« in Indonesien gewesen, und als alles wieder zur Normalität zurückkehrte, legte sich das geordnete, versäulte, provinzielle Holland wie Mehltau auf ihr Leben. Aus manchen friesischen Dörfern emigrierte die Hälfte der Jugend, von einem Fieber aus Pessimismus im Hinblick auf das Hier und Optimismus hinsichtlich des Dort ergriffen.

Mitte Februar 1951 hat mein Vater als Seelsorger Auswanderer nach Kanada begleitet, auf der »Volendam«. Zufällig war gerade bei dieser Einschiffung ein Reporter des *Friesch Dagblad* zugegen. Er fragte ein paar der fünfzehnhundert Emigranten nach ihren Motiven. Ein Metzger: »Die Metzgerei lief bestens. Aber wer garantiert, dass es in zehn Jahren in den Niederlanden noch so ist, wo die Schwierigkeiten für den Mittelstand immer größer werden?« Ein Gärtner wiederum versprach sich vom niederländischen Gartenbau nicht mehr viel. Ein Arbeiter: »Nun ja, man weiß, dass man weg muss. Meine Jungen können hier auf die Dauer nicht klarkommen. Ich selbst komme als Molkereiarbeiter vielleicht noch zurecht. Aber einer der Jungen ist zweiundzwanzig und der jüngste vierzehn. Sie sollen es in Bromville (Kananda) versuchen.«

Sie alle gingen einem schwierigen Leben entgegen. Materiell sollte es den meisten früher oder später gut gehen, aber tief im Inneren blieben sie immer irgendwo zwischen ihrem Heimatdorf und Bromville hängen. Und das Tragischste war, dass sich dieser Massenexodus mit allem Heimweh und Kummer im Nachhinein als unnötig erweisen sollte: Fünfzehn Jahre später hatten die Niederlande fast das gleiche Wohlstandsniveau wie Kanada, Neuseeland und Australien. Im Jahre 1951 war sich fast niemand darüber im Klaren, dass der große Wohlstand auch hier schon zum Greifen nahe war.

Mein Vater brachte ein paar Früchte aus dem fernen Paradies mit. Für Anna und Tineke hatte er amerikanische Nylonstrümpfe: in Holland ein unbezahlbarer Luxus. Ich bekam ein rotes Feuerwehrauto, aus dem neuen Material, das man »Plastik« nannte, roter als Bakelit, weicher als Metall, und es roch auch anders. Außerdem hatte das Auto einen mir noch völlig unbekannten Antriebsmechanismus mit einem Schwungrad, der auch noch das Geräusch von Sirenen imitierte und Funken aus einem kleinen Feuerstein unter einem roten Blinklicht schlug. Zwei geheimnisvolle Wörter standen auf dem Wagen: FIRE DEPT.

So lebten wir in Armut mit Goldrand. Meine Mutter gab sich verzweifelte Mühe, etwas Abwechslung in den Speiseplan zu bringen. Sie briet Scheiben Knollensellerie, die sie mit einem Sträußchen Petersilie servierte, eine geschmackvolle kleine Vorspeise für einen Cent pro Person. Sonntags bekam die Familie Zwieback mit Zucker zum Frühstück, hin und wieder kam auch Fleisch auf den Tisch, freitags hatten wir Schellfisch vom Markt, ansonsten gab es Erbsensuppe, Rotkohl, Rüben und dicken Buchweizenbrei mit Sirup. Manche Früchte, Bananen beispielsweise, waren – wie im Ostblock auch viel später noch – seltene Symbole der neuen Zeiten, die kommen sollten. Limonade trank man nur zu besonderen Gelegenheiten, Chips und anderes Knabbergebäck gab es nicht, Kuchen war etwas für den Sonntag, Süßigkeiten waren ein Ereignis für sich: ein Lolly bei einer Hochzeit, ein Riegel Schokolade von Onkel Arie, ein Schokoladenauto von einer Nachbarin. Hans erzählte eines Tages, auf dem Markt gebe es etwas Neues, Pommes frites, aber ich glaubte nicht, dass Leute so verrückt sein könnten, fünfundzwanzig Cent für eine Handvoll gebackener Kartoffelstäbchen in einer Tüte hinzulegen.

In unserem Haus war es derart kalt, dass Tineke immer das Ende der Weihnachtsferien herbeisehnte, weil sie dann wenigstens wieder in einem warmen Lesesaal sitzen konnte. Es wurde viel getüftelt und improvisiert. Cas und seine Freunde zelteten mit Luftmatratzen, die sie selbst aus alten Fahrradschläuchen verfertigt hatten. Gjalt baute Radios, Hans und ich träumten von einer Art Liegerad aus Holz, das wir in einem Heimwerkerbuch entdeckt hatten, einem Gefährt für zwei Personen, mit dem die Erfinder schon durchs ganze Land gefahren waren. Was wir uns ausdachten, erinnerte manchmal an die raffinierten Konstruktionen, denen man jetzt noch in Afrika oder auf Kuba begegnen kann, sie füllten die Lücke zwischen dem Wohlstand, der uns vorgespiegelt wurde, und den unzulänglichen Mitteln, über die wir in Wirklichkeit verfügten.

Ende April 1952 vertraute mein Vater Cas an, das Leben sei für ihn »außerordentlich teuer«. Er hatte Schulden wegen der Anschaffung von Büchern und bezahlte sie ab, indem er andere Bücher verkaufte. »Weil ich nicht jeden Sonntag eine Predigt habe, gehen die Einkünfte auch ständig zurück.« »Ich versuche das durch Schreibarbeit auszugleichen, was nur teilweise gelingt.« Er fügte noch hinzu, dass dies kein Klagegesang sein solle, dass Cas aber allen »Luxus so weit wie möglich einschränken« müsse. Am Stadtrand hatte die Familie inzwischen einen Kleingarten angelegt, und Gjalt und Hans fuhren oft für einige Zeit zu Verwandten, »immer per Anhalter«.

Die »Schreibarbeit«, die mein Vater erwähnte, bestand unter anderem aus dem Verfassen kurzer erbaulicher Texte für den Evangelisierungskalender *Zaadkorrels* (Saatkörner), für die Vorderseite der Tagesblätter. Auf den Rückseiten standen meist fromme Fortsetzungsgeschichten, in denen jemand viele Folgen lang genüsslich sündigte, um dann im allerletzten Augenblick gerettet zu werden.

Einmal während der Sommerferien verdiente sich Hans etwas Taschengeld als Brotverkäufer. Tag für Tag fuhr er mit dem Transportrad der Bäckerei durch die Armenviertel Leeuwardens, in denen sich die Hitze staute. Mitten in diesem Sommer waren plötzlich in manchen Häusern die Vorhänge zugezogen, Nachbarinnen kamen mit Tränen in den Augen zum Karren, flüsternd wurde das Wort »Kinderlähmung« ausgesprochen. Ein Mädchen war schon gestorben – eine Woche zuvor war sie noch bei Hans auf dem Rad mitgefahren –, und es sollte noch eine Reihe von Opfern folgen. Sie starben oder trugen schwere Behinderungen davon. Wahrscheinlich war dies die letzte gefährliche Epidemie, von der die Stadt heimgesucht wurde. Wenig später kam auch gegen Kinderlähmung ein Impfstoff auf den Markt.

Bei den Schiffern gegenüber herrschte die bitterste Armut. An einem Wintertag ertrank das Kind eines Schiffers, der Vater kam einen Moment zu spät, um es noch festzuhalten. Ich höre immer noch das Schreien seiner Frau. Während der ganzen Frostnacht fischte der Mann mit der Hand im Wasser herum. Eine der Schiffersfrauen überquerte hin und wieder die Straße, hob die Faust und schleuderte den hohen, vornehmen Häusern schallende Flüche entgegen. Irgendwann war es soweit, dass sie das fünfmal am Tag tat. Dann war sie auf einmal verschwunden. Etwa einen Monat später tauchte sie wieder auf, sanft, freundlich, höflich grüßend. »Sie war in Behandlung«, wurde gesagt.

In diesen Fünfzigern herrschte eine Atmosphäre stiller Zufriedenheit. Die Lage besserte sich, sie besserte sich sogar schnell, und fast niemandem stand der Sinn nach Revolution oder überstürzter Veränderung. Wer oben war, durfte noch ein Weilchen oben bleiben.

Die Entscheidungsträger der Wirtschaft, Arbeitnehmervertreter, Arbeitgeber, Staat und politische Parteien, führten im Hause des Wirtschaftsministers Jelle Zijlstra von der Antirevolutionären Partei regelmäßig Gespräche im engsten Kreise. Eigentlich wurden dort die wirtschaftspolitischen Entscheidungen getroffen. »Wir waren uns im Grunde immer einig«, hat Zijlstra viele Jahre später erzählt. »Wenn Tinbergen von der Zentralen Planungsbehörde und Holtrop von der Niederländischen Bank sagten, wir sollten am besten einen bestimmten Weg einschlagen, dann geschah das auch. Dann verkauften die Vertreter der Arbeitgeber und der Arbeitnehmer das ihrer Basis. Zwischen den wichtigsten Hauptakteuren auf dem Feld der Wirtschaft herrschte große Harmonie, und das war auch notwendig, sonst hätten wir uns nie erholt. Diese Situation war absolut einzigartig.«

Diesen Pionieren des Sozialstaates schwebten solide, aber auf das Notwendige beschränkte sozialpolitische Regelungen vor. Als erstes sollten ein Arbeitslosengeld und eine Altersversorgung eingeführt werden. Dann wollte man die Armenfürsorge zur Sozialhilfe umgestalten; was früher nur als Gunst gewährt wurde, sollte nun zu einem Rechtsanspruch werden. »Aber wie das gehen sollte, wussten wir in dem Moment noch überhaupt nicht.« An die Stelle der verschiedenen Gesetze zur Regelung der Unfallversicherung sollte ein neues Erwerbsunfähigkeitsgesetz treten. »Wir hatten nur etwas unklare Vorstellungen davon. Weiter reichte unser Horizont einfach nicht«, meinte Zijlstra. »Wir dachten, wenn all das realisiert würde, dann hätten wir ein soziales Paradies.«

Der eigentliche Wiederaufbau, die Zeit des Mangels, der Währungsreform, der Rationierung, des Marshallplans und einer strengen Lohn-

und Preiskontrolle war da schon vorbei. Um 1950 war der Lebensstandard der Vorkriegszeit in fast jeder Hinsicht wieder erreicht. Ende Dezember 1950 schrieb mein Großvater: »Samstagabend haben wir vor einem ganz reizenden Weihnachtsbäumchen gesessen und unter anderem die Weihnachtsfeier bei der Königin und ihren Kindern gehört. Die ganze Familie kam über das Radio zu uns, ein herrliches Gerät, mit dem Ludz seine Mien überrascht hatte.« Zum Festessen gab es schon wieder einen ganzen Truthahn.

Von gutem Essen und von Spielzeug konnten wir in Leeuwarden nur träumen. In einem der geheimen Hohlräume im Dachboden unseres Hauses – während des Krieges hatten Untergetauchte dort gelebt – hatte Hans angeblich ein Flugzeugmodell versteckt, eine Super-Constellation. Wochenlang suchte ich danach. Ständig sprachen wir von elektrischen Eisenbahnen, dies war etwas, das Hans, vor allem wenn er krank war, immer beschäftigte. Der Motor seiner zertrümmerten Lokomotive aus Ostindien lief noch. Damit konnten wir selbstgebaute Karren und Hebekräne antreiben, aber wir träumten weiterhin von Zügen und Schienen. Ende 1954 reichte das Geld dann offenbar zur Erfüllung dieses Wunschtraums: Zu meinem achten Geburtstag am 4. Dezember bekam ich die kleinste Märklin-Lokomotive mit einem Kühlwagen und einem langen, flachen Waggon. Hans und ich schnupperten abwechselnd an den Schachteln, die diesen wundersam beglückenden Geruch von Öl und Karton ausströmten.

Den Verwandten in Schiedam ging es gut. Für die Truppentransporte nach Indonesien und Neuguinea und zurück mussten Sonnen- und Regendächer gefertigt werden, sogar ganze Schwimmbecken aus Segeltuch. In den fünfziger Jahren gab es immer mehr Privatkunden. Das Camping setzte sich durch, und die Nachfrage nach Zelten stieg. Zu den Mahlzeiten war man am Hoofd so willkommen wie seit jeher, und das Essen hatte wieder die frühere Qualität: Fleisch, Kartoffeln, viel Soße und zum Nachtisch große Portionen Pudding.

Großvater van der Molen lebte nun in guten Verhältnissen. Aus beiläufigen Bemerkungen in seinen Briefen geht hervor, dass er jahrelang große Anstrengungen unternahm, um seine Altersversorgung zu sichern, was in der Zeit vor der gesetzlichen Rente buchstäblich lebenswichtig war. Als im Herbst 1947 mit dem »Notgesetz Drees« – nach dem Sozialminister Willem Drees benannt – eine Art Altersrente eingeführt wurde, war das für ihn eine angenehme Zugabe.

Für die meisten Älteren war dieser Vorläufer der gesetzlichen Rente aber ein Geschenk des Himmels. Das Maximum lag bei achtzehn Gulden pro Woche. »Er lebt von Drees«, war eine gängige Redewendung, und manche älteren Menschen glaubten, das Geld käme auf irgendeine Weise tatsächlich von »Vater Drees« persönlich. Es kam sogar vor, dass ein sozialistisches Ehepaar ihm ein paar Gulden »zurückschickte«: Die hatten sie nicht gebraucht. In der Familie Mak diskutierte man über die Frage, ob Oma Geld von diesem »Roten« annehmen dürfe. Sie selbst hielt nichts davon.

Wenn wir große Geldsorgen hatten, sagte meine Mutter immer: Warte nur, bis das Schiff mit Geld kommt. Zuerst hatte ich das ganz plastisch vor Augen: wie eine Tjalk, beladen mit Geld, an der geöffneten Dreh-brücke vorbeigestakt und dann vor unserem Haus am Westersingel festgemacht würde, und dass wir dann von allen Sorgen befreit wären. Später begriff ich, dass das nicht wörtlich zu nehmen war, dass es sich nur um eine Art Redewendung handelte. Noch viel später wurde mir klar, dass es durchaus so etwas wie ein »Schiff mit Geld« gegeben hatte. Wenn meine Mutter sich so ausdrückte, dachte sie nämlich an den Sold, den der niederländische Staat meinem Vater noch für die Jahre schuldete, die er in Kriegsgefangenschaft verbracht hatte.

Dieser überfällige Sold wurde einfach nicht ausgezahlt. Zunächst lag das an der Langsamkeit der Ämter, später aber daran, dass die nie-derländische Regierung bei der Übertragung der Souveränität alle Gut-haben, Lasten, Ansprüche und Schulden der früheren Niederländisch-indischen Armee auf einen Schlag der neuen indonesischen Republik überlassen hatte. Die indonesische Regierung hatte nicht die geringste Lust, nun auch noch die früheren Unterdrücker auszuzahlen.

Die gehetzten Arbeitstiere aus dem Dschungel haben darum nie einen Cent zu sehen bekommen, aber in Den Haag meinte man, alles sei in bester Ordnung. Ein hoher Beamter sagte, die Auszahlung sei auch nicht notwendig, weil »die Internierten in dieser Zeit nicht selbst für ihren Unterhalt sorgen, keine Miete bezahlen, kein Personal halten mussten. Sie bezahlten auch keine Steuern.«

Erst sechsunddreißig Jahre nach Kriegsende, 1981, nach vielen Beschwerden und endlosen Prozessen, wurde meinem Vater und seinen Kameraden nachträglich eine Entschädigung von genau siebentausendfünfhundert Gulden gezahlt. Meine Mutter verwendete den Betrag zu einem großen Teil für Taxifahrten zum Krankenhaus, in dem mein zu der Zeit schon todkranker Vater lag.

*

Kurz nach der Kanadareise meines Vaters wurde Annas Hochzeit gefeiert. Das kam schnell und unerwartet. Als Krankenschwester in Groningen war sie einem jungen, sehr intelligenten Theologiestudenten begegnet. Es entwickelte sich ein Briefwechsel, aus dem schon bald mehr wurde. »Du hast sicher schon gemerkt, dass es mit uns richtig ernst ist«, schrieb Anna im März 1951 ihrem ältesten Bruder. »Manchmal begreife ich es selbst nicht. Es kommt alles so plötzlich und passt überhaupt nicht zu meinen Plänen. Trotzdem war ich noch nie so ruhig wie jetzt. Bereite Dich auf jeden Fall mal auf eine Heirat vor.«

Bei beiden waren neben der Verliebtheit noch andere Motive im Spiel. In seinem Fall hatte es auch mit den Eltern zu tun, die ihren Sohn im künftigen Pfarrhaus gern verheiratet sehen wollten. Bei ihr hatte es ebenfalls mit den Eltern zu tun, weil sie Anna bei Krankheiten oder anderem Ungemach immer wieder ganz selbstverständlich in Anspruch nahmen. »Ich musste zusehen, dass ich einen eigenen Hausstand bekam«, sagte sie später. »Und ich war voller Zuversicht und Vertrauen, auf ihn und mich. Denn ein Pfarrhaus führen, das konnte ich, das wusste ich genau.«

Die Zeiten, in denen Eltern für ihre Kinder einen Partner suchten, waren ja nun vorbei. Im Voraus die Zustimmung der Eltern zu einer festen Beziehung einzuholen, wie es noch in der Jugend meiner Eltern gang und gäbe war, war in den fünfziger Jahren schon nicht mehr üblich. Der Briefwechsel Annas mit ihren Eltern lässt aber erkennen, dass sie sich doch noch um etwas wie deren Billigung bemühte. In einem Brief vom 1. Januar 1951 schrieb sie: »Ich bin so froh, dass Ihr ihn so empfangen habt, denn ich hatte ehrlich gesagt doch ziemlich weiche Knie.«

Annas neuer Freund wurde von den anderen Kindern mit offenen Armen empfangen, nicht aber von meiner Mutter. Sie bekannte ehrlich, dass sie auf einen Namen aus dem orthodox-kalvinistischen Gotha gehofft hätte. Rang und Stand spielten noch eine große Rolle, auch nach dem Krieg. Aber als sich zeigte, dass er ein viel versprechender Theologe war und wenige Monate später promovieren würde, möglicherweise cum laude, vollzog sie eine Wendung um hundertachtzig Grad. Die beiden sollten sich nur rasch verloben, meinte sie, dann würde es auch kein Gerede geben.

Das Foto von der Promotionsfeier liegt vor mir. Meine Eltern sitzen vorne neben seinen Eltern und Großeltern. Annas Verlobter sitzt in der Mitte, mager und blass vor Überarbeitung. Anna selbst blickt direkt in die Linse, ernst und resolut.

Die Hochzeit kostete viel Nerven. Man hatte kein Geld, musste aber unbedingt vornehm feiern. Mein Vater predigte über die Hochzeit zu Kana. Empfang und Diner fanden aus Kostengründen zu Hause statt, und es gab genau zwei Schachteln der üblichen Hochzeitspralinen, von denen jeder ein Stück nehmen durfte. Tante Mien kochte, bekam aber Migräne. Nur die Großväter des Brautpaars amüsierten sich prächtig miteinander.

Ich erinnere mich, dass ich einen Matrosenanzug anhatte und dass Onkel Arie mich dazu anstachelte, im Rathaus auf der zum Anzug gehörenden Pfeife zu blasen, wenn Braut und Bräutigam »ja« sagten. »Sonst ist die Hochzeit nicht gültig, Junge!« Mir kam das alles ganz unwirklich vor.

Das frisch verheiratete Paar zog in ein Dorf auf dem Haarlemmermeerpolder. Von Cas hatten sie eine Reproduktion von Chagalls bekanntem Liebespaar zu Pferd bekommen, aber die wagten sie nicht im Pfarrhaus aufzuhängen, weil darauf die nackten Brüste der Frau zu sehen sind. Das Land war leer und grau. Ein kleiner Dorfjunge spielte in einer matschigen Pfütze, watete darin herum und rief: »Ich bin Jesus!«

*

Ich versuche mir das Wohnzimmer am Westersingel an einem Herbstabend im Jahre 1952 vorzustellen. Nur das Knistern des Kohleofens ist zu hören, des einzigen im Haus, der brennt. Das Licht der Lampe fällt auf den Eichentisch, die schweren Stühle um ihn herum, erleuchtet die Anrichte dahinter, den Rest des Zimmers. Alles dreht sich um Lampe und Tisch.

Vom Bürgersteig her sind Geräusche vernehmbar, und etwas fällt in den Briefkasten. Etwas Farbenfrohes und Glänzendes, wie ich es noch nie gesehen hatte: ein Comic-Heft. Der erste Donald Duck, in halb Holland gratis an die Haushalte verteilt. Die Abbildungen im Inneren sind zum größten Teil schwarzweiß, aber trotzdem ungeheuer beeindruckend. Die Ente Donald Duck als Lehrer! Und dann die Neffen, die einfach eine Eistüte auf seinem Kopf ausdrücken, wenn er über Kopfschmerzen klagt! Unerhörte Frechheiten waren das, in einer nur entfernt bekannten Welt voller Autos, Kühlschränke und Fernseher. Einer Welt noch dazu, die weder kalvinistisch noch katholisch, sozialistisch oder neutral war, die schlichtweg auf gar keiner Säule mehr ruhte. Auch das war etwas völlig Neues.

Es gibt eine Luftaufnahme vom damaligen Leeuwarden. Darauf ist unser Haus zu erkennen, die Bäume, das Wasser, die Fabrik hinter der nächsten Ecke, die Straßen, so leer, dass man auf ihnen Fußball spielen konnte – auf der ganzen Straße am Westersingel sieht man genau zwei Autos. Es war in jenen Jahren eine stille, ein bisschen heruntergekommene Stadt, geführt von einem mageren sozialdemokratischen Bürgermeister, der auf einem schwarzen Fahrrad durch die Stadt fuhr und von den Einwohnern wegen seiner vegetarischen Grundsätze meist Adriaan der Grasfresser genannt wurde. Über den Westersingel fuhr noch dieselbe, von einem Kabel gezogene Fähre wie im Jahre 1910, und zum gleichen Tarif: drei Cent. Unser Lebensmittelgeschäft bestand auch schon ein Jahrhundert: ein immer warmer und voller kleiner Laden, vollgestopft mit Lebensmitteln, Eimern, Bürsten, Besen, Tauen, Kabeln, Petroleumfässern und anderem Schifferbedarf. Es gab eine einzige Kreuzung mit Ampeln, an der immer ein Polizist wachte. Hin und wieder kam ein Auto vorbei, aber wir konnten in Ruhe auf der Straße spielen. Es gab noch Pferdefuhrwerke, große, rasselnde Wagen mit gewaltigen belgischen Kaltblütern davor; ihre Ställe, schräg gegenüber auf der anderen Seite unserer Gracht, rochen wild und gefährlich.

Manches begann sich aber zu verändern. Beispielsweise wurden die Fahrzeiten allmählich kürzer, und dadurch verringerten sich auch die Entfernungen. Meine Geschwister waren nach Amsterdam und zurück meistens über das IJsselmeer gefahren, mit dem Linienboot Amsterdam-Lemmer. Das war die billigste Möglichkeit, aber man war einen vollen Tag unterwegs. Im Dezember 1950 beschreibt mein Großvater seinen Reiseplan von Vlaardingen nach Friesland. Die Reise kostete ihn fast sechs Stunden: Abfahrt nach Amsterdam vormittags um Viertel vor elf, dann nach Enkhuizen, von dort mit dem Boot nach Stavoren, Ankunft in Leeuwarden um halb fünf.

Am 18. Mai 1952 fuhr der erste elektrische Zug von Amsterdam nach Leeuwarden: vier Waggons, gezogen von einer stämmigen meergrünen Lokomotive französischer Bauart. Bei uns drängten sich Hunderte Schaulustige auf dem Bahnhof. Man veranstaltete ein Fest, starke junge Männer trugen unter lautem Jubel ein Modell der Lokomotive auf ihren Schultern herum. Die Fahrzeit Amsterdam-Leeuwarden verkürzte sich um mehr als eine halbe Stunde.

Im gleichen Jahr kam Gjalt mit einem Mofa nach Hause, das heißt, mit einem alten Damenrad, an dem er einen eiförmigen kleinen Hilfsmotor hatte montieren lassen, und mit diesem Gefährt fuhr er durch ganz Friesland. Er gehörte zu den Pionieren: Das Mofa wurde in den Niederlanden der fünfziger Jahre zu *dem* Fortbewegungsmittel schlechthin, zum Symbol für die Aneignung des Raums. 1949 gab es in den Niederlanden insgesamt viertausend, zehn Jahre später eine Million, 1965 anderthalb Millionen davon.

Auch auf anderen Gebieten wiesen die Statistiken nach oben. Die niederländische Industrie produzierte in der ersten Hälfte der fünfziger Jahre anderthalbmal soviel wie in den dreißiger Jahren, auch die Produktivität hatte um die Hälfte zugenommen, die Landwirtschaft wurde in hohem Tempo modernisiert, ganze Stadtviertel stampfte man in null Komma nichts aus dem Boden, das Land lebte im Rhythmus dröhnender Rammen. Am Pfingstsonntag 1955 bildete sich der erste Stau, am einzigen Verkehrsknotenpunkt des Landes, Oudenrijn, weil die niederländischen Sonntagsfahrer zur Veluwe und die Kinder des deutschen Wirtschaftswunders zu den Blumenfeldern wollten.

Die Schnelligkeit des Lebens nahm zu, mehr noch, Tempo begann zu einem unentbehrlichen Bestandteil des Lebens zu werden. »Unsere Zeit ist von einer enormen Hast besessen«, schrieb der junge Journalist Hofland im Jahre 1955. »Wir rennen wie Windhunde hinter einem künstlichen Hasen her.« Er schloss dies unter anderem aus der Art, wie der moderne Mensch seinen Urlaub verbrachte: So mancher blieb nicht länger als zwei Tage am selben Ort. »Eine Urlaubsreise von zweitausend Kilometern ist keine Seltenheit mehr, und so ist es nicht verwunderlich, dass Hotelangestellte jetzt mit einem neuen Phänomen Bekanntschaft gemacht haben: dem überanstrengten Touristen.« Auch das Auto, das Telefon – »oft ist man stolz auf seine ›Routine im Telefonieren‹« – und das Flugzeug hätten die Kommunikationsmöglichkeiten so vermehrt, dass sie den modernen Menschen dazu verführten, immer mehr Verabredungen zu treffen. »Alle kleinen Vorteile zusammen haben sich in einen großen Nachteil verwandelt. Aber [die Menschen] kommen nicht davon los, sie müssen weiter, und erst viel später werden sie den Ballast abwerfen können, müde und gereizt.«

Die meisten Familienbriefe aus dieser Zeit atmen noch die gelassene Ruhe von früher – sobald sich jemand krank meldete, wurde er mit einer Wärmflasche ins Bett gesteckt und verließ bestimmt eine Woche lang nicht das Haus –, aber hier und da macht sich allmählich ein gewisses Unbehagen bemerkbar, besonders bei meinem Großvater. Mit der modernen Lebensweise seines ältesten Sohnes Hattem und dessen Frau beispielsweise hatte er eindeutig seine Schwierigkeiten. »Ihr Brief quoll wieder über von ›business‹ – heißt das nicht so?«, schrieb er schon 1949. Onkel Hattem war ein hohes Tier bei Philips, seine Frau sozialdemokratisches Gemeinderatsmitglied in Eindhoven, und ihr Haus war, in den Augen meines Großvaters, der noch ein Mensch des neunzehnten Jahrhunderts war, »voll Unruhe und Telefoniererei«.

In einem seiner Briefe fand ich den Bericht über einen Besuch seines Sohnes in Vlaardingen, zusammen mit einem Kollegen von Philips. »Er raucht eine Zigarre, trinkt zwei Tassen Kaffee und isst ein Scheibchen Kuchen, und dann geht er wieder, um woanders zu Abend zu essen.« Mein Großvater erwähnte das mit einiger Empörung, denn gemeinsames Essen war für ihn ein wichtiges Ritual.

Zu seiner Verwunderung arbeitete das Ehepaar sogar während eines gemeinsamen Urlaubs, im Sommer 1949. »Der Krug geht so lange zum Brunnen, bis er bricht«, schrieb er, fügte aber hinzu, eine solche Warnung werde wahrscheinlich wenig nützen. Dafür sei beider Ehrgeiz zu groß.

Auch ein anderer Aspekt des modernen Lebens störte ihn immer mehr: die zunehmende Verschmutzung. Mitte Februar 1951 beschrieb er einen Spaziergang am Hafen. »Der schmutzige Schaum lag in dicken Flocken auf dem Wasser, wie ich es noch nie gesehen hatte. Man hätte meinen können, es wäre Sahne.«

Er ging gerne über die Polder hinter Vlaardingen; das war eine blühende, klassisch holländische Landschaft mit saftigen, grünen Weiden, dazwischen Weizen- und Rübenfeldern, und am Horizont sah man die Türme von Delft und die Bahnlinie nach Schiedam. Es war flaches, offenes Land, auf dem im Sommer überall Bauern mit Pferd und Wagen beim Heumachen zu sehen waren; hier und da war es durchschnitten von alten Kanälen und Flüsschen. Das war die Gegend, in der er immer gearbeitet hatte und wo er jeden Bauern kannte, er liebte dieses Land.

Im Jahre 1953 bestimmte die Stadt Rotterdam große Teile dieser Landschaft für die Entsorgung von Baggerschlamm. Das bedeutete, dass alle Bauernhöfe verschwinden und die Polder anschließend mit einer meterdicken Schicht Schlamm bedeckt werden sollten. Für all das sollte die »Stiftung Landverbesserung Südholland« zuständig sein, eine staatliche Institution, deren Name sogar schon eine Lüge war.

Mein Großvater wusste besser als jeder andere, dass der Polderboden von ausgezeichneter Qualität war, dass der Hafenschlick nur Schaden anrichten konnte und dass hier etwas ganz anderes dahintersteckte: Die Stadt wollte einfach den Baggerschlamm so billig wie möglich loswerden. Die Sache machte ihn rasend, er ließ auf seine alten Tage allen Obrigkeitssinn fahren und begann ganz allein einen Feldzug gegen »den Schlamm«, einen kleinen Krieg, der Vlaardingen in seinen Grundfesten erschütterte. Woche für Woche prangerte er in den Spalten des *Vlaardingse Courant* die verantwortlichen Stellen an und startete sogar eine regelrechte Protestaktion. »Es wird Zeit, dass diejenigen, die begreifen, was für merkwürdige Dinge hier bald geschehen sollen, nicht mehr allzu lange zögern, ihre Stimme zu erheben«, schrieb er. »Wo einem jetzt von allen Seiten das zarte Grün der saftigen Weiden entgegenlacht, wird nur eine eintönige graue Einöde übrig bleiben, in der nichts Lebendiges mehr zu sehen und jede Spur von Naturschönheit ausgelöscht ist, begraben unter einer dicken Schlammschicht. Ein Ort, dem man so schnell wie möglich wieder entfliehen möchte.«

Seine Umweltschutzaktion kam ein Vierteljahrhundert zu früh: Er biss auf Granit. Zwar blieb er überzeugt, dass er Recht hatte, aber als er merkte, dass er sich nicht durchsetzen konnte, war er auch stark genug, die Sache auf sich beruhen zu lassen. Er sprach später nicht mehr von der Angelegenheit, aber sie bedrückte ihn schon.

Als es Jahrzehnte später – der schlammbedeckte Polder war inzwischen in ein Erholungsgebiet umgewandelt worden – zu einem Umweltskandal um Hafenschlick und hochgradig vergifteten Boden kam, wurde mir klar, dass es sich wahrscheinlich um den gleichen Schlamm handelte, gegen den mein ordentlicher Großvater schon 1953 seinen einsamen Krieg geführt hatte.

*

Der zehnte Jahrestag der Befreiung wurde gefeiert. Über Leeuwarden brummten Dakotas, sie spielten die Lebensmittelabwürfe von 1945 nach, aber jetzt waren es kleine bunte Fallschirme mit Süßigkeiten und Schokolade. Ein Fallschirm landete in einer der Pappeln am Westersingel, und ein Schiffsjunge riskierte Kopf und Kragen: So eine Tafel Schokolade vom Himmel ließ man sich nicht entgehen.

Man gedachte auch der Kriegszeit, zumindest oberflächlich. Deutsche waren nicht beliebt. Jeder machte sich selbst nachträglich zum Helden; nie waren so viele Niederländer im Widerstand aktiv gewesen wie in den ersten Nachkriegsjahren. In unserer Schule erzählten die Lehrer von ihren Abenteuern als Untergetauchte, die Schüler von deutschen Touristen, denen sie den falschen Weg gezeigt hatten. Andererseits löste der Film *Wir Wunderkinder* in den Amsterdamer Kinosälen bei jeder Vorführung Beifallsstürme aus, das gab es auch.

Hinter alledem steckten Gefühle, die nicht so einfach zu erklären waren. Auffällig war nämlich, dass die Feindseligkeit gegenüber Deutschland mit den Jahren eher zu- als abnahm. Als Kronprinzessin Beatrix 1966 den Diplomaten Claus von Amsberg heiratete, schlugen die Wogen der Empörung hoch, nur weil er Deutscher war. Die Niederländer der Vorkriegsgenerationen hatten sich, wie schon erwähnt, recht stark an Deutschland orientiert. Man sang deutsche Lieder, sprach flüssig Deutsch, las deutsche Literatur. Von dieser kulturellen Ausrichtung blieb nach 1945 so gut wie nichts übrig. Das Land drehte sich gewissermaßen um, orientierte sich jetzt an England und Amerika, blickte zum Atlantik und wandte dem Osten den Rücken. Erst seit dem Ende des zwanzigsten Jahrhunderts zeichnet sich wieder ein Umschwung ab – das neue Berlin ist ein beliebtes Reiseziel der niederländischen Jugend, Claus war das populärste Mitglied des Hauses Oranje und bleibt es auch nach seinem Tod.

Worin liegt die Erklärung für das alles? In erster Linie natürlich im Trauma des 10. Mai 1940. Auch die Niederlande kannten die klassische Antipathie des kleinen Landes gegen den großen Nachbarn, die Urangst, irgendwann einmal vom Bären aus dem Osten ins Meer getrieben zu werden. Aber niemand hatte erwartet, dass so etwas im zwanzigsten Jahrhundert wirklich geschehen könnte.

Und dann die Wunden, die jungen Toten, die kaputten Städte und Wohnungen – der Schmerz ganz Europas. Auch Verbitterung. »Hier wohnten im Mai 1940 siebzigtausend Juden«, sagten manche Fremdenführer auf den Amsterdamer Rundfahrtbooten, wenn sie an den leeren und verfallenen jüdischen Wohngebieten vorbeifuhren. »Jetzt sind es fünftausend. Ihr deutscher Nachbar kann vielleicht erklären, wo der Rest geblieben ist.«

Daneben spielte aber noch etwas anderes eine Rolle: das beschädigte Selbstbild der Niederländer. Sie hatten ihre Nation immer als nüchterne, mutige, tolerante Gemeinschaft gesehen. »Heldenhaft, entschlossen und barmherzig«, lautete der Wahlspruch ihrer Hauptstadt nach den Jahren der Besetzung, und das entsprach auch dem allgemeinen Empfinden. In den fünfziger Jahren gelang es noch, dieses Idealbild zu retten. Die gängige Meinung war, Niederländer seien zum größten Teil »auf der richtigen Seite« gewesen, nur vereinzelt »auf der Seite des Feindes« oder »feige«, und alle darüber hinausgehenden Schuldgefühle wälzte man auf die Deutschen ab. Als jedoch in den sechziger Jahren die ersten umfangreichen Studien zum Massenmord an den niederländischen Juden erschienen, lösten sie starke Verunsicherung aus. Die aktive Mitwirkung der niederländischen Polizei, der Meldebehörden, der Eisenbahn, das passive Zuschauen zahlloser anderer – mit Scham und Wut blickten viele Niederländer auf ihr eigenes Verhalten zurück. Und viele dieser unangenehmen Gefühle richtete man wiederum gegen die Urheber all des Elends. Nicht nur das große Morden wurde den Deutschen zur Last gelegt, sondern auch die Besudelung des lieb gewonnenen Idealbildes.

Was blieb, waren die engen wirtschaftlichen Beziehungen zu Deutschland, und diese wurden immer enger, je besser es beiden Ländern ging.

Cas schrieb in dieser Zeit ein Chanson, das die damaligen Ideale auf vollendete Weise zusammenfasste: »Een eigen home, een eigen lieve Mientje, ach als het maar zover kommt ...« (Ein eigenes Zuhause, 'ne liebe kleine Frau, ach, würde das nur wahr ...)

Alle waren verblüfft darüber, dass man immer mehr Geld zur Verfügung hatte, dass die Löhne jedes Jahr wieder ein bisschen stiegen, und jeder redete ständig von neuen Anschaffungen: einem moderneren Radio, einer Rattan-Sitzgruppe, einem Bücherregal aus Metall, einer Wäscheschleuder, einem Durchlauferhitzer, einem Mofa oder Motorroller, manchmal sogar einem kleinen Auto. Für Ideale, für das Wahre, Gute, Schöne begeisterte man sich nicht so sehr.

Äußerlich waren die Niederlande der fünfziger Jahre noch fromm und obrigkeitstreu, aber unter der Oberfläche hatte im Stillen ein Prozess der Lösung aus alten Bindungen begonnen. Fernsehen gab es kaum – noch waren Kundgebungen und Reden vor vollen Sälen ein wichtiges Mittel der Massenkommunikation –, aber viele besaßen ein Radiogerät. Und im Radio hörten sie von allem Möglichen, das nicht in den Rahmen der alten, streng abgeschotteten religiösen und weltanschaulichen Gruppen passte und das, wie man sich ausdrückte, in die richtigen Bahnen gelenkt werden musste. Außerdem hatte man jetzt mehr Freizeit. Wie in den zwanziger Jahren lamentierten die Zeitungen bald über Bummelei, Kneipen- und Kinobesuch oder fehlendes Interesse an guter Musik und überhaupt über alle Formen »unnützer« Freizeitbeschäftigung. Besonders die jungen Leute begannen die geschlossene Welt der Säulen zu verlassen und ihren eigenen Weg zu suchen.

Zunächst betrachteten die Kalvinisten die »Leichtfertigkeit« der Jugend vor allem als Problem der Roten – logisch, bei deren Gottlosigkeit – und der Katholiken – die tanzten ja und hatten auch sonst recht lockere Sitten. Bald wurde man aber auch bei den Protestanten damit konfrontiert. Bei der Reformierten Staatskirche war es in den fünfziger Jahren schon so, dass zwei Drittel der offiziell registrierten Mitglieder selten oder nie ein Gotteshaus von innen sahen. Bei den Orthodoxen machte man, um die Jugend bei der Stange zu halten, zum ersten Mal Zugeständnisse an die moderne Zeit. An die Stelle der feierlichen Jahresversammlung aus der Epoche vor dem Krieg trat ein richtiges Fest, wenn auch mit einem Eröffnungsvortrag von einem renommierten christlichen Redner. Tanzen war immer noch verpönt, aber bei Volkstänzen drückte man ein Auge zu, ebenso bei »rhythmischer Gymnastik«.

Das sündige Theater wurde nun auch nicht mehr gemieden. Die steifen Tableaux vivants, die Darstellung bestimmter Szenen durch eine in der Bewegung erstarrte Gruppe, hatte man schon vor dem Krieg durch die »Wechselrede«, den Vortrag von Szenen mit verteilten Rollen, ersetzt, wobei man allerdings auf Kostüme verzichtete. In den fünfziger Jahren gab es dann kein Halten mehr: An die Stelle der Wechselrede trat richtiges Theaterspiel, und dazu gab es auch noch Musik. Die kalvinistische Jugend war verrückt danach. Natürlich gab es nicht so viele »christliche« Stücke, aber nichtchristliche waren auch in Ordnung, wenn man nur die Flüche strich.

Auch die Rundfunkgesellschaften mussten sich größere Mühe geben. Jeder wollte die Stars der Radioshows gerne einmal leibhaftig zu Gesicht bekommen, und darum schickte man die Publikumslieblinge im ganzen Land herum. Sie banden die Leute an »ihren« Sender.

Hans erinnerte sich, dass die kalvinistische Rundfunkgesellschaft NCRV wahrscheinlich 1952 mit einer Ausstellung zur Zukunft der Elektronik in die friesische Hauptstadt kam. Mit grenzenlosem Staunen lief er durch die Ausstellungshalle: Da waren große Fernschreiber bei der Arbeit zu beobachten, es gab Studios mit Mischpulten, Tonbandgeräte und etwas, das Hi-Fi genannt wurde, Klangwiedergabe in noch nie erreichter Qualität, und man unternahm erste Versuche mit Stereophonie. Hin und wieder hat man in den fünfziger Jahren schon damit experimentiert; an einem Sonntag hörte die ganze Familie mit zwei Radiogeräten die Matthäuspassion – ein Apparat war auf Hilversum 1 eingestellt, der andere auf Hilversum 2: unsere erste Stereosendung.

Ganz allgemein sah man sich gezwungen, mit steigenden Erwartungen Schritt zu halten, weil immer mehr frühere Selbstverständlichkeiten jetzt eben keine mehr waren. Die Säle, in denen die Mitglieder unserer Kirche zusammenkamen, wurden immer größer. Bald kam sogar eine Art religiöse Show auf, ein Phänomen, mit dem viele über Verwandte, die nach Amerika oder Kanada ausgewandert waren, Bekanntschaft gemacht hatten. Die Menschen sahen und hörten immer mehr, sie waren nicht mehr so einfach zufrieden zu stellen. Zugleich waren sie selbst weniger aktiv: Sie wurden mehr Konsumenten als Produzenten. Und immer öfter erhob sich die Frage: Wie soll das weitergehen? Was geschieht, wenn es jetzt auch im Bereich der Kirche immer mehr staatliche Zuschüsse, Sekretariate und bezahlte Arbeitskräfte gibt? Werden die Menschen, die sich jetzt noch engagieren, die Fackel irgendwann weiterreichen können?

All diese neuen Probleme wurden von den Oberhäuptern der Orthodoxen kaum zur Kenntnis genommen. Sie beschäftigten sich, wenn überhaupt jemals, nur oberflächlich damit, es war ihnen einfach nicht klar, dass es hier um die Zukunft der ganzen kalvinistischen Bewegung ging. Die Folge war, dass vor allem viele junge Menschen, ohne dass sie dies laut geäußert hätten, allen Respekt vor den Kirchenoberen verloren.

Man machte Witze über sie, so erzählte Hans, Witze, die ein paar Jahre zuvor noch undenkbar gewesen wären. »Die Männer in den Führungsriegen hielten es für selbstverständlich, dass wir zu ihnen aufblickten, aber wir blickten keineswegs mehr zu ihnen auf. Nur dass sich unsere Generation noch ruhig verhielt. Erst die nächste Generation sollte dann offen protestieren.«

*

In jedem Jahrhundert gibt es einige Jahre, in denen sich alles konzentriert. 1948 war ein solches Jahr, 1968, auch 1989, und erst recht 1956. Das war das Jahr, in dem der Kalte Krieg seinen emotionalen Höhepunkt erreichte. Es war auch das Jahr, in dem sich der alte europäische Kolonialismus noch einmal regte, wenn auch nur kurz, denn er wurde sofort in seine Schranken verwiesen. Und es war das Jahr, in dem zum ersten Mal etwas vom Aufkommen der eigensinnigen Jugendbewegung zu spüren war, die das Land ein Jahrzehnt später für kurze Zeit auf den Kopf stellen sollte.

In Mittel- und Osteuropa war die Sowjetmacht unumschränkter Herrscher. Dennoch hatten die Satellitenstaaten einen gewissen Spielraum bei der Suche nach einem »eigenen Weg zum Sozialismus«, der zum Charakter des Landes passte. Die Sowjetunion behielt sich aber das Recht vor, einzugreifen, sobald die »Errungenschaften des Sozialismus« – das heißt die Interessen des Sowjetimperiums – in Gefahr gerieten. So hatte man in Polen lautlos einige Freiheiten einführen können – unter anderem war die verhasste Kollektivierung der Landwirtschaft gestoppt worden –, und das galt in noch höherem Maße für Jugoslawien.

Im Jahre 1956 wurde aber die Entwicklung dieses »nationalen Kommunismus« durch Stalins Nachfolger Chruschtschow nachhaltig gestört. Dieser hielt auf dem zwanzigsten Parteikongress eine historische Rede, in der er Gräuel der Stalinzeit aufdeckte. Die kommunistischen Parteien Osteuropas waren in heller Aufregung. Was sollten beispielsweise die polnischen Kommunisten von der Tatsache halten, dass Stalin vor dem Krieg ihre gesamte Parteispitze hatte ermorden lassen? Die Parteiführer gerieten in jenem Herbst unter schweren Beschuss durch die Reformer. In Polen konnte Chruschtschow noch einen Kompromiss herbeiführen – ein bewaffneter Konflikt mit seinem streitbarsten Verbündeten war kaum erstrebenswert –, aber in Ungarn erhob sich die Bevölkerung gegen das Regime. Der im Oktober angetretene Premier Imre Nagy brach das kommunistische Regierungsmonopol und nahm einige Nichtkommunisten in sein Kabinett auf. Außerdem kündigte er den Austritt Ungarns aus dem Warschauer Pakt an. Das wäre der Anfang einer vollständigen Auflösung des Ostblocks gewesen. Am

Morgen des 4. November rollten sowjetische Panzer in Budapest ein, zehn Tage kämpfte die ungarische Jugend mit bloßen Händen gegen die Besatzer, es gab Tausende von Toten und Verwundeten, und etwa zweihunderttausend Menschen flüchteten aus dem Land. Der Aufstand wurde niedergeschlagen, zahllose Menschen wurden verhaftet, Nagy und vierhundert andere erschossen.

Der Westen musste ohnmächtig zusehen; der Eiserne Vorhang war tatsächlich aus Eisen. Ungarn lag nun einmal auf der falschen Seite, und der Westen wollte für dieses Land keinen Atomkrieg riskieren.

Die Niederländer reagierten mit beispielloser Heftigkeit auf die Ereignisse in Budapest. Immer wieder wurden die letzten Aufrufe des freien ungarischen Senders ausgestrahlt, und jeder dachte wieder an die Jahre der deutschen Besetzung. Die Pfarrer predigten gegen die »Begierde des Hamsterns«, aber trotzdem waren die Regale in den Läden innerhalb kürzester Zeit leer geräumt. Die Erinnerung an den Krieg war noch frisch. In allen Schulen, Kantinen und Werkstätten gab es Schweigeminuten für Ungarn. Nur die Kommunisten unterbrachen die Arbeit nicht.

Vor der Parteizentrale der Kommunisten in Amsterdam kam es zu einem gewaltigen Auflauf. Hans, der damals gerade sein Studium aufgenommen hatte, erlebte alles aus nächster Nähe mit. Viele der Demonstranten meinten, die Niederlande müssten Ungarn zu Hilfe kommen, und forderten ein militärisches Eingreifen der NATO. Der Ressortchef Ausland des *Algemeen Handelsblad* reagierte auf solche Forderungen mit der Schlagzeile: »Der Westen ist keine Selbstmordbrigade«. Daraufhin sah er sich gezwungen, ein Mitglied des damaligen Redaktionsstabs buchstäblich vor die Tür zu setzen.

Sogar im Leeuwardener Wohnzimmer von Onkel Petrus und Tante Maai, in dem sonst nur das Ticken der Kuckucksuhr zu hören war, ging es hoch her. Solange man zurückdenken konnte, hatten sie sonntags mit Tante Maais Schwester und deren Mann, Broersma, auch einem roten Lehrer, Kaffee getrunken. Aber am ersten Sonntag in jenem November stritten sich die Männer heftig über die internationale Politik, so heftig, dass Broersma die kleine Altenwohnung meines Onkels türenschlagend verließ; die beiden Frauen konnten nur hilflos jammernd zusehen. »Broersma hat natürlich ohne alle Betroffenheit theoretisiert«, schrieb meine Mutter, »während Onkel Pé ganz Betroffenheit war. Bis es ihm zuviel wurde.«

Lange habe ich mich gefragt, was die beiden in einen so fürchterlichen Streit geraten ließ, und mittlerweile vermute ich, dass es dabei nicht um Ungarn ging. In jenen Wochen Ende Oktober und Anfang November 1956 gab es nämlich zwei historische Ereignisse. Das eine war der niedergeschlagene ungarische Aufstand, aber das zweite, ein paar Tage später, war von mindestens ebenso weitreichender Bedeutung: Die ägyptische Regierung wollte den Suezkanal nationalisieren und die Durchfahrt selbst regeln. Israel reagierte mit einem Militärschlag gegen Ägypten. Darauf folgte sofort eine rasche, harte militärische Intervention der Briten und Franzosen, angeblich zu dem einzigen Zweck, die Durchfahrt durch den Kanal zu sichern. In Wirklichkeit war die ganze in enger Zusammenarbeit mit Israel durchgeführte Aktion eine Strafexpedition, ein kleiner Kolonialkrieg im Stil des neunzehnten Jahrhunderts.

Die Suezkrise war für Leute mit historischem Bewusstsein, wie die beiden alten Lehrer es waren, eine mindestens so emotionsgeladene Angelegenheit wie der ungarische Volksaufstand. Die Krise hatte nämlich alles in sich, was notwendig war, um sie sehr schnell zu einem Weltenbrand eskalieren zu lassen: Es ging um Öl, um die Unabhängigkeit Ägyptens, um die Araber und Israelis, um das Ende des Kolonialismus, das Erwachen Asiens. Außerdem hatte das Zeitalter der Atom- und Wasserstoffbomben gerade erst begonnen. Man war einfach noch nicht so weit, dass man das Wettrüsten als Problem erkannt hätte, und das labile Machtgleichgewicht, zu dem dieser Wettlauf schließlich führen sollte, war noch nicht erreicht.

Am Ende wurden die Briten und Franzosen von den wirklichen Mächten des zwanzigsten Jahrhunderts, den Amerikanern und Russen, zur Ordnung gerufen. Das Ganze war für Europa eine einzige große Blamage.

Nicht einmal zehn Jahre später hatte die Technik das Suezproblem gelöst, das Öl konnte dann unter Umgehung des Kanals mit Supertankern und durch Pipelines transportiert werden. Die blutige Niederschlagung des ungarischen Volksaufstands hatte Folgen, die viel weiter in die Zukunft reichten. Sie heizte den Kalten Krieg noch gehörig an, und in den meisten westlichen Ländern bekamen die kommunistischen Parteien nach dem November 1956 kein Bein mehr auf die Erde. In den Niederlanden wurde »Ungarn« zum Auslöser einer unvorstellbaren, bis zum Hass reichenden Feindseligkeit zwischen Kommunisten und Antikommunisten. Freunde und Kollegen überwarfen und mieden sich, es war wie bei einer Kirchenspaltung.

Der November 1956 war jedoch in gewissem Sinne auch ein Wendepunkt. Eine junge, neue Generation kommunistischer Führer war seitdem überzeugt, dass es auf diese Weise nicht weiterging. Zwölf Jahre später sollten sie in Prag noch einmal etwas Ähnliches hinnehmen müssen, aber danach nicht mehr. Manche Historiker behaupten, dass der ungarische Aufstand und die damals begangenen Fehler die spätere Politik des damaligen russischen Botschafters in Budapest, Juri Andropow, geprägt hätten, des Vorgängers und geistigen Ziehvaters Michail Gorbatschows. Ungarn lehrte sie, wie gefährlich eine unbeliebte, um sich selbst kreisende Parteihierarchie sein konnte. »Es gibt also einen durchgehenden Faden von dem Mann, der es 1956 als sowjetischer Botschafter vermocht hatte, die ungarische Demokratie niederzuwerfen, zu dem Mann, der etwas mehr als dreißig Jahre später die parlamentarische Demokratie in Ungarn ermöglichte und die letzten sowjetischen Truppen von dort heimholte«, meint beispielsweise der Historiker John Lukacs. »Gott schreibt gerade mit krummen Linien.«

Etwa dreitausend der ungarischen Flüchtlinge kamen in die Niederlande. Da es kaum Asylbewerberheime gab, waren sie ganz auf private Hilfe angewiesen, auf Menschen, die bereit waren, sie aufzunehmen, und das funktionierte ausgezeichnet. Zwei von ihnen landeten in einer Dachkammer bei uns am Westersingel. An einem Dezembertag standen sie vor der Tür: er in einem weiten Ledermantel, sie klein und zart und von einer Anmut, die wir in Leeuwarden nur selten zu Gesicht bekamen. Bald schon duftete es in unserem obersten Stockwerk nach unbekannten Gerichten, scharf und exotisch, ganz anders als unser Schmorfleisch. Er las ständig Comics, um Niederländisch zu lernen, fand schnell eine Stelle als Schaufensterdekorateur, kaufte von seinem ersten Geld ein Motorrad und fuhr endlos in der Gegend herum, er fühlte sich eingesperrt in der nassen, flachen friesischen Landschaft.

*

1956 war auch das erste Jahr der Jugend.

Die Generation meiner älteren Geschwister, aufgewachsen während des Krieges, hatte vor allem wieder ein normales Leben führen wollen. Es waren junge Pragmatiker, sie waren bereit, sich ordentlich ins Zeug zu legen, zusammen mit den Älteren. »Die Jugendlichen rebellieren weder aktiv noch passiv, sie erweisen sich weder als Müßiggänger noch als Aufrührer«, stellte der Soziologe J. Goudsblom 1959 nach einer detaillierten Umfrage unter der niederländischen Jugend fest. »Passives Leugnen gesellschaftlicher Normen lehnen sie ab, die beispielhafte Lebenshaltung von Weltverbesserern reizt sie wenig. Sie murren ein bisschen, sie klagen ein bisschen, aber sie halten sich an die Regeln. Charakteristisch ist die Art, wie sie sich zu den Idealen der Zeit vor dreißig Jahren äußern. Manche haben dafür nur Hohn übrig und geben einem zu verstehen, dass ihnen mit solchen naiven Vorstellungen nicht mehr gedient sei. Aber öfter ist ein leichtes Bedauern spürbar, im Sinne von: Wir sind zutiefst desillusioniert.«

Der psychologische Rückschlag, den der Zweite Weltkrieg auslöste, darf in diesem Zusammenhang nicht unterschätzt werden. Auch nach dem Ersten Weltkrieg musste eine neue Generation ihren Weg finden, aber das »Nie wieder Krieg«-Gefühl der damaligen Zeit war doch viel optimistischer. Vielleicht hängt das damit zusammen, dass die Dimensionen all dessen, was im Zweiten Weltkrieg geschah, um so vieles größer waren, so dass immer wieder die Grenze des Fassbaren überschritten wurde. Vom »Vernichten« – man spricht nicht mehr vom individuellen »Töten« – von sechs Millionen Menschen kann man sich keine Vorstellung mehr machen, genauso wenig wie von der Auslöschung von Städten wie Hiroshima und Nagasaki im Bruchteil einer Sekunde. Und dieses Unvorstellbare verursachte tiefe Verwirrung.

Das Lebensgefühl vieler junger Menschen war auf unbestimmte Weise melancholisch. Bei den meisten wurde das von den materiellen Segnungen der fünfziger Jahre in den Hintergrund gedrängt: Mofa, helle, sonnige Wohnung, Plattenspieler mit Jazz und französischen Chansons, Unterhaltung, die nicht vom »Säulenrundfunk« vorgekaut wurde.

Die von Goudsblom befragten Jugendlichen verbargen unter ihrer Vorsicht aber auch eine ordentliche Portion gesellschaftliches Engagement: Wenn sie zwischen Materialismus und Idealismus zu wählen hatten, entschieden sie sich ohne Zögern für das zweite. Sie waren die Jugend des Aufschwungs, und das wussten sie auch. Stellen gab es in Hülle und Fülle, der Lebensstandard stieg, jedes Jahr bot neue Chancen. Was sie antrieb, war Expansionsdrang, denn dass die Welt allen gehörte, war selbstverständlich.

Unter Oberschülern, Studenten und Künstlern gab es einige, die sich für offene Rebellion entschieden. Schwarze Pullover, viele Zigaretten, Juliette Gréco, Sartre und etwas, das man Existentialismus nannte, das waren die Erkennungszeichen eines Lebensstils, den sie bis zum Übermaß kultivierten. Autoren wie Willem Frederik Hermans und Gerard van het Reve, Lyriker wie Lucebert brannten sich mit der Schwefelsäure ihrer Sprache durch den oberflächlichen Gleichmut der Zeit. J. B. Charles entlarvte in seiner Essaysammlung *Van het kleine koude front* (Von der kleinen kalten Front) den katholischen Premier Jan de Quay, Colijn und andere Mächtige mit Fakten aus ihrer Kriegsvergangenheit, und es gab noch einige wenige andere, die aus der Reihe tanzten.

Von völlig anderem Charakter war der Protest mancher Jugendlicher. In bestimmten Vierteln Amsterdams gab es auf einmal Gruppen von Jungen und Mädchen, die durch ihre Kleidung – enge Hosenbeine, Pettycoats – und Ausdrucksweise auffielen; hin und wieder kam es zu Schlägereien mit anderen Gruppen, ein neues Jugendproblem war geboren.

Diese »Halbstarken« mit ihren Schmalzlocken hatten aus der Jazzszene die auffällige Gewohnheit übernommen, beim Musikhören nicht still zu sitzen, sondern sich im Rhythmus der Stücke zu bewegen; sie klatschten in die Hände, standen sogar auf und wackelten, halb in Trance, mit dem ganzen Körper hin und her. Zum ersten Mal kam es deswegen im Jahre 1954 bei einem Konzert des Vibraphonisten Lionel Hampton zu Zwischenfällen, und später hatte auch die Dutch Swing College Band dauernd Probleme. Auf Gerüchte von derartigem Verhalten reagierte man am Westersingel in Leeuwarden mit Verwunderung und einer gewissen Abscheu, machte sich aber weiter keine Gedanken darüber.

Das wurde anders, als aus der schwarzen Musik ein neues Phänomen hervorging, ein Musikgenre, das rhythmisch und stilistisch zu den Gefühlen einer viel größeren Gruppe von Jugendlichen passte: der Rock 'n' Roll. 1956 war in dieser Hinsicht ein entscheidendes Jahr: Der Name Elvis Presley war auf einmal in aller Munde, sein *Heartbreak Hotel* führte die Hitlisten an, und die Jugend konnte gar nicht genug bekommen vom schrillen Klang der elektrischen Gitarren, von dem vom Schlagzeug stark betonten Rhythmus und Elvis' Art zu singen, einschließlich Gekreisch, Geschluchze und Gestotter. Die Älteren reagierten angewidert, vor allem, als sie in Filmen sahen, dass Elvis bei seinen Auftritten auch noch auf schockierende Weise sein Becken kreisen ließ und Hunderte von Mädchen in einen Zustand kreischender Hysterie versetzte.

In jenem Herbst lief überall in den Niederlanden der Musikfilm *Rock around the Clock*. Der Filmkritiker des *Algemeen Handelsblad* schrieb am 1. September ein bisschen säuerlich über »Herrn Bill Haley aus den Vereinigten Staaten, der eine völlig neue Musik erfunden hat, die er und seine Anhänger Rock und Roll nennen«.

In unseren Augen ist *Rock around the Clock* ein frischer, fröhlich swingender Rockfilm, der kaum etwas Schockierendes hat. Dennoch war er ein Meilenstein. Die Jugend der fünfziger Jahre, die dergleichen noch nie gehört und gesehen hatte, geriet während der Vorstellung in höchste Erregung. Die Jungen und Mädchen verließen das Kino mit Gefühlen und Sehnsüchten, die sie selbst völlig ratlos machten. Vor dem Kino von Leeuwarden kam es, wie auch an anderen Orten, im September 1956 immer wieder zu Tumulten, und schließlich beschloss der Bürgermeister, den Film zu verbieten.

Die Zeitungen waren voll von besorgten Betrachtungen über das neue Phänomen. »Rock 'n' Roll ist so primitiv wie ein Stier zur Paarungszeit, aber zugleich so raffiniert wie ein Liebhaber, der das Kamasutra auswendig gelernt hat«, schrieb *De Groene Amsterdammer*. Das Wochenblatt verglich »das Lustgefühl, das Rock 'n' Roll dem Tänzer verschafft«, mit dem »wilden Sieg-Heil-Gekreisch« der Hitlerjungen und warnte, die ständige Wiederholung, das Geschluchze und Geschrei würden alle Hemmungen beseitigen. Für das Blatt war Rock ’n’ Roll »die Apotheose der Sinnlosigkeit: Mit seiner Monotonie ist er die Musik gewordene Langeweile und Verdrossenheit, das unerfreuliche Nebenprodukt der 128 Stunden ›Freizeit‹, über die der moderne Mensch wöchentlich verfügt.« Und in einem Monatsblatt für »geistige Volksgesundheit« analysierte ein Arzt die zum Rock ’n’ Roll gehörigen »Tanzfiguren«, bei denen sich die Personen einander nähern, »um sich dann wieder voneinander abzustoßen, womit sie die Unfähigkeit ausdrücken, eine dauerhafte Annäherung zustande zu bringen«.

Keinem der feinsinnigen Musikkritiker und Weltweisen wurde klar, dass er die Entstehung einer der wichtigsten musikalischen Strömungen dieser Zeit miterlebte.

*

In dieser Periode sollte das neunzehnte Jahrhundert endgültig aus unserem Leben verschwinden. Äußerlich war Großvater van der Molen irgendwo in den dreißiger Jahren stehen geblieben, und in den fünfziger Jahren war er immer noch ein würdevoller, vitaler Mann, der trotz seiner mehr als achtzig Jahre von den meisten nicht älter als auf Anfang siebzig geschätzt wurde.

»Alles im Leben bekommt mir noch genauso gut wie früher«, schrieb er im März 1952 anlässlich seines dreiundachtzigsten Geburtstags. »Ich hoffe, noch ein Weilchen bleiben zu dürfen. Wie habe ich mich heute wieder an unserem Garten erfreut. An unseren weißen und blauen Krokussen, den Blausternen, dem Birnbaum voller Knospen.«

1955 durfte ich ihn begleiten, als er – zum letzten Mal – sein Heimatdorf Drachtster Compagnie besuchte. Wir tranken Kaffee mit einem steinalten, mageren Mann, einem früheren Schulkameraden, und den ganzen Nachmittag kramten die beiden Erinnerungen aus: wie sie singend hinter dem Karren hergingen, der zur Brotfabrik in Leeuwarden fuhr, wie dort die Börse gebaut wurde, ein so hohes Gebäude, dass sie sich fragten, ob den Arbeitern auf dem Dach nicht schwindelig würde, wie sein Kamerad ein Zweieinhalbguldenstück im Misthaufen fand, ein Vermögen, es war eben nicht wie heute, ja, das waren Zeiten!

Großvater war ein freisinniger Liberaler, aber aus seinen Briefen sprach zugleich ein argloses, friedliches Christentum, der alte, noch nicht zu Säulen erstarrte Glaube des neunzehnten Jahrhunderts. Morgens beim Aufstehen las er gern ein bisschen in seinem Neuen Testament, das er »aufs Geratewohl« aufschlug. Und wenn er irgendeinen Plan schmiedete, schrieb er manchmal: »Wenn es Gott gefällt, dachte ich. Doch ist Sein Ratschluss nicht für uns Menschen oft vollkommen unbegreiflich?«

Er konnte schrecklich belehrend sein, wusste alles besser, lebte noch mit Gewissheiten von 1900 und den felsenfesten Überzeugungen noch älterer Schulmeister, aber in seinen Äußerungen offenbarte sich auch eine außergewöhnliche Fürsorglichkeit und Herzlichkeit. Wenn er »meine Lieben« schrieb, kam das aus der Tiefe seines großen friesischen Herzens.

Ende Oktober 1957 starb er, auf dem Weg nach Leeuwarden, in der Nähe des Bahnhofs an einem Herzinfarkt.

Jetzt, da ich seine letzten Briefe noch einmal der Reihe nach lese, fällt mir etwas Eigenartiges auf: Obwohl dem Anschein nach alles in Ordnung war, schien sein Ende zu ahnen. Auf einmal fing er an, allerlei Dinge zu regeln, Briefe zu schreiben, Angelegenheiten zum Abschluss zu bringen. Anfang Oktober gab er nach fünfundvierzig Jahren die Verwaltung eines Hofs bei Lunteren auf. »Wir wollen dankbar sein«, schrieb er an den Bauern, »dass wir uns auf unserem Wege begegnen durften.«

Eine Woche danach erwähnte er den Tod des soundsovielten Bekannten. »Wieder einer, den ich, wie ich es hoffentlich kann, begraben helfe. So heißt es immerfort ›mourir un peu‹ und sich vorbereiten auf das wirkliche ›mourir‹. Was ich hin und wieder tatsächlich tue. Wie mit dem Abschied von meinem Verwalteramt. Aber das soll keineswegs heißen, dass ich anfinge, lebensmüde zu werden.«

Es war sein letzter längerer Brief. »Wie habe ich mich heute morgen im Park an den Tausenden und Abertausenden von Tautröpfchen auf ebenso vielen Grashalmen erfreut, die alle auf ihre eigene Weise die Sonne widerspiegelten. Was das für ein vielfarbiges Glitzern hervor rief, das kann man unmöglich beschreiben. Und was für kleine Geschöpfe sah ich oben durch die reine Luft fliegen. Einfach so, auf ihren eigenen Flügeln!«

Mit Großmutter Mak war es wieder anders. Bei ihr war es eher ein Verlöschen, in den letzten Tagen der fünfziger Jahre. Alle Maks kamen zum Begräbnis, und sie fanden es so schön, einander wieder mal zu sehen, dass meine Tanten mehrmals zur Ruhe mahnen mussten: »Kinder, Kinder, sie ist doch noch über der Erde.« Der Bestattungsunternehmer trug viel zur allgemeinen Fröhlichkeit bei, indem er immer wieder rief: »Würden die tief betrübten Angehörigen nun bitte in diesen Begleitwagen einsteigen?«

Aber die Familie war gar nicht so tief betrübt. Großmutter Mak hatte ein gesegnetes Alter erreicht, sie war eine liebenswerte Frau gewesen und hatte ein frommes Leben geführt. Sie selbst mochte sich oft Sorgen um ihr Seelenheil gemacht haben, aber wir waren alle überzeugt, dass sie nun an einem hübschen Ort im Himmel war.

Was sie von dort aus sah, muss sie zufrieden gestimmt haben. In der Segelmacherei hatte man dank des raschen Wachstums des Rotterdamer Hafens alle Hände voll zu tun: Die Abdeckungen von Winden und Rettungsbooten waren aus Segeltuch, die Deckplanen, einfach alles auf See wurde mit Segeltuch abgedeckt, einschließlich der Gerätschaften der ersten Bohrtürme. Arbeit und Brot gab es genug, und das war doch, worauf es ankam.

Auch ihre anderen Kinder waren mit Gesundheit und Wohlstand gesegnet. In Leeuwarden machte mein Vater jeden Tag seine Morgengymnastik zu flotten Klängen aus dem Radio. Er verdiente jetzt mehr und brauchte nicht mehr ganz so hart zu arbeiten. Ich habe einen Zettel gefunden, auf dem die Geschenke zu seinem achtundfünfzigsten Geburtstag notiert waren: eine graue Schreibtischlampe aus Metall und ein Buch über »das amerikanische Negerproblem«. Auch ein Plattenspieler war wieder im Haus, einer, auf dem man auch die neuen Langspielplatten abspielen konnte, das Geschenk zum fünfunddreißigsten Hochzeitstag im Mai 1959. Sogar Enkel gab es schon.

Allerdings war es auf einmal still geworden im Haus am Westersingel. Anna hatte glückliche Jahre in Südfrankreich verlebt, wo ihr Mann an einer kleinen Universität Theologie lehrte. Jetzt war er Professor an der Freien Universität geworden, sie hatten drei Kinder und wohnten in einer vornehmen Straße in Amsterdam-Süd.

Cas hatte nach acht Jahren Verlobungszeit endlich geheiratet. Er war jetzt Pfarrer in einem kleinen Ort, der schwermütig an einem Binnendeich in der Provinz Utrecht kauerte und in dem er ein wenig Befremden auslöste, weil er so gescheit predigte, am Ostermontag den Garten umgrub und eng mit dem katholischen Pfarrer befreundet war.

Hans studierte Sozialgeographie und hatte inzwischen ebenfalls geheiratet. Tineke arbeitete als Lehrerin. Gjalt führte ein abwechslungsreiches Leben. Mal stand er vor der Klasse, mal arbeitete er bei einem Bauern, immer spielte er Violine.

So waren die Kinder in alle Richtungen ausgeschwärmt, abgesehen von mir. Meine Eltern hatten auch weiterhin ihre großen und kleinen Sorgen, aber sie fanden zu einer gewissen Gelassenheit, was sich besonders bei meiner Mutter bemerkbar machte. Das ewige Streben nach Höherem, das vor langer Zeit bei meinem Großvater angefangen hatte, als Wunsch, der Armut zu entkommen, und als Wille, eine gewisse Stellung zu behaupten, und auf seine Tochter übergegangen war – dieser Kampf schien auf einmal nicht mehr so wichtig zu sein.

Ich sehe uns drei noch vor mir, meinen Vater, meine Mutter und mich, an einem dunklen Morgen irgendwann im November 1957. Der erste von Menschen gebaute Mond erfüllte alle mit ehrfürchtigem Staunen, der russische Sputnik, ein Fußball aus Metall, der piepsend um die Erde kreiste und den man als Lichtpunkt sehen konnte, wenn man früh aufstand. Und so standen wir auf der kalten Terrasse am Westersingel, meine Eltern im Schlafanzug mit ihren Mänteln darüber, zum Himmel aufblickend, zeigend, suchend im Dunkel zwischen den Sternen.

KAPITEL 15

Harrus Genießsalon

Im Herbst 1957 bekam Hans einen Studentenjob, der alle tief beeindruckte. Auf Schiphol wurde eine große Ausstellung veranstaltet: Das Atom. An allerlei Ständen entwarf man ein Bild der Zukunft, die uns erwartete, einer Zukunft, in der Kernenergie eine bedeutende Rolle spielen sollte. Hans führte durch die Ausstellung.

Es war großartig, sie mit ihm zu besuchen. Man konnte dort mit einem Gerät spielen, mit dem man auf zehn Meter genau seine Position auf der Erde bestimmen konnte, ein Ding von der Größe einer Anrichte. Es gab einen Apparat mit etwas wie Roboterarmen, mit dem man aus einiger Entfernung ein Streichholz anzünden konnte. Sogar das Modell eines Reaktors gab es, einen schauerlichen Brunnenschacht mit viel Glas und Licht in unheimlichen Farben, das greller wurde, je tiefer man die Stäbe in der Mitte hinunterließ. Aber den Höhepunkt bildete die Küche der Zukunft. Das war der Wirklichkeit gewordene Traum, all diese Möglichkeiten würde der künftige Mensch zu Hause haben. Später haben sich fast alle Vorhersagen erfüllt: Wir konnten einen elektrischen Grill bestaunen, einen Mixer mit Gemüseschneider, einen Kühlschrank mit Eiswürfelmaschine und vieles mehr. Der Gipfel war eine Art frühes Mikrowellengerät oder vielleicht eine Schnellkochplatte, auf jeden Fall ein Ding, mit dem man innerhalb von Sekunden einen Becher Kakao erhitzen konnte. Immer durfte ein Junge aus dem Publikum erst einen Schluck kalten Kakao probieren und dann den ganzen Becher heißen Kakao austrinken. Alle machten große Augen.

Die Botschaft war klar: So würde das angenehme Leben sein, auf das wir uns alle freuen durften.

Bei der Eröffnung der Pariser Weltausstellung von 1900 wurden die Besucher gefragt, wie sie sich ihre Stadt im Jahre 2000 vorstellten. Die Zukunftsbilder beschränkten sich meist auf große eiserne Viadukte, Schwebebahnen und pfiffige Lufttaxis, bevölkert von Damen mit Sonnenschirmen und Herren mit Zylindern. Einer der Einsender fiel durch seinen Sinn fürs Praktische auf: Zu seiner Zukunftsvision gehörten phantastische Reinigungsmaschinen, die den Tag für Tag tonnenweise anfallenden Pferdemist von den Straßen beseitigten.

Vorhersagen, so unterschiedlich sie sein mögen, haben fast immer eines gemeinsam: Sie verlängern die Entwicklungslinien dessen, was eine Gesellschaft im jeweiligen Augenblick als das Modernste betrachtet, im Guten wie im Schlechten, in die Zukunft hinein. In solchen Prophezeiungen ist kein Raum für unerwartete Wendungen, für Phantasie. Sie sagen meistens mehr über die eigene Zeit als über die kommende. Und sie verraten ausnahmslos große Selbstsicherheit.

In den fünfziger und sechziger Jahren beschäftigte man sich stark mit der Zukunft, und das lag auch nahe. Die Phase des Wiederaufbaus war vorbei, und jetzt brach die Zeit an, in der man die Früchte des rasch wachsenden Wohlstands, des technischen Fortschritts, der großen sozialen Sicherheit und der sich ständig vermehrenden Freizeit ernten konnte. Was für eine Gesellschaft würde dank all dessen in den nächsten zehn, zwanzig Jahren entstehen?

Den Futurologen schwebten Innenstädte vor, die von Viadukten und Autobahnen durchzogen sein würden. Nach der Landung der ersten beiden Menschen auf dem Mond im Sommer 1969 erwartete man in absehbarer Zeit die Schaffung von Kolonien auf benachbarten Planeten. Man sprach ernsthaft über künstliche Lebensformen, die Steuerung von Niederschlägen und anderen Wetterphänomenen und die Erschließung der Ozeane für die Nahrungsmittelproduktion. Überall hoffte man auf die Weiterentwicklung der Kernenergie, auch für die Nutzung in kleinen Motoren.

In den Niederlanden trieb man den Aufbau des Sozialstaats voran; den Höhepunkt bildete das neue Gesetz zur Erwerbsunfähigkeitsversicherung, das schätzungsweise etwa zweihunderttausend Kranken und Behinderten künftig ein gutes Auskommen bescheren sollte.

Über die Gefahren des Fernsehens wurde wild spekuliert. Der Staatssekretär im Ministerium für Bildung, Kunst und Wissenschaft leitete schon die erste Sendung des niederländischen Fernsehens am 2. Oktober 1951 mit einem unheilverkündenden Satz ein: »Nach der Massenarbeit ist es die Massenunterhaltung, die eine Gefahr für die Persönlichkeit des Menschen darstellt [...], die jede eigene Anstrengung auf geistigem und kulturellem Gebiet durch Passivität und trübe Verflachung zu verdrängen droht.« Damit war die Tonart festgelegt. Jahrzehntelang äußerten Pfarrer aller Konfessionen ihre Besorgnis über Fernsehsucht, über Erotik und Gewalt im Fernsehen und andere Dinge, von denen höchst unerwünschte Wirkungen ausgehen konnten.

Wovon keiner der damaligen Propheten auch nur das Geringste ahnte, war die elektronische Revolution, die allgemeine Durchsetzung des Computers und das Entstehen des Cyberspace. Es gab einige hundert Computer – die größten Systeme hatten die Universität Groningen und die Technische Hochschule Delft, die Telefunken TR4, gewaltige Maschinen, die 1964 drei Millionen Gulden kosteten und einen Bruchteil der Kapazität eines heutigen Laptops besaßen. Aber mit diesen neuen Techniken, von denen der Durchschnittsmensch nur verschwommene Vorstellungen hatte, kamen nur Spezialisten zurecht, Hohepriester in weißen Kitteln.

Von der Macht und den Möglichkeiten des Films, des Radios und vor allem des Fernsehens hatten auch viele Intellektuelle keine Vorstellung. Das sollte sich rasch ändern. In dieser Zeit brach der Vietnamkrieg aus, der erste Krieg, der in all seiner Grässlichkeit weltweit über das Fernsehen verfolgt wurde, das ihn buchstäblich bis in die Wohnzimmer brachte. Niemand wusste, wie er mit den neuartigen Empfindungen, die diese Bilder auslösten, umgehen sollte, mit dem Gefühl des Abstands und der schmerzhaften Nähe zugleich, der Betroffenheit ohne irgendeine Möglichkeit, in die Geschehnisse einzugreifen, die sich direkt vor den eigenen Augen abspielten. Im Vergleich dazu waren Widerstand und nachbarschaftliche Hilfe während der Jahre der Besetzung, so groß die Risiken auch gewesen waren, von einer beneidenswerten Konkretheit. Überall auf der Welt ging die Jugend in Massen auf die Straße. Amerikanische Studenten verbrannten öffentlich ihre Einberufungsbescheide, und schließlich vereinten sich die Stimmen des Protests zu einem gewaltigen Chor, den kein Politiker mehr überhören konnte. Aber das Gefühl der Machtlosigkeit sollte bleiben und immer stärker werden.

*

In ganz Europa hatte der Zweite Weltkrieg als großer Gleichmacher gewirkt. Das Leben war in den fünfziger Jahren entspannter geworden, der Existenzkampf hatte an Härte verloren, und der Wohlstand wurde gleichmäßiger verteilt. Rang- und Standesunterschiede gab es immer noch, aber gute Kleidung, Autos und andere materielle Statussymbole waren für immer mehr Menschen erschwinglich.

Für die Niederlande gab es im Jahre 1966 dann auch noch einen unerwarteten Glückstreffer: Unter Groningen wurde eines der größten Erdgasfelder der Welt entdeckt. Später fand man unter der Nordsee noch mehr. Mit den Erträgen aus dem Erdgas konnten jahrelang allerlei Extras finanziert werden. So wurde in den sechziger und siebziger Jahren die Infrastruktur des Landes von Grund auf in Ordnung gebracht und erneuert. Zahllose neue Straßen wurden angelegt, in Zeeland nahm man die gewaltigen Deltawerke in Angriff, um einer Wiederholung der Katastrophe vom Februar 1953 vorzubeugen, und überall wurden die historischen Stadtkerne mit ihren vielen Baudenkmälern restauriert und heruntergekommene Arbeiterviertel saniert. Am Ende dieser Periode war kaum ein Stein auf dem anderen geblieben.

Man hatte immer mehr Geld und Freizeit. Seit 1961 brauchten die meisten samstags nicht mehr zu arbeiten. Nach den bescheidenen fünfziger Jahren brach eine Zeit der Lohnerhöhungen an, eine Welle folgte der anderen. Zwischen 1963 und 1965 stiegen die Löhne durchschnittlich um ein Drittel.

Nun wurde der Luxus schnell demokratisiert. Zwischen 1958 und 1966 vervierfachte sich die Zahl der Personenwagen. Mein Vater kaufte sich 1960 sein erstes Auto seit zwanzig Jahren, einen gebrauchten Volkswagen. Meine Mutter erlag der Versuchung, sich eine kleine Wäscheschleuder anzuschaffen, die ihr den anstrengendsten Teil des Waschens, das Wringen, abnahm. Nach dem Staubsauger war dies das erste Haushaltsgerät am Westersingel. Auch Kühlschränke und Waschmaschinen – in den fünfziger Jahren noch eine Seltenheit – tauchten auf einmal in sehr vielen Haushalten auf.

Auch die Segelmacherei in Schiedam ging mit der Zeit. 1959 hatte Catrinus eine zweite Segelmacherei Mak eröffnet, einen modernen Laden im Stadtzentrum, mit Neuheiten, nach denen immer mehr Nachfrage bestand: Zelte, Campingbedarf, Wassersportartikel und andere Dinge, die für die Gestaltung der sich vermehrenden Freizeit benötigt wurden. Auch am Hoofd stellte man sich immer mehr auf die Fertigung von Jachtsegeln, Fahnen, Zelten, Sonnenschutzplanen und Ähnlichem ein. »Wir hatten einen Allround-Betrieb, und dafür hatten wir von unserem Vater und Großvater auch eine Allround-Ausbildung bekommen«, meinte Catrinus. »Manchmal haben wir abends noch mit feiner Nadel an einem kleinen Jachtsegel genäht, und am nächsten Morgen arbeiteten wir schon wieder an einer dieser gewaltigen Trossen für die Marine.«

1964 wechselte der ganze Betrieb ins Zentrum. Nach mindestens sieben Generationen verließen die Maks für immer das Hoofd. Die alte Segelmacherei wurde geschlossen und ein paar Jahre später abgerissen. In der Gegend wurden ein neuer Deich mit Straße und eine Reihe von Etagenhäusern gebaut. Die Werkstatt, das kleine Büro, die gute Stube im Zwischengeschoss verschwanden vom Erdboden.

Es war die Zeit, als das Land im Eiltempo hektarweise mit Glas und Beton zugemüllt wurde, ganzen Vierteln aus völlig gleichförmigen Etagenhäusern – eine Massenbauweise, die von Sparsamkeit und großer Wohnungsnot bestimmt war. In den Kriegsjahren waren ziemlich viele Wohnungen zerstört worden, während der ganzen Zeit hatte es so gut wie keine Bautätigkeit gegeben, und außerdem wurden nach der Befreiung wegen eines gewissen Nachholbedarfs besonders viele neue Häuser gebraucht: Viele jüngere Menschen beschlossen, nun endlich das Elternhaus zu verlassen, zu heiraten oder Kinder zu bekommen. Aus all diesen Gründen herrschte großer Mangel an Wohnungen, besonders in den Großstädten. Nicht selten kampierten Familien mit fünf, sechs Kindern in einer Zweizimmerwohnung. Junge Ehepaare waren manchmal gezwungen, jahrelang bei den Eltern eines der Partner zu wohnen und alle Spannungen in Kauf zu nehmen, die ein solches Zusammenleben mit sich bringt.

Die Etagenwohnung mit ihren großen Fenstern und hellen Zimmern, ihrer von den Wohnräumen getrennten Küche und der eigenen Dusche wurde zum Symbol des neuen Wohlstands. Wer in einer Etagenwohnung lebte, war modern.

Meine Eltern folgten dem Fortschritt auf ihre Weise. Im Dezember 1961 tauschten sie das alte, zugige Haus am Westersingel gegen ein nagelneues, helles, freundliches Häuschen in Hardegarijp, einem Pendlerdorf ganz in der Nähe von Leeuwarden. Mein Vater fuhr mit dem Zug zur Arbeit. In diesem Winter herrschte strenger Frost, und in dem kleinen Bahnhof drängten sich die Wartenden um einen großen Ofen, während der Wind den Schnee gegen die Scheiben wehte. Hin und wieder füllte einer der Fahrgäste eine Schaufel Kohlen nach, schließlich schepperte eine Glocke, die den ersten Zug ankündigte. Der bestand aus einer Güterzuglokomotive und einer langen Reihe heruntergekommener Schnellzugwaggons für die pendelnden Arbeiter. Kurz darauf kam der zweite Zug für »normale« Bürger wie meinen Vater. Wenn Vater sich verspätete, wartete man einen Augenblick. »Der Pfarrer ist noch nicht da.«

Drei revolutionäre Veränderungen vollzogen sich in Hardegarijp. Meine Mutter verlegte die warme Mahlzeit von der traditionellen Mittagszeit, halb eins, auf sechs Uhr abends. Das Telefon zog ins Wohnzimmer um. Es war bald nicht mehr nur ein Apparat für Mitteilungen; man benutzte es, um einfach nur zu reden. Von da an beginnt auch die Quelle der Briefe zu versiegen. (Darum musste ich im Hinblick auf häusliche Details mehr und mehr auf meine Erinnerung zurückgreifen.) Und schließlich kam im Winter 1964 ein Fernsehgerät ins Haus.

Mit dem Phänomen Fernsehen ging es wie mit dem Schneeball, der zur Lawine wird. Nach der Einführung blieb das Wunder zunächst auf eine kleine Gruppe beschränkt. Es war normal, sich bestimmte Sendungen bei den Nachbarn anzusehen, und wenn es ein Fußballspiel gab, standen hier und dort ganze Trauben von Männern vor Schaufenstern. 1958 gab es in den Niederlanden eine halbe Million Fernsehgeräte. Zehn Jahre später waren es sechsmal so viele, achtzig Prozent der Haushalte besaßen dann eins.

Die rasche Durchsetzung des Fernsehers führte zu einer kleinen Revolution in den Wohnzimmern; Soziologen folgern dies aus den Fotos, die in den sechziger Jahren im Auftrag von Philips in Hunderten holländischer Wohnzimmer aufgenommen wurden.

Die Bilder von 1964 zeigen, dass in jener Zeit fast überall noch der Esstisch würdevoll in der Mitte des Zimmers stand. Es gab zwar auch eine Sitzecke, mit vier soliden Lehnstühlen um einen weiteren Tisch, aber Couchgarnituren hatte man nicht. Obwohl es technisch ohne weiteres möglich gewesen wäre, in einem Zimmer mehr Lichtanschlüsse anzubringen, drehte sich das Familienleben auch weiterhin um den großen Familientisch mit der einen einzigen Lampe, als lebte man noch in der Zeit des Gaslichts.

In keinem einzigen der fotografierten Wohnzimmer stand ein Telefon – das hing nach wie vor wie selbstverständlich in der Diele. Hier und da war schon ein Fernsehgerät zu sehen, meistens in einer Ecke, hinter einem Lehnstuhl. Fernsehen war ein Unternehmen, für das man erst Möbel verschieben musste, wie für die Vorführung eines selbst gedrehten Films.

Die Fotos vom Ende der sechziger Jahre lassen erkennen, dass der Fernseher in den meisten Wohnbereichen zum zentralen Punkt geworden war, um den sich alles drehte. Was Innenarchitekten in Jahrzehnten nicht erreicht hatten, schaffte der Apparat innerhalb weniger Jahre: Der große Esstisch wurde aus dem Zentrum an den Rand gedrängt. Alles, was noch die Sicht auf den Fernseher hätte verstellen können, war verschwunden, und alle Familien hatten eine Couchgarnitur angeschafft, damit man gemeinsam fernsehen konnte. Die gesamte Inneneinrichtung hatte man dem Fernseher untergeordnet.

Bei meinen Eltern kam es, wie bei vielen Angehörigen ihrer Generation, nicht so weit. Sie hatten fast alle Abende ihrer vierzigjährigen Ehe ohne Fernsehen verbracht, und als der Apparat da war, beeinflusste er ihr Leben nur sehr begrenzt. Auch weiterhin verbrachten sie ihre Abende meistens lesend, sie gingen in Konzerte, empfingen Besuch, hörten eine Schallplatte mit Musik von Mozart oder Debussy. Den

Fernseher schalteten sie nur ein, um die Nachrichten oder ganz bestimmte, vorher ausgewählte Sendungen zu sehen. Für sie war er im Grunde eine Art elektronische Kammerbühne, ein Theater, das sie manchmal besuchten und manchmal nicht, und dabei blieb es.

*

Meine Geschwister hatten für den Umzug nach Hardegarijp eigentlich kaum Verständnis. Sie befürchteten, vor allem meine Mutter werde in vollständige Isolation geraten. Die Gardinchenkultur von Hardegarijp, das war doch nichts für sie? Das Gegenteil war der Fall.

Zum Erstaunen aller sollte sich der Wegzug aus Leeuwarden für meine Mutter als Befreiung erweisen. Die dörfliche Herzlichkeit, die Nähe zu den Nachbarn, das alles ließ sie aufatmen. Es war, als sei der Umzug in dieses Dorf in gewisser Weise eine Heimkehr, als fände sie zu ihren alten Wurzeln in Drachtster Compagnie zurück. Endlich konnten Standesbewusstsein und Ehrgeiz von ihr abfallen.

»Sie waren immer nett und ganz schlicht«, sagte ein ehemaliger Nachbar über meine Eltern. »Es waren sehr gebildete Menschen, die viel erlebt hatten, das merkte man. Aber sie haben nie damit geprahlt.«

Einmal in den Herbstferien, 1963 oder 1964, wohnten ein paar meiner Freunde bei uns. Ich erinnere mich, dass ich selbst in die Schule musste und dass ich meine Mutter, als ich um zwölf nach Hause kam, noch im Morgenmantel vor dem Ofen vorfand, umringt von Siebzehnjährigen, mit denen sie über das Leben und die Welt diskutierte. Ich habe sie als eine ganz andere Frau erlebt als meine älteren Geschwister, viel lockerer und freier.

Wenn die sechziger Jahre irgendjemandem mehr Freiräume beschert haben, dann war dies meine Mutter, so eigenartig es klingt. Der Wohlstand, die Tatsache, dass ihre Kinder alle irgendwie ihren Weg gefunden hatten, die Ordnung in ihrem Dasein – all das gab ihr die Ruhe, die sie befähigte, ihre alte Welt, ihre alten Gewissheiten in einem neuen Licht zu sehen. Ich glaube, dass dabei auch der Tod meines Großvaters van der Molen eine wichtige Rolle gespielt hat. Der bei aller Freundlichkeit ewig erhobene Zeigefinger, der hartnäckige Schatten des neunzehnten Jahrhunderts, sie waren verschwunden.

Sie wurde freier, weniger ängstlich. Einmal, als ich schon studierte, rief eine wütende Zimmerwirtin sie an und teilte ihr mit, dass ein Mädchen bei mir übernachtet habe, und meine Mutter antwortete nur: »Ach, wenn ich heute jung wäre, würde ich das wahrscheinlich auch tun.« Immer verteidigte sie mich, die Jugend im Allgemeinen, was wir auch anstellten.

Meinen Vater begleitete ich immer öfter zu seinen sonntäglichen Predigten. Dann fuhren wir früh am Morgen durch die schweigende friesische Landschaft, nach Woudsend oder Raard, nach Metslawier oder Paesens-Moddergat, kleinen menschlichen Ansiedlungen in der vergessenen Weite nördlich von Dokkum. Im Sommer roch es dort überall nach Gras und Heu, im Winter sah man nur die endlose, zugefrorene Ebene, in der jedes ferne Geräusch wie Glas klang, und hier und dort einen Hof oder einen kleinen Kirchturm.

Wenn wir in ein Dorf mussten, das wir noch nicht kannten, hieß es manchmal erst suchen. Während der Rest von Gottes Natur noch schlief, sah man überall kleine Gruppen von Frommen durch die Einsamkeit des Sonntagmorgens zu den verschiedenen Kirchen ziehen. Im Laufe der Jahre hatte mein Vater einen untrüglichen Instinkt für die äußere Erscheinung der Gläubigen entwickelt, der ihn befähigte, die richtige Glaubensgemeinschaft am Ernst der Gesichter und am Schnitt der Sonntagskleidung zu erkennen. »Nein, nein, das sind Reformierte, denen brauchen wir nicht hinterherzufahren. – Der auch nicht, das ist eindeutig ein katholischer Junge. – Was? Das sieht man doch, das sind Altreformierte! – Ha, einer von uns auf dem Rad!« Und dann eilte er im Laufschritt zur Seitentür einer Kirche, und kurz darauf sah ich einen Pfarrer im schwarzen Talar auf der Kanzel stehen.

In den Kirchlein der dörflichen Orthodoxen – oft nicht mehr als große Schuppen mit Kirchenfenstern, hölzernen Türmchen, Miniaturorgeln und marmorierten Säulchen – betete man den Gott Israels an, bis die Frommen selbst zu Kindern Israels geworden waren und die Felder Ephratas hinter Birdaard liegen sahen. In diesen Dörfern sang man viel und laut, vor allem an Feiertagen, wenn auch noch ein Junge mit Trompete neben der Orgel stand. Aus der großen Pelikaankerk in Leeuwarden, in der die Kartoffelmagnaten und der Direktor der Landmaschinenfabrik saßen, war immer ein volltönender Psalmengesang zu hören. In der düsteren Noorderkerk, die immer voller alter Menschen war, darunter noch Frauen mit friesischen Trachtenhauben, Greise, die zu jedem Wort des Pfarrers nickten, hielt man jede Note lang aus, mit schwacher Stimme, aber voller Inbrunst. Die gewaltige Kuppelkirche, die bei der Jugend beliebt war, weil man hinten auf den großen Galerien unbeobachtet herumknutschen konnte, hatte eine großartige Akustik. Ein donnernder Gesang, und die Scheiben klirrten. Dem hatten die Reformierten nichts entgegenzusetzen.

*

An einem verregneten Herbstabend des Jahres 1964 ging ich mit meinen Eltern ins Kino, um mir die neue Generation anzusehen. Kees Brusse hatte einen Film gedreht, in dem sich durchschnittliche Jugendliche mit beispielloser Offenheit über ihr Leben, ihre Gedanken und Zukunftserwartungen äußerten. Er hatte wie eine Bombe eingeschlagen, die Zeitungen waren voll davon.

Es war meine eigene Generation, die dort vorgeführt wurde, aber später konnte ich mich nur bruchstückhaft an den Film erinnern: an den Jungen, der im Gefängnis gewesen war und tatsächlich schon etwas mit Mädchen hatte, an das Mädchen mit flauschigem Pullover, in das ich mich fast ein bisschen verliebte, an den Homosexuellen, dessen Gesicht unkenntlich gemacht war, und nicht zuletzt an die echte Prostituierte, die darin auftrat. Das ganze Publikum war in Aufregung, als es den Saal wieder verließ.

Gut dreißig Jahre später habe ich den Film durch Zufall noch einmal gesehen, und plötzlich kam in meinem Gedächtnis alles wieder an die Oberfläche: die Frisuren, die damals in Mode waren, die kalvinistischen Brillen der Jungen, die Dave-Brubeck-artige Jazzmusik, die dem Ganzen eine äußerst moderne Note gab, die schmucklose Studioumgebung, die den Eindruck vollkommener Aufrichtigkeit erweckte. Aber ich hatte vergessen, wie unsere Sprache geklungen hatte, dieses in unseren heutigen Ohren höchst gepflegte und affektierte Niederländisch, das damals jeder sprach; nur der Junge aus dem Gefängnis redete nach jetzigen Maßstäben normal. Und was ich ganz verdrängt hatte, war die dazugehörige Bravheit, die grenzenlose Bravheit, die der ganze Kreis ausstrahlte.

»Ich kann mir vorstellen, dass verlobte Studenten, die noch eine sehr lange Studienzeit vor sich haben, also dass die vor der Zeit, äh, wie hatten Sie das noch genannt?«, sagte das Pullover-Mädchen. Die ersten Sätze des homosexuellen Jungen lauteten: »Also, ich habe kein Mädchen. Es ist so, ich bin, ich finde, es hört sich ganz komisch an, wenn ich das so sage … also, ich habe einen Freund.« Und sogar die Prostituierte, die uns damals zutiefst schockierte, erwies sich als hochanständige Frau: »Es ist schon ein seltsames Gefühl, wenn man sich so einem wildfremden Kerl splitternackt zeigen muss!«

Während der Lebenszeit meiner Eltern vollzogen sich drei tief greifende gesellschaftliche Veränderungsprozesse: die Demokratisierung des Wohlstands, der Bildung und der Entfaltungsmöglichkeiten, das Verschwinden der Ständegesellschaft mit den dazugehörigen Schubladen und Etiketten – auch bei der Rollenverteilung zwischen Mann und Frau – und die langsame Auflösung von Werten wie Disziplin und Askese samt der bürgerlichen Prüderie – ein Prozess, der unter anderem von zahllosen Scharmützeln um fleischfarbene Strümpfe, die Pille und Miniröcke gekennzeichnet war.

All diese Entwicklungen erreichten Ende der sechziger Jahre gleichzeitig einen Höhepunkt.

Für den Aufruhr in den sechziger Jahren gibt es eine einfache Erklärung: Die Angehörigen der besonders geburtenstarken Nachkriegsjahrgänge waren herangewachsen und drängten geschlossen in die Gesellschaft. Ein Historiker verglich diese demographische Entwicklung einmal mit der Wanderung eines großen, von einer Schlange verschlungenen Eis durch den Leib des Tieres, und so war es auch.

Zwischen 1946 und 1949 waren fast eine Million Niederländer geboren worden. Die einzige Erfahrung all dieser Kinder und Jugendlichen war das ständige Wachsen des Wohlstands. Das war alles. Auch Zeit und Gelegenheit spielten bei dieser Revolution eine wichtige Rolle. Die hart arbeitenden Menschen der fünfziger Jahre wollten für ihre Kinder maximale Bildungschancen, und die bekamen sie auch. Dank des Systems von Ausbildungsbeihilfen und Stipendien kam es in den sechziger Jahren plötzlich zu einem explosionsartigen Anstieg der Studentenzahl. 1955 gab es in den Niederlanden noch nicht einmal dreißigtausend Studenten, 1969 waren es schon mehr als hunderttausend, und die Prüfungsklausuren wurden in Sporthallen geschrieben.

Der Übergang von der traditionellen, elitären Studentenwelt zum neuen Massenstudium vollzog sich irgendwann Mitte der sechziger Jahre. Als ich 1965 mein Studium an der Freien Universität aufnahm, wurden wir noch vom alten Pedell persönlich eingeschrieben. »Ah, Mak«, sagte er zu mir. »Ja, ja, ein guter Stall.« Es gab knapp zweihundert Jurastudenten, und das war schon viel, aber alle wurden wir von unseren Professoren zum Tee eingeladen, und die Prüfung war ein ernstes Gespräch, bei dem Wissen und Können auf die Probe gestellt wurden.

Wie meine Brüder Cas und Hans wurde ich Mitglied derselben Studentenverbindung mit Namen Demosthenes, die 1919 meinen Vater aufgenommen hatte. Zur gleichen Zeit wurden Zigarettenplakate erstmals mit der Aufschrift »Krebs« verziert. In der Stadt erzählte man vom Plan der »Provos«, kostenlose weiße Leihräder in Umlauf zu bringen. Ich hörte zum ersten Mal Ausdrücke wie »Spießergesellschaft« und »Konsumzwang«. Und ich sah einen jungen Mann mit schulterlangem Haar. Alle drehten sich nach ihm um.

Ich glaube, man unterliegt einem Irrtum, wenn man von »der« Bewegung der sechziger Jahre spricht. In Wirklichkeit handelte es sich um mindestens fünf Bewegungen zur gleichen Zeit – aber man kann auch problemlos zehn daraus machen –, die sich teilweise überschnitten. »Die Essenz der sechziger Jahre ist das Entstehen einer großen Zahl von Subkulturen, die sich dann ausbreiteten und aufeinander reagierten und so die rasch steigende Flut bildeten, die diese Periode kennzeichnet«, schrieb der amerikanische Kulturhistoriker Arthur Marwick, und dies galt auch für die Niederlande. Ich greife einfach ein paar dieser Subkulturen heraus.

– Da waren erstens die politischen Rebellen. Eine Reihe von jungen, ehrgeizigen Politikern hatte die ältere Generation lange genug an der Macht gesehen und dachte: Jetzt sind wir dran! In der sozialdemokratischen PvdA konnte die Bewegung Nieuw Links (Neue Linke) schon bald Schlüsselpositionen besetzen. In der Antirevolutionären Partei gab es eine Gruppe, die öffentlich erklärte, ihre Stimmabgabe für die alte Führungsmannschaft zu bereuen. In Zukunft müsse alles anders werden. Bald kam es zu Kontakten zwischen dieser Gruppe und gleichgesinnten Mitgliedern der Katholischen Volkspartei (KVP), und eine Verschmelzung der progressiven Flügel der konfessionellen Parteien bahnte sich an. Schließlich verließen die Rebellen diese Parteien, um eine eigene zu gründen, die progressiv ausgerichtete Politieke Partij Radikalen (PPR), die später in GroenLinks (Grüne Linke) aufgehen sollte. Damit verschafften sie unabsichtlich den konservativeren Gruppen innerhalb der konfessionellen Parteien die beste Gelegenheit, einen Zusammenschluss nach ihren eigenen Vorstellungen zu bilden, den späteren Christen-Democratisch Appèl (CDA).

– Zweitens gab es die politischen Reformer. Sie strebten vor allem eine formale Erneuerung der parlamentarischen Demokratie an, auf die nach ihrer Vorstellung die inhaltliche Erneuerung ganz von selbst folgen würde. Aus dieser Bewegung ging unter anderem die linksliberale Partei D'66 hervor.

– Dann gab es die Studenten und Künstler, die gegen die bürgerliche Einheitskultur der fünfziger Jahre rebellierten. Sie sammelten sich um die antibürgerliche Protestbewegung der Provos und ähnliche Gruppen.

– Daneben gab es die Marxisten. Sie reagierten auf den Zerfall der weltanschaulichen Säulen und versuchten die dadurch entstandenen ideologischen und religiösen Lücken zu füllen, indem sie der alten marxistischen Ideologie neues Leben einhauchten. Viele von ihnen traten in die kommunistische Partei CPN ein und kehrten dann dort das Unterste zuoberst.

– In all diesen Gruppen waren erste Anzeichen für das Entstehen der neuen, zweiten Frauenbewegung erkennbar. Die Provos hatten eine

Art frauenpolitischen Aktionsplan mit fast genau den gleichen Forderungen aufgestellt, die später die zur Massenbewegung gewordene Frauenbewegung erheben sollte: Legalisierung der Abtreibung, Finanzierung der Pille durch die Krankenkassen, Schaffung von Kindertagesstätten. Außerdem bildete sich die Gruppe der »Dolle Mina's«, die auf verspielt-provokative Weise für »Frauenrecht auf öffentliches Pinkeln« agitierte und auch die Parole »Mein Bauch gehört mir« aufbrachte, eine Frauengruppe übrigens, der anfangs auch Männer angehörten.

– Schließlich war da noch die Hippiebewegung, ein Konglomerat unterschiedlicher Gruppen, die auf »Spiritualität«, Leben in Kommunen, Makrobiotik und alternative Landwirtschaft, Weihrauch, weiche Drogen, Sex und andere sanfte Kräfte setzten. Dies war, zusammen mit Provo, vielleicht die revolutionärste Gruppe. Ihre Ethik eines Lebens »im Hier und Jetzt« stand wirklich im Widerspruch zum Wertesystem der fünfziger Jahre, anders als das Machtdenken der meisten übrigen Gruppen. Viele zogen sich aber schnell in selbst gewählte Isolation zurück.

Und außerdem trieben sich überall noch die zahllosen Abenteurer herum, die Spinner, Aufschneider, Möchtegernführer, Gurus, Geier, Gipfelstürmer, Verrückten und Idioten, die im Umkreis aller Revolutionen in großer Zahl zu finden sind.

Das Gruppenbild der sechziger Jahre zeigt also eine sehr gemischte Gesellschaft, von Realpolitikern bis zu den Mädchen in indischen Blumenkleidern, die in jener Zeit zu Hunderten Straßen und Parks bevölkerten. Es war auch eine Gesellschaft, von der teilweise – aus heutiger Sicht – nur relativ wenig Erneuerndes ausging. Andererseits bildeten all diese Gruppen zusammen eine Bewegung mit gewaltigem Elan, die sich eins fühlte mit zahllosen Altersgenossen in Amerika, England und anderswo und in kurzer Zeit eine Explosion gesellschaftlicher Energie und Kreativität verursachte.

Was alle diese Babyboomer verband, war die Abneigung gegen jegliche Autorität und der Abscheu vor dem amerikanischen Terror in Vietnam und den Lügen, mit denen dieser ständig beschönigt wurde.

Noch stärker jedoch war die kollektive Euphorie, das politische Frühlingsgefühl, das stimulierende Dröhnen der eigenen Musik, das Vibrieren in der Luft. Für kurze Zeit war wirklich die Phantasie an der Macht.

Ob mein Vater das auch so empfunden hat, ist fraglich. Zu meinen Theorien und Betrachtungen brummte er manchmal die Worte aus den Sprüchen Salomos: »Antworte dem Narren nicht nach seiner Narrheit.« Er machte sich ein bisschen Sorgen, als ich, als mitverantwortlicher Redakteur der Studentenzeitung *Phanetra*, wegen Beleidigung eines befreundeten Staatsoberhaupts verurteilt wurde. Wir hatten ein Plakat mit dem Text »Johnson Mörder« abgedruckt, und die komplette Auflage wurde von der Amsterdamer Polizei beschlagnahmt und vernichtet. Er war im Übrigen durchaus gegen das amerikanische Vorgehen in Vietnam, unterstützte die Abweichler innerhalb seiner Antirevolutionären Partei, aber ansonsten waren seine Gedanken bei anderen Dingen.

Im November 1967 wurde die Studentenverbindung Demosthenes achtzig. Der Vorstand war auf den unseligen Einfall gekommen, das Jubiläum zur Abwechslung im Amsterdamer Veranstaltungszentrum Felix Meritis zu feiern, das noch immer Eigentum der kommunistischen Partei war. Mein Vater war extra aus Friesland gekommen, er hatte einen seiner besseren Anzüge angezogen und seine besten Zigarren eingesteckt.

Ein bisschen steif gingen wir an diesem Abend zusammen an der Keizersgracht entlang. Viel hatten wir uns nicht zu sagen. Wir machten einen Rundgang: Mein Vater wollte noch einmal das alte Gebäude der Freien Universität sehen, in dem er zusammen mit seinen Freunden Buskes und Smelik studiert hatte. Es war leer und verlassen; von der Eingangstür hatte man das Emblem entfernt. Die Universität war mit allem Drum und Dran in einen Komplex von Bürogebäuden in einem Vorort gezogen. Durch ein Fenster sahen wir nichts als kahle, verwohnte Säle.

Bei der Feier war er eines der ältesten Mitglieder, er wurde geehrt und gefeiert, ich merkte, dass er sich sehr einsam fühlte, aber er sprach nicht darüber.

An allen Tischen wurde herumgeschrien und gestritten, missmutige Frauen servierten Tellergerichte mit mehligen Kartoffeln und füllten unsere Gläser mit obskurem Wein aus Kommunistenland. Zufällig fand am selben Abend unterm Dach des Gebäudekomplexes eine der ersten Popmusik-Shows statt, Vorläufer der Shows im späteren Musiktempel Paradiso – mit Höllenlärm, gelbem und grünem Licht und bemalten nackten Mädchen. Ständig wurde die Mahlzeit von älteren Verbindungsmitgliedern unterbrochen, die nach oben gegangen waren, um einen Blick auf das dortige Geschehen zu werfen, und in höchster Aufregung zurückkamen.

Die Mitglieder aus den dreißiger Jahren begannen wie immer ihre lauten Studentenlieder zu singen, von Klatschen und Stampfen begleitet, und übertönten damit noch das Dröhnen der Show. Wir Jungen, Studenten im zweiten und dritten Jahr, versuchten wiederum dieses Singen noch zu überschreien. Dann stieg ein Chirurg aus Zwolle auf einen Stuhl und begann sich lautstark über das lange Haar eines jungen Mitglieds auszulassen, über die Arbeitsscheu der Jugend und über amerikanische Befreier. Daraufhin brach ein beispielloser Tumult aus, was umso merkwürdiger war, als die meisten Anwesenden einander nur oberflächlich kannten. Es ging offensichtlich um ganz andere Dinge.

In der so genannten Provo-Bewegung äußerte sich zum ersten Mal der neue Geist der sechziger Jahre. Man organisierte Protestkundgebungen, demonstrierte mit einem weißen Transparent – die Polizei pflegte jedesmal gleich drauflos zu prügeln – und schaffte es immer wieder, die Obrigkeit zu blamieren.

Die Bewegung hatte auffallend großen Erfolg. Das lag unter anderem an der schweigenden Sympathie, die den Rebellen der sechziger Jahre auch vom liberaleren Teil des Establishments entgegengebracht wurde. Es war eine Periode der Konflikte und der Polarisierung, aber die Grenzen verliefen quer durch die Generationen.

Intuitiv berührten die Provos zwei wunde Punkte der niederländischen Gesellschaft. Einerseits wiesen sie ständig darauf hin, dass die Moral der älteren Generation mit ihrer Prüderie und Sparsamkeit einfach nicht mehr zur Gegenwart mit ihrem unablässig wachsenden

Wohlstand passte. Zugleich spotteten sie aber auch über den zunehmenden Materialismus, über den Kult um Autos und Mixer, über den »Konsumzwang« überhaupt. Damit wiederum knüpften sie unabsichtlich gerade an die alte holländische Neigung zu Genügsamkeit und Bewahrung an, die manchmal von anderem überdeckt wurde, aber nie ganz verschwunden ist.

Außerdem hatten die Provos ein untrügliches Gespür für Bilder und Theater, und das Fernsehen, das sich ja in dieser Zeit durchsetzte, machte dankbar davon Gebrauch. So konnte eine kleine Gruppe von jungen Leuten das Land ganz erheblich durcheinander bringen.

Trotzdem bestand die Gruppe kaum zwei Jahre. Im Juli 1965 erschien die erste Nummer der Zeitschrift *Provo*, und Mitte Mai 1967 wurde die Bewegung im Amsterdamer Vondelpark mit Flötenspiel zu Grabe getragen.

Eine viel straffer organisierte Bewegung sollte die Fackel weitertragen. Im Mai 1968 brach in Paris ein großer Studenten- und Schüleraufstand aus. Auf die niederländischen Studenten wirkte das natürlich inspirierend, weil es auch hier an den Universitäten ziemlich viele Missstände gab: Professorenwillkür, überholten Lehrstoff, Günstlingswirtschaft, Zensur von Studentenzeitschriften und dergleichen mehr. Ein Jahr nach Paris war auch hier die Hölle los. Zwischen Ende April und Mitte Mai 1969 wurden an mehreren Orten Universitätsgebäude besetzt, und die Universität von Amsterdam wurde von Besetzern in Domela-Nieuwenhuis-Universität umbenannt, nach einem radikalen sozialistischen Politiker des späten neunzehnten Jahrhunderts. Auch anderswo ging es hoch her. In Amsterdam wurde das wichtigste Gebäude nach ein paar Tagen von der Polizei geräumt, die sechshundert Besetzer wurden im Schnellgerichtsverfahren verurteilt, auch die Besetzungsaktionen an anderen Universitäten verliefen im Sande, und dann fingen die Ferien an.

In jenen Jahren besuchte ich manchmal noch meine alte, schwache, rote Tante Maai – Onkel Petrus war schon gestorben. Unsere linken Vorstellungen gingen ihr viel zu weit. »Wo wir aufhörten, fangt ihr an«, sagte sie manchmal, und das sollte kein Kompliment sein.

Nach dem Sommer 1969 schienen die meisten Studenten ihre Revolution vergessen zu haben. Sie machten sich still wieder an die Arbeit, zufrieden mit der versprochenen Reform der Universitätsverwaltung. Nur wenige Professoren hatten den Mut, sich gegen die teilweise bizarren demokratischen Konstruktionen zu wehren, die diese Reform hervorbrachte, die Mehrheit fand sich damit ab.

Ein kleiner Kern von Aktivisten wollte noch viel weiter gehen und die Universitäten in Zentren der Revolution und der »strukturellen Veränderung« verwandeln. Auffälligerweise griffen sie vor allem auf das so stark vom neunzehnten Jahrhundert geprägte Gedankengut Karl Marx' zurück. Besonders Abtrünnige aus orthodox-kalvinistischen und katholischen Kreisen nahmen seine Lehre dankbar als neuen Glauben an. Mit diesen Theorien ausgerüstet, rückten sie dem späten zwanzigsten Jahrhundert zu Leibe, als wollten sie einen Computer mit dem Meißel reparieren. Viele von ihnen waren aber aufrichtig und hatten sehr anständige Motive: Sie wollten eine Gesellschaft, in der wirkliche Gerechtigkeit herrscht.

Trotzdem hatten die Marxisten ein großes Problem: Wo war der alte Geist der Arbeiterrevolution? Im östlichen Groningen gab es noch Strohpappenarbeiter, die als Musterbeispiel für Ausgebeutete im Marxschen Sinne gelten konnten, aber das reichte natürlich bei weitem nicht. Die meisten Arbeiter lebten in einem Wohlstand, der alle Erwartungen übertraf, sie saßen zufrieden vor ihren neuen Fernsehgeräten, und Klassenkampfparolen stießen bei ihnen nur auf taube Ohren. Herbert Marcuse erklärte diese Passivität mit der »repressiven Toleranz« des liberalen Staates, die nach seiner Auffassung nichts anderes war als eine schlaue Art, die Massen zu unterdrücken.

Von alledem waren die neuen Marxisten so in Anspruch genommen, dass sie die wirkliche Revolution, die sich direkt vor ihrer Nase vollzog, überhaupt nicht wahrnahmen: die umwälzenden Veränderungen auf dem Gebiet von Familie, Glaube, Moral, Bildung, Demokratisierung, Verkehr und Konsum, Dinge, die jeden unmittelbar betrafen.

Um ein Beispiel zu nennen: 1950 lehnten neun von zehn niederländischen Frauen »Geschlechtsverkehr vor der Ehe« ab, 1965 war es nur noch eine von vier. Nach der Einführung der »Antibabypille« in der Zeit um 1964 brach die eigentliche sexuelle Revolution aus. Zum ersten Mal in der Geschichte konnten Sexualität und Fortpflanzung vollständig voneinander getrennt werden, und damit begann die Suche nach einer neuen Moral.

Die Statistiken zeigen, wie schnell das alles ging. 1965 meinten gut einundvierzig Prozent der Niederländer, ein Mädchen müsse eigentlich als Jungfrau in die Ehe treten, 1970 waren es nur noch siebzehn Prozent. 1965 hatten zweiundachtzig Prozent Bedenken dagegen, dass Mütter mit Kindern außer Haus arbeiteten, bis 1970 hatte sich der Prozentsatz fast halbiert. 1965 war die Mehrheit der Niederländer noch dagegen, dass Kinder ihre Eltern mit »du« anredeten,* fünf Jahre später war es schon weniger als ein Drittel.

Auch die Entstehung der wichtigsten Massenbewegung, die die sechziger Jahre hervorbrachten, hing unmittelbar mit diesem Wandel zusammen. 1967 veröffentlichte die Feministin Joke Kool-Smit einen aufsehenerregenden Artikel mit dem Titel »Das Unbehagen der Frau«. Sie zeigte, dass die Probleme mit Arbeit, Haushalt und Kindererziehung nicht allein Probleme der Frauen waren, sondern Symptome einer fundamentalen Ungleichheit zwischen Männern und Frauen.

Dieser Artikel gilt allgemein als Startschuss für die zweite Frauenbewegung in den Niederlanden. Denn trotz der Beseitigung fast aller formalen Barrieren war die Ungleichheit in der alltäglichen Realität noch groß. Filme aus den sechziger Jahren – ein auffälliges Beispiel ist Antonionis *Blow up* – zeigen einen Umgang der Geschlechter miteinander, bei dem man eher von »Gebrauch« sprechen kann, Gebrauch der Frauen durch die Männer wohlgemerkt. Die Einführung der Pille verschlimmerte das Ungleichgewicht noch: In den Augen vieler Männer hatten Frauen ja jetzt keinen legitimen Grund mehr, sexuelle Avancen zurückzuweisen. So war die »sexuelle Freiheit« der sechziger Jahre zunächst vor allem sexuelle Freiheit von Männern.

Am Anfang konzentrierten sich die Frauenaktionen vor allem auf die Rückeroberung des eigenen Körpers. Eine wichtige Forderung war das, wofür die Devise »Mein Bauch gehört mir« stand, das Recht, selbst über eine Abtreibung zu entscheiden. Von 1970 an gab es überall im

Land Abtreibungskliniken, aber sie waren ständig von Schließung bedroht. Erst 1981 wurde die liberale Abtreibungspraxis legalisiert.

In den siebziger Jahren bekam die Bewegung eine breitere Basis. Immer mehr Frauen arbeiteten auch dann weiter, wenn sie eine Familie hatten. Wegen der verbesserten Verhütungsmöglichkeiten wurden weniger Kinder geboren, die modernen Wohnungen waren viel leichter sauber zu halten, Waschmaschinen und andere Geräte nahmen den Frauen Hausarbeit ab, und außerdem gab es immer mehr flexible Arbeit, Stellen, die im Notfall auch mit anderen geteilt werden konnten. Hans' Frau beispielsweise hatte nie aufgehört zu arbeiten, die Frau von Cas fand eine Stelle als Sozialarbeiterin, und Anna kehrte in jener Zeit wieder in ihren alten Beruf als Arzthelferin zurück.

Allerdings wurde immer deutlicher erkennbar, dass arbeitende Frauen – gerade die hoch qualifizierten unter ihnen – irgendwann mit dem Kopf gegen eine gläserne Decke stießen: Diskriminierung, manchmal aber auch innere Hemmungen sorgten dafür, dass sie oft nicht in gleicher Weise vorankamen wie die Männer, mit denen zusammen sie angefangen hatten. Die Statistiken waren unwiderlegbar: In den meisten Bereichen blieben Männer die Chefs.

In dieser Zeit bildeten sich überall Netzwerke von Aktions- und Gesprächsgruppen, in denen zahllose Frauen gemeinsam über ihr Berufs- und Privatleben nachdachten. Und es entstanden Frauenkulturzentren, Frauenzeitungen, Frauenhäuser, Frauengesundheitszentren und Institute für Frauenfoschung; Antidiskriminierungsgesetze wurden erlassen und das Amt der Ombudsfrau geschaffen.

Auch in der Privatsphäre wurden viele kleine Kriege geführt. Für viele Männer war dies eine äußerst verwirrende Periode: Auf einmal wurden sie für alles Fehlverhalten von Generationen von Männern verantwortlich gemacht. Viel Richtiges und viel Unsinniges, viel Wahres und viel Törichtes vermischte sich hier; mit diesen Problemen mussten alle auf ihre eigene Weise fertig werden, weil die Situation ganz neu war und es keinerlei Vorbilder gab.

Nach mehr als vierzig Ehejahren lag die Rollenverteilung bei meinen Eltern fest. Außerdem war meine Mutter nie Feministin gewesen und sollte auch keine mehr werden. Nach dem Krieg hatte sie das Leben ihrer Töchter, jedenfalls soweit es in ihrer Macht lag, in Bahnen gelenkt, die den klassischen Rollenerwartungen entsprachen. Cas, Gjalt und Hans durften nach Herzenslust herumbasteln, Anna und Tineke mussten ständig kochen und Fußleisten scheuern, um sich auf ihre hausfraulichen Pflichten vorzubereiten. Ihre Ausbildung oder ihr Studium galten vor allem als etwas, das dem künftigen Gatten und der später vielleicht vorhandenen Familie nützen konnte, und als eine Art Versicherung: In Notfällen konnten sie selbst für den Lebensunterhalt sorgen.

Ihre Töchter und Schwiegertöchter bewiesen jedoch, dass es auch anders ging, dass Beruf und Familie eben doch miteinander zu vereinbaren waren, obwohl die Last des Haushalts auch weiterhin zum größten Teil auf den Schultern der Frauen lag. Und allmählich gab auch meine Mutter zu, dass sie eigentlich gern weiterstudiert, selbst einen Beruf ausgeübt, mit ihrem klugen Kopf etwas angefangen hätte. »Wenn ich heute ein junges Mädchen wäre, ja, dann würden sich die Dinge bestimmt anders entwickeln«, sagte sie immer wieder.

Viele Frauen wählten schließlich die Selbstständigkeit und taten einen Schritt, der dank der großzügigen Sozialhilfe wenigstens finanziell um einiges einfacher geworden war: Die Zahl der Ehescheidungen stieg rapide an. Andere verabschiedeten sich von allen überkommenen Rollenbildern, auch äußerlich. Gleichgeschlechtliche Paare wurden immer mehr als etwas ganz Normales akzeptiert, auch innerhalb der Familie. Niemand war mehr gezwungen, ein Doppelleben zu führen. Das war eine der bedeutendsten Errungenschaften der sechziger Jahre.

*

Jede Revolution steckt voller Romantik, und oft kann man sich fragen, was stärker ist, die Revolution oder die Romantik. Zwanzig Jahre später sollte der hoch betagte Jurist Huibert Drion über die sechziger Jahre sagen, sie seien ganz von romantischem Lebensgefühl durchdrungen gewesen, mit der vielleicht reinsten Ausprägung einer romantischen Bewegung in der Geschichte der Niederlande. Er verglich den Helden der sechziger Jahre mit dem »Intellectual hero« in der romantischen Literatur des neunzehnten Jahrhunderts, dem jungen Mann oder der jungen Frau, der oder die »das stolze Empfinden hat, außerhalb der Gesellschaft zu leben, aber dies mit starkem Mitgefühl für die Unterdrückten verbindet, Männer der Tat beneidet, Aufsässigkeit kultiviert, fast obsessive Angst davor hat, auf die Seite des Unrechts zu geraten, Sehnsucht nach der Masse der einfachen Menschen mit den Komplexen des Bürgerkindes verbindet, das sich schämt, der privilegierten Klasse anzugehören«. So sah der literarische Held des neunzehnten Jahrhunderts aus, aber man begegnete diesem Typus auch in Amsterdam und anderen Universitätsstädten. Wir alle hatten wahrscheinlich ein bisschen davon.

Ich wurde Mitglied einer Initiative mit Namen Release, die sich zum Ziel gesetzt hatte, »die Bürgerrechte zu verteidigen«, und auf allerlei Gebieten Hilfe und Vermittlung anbot. Wir hatten ein Büro am Rande des Amsterdamer Rotlichtviertels. Wir vermittelten Abtreibungen – zu der Zeit in den Niederlanden noch illegal –, verschafften minderjährigen Ausreißern ein Unterkommen, verhalfen portugiesischen Deserteuren zu einer Aufenthaltserlaubnis, schmuggelten amerikanische Deserteure nach Schweden – uns schien einfach alles zu gelingen. Ich sehe mich selbst noch mit zwei jungen Amerikanern im Zug sitzen, allez, nach Schweden, wow, Wahnsinn, Mann! Alle zusammen waren wir eine einzige große Allianz, eine Allianz der Jeans und Blümchenkleider, mit dem universalen Wahlspruch: »Lieber langhaarig als kurzsichtig.«

Die Drogenabhängigen waren in Amsterdam um 1970 noch an den Fingern zweier Hände abzuzählen. Sie fanden uns auch schnell: Petertje Pep, der ganze Abende bei uns im Büro herumtobte, Paultje Stuff, der auch an der Nadel hing, Hans und Inge, ein liebenswertes, hübsches, spindeldürres Heroinpärchen – später gingen sie nach Nepal, und noch später war Hans auf einmal wieder da, Inge war tot. Die ersten ausländischen Arbeiter tauchten bei uns auf, unser erster Illegaler kam aus Pakistan, ich erinnere mich noch an seinen Namen, Quasi Sardar Bahadar, wir fuhren ihn durch das fruchtbare Polderland zum Flugplatz, denn wir hatten ihm keine Aufenthaltserlaubnis verschaffen können; »fertile grounds, fertile grounds«, sagte er nur. Die ganze Stadt klebten wir mit leuchtenden Stickern voll: »Release hilft!«

Wir lebten in jenen Jahren oft in einem Rauschzustand, in leichtem

Größenwahn. Das »Aufbrechen verfestigter Strukturen«, wie es im damaligen nebulösen Jargon hieß – das alles war in unserer Vorstellung ein kleines bisschen zu einfach. Sogar das Böse war ein »Problem«, das mit »veränderten Strukturen« zu lösen sein würde, und in diesem Sinne waren die sechziger Jahre kaum weniger optimistisch als die fünfziger. Der amerikanische Philosoph Theodore Roszak brachte den Begriff »Gegenkultur« auf; darunter verstand er eine Bewegung, die innerhalb der nächsten vier Generationen, wie er ohne den leisesten Zweifel prophezeite, die orientierungslose Gesellschaft so verwandeln würde, dass sich jedes menschliche Wesen in ihr heimisch fühlen könnte.

Manche ließen auch die Kriegsjahre noch einmal wiederkehren: In vielen Veröffentlichungen wimmelte es von Verweisen auf die Zeit zwischen '40 und '45, knüppelnde Polizisten wurden regelmäßig mit »Sieg Heil« begrüßt, und für alles, womit wir nicht einverstanden waren, hatten wir rasch das Etikett »faschistisch« parat. Es war, als sollte die traumatischste Erfahrung der älteren Generation gewissermaßen zurückgedreht und dann nachgespielt werden, um jetzt allem ein Happy End geben zu können.

Und doch wurden zwischen 1956 und 1973 die Weichen neu gestellt. Es ist nicht zu verkennen, dass die sechziger Jahre eine Periode von großer historischer Bedeutung waren, in der sich die Rolle von Familien, Respektspersonen, Glaube, Geld und Besitz grundlegend veränderte. In den fünfziger Jahren wurde von den Menschen noch erwartet, dass sie sich vollständig der Gesellschaft anpassten. In den Sechzigern wurde diese Erwartung umgekehrt: Die Jungen verlangten von der Gesellschaft, dass diese sich an sie anpasse, und zum Teil geschah das auch. Und wenn auch vieles in den siebziger und achtziger Jahren wieder rückgängig gemacht wurde – der erstickende Konformismus, der früher so schwer auf zahllosen Leben, vor allem Frauenleben, gelastet hatte, kehrte nicht wieder. »Bessere Entfaltungsmöglichkeiten«, das klang nach einem Schlagwort, war aber tatsächlich befreiende Realität.

»Die sechziger Jahre bestimmten die kulturelle und soziale Agenda für den Rest des Jahrhunderts«, schrieb Arthur Marwick in seiner international ausgerichteten Studie zu dieser Epoche. Und dabei ging es gerade nicht um kleine Eliten, sondern um eine sehr große Zahl ganz gewöhnlicher Menschen: kleine italienische Bauern, die endlich gute Straßen und sanitäre Einrichtungen bekamen, schwarze amerikanische Kinder, für die es zum ersten Mal normalen Schulunterricht gab, französische, englische, deutsche, niederländische und amerikanische Arbeiter, die mit Lohnerhöhungen überschüttet wurden, junge Leute in schläfrigen Provinzstädten, die mit Staunen feststellten, dass in ihren Nestern Boutiquen, Cafés, Diskotheken, Galerien und Buchhandlungen aufmachten, Frauen, die endlich die Chance hatten, ein eigenständiges Leben außerhalb der Familie zu führen. Zugleich erreichten die ersten Einwanderungswellen Westeuropa: Die Ankunft der so genannten »Gastarbeiter« war der erste Schritt auf dem Weg zu den multikulturellen Gesellschaften, die hier im Laufe der Zeit entstehen sollten.

Die jungen Menschen konnten dank der verlängerten Ausbildungsphase »forever young« bleiben und sich in einer selbst gemachten Kultur aus eigenen Symbolen, eigenen Geschichten und eigener Musik einschließen. Für die puritanische Spießigkeit der Vorkriegszeit hatten sie natürlich nicht das Geringste übrig, und so bekam ihre Kultur unverkennbar den Charakter von »Harrus Genießsalon«.

Die Konflikte der sechziger Jahre hingen aber auch mit innerem Unbehagen in den älteren, etablierten Generationen zusammen. Der arbeitsscheue Halbstarke oder Provo verkörperte eine Angst, die viele Angehörige des Bürgertums im tiefsten Inneren beherrschte: die Angst, dass die Jugend nach dem mühsamen Aufstieg auf der gesellschaftlichen Stufenleiter, den die Älteren vollbracht hatten, mit einem Schlag wieder auf den früheren Stand zurückfallen könnte, und das aus purer Verwöhntheit. Und das war noch nicht alles: Diese Jugend machte auch noch die Widersprüche in der Haltung der Älteren sichtbar, die einerseits Mäßigkeit predigten und andererseits auf der Jagd nach immer mehr Wohlstand waren, Opfer des Konsumzwangs. Was das Bürgertum in der Jugend sah – oder besser gesagt, in sie hineinprojizierte –, war nicht selten die beunruhigende Wirkung des Wohlstands auf das Bürgertum selbst. Und das alles hatte auch sehr viel damit zu tun, dass sich die gesellschaftlichen Veränderungen in einem Tempo vollzogen, das allen den Atem nahm.

Meine eigene Heirat brachte einen dieser typischen Familienzwiste der sechziger Jahre, die alle rasch wieder mit dem Mantel der Nächstenliebe zudeckten. Im Frühjahr 1969 beschlossen meine damalige Freundin und ich, aus unserer »wilden« Ehe eine richtige Ehe zu machen, »damit das Gequengel aufhört«. Das Zusammenleben ohne Trauschein, zur Zeit meiner Schwester Anna undenkbar, war damals sonst eigentlich schon weitgehend akzeptiert. Wir wollten eine gemütliche Hochzeit ohne großes Theater. Aber schon bald kristallisierten sich zwei Streitobjekte heraus, die die Wellen der Erregung hochschlagen ließen: die Kirche und das Kleid.

Wir wollten nicht kirchlich heiraten; für uns war das scheinheilig, wenn man sich doch mehr oder weniger vom Glauben abgewandt hatte. Und meine Liebste hatte keine Lust, im weißen Kleid anzutreten. Stattdessen hatten wir für sie von unserem wenigen Geld einen prachtvollen Hosenanzug aus gelb-orangener Seide gekauft, die in der Sonne zu glühen schien.

Für meine Eltern war vor allem die Vorstellung schrecklich, dass wir nicht kirchlich heiraten würden. Eine Ehe ohne göttlichen Segen war für sie fast undenkbar. Meine künftigen Schwiegereltern hatten damit weniger Schwierigkeiten. Sie regten sich fürchterlich über den orangenen Hochzeitsanzug auf. Das war in ihren Augen etwas, das gegen alle Tradition und allen Anstand verstieß, das war einfach unmöglich. Darin waren meine Eltern wiederum ganz anderer Ansicht, sie fanden den Anzug wunderschön und gaben uns in dem heftigen Streit ihre volle Unterstützung.

Wenn ich an diese bewegten Tage zurückdenke, erinnere ich mich vor allem an ein Gefühl grenzenloser Verwunderung. Wir hatten nicht im Entferntesten beabsichtigt, unsere Eltern zu provozieren, uns war sehr an ruhigen, freundlichen Beziehungen gelegen, nur fanden wir, dass es schließlich um *unsere* Hochzeit ging. Wir waren völlig verblüfft über die Emotionen und Aggressionen, die unsere Vorstellungen auslösten.

Am Ende hielten wir an der Kleiderfront stand und kapitulierten an der Kirchenfront. So zog uns mein Vater an einem Junitag des Jahres 1969 auf die Kniebank einer Kirche in Badhoevedorp, hielt eine großartige Predigt über Welt, Kirche und Ehe »in dieser revolutionären Zeit«, und währenddessen konnten alle die Löcher in meinen Schuhsohlen bewundern.

Der feste Glaube war in eine Krise geraten. 1964 hatte es an der Freien Universität viel Lärm um eine Ausgabe der Studentenzeitschrift *Pharetra* zum Thema »Abwendung vom Glauben« gegeben. Die Universitätsleitung unterband die Verteilung der Zeitschrift, die Redakteure erhielten einen Tadel, und das alles nur, weil das Blatt eine Reihe von Interviews mit Menschen abgedruckt hatte, die auf irgendeine Weise mit der orthodox-kalvinistischen Welt gebrochen hatten. »Der Glaube berührt mich nicht mehr«, sagte einer. Ein anderer: »Menschen, die glauben, bilden die Nachhut der Zeit.« Ein dritter war enttäuscht von der Verlogenheit des orthodoxen Milieus. Ein vierter wiederum wurde ganz einfach katholisch: »Ich war immer schon Fundamentalist.«

Das waren die ersten Böen des Sturms, der wenig später losbrechen sollte. Die kleineren Kirchen wie zum Beispiel die Altreformierten konnten sich noch gut halten, und rund um den in jener Zeit gegründeten Evangelischen Rundfunk entstand sogar etwas wie eine neue Erweckungsbewegung. Aber bei den Katholiken und in der reformierten Staatskirche sank die Zahl der treuen Kirchgänger zwischen 1968 und 1976 um fast die Hälfte und bei den »normalen« Orthodoxen in den siebziger Jahren von fünfundneunzig auf sechzig Prozent; die Jugend desertierte in Massen, und die Verwirrung nahm zu.

Die orthodoxen Glaubensbrüder waren zutiefst verunsichert, auch ihre Oberhäupter. Theologen und andere Wissenschaftler dieser Glaubensrichtung äußerten sich bis auf wenige Ausnahmen nur noch vorsichtig und zurückhaltend. Die Jüngeren lösten sich aus dem Prokrustesbett der altbewährten Prinzipien. Um den Glauben zu retten, musste man vieles aufgeben.

Gruppen von »Beunruhigten« wollten um jeden Preis am Gedankengut des Patriarchen Abraham Kuyper festhalten, aber die Mehrheit der Gläubigen hielt nicht viel von derartigen Nachhutgefechten. Im Gegenteil. Viele Jüngere empfanden nur tiefe Scham über den früheren Fundamentalismus ihrer Kirche, besonders über die bizarre Geelkerken-

Affäre. Nach gut vierzig Jahren wurden die Beschlüsse der Synode von Assen aus dem Jahre 1926 offiziell widerrufen; man feierte einen Versöhnungsgottesdienst, den der alte Jan Buskes leitete.

Es kam, wie es der große Theologe und Widerstandskämpfer Dietrich Bonhoeffer im Jahre 1945 kurz vor seiner Hinrichtung vorausgesagt hatte. Die Kirchen hatten so viele Jahre lang nur für ihre Selbsterhaltung als Institution gekämpft, dass sie jetzt nicht mehr in der Lage waren, den Menschen das versöhnende und erlösende Wort zu bringen. »Was mich unablässig bewegt, ist die Frage, was das Christentum oder auch wer Christus heute für uns eigentlich ist. Die Zeit, in der man das den Menschen durch Worte – seien es theologische oder fromme Worte – sagen könnte, ist vorüber; ebenso die Zeit der Innerlichkeit und des Gewissens, und d. h. eben die Zeit der Religion überhaupt.« Er erwartete, dass man schließlich eine neue Sprache finden werde, »die Sprache einer neuen Gerechtigkeit und Wahrheit, die Sprache, die den Frieden Gottes mit den Menschen und das Nahen seines Reiches verkündigt«. Vorläufig aber, so sah er voraus, gingen die Europäer »einer völlig religionslosen Zeit« entgegen; »unser Christsein wird heute nur in zweierlei bestehen: im Beten und im Tun des Gerechten unter den Menschen«.

Mein Vater blieb im Großen und Ganzen derselbe. Er betrieb die Theologie wie sein Vater die Segelmacherei: ernsthaft, mit handwerklicher Sorgfalt und Achtung vor seinem Fach. Er interessierte sich in ungewöhnlichem Maße für jede Erneuerung und alles, was jenseits des Horizonts lag – und in dieser aufrichtigen, nicht modischen Progressivität unterschied er sich dann doch von meinem Großvater. Er neigte auch zu spekulativem Denken, aber ein Philosoph war er nicht.

Im Innersten seines Herzens war der Glaube für ihn keine Sache der Ratio, sondern etwas zutiefst Spirituelles, eine Empfindung, etwas, das nicht rational zu begründen war, Religion im eigentlichen Sinne des Wortes: ein Gefühl tiefer Verbundenheit mit Gott und den Menschen. Zu religiöser Spinnerei neigte er keineswegs – dafür hatte er in Schiedam zuviel »Salbaderei« mit angehört, dafür war er auch zu sehr ein Kind der Aufklärung –, aber es war ihm sehr deutlich bewusst, dass alle theologischen Konstruktionen irgendwo an eine Grenze stoßen und dass Glauben letzten Endes vor allem Glaubenssache ist.

Der gebieterische, rechthaberische Prediger in ihm war verschwunden. Er kehrte seinen Glauben nicht mehr nach außen. Es bereitete ihm zwar Kummer, dass einige seiner Kinder andere Wege gingen, aber nie versuchte er uns zurückzuzwingen. Glaube war für ihn zu etwas Individuellem geworden, sogar innerhalb der Familie. Und dabei hatte er großes Vertrauen zu uns und noch größeres Vertrauen in Gottes Weisheit. »Und dann können wir voller Freude sagen: Abba, Vater.« Solche Sätze kamen in seinen Predigten immer wieder vor, und so war es auch mit seinem Glauben, der die Unbeschwertheit eines Kindes hatte, zugleich auch etwas Patriarchalisches, aber ohne den strafenden Vater, der meiner Großmutter das Leben so lange vergällt hatte.

*

Am Morgen des 7. Dezember 1972, einem Donnerstag, erlitt mein Vater eine Hirnblutung. Von einem Moment auf den anderen war es mit seinem Arbeitsleben vorbei. Als ich an seinem Bett stand, sagte er mühsam: »Die Eiche ist gefallen. Aber der Stamm, der Stamm treibt wieder aus.«

Tatsächlich erholte er sich wieder einigermaßen, aber sein rechter Arm blieb gelähmt, er konnte nicht mehr so gut gehen, mit dem Predigen war es aus, und er musste sogar erst wieder lernen, seinen Namen zu schreiben. Auf einmal fuhr er mich nicht mehr nach Hause, sondern ich ihn. Ein paar Monate später verkaufte er sein Auto, es hatte ja doch keinen Sinn mehr; ich sah, wie er ihm nachblickte.

Er fing an, seine Erinnerungen zu schreiben; mühsam, Buchstabe für Buchstabe, tippte er sie mit der linken Hand. Physisch wurde sein Leben viel schwieriger, aber materielle Sorgen hatte er kaum. Drei Jahre zuvor hatte er seine Arbeit am Krankenhaus beendet. Aus diesem Anlass veranstaltete man einen Abschiedsempfang, bei dem sein alter Opponent Hendrik Algra eine schwungvolle Rede hielt, und mein Vater bekam eine Gouache des friesischen Künstlers Gerrit Benner zum Geschenk. Auf dem Foto im *Friesch Dagblad* vom 30. September 1969 trägt mein Vater seinen besten Anzug und strahlt. Das Haar meiner Mutter ist jetzt ganz grau, aber ihr Rock endet oberhalb des Knies. Beide sehen glücklich aus.

Das Wetter war herbstlich, lese ich in dieser Zeitung. Willy Brandt sah man als wahrscheinlichen neuen Bundeskanzler, es gab einen Artikel über den »Studentenpropheten« Herbert Marcuse, Kooistras Warenhaus in Murmerwoude teilte mit, es habe eine »Boutique« für die jungen Leute eröffnet, und das »Informationsbüro Lebensversicherungen« wagte sich an eine Prophezeiung für das Jahr 2000: »Werden Sie dann genug Geld für die tausend heute noch unbekannten, dann aber ganz normalen Dinge haben? Für den Überschallflug nach Australien zum Beispiel, wenn Sie mal für ein paar Tage zu Ihren Kindern möchten? Oder für die neue Wandzeitung zu Hause? Oder für den Taschencomputer?«

Anfang der siebziger Jahre war die Küche der Zukunft mit ihren Kühlschränken und Waschmaschinen bei den meisten niederländischen Familien Wirklichkeit. In allen westeuropäischen Ländern war etwas wie ein Sozialstaat geschaffen worden. Zum ersten Mal in der Geschichte brauchte der durchschnittliche Bürger die finanziellen Folgen von Alter, Krankheit und anderen Lebensrisiken nicht mehr zu fürchten. In Großbritannien war der National Health Service das Symbol für neue Freiheit und Sicherheit, Westdeutschland und Frankreich hatten phantastische Rentensysteme, in den Niederlanden gab es großzügige Regelungen bei Arbeitslosigkeit und Berufsunfähigkeit, Frankreich und die Niederlande steckten viel Energie in umfangreiche Projekte auf dem Gebiet von Wohnungsbau und Stadtsanierung, und so setzte jedes Land seine eigenen Akzente.

Die Gesellschaften wurden offener für Einflüsse von außen, die Grenzen durchlässiger. Als meine Eltern 1961 nach Hardegarijp zogen, gab es im ganzen Dorf nicht einmal eine Knoblauchzehe zu kaufen. Trauben und Pfirsiche waren teuer und selten, und das galt auch für Wein von etwas besserer Qualität. Wenn man ein Stückchen Camembert haben wollte, musste man in ein Spezialgeschäft in Leeuwarden. Als sie knapp zwanzig Jahre später wieder wegzogen, konnte der Dorfladen all diese exotischen Dinge und noch vieles andere problemlos beschaffen.

1950 hatten die westeuropäischen Staaten begonnen, auf einigen Gebieten zusammenzuarbeiten – dies war zum Teil eine Reaktion auf die sowjetische Bedrohung –, unter anderem in der Montanindustrie. Außerdem kursierten Pläne für ein Verteidigungsbündnis und für eine ganze Reihe anderer Institutionen, die schließlich die Verwirklichung von etwas wie den Vereinigten Staaten von Europa ermöglichen sollten. Die Motive hinter diesem Projekt waren zweifellos idealistisch: Nur ein vereinigtes Europa würde die grauenhaften Kriege, die den Kontinent zerrissen hatten, für immer bannen können.

Später, als das deutsche Wirtschaftswunder die europäische Wirtschaft immer mehr auf Touren brachte, begannen ökonomische Motive zu überwiegen. 1957 wurde die Europäische Wirtschaftsgemeinschaft gegründet. Das war der Beginn eines gemeinsamen Marktes, auf dem Arbeit, Kapital und Unternehmen über die Grenzen hinweg ungehindert operieren konnten. Man einigte sich auf eine gemeinsame Landwirtschaftspolitik mit enormen Subventionen für die Bauern. Rückständige Regionen bekamen Geld, steuerliche und andere Bestimmungen wurden vereinheitlicht, und die Wirtschaft der Mitgliedsstaaten florierte. Immer mehr Länder wollten der Gemeinschaft beitreten, und inzwischen wuchs in Brüssel die europäische Bürokratie.

Bürger wurden zu Untertanen und Arbeiter zu Konsumenten. So begann die Periode, die Norman Davies in seiner europäischen Geschichte so treffend als Zeit des »Konsumismus« bezeichnet – ein Begriff, der auf Pier Paolo Pasolini zurückgeht. Dieser Konsumismus hat zweifellos der Wirtschaft zu weiterem Aufschwung verholfen, aber er führte dazu, dass materieller Fortschritt zum Selbstzweck wurde, statt nur das Mittel zu sein, das jetzt und in Zukunft allen ein glückliches Leben ermöglichen konnte. Nach Davies' Auffassung drohte der Konsumismus die Politik auf das Materielle zu reduzieren, und er spiegelte der heranwachsenden Generation vor, Besitz allein garantiere ein sinnvolles Leben.

Weil der Konsumismus außerdem vor aller Augen ein schwindelerregendes Angebot begehrenswerter Güter zur Schau stellte, war er auch äußerst wirkungsvolle Propaganda für den Westen, denn was die staatlich gelenkte Wirtschaft des Ostblocks hervorbrachte, konnte es niemals damit aufnehmen. Lange hatten Politiker behauptet, der Abstand zwischen Ost- und Westeuropa werde sich im Laufe der Zeit verringern. Auf militärischem Gebiet war tatsächlich eine gewisse Entspannung eingetreten, aber ökonomisch und kulturell vertiefte sich die Kluft mit jedem Jahr westlichen Wohlstands nur noch mehr.

Mit dem Konsumismus ging noch etwas anderes einher: Die Art, wie Menschen miteinander umgingen, veränderte sich. Das von Hast und Zersplitterung gekennzeichnete Leben, das meinen Großvater van der Molen schon in den fünfziger Jahren so irritiert hatte, wurde immer normaler. Viele Menschen lebten jetzt in mehreren Welten gleichzeitig, in denen der Arbeit, der Familie, der Freunde – lebten doppelte und dreifache Leben.

Gleichzeitig begann sich ihre Orientierung zu verändern. Das Verschwinden der Ständegesellschaft und die Demokratisierung auf nahezu allen gesellschaftlichen Gebieten hatten anscheinend auch eine andere Art von Menschen hervorgebracht. Angehörige früherer Generationen hatten sich auch immer den Normen von Nachbarn und Glaubensgenossen angepasst, aber letztlich hörten sie doch vor allem auf ihre innere Stimme, verhielten sie sich ihren Grundsätzen entsprechend, ob diese nun rot, christlich oder sonst wie gefärbt waren. Ihnen folgten jetzt Generationen, die hauptsächlich von etwas außerhalb ihrer selbst gelenkt wurden, sich eher nach den Gedanken und Wünschen anderer richteten.

So wurden die inneren Normen von Religion, Gewissen und Tradition allmählich durch die Normen der Gruppe, der Gesellschaft, des Fernsehens, der herrschenden Mode ersetzt. Später sprach man von der »Individualisierung« der Gesellschaft, aber es ist die Frage, wie tief diese Individualisierung eigentlich reichte. Die Angehörigen der jüngeren Generationen trafen mehr eigene Entscheidungen, aber zugleich waren sie in anderer Hinsicht konformistischer und weniger eigensinnig als ihre Eltern und Großeltern.

Auf die orthodoxen Kalvinisten – die wie kaum eine andere Gruppe auf die innere Stimme und damit auf das Wort der Väter hörten – wirkte sich dieser Wandel der Lebenshaltung nur ganz allmählich aus. Der

Anteil der Katholiken und Niederländisch-Reformierten an der Gesamt-bevölkerung sank zwischen 1966 und 1996 um ungefähr ein Drittel, während der Anteil der Orthodoxen zunächst einigermaßen stabil blieb. Das Zusammengehörigkeitsgefühl war noch stark.

Die vorsichtige Annäherung der Kirchen, die Ökumene, geriet nach hoffnungsvollen Anfängen ins Stocken. Während die Kirchen offenbar noch nicht so weit waren, gelang die Annäherung in der Politik. Die Abschottung der weltanschaulichen Gruppen, die Versäulung, hatte in den siebziger Jahren an Bedeutung verloren. Meine Eltern, die ihr Leben lang die ARP gewählt hatten, wechselten auf ihre alten Tage zur progressiv-idealistischen PPR, und einmal haben sie sogar die Pacifis-tisch-Socialistische Partij (PSP) gewählt. Während sich 1966 noch vierzig Prozent der Niederländer zu einer konfessionellen Partei hingezogen fühlten, war dieser Anteil 1979 auf dreißig und 1996 auf vierzehn Pro-zent gesunken. Dass Angehörige einer bestimmten Gruppe eine ganz bestimmte Partei wählten – mit dieser Selbstverständlichkeit war es vor-bei. Die drei großen konfessionellen Parteien – eine katholische (KVP) und zwei protestantische (ARP und CHU) – konnten nicht mehr auf eine treue, feste Anhängerschaft zählen. Sie mussten neue Wege gehen, um Wähler zu locken.

Im Jahre 1980 schlossen sich diese drei Parteien zum christdemo-kratischen CDA zusammen. Die Antirevolutionären hatten den meis-ten Einfluss auf das Programm, aber letztlich verloren sie, weil es den Katholiken gelang, das Machtzentrum zu besetzten. Der erste Frak-tionsvorsitzende des CDA, Willem Aantjes, kam allerdings aus den Rei-hen der ARP. Er versuchte, etwas vom Eigensinn der ARP auf den CDA zu übertragen, hielt ein paar wunderbare Grundsatzreden, aber als er sich gegen eine neue Phase des Wettrüstens, die Stationierung der Neu-tronenbombe, aussprach, wurde er schnell zu Fall gebracht.

Als Junge hatte er sich in einem unbeobachteten Moment zur so genannten »Germaanse SS« gemeldet – einer vom niederländischen Naziführer Mussert gegründeten Organisation, die nicht zur allgemei-nen SS oder Waffen-SS gehörte –, um dem Arbeitseinsatz zu entgehen. Ansonsten hatte er keiner Fliege etwas zuleide getan, seinen Fehltritt aber in der Öffentlichkeit immer verschwiegen. Im kleineren Kreis war die Tatsache schon seit Jahren bekannt, und offenbar hielten seine Gegner jetzt den richtigen Augenblick für gekommen, sie an die Öffentlichkeit zu bringen.

Aus heutiger Sicht war die Inszenierung dieses »Falls« ein politischer Coup und Rufmord zugleich, für niederländische Verhältnisse etwas ganz Neues. In den fünfziger Jahren konnte der KVP-Politiker Jan de Quay, einer der Führer der Nederlandsche Unie, die 1940 bereit gewesen war, sich mit einem deutschen Europa abzufinden, ohne Schwierigkeiten Ministerpräsident werden. In den siebziger Jahren reichte Aantjes' Jugendsünde, um unglaublich viel Staub aufzuwirbeln. Der Fall traf alle empfindlichen Nerven der ohnehin angeschlagenen ARP: ihre Prinzipien, die Frage der Aufrichtigkeit, das Trauma von Krieg, Besetzung und Kollaboration. Er versetzte der alten politischen Organisation der kalvinistischen Glaubensbrüder den Gnadenstoß.

Fast unmerklich sollten sich nun auch hier Denken und Glauben verändern. Statt auf dem Umweg über unveränderliche Dogmen an die Bibeltexte heranzugehen, begann man die Bücher der Bibel als Ganzes aufmerksam zu lesen und die Texte in ihrem Zusammenhang mit dem Rest zu interpretieren. Die große Mehrheit der Orthodoxen sah Gott auch weiterhin als höhere Macht, die sich um jeden Einzelnen persönlich kümmert. Aber der Zweifel wuchs. In der Gedankenwelt von immer mehr Gläubigen trat der vom Gefühl bestimmte Glaube an eine höhere Macht, die das Leben beherrscht, an die Stelle des traditionellen christlichen Glaubens mit Himmel und Hölle. Und auch die Überzeugung, dass Gott nichts anderes als das Wertvolle im Menschen ist, dass er nicht in den Wolken, sondern in den Herzen lebt, gewann immer mehr Raum. Sie wiederum impliziert, dass die Menschen ihrem Dasein selbst einen Sinn geben müssen, dass sie es nicht Gott überlassen können, sie zu leiten, und dass der Tod der natürliche Endpunkt des Lebens ist.

Heute stimmen bei den »orthodoxen« Kalvinisten gut vierzig Prozent mit dieser vom Inneren, vom Persönlichen ausgehenden Glaubensauffassung überein. An die orthodoxe Bibellehre glaubten 1966 noch fast alle Angehörigen dieser Glaubensrichtung, 1979 gut drei Viertel, 1996 noch ein Drittel. An den Himmel glaubt heute nur noch die Hälfte und nur noch fünf Prozent an die Hölle.

Von den sechziger Jahren an vollzog sich bei den Kirchen auch in gesellschaftlichen und politischen Fragen ein Schwenk. Hier und da diskutierte man über das Wettrüsten und vor allem über den Einsatz von Atomwaffen. Und die immer gegenwärtige missionarische Neigung wurde in Engagement für die Dritte Welt und Entwicklungshilfe umgemünzt. Der Akzent verschob sich vom Bekehrungswillen auf den Dialog mit anderen Religionen und Glaubensgemeinschaften.

Mein Vater hat das alles, so weit er konnte, sehr aufmerksam verfolgt. Manches sah und beurteilte man nun so, wie er es schon immer empfunden hatte, und ich bin mir fast sicher, dass er sich in der jetzt, am Ende seiner Laufbahn, im Wandel begriffenen Kirche wohler fühlte als in der starren Institution, in der er seinen Weg begonnen hatte. Allerdings hatte er regelmäßig Auseinandersetzungen mit Konservativen. In einer theologischen Zeitschrift aus seinem Archiv stieß ich auf einen ausgedehnten Disput mit einem der Kirchenfürsten aus Kampen. Dieser hatte behauptet, nur Menschen, die an Christus glaubten, könnten durch »gute Werke« in den Himmel kommen – er schien darüber Informationen aus erster Hand zu haben. Für meinen Vater waren solche Auffassungen einfach schwachsinnig: »An der Birma-Strecke gab es herzensgute, einfache buddhistische Frauen, die uns schmutzigen Kerlen zu essen und zu trinken gaben. Die sollten also nicht durch Christi Gnade gerettet werden?« So ein Glaube war seine Sache nicht.

Für meinen Bruder Cas war alles etwas schwieriger. Nach einer Zeit als Militärgeistlicher wurde er Pfarrer in einem Groninger Dorf, in dem er zwischen seinen eigenen Überzeugungen und denen seiner schlichten, konservativen Gemeinde lavieren musste. An die weite Groninger Ebene gefesselt, entwickelten er und seine Frau – er hatte inzwischen vier Kinder – »Überlebensstrategien«: Sie abonnierten eine Konzertreihe und fuhren wenigstens hin und wieder einmal nach Amsterdam; auf diese Weise versuchten sie sich das Leben auf dem Dorf erträglich zu machen. Ein Gemeindemitglied sagte einmal zu meiner Schwägerin, ihr Mann sei jemand, der sich alles sehr zu Herzen nehme. »Es herrscht ein Durcheinander von Tausenden Sehnsüchten, alle aus dem

Evangelium herausgelöst und alle so wenig an den Weg und die Zukunft des Herrn gebunden«, schrieb Cas im Jahre 1974. »Mit kleinen Gruppen oder Einzelnen müssen wir im Halbdunkel umsichtig die nächsten Schritte tun. Großes, Begeisterndes gibt es nach meinem Empfinden kaum. Es wird beklemmend und dunkel.«

*

Am 1. Mai 1974, ein halbes Jahrhundert nach dem Hochzeitsfoto vor den Terrassentüren, feierten meine Eltern ihre goldene Hochzeit. Sie gaben einen Empfang in Schiedam, und dann trafen wir uns alle in einem Feriendorf, alle sechs Kinder und elf Enkelkinder.

Wir gingen sehr unterschiedlichen Beschäftigungen nach. Anna hatte vier heranwachsende Kinder, mit ihren eigenen Freuden und Sorgen. Gjalt war an einem Frühlingstag auf sein Motorrad gestiegen, in den Süden gefahren und bei einem Bauern im Elsass gelandet. Dort hatte er als Arbeiter sein Geld verdient, hatte seine Konservatoriumsausbildung abgeschlossen, war dann – nach vielen Umwegen – Musiklehrer geworden und hatte sich in Frankreich niedergelassen, um für immer zu bleiben. Tineke war – wie ich – aktives Mitglied der PSP. Cas war noch ganz von seiner Arbeit als Militärgeistlicher erfüllt. Ich hatte einen Schnurrbart, eine afghanische Pelzjacke und Haar, das schlaff auf meine Schultern viel. Hans war Personalchef bei Hoogovens und hatte inzwischen drei Kinder.

Wir waren auseinander gewachsen, und das war an diesem Wochenende sehr deutlich zu spüren, einschließlich der politischen Differenzen, die man sogar noch betonte. Eine wirklich harmonische Atmosphäre entstand nicht, alle waren müde und gereizt, nur meine Eltern merkten nichts von den Spannungen.

Beim Essen spielten ein paar Enkelkinder einen Sketch, mit dem sie, ganz ohne Hintergedanken, die Jesus People imitierten, eine aus den Vereinigten Staaten stammende Bewegung mit einer etwas verschwommenen Religion der Nächstenliebe; sie machten zu jener Zeit den Amsterdamer Vondelpark unsicher. Einige der Anwesenden glaubten aber, die Kinder wollten meine Eltern nachahmen, und verließen wütend den Tisch.

In diesem Frühjahr sah mein Vater noch einmal sein Geburtshaus. Es war an einem Abend. Am Hafen war man dabei, dem Erzfeind Wasser den letzten Schlag zu versetzen. Der Kai, die Bäume und viele alte Häuser hatten schon einem hohen Deich weichen müssen, auf dessen Krone man einen Gehweg aus Betonplatten angelegt hatte, mit vereinzelten Sitzbänken aus schlechtem Holz. Die Werkstatt der Segelmacherei war mit Brettern vernagelt, und auf die Eingangstür hatte jemand »Fotze« geschrieben.

Zum letzten Mal fuhr ich mit ihm an seiner Heimatstadt vorüber, mit hundertzehn Stundenkilometern über die A 13, an Zestienhoven vorbei, über die Betonserpentinen vor Rotterdam, dann auf die A 20, bei Abfahrt Schiedam die Geschwindigkeit verringern, bei Kethel das Gaspedal loslassen, dann auf die Abfahrt Vlaardingen. Seine Augen, immer noch die Augen von 1899, sahen die Silhouette der alten Stadt vorübergleiten, die Häuser und Brennereien, über die sich die vierschrötige Kirche meines Großvaters und das winzige Kirchtürmchen meiner Großmutter erhoben. »Zu Fuß eine knappe Stunde«, sagte er; und es war wirklich merkwürdig, wie schnell es gegangen war.

Nicht lange danach schrieb mein Vater zwei Briefe an seine alten Freunde Jan Buskes und Evert Smelik, in jener Angelegenheit, die ihm ein halbes Jahrhundert schwer auf der Seele gelegen hatte. Smelik antwortete ihm sofort, er sei dankbar, dass »die Trübung unseres Verhältnisses« jetzt beseitigt sei. »In unserem Alter ist es nicht ratsam, Dinge noch vor sich herzuschieben. Wir stehen schon vor der Pforte.«

Jan Buskes antwortete, er habe meinen Vater »trotz allem immer als Freund betrachtet. Es ist nur, dass man einander auf diese Weise verliert, und das wäre nicht nötig gewesen.« Zwischen den beiden entwickelte sich sogar wieder ein kleiner Briefwechsel wie in ihrer Zeit als junge Studenten, und sie schrieben einander von dem Leben, das sie geführt hatten.

Buskes fand noch einmal sehr deutliche Worte für die fromme Sorglosigkeit meines Vaters. »Erst nach dem Weltkrieg ist Dir allmählich aufgegangen, was Kolonialismus bedeutet. Das ist mir unbegreiflich. Wie ist es nur möglich, dass ich schon in den zwanziger Jahren eine scharfe Streitschrift gegen Colijns Kolonialismus geschrieben habe und dass Du erst nach dem Weltkrieg Verständnis für diese Dinge entwickelt hast?« Seine Erklärung lautete, die orthodoxen Kalvinisten seien »fast immer auf der Seite des Bestehenden gewesen, auf der Seite der bestehenden Ordnung, die in Wahrheit Unordnung war«.

Allmählich wurden aus den Briefen Postkarten. »Ich lebe von einem Tag zum anderen, wie jemand, der auf einer Grenze wohnt«, schrieb Buskes im Frühjahr 1979. »Seit November 1978 bin ich Patient. Die offizielle Kirche hat mir nicht mehr viel zu sagen. Sie ist zu sehr auf Selbsterhaltung aus und lebt zu wenig in der Erwartung des Reichs Gottes. Ich hoffe, dass die Kirche mehr Gemeinde Christi wird.«

Und eine letzte, gekritzelte Mitteilung aus dem Sommer des gleichen Jahres: »Es geht mir gut, aber ich bin sehr schwach. Sei gesegnet.«

Mein Vater las täglich die Zeitung; er pflegte dabei die Seiten leicht unter seinen gelähmten rechten Arm zu klemmen und blätterte dann mit einem geschickten Schwung seiner linken Hand um. Er sah Prinz Bernhard, der im Zusammenhang mit der Lockheed-Affäre beschuldigt wurde, Schmiergeld angenommen zu haben, vom Thron stürzen, verfolgte atemlos die Geiselnahmen der Molukker in Drenthe und Amsterdam, die Terroraktionen der Rote-Armee-Fraktion und den deutschen Herbst, der auf sie folgte, alles, was sich in dieser eigenartigen Zeit um 1976 ereignete, einer Zeit der Gärung und des Bebens, als würden sich zwei Zeitschichten unter hohem Druck aneinander reiben.

Sein Gesicht war ein bisschen magerer geworden, das Sprechen bereitete ihm etwas mehr Mühe, aber seine Augen waren voller Leben, und er beobachtete ganz genau, was in der Welt vorging. Als ich 1975 Redakteur der Zeitschrift *De Groene Amsterdammer* wurde, las er mein Geschreibsel sehr sorgfältig. Er wollte gern einer Meinung mit mir sein, spürte, dass manchmal auch halber oder kompletter Unsinn dabei war, aber es fiel ihm schwer, darüber zu sprechen. Die neue Zeit war für ihn Glatteis, auf dem er nur ganz vorsichtig zu gehen wagte.

Im Frühjahr 1973 hatte der sozialdemokratische Parteivorsitzende Joop den Uyl ein fortschrittlich ausgerichtetes Kabinett gebildet, dem Politiker der PvdA, der linksliberalen D'66 und der progressiven PPR und ein paar Reformer aus der katholischen KVP und der kalvinistischen ARP angehörten. Eine solche Koalition war etwas völlig Neues. Dies war endlich der Wandel, auf den kurz nach dem Krieg so viele gehofft hatten. Einschließlich des Premiers selbst stammten sehr viele Minister aus dem orthodox-kalvinistisch geprägten Bevölkerungsteil; noch einmal waren es die Kalvinisten – wenn auch mit etlichen aus dem Nest gefallenen –, die den Ton angaben.

Mein Vater hatte extra das Radio angeschaltet, um sich die Regierungserklärung anzuhören. Sie war Musik in seinen Seelsorgerohren:

»Man hat die Mentalität unserer Industriegesellschaft als die einer raffgierigen Gesellschaft charakterisiert, in der Haben wichtiger ist als Sein, Zurschaustellung von Besitz mehr zählt als innere Werte. Grundlegende Veränderungen der Mentalität kann nicht die Regierung allein herbeiführen – in mancher Hinsicht ist es nicht einmal in erster Linie die Regierung, die dies kann. Aber sie kann beispielgebend und anregend wirken. […] Hindernisse, die zur Anhäufung von Wissen und kulturellem Reichtum bei wenigen führen, müssen beseitigt werden. Demokratisierung des Bildungswesens […] wie auch eine stetige Erweiterung der Maßnahmen, die dem Gemeinwohl auch auf kulturellem Gebiet dienen, sind Voraussetzung für eine Emanzipation der Bürger im Berufsleben ebenso wie in der Freizeit.«

Eines hatte den Uyl nicht berücksichtigt: Die Niederlande waren keine Insel in der Südsee. Kurz nach dieser wunderbaren Grundsatzrede brach ein neuer Krieg zwischen Israel und Ägypten aus. Die Araber begannen mit einem Ölboykott gegen einige Verbündete Israels. Gut ein halbes Jahr später bekamen alle die Folgen der Ölkrise zu spüren, und derselbe den Uyl teilte dem Volk mit, die Verhältnisse würden nie mehr so werden, wie sie vor der Krise gewesen waren.

*

Nach Ansicht der meisten Historiker kam die Kulturrevolution der sechziger Jahre in der Zeit um 1973 überall zum Erliegen. Damit ging eine viel längere Epoche zu Ende. Die Franzosen sprechen von den »trente glorieuses«, den glorreichen drei Jahrzehnten zwischen 1944 und 1974. Der englische Historiker Eric Hobsbawm teilt sein »kurzes«

zwanzigstes Jahrhundert in drei Perioden ein: das »Katastrophenzeitalter« von 1914 bis 1945, das »Goldene Zeitalter« von 1945 bis 1973 und, nach der Ölkrise, den »Erdrutsch« von 1973 bis 1991. »Die Geschichte des zwanzigsten Jahrhunderts war seit 1973 die Geschichte einer Welt, die ihre Orientierung verloren hat und in Instabilität und Krise geschlittert ist«, schreibt er. »Und doch war vor den achtziger Jahren nicht klar geworden, wie unwiederbringlich die Fundamente des Goldenen Zeitalters bereits zerstört waren.«

Im Jahre 1972 wurde die neue Tonart festgelegt: Der Club of Rome, ein internationaler Zusammenschluss prominenter Wissenschaftler, Politiker und Industrieller, veröffentlichte eine alarmierende Studie über die zunehmende Umweltverschmutzung, das explosive Wachstum der Weltbevölkerung und die rasch knapper werdenden Ressourcen. Sie zeigte auch, dass weniger als ein Drittel der Weltbevölkerung ungefähr achtzig Prozent der wichtigsten Rohstoffe verbrauchte. Die anderen zwei Drittel der Menschheit in den armen Ländern mussten mit den restlichen zwanzig Prozent auskommen.

Der Bericht sagte voraus, dass es vermutlich erst zu einigen lokal begrenzten Krisen und Katastrophen kommen werde, dass viele Nationen dann in aller Eile Verbesserungsmaßnahmen ergreifen und sich auf manchen Gebieten in die Isolation zurückziehen würden, dass sich die Lage der Welt insgesamt dadurch aber eher noch verschlimmern als verbessern würde. Die Herausgeber wiesen darauf hin, dass das Weltsystem einfach nicht mehr genug Spielraum für das egozentrische und konfliktträchtige Verhalten seiner Bewohner bot. So wurde mit einem Schlag der Preis des Überflusses auf die politische Tagesordnung gesetzt, und da steht er bis heute.

In Westeuropa gerieten die Großstädte schon bald durch den unerwartet starken Zustrom von Einwanderern in Schwierigkeiten. Die Menschen, die mit der ersten Einwanderungswelle der Nachkriegszeit – einer Folge der Entkolonialisierung – in die westlichen Länder gekommen waren, konnten im Allgemeinen noch ohne große Schwierigkeiten aufgenommen werden. So kamen beispielsweise zwischen 1946 und 1966 ungefähr dreihunderttausend Indonesier mit niederländischer Staatsbürgerschaft in die Niederlande.

Der zweite Einwandererstrom setzte sich Mitte der fünfziger Jahre in Bewegung. In Griechenland, Italien, Jugoslawien und Spanien, später auch in Marokko und der Türkei, wurden Hunderttausende von Männern mit niedriger Qualifikation für körperliche Arbeiten angeworben, die für die besser ausgebildeten Nordwesteuropäer schon nicht mehr geeignet erschienen. Als Tineke und ich 1965 eine Reise durch Griechenland unternahmen, kamen wir in Dörfer, deren männliche Einwohner zur Hälfte abgewandert waren. Eine Frau, die uns Unterkunft bot, zeigte uns all ihre Decken, die ihres Mannes und ihrer fünf Söhne; alle waren sie weggegangen; schon seit Jahren waren ihre Decken nicht mehr gebraucht worden.

Eine dritte Einwanderungswelle erreichte die Niederlande Mitte der siebziger Jahre, als innerhalb kurzer Zeit ungefähr zweihunderttausend Surinamer ins Land kamen, kurz vor der Unabhängigkeitserklärung der Kolonie. Weil sie formal niederländischer Nationalität waren, wurden sie nicht als Immigranten betrachtet, obwohl sie es eigentlich waren und all die Probleme hatten, die ein solcher Wechsel mit sich bringt.

Das Eigenartige war, dass die Realität dieser Völkerwanderungen von allen Beteiligten jahrelang mehr oder weniger geleugnet wurde. Die Illusion beruhte auf dem Eindruck räumlicher Nähe, den der Flugverkehr und die neuen Kommunikationsmöglichkeiten vermittelten. Von Marokko, der Türkei und sogar Surinam aus gesehen, waren die Niederlande kein ferner Ort mehr, zu dem man nur aufbrach, wenn man seinem Leben eine grundlegende Wendung geben wollte – etwas, das nur den Mutigsten vorbehalten war. Jetzt konnte man die Heimat mit dem Gedanken verlassen, dass man ja am nächsten Tag schon zu Hause anrufen und im nächsten Jahr wieder zurückkehren könnte. So war es also möglich fortzugehen, ohne zu emigrieren, und der niederländische Staat tat selbst allerhand, um diese Illusion zu nähren.

Surinamer kamen zunächst als »Studenten« ins Land, mediterrane Einwanderer als »Gastarbeiter«, Flüchtlinge als »Asylbewerber«. Sowohl für die Behörden als auch für viele der Immigranten selbst bewahrte ihre Anwesenheit so den Charakter eines zeitlich begrenzten Aufenthalts, nur dass die Rückkehr immer wieder verschoben wurde; deshalb schenkte man beispielsweise Sprachkursen und anderen Integrationsmaßnahmen anfänglich wenig Aufmerksamkeit. Erst im Herbst 1998 erkannte die Regierung an, dass die Niederlande faktisch ein Einwanderungsland sind, mit allen damit verbundenen Vor- und Nachteilen. Inzwischen hatte man zwanzig Jahre mit Vogel-Strauß-Politik verschwendet.

Deutlich spürbar wurde der Stimmungsumschwung der siebziger Jahre auf politischem Gebiet im Zusammenhang mit dem Konflikt um Dennendal, eine Einrichtung für geistig Behinderte in Den Dolder, der vier Jahre lang immer wieder für Schlagzeilen sorgte – eine kleine Dreyfus-Affäre, die das Land spaltete. Die Angelegenheit enthielt nahezu alle Elemente, um die sich bei den Konflikten der sechziger Jahre alles gedreht hatte: Hier standen Selbstverwirklichung gegen Ruhe und Ordnung, neue, selbst gewählte Beziehungsformen gegen elterliche Autorität, sexuelle Freiheit gegen Tabus, moderne Reformer gegen Amtsträger vom alten Schlag, Junge gegen Alte, Haschisch und indische Teppiche gegen Desinfizierungsmittel und gefliese Korridore.

Schließlich beschloss das Kabinett den Uyl, einen Teil von Nieuw Dennendal mit Polizeigewalt räumen zu lassen. Am 3. Juli 1974 wurden die Behinderten von hundertzwanzig Beamten mit zwölf Überfallwagen, einem Wasserwerfer und einer Ambulanz abtransportiert. Für den reformfreudigen Teil des Landes – einschließlich einiger Kabinettsmitglieder – war dies eine traumatische Erfahrung. Zum ersten Mal wurde mit aller Härte eine Grenze gesetzt: bis hierher und nicht weiter. Die Neuerungen von Nieuw Dennendal sollten übrigens in niederländischen Einrichtungen für geistig Behinderte schon ein Jahrzehnt später Gemeingut sein.

Kurz darauf zeigten sich die ersten Risse im niederländischen Sozialstaat. Die Schöpfer des Sozialsystems hatten die Gesellschaft der fünfziger Jahre vor Augen gehabt. Die Grundlagen dieses Systems waren eine Wirtschaft, in deren Mittelpunkt die Arbeit stand, die klassische Familie mit dem Mann als Ernährer, Menschen mit festen Stellen, einem ordentlichen Lebenslauf und Abschiedsfeier plus Rente mit fünfundsechzig.

In den siebziger Jahren war diese Lebensform nicht mehr die Regel. Wegen der hohen Scheidungsrate wuchs die Zahl der Familien ohne Ernährer rasch, man wechselte häufiger die Stelle, und vor allem verlor der Faktor Arbeit, an den das gesamte System gebunden war, an Bedeutung. Automatisierung und Rationalisierung schritten voran, immer mehr Stellen wurden eingespart, ältere und weniger qualifizierte Menschen konnten nicht mehr mithalten, und so wurden große Gruppen endgültig aus dem Arbeitsprozess ausgeschlossen.

Die Sozialleistungen, ursprünglich als Absicherung gegen die Folgen von Unfällen oder vorübergehender Arbeitslosigkeit und ähnliche Risiken gedacht, erfüllten jetzt auf einmal den Zweck, die sozialen Folgen der Scheidungs- und Rationalisierungswelle auszugleichen. Obwohl die Niederländer insgesamt reicher und gesünder waren denn je, nahmen Hunderttausende Sozialhilfe und Arbeitsunfähigkeitsrente in Anspruch. Und nicht vorübergehend, sondern auf Dauer.

Ganz allmählich drohte die niederländische Wirtschaft gefährliche Schlagseite zu bekommen, und an einem friedlichen, sommerlichen Nachmittag des Jahres 1975 ertönte das erste Alarmsignal. Finanzminister Willem Duisenberg machte gerade eine Segeltour irgendwo in Friesland, als in seinem Ministerium die neuen OECD-Prognosen zur wirtschaftlichen Entwicklung eintrafen. Eine Stunde später knackte der Bordfunk des Ministers: Er solle vielleicht besser kurz an Land gehen und einen Schnaps trinken. In einem Café erfuhr Duisenberg dann, was los war. Die Prognosen waren unerwartet schlecht, seine gesamte Finanzplanung Makulatur. Man musste in aller Eile einen völlig neuen Haushaltsentwurf ausarbeiten. Er sollte als »Ein-Prozent-Operation von 1975« in die Geschichte eingehen.

Damals glaubten alle noch, die niederländische Wirtschaft könne dank des Geldsegens durch die Erdgaseinnahmen leicht mit allen Schwierigkeiten fertig werden. Nur wenige hatten sich schon früher Gedanken gemacht. 1973 – zu der Zeit bezogen etwa dreihunderttausend Menschen Arbeitsunfähigkeitsrente – hatte der Ökonom und Politiker Jelle Zijlstra, inzwischen Präsident der Niederländischen Bank, in regierungsinternen Papieren erstmals das entsprechende Gesetz zur Diskussion gestellt. Die Bestimmungen waren so flexibel, dass sie keine Möglichkeit boten, den Zustrom von Bezugsberechtigten zu stoppen. Aber niemand hörte auf ihn, und die Zahl der Arbeitsunfähigen und Arbeitslosen stieg weiter. Milliarden Gulden aus der Staatskasse verschwanden im Sozialversicherungssystem. Die Zeitung meines Vaters sprach davon, dass das Sozialsystem von allerlei »Firlefanz« entlastet werden müsse. Eingeweihte wussten, dass es um einiges mehr ging.

Bis zum Ende der siebziger Jahre hatte sich die Lage schließlich derart verschlimmert, dass ein Kurswechsel unvermeidlich war. Das Königreich der Niederlande stand am Rande des Staatsbankrotts, die Wirtschaft am Abgrund. Monat für Monat kamen zehn- bis fünfzehntausend Arbeitslose hinzu. In den achtziger Jahren wurden nun harte Sanierungsmaßnahmen ergriffen. Eine Einsparungsrunde folgte auf die andere, die Sozialleistungen wurden gekürzt, die Schwellen erhöht, aber den alten Pionieren des Sozialstaats standen bei den entscheidenden Sitzungen oft die Tränen in den Augen.

Die öffentliche Meinung hatte inzwischen zwei Sündenböcke gefunden: die Ausländer und die Sozialhilfeempfänger. Man sprach viel von »Betrug«, »Missbrauch« und »harten Maßnahmen«, ohne zu sehen, dass die Ursachen des Problems in erster Linie im sozialen Sicherungssystem selbst und im blinden Optimismus der fünfziger und sechziger Jahre lagen.

*

Seit dem Frühjahr 1979 erwogen meine Eltern, in ein Seniorenwohnheim zu ziehen. Gewaltige Schneestürme waren im Winter 1978/79 über Friesland hinweggefegt, und meine Mutter hatte den ganzen Winter über gekränkelt. Im Herbst 1980 kamen sie in einem Wohnheim in Drachten unter. Am Umzugstag stürmte und regnete es. Die meisten Möbel hatten sie weggegeben. Mein Vater hatte sein Arbeitszimmer ausgeräumt und den größten Teil seiner Bücher verkauft. Meine Mutter holte sich noch ein paar Pflanzen aus ihrem prächtigen Garten und stopfte sie in einen der Kartons, um sie – wenn möglich – in einen Kasten auf dem winzigen Balkon im achten Stock zu pflanzen.

Ein paar ihrer Kinder und Enkel trugen Stühle und Kartons durch die kahlen Flure. Der jüngste – sechzehn – war nur mit Mühe davon abzuhalten, im Aufzug »No Future« an die Wand zu sprayen. Als die kleine Altenwohnung eingerichtet war, stellte ich fest, dass meine Eltern Aussicht auf dieselben Dörfer mit Wäldchen und baumbestandenen Wällen hatten, aus deren Enge sich mein Großvater van der Molen ein Jahrhundert zuvor mit einer gewaltigen Kraftanstrengung befreit hatte.

Wie es bei alten Menschen zu sein pflegt, wurde es langsam stiller um meine Eltern. Kaum eine Woche verging ohne eine Todesanzeige unter der Post.

Die Schiedamer Segelmacherei wurde geschlossen. Auf den Schiffen wurde immer mehr mit Kunststoffprodukten gearbeitet, ein paar Großkunden fielen weg, und qualifizierte Segelmacher waren kaum noch zu finden. Außerdem gab es keinen Mak mehr, der Segelmacher werden wollte. »So nehme ich alles mit mir ins Grab, alles, was wir als Maks wussten«, sagte Catrinus.

Von den Studienfreunden meines Vaters war nach Jan Buskes' Tod im Jahre 1980 nur noch Evert Smelik übrig. Außer meiner Mutter gab es in seiner Umgebung niemanden mehr, der noch etwas von dieser Vergangenheit wusste, von *Woord en Geest*, vom *Heraut*, von Kattunchen oder von Professor Kuyper.

Onkel Koos starb. Er hatte schon Segel verfertigt, als der Wind noch das wichtigste Antriebsmittel war, und am Ende seines Lebens flogen Menschen zum Mond. Onkel Ludz starb. Der herzensgute Onkel Arie. Von meinen Schiedamer Onkeln und Tanten ging einer nach dem anderen. »Komme ich nun überhaupt in den Himmel, bei all den Satelliten?«, sollte eine Tante auf ihrem Sterbebett angstvoll fragen.

Anfang 1979 schrieb der alte Pastor Ezechiël Vergeest, immer noch von fünf Uhr morgens bis zehn Uhr abends »on duty«: »Wir spüren alle, dass unsere Tage gezählt sind. Wir wissen nicht, wann wir unsere Zelte abbrechen müssen, sei es auch nur, um in ein besseres Leben weiterzuziehen.« Ein paar Monate später träumte mein Vater, sein Freund sei gestorben. Am Mittag traf die Todesnachricht ein.

Ich erinnere mich, dass ich in der gleichen Zeit zum ersten Mal in einer Disco stand, zusammen mit ein paar Freunden. Das Licht und die Musik blendeten und betäubten mich, aber auch die Atmosphäre dieser neuen Subkultur, eine Atmosphäre von Luxus und Glätte. Das war etwas völlig anderes als die mit Stickereien verzierten Kleider der sechziger und die verschwitzten Pullover der siebziger Jahre. Ich blickte von einer Balustrade auf die Tanzfläche hinunter. Und plötzlich musste ich an meinen Vater denken, wie er in diesem Moment in seiner Altenwohnung in Drachten auf dem Bett lag, ich stellte mir vor, was er denken würde, wenn er mich jetzt sehen könnte, seinen eigenen Sohn in dieser Umgebung, und ich spürte seine grenzenlose Verwunderung.

Anfang der achtziger Jahre lag das Land in einem eigenartigen Dämmerlicht, es war von einer Untergangsstimmung beherrscht, die nur von kurzer Dauer, aber äußerst beklemmend war. In Amsterdam wütete ein Häuserkampf zwischen einigen tausend jugendlichen Hausbesetzern und der Polizei – um die besetzten Häuser, um die Innenstadt, aber für die jungen Leute war es auch ein Kampf um ihren eigenen Lebensstil, den sie notfalls auch mit Gewalt verteidigten. Es gab deutlich erkennbare Gemeinsamkeiten zwischen dieser Hausbesetzerszene und den Provos, aber der Optimismus der sechziger Jahre war längst verflogen. Von der Demokratie versprachen sich diese Jugendlichen gar nichts mehr. Was ihre Erfahrungen bestimmte, waren nicht mehr Fortschritte, sondern Sparmaßnahmen.

Einmal hatte ich mich als Journalist auch in einem der besetzten Häuser verschanzt. Man musste jederzeit mit der Räumung rechnen; alles war zugenagelt, ein Dutzend Jungen und Mädchen saß in einem Zimmer zusammen, und mit Kaffee, Kuchen und Spielen vertrieben wir uns die Zeit bis zum Eintreffen der Polizei. Es tat sich nichts, aber dann warf ein Mädchen durch eine Ritze einen Blick nach draußen. Alle Straßen waren voller Polizeiwagen, sie sah Hunderte von Polizisten, Polizeiboote auf der Gracht, Hubschrauber in der Luft. »Verdammt«, sagte sie. »Die können nicht uns meinen, das muss für die Nachbarn sein.« Einen Augenblick später hörten wir unten ein gewaltiges Krachen: Ein Panzerwagen rammte die Fassade. An diesem Abend rief ich meinen Vater an. »Hast du das nötig?«, fragte er mit Schiedamer Akzent.

Im Herbst 1981 demonstrierte in Amsterdam eine halbe Million Menschen gegen die Stationierung von Cruise-Missiles auf niederländischem Territorium. In diesem Protest kulminierten zahllose Debatten über die Sicherheit in der Welt und über die gewaltigen Risiken, die die Stationierung der neuen sowjetischen SS-20-Raketen und der amerikanischen Pershing II mit sich brachten, Debatten, die in den vorangegangenen Jahren nicht zuletzt auch innerhalb der Kirchen geführt worden waren. Es war ein hoffnungsloser Bürgerprotest gegen eine neue Generation von Massenvernichtungswaffen, deren Einführung man doch nicht würde verhindern können.

Der Häuserkampf und die Demonstrationen bildeten den vorläufigen Höhepunkt einer Entwicklung, die in den siebziger Jahren begonnen hatte, als in Europa eine Bewegung des Zweifels entstand. Allgemein herrschten Resignation und das Gefühl, dass man in einer tiefen Krise steckte. Die europäische Bürokratie nahm den nationalen Demokratien immer mehr Entscheidungsbefugnisse. Viele Niederländer hatten allmählich den Eindruck, sogar in Fragen von Leben und Tod – wie im Falle der Atomwaffen – überhaupt keinen Einfluss mehr auf die Richtung zu haben, in die ihre Gesellschaft steuerte.

Die alten Ideale hatten ausgedient. Eine der liebsten Illusionen der sechziger Jahre war die kindliche Vorstellung gewesen, dass man nicht mehr zu wählen brauche, dass man alles auf einmal haben könne. Nun begannen die Angehörigen der geburtenstarken Jahrgänge zu begreifen, dass Sicherheit, Wohlstand und Wachstum ihren Preis hatten. Was man für erreicht und gefestigt gehalten, wovon man geglaubt hatte, es sei zum integralen Bestandteil unserer Kultur geworden – Solidarität, Toleranz, soziale Sicherheit, eine immer gerechtere Verteilung von Wissen, Macht und Einkommen –, erwies sich als Gebäude, das schon bei den ersten Herbststürmen Risse bekam.

In der Untergangsstimmung äußerte sich zum letzten Mal die Trauer um die gestorbenen Träume von gestern – und zugleich erstmals jenes Gefühl der Machtlosigkeit, das bei vielen zur Nach-uns-die-Sintflut-Stimmung des Fin de Siècle werden sollte.

Der Weg meiner Eltern führte zuletzt noch durch finstere Täler. Einige der verstorbenen Freunde und Verwandten hatten ihnen viel bedeutet, und sie vermissten sie sehr. Sie hatten ihre Sorgen mit ihren Kindern und Enkeln. Ich ließ mich scheiden – es war die erste Scheidung in der Familie –, und das schmerzte. Das Schlimmste war der so schwer hinnehmbare Tod meines Bruders Cas. Ende der siebziger Jahre schien er endlich seinen Weg gefunden zu haben. Eine Zeit lang war er Pfarrer in einem südholländischen Dorf gewesen, aber jetzt hatte er die Gelegenheit, Krankenhausseelsorger zu werden, und das fand er großartig. Einmal streiften wir gemeinsam durch Amsterdam, und er war von allem so begeistert, als wäre es wieder 1946. »Hier ziehen wir später hin«, sagte er zu seiner Frau.

1979 wurde bei ihm Krebs festgestellt. Er redete wenig von seiner Krankheit, nur in seinen Predigten sprach er sich manchmal auf seine Weise aus. Am Neujahrstag des Jahres 1980 – seines letzten Jahres – hörte die Gemeinde ihn über einen Gott predigen, »der wie ein reißender Löwe den Weg versperrt und einem keinen Ausweg lässt«.

Er starb im Frühjahr.

Meine Eltern waren verzweifelt. Es war herzzerreißend, mit anzusehen, wie der Schmerz sie niederdrückte. Ich aß an diesem Tag mit ihnen zu Abend, mein Vater sprach von einer Flasche Wein, die sie noch für ihn aufbewahrt hatten. »Die trinkt er jetzt am Tisch des Herrn«, sagte er und brach wieder in Tränen aus.

Nach Cas' Tod ging es mit meinem Vater langsam bergab. Seine Kräfte ließen nach, immer wieder verbrachte er Wochen im Krankenhaus, um sich dann für kurze Zeit wieder aufzurappeln, und allmählich wurde ihm klar, dass er nie mehr richtig auf die Beine kommen würde.

Im Spätsommer 1982 wurde er bettlägerig. Plötzlich sprach er dauernd von seiner Zwillingsschwester Catrien, beschäftigte sich viel mit seinen Kameraden von der Birma-Eisenbahn, und meine Mutter hörte, dass er im Traum wieder in australischem Armeejargon sprach.

Dann wurde er wieder klar, ruhig, schlief viel, freute sich über all seine alten Freunde und Bekannten, die vorbeikamen, um Abschied zu nehmen. Er regelte alles für sein Begräbnis, suchte Texte und Lieder für den Trauergottesdienst zusammen, dankte den Krankenschwestern und segnete seine Kinder und Enkel wie ein Patriarch. Aber nichts geschah.

Jeden Morgen lag etwas mehr Verwunderung in seiner Stimme, wenn er »Guten Morgen« sagte. Er war erschreckend mager, und manchmal fragte er auch: »Bin ich noch nicht gestorben?«

»Nein«, antwortete meine Mutter dann, »aber du hast es nicht mehr weit.«

»Glücklicherweise.«

Für alles zwischen Leben und Tod gilt, was der Apostel Paulus schreibt: »Unser Wissen ist Stückwerk.«

»Wir sehen jetzt durch einen Spiegel in einem dunklen Wort, dann aber von Angesicht zu Angesicht.«

Dies war auch der Text, den mein Vater für sein Begräbnis ausgesucht hatte, und er war sich alles Dunklen, Rätselhaften sehr bewusst. Dennoch hatte er so seine eigenen Vorstellungen vom Jenseits. Er würde dort seine Lieben wiedersehen, vor allem Cas, würde mit seinen alten Studienfreunden, wie er es ausdrückte, »am Tisch des Herrn« sitzen, und er würde endlose Spaziergänge mit Pastor Vergeest unternehmen, seinem »Freund und Feind zugleich«, und über alle möglichen Glaubensfragen diskutieren, und wenn sie zu keinem Ergebnis kämen, könnten sie Unseren Herrn selbst fragen, dieser Gedanke gefiel ihm.

Und doch habe ich nie erlebt, dass sich jemand so kategorisch zu sterben weigerte wie mein Vater. Mehr noch, nach ein paar Wochen sah es so aus, als würden ihm Gjalts französische Kraftbouillons und der Duft von Spekulatius und Weihnachtsgebäck neues Leben einhauchen. Er konnte wieder aufrecht sitzen, aß wieder mit Appetit, und als der Arzt ihm vorsichtig klar machen wollte, dass der Lebenszug sich wohl doch der Endstation nähere, flüsterte er mit seinem schiefen Mund: »Aber wenigstens im Speisewagen!«

Es wurde ein langer Abschied, für meine Mutter fast zu lang. Einmal bemerkte ich, dass sie Streit hatten: Sie gaben einander zornige kleine Klapse auf die Hand. In jenen Wochen saß ich regelmäßig neben meinem Vater auf dem Bett, ich musste ihm die ganze Zeitung vorlesen, manchmal nippten wir beide Cognac aus demselben Glas, manchmal zogen wir abwechselnd an derselben Zigarre. Von Zeit zu Zeit nickte er ein, schlief dann manchmal tagelang, öffnete aber auf einmal wieder die Augen und sagte mit klarer Stimme: »Ich möchte ein Butterbrot mit Kümmelkäse.« Manchmal lauschten wir auch frühmorgens dem Konzert der Vögel, denn es wurde schon wieder Frühling.

An einem warmen Sonntagnachmittag, dem Nachmittag des 3. Juli 1983, war er unruhiger als gewöhnlich. Dauernd versuchte er sich am Handgriff über seinem Bett hochzuziehen.

»Warum machst du das?«, fragte meine Mutter.

»Sonst falle ich um und sterbe«, antwortete er.

»Aber das willst du doch, sterben?«

»Ja«, sagte er da.

Und ließ los, fiel zurück, und so fiel er und wurde von Engeln getragen.

Meine Mutter trauerte, wie es von alters her der Taube als dem Sinnbild der Liebe nachgesagt wird. Sie war tapfer und versuchte sich wieder dem Leben zuzuwenden, aber immer war sie von einem Schleier von Traurigkeit umgeben.

Nach ein paar Jahren verlor sie den Lebensmut. Vom Frühjahr 1987 an verließ sie nur noch selten das Bett, und eigentlich kam man kaum noch an sie heran. »Woran denkst du?«, fragte ich sie manchmal.

»Ach, ich träume nur so vor mich hin«, sagte sie dann.

»Von früher?«

»Ja, viel von früher.« Sonst sprach sie kaum.

Sie vermisste meinen Vater schrecklich, aber das allein war es nicht. Auch die Zeit machte sie einsam. Es war, als gäbe es keine allmählichen Entwicklungen mehr, als machte die Welt in den letzten Jahren Sprünge, es war schwer, da noch mitzukommen. Wenn mein Urgroßvater Mak in die Werkstatt von Onkel Koos gekommen wäre, hätte er sich dort innerhalb einer Viertelstunde wieder zurechtgefunden. Meinem Großvater van der Molen fiel es schon schwerer, die Welt seiner Kinder noch zu verstehen. Das geschäftige Leben meines Onkels Hattem, die Literatur, die Anna und Cas lasen, das alles war ihm ganz fremd. Und für die Generation meiner Eltern, noch in viktorianischen Zeiten aufgewachsen, war die Kluft noch viel schwieriger zu überbrücken. Mochten sie geistig auch noch so beweglich und wach sein – welche Verbindung gab es denn noch zwischen ihrer Welt und meinen Rolling Stones und Jefferson Airplane, vom Rest ganz zu schweigen?

Die Welt hatte sich während ihres Lebens um- und umgewälzt, die Erinnerungen wurden immer lebendiger, die Gegenwart immer unwirklicher.

Meine Mutter lag also in ihrem Bett in ihrer Altenwohnung in Drachten und blickte mit ihren klaren blauen Augen zur Decke, und so lebte sie ihr Leben rückwärts. Mein Vater, der lesend an seiner Pfeife zieht. Der Frieden in Hardegarijp. Cas. Ein schönes Konzert. Ein Spaziergang durch Siena, Dinge dieser Art werden es gewesen sein.

Sie wird an das chaotische Familienleben am Westersingel mit all seiner Wärme zurückgedacht haben. Ein Garten in Südfrankreich, die Enkelkinder rufen. Mein Großvater zündet sich eine Zigarre an. Die Geräusche eines trägen Abends auf der Veranda in Medan. Die Nachmittage am Strand bei Rockanje, mit der kleinen Anna. Vielleicht jener Spaziergang über die Heide mit meinem Vater – sie ist jetzt gerade achtzehn.

Schließlich wartete sie nur noch, in vollkommener Ergebung, die Arme weit ausgebreitet.

Einen Tag vor ihrem Tod stand sie auf einmal im Wohnzimmer, setzte sich zwischen ihren beiden Töchtern ans Fenster, nahm ihre Hände und sagte nur: »Noch einmal die Wolken sehen.«

Als sie starb, hatte sie eine nie gekannte Leichtigkeit.

EPILOG

Der letzte Schulaufsatz meines Vaters, den ich gefunden habe, stammt aus dem Frühjahr 1917. Es ist der Bericht über eine kleine Expedition außerhalb der Mauern seiner Heimatstadt, zusammen mit einem Freund: mit dem Fahrrad in einen benachbarten Ort, Besuch beim Onkel des Freundes, in zehn Minuten die Sehenswürdigkeiten betrachtet, ein ganzes Rosinenbrot mit »Offiziersbutter« gegessen, kurzer Ausflug mit einem Motorboot, abends wieder zu Hause. Auf dem Rückweg hatten die Jungen eine Art Fahrradsegel aus einem großen Holzbrett konstruiert, das sie hinter den Sätteln festzurrten. Sein Freund legte nach der Hälfte der Strecke sogar die Beine auf den Lenker: »Zu treten brauchten wir nicht mehr, mit beträchtlicher Geschwindigkeit fuhren wir am Kanal entlang, die Beine auf der Gabel, immer geradeaus. Hinter uns ballten sich dunkle Wolken zusammen, der Staub wirbelte vor uns her.«

So segelten sie dahin, getrieben vom Sturm, Könige einer neuen Zeit.

Das Jahrhundert meines Vaters begann in den Farben Braun und Schwarz, in den Gerüchen von Holz und Teer, mit Schweiß, Eisen und Erde. Aber dahinter leuchtete ein strahlender Optimismus, ein Glaube an Fortschritt, Technik und den kommenden neuen Menschen. Die vergangenen Jahrhunderte betrachtete man als dunkle Zeit, die Vorfahren waren tot und fern, aber der neue Arbeiter, der aufgeklärte Lehrer, der demokratische Politiker, der Wissenschaftler und der Pfarrer, der die Dogmen hinter sich gelassen hatte, sie segelten in eine neue Zeit, die anders als alles Vorangegangene sein würde.

Heute, nach hundert Jahren des Blutvergießens und der Ideale, wissen wir mehr. Es wird Zeit, uns von unserer historischen Überheblichkeit zu lösen, Brücken durch die Zeit zu schlagen, um unseren Platz neben den früheren Generationen einzunehmen.

Der bessere Mensch – wir sind es nicht geworden. Unsere Großeltern und Urgroßeltern waren anders, aber nicht schlechter oder uns unterlegen. Diese Einsicht macht Geschichte komplizierter. Sie macht die Frage: »Was hätten wir an ihrer Stelle getan, mit ihrem Hintergrund und ihrem Wissen?« noch beklemmender. Aber zugleich bringt sie uns die Menschen, die früher gelebt haben, näher, erlöst uns aus unserer geschichtlichen Einsamkeit.

Ich schreibe diese letzten Zeilen in dem sonnigen Frühling 1999, der Europa einen neuen Krieg gebracht hat, einen moralisch gerechtfertigten Krieg: Alte Barrieren staatlicher Souveränität und Realpolitik wurden beiseite geräumt, um auf dem Balkan einen Mörder aufzuhalten – und letztlich auch um der Werte des neuen Europa willen.

Es ist der erste wirkliche Krieg in der fünfzigjährigen Existenz der starken, aber schwerfälligen NATO. Alle neunzehn NATO-Mitglieder müssen fast jedem einzelnen Schritt zustimmen, und alle Regierungen spüren den heißen Atem ihrer Opposition im Nacken. So muss dieser Krieg, ansatzweise zumindest, ein Fernsehkrieg werden, ein Kampf von Maschinen gegen Maschinen, von Elektronik gegen Elektronik, ein Krieg, in dem kein Blut fließen darf, vor allem kein amerikanisches oder westeuropäisches Blut.

Es ist kein besonders heldenhafter Kampf. Dazu gibt es auch zuviel Zweideutigkeit: Einerseits geht es um Befreiung und Gerechtigkeit, um die Ideale des neuen Europa, andererseits wurde wieder ein weiterer Schritt auf dem Wege der Entmenschlichung von Konflikten getan.

Die westlichen Demokratien sind offensichtlich nur noch dann bereit, für »Europa« und »Freiheit« zu kämpfen, wenn dies mit keinerlei Risiko verbunden ist. Das sagt einiges über den gewachsenen Individualismus der Europäer, die nicht mehr so schnell hinter Fahnen, Führern und hehren Idealen her marschieren. Andererseits sind sie nun aber in der gleichen Position wie die französischen, englischen und deutschen Generäle während des Ersten Weltkriegs: Sie befehlen den

Angriff, aber die Konsequenzen von Krieg und Zerstörung bekommen sie nicht zu spüren.

So führen die Alliierten einen Krieg, bei dem sie für einen lächerlich niedrigen Preis in der ersten Reihe sitzen. Die Preisdifferenz wird von den Zivilisten bezahlt, die sie beschützen wollen, denn auf dem Boden gehen die Massaker und ethnischen Säuberungen einfach weiter. Auf diese Weise wird Krieg auf zuckende Blitze auf dem Bildschirm eines Spielautomaten reduziert – wenn auch eines Spielautomaten mit hohen materiellen und politischen Kosten. Das ist eine neue Art von Verfremdung, die einen ebensolchen Eindruck von Unwirklichkeit hervorruft wie dreißig Jahre zuvor die Fernsehbilder vom Vietnamkrieg und die fast so irreführend wie der romantische Gefühlsüberschwang zu Beginn des Ersten Weltkriegs ist.

Die Balkankriege sind auch in anderer Hinsicht ein passender Abschluss für dieses Jahrhundert, das aus Europa jahrelang ein einziges großes »Killing field« machte. Ich habe mir die Zahlen noch einmal daraufhin angesehen. Insgesamt sind in den vergangenen hundert Jahren ungefähr 115 Millionen Europäer durch politische Gewalt ums Leben gekommen: 13,5 Millionen im Ersten, 41,3 Millionen im Zweiten Weltkrieg, 54 Millionen in der Sowjetunion bei Verfolgungen und Hungersnöten zwischen 1917 und 1953. Dazu kommen noch die vielen Millionen, die bei Deportationen und ethnischen Säuberungen von Haus und Hof vertrieben wurden. Und auf den immensen materiellen Schaden gehe ich erst gar nicht ein, auf die zerstörten Städte wie Warschau, Dresden, Rotterdam, Coventry, Ypern, das kulturelle Vermächtnis vieler Generationen, das für immer verloren ging.

In gewissem Sinne kann man die historischen Bewegungen innerhalb Europas mit einem geologischen Prozess in einem System aus Gesteinsschichten vergleichen, mit der aufsteigenden Großmacht Deutschland im Zentrum und den zusammenbrechenden Imperien der Russen und Türken im Osten und Süden als Nebenzentren.

Das Deutsche Reich war zu Beginn dieses Jahrhunderts noch keine drei Jahrzehnte alt. Bis 1871 war es nicht mehr als die Summe antiker

Fürstentümer und -tümchen und um 1900 auf einmal eine moderne Nation. Der Aufstieg dieser neuen Großmacht führte zu zwei großen Kriegen, und in beiden Fällen griffen die Vereinigten Staaten in großem Maßstab ein. Die Verschiebungen sollten erst um die Mitte des Jahrhunderts durch das Entstehen des vereinigten Europa zum Stillstand gebracht werden. Man kann viel Negatives über die aus dem Einigungsprozess hervorgegangene Europäische Union sagen, aber einen Pluspunkt hat sie ganz ohne Zweifel: Sie hat der früher so unruhigen Westseite des Kontinents Frieden und eine nie zuvor erreichte Stabilität beschert.

In Asien geschah etwas Ähnliches. Auch hier trat in der Zeit um die Jahrhundertwende auf einmal eine moderne Großmacht in Erscheinung, die den alten Mächten – China, den Kolonialreichen Englands, Frankreichs und der Niederlande – ihre Position streitig zu machen drohte: Japan. Erst nach einem Weltkrieg entstand – auch hier durch das Eingreifen der Vereinigten Staaten – eine gewisse Stabilität.

Der Eiserne Vorhang, der Europa nach dem Zweiten Weltkrieg in zwei Hälften teilte, ließ vergessen, dass die eigentliche politisch-geographische Trennlinie weiter östlich auf dem Kontinent verläuft. Es ist die Linie, die zwischen der westlichen christlichen Kultur und der östlichen liegt und auf einen Bruch zurückgeht, der sich vor sechzehn Jahrhunderten vollzog, auf die Teilung des Römischen Imperiums in ein Ost- und ein Westreich. Die Grenze zwischen diesen beiden Stücken Europa verläuft, grob gesagt, von Finnland über Sankt Petersburg und das Baltikum, quer durch die Ukraine, Rumänien, Serbien und Bosnien, und endet in Montenegro am Adriatischen Meer.

Westlich dieser Linie feiern die Menschen Weihnachten am 25. Dezember, haben Renaissance und Aufklärung erlebt, trinken Kaffee mit Sahne und sind, jedenfalls nach Ansicht mancher Theoretiker, tauglich für die westliche Demokratie. Östlich der Linie trinken sie Kaffee mit Satz, hören auf den Popen oder den Imam und kennen oft nicht die rechtsstaatlichen und demokratischen Traditionen, wie wir sie haben. Es gibt allerlei Ausnahmen von diesen Regeln, die Grenzlinie ist ständig in Bewegung, und außerdem ist zu fragen, ob wir uns fatalistisch mit einer scharfen Trennung dieser Art abfinden müssen. Aber dass es eine solche Trennlinie gibt und dass das Trennende neue Aktualität gewonnen hat, ist offensichtlich.

Millionen Europäer haben wie meine Eltern gelebt. Sie versuchten, ihre persönliche Existenz zwischen all den Bruchstellen hindurchzulavieren. Sie fielen hin, standen wieder auf, trafen ihre Wahl zwischen Gut und Böse, ließen immer wieder Meinungen und Ideale aufeinander los, in der unauslöschlichen Hoffnung, dass dies irgendeine Bedeutung haben könnte. Millionen andere lebten einfach ihr kleines Stückchen Leben; was hätten sie anderes tun können, als von einem Tag auf den anderen zu leben, sie hatten einen Vater, eine Mutter, vielleicht einen Großvater, eine alte Kirche hinter dem Deich, das war alles, was sie an Geschichte besaßen. Und dann gab es noch die Zahllosen, die den irrsinnigsten Bewegungen anhingen und die seltsamsten Uniformen anzogen, für nichts als eine Hand voll Gewissheiten und ein bisschen Essen.

Alle zusammen waren eine neue Kraft, die dieses Jahrhundert auf nie zuvor erlebte Weise prägte: die Masse, die Kriege nährte, Revolutionen schürte, Machthaber groß machte und zerschmetterte.

Der Historiker John Lukacs hat den Gedanken geäußert, dieses blutige Jahrhundert sei vielleicht die Endphase von fünf Jahrhunderten bürgerlicher Kultur. Die Geschichte dieser Kultur begann mit der Renaissance und reichte über die Aufklärung bis in unsere Zeit. Kommunismus und Nationalsozialismus waren zwei Angriffe auf die Grundfesten der aufgeklärten europäischen Kultur, und beide hat man mit einiger Mühe zurückschlagen können. Dass dies gelang, heißt nicht, dass die liberale bürgerliche Kultur das ewige Leben besäße, im Gegenteil. Aber vielleicht braucht Europa auch diese Katastrophen und Bedrohungen, mehr als eine Währungsunion, um wirklich eins zu werden.

Der Fall der Sowjetunion im Jahre 1989 erinnerte in vieler Hinsicht an den des Zarenreichs und des kaiserlichen Deutschland in den Jahren 1917 und 1918: Es war vor allem eine Implosion des Systems, das seiner eigenen Erstarrung zum Opfer fiel und sich rettungslos in die eigenen inneren Widersprüche verstrickt hatte.

Der Fehlschlag des sozialistischen Experiments war ein gewaltiges

Drama; es war das Ende der Hoffnung auf eine gerechtere Welt, für die sich in diesem Jahrhundert zahllose Menschen mit Leib und Seele eingesetzt hatten. Im Westen sah man den Zusammenbruch des Kommunismus jedoch vor allem als endgültigen Sieg des Kapitalismus und des freien Marktes. Es herrschte eine solche Triumphstimmung, dass Francis Fukuyama sogar »das Ende der Geschichte« ausrief. Die folgenden Ereignisse schienen ihm Unrecht zu geben: Europa sollte sich in den nächsten zehn Jahren stärker verändern als in den siebzig Jahren zuvor, der Kontinent sollte von einer Krise in die nächste gehetzt werden, alte Grenzen sollten sich auflösen, neue entstehen.

In dieser von Triumphstimmung beherrschten Atmosphäre gelangte überall in der Welt ein neuer Konservatismus zur Blüte. Im Grunde vollzog sich eine Art Entdemokratisierung, sowohl was Macht anging wie auch im Hinblick auf Wohlstand und Entfaltungsmöglichkeiten. Immer öfter wurden Signale aus der Gesellschaft, Standpunkte von Minderheiten ignoriert. In Westeuropa wurde das relativ demokratische System der Staaten mit ihren nationalen Parlamenten als Legislative mehr und mehr von der Bürokratie der Europäischen Union ausgehöhlt. In der Wirtschaft richteten sich die Entscheidungen immer öfter nach den Interessen der Unternehmen und nicht nach den Bedürfnissen der Menschen.

Bei Meinungsmachern und Entscheidungsträgern setzte sich die Vorstellung fest, dass all dies eine natürliche Entwicklung sei. Man war der Ansicht, die Weltherrschaft des freien Marktes sei jetzt, da die Kommunikationstechnik so weit entwickelt war, dass Banken und Investoren sich auf der ganzen Welt wie auf dem heimischen Börsenparkett bewegen konnten, unvermeidlich geworden. Außerdem erwartete man, die weltweite freie Konkurrenz werde letztlich allen nationalen Ökonomien Vorteile bringen. An die Stelle des Marxismus trat die neue Ideologie des freien Marktes. Aber auch sie war ein Glaube, mit aller dazugehörigen Blindheit.

Schon bald sollte sich zeigen, wie wenig die Versprechungen der Marktpropheten wert waren. In Russland – und auch anderswo – brachte ihre Ideologie hauptsächlich einen beispiellosen Raubzug, die Plünderung der letzten spärlichen Besitztümer des Landes. Im Westen wurden viele staatliche Dienstleistungsbetriebe den Marktmechanismen ausgeliefert, was in den meisten Fällen Preissteigerungen und Leistungsverschlechterungen zur Folge hatte. An allem musste auf einmal Geld verdient werden. Der inhaltliche Aspekt der Arbeit zählte immer weniger. Einige wurden durch all das sehr reich, die Armen bezahlten.

Im Jahre 1969 wurde mit viel Tamtam die Oper *Reconstructie* aufgeführt. Es handelte sich um ein Gemeinschaftswerk mit Texten von Harry Mulisch und Hugo Claus, eine Art Glaubensbekenntnis der damaligen Revolution. Der Text des Schlusschors lautete:

Nie mehr, nie mehr, nie mehr, – NIE MEHR
Nie mehr hinter verschlossenen Türen, – NIE MEHR
Nie mehr das Machbare, – NIE MEHR
Nie mehr geistiges Eigentum, – NIE MEHR
Nie mehr Ewigkeit, – NIE MEHR
Nie mehr Verkaufsförderung, – NIE MEHR
Nie mehr Logenplatz, – NIE MEHR
Nie mehr guter Geschmack, – NIE MEHR
Nie mehr Eintrittspreise, – NIE MEHR
Nie mehr Mitbestimmungsrecht, – NIE MEHR
Immer Selbstbestimmungsrecht, – IMMER

Dreißig Jahre später war das genaue Gegenteil Wirklichkeit geworden: Nie mehr war jetzt immer und immer nie.

*

Ich muss an den Silvestertag des Jahres 1911 denken, wie Tante Maart ihn geschildert hat. Die ganze Familie, die schuftet, um rasch ein Segel für einen Logger fertig zu stellen, der noch vor dem Jahreswechsel ablegen muss. Der Ofen, der zusätzlich angemacht wird – ein großer Luxus –, um Ölkrapfen zu backen. Die Kinder, die in der leeren Werkstatt Murmeln spielen dürfen. Die große Öllampe, die ausnahmsweise noch ein Weilchen länger brennt. Die Freuden des Abends: Kirchenbesuch, Kakao, Räucheraal, ein Sonntagsschulbuch mit einem farbigen

Bildchen auf dem Umschlag. Das gemeinsame Gebet um Gesundheit und Segen im neuen Jahr. Zwölf Uhr: »Vom Turm schallen die Glocken, und irgendwo steigt eine Rakete auf. Aber sonst geschieht nichts.«

Als das Jahr 1999 begann, glühte der Himmel bei den Penthouses am Schiedamer Hoofd rot von Feuerwerksraketen, eine raffinierter als die andere. Die niederländischen Familien saßen vor dem Fernseher und erlebten den Jahreswechsel halb zu Hause, halb in irgendeinem Traumstudio mit ihren Stars. Lachs aus Kanada, australischer Weißwein, und auch finanziell und gesundheitlich hatten die meisten keine Sorgen. Auf der Straße kämpften niederländische und marokkanische Jugendliche. Nur eine Minderheit der Familien bestand noch aus Mann, Frau und Kindern. Die Predigt zum Jahresausklang besorgte ein Komiker.

Auch für eine Durchschnittsfamilie wie meine war dies ein Jahrhundert tief greifender Veränderungen, mehr als irgendein früheres. Die Elektrifizierung brachte Licht und Energie ins Haus und an die Arbeitsstätten. Unsere statistische Lebenserwartung stieg von gut fünfzig im Jahre 1900 auf mehr als fünfundsiebzig im Jahre 1999, dank besserer Ernährung, Hygiene und medizinischer Versorgung. So haben wir im Grunde ein drittes Leben hinzugewonnen, eine neue Lebensphase mit allen dazugehörigen Freuden und Lasten, nicht zuletzt auch Soziallasten, denn auch die Angehörigen der geburtenstarken Jahrgänge der Nachkriegszeit werden alt. Die Zahl der Niederländer hat sich in diesem Jahrhundert verdreifacht: Aus den fünf Millionen im Geburtsjahr meines Vaters wurden mehr als fünfzehn Millionen. In dem kleinen Land wurde es brechend voll, und auch Europa und die Welt füllen sich immer und immer weiter mit dieser einen einzigen Art, dem Menschen.

Der Wohlstand, beispiellos sowohl in seiner Verbreitung als auch in seiner Dauerhaftigkeit, hat alte Lebensmuster auf den Kopf gestellt. Im Vergleich zu den abgearbeiteten Männern und hustenden Kindern im Schwarzen Nazareth des Jahres 1899 leben die Niederländer heute wie Könige. Der Lebensschwerpunkt hat sich sogar weitgehend vom Produzieren aufs Konsumieren verlagert. Die Großenkel meiner Eltern verdanken ihren Status auf dem Schulhof nicht mehr dem, was sie leisten, sondern ihrer Art zu konsumieren: Auf die Schuhmarke kommt es an, auf das *Image* der Produkte, die Ausstrahlung ihrer Kleidung. Und für die Enkel sind die Leistungen des Sozialstaates nicht mehr letztes Fangnetz, sondern eine normale Art von Einkommen.

Innerhalb Europas sind die Niederlande in gewisser Weise Außenseiter geblieben, eine alte Jungfer, die in ihrem sicheren Erker an die Fensterscheibe klopft, wenn auf der Straße etwas Ungebührliches passiert. Aber diese Rolle verdankt das Land nicht mehr der früheren Neutralität, sondern seiner einsamen Position im europäischen Kräftefeld: Es ist zu groß für die Kleinen und zu klein, um zu den Großen zu gehören.

Alles in allem haben die Menschen hier mehr Kontrolle über ihr eigenes Leben als je zuvor. Arbeitslosigkeit und Krankheit, früher oft Katastrophen, sind dank der Dämme des Sozialstaates nur noch Probleme, die man bewältigen kann. Abhängig von höheren oder unbekannten Mächten fühlen sich die meisten nicht mehr, erst recht nicht von Institutionen wie der Kirche. So hat sich in der zweiten Jahrhunderthälfte noch eine weitere Bewegung vollzogen: der beispiellose Exodus aus der festgefügten Welt der Kirchen.

Das Leben meines Vaters war von seinem Amt als »Diener von Gottes Wort« geprägt. So sah er selbst es zumindest. Nicht zufällig gab er seiner Lebensgeschichte den Titel *Een halve eeuw dienst* (Ein halbes Jahrhundert Dienst). Als er mit seiner Arbeit begann, standen die Kirchen und ihre jeweiligen Säulen auf dem Höhepunkt ihrer Macht. Die konfessionellen Parteien herrschten unangefochten. Es war die Glanzzeit der kalvinistischen Glaubensbrüder und des vielfältigen katholischen Milieus.

In den fünfziger Jahren erlebte er mit, wie sich in dieser Welt die ersten Risse bildeten, zunächst bei anderen Kirchen, später auch bei seiner eigenen. Ein paar seiner Kinder sollten sich noch mit Leib und Seele für die Erneuerung der kirchlichen Gemeinschaft einsetzen, dennoch erlebten sie vor allem deren Verfall. Die meisten seiner Enkel wandten sich ganz vom Glauben ab oder suchten ihr Heil in eigenen Formen von Religion.

Bis zur Mitte des zwanzigsten Jahrhunderts gehörte das Christentum zum Wesen der Niederlande und Europas. Heute trifft das nicht mehr zu, im Gegenteil, in vielen südamerikanischen und afrikanischen Ländern ist das Christentum lebendiger als hier. Noch 1958 gehörten fast acht von zehn Niederländern einer Glaubensgemeinschaft an. Am Ende des Jahrhunderts sind es kaum vier.

Von einem Nachlassen der Religiosität kann man jedoch nicht sprechen. Zwei Drittel der Niederländer betrachten sich heute noch als gläubig, und dieser Glaube bedeutet ihnen auch etwas. Allerdings hat er meist eine individuelle und persönliche Prägung, ganz anders als das gemeinschaftliche Glauben der kleinen Brieller Gemeinde meines Vaters oder der friesischen Dorfgemeinden mit ihrem dröhnenden Gesang. Man braucht keine Kirche mehr: Die meisten Menschen können sich ihren eigenen Bedarf an Religion selbst zusammensuchen.

Politisch brachen die kirchlichen Säulen im Jahre 1957 zusammen, als die konfessionellen Parteien nach mehr als vierzig Jahren ihre absolute Mehrheit endgültig verloren. 1994 waren sie zum ersten Mal nicht einmal mehr an der Regierung beteiligt. Nur eine Glaubensrichtung verzeichnete starken Zuwachs: der Islam. 1971 gab es in den Niederlanden etwa fünfzigtausend Moslems, Mitte der neunziger Jahre ungefähr eine halbe Million.

Auch die orthodox-kalvinistische Kirche, für die sich mein Vater sein Leben lang einsetzte, verliert jetzt Jahr für Jahr Tausende von Mitgliedern. Die typische Kultur dieser Glaubensgemeinschaft ist zum großen Teil verschwunden; von der unüberschaubaren Menge ihrer Vereine und Verbände ist wenig übrig geblieben. Die orthodox-kalvinistischen Kirchen, die niederländisch-reformierte und die evangelisch-lutherische verhandeln intensiv über eine Fusion. Auf lokaler Ebene arbeiten die Kirchen zum Teil schon jahrelang zusammen, und oft weiß man schon nicht mehr, wer ursprünglich zu welcher Kirche gehörte.

In Glaubensdingen gibt es eine schwindelerregende Vielfalt an Meinungen. Längst haben die früheren Orthodoxen die viel »freieren« Reformierten im Hinblick auf theologische Fortschrittlichkeit überholt und hinter sich gelassen. Zwischen 1979 und 1996 ist der Anteil der Traditionalisten an der Anhängerschaft der »Orthodoxen« um gut ein Drittel zurückgegangen. Nur die Hälfte liest noch regelmäßig in der Bibel.

Wo man vor siebzig Jahren noch über die Frage diskutierte, ob die Schlange im Paradies wirklich gesprochen habe oder nicht, stoße ich heute auf Meinungen, über die auch die radikalsten Neuerer von damals den Kopf geschüttelt hätten. Viele sehen in den vier Evangelien nicht mehr Berichte von tatsächlichen Ereignissen, sondern Darstellungen, die jeweils ein eigenes Bild von Christus und dem Christentum entwerfen, vier »Verpackungen« des Glaubens, wie der Theologe Kuitert es ausgedrückt hat. Die jungfräuliche Geburt betrachtet man als Fiktion, die Lehre von der Dreieinigkeit von Vater, Sohn und Heiligem Geist gilt als überholt, und einige Theologen äußern heute auch unverhohlen Zweifel an der Göttlichkeit Jesu selbst.

Allerdings gehören dieser Glaubensgemeinschaft noch viele aktive Menschen an. Man begegnet ihnen in fast allen idealistischen Gruppen, innerhalb von politischen Parteien, in der Friedensbewegung, im örtlichen Eine-Welt-Laden, bei Amnesty International oder bei der ehrenamtlichen Betreuung von Obdachlosen oder Flüchtlingen. Das gilt übrigens auch für andere Kirchen: Ihr Engagement hat stark zugenommen, und deshalb werden sie oft mehr geschätzt als früher.

Im Jahre 1933 begrub mein Vater seinen kleinen Koosje mit einer Predigt über Ostern, in der vollkommenen Gewissheit, dass er seinen Sohn »geborgen in Jesu Armen« zurückließ. Diese Gewissheit haben viele Gläubige nicht mehr.

Der schon erwähnte Theologe Kuitert schrieb 1998, das »Leben vor Gottes Angesicht«, der Glaube, habe nur noch wenig Hochfliegendes. Gläubige hätten gelernt, realistisch zu sein. »Milliarden von Menschen sind namenlos in unsere Welt gekommen, um sie namenlos wieder zu verlassen, weil andere das so wollten; die Welt um uns herum ist manchmal schrecklich unbarmherzig, und wir selbst nicht minder.« So haben die orthodoxen Kalvinisten, die Wortgläubigen schlechthin, am Ende das Wort um- und umgegraben, bis kaum etwas zu glauben übrig blieb. Das Geheimnis ist verschwunden, die Hölle verblasst, sogar der Himmel. Und doch geht ihre Suche im Wort weiter – bis zum heutigen Tag.

*

Der Wohlstand hat den Niederlanden vor allem Ruhe beschert – dem Anschein nach zumindest. In der Politik herrscht am Ende des Jahrhunderts Windstille. Es gibt keine beherrschende Kraft und keine Gegenkraft, regungslos schwimmt das reiche Land auf spiegelglattem Meer.

Aus den jüngsten offiziellen Erhebungen geht hervor, dass die meisten Niederländer mit ihrem Leben außerordentlich zufrieden sind: Fünf Sechstel beurteilen ihre persönliche Lage positiv, ein Anteil, der sich seit den fünfziger Jahren kaum verändert hat. Der Wohlstand hat also auch nicht zu mehr Zufriedenheit geführt. Allerdings hat die Zahl derer, die sich beunruhigen, im Lauf der Jahre immer weiter zugenommen. Obwohl das Land reicher ist als je zuvor, machten sich im Jahre 1995 fast doppelt so viele Niederländer Sorgen um Geld und Familie wie 1958. Auf die Frage, ob man sich um die Zukunft sorge, antworteten 1958 nur zwölf Prozent mit »ja«, 1995 war es fast die Hälfte.

Manches, was die sechziger und siebziger Jahre an Veränderungen brachten, scheint wieder verweht zu sein. »Ein einziger kleiner Seitensprung ist kein Unglück«, fanden sechzig Prozent der Befragten im Jahre 1970. Zehn Jahre später stimmte noch knapp die Hälfte dieser Ansicht zu, 1998 war es weniger als ein Viertel. Die Aids-Epidemie warf ihren Schatten und hat hier viel fröhlicher Freiheit ein Ende bereitet.

Begriffe wie »gesellschaftskritisch« und »Selbstverwirklichung«, die eine Zeit lang so beliebt waren, sind außer Gebrauch gekommen, und bei ziemlich vielen Babyboomern hat das Pendel nach der entgegengesetzten Seite ausgeschlagen: Sie kauften Aktien, orientierten sich am Konventionellen und Schicklichen und vergnügten sich in Kaffeehäusern, die nach französischer Bourgeoisie und deutscher Korrektheit rochen. Allen Warnungen des Club of Rome zum Trotz ist die Zahl der Autos in den Niederlanden von 1970 bis 1999 von zwei auf sechs Millionen gestiegen. In der Zwischenzeit haben wir nicht aufgehört, die Erde zu plündern, haben wir Gift und Abfälle angehäuft, wurden Tiere abgeschlachtet und Pflanzen ausgerottet, und die weltweite Werbe- und Propagandaindustrie sorgt dafür, dass wir trotz alledem ruhig weiterschlafen.

Die größte Umwälzung mit der nachhaltigsten Wirkung war die Emanzipation der Frau. 1970 arbeitete weniger als ein Viertel der niederländischen Frauen außer Hause, in den neunziger Jahren hatten mehr als sechzig Prozent eine Stelle. Obwohl die Hauptlast des Haushalts noch immer bei den Frauen lag, betrachtete ein immer größerer Teil der Bevölkerung es als normal, dass Männer und Frauen in Teilzeit arbeiten und gemeinsam für die Kinder sorgen. Es kam schon vor, dass Menschen beiderlei Geschlechts »aus familiären Gründen« hohe Posten ablehnten, und als ein Minister einmal eine wichtige Beratung mit dem Parlament wegen des Geburtstags seiner kleinen Tochter verschob, hatten alle dafür Verständnis.

Zugleich haben sich die Familienbande gelockert. Wenn man in einer beliebigen Schulklasse nachfragt, wird man feststellen, dass die Mehrheit der Kinder bis zu ihrem zwölften Lebensjahr schon die Scheidung ihrer Eltern erlebt haben; in den fünfziger Jahren waren das noch Ausnahmefälle. Die Zeiten mit dem einen großen Familienesstisch und der einen Lampe darüber sind längst vorbei, mittlerweile wird sogar schon gemeinsames Fernsehen immer seltener. Nach einer Umfrage der Zeitung *De Volkskrant* verfügte im Jahre 1999 die Mehrheit der Fünfzehnjährigen über einen eigenen Fernseher in ihrem Zimmer. Über die meisten strittigen Fragen wird in den Familien heutzutage verhandelt; dass Heranwachsende zu etwas gezwungen werden, kommt nur noch selten vor.

Wo die familiäre Situation so ist, verlieren die »Säulen« endgültig ihren Einfluss auf die Menschen. Mit religiösen oder ideologischen Argumenten erreicht man nur noch kleine Minderheiten. Als Premier Ruud Lubbers im Herbst 1990 sein eigenes Land für »krank« erklärte, wurde er als Moralist verhöhnt, obwohl er im eigentlichen Sinne nicht Unrecht hatte. Trotz aller Sparmaßnahmen der achtziger Jahre näherte sich die Zahl der Erwerbsunfähigkeitsrenten zu diesem Zeitpunkt einer Million. Auf jeden arbeitenden Niederländer kam beinahe ein Unterstützungsempfänger.

Zusätzliche Komplikationen brachte die Zuwanderung vieler Zehntausender neuer Immigranten. Verfolgung, Hungersnöte und kriegerische Gewalt in Afrika, im Nahen Osten und im ehemaligen Jugoslawien vertrieben Millionen von Männern, Frauen und Kindern, und dank der Intensivierung des Flugverkehrs landeten sie mit ihren Problemen direkt vor der Tür der sicheren und reichen Länder.

Insgesamt hat sich die Zahl der Immigranten in den Niederlanden zwischen 1971 und 1997 von etwa zweihunderttausend auf anderthalb Millionen erhöht, anders gesagt, von ungefähr anderthalb Prozent auf fast zehn Prozent der Bevölkerung. So ist eine neue, rasch wachsende Gruppe von Menschen entstanden, die nie mehr zu ihren Wurzeln zurückkehren werden, weil es kein Haus, kein Dorf, keine Familie mehr gibt, zu denen sie heimkehren könnten: die Weltbürger wider Willen, nicht selten mutige, intelligente und kreative Menschen, die man im begüterten Europa vorwiegend als lästige Sorgenkinder sieht.

So stehen wir in der Zeit des Fin de Siècle eher am Beginn als am Ende großer Veränderungen. Unter der ruhigen Oberfläche der Wohlstandsgesellschaft verschärfen sich die Gegensätze. Es gibt eine neue, sehr hart arbeitende, hoch qualifizierte Mittelklasse, die jedoch innerlich noch unsicherer ist als die aufsteigende Mittelklasse am Anfang des Jahrhunderts, aus der meine Mutter stammte. »Diese Elite – wenn es denn eine ist – ist also unsicher und zutiefst besorgt«, schrieb Barbara Ehrenreich 1989 über den damals in Erscheinung tretenden Young Urban Professional. »Ob die Mittelklasse hinunterschaut in die Welt der Entbehrungen oder hinauf ins Reich des Überflusses, die Angst vor dem Absturz verlässt sie nie.«

Der Reichtum dieser wachsenden Gruppe schneller Geldverdiener steht in krassem Gegensatz zu den äußerst knappen Mitteln vieler Immigranten, vieler kranker und älterer Menschen und ist zudem eine ständige Provokation für die Jugendlichen der Unterschicht. Die meisten Schulen aus der Zeit meines Onkels Petrus, Schulen, in denen jeder jeden kannte, sind nach endlosen Fusionen und Neuordnungen verschwunden; an ihre Stelle sind anonyme Masseneinrichtungen getreten – mit uniformierten Pförtnern, Plastikausweisen und Metalldetektoren zum Aufspüren von Waffen. Dazu kommt noch der neue soziale Störfaktor: die harten Drogen. Nicht der Rausch selbst ist das größte Problem – der Alkoholismus war zu Beginn des Jahrhunderts eine mindestens ebenso ernste Herausforderung –, sondern die Illegalität der Rauschmittel und die hohen Kosten der Abhängigkeit. Um die Drogenszene herum sind in den achtziger und neunziger Jahren viele unterschiedliche kriminelle Szenen entstanden, ein Phänomen, das die relativ braven Niederlande immer noch nicht gewohnt sind.

Die Unsicherheit dieser Gesellschaft im Übergang äußert sich unter anderem in allerlei neuen Ängsten, ein Gefühl der Bedrohung macht sich breit. Wie kurz nach dem Krieg schreibt man viel über Entwurzelung und einen Verfall der Moral, nicht zuletzt bei den jungen Einwanderern der zweiten oder dritten Generation. Der Anstieg der Kriminalität hängt zum Teil ohne Zweifel mit der Zunahme des Drogenkonsums zusammen, aber eine andere Ursache ist viel banaler: Heute gibt es einfach viel mehr, das man stehlen oder sich auf andere unehrliche Weise aneignen kann, als je zuvor in der Geschichte.

So wachsen die sozialen Spannungen. Gut situierte Bürger konzentrieren sich immer mehr auf Sicherheit und Selbstschutz, Problemviertel haben mit Jugendkriminalität und dem Niedergang der Schulen zu kämpfen, die Demokratie scheint mehr und mehr auf dem Rückzug zu sein – an den europäischen Wahlen im Juni 1999 beteiligte sich nur ein Drittel der Wahlberechtigten –, auf vielen Gebieten nimmt die Ungleichheit wieder zu. Politik und Verwaltungen versuchen eine Gesellschaft unter Kontrolle zu halten, die sich ihrer Lenkung auf irgendeine Weise immer mehr entzieht, ohne dass sie diesen Prozess oder seine Ursachen in den Griff bekommen. Die sozialdemokratische Parole meines Onkels Petrus lautete »Baut Schulen, und ihr könnt die Gefängnisse schließen« – für die heutigen Sozialdemokraten scheint fast das Gegenteil zu gelten.

Indessen findet in den Jahren um diese Jahrhundertwende ein europäisches Experiment statt, das in der Geschichte nicht seinesgleichen hat: Immer mehr Länder sind bereit, auf einen großen Teil ihrer Souveränität zugunsten *einer* großen, übernationalen europäischen Macht zu verzichten. Damit wird das System von Nationalstaaten, das drei Jahrhunderte lang Ordnung und Kriege gebracht hat, durch ein flexibles System voneinander abhängiger Nationen ersetzt.

So entsteht in diesem Augenblick eine ganz neuartige internationale Organisation, die sich trotz aller nationalen Gegensätze offensichtlich zu einer sehr mächtigen und reichen Gemeinschaft entwickeln kann und der sich immer mehr Staaten anschließen möchten. Auch für ihre Bürger wird es immer einfacher, die nationalen Grenzen zu überschreiten, ob nun als Tourist, als Arbeiter oder Geschäftsmann oder »virtuell« über das Internet. Es sieht so aus, als hätte das System der Nationalstaaten, das der zurückliegenden Epoche auf allen Gebieten seinen Stempel aufgedrückt hat, zumindest in Europa die längste Zeit bestanden.

Eigentlich ist es doch merkwürdig, überlege ich, dass *ein* Glaube weiterhin Bestand hat: Wir empfinden uns immer noch als Niederländer, obwohl wir beinahe keine mehr sind. Wir empfinden uns als Menschen, die Anteil an der Geschichte dieses Landes haben, uns beherrscht die – ungreifbare – Vorstellung, wir teilten ein allen Niederländern gemeinsames Schicksal, über alle Zeiten und Veränderungen hinweg.

Was ist in dieser modernen Nation heute, da die religiösen und ideologischen Säulen umgesunken sind und das alte Rot-Weiß-Blau meist zwischen etlichen anderen Nationalflaggen weht, das bindende Element?

Ich glaube, es ist vor allem das, was manche Soziologen »Civic religion« nennen: ein Gemisch aus allerlei meist unausgesprochenen Überzeugungen, aus Werten, Idealen und kollektiven Erinnerungen. Diese »Civic religion« wurde früher von Schule und Kirche vermittelt und äußert sich heute unterschwellig, aber permanent in allen möglichen Erscheinungen: in den Kommentaren der Zeitungen, den Parlamentsdebatten, der Nachrichtenauswahl im Fernsehen, der Aufstellung der Nationalelf, den Hinweisschildern des Automobilklubs und den tausend anderen Dingen, denen der Bürger täglich begegnet und die ihm signalisieren: Dies sind die Niederlande.

Und dort ist diese »Civic religion« trotz aller Entkonfessionalisierung immer noch vom Kalvinismus geprägt. Vermutlich liegt darin, mehr als in allem anderen, die tiefste Ursache unserer Tabuisierung von Stolz, unseres nationalen Missionseifers, unserer Gleichheitsmanie und der

Tatsache, dass wir für manches in unserer eigenen Geschichte einfach blind sind. Immer wird die Norm hochgehalten: Das kalvinistische Ideal ist im Grunde die »Imitatio Christi«. Aber mit der anderen Seite, dem Versagen, der »Sünde«, hat der Kalvinismus nie umzugehen gelernt.

Es ist die Frage, wie lange all das noch so bleiben wird. Zur Zeit entsteht in hohem Tempo ein neues Land, ein Land, dessen »Civic religion« immer stärker von anderen Kulturen geprägt wird, ganz abgesehen von der fortschreitenden Globalisierung der Medien, der Musik, der Moden und anderer Trends. Das bedeutet nicht nur, dass sich unser Leben und die Art unseres Umgangs miteinander verändern, sondern auch, dass unsere kollektiven Erinnerungen einer Revision unterzogen werden.

*

Vor kurzem hatte mein Bruder Gjalt Geburtstag. Als ich ihn anrief, sprachen wir hauptsächlich von seinen Enten. Er befürchtete, dieses Jahr zu viele neue zu bekommen, ich sollte bei ihm vorbeikommen und ihm helfen, sie zu essen. Er ist jetzt pensioniert, wohnt in Frankreich mitten in der Natur wie ein Franziskus zwischen seinen Tieren, ist ganz unabhängig und spielt immer noch den halben Tag Violine.

Hans ist gestorben. Er hatte immer hart gearbeitet, zu hart. Dieses »Wuchern mit seinen Talenten« lag in der Familie, im Kalvinismus, aber bei Hans hing es vermutlich auch mit seiner Verletzlichkeit als ewiger Patient zusammen. Drei Monate nach seiner Pensionierung stellte sich heraus, dass er unheilbar krank war. Er beendete die Projekte, mit denen er beschäftigt war – in den letzten Jahren hatte er als Organisationsberater gearbeitet –, erfreute sich noch ein Jahr an seinen Enkelkindern und beschloss sein Leben in Frieden.

Ich muss daran denken, wie wir in den Tagen vor und nach der Beerdigung meiner Mutter alle noch beisammen saßen und in ihrer kleinen Wohnung einträchtig eine Schublade nach der anderen öffneten.

Die friesische Uhr tickt nun in Amsterdam-Süd, in Annas Haus. Die meisten Möbel gingen an Gjalt, denn er hatte ein großes Haus zu füllen. Ich bekam den Wohnzimmertisch und das Service, Tineke die Kaffeekanne mit Hahn. Sie teilt ihre Zeit jetzt zwischen Kirchenarbeit, Friedensgruppen, Bärenklau und Stockrosen. Immer noch hält sie Hühner.

Ich selbst lief im Maastrichter Karneval einer studierenden Mutter mit zwei Kindern über den Weg, mit der ich unverhofft glücklich wurde.

Es war deprimierend, die Wohnung innerhalb weniger Tage leer zu räumen, das Letzte fortzuschaffen, was meine Eltern in dieser Welt besessen hatten, die letzten Kleider, die letzten Bücher, den letzten Schmuck – ein Paar Ohrringe –, den mein Vater meiner Mutter geschenkt hatte.

Die zwölf Spitzennoten im Reifezeugnis meiner Mutter haben die Familie lange geprägt. Mein Urgroßvater machte als Bäcker Bankrott, mein Großvater entschied: Das wird mir niemals passieren; und über meine Mutter hat dieser starke Ehrgeiz weitergewuchert. Erst die heutige Generation hat den Drang nach Höherem überwunden.

Die Enkel meiner Eltern haben sich in ganz unterschiedliche Richtungen entwickelt. Einer ist Ingenieur geworden, ein anderer verkauft auf dem Markt Honig und Ziegenkäse. Ein dritter wurde Wirtschaftswissenschaftler, Spezialist für Ökonometrie, ein vierter Pianist, wieder ein anderer verabreicht »spirituelle« Massagen. Der eine Enkel wurde Moslem und Koranlehrer in Indonesien, der andere Hausarzt in der Provinz Zeeland. Eine Enkelin promovierte über männliche Frauen im neunzehnten Jahrhundert. Ein Enkel war als Bauarbeiter in Kalifornien tätig und absolviert jetzt eine Ausbildung zum Architekten. Eine Enkelin leitet eine Firma, die New-Wave- und Hardrock-CDs importiert. Eine andere wurde Küsterin einer Amsterdamer Kirche. Ein Urenkel wurde teils algerisch, teils malaiisch, teils holländisch erzogen.

Hin und wieder kommen sie noch zusammen, eine wunderbar vielfältige Gesellschaft, obwohl sich meine Eltern ihre Nachkommenschaft wahrscheinlich anders vorstellten, als sie sich 1924 voller Erwartung auf jenem Treppchen fotografieren ließen, zwischen den Farnen und Hortensien.

Meine Erinnerung an das Gesicht meines Vaters ist schon etwas verblasst, und seine Stimme höre ich gar nicht mehr. Aber ich sehe immer noch seine Hände vor mir. Die Hand, mit der er in den letzten Jahren die Tür öffnete und einem zum Abschied nachwinkte. Den einen Finger, mit dem er mühsam, aber beharrlich die Briefe an seine Kinder und alten Bekannten tippte. Die Hände, mit denen er ein neues Buch aufschlug. Die sicheren, ruhigen Hände von 1899. Gefleckt und geädert wie eine Landschaft, mit merkwürdigen Hautveränderungen und kleinen Wunden, vom Leben gezeichnet, sterblich und nah zugleich.

ANMERKUNGEN